董事会秘书行权履职工作手册

本书编委会 编

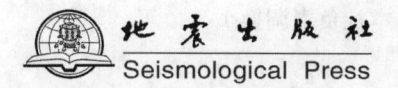

地震出版社
Seismological Press

图书在版编目（CIP）数据

董事会秘书行权履职工作手册 / 本书编委会编. —北京：地震出版社，2023.12
ISBN 978-7-5028-5619-9

Ⅰ.①董… Ⅱ.①本… Ⅲ.①董事会—秘书—工作—手册 Ⅳ.①F276.6-62

中国国家版本馆CIP数据核字（2023）第252027号

地震版　XM5564/F（6453）

董事会秘书行权履职工作手册
本书编委会　编

责任编辑：范静泊
责任校对：凌　樱

出版发行：地震出版社
　　　　　北京市海淀区民族大学南路9号　　邮编：100081
　　　　　发行部：68423031　68467991　　传真：68467991
　　　　　总编室：68462709　68423029
　　　　　图书出版部：68467963
　　　　　http://seismologicalpress.com
　　　　　E-mail: zqbj68426052@163.com

经销：全国各地新华书店
印刷：大厂回族自治县德诚印务有限公司

版（印）次：2023年12月第一版　　2023年12月第一次印刷
开本：787×1092　1/16
字数：855千字
印张：36
书号：ISBN 978-7-5028-5619-9
定价：148.00元

版权所有　翻印必究

（图书出现印装问题，本社负责调换）

PREFACE 前言

本书写作目的

董事会秘书对公司治理有着重要的作用，就公司内部治理而言，董事会秘书广泛地涉及公司内部运作程序；就外部治理而言，董事会秘书代表公司与监管机构进行沟通，使得与公司相关主体的知情权得以保障。因此，董事会秘书应该具备一定的专业知识，不仅要掌握公司法、证券法、上市规则等有关法律法规，还要熟悉公司章程、信息披露规则，掌握财务及行政管理方面的有关知识。

2022年初，中国证监会、上海证券交易所、深圳证券交易所正式颁布了100多部与上市公司相关的法律法规，这是资本市场上市公司监管法规体系30年来的首次全面整合修订。本书紧贴上市公司实际需求，紧扣监管部门的监管要求，并辅以经典案例剖析，旨在便于发行人、上市公司及相关市场主体学习、查询并遵守执行，更全面、更便捷地掌握和学习证券市场相关的法律法规和政策，提高上市公司规范运作意识。

本书主要内容

本书既介绍了基本的上市公司运作程序理论知识，又颇具实际操作指导价值，每一章在内容讲述之后都有经典案例分析，贴近实际，分析透彻。

本书结构如下：本书共分为8个章节。第1章是董事会秘书概述，讲述了董事会秘书制度的起源，并从职能、风险等角度让读者全面了解董事会秘书这一职责；第2章是上市公司治理结构，对上市公司结构和相关法律法规进行介绍；第3章是信息披露，介绍上市公司信息披露的主要报告，并对主板、中小板、创业板有关信息披露的特别要求进行说明；第4章、第5章分别对公开发行和并购重组相关规定进行介绍；第6章是多层次资本市场，主要包括新三板、区域性股权交易市场、柜台市场；第7章是投资者关系管理；第8章是企业内部控制规范体系，主要涉及内部控制体系的建立和优化。

本书主要特色

第一，全面系统。本书依据相关法规，对上市公司内部运作和外部披露的诸多方面进行了详细的解读和指引，旨在为董事会秘书行权履职工作提供全面、准确的实务操作指南，提高董秘的业务操作水平。

第二，实用性强。本书的每一章最后一节为优秀案例示范，均根据实际发生的案例进行编写，坚持理论与实际相结合的原则，用实务案例对一些重点、难点问题进行深入解读，旨在帮助读者举一反三，融会贯通，引导读者进行实践操作，具有非常强的实用性。

第三，与时俱进。本书严格依据现行中国证监会、上海证券交易所、深圳证券交易所正式颁布了100多部上市公司监管法规编写而成，内容及时更新，具有较强的可读性与可操作性。

本书适用读者及主要功能

本书体系完整，内容全面，通过阅读、查询本书，将会带给不同需求的读者不同的收获。

董事会秘书等相关从业人员：从操作层面、实务层面获得切实有效的帮助，是一部董秘及从业人员开展相关工作的专业工具书。

上市公司和拟上市公司的董事、监事等管理人员：可以通过本书学习到最新的公司内部运作和外部披露的相关知识，系统了解上市公司规范运作。

高校经济金融等专业的学生：对于没有经验的在校学生来说，可以通过本书的关键案例，从实务角度更好的理解和学习上市公司的重要运转流程。

本书全面、有针对性地介绍了董事会秘书的工作内容，同时，给出诸多经典案例，可以有效提升董事会秘书行权履职的工作能力，帮助公司规范和完善内部运转和外部披露等操作流程。

在本书的编写过程中，得到了多位董事会秘书等相关从业人员和高校专业人士的热情支持，在此一并表示感谢。由于水平有限，书中疏漏在所难免，恳请广大读者不吝指正。

编者
2023年12月

CONTENTS 目录

第1章 董事会秘书概述
1.1 董事会秘书制度的发展 ... 1
1.1.1 英国董事会秘书制度的起源 ... 1
1.1.2 董事会秘书制度在美国的发展 ... 3
1.2 我国对董事会秘书制度的引入 ... 4
1.3 董事会秘书法律地位 ... 6
1.4 董事会秘书任职资格与任免 ... 7
1.4.1 任职资格 ... 7
1.4.2 任免程序 ... 8
1.5 董事会秘书职权与工作范围 ... 9
1.5.1 与监管部门的沟通和联络 ... 9
1.5.2 负责处理公司信息披露事务 ... 9
1.5.3 协调公司与投资者之间的关系 ... 10
1.5.4 三会的组织与文件的保管 ... 10
1.5.5 督促上市公司规范运作 ... 10
1.5.6 股权事务管理 ... 10
1.6 董事会秘书的义务与责任 ... 11
1.7 董事会秘书的素质与技能 ... 11
1.7.1 做一个称职的董事会秘书 ... 11
1.7.2 董事会秘书的资格考试及后续培训 ... 12
1.8 董事会秘书的职业风险和防范 ... 12
1.8.1 职业风险 ... 12
1.8.2 风险防范 ... 13
1.9 上海证券交易所关于上市公司董事会秘书的相关规定 ... 15
1.9.1 上海证券交易所上市公司董事会秘书管理办法 ... 15
1.9.2 上海证券交易所股票上市规则（2022年1月修订）节选 ... 18
1.10 全国中小企业股份转让系统关于上市公司董事会秘书相关规定 ... 20
1.10.1 全国中小企业股份转让系统挂牌公司董事会秘书任职及资格管理办法（试行）... 20
1.10.2 全国中小企业股份转让系统挂牌公司治理指引第1号——董事会秘书 ... 23
1.11 深圳证券交易所关于上市公司董事会秘书相关规定 ... 25
1.12 上市公司董事会秘书行为不当而受到处罚的相关案例 ... 27
1.12.1 案例1：浙江F电器信息发布前后不一致受处罚 ... 27
1.12.2 案例2：Y传媒信息披露违法 ... 28
1.12.3 案例3：宁波F公司未及时披露重大诉讼事项 ... 36
1.12.4 案例4：珠江Z实业董秘未全面履行披露义务被处罚 ... 38
1.12.5 案例5：G证券董事会秘书梅某涉嫌信息误导 ... 40

第2章 上市公司的治理结构
2.1 公司治理概述 ... 42
2.1.1 公司治理的概念界定 ... 42
2.1.2 公司治理的产生与发展 ... 43
2.1.3 公司治理的主要模式 ... 44
2.1.4 我国上市公司治理模式 ... 44

2.2 上市公司的独立性 44
- 2.2.1 资产完整 45
- 2.2.2 业务独立 45
- 2.2.3 人员独立 45
- 2.2.4 财务独立 46
- 2.2.5 机构独立 46

2.3 股东大会 46
- 2.3.1 股东大会的类型 46
- 2.3.2 股东大会的职权 47

2.4 董事会和董事 50
- 2.4.1 董事会 50
- 2.4.2 董事会专门委员会 51
- 2.4.3 董事 52

2.5 监事会和监事 54
- 2.5.1 监事会 54
- 2.5.2 监事 55

2.6 高级管理人员 56
- 2.6.1 高级管理人员的任职资格 56
- 2.6.2 高级管理人员的聘任与解聘 57
- 2.6.3 高级管理人员的主要职责 57

2.7 股权管理 58
- 2.7.1 股东间信息沟通 59
- 2.7.2 股份增减持 59
- 2.7.3 股权质押 64
- 2.7.4 股东名册的保管 65

2.8 股权激励和员工持股计划 66
- 2.8.1 股权激励与员工持股计划的比较 66
- 2.8.2 股权激励 67
- 2.8.3 员工持股计划 71

2.9 公司治理相关法律法规 74
- 2.9.1 《首次公开发行股票并上市管理办法》 74
- 2.9.2 《中华人民共和国公司法》 80
- 2.9.3 《深圳证券交易所上市公司信息披露工作指引第2号——股东和实际控制人信息披露》 106
- 2.9.4 《上市公司收购管理办法》 108
- 2.9.5 《上市公司大股东、董事、监事、高管减持股份的若干规定》 126
- 2.9.6 《关于上市公司实施员工持股计划试点的指导意见》 127
- 2.9.7 《上市公司股权激励管理办法》 130

2.10 公司治理相关案例 141
- 2.10.1 案例1：M集团股权激励计划及效果分析 141
- 2.10.2 案例2：南京J房地产公司治理结构及情况分析 146

第3章 信息披露

3.1 信息披露概述 149
- 3.1.1 信息披露的理论基础 149
- 3.1.2 信息披露制度的起源与发展 151

3.2 信息披露基本原则及事务管理 153
- 3.2.1 信息披露基本原则 153
- 3.2.2 信息披露事务管理 153

3.3 信息披露的监督与法律责任 157
- 3.3.1 信息披露的监督管理 157
- 3.3.2 公司信息披露的法律责任 157

3.4 招股说明书、募集说明书与上市公告书 158
- 3.4.1 招股说明书的披露 158
- 3.4.2 上市公告书的披露 158
- 3.4.3 募集说明书的披露 159
- 3.4.4 其他注意事项 159

3.5 定期报告（含业绩报告、业绩快报） 159
- 3.5.1 年度报告的披露 159
- 3.5.2 半年度报告的披露 160
- 3.5.3 季度报告的披露 161
- 3.5.4 业绩预告、业绩快报和盈利预测 161
- 3.5.5 相关注意事项 164

3.6 临时报告 164
- 3.6.1 临时报告披露的主要内容及时间节点 164
- 3.6.2 三会公告 166
- 3.6.3 应当披露的交易 167

3.6.4 关联交易 170
3.6.5 募集资金的管理与披露 173
3.6.6 股票买卖 177
3.6.7 其他重大事件 181
3.7 主板、中小板、创业板有关信息披露的特别要求（包括行业指引） 199
3.7.1 披露要求 199
3.7.2 行业信息披露注意点 200
3.8 信息披露直通车相关要求 202
3.9 内幕信息及知情人管理 205
3.9.1 内幕信息的定义及范围 206
3.9.2 内幕信息知情人范围 207
3.9.3 内幕信息及知情人的登记和管理制度 207
3.9.4 内幕信息管理的监管措施 209
3.10 上市公司信息披露管理办法 209
3.11 信息披露相关案例 219
3.11.1 案例1：G公司虚构贸易业务虚增收入利润 219
3.11.2 案例2：R资源未及时披露重大债务违约情况 224
3.11.3 案例3：P基金毛某、姚某增持、减持未报告 226
3.11.4 案例4：F互动未在定期报告中披露关联交易 228
3.11.5 案例5：L科技年度报告虚假记载 236
3.11.6 案例6：陈某豪、许某华超比例持股未依法披露 239
3.11.7 案例7：Y股份未在定期报告中披露关联交易 241
3.11.8 案例8：Z集团借用他人证券账户从事证券交易 244
3.11.9 案例9：陈某昌、蔡某内幕交易太原SH水泥股份有限公司股票 246

第4章 公开发行
4.1 公开发行和资本运营概述 250
4.1.1 公开发行和资本运营相关概念 250

4.1.2 资本运营的具体方式 252
4.2 企业融资的理论基础 254
4.2.1 优序融资理论 254
4.2.2 融资需求理论 255
4.2.3 债务替代理论 256
4.2.4 融资评价理论 257
4.3 首次公开发行股票实务操作 259
4.3.1 首次公开发行股票定义 259
4.3.2 首次公开发行股票的一般条件 ... 259
4.3.3 在主板和中小板上市的公司首次公开发行股票的条件 259
4.3.4 首次公开发行的必备条件 260
4.3.5 首次公开发行股票的流程 261
4.3.6 首次公开发行股票之审核重点 ... 264
4.3.7 企业在IPO过程中应注意的事项 ... 265
4.3.8 首次公开发行股票适用的主要法律法规、部门规章及其他规范性文件 266
4.4 股权再融资专项运作实务操作 266
4.4.1 上市公司股权再融资理论 266
4.4.2 上市公司股权再融资方式选择理论 267
4.4.3 上市公司公开发行证券应符合的一般条件 269
4.4.4 股权再融资还应具备的必要条件 272
4.5 债权再融资专项运作实务操作 279
4.5.1 公司债券的定义 279
4.5.2 发行公司债券的条件 279
4.5.3 公司债券的类别 279
4.5.4 公司债券发行应符合的一般条件 ... 282
4.5.5 公司债券发行应符合的必要条件 ... 282
4.5.6 其他债务融资工具 285
4.6 案例分析：A城投公司公开发行中期票据 298

第5章 并购重组
5.1 并购重组概述 319
5.1.1 国外并购重组的基本经验及方法 ... 319
5.1.2 国内并购重组的基本思路、特点及并购历史回顾 324

5.2 上市公司收购 ... 326
5.2.1 概述 ... 326
5.2.2 上市公司收购的一般性原则 ... 326
5.2.3 上市公司收购方式 ... 327
5.3 上市公司重大资产重组 ... 340
5.3.1 上市公司重大资产重组的概念及特征 ... 340
5.3.2 上市公司重大资产重组的原则和界定标准 ... 342
5.4 从上市公司发行股份购买资产 ... 349
5.4.1 上市公司发行股份购买资产概述 ... 349
5.4.2 上市公司发行股份购买资产的主要作用 ... 349
5.4.3 上市公司发行股份购买资产的原则与条件 ... 351
5.4.4 上市公司发行股份购买资产的发行定价 ... 351
5.4.5 上市公司发行股份购买资产的流程 ... 352
5.5 借壳上市 ... 356
5.5.1 借壳上市简述 ... 356
5.5.2 借壳上市的动因分析 ... 358
5.5.3 借壳上市的模式 ... 359
5.5.4 借壳上市的工作流程 ... 360
5.6 上市公司并购重组相关法规 ... 363
5.6.1 中国证监会《上市公司重大资产重组管理方法》 ... 363
5.6.2 中国证券监督管理委员会规章 ... 376
5.7 上市公司并购重组相关案例 ... 394
5.7.1 科创板首例换股重组——H 股份源创 ... 394
5.7.2 创业板首例注册制重组——C 股份科技 ... 396
5.7.3 H 家电新发 H 股及其香港子公司现金对价私有化港股子公司 ... 398
5.7.4 创业板借壳第一单——A 股份 ... 399

第6章 多层次资本市场
6.1 概述 ... 402
6.1.1 关于多层次资本市场界定 ... 402
6.1.2 多层次资本市场的理论基础 ... 402
6.1.3 中国建设多层次资本市场的重要性 ... 405
6.1.4 中国多层次资本市场建设的构想与思路 ... 410
6.2 全国中企业股份转让系统（简称"新三板"） ... 412
6.2.1 新三板上市条件及相关要求 ... 412
6.2.2 新三板分层管理要求 ... 416
6.2.3 新三板股票挂牌办理流程 ... 418
6.2.4 新三板的信息披露要求 ... 421
6.2.5 新三板的股票转让细则 ... 429
6.2.6 新三板再融资规定 ... 437
6.2.7 新三板的重组规定 ... 440
6.3 区域性股权交易市场 ... 443
6.3.1 基本介绍 ... 443
6.3.2 区域性股权交易中心挂牌流程（以上海股权托管交易中心为例） ... 444
6.3.3 区域性股权交易中心股权融资流程（以上海股权托管交易中心为例） ... 454
6.4 证券公司主导的柜台市场 ... 463
6.4.1 柜台市场与柜台交易的定义 ... 463
6.4.2 柜台交易业务特点 ... 464
6.4.3 柜台市场交易方式 ... 464
6.4.4 我国柜台市场发展现状 ... 465
6.4.5 发展柜台市场的重要意义 ... 466
6.4.6 柜台交易相关法规 ... 467

第7章 投资者关系管理
7.1 投资者关系管理的沿革和概念 ... 480
7.1.1 投资者关系管理的起源发展 ... 480
7.1.2 投资者关系管理的概念 ... 482
7.2 投资者关系管理的内涵与意义 ... 483
7.2.1 投资者关系管理的内涵 ... 483
7.2.2 投资者关系管理的意义 ... 486

7.3 投资者关系管理工作 487
- 7.3.1 投资者关系管理战略 487
- 7.3.2 投资者关系管理的影响因素 489
- 7.3.3 投资者关系管理的对象 491
- 7.3.4 投资者关系管理的渠道和方式 492
- 7.3.5 投资者关系管理沟通的主要内容 496
- 7.3.6 上市公司与媒体关系管理 497
- 7.3.7 如何衡量投资者关系管理成效 498

7.4 投资者关系管理的重要例证 498
- 7.4.1 首次公开发行与上市中的投资者关系管理 498
- 7.4.2 上市公司再融资过程中投资者关系管理 500
- 7.4.3 上市公司危机管理 501
- 7.4.4 上市公司舆情危机管理 503
- 7.4.5 运用市值管理追求市值最大化 505

7.5 投资者关系管理法律法规 507

7.6 投资者关系管理案例分析 512
- 7.6.1 A科技公司投资者关系管理及改善 512
- 7.6.2 B能源公司投资者关系管理模式 515
- 7.6.3 D生物公司投资者关系管理及主要成果 517
- 7.6.4 投资者关系管理制度示例——《J信息科技股份有限公司投资者关系管理制度》......521

第8章 企业内部控制规范体系

8.1 企业内部控制概述 527
- 8.1.1 主流内部控制理论和实务的发展 527
- 8.1.2 我国内部控制理论与实务的发展 532
- 8.1.3 企业内部控制建设发展的展望 536

8.2 企业内部控制体系建立和实施的方法 538
- 8.2.1 管理层关注并重视内控项目 538
- 8.2.2 内控需要整合升级及务实推进 539
- 8.2.3 衡量内控项目成功的标准及成果介绍 540

8.3 企业内部控制体系建设步骤 541
- 8.3.1 内部控制梳理 541
- 8.3.2 内部控制优化 544
- 8.3.3 内部控制评价 546
- 8.3.4 内部控制审计 549

8.4 内部控制体系的持续建设和维护 550
- 8.4.1 激励约束机制 551
- 8.4.2 教育和培训 551
- 8.4.3 内部审计职能 551

8.5 重点内部控制工作规范 553
- 8.5.1 控股子公司的内部控制 553
- 8.5.2 关联交易的内部控制 554
- 8.5.3 对外担保的内部控制 554
- 8.5.4 重大投资的内部控制 555
- 8.5.5 信息系统的内部控制 557

8.6 内部审计工作规范 557
- 8.6.1 内部审计组织机构 558
- 8.6.2 内部审计工作规范 558
- 8.6.3 对内部控制进行内部审计的基本要求 559

8.7 企业内部控制案例分析 561
- 8.7.1 案例1：子公司的内部控制缺陷 562
- 8.7.2 案例2：业务流程的内部控制缺陷——采购业务 562
- 8.7.3 案例3：业务流程的内部控制缺陷——资金与合同管理 562
- 8.7.4 案例4：业务流程的内部控制缺陷——销售业务与合同管理 563
- 8.7.5 案例5：财务报告的内部控制缺陷 564
- 8.7.6 案例6：人力资源的内部控制缺陷 565

第 1 章
董事会秘书概述

　　董事会秘书，又称公司秘书，是指掌管董事会文书并协助董事会成员处理日常事务的人员。董事会秘书是上市公司的高级管理人员，承担法律、行政法规以及公司章程对公司高级管理人员所要求的义务，享有相应的工作职权，并获取相应的报酬。

　　董事会秘书是英美法系国家公司法所特有的制度，最早发源于英国。在几个世纪的历史中，董事会秘书经历了由一名普通的公司文员发展成为与经理、财务总监（司库）等具有同等重要地位的公司高级管理人员的过程，而且逐渐为英美法系其他国家的公司法所采用，甚至为一些大陆法系国家公司法所借鉴。

1.1 董事会秘书制度的发展

1.1.1 英国董事会秘书制度的起源

　　通常认为董事会秘书制度发源于英国，早在 1841 年英国法报告的案例中就出现了董事会秘书，这可能是董事会秘书一词出现在英国法报告中的最早案例。董事会秘书最早在英国的原始雏形是英国公司的秘书，更多的是担负着公司内部管理职权，其实角色定位更接近于"仆人"，仅仅作为公司的一个普通雇员，处理一些文书事务，与普通的"秘书"无本质区别。在董事会秘书出现的早期，其地位和作用都受到很大的限制。

　　1887 年的 Bamett,Hoares&Co.v.The South London Tramways Companys 案被认为是早期确立董事会秘书地位与职权的重要判例。该案中的被告是家电车公司，原告是家银行。被告雇佣麦瑟、格林和伯雷等人为其工作。依照合同，被告有权保留一定比例由公司工程师通过考察麦瑟、格林和伯雷的工作而确认的工作成果。在工作过程中，麦瑟、格林和伯雷向原告请求提前支付 2000 英镑，声称依合同条款，有权取得 2000 英镑的保留金。原告给被告的董事会秘书写信告知了该交易情况，该董事会秘书回信称："我们注意到麦瑟、格林和伯雷在我公司还拥有 2000 英镑的保留金，我公司将于明年 3 月 21 日向贵行支付。"原告再次向被告的董事会秘书写信认可，并讯问："我们能否假定这 2000 英镑不受来自贵公司或其他任何人的现存或者可能的追诉？"董事会秘书回复称："我们持有的麦瑟、格林和伯雷的钱是他们依据合同应得的保留金……没有瑕疵且不受其他追诉。"原告据此提前向麦瑟、格林和伯雷支付了 2000 英镑。至 1884 年 3 月 21 日，原告仍未得到支付，于是向被告主张保留金。被告依据合同向原告支付了 675 英镑的保留金，而拒绝支付剩余的金额。事实上，董事会秘书作出的上述声明是错误的，被告已经向麦瑟、格林和伯雷支付了剩余的保留金。

　　原告的代理人认为，对公司来说，对原告提出的有关财务事项的请求作出答复属于公司的日常事务，而承担此工作的合适人选就是董事会秘书，因此董事会秘书就此作出答复理应在其职权范围之内。所以依据"禁反言",被告应当向原告支付该款项。原告引用了 Swiftv.Jewsbury 案以及 Barwickv.English Joint Stock Bank 案以佐证。被告则宣称其董事会秘书不具有明确的授权,而且按照董事会秘书的职权和功能也不具有此种权力,被告引用了 Newlandsv.National Employers's Accident Association 和 Williamsv.Chesterand HolyheadRy.Co. 案为证。

法官 Esher 勋爵指出,本案争议的焦点在于,在缺乏证据表明存在明确授权或者可以推论出此授权时,董事会秘书作出的使原告相信其有此职权的代表行为是否能够约束被告。他重复了自己在 Newlandsv.National Employers's Accident Association 中的观点,认为董事会秘书只是公司的仆人,他的工作就是做被告知所应做的事情,没有人能够推定董事会秘书能代表什么,没有人能够推定董事会秘书做出的声明能够不经进一步讯问而必然被接受,就像从来不认为在交易中一个文员能够代表公司订立合同一样。因此,法庭驳回了原告的上诉。

可见,在这一阶段,董事会秘书与其他普通秘书没有本质区别,处理的事务多为公司内部的文书性事务,并承担一定的程序性工作。与现代的董事会秘书最大的不同在于,这一时期的董事会秘书不具有代表公司的权力,他仅仅作为一名公司的普通职员而存在,甚至被称为"公司的仆人"。尽管董事会秘书的职权受到了如此大的限制,但到 19 世纪末期,这一职业已有了相当大的发展,全英特许秘书和行政管理人员协会也于 1891 年成立。这是因为董事会秘书在公司事务中发挥着越来越重要的作用。这一时期法院仍然倾向于将其认定为公司的下层服务人员,自 1862 年起,董事会秘书在英国公司法中的法律地位就一直没有变化,1948 年英国公司法承继了 1887 年 Barnett, Hoares, &Co.v.The South London Tramways Company 确认的原则,规定当缺乏明确授权时,董事会秘书的职权仅限于公司的内部管理事项。

1841 年《英国公司法》没有对公司秘书做出进一步的规定,规定其为公司的法定机关,这一规定一直到延续到 1948 年《英国公司法》,公司秘书都没有获得单独执行事务的授权。随着社会经济的繁荣发展、劳动分工逐渐复杂,董事会秘书所承担的职责越来越多,其在公司中的地位日益上升并开始发挥重要作用。1971 年,董事会秘书作为公司法定机关的地位通过判例得到确认,其职权扩大到可作为公司代理对外签订合同。英国 1985 年公司法和 1989 年公司法都对董事会秘书的任职资格、职权与责任等方面进行了更为详细的规定,特殊属性的赋予使董事会秘书开始在公司治理结构中成为关键因素。

二十世纪末期开始,开始有学者提出重新认识董事会秘书的地位,考虑将小型封闭公司中的董事会秘书规定为由公司自主决定是否设立,并因此引起了关于董事会秘书职能的重新认识。目前对公司设立董事会秘书的要求来自 1985 年的公司法,该法第 283 条明确规定"任何公司都必须有董事会秘书"。近些年来董事会秘书更是成为公司治理结构中的关键性因素。但是主张取消立法中对封闭公司董事会秘书强制性规定的声音一直存在,并且在近几年达到高潮,引起了诸多争论。

1998 年,英国贸易与工业部开展了一项对公司法根本性回顾的长期性研究,该项目由一个独立的专门委员会负责,目的在于为 21 世纪英国商事活动构建一个简单、现代化、高效率且低成本的架构。该专门委员会由在公司法领域具有丰富知识和经验的人员组成,对公司法的回顾进行管理。2001 年 7 月 26 日,该委员会向大臣提交了一份"最终报告"。以此报告为依据,政府对公司法提出了修改建议,并于 2002 年 7 月 16 日出版了白皮书《公司法的现代化》(Modernizing Comlpany Law)。在该白皮书的 6.6 部分，政府同意"最终报告"提出的取消法律中对封闭公司（private company）必须有一名董事会秘书的要求，改为由公司自行决定是否设立该机关。

这份白皮书的出版引起了很大的争议，英国秘书与管理者特许公会针对该项建议发布了专门文章阐明自己的立场。该文章指出，认为封闭公司应该自己选择是否任命董事会秘书的建议忽略了一个事实，即一个有效的董事会秘书是保证"不老实"的董事不偏离正常轨道的主要制约因素。公会认为，恰恰是那些最需要董事会秘书保护的公司可能会利用该建议的"灵活性"，因为这些公司的董事不愿意受其他人的制约。公会批评说，该建议取消了一种规制手段，却没有提供其他的调整方式。这种取消将毫无疑问地损害政府提高公司规范化程度的目标。

公会进一步指出，如果政府认为白皮书所提出的建议确实值得采纳，那么应该进行两点限制：一是允许自行决定是否任命董事会秘书的公司应限定为仅拥有一名董事的非集团公司；二是该独任董事应当具有必需的知识和经验，能够履行法律所规定的（董事会秘书）职能。

1.1.2 董事会秘书制度在美国的发展

董事会秘书制度之后被同为英美法系国家的美国吸收引用，美国各州公司法传统上均将董事会秘书列为公司最关键的高级职员之一，与总裁、财务总监等具有同等重要地位，并对董事会秘书的资格、职权、任免程序等都有规定。而且美国是世界上最早以判例的形式对董事会秘书的公司高管地位加以确认的国家。随着经济的快速发展，传统公司法中规定的高级职员已远不能包罗现代公司的组织结构和人员编制，所以美国有些州的公司法干脆取消了有关高级职员的具体规定，例如美国特拉华州公司法第 142 条规定，允许公司在章程中自行规定高级职员的任何职务称谓。同样，《美国示范公司法》1984 年修正本取消了所有对公司高级职员（包括董事会秘书）的强制性规定，其出发点则是公司如何设置自己的高级职衔并划分其职责范围应当由公司自行决定。

美国各州公司法传统上均将董事会秘书列为公司最关键的高级职员之一，与总裁、财务总监（司库）等具有同等重要地位，并对董事会秘书的资格、职权、任免程序等作了规定。美国在判例上比英国更早确认了董事会秘书拥有代表公司的权力。

1917 年的 BARKINCONST.CO.v.GOODMANetal. 案确认了董事会秘书在特定情况下代表公司的权力。原告公司是一栋公寓的所有者，原告任命被告担任公司的出租代理，作为被告向公司提供贷款的对价。原告公司的前任总裁 Barkin 是一个小股东，在此交易发生时已不再是原告公司的总裁，他将从被告处获得的贷款存入自己的个人账户，但用于公司的资金周转。Barkin 建议被告将出租房屋所得的租金作为原告偿还贷款的担保，若原告无力还贷则被告可以从租金中获得补偿。原告公司与被告之间的上述两个合同均由原告公司的董事会秘书 Berman 代表公司签署。当被告的代理期限即将到期时，原告向最高法院地区上诉分院提起了诉讼，要求被告归还其持有的应属原告的租金。该法院的判决支持原告的诉讼请求，要求被告向原告偿还租金。被告不服此判决，上诉至纽约上诉法院。

在上诉法院，上诉人指出，原告接受了被告提供的贷款，并且为自己的利益使用了该贷款，因此有理由认为原告认可 Barkin 和 Berman 分别作为公司总裁和董事会秘书代表公司的权力，而且原告以实际行为表示接受其与原告之间的合同。因此，Berman 作为公司代理人与上诉人签订的将租金作为贷款担保的合同对原告公司产生效力。被上诉人则坚持认为 Barkin 和 Berman 不具有代表公司的权力，因此不承认该担保合同对原告公司具有约束力。

法官在审理过程中发现，原告公司是由 Barkin 的妻子控股的小公司，担任公司董事会秘书的 Berman 是小股东，但是他实际掌控着公司，对公司的经营、贷款、雇佣代理等都有决定权。在本案中，向被告贷款以及雇佣被告担任公司代理都是由 Berman 和 Barkin 共同决定的。法官认为，原告公司不能在享受 Berman 代表公司签订合同而给公司带来的利益的同时，对于其代表公司签订合同带来的损失免除责任。法官 Cardozo 指出，Berman 虽然仅仅是董事会秘书，但是他实际的职权不仅仅是作为一名文员，而是具有管理一般事务的合法授权。据此，上诉法院判决推翻下级法院的判决，不支持原告公司要求被告返还用作担保的租金的请求。

如果该案确认了董事会秘书在一定情况下代表公司权力的话，此后的《美国模范公司法》以及许多州的公司法则明确规定了董事会秘书作为公司机关、代表公司的地位。如纽约州公司法第 715 条规定，公司可以选举或者任命一位总裁、一位或数位副总裁、一位秘书和一位司库（财务总监）为公司的高级职员。

1.2　我国对董事会秘书制度的引入

我国对董事会秘书制度的引入主要经历了三个阶段的历程，从境外上市的外资股企业，到境内上市的外资股企业，最后再到我国境内上市的内资股企业的逐渐演进的漫长过程。

改革开放之后，大陆公司的融资需求渐强，我国公司需要在香港上市，由于公司在香港上市必须满足香港上市制度的要求，为了能够让公司顺利上市，突破了当时制度上的障碍，从而国务院对此作出特别规定，在这一特别规定中将董事会秘书的公司高级管理人员的地位首次做了一个非常明晰的确认。当时该制度仅适用到境外上市的公司。根据香港《公司条例》第 154 条的规定"每间公司均须有秘书一名"，并且此名秘书需要代表公司在证券交易所申请文件中签署或与董事互替签署很多文件，既是必备，地位也较为重要。

国务院颁布的《国务院关于股份有限公司境外募集股份及上市的特别规定》第 15 条规定，董事会秘书为公司高级管理人员。同年，国务院证券管理委员会、国家体制改革委员会制定了《到境外上市公司章程必备条款》，其中规定"公司设置董事会秘书。董事会秘书为公司的高级管理人员"。显然，这一职位的设置最初完全起因于中国公司境外上市的需求，并且这一新生事物应该并未被当时大部分人所理解。当然随着国内证券市场的发展，政府相关管理部门认识到董事会秘书有可能成为规范公司运营，对外专职沟通监管部门，对内强化公司治理的专门人选，因此董事会秘书这一职位也就成为上市公司的标准职位，并且也随着监管部门的强力推进，逐步成为公司高管。

1994 年发布的《到境外上市公司章程必备条款》的第十一章对董事会秘书进行了专门规

制，规定董秘为公司高级管理人员，由董事会委任，主要职责是保管文件，向国家有关部门递交文件，保证股东名册妥善设立，确保有关人员及时得到有关记录和文件。但这一规定，在当时仅适于用到境外上市的公司，包括到香港、新加坡等地上市。

1996年3月21日，上交所实行了董事会秘书制度，由当时的上海市证券管理办公室、上海证券交易所发布了《关于B股上市公司设立董事会秘书的暂行规定》，虽然是颇具中国特色的"暂行规定"，并且只要求B股公司必须设立董事会秘书职位，但却是中国大陆证券市场董事会秘书制度的首个专门文件，具有重要历史地位。

1996年4月10日，上海市经济体制改革委员会等发文明确要求"公司设董事会秘书一人，由董事长提名，董事会聘任"。这一规定属于地方性法规，体现了当时证券市场管理较为混乱的多元性。

1996年8月9日，上海证券交易所发布了《上海证券交易所上市公司董事会秘书管理办法（试行）》。该办法不仅适用于上海的上市公司，也适用于其他地区在上海证券交易所上市的公司，这一"试行办法"基本确立了董事会秘书制度的框架。

1997年3月24日，上海证券交易所、上海市证管办联合发布了《关于建立上市公司董事会秘书例会制度并进一步发挥董秘作用的通知》，通知指出并强调为认真执行《上市公司董事会秘书管理办法》，还建立了董事会秘书例会制度，使董事会秘书的工作得到支持和推动，促进了公司的规范化运作。通知发出后，很多公司都做出了相应的调整，从整体上使上海证券交易所上市公司中董事会秘书的地位得到提升。

1997年12月16日，中国证监会发布《上市公司章程指引》，该指引对董事会秘书的相关事宜加以规定，但与以往不同的是这次是以专节的形式加以规定，同时对于董事会秘书在上市公司设立的必要性进行了再一次明确的确认。同时对于董事会秘书的其他方面的内容也做了进一步的细化和明确，包括董事会秘书的任职条件、以及董事会秘书在上市公司应承担的核心职责及任免程序等内容。

1998年施行的《上海证券交易所股票上市规则》第五章第一节为"董事会秘书"，再次肯定董事会秘书为高级管理人员，并对其任职资格、职责、任免作出更详尽的规定。

2001年《上海证券交易所股票上市规则》（修订本）第五章，标题为"董事会秘书、股权管理与信息披露事务"，篇幅达数千字之多，其中职责增加到11条，并强调董事会秘书要诚信，勤勉尽职；针对频繁的虚假陈述案件，上海证券交易所、深圳证券交易所在2001年5月分别发布了《上市公司信息披露工作考核办法》，对董事会秘书提出了明确的信息披露方面的职责要求。

2002年，中国证券监督管理委员会与原国家经济贸易委员会联合发布了《上市公司治理准则》，在这部以整肃上市公司治理为纲的规章中，明确了董事会秘书在上市公司治理中的地位和作用，并第一次在处理董事会秘书与董事会、股东大会等公司机关之间的关系这方面有所涉及。

2004年，《股票上市规则》进一步明晰了董事会秘书在上市公司中的高管地位，在此基础之上对董事会秘书的职责也加以细化，并明确表示董事会秘书在上市公司中的"桥梁"作用，其承担与投资者建立顺畅沟通渠道的责任。

2005 年新公司法通过，其中第一百二十四条规定，上市公司设董事会秘书，负责公司股东大会和董事会会议的筹备、文件保管以及公司股东资料的管理，办理信息披露事务等事宜。从而从法律层面对董事会秘书的地位和职责作出了规定。另外，新公司法也将上市公司董事会秘书定义为公司高级管理人员，对其资格和义务统一作出了规定。

以《中华人民共和国公司法》（以下简称《公司法》）为基本指导纲要，2006 年中国证监会对《上市公司章程指引》作出全面修订，这次修订对董事会秘书具体事宜再一次进行了明晰的确认，包括董事会秘书在上市公司中应承担的核心职责、赋予董事会秘书的权力和义务以及一旦董事会秘书做出违法违规行为其所应承担的法律责任。同年由上交所、深交所针对《股票上市规则》作出全面修订，这次的修订主要是规定上市公司董事会秘书作为公司与证交所的指定联络人，并对董事会秘书职责做了最全面、最细化的一次规定，是现在我国对于董事会秘书职责作出的最为详尽的规定。

1.3 董事会秘书法律地位

我国上市公司董事会秘书制度及其法律地位的规定是有着一个由浅入深逐渐成熟的演变过程。早在 1993 年，我国深圳市人民代表大会制定的《深圳经济特区股份有限公司条例》中就率先规定了在特区内的股份有限公司设立董事会秘书，这也是我国首次将董事会秘书制度及其法律地位用立法的方式引入我国的上市公司制度中去。1997 年 12 月，我国证监会发布《上市公司章程指引》，专章专节列示了关于"董事会秘书"的条款，要求所有上市公司都必须配备董事会秘书。该指引作为我国上市公司的"根本法"，第一次真正确立了董事会秘书在上市公司中的地位和作用。2005 年，我国修改制定新的《公司法》，正式以国家法律形式规制了董事会秘书制度，保障了董事会秘书在我国公司法律体系中的法定地位。此后我国公司法又经过几次修订，但对于董事会秘书及其法律地位规制一直延续和保留下来。除了在法律制度层面作出原则性规定以外，对于能够体现董事会秘书法律地位的各个方面，如权力关系、任职资格、任免程序等，都通过证监部门规章或者证交所规则来予以具体细化规范。

在我国现行《公司法》中，立法者已经非常明晰地将董事会秘书的高级管理人员地位作了明确。于此，《公司法》可谓是作出一个很大的突破，即从法律的层面让上市公司董事会秘书的高级管理人员的地位得到了真正的落实。

对于我国上市公司董事会秘书设立的法定性，《公司法》明确指出董事会秘书一职主要负责对于公司召开公司股东大会和董事会时所需要做的筹备工作、以及公司的文件保管还有股东资料的相关管理工作，办理信息披露事务等事宜。2014 年 10 月证监会修订的《深交所股票上市规则》的相关规定均确保了董事会秘书一职在上市公司的设立具有法定性。

对于我国上市公司董事会秘书高管地位的确定，《公司法》已经非常明晰的规定，高级管理人员包括董事会秘书与公司的经理、副经理、财务负责人。同时，2016 年证监会修订的《上市公司章程指引》第 11 条也明确规定公司的副经理、董事会秘书、财务负责人为高级管理人员。均对董事会秘书一职的高管地位作出明确的定位和保障。

对于我国上市公司，董事会秘书隶属于公司董事会，《上交所董事会秘书管理办法》第

8条明确指出上市公司董事会秘书是由董事会提名并任免的，同时董事会秘书要向董事会负责。

1.4 董事会秘书任职资格与任免

1.4.1 任职资格

任职资格主要规定成为董事会秘书所必须具备的条件，一般都是包括积极和消极两个方面（如表1-1）。因为董事会秘书毕竟是公司治理中的一个关键环节，与公司信息披露质量的高低有直接的关系，因此，要对董事会秘书的任职资格进行规定。积极方面一般包括董事会秘书的知识背景以及经验等，由于董事会秘书所承担职责的特殊性，如果其对公司治理过程中一些基础性的法律、财务以及管理方面的知识不了解，那么将无法完成董事会秘书的职责。同时，由于董事会秘书是公司高级管理人员，所以还对董事会秘书的任职资格从消极方面进行规定。对董事会秘书任职资格的规定能够反映出董事会秘书在一个国家公司治理中的重要性，只有当其对整个公司治理有价值时，法律才有必要对其进行较为详细的规定。

董事会秘书任职资格的积极条件见于《深交所股票上市规则》与《上交所董事会秘书管理办法》中的相关规定，履行职责所必须的财务、管理、法律等专业知识及工作经验，是一个合格的董事会秘书应当具备的素质。同时作为董事会秘书的必备硬件即交易所颁发的董事会秘书资格证书也是必须获得的。关于上市公司董事会秘书资格证书的取得，现实中首先需要公司推荐，参加交易所组织的培训，然后通过培训后的考试方能取得。关于身份的规定，《管理办法（修订）》并未明确规定董事会秘书的身份限制，但是根据《上海证券交易所股票上市规则》（2012年修订）和《深证证券交易所股票上市规定》（2012年修订）董事会秘书只能是自然人。

消极方面沪深两大交易所都对不能担任董事会秘书的主体作了列举式的规定。消极条件包括绝对消极条件和相对消极条件。《公司法》规定了不得担任公司高级管理人员的消极条件，这同样适用于作为公司高级管理人员的董事会秘书；《管理办法（修订）》中规定，"最近三年曾受中国证监会行政处罚；曾被证券交易所公开认定为不适合担任上市公司董事会秘书；最近三年曾受证券交易所公开谴责或者三次以上通报批评；最近三年担任上市公司董事会秘书期间，证券交易所对其年度考核结果为不合格的次数累计达到二次以上；本公司现任监事；本所认定不适合担任董事会秘书的其他情形。"这都是有关董事会秘书任职的绝对消极条件。有关董事会秘书任职的相对禁止条件是指"公司聘任的会计师事务所的注册会计师和律师事务所的律师不得兼任公司董事会秘书"。该规定并非禁止所有的注册会计师和律师兼任公司董事会秘书，而只是限制公司聘任的上述两种人员不得兼任该公司的董事会秘书。另外，允许公司的董事会或者其他高级管理人员兼任公司董事会秘书，但是如果一个行为必须由董事以及董事会秘书分别作出时，则禁止兼任董事会秘书的公司董事以双重身份作出，即必须放弃某一身份，只能以一个身份出现在此次行为中。董事会秘书的具体任职资格，如表1-1所示：

表 1–1 董事会秘书任职资格

类别	董事会任职条件分类	具体要求
积极条件	专业资格	应当具备以下条件： （1）具备良好的职业道德和个人品质； （2）具备履行职责所必需的财务、管理、法律等专业知识； （3）具备履行职责所必需的工作经验； （4）取得本所认可的董事会秘书资格证书。
	兼任资格	董事或高级管理人员可以兼任董事会秘书，上市公司董事会秘书空缺期间，由董事会指定一名董事或高级管理人员代理。
消极条件	禁止的情形	（1）《公司法》第一百四十七条规定的情形； （2）最近三年曾受中国证监会行政处罚； （3）曾被证券交易所公开认定为不适合担任上市公司董事会秘书； （4）最近三年曾受证券交易所公开谴责或者三次以上通报批评； （5）本公司现任监事； （6）本所认定不适合担任董事会秘书的其他情形。
	兼任限制	不能由公司聘请的律师事务所的律师和会计事务所的注册会计师兼任，不得由公司现任监事兼任。

1.4.2 任免程序

此外，我国还对董事会秘书的任免方式与程序于在《上交所董事会秘书管理办法》、《深交所股票上市规则》中作了相应规定，《上交所董事会秘书管理办法办法》第 8 条规定董事会秘书由董事会提名并任免，并向董事会负责。同时公司应向交易所报送董事会秘书任职资格的说明、学历证明还有资格证书等。从报送材料当日开始算起，5 个交易日之后，对董事会秘书候选人任职资格，只有在证券交易所没有提出异议的情况下，上市公司才能进行董事会会议的召开确定董事会秘书的聘任。

1. 聘任

首先，时间上是 3 个月内。对于首次公开发行股票并上市的公司来说，董事会应在公司上市后的三个月内聘任已经取得董事会秘书资格证书的人作为董事会秘书；对于已经上市的公司来说，董事会应该在其原董事会秘书离职后的三个月内聘任新的董事会秘书。其次，聘任前需要交易所审核同意。在正式聘任董事会秘书的董事会会议召开前 5 个交易日前，上市公司须向交易所报送一系列关于该董事会秘书的相关资料。由交易所进行审核，交易所同意的，公司才能召开董事会会议，进行上一步并予以公告。最后，在董事会秘书被正式任职之时，公司要与其签订保密协议。约定双方的保密义务，要求董事会秘书在履职期间和离职后的几年内，保守秘密。

2. 解聘

首先，从保护劳动者的角度出发，要求公司有充分的理由。其实这也是劳动者权益保护法的应有之义。董事会秘书履职过程中难免得罪一些公司官员，若任由公司肆意而为，势必令董事会秘书有所顾忌，甚至敢怒而不敢言，最终导致董事会秘书形同虚设。所以要求公司在解聘董事会秘书时向交易所报告，说明充足的理由。其次，从维护公司和股东利益的角度出发，一旦董事会秘书出现一些危害公司利益，违反相关规定的情形时，公司必须将其解聘。因为这些情形要么是其已经失去董事会秘书的任职资格，要么是其已经不能履行应尽的义务，要么是其已经出现重大违规违法犯罪情形，如果让其继续担任职务，恐其危害公司管理，损害股东切身利益。所以必须将其限期解聘。

3. 辞职

首先，董事会秘书可以辞职。虽然董事会秘书的法律地位特殊，但从本质上看，他仍然是公司的职员，仍然是雇主与雇员的关系，从劳动保护法的角度也应该赋予其辞职的权利。其次，辞职前必须接受审查。在履职过程中，董事会秘书能够获得许多旁人不容易知晓的公司秘密，掌握一些秘密文件资料。这些都需要办理移交手续，不能扬长而去，置公司管理于不顾。

1.5 董事会秘书职权与工作范围

《公司法》和《上市公司章程指引》都明确规定了上市公司董事会秘书的基本职责：负责公司股东大会和董事会会议的筹备、文件保管以及公司股东资料管理，办理信息披露事务等事宜。但是，具体详细的职责还是载于深沪证券交易所《股票上市规则》中，主要包括以下六个方面：

1.5.1 与监管部门的沟通和联络

董事会秘书负责公司及相关当事人与证监会、证券交易所和地方证券监管机构之间的沟通和联络，保证监管部门可以随时与其取得工作联系。具体而言，董事会秘书应就监管部门提出的问题做出解答，并将监管部门提出的要求和最新的监管精神传达给上市公司管理层和董事会。充分协调上市公司与证券监管机构之间的沟通，对于监管机构的问询要积极督促董事及时回复，同时也要保障上市公司与股东、实际控制人、保荐机构、媒体等之间沟通渠道的顺畅。二是对于投资者来说，董事会秘书是一个了解公司内部信息的窗口，所以这也客观上要求董事会秘书完善与公司投资者的沟通、接待和服务工作机制。同时要对媒体报道有良好的敏感度，对公共媒体报道要及时关注，同时对一些负面信息要主动求证真实情况。

1.5.2 负责处理公司信息披露事务

董事会秘书所承担的信息披露职责主要包括三方面的内容。其一，为了能够更好的做好信息披露的职责必须要有相关的披露制度作保障，所以这就要求董事会秘书组织制订公司信息披露事务管理制度，在完善的信息披露制度的框架下督促公司及信息披露义务人遵守信息披露的法律法规，对于所披露的信息，要保证"三性"，具体来说，就是三方面内容，即完整性、及时性、准确性；其二，所谓的信息披露是指按照监管机构及交易所颁布出台的规定有序的披露信息，并非所有信息都要进行披露，这就要求董事会秘书履行针对有些需要保密的信息的保密工作，如果一旦出现不该公开的保密信息遭到泄露，必须及时的向交易所和监管机构汇报情况；其三，为了能够更好地做到信息披露的职责，客观上必须要求董事会秘书深入到上市公司的日常经营中来,只有在充分了解公司的财务和经营情况的大前提下才能更好地履行信息披露的职责,这就要求董事会秘书积极参加与涉及信息披露的有关会议,广泛深入的查阅涉及信息披露的公司文件,为了知悉第一手的公司信息,董事会秘书有权要求公司有关部门和人员的积极配合,及时提供与披露信息相关的资料和信息。

1.5.3 协调公司与投资者之间的关系

主要内容是接听投资者咨询电话,接待来访投资者、投资机构调研员,定期或不定期的组织召开投资者见面会,保持与媒体的良好关系,采用路演等手段加强与公众沟通,特殊情况时需要进行危机公关,回访投资者,建立与维护公司网站的投资者论坛以加强与投资者的沟通,就某些议案与投资者进行事前沟通等。在这些与投资者沟通的方法中,董事会秘书最经常使用的是接听投资者电话和接待来访的投资者、调研员两种方式。

1.5.4 三会的组织与文件的保管

主要内容是按照法定程序筹备股东大会、董事会会议及监事会会议,准备和提交有关会议文件和资料;参加董事会会议,制作会议记录并签字;保管股东大会、董事会会议文件和会议记录等。

1.5.5 督促上市公司规范运作

对于监督规范职责,主要有以下内容,一是组织公司的董事、监事和高级管理人员进行证券法律法规及交易所颁布出台的一些规范性文件中规定的培训,通过培训使上市公司董事、监事和高级管理人员知晓自己在信息披露中的角色定位,同时充分了解各自在信息披露中的权利和义务,在此基础之上,对董事、监事和高级管理人员要起到良好的督促作用,具体来说,就是促进他们更好地遵守证券法律法规、规范性文件及公司章程,保障上市公司的高管们切实履行其职责和忠实勤勉义务;二是要为董事会的决策过程以及最终所做的决策保驾护航,换言之,要保障董事会作出决议的过程以及最终决议的合法合规性,同时一旦获知上市公司作出或者有作出违反有关规定的决议的可能时,应该予以董事会提醒甚至是警告,同时应该立即向证券交易所报告情况。上述两点之外,董事会秘书在积极促进我国现代公司法人治理结构完善的过程中也是大有作为的,例如现行规定就非常明晰的规定上市公司董事会秘书应当积极协助上市公司董事会完善公司治理结构,加强公司治理建设,同时应当配合上市公司董事会积极配合制定公司在资本市场中的宏观发展战略。

1.5.6 股权事务管理

主要内容是负责保管公司股东名册,董事名册,大股东及董事、监事和高级管理人员持有本公司股票的资料。此外,董事会秘书还在不同程度上参与上市公司的决策,为公司重大决策提供法律咨询服务和决策建议。

值得指出的是,在英美法系国家,董事会秘书制度设置的最初目的是为了完善公司内部的管理,使公司运转更加规范、协调。它随着公司制度的发展而衍生,并从公司法角度进行规制。而在中国设立董事会秘书制度的主要目的是为了满足公司上市后的规范运作和监管要求，也更多地表现为证监会和证券交易所从证券法的角度进行规制。尽管建立的出发点不同，但当面对取消董事会秘书强制性规定的建议时，都会伴有争议或否决，这一定程度上说明了董事会秘书在公司发展中日益重要的地位和不可或缺的作用。

1.6 董事会秘书的义务与责任

在我国，董事会秘书应当对公司承担的义务，在公司法中做了等同于公司高级管理人员的要求，董事会秘书对公司的信义义务主要有两大类：

第一，董事会秘书须向公司负忠诚义务。即董事会秘书须忠实于本公司，并以能够维护全体股东的利益最大化的方式履行其职责，不得在履行公司职务的过程中为自己或他人谋取私利。董事会秘书必须避免与公司之间的利益冲突，并且不能从代表公司所从事的交易中获得利益，如果获得利益，则必须将其返还公司。

第二，谨慎勤勉的义务。董事会秘书在处理其职责范围内的事务时，必须尽到一个具有与其同样的知识和经验的普通人在类似的境况下所能做到的合理注意。法律常使公司秘书对公司所犯的罪行与董事承担相同的责任，在这方面刑法更多地尊崇豁见真实，因为秘书常常像一位全日制董事一样，在管理公司事务方面被视为对公司具有同样的影响。

1.7 董事会秘书的素质与技能

董事会秘书被认为是"公司高管中最职业化的岗位"，除了要有学历要求之外，还要有政治敏感度和宏观经济知识，公司所处行业的专业知识，企业管理理论和公司运作经验，而且要具备综合全面的财务、税收、法律、金融、企业管理方面的专业知识和业务能力，还要有良好的个人品质、职业道德和较高的沟通技巧、处事能力、组织协调能力。

1.7.1 做一个称职的董事会秘书

第一，明确自身角色定位。正确履行董事会秘书的职责需要对这一职位进行科学认识和准确定位，董事会秘书承担着协调人、发言人、联系人、参与人、监督人的角色，一是作为公司股东会、董事会、监事会和经理层之间的协调人，组织筹备股东会和董事会，协调董事会及经理层的内部工作，在董事会、股东、管理层、监管机构之间发挥桥梁和纽带作用。二是作为公司的发言人，组织信息披露，加强与新闻媒体的沟通和联系；三是作为公司与政府主管部门的"指定联系人"，协调与监管部门的关系，确保公司规范运作；四是作为公司资本运作的重要参与人，参与公司资本运作和其它重要事项；五是作为公司运营的监督人，发挥削弱内部人控制的重要作用。

第二，努力提高专业能力。董事会秘书应掌握有关法律法规，熟悉公司章程、议事规则，了解宏观经济、企业管理和公司业务等方面的知识。董事会秘书要具有科学决策、组织管理、沟通协调、把控风险、指导监督等专业能力。其中，沟通协调是董事会秘书工作的基础，也是最基本的专业能力。董事会秘书要通过多种形式保持与各股东单位、董监事及各专业委员会的沟通与联系，建立和谐、信任的合作关系，确保工作进度及沟通质量。

第三，大力加强道德修养。董事会秘书要树立高尚的人格，忠诚于事业、忠诚于法律、忠诚于公司。董事会秘书必须有良好的工作理念，必须时刻认识到这是一个专业性很强的角色，承担的责任重大，代表公司所披露的任何信息，都有可能引起公司股价的波动。董事会秘书必须重细节、讲原则，遵守"公开、公平、公正"的信息披露原则。

第四，积极完善心智模式。董事会秘书要努力建立与工作要求相适应的心智模式，以积极乐观的态度对待工作，不断激发创业激情，学会在"夹缝"中生存和发展，最大限度地发挥积极因素。由于岗位的特殊性，公司领导、同事、亲戚朋友可能会不理解，甚至还会有误解，因此，必须善意的对待人和事，工作要严谨，既要通情达理又要讲原则，做到合理合规。

1.7.2 董事会秘书的资格考试及后续培训

董事会秘书资格考试的基本范围包括《公司法》《证券法》等相关法律法规；中国证监会相关部门规章和规范性文件；交易所相关业务规则；证券登记结算业务及与投资者关系管理有关的业务规则等。

沪深交易所均规定，已通过资格培训的在任上市公司董事会秘书每两年至少参加一次由交易所举办的董事会秘书后续培训。交易所将建立董事会秘书资格管理信息库，记录通过资格考试的人员名单及其接受后续培训情况等相关信息。深交所还要求，信息披露考核不合格的上市公司董事会秘书以及被交易所通报批评的董事会秘书需参加深交所拟举办的最新一期董事会秘书培训。

1. 上交所董事会秘书任职培训规定

参加董事会秘书资格考试的人员，事前参加资格培训的时间不得少于36课时。参考人员通过考试后，给予资格考试成绩合格证明，并根据资格培训出勤率和上市公司诚信档案等情况综合评定，颁布董事会秘书资格证书。

上市公司年度报告法定披露期限届满或董事会秘书离任前，董事会秘书应向上交所提交年度履职报告或离任履职报告。考核不合格的将记入上市公司诚信档案。如上市公司董事会秘书连续两年考核不合格或最近三年受到交易所公开谴责或三次以上通报批评或连续两年未参加董事会秘书后续培训，以及出现不符合《上市规则》规定的任职条件等情况的，其董事会秘书资格证书将被注销。

2. 深交所董事会秘书任职培训规定

深交所规定，若董事会秘书最近三年受到交易所公开谴责或三次以上通报批评，或连续两年未参加深交所董事会秘书培训，深交所可取消其董事会秘书资格。

1.8 董事会秘书的职业风险和防范

1.8.1 职业风险

董事会秘书的职业风险主要会来自于以下两个方面：

1. 来自公司外部的职业风险

董事会秘书在中国有关法律、法规上的认同，最早起源于国务院根据《公司法》第85条及155条颁布的《关于股份有限公司境外募集股份及上市的特别规定》，该规定第15条明确了董事会秘书为公司的高级管理人员。

事实上，由于上市公司的规模、领导层的认识、企业文化的不同及董事会秘书本身素质的差异，往往造成董事会秘书执行有关职责时，在承担责任、工作标准、工作职权及相应报酬等方面存在较大的差异。

从另一个方面考虑，董事会秘书的职权主要反映在与交易所的联络、协调和组织上市公司信息披露事宜、与投资者及新闻媒体的联络、董事会内部的管理等方面处在公司与外界的交汇点，也是公司与外界矛盾的交汇点。目前我国证券市场处在发展时期，有关法律、法规还在不断地建立和健全，由此也造成董事会秘书在行使职权中的困惑。而一旦出现问题，董事会秘书首当其冲，必然要负有关责任。

2. 来自公司内部的职业风险

由于中国证券市场的特殊性，上市公司中大部分是由国有企业改制而成的。而这些公司在完成上市筹集资金之后，很多管理思路及管理办法还没有真正适应证券市场的要求，也就是说改制滞后。

可以想像，如果上市公司的董事会对上市公司的规范化运作没有足够的认识，对董事会秘书的作用也不会有充分的认同。可能出现两个方面的问题：

一方面，将公司上市之后多出来的工作交给董事会秘书去做，但是并没有在机构设置、工作人员配备、管理制度方面给予配合。而当董事会秘书对公司董事会的一些做法提出疑义时，往往得不到理解。

另一方面，公司对董事会秘书寄予较大的期望，由于董事会秘书自身素质等原因造成不胜任董事会秘书工作而产生公司董事会对董事会秘书工作的不信任感。无论出现哪一种情况，董事会秘书的工作都处于一种被动的尴尬局面。

1.8.2 风险防范

董事会秘书作为公司的高级管理人员，知道很多公司在决策与投资方面的安排，保守公司的秘密，避免公司对股价有影响的消息通过非正常的渠道传播。当得知公司作出或者可能作出违反有关法律、法规的决议时，应及时提醒公司有关人员，并拿出解决问题的办法。这样做一方面可以提升公司董事会对董事会秘书的信任程度，另一方面也能有效地防范风险。

从个人角度来说，董事会秘书职业风险可以从以下几个方面防范：

1. 具备专业知识，提供专业意见

董事会秘书被誉为"公司高管层中最职业化的岗位"，因此，要求任职资格起点相当高，一般要求大学本科以上学历，不仅要有政治敏感度和宏观经济知识，公司所处行业的专业知识，企业管理理论和公司运作经验，还要具备综合全面的财务、税收、法律、金融、企业管理方面的专业知识和业务能力，而且还要有良好的个人品质、职业道德和较高的沟通技巧、处事能力、组织协调能力。

董事会秘书应该具备一定的专业知识，这是董事会秘书的职业所必须的。不仅要掌握公司法、证券法、上市规则等有关法律法规，还要熟悉公司章程、信息披露规则，掌握财务及行政管理方面的有关知识。董事会秘书需要懂得必备的财务知识和法律知识，以及必备的产业与管理知识。比如财务，不一定懂如何做账，但是要懂经营财务数据的解读。只有这样，才能有效的行使董事会秘书的职责，对董事会提供全面的专业意见，保障公司规范化运作，从而确立董事会秘书在公司的地位及作用。

董事会秘书所进行的一系列工作都需要有专业的知识体系为依托，只有这样，才能有效的行使董事会秘书的职责，对董事会提供全面的专业意见，保障公司规范化运作，从而确立董事会秘书在公司的地位及作用。并且，董事会秘书要在企业内部做好沟通，让公司其他高管和董事及时了解监管部门、投资者对公司的要求、希望和建议，从而影响甚至规范企业在经营管理上的行为，达到外部投资者、监管部门和社会公众对企业的要求。

2. 遵守职业操守，履行专业职能

和其他部门和职位不一样，董事会秘书是通过促进上市公司规范发展来体现自己的价值的，为公司带来的是长远的效益。董事会秘书应当遵守公司章程，承担与高级管理人员有关法律责任，对公司负有诚信和勤勉义务，不得利用职权为自己或他人谋取利益。董事会秘书作为专业人士，遵守职业操守，保持个人的品格和地位是履行专业职能的首要条件。

董事会秘书作为公司的高级管理人员，知道很多公司在决策与投资方面的安排，保守公司的秘密，避免对公司股价有影响的消息通过非正常的渠道传播。当得知公司作出或者可能作出违反有关法律、法规的决议时，应及时提醒公司有关人员，并拿出解决问题的办法。这样做一方面可以提升公司董事会对董事会秘书的信任程度，另一方面也能有效的防范风险。

3. 积累工作经验，提高工作质量

董事会秘书在工作实践中，积累了不少好的经验，这些经验都有利于董事会秘书有效的防范风险。

注重工作方法，对董事一视同仁，提供同等专业意见，与董事保持良好的关系，提高董事对董事会秘书的信任程度。争取董事会成员对董事会秘书工作的理解和支持，建立良好的工作环境。

提高工作技巧，对董事会的议案要事先提出专业意见，在有可能违反有关法律、法规时，在会前要表明自己的观点，协助董事会在不违反有关法律、法规的前提下，提出解决问题的方案。不要等到董事会议上提出反对意见，避免在董事会议上引起争议。如需要请专业会计师或专业律师提供意见时，应在会前安排专业人士到场。

让公司了解、认识，甚至认可董事会秘书这个岗位所能够起到的作用。董秘也只有在这个过程中才能对企业的情况有真实、透彻地了解，才能把公司的情况和监管部门、投资者说得清楚，形成一种良性互动。对于上市公司来讲，如何才能有一个好的治理结构，一个好的投资回报给到投资者，董事会秘书可以说是关键。

1.9 上海证券交易所关于上市公司董事会秘书的相关规定

1.9.1 上海证券交易所上市公司董事会秘书管理办法

上海证券交易所上市公司董事会秘书管理办法
（2015年修订）
第一章 总则

第一条 为提高上市公司治理水平，规范本所上市公司董事会秘书的选任、履职和培训工作，根据《公司法》《证券法》《上海证券交易所股票上市规则》（以下简称"上市规则"）等法律法规和其他规范性文件，制订本办法。

第二条 上市公司董事会秘书为上市公司高级管理人员，对上市公司和董事会负责，忠实、勤勉地履行职责。

第三条 上市公司董事会秘书是上市公司与本所之间的指定联络人。本所仅接受董事会秘书或代行董事会秘书职责的人员以上市公司名义办理信息披露、公司治理、股权管理等其相关职责范围内的事务。

第四条 上市公司应当建立董事会秘书工作制度，并设立由董事会秘书分管的工作部门。

第二章 选任

第五条 上市公司董事会应当在公司首次公开发行股票上市后三个月内，或原任董事会秘书离职后3个月内聘任董事会秘书。

第六条 担任上市公司董事会秘书，应当具备以下条件：

（一）具有良好的职业道德和个人品质；

（二）具备履行职责所必需的财务、管理、法律等专业知识；

（三）具备履行职责所必需的工作经验；

（四）取得本所认可的董事会秘书资格证书。

第七条 具有下列情形之一的人士不得担任上市公司董事会秘书：

（一）《公司法》第一百四十七条规定的任何一种情形；

（二）最近3年曾受中国证监会行政处罚；

（三）曾被证券交易所公开认定为不适合担任上市公司董事会秘书；

（四）最近3年曾受证券交易所公开谴责或者3次以上通报批评；

（五）本公司现任监事；

（六）本所认定不适合担任董事会秘书的其他情形。

第八条 上市公司拟召开董事会会议聘任董事会秘书的，应当提前5个交易日向本所备案，并报送以下材料：

（一）董事会推荐书，包括被推荐人（候选人）符合本办法规定的董事会秘书任职资格的说明、现任职务和工作履历；

（二）候选人的学历证明、董事会秘书资格证书等。

本所自收到报送的材料之日起5个交易日后，未对董事会秘书候选人任职资格提出异议的，公司可以召开董事会会议，聘任董事会秘书。

对于本所提出异议的董事会秘书候选人，上市公司董事会不得聘任其为董事会秘书。

第九条 上市公司解聘董事会秘书应当具备充足的理由，不得无故将其解聘。

第十条 上市公司董事会秘书具有下列情形之一的，上市公司应当自相关事实发生之日起一个月内将其解聘：

（一）本办法第七条规定的任何一种情形；

（二）连续3年未参加董事会秘书后续培训；

（三）连续3个月以上不能履行职责；

（四）在履行职责时出现重大错误或疏漏，后果严重的；

（五）违反法律法规或其他规范性文件，后果严重的。

董事会秘书被解聘时，公司应当及时向本所报告，说明原因并公告。董事会秘书有权就被公司不当解聘，向本所提交个人陈述报告。

第十一条 上市公司董事会秘书被解聘或辞职离任的，应当接受上市公司董事会和监事会的离任审查，并办理有关档案文件、具体工作的移交手续。

董事会秘书辞职后未完成上述报告和公告义务的，或者未完成离任审查、文件和工作移交手续的，仍应承担董事会秘书职责。

第十二条 上市公司董事会秘书空缺期间，上市公司董事会应当及时指定一名董事或高级管理人员代行董事会秘书的职责，并报本所备案。

上市公司董事会未指定代行董事会秘书职责的人员或董事会秘书空缺时间超过三个月的，由公司法定代表人代行董事会秘书职责，直至公司聘任新的董事会秘书。

第三章 履职

第十三条 上市公司董事会秘书负责上市公司信息披露管理事务，包括：

（一）负责公司信息对外发布；

（二）制定并完善公司信息披露事务管理制度；

（三）督促公司相关信息披露义务人遵守信息披露相关规定，协助相关各方及有关人员履行信息披露义务；

（四）负责公司未公开重大信息的保密工作；

（五）负责上市公司内幕知情人登记报备工作；

（六）关注媒体报道，主动向公司及相关信息披露义务人求证，督促董事会及时披露或澄清。

第十四条 上市公司董事会秘书应协助上市公司董事会加强公司治理机制建设，包括：

（一）组织筹备并列席上市公司董事会会议及其专门委员会会议、监事会会议和股东大会会议；

（二）建立健全上市公司内部控制制度；

（三）积极推动上市公司避免同业竞争，减少并规范关联交易事项；

（四）积极推动上市公司建立健全激励约束机制；

（五）积极推动上市公司承担社会责任。

第十五条　上市公司董事会秘书负责上市公司投资者关系管理事务，完善公司投资者的沟通、接待和服务工作机制。

第十六条　董事会秘书负责上市公司股权管理事务，包括：

（一）保管公司股东持股资料；

（二）办理公司限售股相关事项；

（三）督促公司董事、监事、高级管理人员及其他相关人员遵守公司股份买卖相关规定；

（四）其他公司股权管理事项。

第十七条　上市公司董事会秘书应协助上市公司董事会制定公司资本市场发展战略，协助筹划或者实施公司资本市场再融资或者并购重组事务。

第十八条　上市公司董事会秘书负责上市公司规范运作培训事务，组织公司董事、监事、高级管理人员及其他相关人员接受相关法律法规和其他规范性文件的培训。

第十九条　上市公司董事会秘书应提示上市公司董事、监事、高级管理人员履行忠实、勤勉义务。如知悉前述人员违反相关法律法规、其他规范性文件或公司章程，做出或可能做出相关决策时，应当予以警示，并立即向本所报告。

第二十条　上市公司董事会秘书应履行《公司法》、中国证监会和本所要求履行的其他职责。

第二十一条　上市公司应当为董事会秘书履行职责提供便利条件，公司董事、监事、高级管理人员和相关工作人员应当配合董事会秘书的履职行为。

第二十二条　上市公司董事会秘书为履行职责，有权了解公司的财务和经营情况，查阅其职责范围内的所有文件，并要求公司有关部门和人员及时提供相关资料和信息。

第二十三条　上市公司召开总经理办公会以及其他涉及公司重大事项的会议，应及时告知董事会秘书列席，并提供会议资料。

第二十四条　上市公司董事会秘书在履行职责的过程中受到不当妨碍或者严重阻挠时，可以直接向本所报告。

第二十五条　上市公司董事会秘书应当与上市公司签订保密协议，承诺在任期期间及离任后，持续履行保密义务直至有关信息对外披露为止，但涉及公司违法违规行为的信息不属于前述应当履行保密的范围。

第二十六条　上市公司董事会应当聘请证券事务代表，协助上市公司董事会秘书履行职责。

董事会秘书不能履行职责或董事会秘书授权时，证券事务代表应当代为履行职责。在此期间，并不当然免除董事会秘书对其职责所负有的责任。

证券事务代表应当取得本所认可的董事会秘书资格证书。

第四章　培训

第二十七条　上市公司董事会秘书候选人或证券事务代表候选人应参加本所认可的资格培训，培训时间原则上不少于36个课时，并取得董事会秘书资格培训合格证书。

第二十八条　上市公司董事会秘书原则上每两年至少参加一次由本所举办的董事会秘书后续培训。

被本所通报批评的上市公司董事会秘书，应参加本所举办的最近一期董事会秘书后续培训。

第二十九条　上市公司董事会秘书的培训内容包括上市公司信息披露、公司治理、投资者关系管理、股权管理、董事会秘书权利和义务等主题。

本所可根据实际需要，适时调整培训课程和培训材料。

第三十条　本所通过本所网站公告上市公司董事会秘书培训的报名时间、报名方式、考试范围、考试纪律、考试成绩等相关事项。

第五章　惩戒

第三十一条　董事会秘书违反本管理办法，情节严重的，本所根据上市规则的规定给予以下惩戒：

（一）通报批评；

（二）公开谴责；

（三）公开认定不适合担任上市公司董事会秘书。

以上第（二）项、第（三）项惩戒可以一并实施。

第三十二条　被本所公开认定为不适合担任上市公司董事会秘书的，本所注销其"董事会秘书资格证书"，自注销之日起本所不接受其参加董事会秘书资格培训。

因本管理办法第七条第一款第（二）（四）项和第十条第一款第（二）项规定的事项被上市公司解聘的，本所注销其"董事会秘书资格证书"，自注销之日起本所3年内不接受其参加董事会秘书资格培训。

第六章　附则

第三十三条　本办法由本所负责解释。

第三十四条　本办法自发布之日起实施。原《上海证券交易所上市公司董事会秘书管理办法》（2011年修订）、《上海证券交易所上市公司董事会秘书资格管理办法》和《上海证券交易所上市公司董事会秘书考核办法》同时废止。

1.9.2　上海证券交易所股票上市规则（2022年1月修订）节选

上海证券交易所股票上市规则（节选）

上证发〔2022〕1号

......

第四节　董事会秘书

4.4.1　上市公司应当设立董事会秘书，作为公司与本所之间的指定联络人。

公司应当设立由董事会秘书负责管理的信息披露事务部门。

4.4.2　董事会秘书对上市公司和董事会负责，履行如下职责：

（一）负责公司信息披露事务，协调公司信息披露工作，组织制定公司信息披露事务管理制度，督促公司及相关信息披露义务人遵守信息披露相关规定；

（二）负责投资者关系管理，协调公司与证券监管机构、投资者及实际控制人、中介机构、媒体等之间的信息沟通；

（三）筹备组织董事会会议和股东大会会议，参加股东大会会议、董事会会议、监事会会议及高级管理人员相关会议，负责董事会会议记录工作并签字；

（四）负责公司信息披露的保密工作，在未公开重大信息泄露时，立即向本所报告并披露；

（五）关注媒体报道并主动求证真实情况，督促公司等相关主体及时回复本所问询；

（六）组织公司董事、监事和高级管理人员就相关法律法规、本所相关规定进行培训，协助前述人员了解各自在信息披露中的职责；

（七）督促董事、监事和高级管理人员遵守法律法规、本所相关规定和公司章程，切实履行其所作出的承诺；在知悉公司、董事、监事和高级管理人员作出或者可能作出违反有关规定的决议时，应当予以提醒并立即如实向本所报告；

（八）负责公司股票及其衍生品种变动管理事务；

（九）法律法规和本所要求履行的其他职责。

4.4.3 上市公司应当为董事会秘书履行职责提供便利条件，董事、监事、财务负责人及其他高级管理人员和相关工作人员应当支持、配合董事会秘书的工作。

董事会秘书为履行职责，有权了解公司的财务和经营情况，参加涉及信息披露的有关会议，查阅相关文件，并要求公司有关部门和人员及时提供相关资料和信息。

董事会秘书在履行职责的过程中受到不当妨碍或者严重阻挠时，可以直接向本所报告。

4.4.4 上市公司董事会秘书应当具备履行职责所必需的财务、管理、法律等专业知识，具有良好的职业道德和个人品质。具有下列情形之一的人士不得担任董事会秘书：

（一）本规则第4.3.3条规定的不得担任上市公司董事、监事或者高级管理人员的情形；

（二）最近3年受到过中国证监会的行政处罚；

（三）最近3年受到过证券交易所公开谴责或者3次以上通报批评；

（四）本公司现任监事；

（五）本所认定不适合担任董事会秘书的其他情形。

4.4.5 上市公司应当在首次公开发行的股票上市后3个月内或者原任董事会秘书离职后3个月内聘任董事会秘书。

4.4.6 上市公司董事会秘书空缺期间，董事会应当及时指定一名董事或者高级管理人员代行董事会秘书的职责并向本所报告，同时尽快确定董事会秘书的人选。公司指定代行董事会秘书职责的人员之前，由公司董事长代行董事会秘书职责。

公司董事会秘书空缺时间超过3个月的，董事长应当代行董事会秘书职责，并在6个月内完成董事会秘书的聘任工作。

4.4.7 上市公司应当聘任证券事务代表协助董事会秘书履行职责。在董事会秘书不能履行职责时，证券事务代表应当代为履行职责。在此期间，并不当然免除董事会秘书对公司信息披露等事务所负有的责任。

证券事务代表的任职条件参照本规则第4.4.4条执行。

4.4.8 上市公司聘任董事会秘书、证券事务代表后，应当及时公告并向本所提交下列资料：

（一）董事会推荐书，包括董事会秘书、证券事务代表符合本规则规定的任职条件的说明、现任职务、工作表现、个人品德等内容；

（二）董事会秘书、证券事务代表个人简历和学历证明复印件；

（三）董事会秘书、证券事务代表聘任书或者相关董事会决议；

（四）董事会秘书、证券事务代表的通讯方式，包括办公电话、移动电话、传真、通信地址及专用电子邮箱地址等。

上述有关通讯方式的资料发生变更时，公司应当及时向本所提交变更后的资料。

4.4.9 上市公司解聘董事会秘书应当有充分的理由，不得无故将其解聘。

董事会秘书被解聘或者辞职时，公司应当及时向本所报告，说明原因并公告。

董事会秘书可以就被公司不当解聘或者与辞职有关的情况，向本所提交个人陈述报告。

4.4.10 董事会秘书具有下列情形之一的，上市公司应当自相关事实发生之日起1个月内将其解聘：

（一）出现本规则第4.4.4条规定的任何一种情形；

（二）连续3个月以上不能履行职责；

（三）在履行职责时出现重大错误或者疏漏，给公司、投资者造成重大损失；

（四）违反法律法规、本所相关规定和公司章程等，给公司、投资者造成重大损失。

4.4.11 上市公司应当指派董事会秘书和代行董事会秘书职责的人员、证券事务代表负责与本所联系，以上市公司名义办理信息披露、股票及其衍生品种变动管理等事务。

1.10 全国中小企业股份转让系统关于上市公司董事会秘书相关规定

1.10.1 全国中小企业股份转让系统挂牌公司董事会秘书任职及资格管理办法（试行）

全国中小企业股份转让系统挂牌公司董事会秘书任职及资格管理办法

（试行）

股转系统公告〔2016〕68号

第一条 为加强挂牌公司董事会秘书管理，完善公司治理，根据《全国中小企业股份转让系统业务规则（试行）》（以下简称《业务规则》）、《全国中小企业股份转让系统挂牌公司分层管理办法（试行）》（以下简称《分层管理办法》）等规定，制定本办法。

第二条 本办法适用于全国中小企业股份转让系统（以下简称"全国股转系统"）挂牌公司及申请挂牌公司的董事会秘书任职及资格管理。挂牌公司及申请挂牌公司设立董事会秘书的应当遵守本办法的规定。

第三条 董事会秘书应当遵守法律法规、部门规章、业务规则、公司章程和本办法的规定，忠实勤勉地履行职责。

第四条 全国中小企业股份转让系统有限责任公司（以下简称"全国股转公司"）依据

《业务规则》《分层管理办法》及本办法规范挂牌公司董事会秘书的任职管理，开展挂牌公司董事会秘书的资格管理工作。

全国股转公司可以委托有关单位依据《业务规则》及本办法组织挂牌公司董事会秘书的培训及考试工作。

第五条 董事会秘书是挂牌公司与全国股转公司、主办券商的指定联络人。董事会秘书对挂牌公司和董事会负责，履行以下职责：

（一）负责挂牌公司信息披露事务，协调挂牌公司信息披露工作，组织制定挂牌公司信息披露事务管理制度，督促挂牌公司及相关信息披露义务人遵守信息披露相关规定。

负责挂牌公司信息披露的保密工作，组织制定保密制度工作和内幕信息知情人报备工作，在发生内幕信息泄露时，及时向主办券商和全国股转公司报告并公告；

（二）负责挂牌公司股东大会和董事会会议的组织筹备工作，参加股东大会、董事会、监事会会议及高级管理人员相关会议，负责董事会会议记录工作并签字确认；

（三）负责挂牌公司投资者关系管理和股东资料管理工作，协调挂牌公司与证券监管机构、股东及实际控制人、证券服务机构、媒体等之间的信息沟通；

（四）负责督促董事会及时回复主办券商督导问询以及全国股转公司监管问询；

（五）负责组织董事、监事和高级管理人员进行证券法律法规、部门规章和全国股转系统业务规则的培训；督促董事、监事和高级管理人员遵守证券法律法规、部门规章、全国股转系统业务规则以及公司章程，切实履行其所作出的承诺。

在知悉挂牌公司作出或者可能作出违反有关规定的决议时，应当及时提醒董事会，并及时向主办券商或者全国股转公司报告；

（六）《公司法》、《证券法》、中国证监会和全国股转公司要求履行的其他职责。

第六条 挂牌公司应当设立信息披露事务部门，由董事会秘书负责管理，并应当在《公司章程》中明确相应工作制度，为董事会秘书履行职责提供便利条件。

董事会秘书为履行职责有权了解公司的财务和经营情况，参加涉及信息披露的有关会议，查阅涉及信息披露的所有文件，并要求公司有关部门和人员及时提供相关资料和信息。董事、监事、财务负责人及其他高级管理人员和公司相关人员应当支持、配合董事会秘书在信息披露方面的工作。董事会秘书在履行职责过程中受到不当妨碍或者严重阻挠时，可以向主办券商或全国股转公司报告。

第七条 董事会秘书应当具备履行职责所必需的财务、管理、法律专业知识及相关工作经验，具有良好的职业道德和个人品德。有下列情形之一的，不得担任挂牌公司董事会秘书：

（一）存在《公司法》第一百四十六条规定情形的；

（二）被中国证监会采取证券市场禁入措施，期限尚未届满的；

（三）被全国股转公司或证券交易所认定不适合担任公司董事、监事、高级管理人员的；

（四）挂牌公司现任监事；

（五）全国股转公司认定不适合担任董事会秘书的其他情形。

第八条 除本办法第七条规定的情形外，有下列情形之一的人士，不得担任创新层挂牌公司董事会秘书：

（一）未取得全国股转公司颁发的董事会秘书资格证书，或者董事会秘书资格证书被吊销后未重新取得的；

（二）最近12个月存在《分层管理办法》第十二条第（三）项所列情形的；

（三）全国股转公司认定不适合担任创新层挂牌公司董事会秘书的其他情形。

第九条 挂牌公司应当在董事会正式聘任董事会秘书后的两个转让日内发布公告，并向全国股转公司报备。公告应包括但不限于以下内容：

（一）董事会秘书符合本办法任职资格的说明；

（二）董事会秘书学历和工作履历说明；

（三）董事会秘书违法违规的记录（如有）；

（四）董事会秘书的通讯方式，包括办公电话、移动电话、传真、通信地址及专用电子邮件信箱地址等。

第十条 董事会秘书被解聘或者辞职时，挂牌公司应当在两个转让日内发布公告并向全国股转公司报备。

挂牌公司解聘董事会秘书应当具有充分理由，不得无故将其解聘。

第十一条 董事会秘书有下列情形之一的，挂牌公司应当自该事实发生之日起一个月内解聘董事会秘书：

（一）出现本办法第七条所规定情形之一的；

（二）连续三个月以上不能履行职责的；

（三）违反法律法规、部门规章、业务规则、公司章程，给挂牌公司或者股东造成重大损失的。

第十二条 除本办法第十一条规定的情形外，创新层挂牌公司董事会秘书出现本办法第八条所规定情形之一的，挂牌公司应当自该事实发生之日起一个月内解聘。

第十三条 挂牌公司应当在原任董事会秘书离职后三个月内聘任董事会秘书。董事会秘书空缺期间，董事会应当指定一名董事或者高级管理人员代行董事会秘书的职责，并及时公告，同时向全国股转公司报备。在指定代行董事会秘书职责的人员之前，由董事长代行董事会秘书职责。

基础层挂牌公司如在原任董事会秘书离职后决定暂不设董事会秘书的，应当指定一名具有相关专业知识的人员负责信息披露管理事务，并向全国股份转让系统公司报备。

第十四条 通过全国股转公司组织的董事会秘书资格考试的人士，可取得全国股转公司颁发的董事会秘书资格证书。

第十五条 拟参加董事会秘书资格考试的相关人员应由挂牌公司（含申请挂牌公司）董事会进行推荐。有下列情形之一的人士不得推荐参加资格考试：

（一）本办法第七条第（一）（二）（三）项所规定情形之一的；

（二）董事会秘书资格证书被吊销且未满一年的；

（三）与挂牌公司无劳务关系的；

（四）全国股转公司认定的其他情形。

第十六条 全国股转公司通过官方网站（www.neeq.com.cn）公布考试通知、考试范围、备考材料、考试方式、考试题型、考试结果等相关事项。

第十七条 参加资格考试的人员应严格遵守考试纪律，被全国股转公司认定存在舞弊、扰乱考场秩序等严重违反考试纪律情形的，将被取消当次考试成绩，并在两年内不得参加资格考试；被全国股转公司认定存在代考行为的，将取消代考者及被代考者的当次考试成绩，且终身不得参加资格考试。

第十八条 已通过资格考试的人员应当参加全国股转公司组织的后续培训。

后续培训采取课时制。挂牌公司董事会秘书应当于通过资格考试后每年参加不少于8个课时的后续培训；其他人员应当于通过资格考试后每年参加不少于4个课时的后续培训。

通过资格考试的人员被全国股转公司采取自律监管措施或纪律处分，或者被中国证监会及其派出机构采取行政监管措施或行政处罚的，应当在处罚后6个月内至少参加8个课时的后续培训。

第十九条 通过资格考试的人员有以下情形之一的，全国股转公司可以吊销其董事会秘书资格证书：

（一）本办法第七条第（一）（二）（三）项所规定情形之一的；

（二）未按规定完成后续培训课时的；

（三）全国股转公司认定的其他情形。

第二十条 除本办法第十九条规定的情形外，创新层挂牌公司董事会秘书出现第八条第（二）项规定情形的，全国股转公司吊销其董事会秘书资格证书。

第二十一条 全国股转公司根据《业务规则》的规定对以下行为采取自律监管措施：

（一）明知相关人员不符合条件仍然推荐其参加考试；

（二）明知相关人员不符合条件仍然任命其为董事会秘书；

（三）对董事会秘书履职行为进行不当妨碍、严重阻挠和无故解聘，并导致违法违规，损害投资者利益等后果的；

（四）全国股转公司认定的其他行为。

第二十二条 本办法由全国股转公司负责解释。

第二十三条 本办法自发布之日起实施。

1.10.2 全国中小企业股份转让系统挂牌公司治理指引第1号——董事会秘书

全国中小企业股份转让系统挂牌公司治理指引第1号——董事会秘书

股转系统公告〔2021〕781号

第一条 为加强挂牌公司董事会秘书管理，完善公司治理，根据《全国中小企业股份转让系统业务规则（试行）》《全国中小企业股份转让系统挂牌公司治理规则》（以下简称《公司治理规则》）等规定，制定本指引。

第二条 挂牌公司及申请挂牌公司设立董事会秘书的应当遵守本指引的规定。

第三条 董事会秘书应当遵守法律法规、部门规章、业务规则、公司章程的规定，忠实勤勉地履行职责。

第四条 全国中小企业股份转让系统有限责任公司（以下简称全国股转公司）依据《公司治理规则》及本指引规范挂牌公司董事会秘书的任职管理。

全国股转公司可以委托有关单位依据《公司治理规则》及本指引组织挂牌公司董事会秘书的培训工作。

第五条 董事会秘书是挂牌公司与全国股转公司、主办券商的指定联络人。董事会秘书对挂牌公司和董事会负责，履行以下职责：

（一）负责挂牌公司信息披露事务，协调挂牌公司信息披露工作，组织制定挂牌公司信息披露事务管理制度，督促挂牌公司及相关信息披露义务人遵守信息披露相关规定。

负责挂牌公司信息披露的保密工作，组织制定保密制度工作和内幕信息知情人报备工作，在发生内幕信息泄露时，及时向主办券商和全国股转公司报告并公告；

（二）负责挂牌公司股东大会和董事会会议的组织筹备工作，参加股东大会、董事会、监事会会议及高级管理人员相关会议，负责董事会会议记录工作并签字确认；

（三）负责挂牌公司投资者关系管理和股东资料管理工作，协调挂牌公司与证券监管机构、股东及实际控制人、证券服务机构、媒体等之间的信息沟通；

（四）负责督促董事会及时回复主办券商督导问询以及全国股转公司监管问询；

（五）负责组织董事、监事和高级管理人员进行证券法律法规、部门规章和全国中小企业股份转让系统（以下简称全国股转系统）业务规则的培训；督促董事、监事和高级管理人员遵守证券法律法规、部门规章、全国股转系统业务规则以及公司章程，切实履行其所作出的承诺。

在知悉挂牌公司作出或者可能作出违反有关规定的决议时，应当及时提醒董事会，并及时向主办券商或者全国股转公司报告；

（六）《公司法》《证券法》、中国证监会和全国股转公司要求履行的其他职责。

第六条 挂牌公司应当设立信息披露事务部门，由董事会秘书负责管理，并应当在《公司章程》中明确相应工作制度，为董事会秘书履行职责提供便利条件。

董事会秘书为履行职责有权了解公司的财务和经营情况，参加涉及信息披露的有关会议，查阅涉及信息披露的所有文件，并要求公司有关部门和人员及时提供相关资料和信息。董事、监事、财务负责人及其他高级管理人员和公司相关人员应当支持、配合董事会秘书在信息披露方面的工作。董事会秘书在履行职责过程中受到不当妨碍或者严重阻挠时，可以向主办券商或全国股转公司报告。

第七条 董事会秘书应当具备履行职责所必需的财务、管理、法律专业知识及相关工作经验，具有良好的职业道德和个人品德。有下列情形之一的，不得担任挂牌公司董事会秘书：

（一）存在《公司法》第一百四十六条规定情形的；

（二）被中国证监会采取证券市场禁入措施，期限尚未届满的；

（三）被全国股转公司或证券交易所认定不适合担任公司董事、监事、高级管理人员的；

（四）挂牌公司现任监事；

（五）全国股转公司认定不适合担任董事会秘书的其他情形。

第八条 挂牌公司应当在董事会正式聘任董事会秘书后的两个交易日内发布公告，并向全国股转公司报备。公告应包括但不限于以下内容：

（一）董事会秘书符合本指引任职资格的说明；

（二）董事会秘书学历和工作履历说明；

（三）董事会秘书违法违规的记录（如有）；

（四）董事会秘书的通讯方式，包括办公电话、移动电话、传真、通信地址及专用电子邮件信箱地址等。

第九条 董事会秘书被解聘或者辞职时，挂牌公司应当在两个交易日内发布公告并向全国股转公司报备。

挂牌公司解聘董事会秘书应当具有充分理由，不得无故将其解聘。

第十条 董事会秘书有下列情形之一的，挂牌公司应当自该事实发生之日起一个月内解聘董事会秘书：

（一）出现本指引第七条所规定情形之一的；

（二）连续三个月以上不能履行职责的；

（三）违反法律法规、部门规章、业务规则、公司章程，给挂牌公司或者股东造成重大损失的。

第十一条 挂牌公司应当在原任董事会秘书离职后三个月内聘任董事会秘书。董事会秘书空缺期间，董事会应当指定一名董事或者高级管理人员代行董事会秘书的职责，并及时公告，同时向全国股转公司报备。在指定代行董事会秘书职责的人员之前，由董事长代行董事会秘书职责。

基础层挂牌公司如在原任董事会秘书离职后决定暂不设董事会秘书的，应当指定一名高级管理人员负责信息披露管理事务，并向全国股份转让系统公司报备。

第十二条 全国股转公司根据《公司治理规则》的规定对以下行为采取自律监管措施：

（一）明知相关人员不符合条件仍然任命其为董事会秘书；

（二）对董事会秘书履职行为进行不当妨碍、严重阻挠和无故解聘，并导致违法违规，损害投资者利益等后果的；

（三）全国股转公司认定的其他行为。

第十三条 本指引由全国股转公司负责解释。

第十四条 本指引自 2021 年 11 月 15 日起施行。

1.11 深圳证券交易所关于上市公司董事会秘书相关规定

深圳证券交易所股票上市规则（2022 年修订）节选

深证上〔2022〕12 号

......

第四节 董事会秘书

4.4.1 上市公司应当设立董事会秘书，作为公司与本所之间的指定联络人。

公司应当设立由董事会秘书负责管理的信息披露事务部门。

4.4.2 董事会秘书对上市公司和董事会负责，履行如下职责：

（一）负责公司信息披露事务，协调公司信息披露工作，组织制定公司信息披露事务管理制度，督促上市公司及相关信息披露义务人遵守信息披露有关规定；

（二）负责组织和协调公司投资者关系管理工作，协调公司与证券监管机构、股东及实际控制人、中介机构、媒体等之间的信息沟通；

（三）组织筹备董事会会议和股东大会会议，参加股东大会、董事会、监事会及高级管理人员相关会议，负责董事会会议记录工作并签字；

（四）负责公司信息披露的保密工作，在未公开重大信息泄露时，及时向本所报告并公告；

（五）关注有关公司的传闻并主动求证真实情况，督促董事会等有关主体及时回复本所问询；

（六）组织董事、监事和高级管理人员进行相关法律法规、本规则及本所其他规定要求的培训，协助前述人员了解各自在信息披露中的职责；

（七）督促董事、监事和高级管理人员遵守法律法规、本规则、本所其他规定和公司章程，切实履行其所作出的承诺；在知悉公司、董事、监事和高级管理人员作出或者可能作出违反有关规定的决议时，应当予以提醒并立即如实向本所报告；

（八）负责公司股票及其衍生品种变动的管理事务等；

（九）法律法规、本所要求履行的其他职责。

4.4.3 上市公司应当为董事会秘书履行职责提供便利条件，董事、监事、财务负责人及其他高级管理人员和公司相关人员应当支持、配合董事会秘书工作。

董事会秘书为履行职责，有权了解公司的财务和经营情况，参加涉及信息披露的有关会议，查阅相关文件，并要求公司有关部门和人员及时提供相关资料和信息。

董事会秘书在履行职责过程中受到不当妨碍和严重阻挠时，可以直接向本所报告。

4.4.4 上市公司董事会秘书应当具备履行职责所必需的财务、管理、法律专业知识，具有良好的职业道德和个人品德。有下列情形之一的人士不得担任公司董事会秘书：

（一）最近三十六个月受到中国证监会行政处罚；

（二）最近三十六个月受到证券交易所公开谴责或者三次以上通报批评；

（三）本公司现任监事；

（四）本所认定不适合担任董事会秘书的其他情形。

4.4.5 上市公司应当在首次公开发行股票并上市后三个月内或者原任董事会秘书离职后三个月内聘任董事会秘书。

4.4.6 上市公司董事会秘书空缺期间，董事会应当指定一名董事或者高级管理人员代行董事会秘书的职责并报本所，同时尽快确定董事会秘书人选。公司指定代行董事会秘书职责的人员之前，由董事长代行董事会秘书职责。

公司董事会秘书空缺期间超过三个月的，董事长应当代行董事会秘书职责，并在六个月内完成董事会秘书的聘任工作。

4.4.7 上市公司在聘任董事会秘书的同时,还应当聘任证券事务代表,协助董事会秘书履行职责。在董事会秘书不能履行职责时,由证券事务代表行使其权利并履行其职责,在此期间,并不当然免除董事会秘书对公司信息披露事务所负有的责任。

证券事务代表的任职条件参照本规则第4.4.4条执行。

4.4.8 上市公司聘任董事会秘书、证券事务代表后应当及时公告,并向本所提交下列资料:

(一)董事会秘书、证券事务代表聘任书或者相关董事会决议、聘任说明文件,包括符合本规则任职条件、职务、工作表现及个人品德等;

(二)董事会秘书、证券事务代表个人简历、学历证明(复印件);

(三)董事会秘书、证券事务代表的通讯方式,包括办公电话、移动电话、传真、通信地址及专用电子邮件信箱地址等。

上述有关通讯方式的资料发生变更时,公司应当及时向本所提交变更后的资料。

4.4.9 上市公司解聘董事会秘书应当具有充分理由,不得无故解聘。董事会秘书被解聘或者辞职时,公司应当及时向本所报告,说明原因并公告。

董事会秘书可以就被公司不当解聘或者与辞职有关的情况,向本所提交个人陈述报告。

4.4.10 董事会秘书有下列情形之一的,上市公司应当自事实发生之日起一个月内解聘董事会秘书:

(一)出现本规则第4.4.4条所规定情形之一;

(二)连续三个月以上不能履行职责;

(三)在履行职责时出现重大错误或者疏漏,给投资者造成重大损失;

(四)违反法律法规、本规则、本所其他规定或者公司章程,给公司、投资者造成重大损失。

4.4.11 上市公司应当指派董事会秘书、证券事务代表或者本规则规定代行董事会秘书职责的人员负责与本所联系,办理信息披露与股票及其衍生品变动管理事务。

1.12 上市公司董事会秘书行为不当而受到处罚的相关案例

1.12.1 案例1:浙江F电器信息发布前后不一致受处罚

中国证监会发现浙江FZ电器股份有限公司(以下简称发行人或公司)在申请非公开发行股票过程中,存在以下问题:

发行人于2021年1月11日报送的非公开发行股票申请文件中,发行预案披露的认购对象卓越汽车有限公司间接股东中车城市交通有限公司股权结构,与发行保荐工作报告、律师工作报告载明的中车城市交通有限公司股权结构不一致。

上述行为违反了《上市公司证券发行管理办法》(证监会令第163号)第四条的规定。根据《上市公司证券发行管理办法》第六十四条的规定,中国证监会决定:

第一、对发行人采取责令改正的监管措施。发行人应对公司信息披露情况进行深入整改，建立健全公司信息披露内控制度、工作流程和操作规范，并向中国证监会提交书面整改报告。

第二、发行人董事会秘书牟某作为直接负责的主管人员，对其采取监管谈话措施。牟某需于2021年5月10日携带有效身份证件到中国证监会接受谈话。

如果对本监管措施不服，可以在收到本决定书之日起六十日内向中国证监会提出行政复议申请，也可以在收到本决定书之日起六个月内向有管辖权的人民法院提起诉讼。复议与诉讼期间，上述监督管理措施不停止执行。

1.12.2 案例2：Y传媒信息披露违法

依据2005年修订的《中华人民共和国证券法》（以下简称2005年《证券法》）的规定，中国证监会对Y传媒股份有限公司（以下简称Y传媒）信息披露违法违规行为进行立案调查、审理，并依法向当事人告知作出行政处罚的事实、理由、依据及当事人依法享有的权利，应当事人的申请，中国证监会举行听证会，听取当事人及其代理人的陈述和申辩意见。本案现已调查、审理终结。

经查明，Y传媒存在以下违法事实：

一、Y传媒收购上海X传媒股份有限公司的情况

2013年9月4日，Y传媒披露了《关于重大事项停牌公告》称Y传媒正在筹划重大事项，9月5日起开始停牌。

2013年10月，Y传媒与上海X传媒股份有限公司（以下简称X传媒）全体股东签订《现金及发行股份购买资产协议》，Y传媒以现金和向X传媒全体股东发行股份相结合的方式购买X传媒100%股份，购买协议确定，以北京中企华资产评估有限责任公司出具的中企华评报字（2013）第3473号《广东广州日报传媒股份有限公司拟以现金及发行股份购买资产涉及的上海X传媒广告传媒股份有限公司股东全部权益项目评估报告》（以下简称《评估报告》），按照收益法以X传媒2013年6月30日净资产的评估价值45,098.96万元作为定价依据，综合考虑X传媒未来盈利能力等各项因素，确定交易价格为45,000万元。

2013年10月28日、10月30日，Y传媒分别披露了《广东广州日报传媒股份有限公司现金及发行股份购买资产报告书》（以下简称《收购报告书》）、《上海香榭丽广告传媒股份有限公司2011—2013年6月审计报告》（以下简称《630审计报告》）、《北京大成律师事务所关于广东广州日报传媒股份有限公司现金及发行股份购买资产的法律意见书》（以下简称《法律意见书》）、《东方花旗证券有限公司关于广东广州日报传媒股份有限公司现金及发行股份购买资产之独立财务顾问报告》（以下简称《财务顾问报告》）、《评估报告》《广东广州日报传媒股份有限公司全体董事关于本次现金及发行股份购买资产的申请文件真实性、准确性、完整性承诺函》（以下简称《承诺函》）及更新后的《收购报告书》《财务顾问报告》和《法律意见书》。其中《收购报告书》（含2013年10月28日和30日披露的报告）、《财务顾问报告》（含2013年10月28日和30日披露的报告）、《630审计报告》《评估报告》均指出X传媒2011年、2012年和2013年上半年的年度净利润分别为3,647.28万元、3,695.35万元和1,114.51万元。《承诺函》指出："本公司董事会全体董事承

诺广东广州日报传媒股份有限公司现金及发行股份购买资产的申请文件不存在虚假记载、误导性陈述或重大遗漏，并对其真实性、准确性、完整性承担个别和连带的法律责任"。

2014年5月24日，Y传媒披露了《Y传媒关于现金及发行股份购买资产事项获得中国证监会核准的公告》（以下简称《核准公告》）、《上海X传媒股份有限公司2013年审计报告》（以下简称《2013审计报告》）以及更新过X传媒2013年财务数据的《收购报告书》和《财务顾问报告》。《核准公告》指出Y传媒向叶某等X传媒股东发行股份购买X传媒资产的方案已获证监会核准。X传媒《2013审计报告》以及更新后的《收购报告书》《财务顾问报告》指出X传媒2011年至2013年净利润分别为3,647.28万元、3,695.35万元和4,685.43万元。

2014年7月1日，Y传媒发布公告《Y传媒北京大成律师事务所关于公司现金及发行股份购买资产之实施情况的法律意见书》及《Y传媒东方花旗证券有限公司关于公司现金及发行股份购买资产实施情况之独立财务顾问核查意见》，指出X传媒股权已于2014年6月17日完整、合法的过户至Y传媒名下。

二、Y传媒信息披露违法的情况

2011年至2015年期间，X传媒通过制作虚假合同虚增收入共计599,272,117.70元，虚增成本费用共计30,554,652.44元，虚减所得税费用共计7,556,473.95元，虚增净利润共计561,160,991.30元。同时，X传媒以其自有产权的户外LED显示屏为其股东、实际控制人叶某2000万元个人债务提供担保的事实未被披露。

X传媒的上述财务造假行为导致Y传媒2013年和2014年披露的《收购报告书》等文件以及Y传媒2014年年报、2015年半年报等存在虚假记载。具体造假行为列举如下：

（一）X传媒通过制作虚假合同虚增收入的基本情况

X传媒制作虚假合同的主要手法为：一是虚构合同，即通过伪造电子章和电子签名制作虚假合同，或通过找客户相关人员配合签名、签章制作假合同，或者使用已经取消的合同来顶替有效合同，或者用合同的扫描件来代替没有签署的正式合同；二是未实际履行的合同，即通过与广告代理公司签订合同，随后取消合同，但仍将该合同作为实际履行的合同进行财务记账；三是调整合同折扣，即通过调高合同折扣（合同显示的折扣比实际履行的折扣高），按照合同折扣入账的方式虚增利润。

1. X传媒2011年至2013年虚增净利润情况

X传媒通过上述手段，在2011年至2013年间制作虚假合同共计127份，虚增净利润共计30,589.83万元。其中，X传媒2011年实际净利润为-436.02万元，通过制作虚假合同17份，净利润被虚增了4,083.30万元；2012年实际净利润为-6599.33万元，通过制作虚假合同43份，净利润被虚增了10,294.68万元；2013年实际净利润为-11,526.42万元，通过制作虚假合同67份，净利润被虚增了16,211.85万元。

X传媒通过合同造假虚构的财务数据被Y传媒记载并披露于收购事项相关的文件之中。

2. X传媒2014年至2015年虚增净利润情况

Y传媒完成对X传媒的收购后，自2014年7月1日起，Y传媒将X传媒财务数据纳入合并会计报告编制范围。X传媒的合同造假行为此时仍在持续，并通过共计108份虚假合同虚增净利润共计25,526.27万元，导致Y传媒2014年年报和2015年半年报信息披露违法。

其中，Y传媒2014年年报所涉及虚假合同共计79份，X传媒通过该79份合同虚增净利润19,027.51万元；Y传媒2015年半年报涉及虚假合同共计29份，X传媒通过该29份合同虚增净利润6,498.76万元。

上述虚假的财务数据披露于Y传媒2014年年报和2015年半年报中。

（二）X传媒为叶某2000万元个人债务提供担保情况

2012年3月，叶某因资金周转困难向广西金拇指科技有限公司（以下简称金拇指）申请借款2000万元，并委托金拇指将该2000万元直接支付给X传媒。2013年10月24日，X传媒向金拇指出具《承诺书》，叶某通过该《承诺书》向金拇指承诺，2013年12月31日前，叶某向金拇指返还2000万元。同时该《承诺书》以X传媒名下拥有自有产权的户外LED显示屏作为连带担保，为叶某于2013年12月31日前以货币形式返还金拇指2000万元款项的还款责任承担连带责任。该担保金额占X传媒2013年6月30日经审计净资产26,316.76万元的7.60%。

根据《企业会计准则——或有事项》，该事项属于应当披露的或有事项，该事项在Y传媒收购X传媒事项的相关文件之中未被披露。

Y传媒2013年和2014年披露的《收购报告书》等文件以及收购完成后披露的Y传媒2014年年报、Y传媒2015年半年报中包括了收购对象X传媒的上述虚假财务情况，因此，Y传媒披露的上述文件存在虚假记载。

以上事实，有Y传媒收购X传媒项目相关文件、Y传媒2014年年报、2015年半年报、相关人员询问笔录、Y传媒相关会议纪要等证据在案证明，足以认定。

中国证监会认为，Y传媒的上述行为违反了2005年《证券法》第六十三条"上市公司依法披露的信息，必须真实、准确、完整，不得有虚假记载、误导性陈述或者重大遗漏"的规定，构成了2005年《证券法》第一百九十三条第一款所述"发行人、上市公司或者其他信息披露义务人未按照规定披露信息，或者披露的信息有虚假记载、误导性陈述或者重大遗漏"的情形。

三、Y传媒及相关人员责任认定

（一）Y传媒是Y传媒收购X传媒事项信息披露违法违规行为的责任主体

Y传媒2013年和2014年披露的《收购报告书》等一系列与收购事项相关的文件存在虚假陈述，未能真实披露X传媒的营业收入、净利润等财务数据以及担保事项。

在审议Y传媒收购X传媒相关文件的第八届董事会第五次会议上，董事会全体成员董事长汤某武（已故）、总经理赵某华等人均表示赞成，并签署了有关Y传媒收购X传媒的《承诺函》等文件。

Y传媒及其董事会全体成员在《收购报告书》中保证该报告书及摘要内容的真实、准确、完整，并对该报告书的虚假记载、误导性陈述或重大遗漏负连带责任。

（二）Y传媒是Y传媒2014年年报、2015年半年报信息披露违法违规行为的责任主体

Y传媒对X传媒的收购完成后，X传媒的合同造假行为仍在持续。Y传媒披露的2014年年报和2015年半年报中包含X传媒通过炮制虚假合同伪造的财务数据，因此，Y传媒

2014年年报和2015年半年报信息披露存在虚假记载。

Y传媒总经理赵某华、副总经理兼董事会秘书陈某超等人签署了Y传媒2014年年报。在审议Y传媒2014年年报的第八届董事会第十六次会议上，赵某华等人表示赞成，陈某超等人列席了董事会。Y传媒董事会及董事、高级管理人员保证年度报告内容的真实、准确、完整，不存在虚假记载、误导性陈述或重大遗漏，并承担个别和连带的法律责任。Y传媒主管会计工作负责人陈某超声明：保证年度报告中财务报告的真实、准确、完整。

赵某华、陈某超等人签署了Y传媒2015年半年报。在审议Y传媒2015年半年报的第八届董事会第二十一次会议上，赵某华等人表示赞成，陈某超等人列席了董事会。Y传媒董事会及董事、高级管理人员保证半年度报告内容的真实、准确、完整，不存在虚假记载、误导性陈述或重大遗漏，并承担个别和连带的法律责任。Y传媒主管会计工作负责人陈某超声明：保证本半年度报告中财务报告的真实、准确、完整。

（三）赵某华是对Y传媒上述信息披露违法违规行为直接负责的主管人员

赵某华于2012年7月19日至2016年5月27日任Y传媒董事；2012年6月29日至2016年4月14日任Y传媒总经理；2014年6月至2015年5月兼任X传媒董事长。任职期间，参与、主导Y传媒收购X传媒的资产重组事项，并在收购完成后签署了Y传媒2014年年报、2015年半年报。

2013年5月，陈某超向赵某华、汤某武（已故）等人介绍并推荐了X传媒并购项目。同年6月、7月、8月，赵某华、陈某超、汤某武（已故）等人与X传媒叶某、乔某东等人在广州、上海等地会面，逐步确定了收购意向。

2013年8月21日，Y传媒召开第八届董事会战略委员会第二次会议，审议通过了《关于启动实施收购上海X传媒股份有限公司股权工作的议案》，赵某华出席会议并赞成通过该议案。2013年9月10日，Y传媒召开第八届董事会第四次会议，审议通过了《关于筹划发行股份购买资产事项的议案》，赵某华出席会议并赞成通过该议案。2013年10月25日，Y传媒召开第八届董事会第五次会议，审议通过了Y传媒收购X传媒的系列相关文件，并逐项审议通过了《关于公司现金及发行股份购买资产方案的议案》，赵某华出席会议并赞成通过上述文件。2013年11月26日，赵某华在《承诺函》上签字，承诺购买资产的申请文件不存在虚假记载、误导性陈述或重大遗漏。

收购完成后，赵某华于2014年6月至2015年5月担任X传媒董事长，对X传媒的财务、法务等情况监督把关，应对此期间X传媒产生并呈报给Y传媒的财务数据的真实性、准确性、完整性负责。

2015年4月7日，Y传媒召开第八届董事会第十六次会议，审议通过了《2014年年度报告全文及其摘要》，赵某华出席会议，赞成通过并签署了该包含虚假财务数据的报告；2015年8月27日，Y传媒召开第八届董事会第二十一次会议，审议通过了《2015年半年度报告全文及摘要》，赵某华出席会议，赞成通过并签署了该包含虚假财务数据的报告。

赵某华作为Y传媒总经理兼董事，全程参与、主导了Y传媒收购X传媒事项，期间未履行勤勉尽责义务，未能保证Y传媒披露的《收购报告书》等一系列文件真实、准确、完整；作为Y传媒总经理兼董事、X传媒董事长，未履行勤勉尽责义务，未能保证Y传媒

2014年年报、2015年半年报所披露信息真实、准确、完整。根据《上市公司信息披露管理办法》第五十八条第一款及2005年《证券法》第六十八条第三款的规定，综合考虑赵某华在Y传媒系列信息披露违法事件中所起到的作用，赵某华是Y传媒信息披露违法违规行为直接负责的主管人员。

（四）陈某超是对Y传媒上述信息披露违法违规行为直接负责的主管人员

陈某超于2012年7月19日至2013年6月25日任Y传媒财务总监；2013年6月26日至2015年10月29日任Y传媒副总经理、董事会秘书，2015年4月7日至2015年10月29日任Y传媒财务总监，任职期间，参与、主导Y传媒与X传媒资产重组过程，并在收购完成后签署了Y传媒2014年年报和2015年半年报。

2013年5月，陈某超向赵某华、汤某武（已故）等人介绍并推荐了X传媒并购项目。同年6月、7月、8月，赵某华、陈某超、汤某武（已故）等人与X传媒叶某、乔某东等人在广州、上海等地会面，逐步确定了收购意向。

2013年8月21日，Y传媒召开第八届董事会战略委员会第二次会议，审议通过了《关于启动实施收购上海X传媒股份有限公司股权工作的议案》，陈某超作为董事会秘书出席该会议并表示"……若公司单纯考虑参股或者控股，实行的可能性较小，甚至说是不可能。"从而进一步推动了Y传媒收购X传媒100%股权项目。2013年9月10日，Y传媒召开第八届董事会第四次会议，审议通过了《关于筹划发行股份购买资产事项的议案》，陈某超作为董事会秘书出席该会议。2013年10月25日，Y传媒召开第八届董事会第五次会议，审议通过了Y传媒收购X传媒的系列相关文件，并逐项审议通过了《关于公司现金及发行股份购买资产方案的议案》，陈某超作为董事会秘书出席了该会议，并在会议上详细介绍说明了包括该议案在内的Y传媒收购X传媒系列相关文件。

2015年4月7日，Y传媒召开第八届董事会第十六次会议，审议通过了《2014年年度报告全文及其摘要》，陈某超出席会议，赞成通过并签署了该包含虚假财务数据的报告，同时作为主管会计工作的负责人保证该报告中财务报告的真实、准确、完整；2015年8月27日，Y传媒召开第八届董事会第二十一次会议，审议通过了《2015年半年度报告全文及摘要》，陈某超出席会议，赞成通过并签署了该包含虚假财务数据的报告，同时作为主管会计工作的负责人保证该报告中财务报告的真实、准确、完整。

陈某超作为Y传媒财务总监、副总经理、董事会秘书和Y传媒收购X传媒项目组成员，全程参与、主导了Y传媒收购X传媒事项，期间未履行勤勉尽责义务，未能保证Y传媒披露的《收购报告书》等一系列文件真实、准确、完整；作为财务负责人，未履行勤勉尽责义务，未能保证Y传媒2014年年报和2015年半年报所披露信息真实、准确、完整。根据《上市公司信息披露管理办法》第五十八条第一款及2005年《证券法》第六十八条第三款的规定，综合考虑陈某超在Y传媒系列信息披露违法事件中所起到的作用，陈某超是Y传媒信息披露违法违规行为直接负责的主管人员。

Y传媒提出的陈述申辩意见如下：

第一，Y传媒对《事先告知书》认定的Y传媒收购X传媒的情况有异议，认为《事先告知书》未严格遵循事件发生的时间顺序，建议调整。

第二，Y传媒对《事先告知书》认定的Y传媒信息披露违法违规情况有异议。一是《事先告知书》对已披露的X传媒2011年、2012年、2013年净利润金额的认定有误；二是X传媒自2014年7月1日纳入Y传媒合并报表，《事先告知书》将X传媒2014年虚增净利润金额与Y传媒2014年年报相对应，明显不当；三是《事先告知书》认定的X传媒为叶某2000万元个人债务提供担保的事实，具有片面性，与事实不符。四是《事先告知书》不应将X传媒为叶某2000万元个人债务提供担保单独作为一项违法事实。该行为已被X传媒2011年至2013年虚增净利润事项所吸收。此外，中国证监会对本次收购的独立财务顾问东方花旗、审计机构中天运作出的行政处罚中也并未包含2013年10月24日X传媒向金拇指出具《承诺书》一事。

第三，Y传媒对《事先告知书》认定的Y传媒的责任事项有异议，认为不应当对《630审计报告》《2013审计报告》《评估报告》《财务顾问报告》等非Y传媒制作、出具的与收购事项相关的文件存在的虚假陈述承担任何责任。一是为重大资产重组提供服务的证券服务机构和人员应当对其制作、出具文件的真实性、准确性和完整性承担责任。二是Y传媒依据证券服务机构制作、出具的文件编制《收购报告书》，《事先告知书》认定Y传媒对证券服务机构制作、出具的文件中存在的虚假陈述承担责任，系本末倒置。三是在其他类似案件中，相关《行政处罚决定书》在认定上市公司信息披露违法违规责任时，均未将证券服务机构出具的文件存在虚假陈述作为上市公司应当承担责任的事项范围之内。

第四，Y传媒对《事先告知书》中的处罚及处罚幅度有异议。一是上市公司重大资产重组信息披露具有特殊性，信息披露的真实、准确、完整更依赖于标的资产及交易对手方提供的信息，更依赖于证券服务机构的勤勉尽责。二是对于《收购报告书》、2014年年报、2015年半年报中的虚假陈述，Y传媒主观上没有故意和违法共谋，客观上充分履行了各项注意义务，收购过程中审慎聘请证券服务机构、谨慎论证交易方案并高度关注X传媒业绩真实性。三是高度、持续关注X传媒应收账款回款情况，在回款不及预期的情况下果断调整领导班子主要成员，派专项工作组驻扎X传媒开展核查、催收工作，聘请律师事务所开展核查，及时报案，主动向监管部门汇报并履行信息披露义务，存在《行政处罚法》第二十七条第一款第（三）项的法定从轻减轻处罚的情节。四是X传媒案件爆发后，Y传媒全力维护公司及中小股东的利益，在做好维稳工作的同时，注重通过法律手段维护自身权益，全力挽回Y传媒损失，积极争取到控股股东和地方政府的支持，化解Y传媒暂停上市风险，切实推进X传媒破产清算及股权转让，存在《行政处罚法》第二十七条第一款第（一）项的法定从轻减轻处罚的情节。

第五，Y传媒要求免予处罚或从轻、减轻处罚。一是请求根据《信息披露违法行为行政责任认定规则》第十四条的规定，不对Y传媒处以行政处罚。二是如果仍决定对Y传媒作出行政处罚，则60万元顶格罚款明显不当，应当根据《行政处罚法》第四条、第二十七条、《信息披露违法行为行政责任认定规则》第十三条的相关规定，对Y传媒从轻或减轻处罚。同时还请求充分考虑Y传媒时任董事、高管的具体履职情况，免除或减轻处罚。

经复核，中国证监会认为：第一，《事先告知书》中Y传媒收购X传媒的过程按照时间顺序叙述，事实清楚，证据充分，且符合客观事实，无需调整。

第二，一是Y传媒以中天运会计师事务所（特殊普通合伙）《审计报告》的数据来证明《事先告知书》中对已披露的X传媒2011年、2012年、2013年虚增净利润金额的认定有误，中国证监会已经认定中天运会计师事务所（特殊普通合伙）《审计报告》存在虚假记载，并对中天运会计师事务所（特殊普通合伙）作出〔2018〕115号行政处罚决定书。《事先告知书》中对已披露的X传媒2011年、2012年、2013年虚增净利润金额的认定无误，文字表述不当的地方已作修改。二是《事先告知书》中X传媒2014年虚增净利润金额认定无误。三是认定X传媒为叶某2000万元个人债务提供担保的事实清楚，证据充分。中国证监会作为证券市场监督管理机关，有权依法对违反证券市场监督管理法律、行政法规的行为进行查处，有权将X传媒为叶某2000万元个人债务提供担保单独作为一项违法事实进行认定。此外，不同的市场主体其责任也不尽相同，违法事实不一样，适用的证券法条款也不一样，对本次收购的独立财务顾问、审计机构作出的行政处罚中是否包含2013年10月24日X传媒向金拇指出具《承诺书》的事实，并不影响对Y传媒责任的认定。

第三，中国证监会已对本次收购中的各中介机构未勤勉尽责，制作、出具的文件有虚假记载、误导性陈述或者重大遗漏的行为进行处罚。Y传媒作为上市公司，依法披露的信息必须真实、准确、完整，不得有虚假记载、误导性陈述或者重大遗漏。Y传媒信息披露的责任与各中介机构的未勤勉尽责的责任是独立的，对于收购事项，Y传媒应当承担自身信息披露违法的责任，即对其披露的《收购报告书》存在虚假记载承担责任。

第四，Y传媒2014年年报所涉及虚增净利润19,027.51万元；Y传媒2015年半年报涉虚增净利润6,498.76万元，涉案金额特别巨大，情节特别严重，依法应当严惩。Y传媒事后维稳、维护自身权益等行为，均不是法定从轻或减轻处罚的情节。此外，根据广东省高级人民法院（2018）粤刑终236号刑事裁定书，Y传媒以4.5亿元的对价收购X传媒，并对X传媒增资4500万元、借款1000万元，最终X传媒申请破产，损失已无法挽回。

综上，中国证监会对Y传媒的陈述申辩意见不予采纳。

赵某华提出的陈述申辩意见如下：

第一，赵某华在Y传媒收购X传媒的过程中尽职尽责。Y传媒在收购过程中聘请了专业的第三方机构进行全面的尽职调查，专业机构均未提出虚假合同问题；监事会、审计、财务、法务等人员也均未提出质疑，导致Y传媒被恶意蒙骗，Y传媒和赵某华都是受害者。

第二，收购完成后，面对X传媒居应收账款高不下的问题，赵某华积极应对，全力以赴想办法解决并及时向Y传媒董事会、监事会报告、请示。

第三，赵某华服从组织安排兼任X传媒董事长，期间勤勉尽责，不断规范X传媒的管理，努力解决X传媒的问题。制定相关制度，为发现虚假合同的问题铺平了道路。

第四，赵某华及时与中介机构沟通，并多次要求中介机构如实核算X传媒的成本、利润等事项，制止了X传媒试图通过大幅降低屏体成本来完成盈利承诺等恶劣行为。

第五，赵某华不是Y传媒收购X传媒项目的主导者。其既不是董事长，也不是财务、法务、审计等岗位和专业的人员，更不是X传媒项目主持人、负责人，参与此项目系按董事会要求及服从时任董事长指示，其自始至终没有权利负责该项目，没有资格主导该项目。即便赵某华应当承担责任，其也不应当承担比其他人更重的责任。

第六，在董事长、财务总监签名保证相关报告真实准确完整后，其他董事、高管才签名，赵某华不应成为直接负责的主管人员。

第七，X传媒多年造假，是Y传媒发现并终止了X传媒继续行骗，赵某华在职期间从未徇私舞弊造假护假，一直在积极主动想办法解决问题。代表专业、客观公正的第三方中介机构报告未显示有虚假合同，Y传媒如实记载报告内容，并非虚假记载。实际实施虚假陈述的是X传媒。

第八，在信息披露问题上，赵某华已勤勉尽责。

综上，赵某华请求免于行政处罚。

经复核，中国证监会认为：赵某华作为上市公司董事、高级管理人员，应当具备与职责相匹配的专业知识和专业水平，独立发表专业意见和专业判断，即使借鉴其他机构或者个人的专业意见，也要独立承担责任。不能以其他机构或者个人未发现、未指出为由，请求免除其主动调查、了解并持续关注上市公司情况、确保上市公司所披露信息真实、准确、完整的义务。发生信息披露违法时，其他主体是否发现、是否指出错误、是否存在过错、是否被追究责任，均不是赵某华作为董事、高级管理人员的免责事由。赵某华事后主动想办法解决问题行为，不是免于行政处罚的法定情节。

此外，根据广东省高级人民法院（2018）粤刑终236号刑事裁定书，赵某华利用职务便利，在并购X传媒过程中，收受X传媒叶某的现金200万元，最终X传媒申请破产。经审计鉴定，2013年6月30日并购前X传媒以虚假合同和未完全履行合同虚增含税收入22,460.98万元，2013年6月30日后X传媒以虚假合同和未完全履行合同虚增含税收入41,570.39万元，2011年至2015年X传媒账面反映净利润为11,515.44万元，实际净利润为-43,301.40万元。

在实施并购前，赵某华作为收购X传媒项目组牵头人，未及时发现并向Y传媒董事会或战略委员会报告X传媒应收账款过高等风险，相反在2013年8月的Y传媒战略委员会第二次会议上建议收购X传媒；在2013年10月Y传媒战略委员会四次会议决议委托中介机构对X传媒价值进行尽责调查后，赵某华已发现X传媒存在应收账款过高等问题，但为提升Y传媒业绩、刺激Y传媒股价，仍在随后召开的Y传媒战略委员会五次会议上表态同意购买X传媒。并购完成后，赵某华在兼任X传媒董事长近一年的时间里，未能恪尽职守，未对X传媒进行严格监管，未及时发现X传媒在收购前后存在财务数据和经营业绩造假的情况，相反在收受叶某等人给予的财物后进一步放松了监管，未尽职催收X传媒的应收账款。

赵某华作为国家工作人员，利用职务上的便利，非法收受他人财物，为他人谋取利益，数额巨大，其行为已构成受贿罪；其严重不负责任，造成国有公司严重损失，致使国家利益遭受特别重大损失，其行为构成国有公司人员失职罪。

综上，赵某华担任Y传媒董事、总经理及X传媒董事长期间，收受他人贿赂，未履行勤勉尽责义务，是Y传媒信息披露违法违规行为直接负责的主管人员。中国证监会对赵某华的陈述申辩意见不予采纳。

陈某超提出的陈述申辩意见如下：

第一，X传媒及叶某的违法犯罪行为是导致Y传媒相关信息披露违法违规的根本原因。

X 传媒及叶某故意隐瞒、欺骗、误导 Y 传媒及陈某超。第二，陈某超在工作上严格按照规定履行了勤勉尽责义务。第三，陈某超只是全程参与 Y 传媒收购 X 传媒事项，并无任何投资决策权，不存在主导收购的事实。此外，陈某超因本案正在受刑事追究，相关罪名、证据与本案存在部分交叉，本着一事不二罚的原则，中国证监会不应再行处罚，或待刑事案件终结后根据情况再行处理。

综上，陈某超请求免于行政处罚。

经复核，中国证监会认为：第一，依据法律法规的规定，全体董事、监事和高级管理人员应当勤勉尽责，对上市公司依法披露信息的真实性、准确性、完整性负责。陈某超作为 Y 传媒财务总监、副总经理、董事会秘书和 Y 传媒收购 X 传媒项目组成员，全程参与、主导了 Y 传媒收购 X 传媒事项，未履行勤勉尽责义务，不具备与职责相匹配的专业知识和专业水平，不能独立发表专业意见和专业判断，应当承担相应法律责任，并非 X 传媒及叶某故意隐瞒、欺骗等犯罪行为误导陈某超。

第二，刑事案件和行政案件有着不同的立案标准，刑事程序和行政程序对同一事实的评价标准也不相同。本案中陈某超的违法行为事实清楚，证据确实、充分，中国证监会对其处罚，符合行政处罚标准，不违反"一事不二罚"的原则，且符合中国证监会一贯的执法原则和执法标准。

此外，根据广东省高级人民法院（2018）粤刑终881号刑事判决书，2013年9月至2014年9月左右，在 Y 传媒并购 X 传媒期间以及并购完成后，X 传媒叶某决定并经手或者通过他人先后送给陈某超现金150万元。陈某超的证人证言与上述事实相印证。

广东省高级人民法院（2018）粤刑终236号刑事裁定书中陈某超证人证言显示"我没有认真考察 X 传媒公司的实际运营情况，但有将并购 X 传媒公司的方案报告给赵某华。我发现 X 传媒公司存在应收账款回函率偏低、应收账款的坏账准备计提比例、阵地租金不确定等问题，但均没有认真核查。2015年6月，我发现 X 传媒公司存在合同造假，但没有汇报赵某华。"

综上，陈某超在担任 Y 传媒财务总监、副总经理、董事会秘书期间，收受他人贿赂，未履行勤勉尽责义务，是 Y 传媒信息披露违法违规行为直接负责的主管人员。中国证监会对陈某超的陈述申辩意见不予采纳。

根据当事人违法行为的事实、性质、情节与社会危害程度，依据2005年《证券法》第一百九十三条第一款的规定，中国证监会决定：

第一，责令 Y 传媒改正，给予 Y 传媒警告，并处以60万元的罚款；

第二，给予赵某华、陈某超警告，并分别处以30万元的罚款。

1.12.3 案例3：宁波 F 公司未及时披露重大诉讼事项

依据《中华人民共和国证券法》（以下简称《证券法》）的有关规定，中国证监会对宁波 F 公司涉嫌违反证券法律法规行为进行了立案调查、审理，并依法向当事人告知了作出行政处罚的事实、理由、依据及当事人依法享有的权利。应当事人宁波 F 公司等要求，中国证监会依法举行了听证会，听取了当事人及其代理人的陈述和申辩。本案现已调查、审理终结。

经查明，宁波F公司存在以下违法事实：

一、未及时披露重大诉讼事项

北京市第一中级人民法院（以下简称北京市一中院）于2010年12月31日受理上海文盛投资管理有限公司（以下简称上海文盛）诉信联讯网络投资有限公司（以下简称信联讯）、宁波F公司、北京宏基兴业技术发展公司、北京中拍投资管理有限公司借款合同纠纷一案。上海文盛的诉讼请求为要求信联讯归还上海文盛借款本金、利息、违约金合计5,654.51万元及至实际偿还借款之日止的利息、违约金；以宁波F公司作为信联讯清算义务人滥用公司法人独立地位、怠于履行清算义务等为理由要求宁波F公司等其他3被告承担连带清偿责任，要求诉讼费由信联讯、宁波F公司等4被告承担。

北京市一中院2011年1月18日向宁波F公司发出民事传票（内附应诉通知书、上海文盛起诉状等材料）。2011年2月3日前，上述民事传票寄至宁波F公司。北京市一中院于2011年9月20日作出（2011）一中民初字第1607号民事判决书，判决信联讯向上海文盛偿还5,645.51万元债务（含借款本金、利息、逾期利息、违约金），宁波F公司等其他3被告对上述债务承担连带清偿责任。宁波F公司诉讼代理人律师陈某于2011年9月30日收到上述判决书、宣判笔录及送达回证。2011年10月10日，宁波F公司就此召开了讨论会。2011年10月17日，宁波F公司发布公告披露上述诉讼事项。

宁波F公司所涉与上海文盛诉讼有关资金占公司最近一期经审计净资产绝对值不低于39.2%，属于《上海证券交易所股票上市规则（2008年修订）》第11.1.1条所规定的重大诉讼事项。

宁波F公司在收到北京市一中院的应诉通知书和收到北京市一中院的判决书后未及时进行披露的行为违反了《证券法》第六十七条的规定。

二、2010年年度报告、2011年半年度报告信息披露违法

2011年3月29日宁波F公司披露的2010年年度报告之资产负债表日后事项中未披露上海文盛起诉宁波F公司事项。

2011年8月23日宁波F公司披露的2011年半年度报告称，宁波F公司本报告期内无重大诉讼、仲裁事项。

宁波F公司未在2010年年度报告、2011年半年度报告中披露上海文盛起诉要求宁波F公司承担连带清偿责任之诉讼事项的行为违反了《证券法》第六十三条、第六十五条、第六十六条的规定。

对宁波F公司收到北京市一中院的应诉通知书未及时进行披露的违法行为直接负责的主管人员为时任董事长郑某浩，其他直接责任人员为时任总经理宋某心、时任董事华某康、时任高级管理人员岳某青。

对宁波F公司收到北京市一中院的判决书后未及时进行披露的行为直接负责的主管人员为时任董事长郑某浩，其他直接责任人员为时任总经理宋某心、时任董事华某康、时任高级管理人员岳某青、时任董事陈炜。

对宁波F公司2010年年度报告、2011年半年度报告信息披露违法行为直接负责的主管

人员为时任董事长郑某浩，其他直接责任人员为时任总经理宋某心、时任董事华某康、时任高级管理人员岳某青、时任董事陈炜。

宁波F公司时任副总经理兼董事会秘书徐某进知晓公司有诉讼事项，但未勤勉尽责履行董事会秘书、高管人员的义务，为上述违法行为的其他直接责任人员。

以上违法事实有2010年年度报告，2011年半年度报告，相关临时公告，相关传票、相关判决书，相关董事会决议，相关人员谈话笔录等证据证明，足以认定。

当事人宁波F公司、郑某浩、宋某心、华某康、岳某青提出，公司未及时披露重大诉讼事项系事出有因，主观上无过错；未及时披露没有造成后果，并已得到及时纠正；相关处罚可能产生负面影响；请求减免处罚。中国证监会认为，上市公司应按照《证券法》的规定真实、准确、及时、完整地履行信息披露义务，宁波F公司在众多时点未履行对重大诉讼事项的及时信息披露义务及在多次定期报告中未按规定履行对重大诉讼事项的信息披露义务情节较为严重，当事人提出的减免理由没有充分的法律依据；考虑到其事出有因，中国证监会已酌情从轻处罚。

当事人岳某青提出，其作为高管不是信息披露当事人和直接责任人，对信息披露的及时性无法把握，请求免予处罚。中国证监会认为，岳某青作为公司高管知悉公司重大诉讼事项并参加讨论，未提请董事长及董事会披露相关信息，没有勤勉尽责，应当追究其相应责任。

当事人徐某进提出，其在收到判决书后当天即咨询监管部门，随后向交易所披露信息已勤勉尽责，请求免予处罚。中国证监会认为，董事会秘书是上市公司信息披露的直接责任人，徐某进知悉公司存在重大诉讼事项，但未履行董事会秘书职责，未主动提请董事会履行信息披露义务，直到判决书下来后才去征求监管部门意见披露相关信息，应当追究其相应责任。

当事人陈炜提出，其对违法事实不知情，请求免予处罚。中国证监会认为，陈炜作为上市公司控股股东的派出董事，尽管没有参加2011年10月10日讨论会，但已于2011年9月30日通过短信知悉公司相关诉讼事项。陈炜没有要求公司及时履行信息披露义务，未勤勉尽责，应当追究其相应责任。

根据当事人违法行为的事实、性质、情节与社会危害程度，依据《证券法》第一百九十三条的规定，中国证监会决定：

第一、对宁波F公司给予警告，并处以30万元罚款；

第二、对郑某浩给予警告，并处以10万元罚款；

第三、对华某康、宋某心给予警告，并分别处以5万元罚款；

第四、对岳某青、徐某进给予警告，并分别处以3万元罚款；

第五、对陈某炜给予警告。

1.12.4 案例4：珠江Z实业董秘未全面履行披露义务被处罚

依据《中华人民共和国证券法》（以下简称《证券法》）的有关规定，中国证监会对珠江Z公司信息披露违法违规行为进行了立案调查、审理。

经查明，珠江Z公司实业股份有限公司（以下简称Z公司）存在以下违法事实：

2015年10月30日和11月16日，珠江Z公司第九届董事会2015年第九次会议、2015年第六次临时股东大会审议通过《关于公司符合非公开发行股票条件的议案》《关于公司非公开发行股票方案的议案》等议案，拟向广东长洲投资有限公司（以下简称长洲投资）等多家机构非公开发行股票，其中长洲投资拟认购14,000万股，占发行后珠江Z公司总股份的7.8%。2015年10月30日，珠江Z公司与长洲投资签订附条件生效的《非公开发行股票之股份认购协议》。

经查，长洲投资为陈某勇个人控制的公司。陈某勇系长洲投资股东，担任长洲投资执行董事、法定代表人，并能够实际支配长洲投资的行为。长洲投资主要业务为二级市场投资和实业投资，陈某勇控制长洲投资的证券账户和密码，负责二级市场交易决策，对长洲投资的财务和经营政策具有决定权。长洲投资另一股东并不参与长洲投资的日常经营管理。长洲投资参与珠江Z公司非公开发行这一重大事项，亦由陈某勇个人决策实施。此外，陈某勇还曾担任珠江Z公司关联方广东狮子汇资产管理有限公司（以下简称狮子汇资产）监事，狮子汇资产子公司狮子汇基金投资管理（深圳）有限公司执行董事兼总经理、法定代表人。长洲投资、狮子汇资产在同一地址办公，2家公司的证券账户密码均由陈某勇控制并负责交易决策。

长洲投资此次拟认购珠江Z公司非公开发行5%以上股份，作为长洲投资实际控制人的陈某勇，可通过长洲投资在未来12个月内间接持有珠江Z公司5%以上股份。根据《中华人民共和国公司法》第二百一十六条第四项有关"关联关系，是指……以及可能导致公司利益转移的其他关系"，《上市公司信息披露管理办法》（证监会令第40号）第七十一条第三项有关"根据相关协议安排在未来12月内，存在上述情形之一（间接持有上市公司5%以上股份的自然人）的"自然人为上市公司关联自然人的规定，陈某勇为珠江Z公司的关联人。

2015年12月初，珠江Z公司实际控制人刘某钟通过李某杰（珠江Z公司控股股东深圳市捷安德实业有限公司法定代表人，珠江Z公司关联方狮子汇资产执行董事兼总经理、法定代表人）告知陈某勇，珠江Z公司拟转让子公司河南中富容器有限公司（以下简称河南中富），以使珠江Z公司2015年业绩实现盈利，希望陈某勇买下并回租给珠江Z公司。陈某勇同意买入，并安排深圳兴中投资合伙企业（有限合伙，以下简称兴中投资）为受让方，收购资金为陈某勇向他人借款。经查，兴中投资实际为陈某勇以他人名义设立的"空壳"企业，自设立以来没有任何业务，陈某勇控制兴中投资的公章和营业执照。兴中投资由陈某勇个人控制，陈某勇乃系利用兴中投资名义买入河南中富股权。

2015年12月15日，珠江Z公司与兴中投资签订《河南中富容器有限公司股权转让协议》，以1.3亿元的价格向兴中投资出售子公司河南中富100%股权。2015年12月31日珠江Z公司收到股权转让款7,800万元，2016年1月27日完成河南中富股东变更工商登记。陈某勇为珠江Z公司的关联人，珠江Z公司出售子公司股权给陈某勇控制的兴中投资构成关联交易。

2015年12月15日，珠江Z公司召开第九届董事会2015年第十二次会议，审议通过出售河南中富股权的议案。在前述过程中，珠江Z公司未履行关联交易审议程序，在珠江Z公司披露的相关公告中，仅披露了珠江Z公司向兴中投资出售河南中富的情况，而未将其作为关联交易予以披露。

以上事实，有珠江 Z 公司相关公告、企业工商登记资料、财务资料、银行资金流水、董事会决议、办公会纪要、询问笔录及情况说明等证据证明，足以认定。

珠江 Z 公司未如实披露关联交易的行为，违反了《证券法》第六十三条有关"发行人、上市公司依法披露的信息，必须真实、准确、完整，不得有虚假记载、误导性陈述或者重大遗漏"的规定，构成《证券法》第一百九十三条第一款所述的"上市公司……所披露的信息有虚假记载、误导性陈述或者重大遗漏"的行为。

对珠江 Z 公司上述信息披露违法行为，时任实际控制人兼副董事长刘某钟、董事长兼总经理宋某明、董事会秘书韩某明是直接负责的主管人员。

韩某明在其申辩材料中提出：第一，在珠江 Z 公司拟向长洲投资非公开发行股份事项中，其作为执行人员，仅依据董事会、董事长、副董事长指令与陈某勇对接开展工作，此前并不认识陈某勇。第二，他本人对刘某钟找陈某勇购买河南中富股权、陈某勇利用兴中投资受让河南中富股权一事，并不知情，亦无任何故意或者过失。他本人仅根据相关指令与兴中投资经办人对接，无法知晓兴中投资由陈某勇控制的事实。他本人在查询兴中投资人员信息并确定兴中投资不属于珠江 Z 公司关联人后，方才按规定对涉案股权交易事项履行董事会、股东大会审议程序。第三，他本人 2015 年 3 月后方与刘某钟、宋某明二人共事，在涉案事项发生前，无人告知陈某勇与兴中投资的关系，他本人在涉案事项发生期间已严格履行董事会秘书职责，并无任何失职之处。综上，韩某明请求中国证监会对其免于处罚。

中国证监会认为，《证券法》第六十八条规定："上市公司董事、监事、高级管理人员应当保证上市公司所披露的信息真实、准确、完整。"《上市公司信息披露管理办法》（证监会令第 40 号）第五十八条规定："上市公司董事、监事、高级管理人员应当对公司信息披露的真实性、准确性、完整性、及时性、公平性负责，但有充分证据表明其已经履行勤勉尽责义务的除外。"本案中，韩某明作为珠江 Z 公司董事会秘书，负有组织和协调公司信息披露事务的职责，应依法履行保证珠江 Z 公司所披露信息真实、准确、完整的法定义务。同时，韩某明无论是在中国证监会调查阶段，还是在申辩阶段，均未提供足以表明其已履行勤勉尽责义务的充分证据或理由。韩某明所谓不知情、受指派实施相关行为等辩解理由，并非法定免责事由，中国证监会无法据此对其免予处罚。此外，中国证监会目前对韩某明的处理意见，已充分考虑其职务、在本案中的地位和作用等因素，对其的处罚已轻于其他两名责任人员。综上，韩某明提出的免除处罚请求没有法律依据，中国证监会不予采纳。

根据当事人违法行为的事实、性质、情节与社会危害程度，依据《证券法》第一百九十三条第一款的规定，中国证监会决定：

一、对珠江 Z 公司实业股份有限公司给予警告，并处以 60 万元的罚款；

二、对刘某钟、宋某明给予警告，并分别处以 30 万元的罚款；

三、对韩某明给予警告，并处以 15 万元的罚款。

1.12.5 案例 5：G 证券董事会秘书梅某涉嫌信息误导

依据《中华人民共和国证券法》（以下简称《证券法》）的有关规定，中国证监会对时任G证券股份有限公司（以下简称G证券）董事会秘书梅某涉嫌信息误导行为进行了立案调查、审理，并依法向梅某告知了作出行政处罚的事实、理由、依据及当事人依法享有的权利，当事人提交了书面陈述申辩材料，未要求听证。本案现已调查、审理终结。

经查，2013年8月16日11时05分，G证券在进行交易型开放式指数基金（以下简称ETF）申赎套利交易时，因程序错误，其所使用的策略交易系统以234亿元的巨量资金申购180ETF成份股，实际成交72.7亿元。11时59分左右G证券董事会秘书梅某在与大智慧记者高欣通话时否认了市场上"G证券自营盘70亿元乌龙指"的传闻，而此时梅某对相关情况并不知悉。随后，高欣发布《G证券就自营盘70亿乌龙传闻回应：子虚乌有》一文。12时13分，梅某向高欣表示需进一步核查情况，要求删除文章。但此时该文已无法撤回，于12时47分发布并被其他各大互联网门户网站转载。梅某的相关行为违反了《证券法》第七十八条第二款关于禁止信息误导的规定。

以上事实，有相关询问笔录、通话记录、新闻报道等市场公开信息等证据证明，足以认定。

梅某在陈述申辩中提出，其在对行情和异常交易事件毫不知情的情况下，基于朋友间的交流和对公司业务的经验判断表达了个人对市场传闻的看法，主观上没有信息误导的故意。在发现大智慧夸张失实的报道后，立即要求大智慧撤回不实报道并予以更正，并且大智慧于12时59分作出了更正举动，最终于13时04分发布更正报道，收回了此前不实报道言论。梅某据此请求对其不予处罚或减轻处罚。

经复核，梅某作为G证券董事会秘书，在对具体事实不知情的情况下，明知对方为新闻记者，轻率地对未经核实的信息予以否认，构成信息误导。大智慧2013年8月16日13时04分发布的报道与G证券13时公告的"重要事项未公开，8月16日下午停牌"内容基本一致，未披露当天上午交易的真实原因，不能视为对大智慧于当日12时47分发布信息的更正。

根据《证券法》第二百零七条的规定，中国证监会决定：责令梅某改正，并处以20万元罚款。

第 2 章
上市公司的治理结构

2.1 公司治理概述

2.1.1 公司治理的概念界定

公司治理也叫商团治理，指的是公司为了使股东和其他利益相关者的利益目标趋于一致，以国家相关的法律法规和运作机制为原则，对公司进行治理、监督以及制衡。其中，利益相关者除了股东外，还有公司员工和管理层、公司的客户、相关关联企业、商业银行和监管部门等。从公司利益相关者的视角进行分析，公司治理的核心是要通过减少代理成本以及信息不对称的问题来制衡各个主体之间的权、责、利，从而实现其利益最大化。同时，公司治理也可以通过衡量其业务和活动运营结果和预期目标是否相符，从而起到提升公司运营效率，减少内部交易成本的作用。

从 1932 年 Berle 和 Means 提出了著名的两权分离理论，开始引发人们对公司治理领域的关注和研究。此后，逐渐发展出了产权理论、内部人控制理论、委托—代理理论以及利益相关者理论等，构成了如今公司治理理论体系。

1. 两权分离理论

在股份制公司诞生以前，传统企业中资本的所有权与管理者对于资本的运作权是合一的，企业所有人直接管理其企业资产，同时也直接承担其经营可能带来的风险。但由于生产力的不断发展，企业所有权与控制权的分离成为了一种必然现象。

1932 年 Berle 和 Means 以美国 200 家企业为样本进行分析时，发现这些大公司多数由没有公司股份的管理人员控制，从而得出结论：现代企业治理机制中形成了"所有与控制的分离"，企业日常运转和经营实际由职业经理人组成的管理人集团所控制。当企业发展到一定阶段开始进行专业化管理时，其经营权就会开始由具有专业化生产与管理才能的管理者所控制，而所有权只作为其资本的提供者。然而，如果管理者的权利和报酬不匹配时，就可能会导致管理者侵害其企业所有者利益的情况。

2. 产权理论

产权理论认为，私有企业中产权人拥有对企业剩余利润的索取获得权。因此，如果企业中产权配置合理，产权所有人更希望能够提高企业的经营效益，同时也可以降低企业的内部交易成本。而公司治理制度的本质，可以视为通过对公司产权的合理配置，同时合理的分配利益相关者的权利。而现如今公司中"三会一层"结构中决策权与监督权的分离与制衡，能够有效提高公司治理效率并促进企业的健康发展。

3. 内部人控制理论

青木昌彦于1995年提出了内部人控制理论。该理论主要观点在现代企业中的所有权与经营权相分离的情况下，由于企业的管理者具有公司日常业务的控制权，如果不对此进行约束，企业的管理者有可能掌握企业的实际控制权，即出现"内部人控制"现象。由于企业外部成员和内部经营者的利益不一致，在缺少监管的情况下，内部管理人有可能通过公司控制，利用公司资源来追寻自身利益，并侵害公司与其余利益相关者的利益。"内部人控制"的实质是由于企业中管理人控制权与剩余索取权的不匹配导致"所有者缺位"现象。

4. 委托 – 代理理论

委托-代理理论来源于两权分离的前提，即企业所有人者提供资本并承担经营风险，经营者接受委托管理企业。现代企业治理制度中，企业的所有者通过签订契约委托经营者作为企业的代理人。但是，由于经营者可能更多考虑自身利益而非企业，因此经营者在日常经营活动中的行为可能与所有者的意愿无法统一。同时，由于契约不完备或信息不对称等其余因素都有可能使经营者作为代理人因为利己机会主义倾向而侵害其所有者的利益，从而形成了代理成本。

所以，委托-代理理论的观点是，公司治理的核心是尽可能减少公司的代理成本，来获得最大的收益。为了减少双方信息不对称、以及承担风险不对等等问题，同时保证公司经理层的行为与所有者的利益目标相一致，委托人赋予董事会经营管理权，董事会再赋予经理人执行的权利。这样通过股东来约束董事会，董事会监督管理层的方法对于减少代理成本，建立有效的激励与约束机制有着良好的促进作用。

现如今由于上市公司中的股东投票制度的存在，产生了新的代理问题，即委托人中大股东通过提高自己的股权比例，成为公司的实际控制人，为了自己的权益而操控公司经营管理，进而有可能损害中小股东的利益，导致了双方的利益冲突。而公司治理制度就是通过完善公司治理结构和安排，有效减少代理成本，为公司的良性发展打下了扎实基础。

5. 利益相关者理论

"利益相关者"概念最早由Freeman提出，其涵盖范围不仅包括公司股东与管理人等主要利益相关者，同时也包括员工、客户、政府部门、社区媒体等其他利益关联者，以及自然环境等受公司影响的客体。利益相关者理论的观点是，由于各方利益相关者的利益目标不完全一致，公司的经营管理者要综合平衡多方利益相关者的利益，以此为基础进行公司的日常经营管理活动。

利益相关者理论通过更广泛的视角，将委托代理问题的范畴扩展到各方利益相关者与进行公司日常经营管理的管理者之间，突出了各方利益相关者在公司治理中的重要性，以及在公司治理中可以起到的作用。相较于传统的股东利益最大化的理论，更加追寻的是整体利益的最大化，从而推动公司长远发展。

2.1.2 公司治理的产生与发展

现代股份有限公司的完全形态产生于19世纪，随着公司股权的日益分散及所有权与经营权的分离，股东权力和股东大会逐渐空壳化与形式化，管理层开始在公司中处于支配地位。

Berle 和 Means 最早对这一问题进行了系统的分析和研究，并于 1932 年出版了《现代公司和私人产权》一书，对当时占主导地位的股东主权思想提出了挑战。然而，在 20 世纪 80 年代以前，公司治理问题并没有受到人们的注意和重视，其原因在于第二次世界大战之后的 30 多年间，公司总体上来说运作的非常好，股东们大体上都得到了满意的回报，公司员工的工资和福利也得到不断的提高。

对公司治理问题的重视与广泛研究是在 20 世纪 80 年代以后才开始的，各国的学者、企业价、决策者及新闻媒介都对其表现出空前的关注，并展开了热烈的讨论，形成了一个公司治理的运动浪潮。正如一个著名经济学家所说："从来没有一个问题像公司治理那样，由一个为人所忽视的问题变成了专家和决策者日思夜想的焦点。"

2.1.3 公司治理的主要模式

划分公司治理模式的主要标志是所有权和控制权的表现形式。传统的公司治理理论将公司治理的主要模式分为英美的市场监控型和德日式的股东监控型模式。近年来，一些公司治理专家和学者在研究了东亚及前苏联和东欧国家的公司治理后，又归纳出"家族控制"和"内部人控制"两种公司治理模式。

实际上，东亚国家的家族控制模式与德日的股东监控模式有相似之处。两者的共同特点均表现为大股东的直接监控，只不过在德国和日本，大股东主要表现为银行或大财团，而在东亚国家，大股东主要为控股家族。

前苏联和东欧国家"内部人控制"的公司治理模式的出现是由于国家经济处于从计划经济向市场经济转型期的特殊阶段，由于市场机制发育滞后、有关公司治理的法律法规不完善引起的。

2.1.4 我国上市公司治理模式

中国现行的公司治理结构主要可以归结为两种模式：内部人控制模式和控股股东模式。这两种模式甚至常常在一个企业中奇妙地重叠在一起。控股股东模式中，当控股股东为私人或者私人企业时，往往出现家族企业的现象；当控股股东为国家时，国家对企业进行大量直接干预和政治控制往往与公司价值最大化的要求相悖，与《公司法》预先设定的公司治理机制和措施不一致。

以上两种模式的实际实施，通常趋向于采取同一种形式，即关键人大权独揽，一人具有几乎无所不管的控制权，且常常集控制权、执行权和监督权于一身，并有较大的任意权力。关键人物通常为公司的最高级管理人员或（和）控股股东代表。公司内部的一般员工（包括其他内部董事）和数量很少的外部独立董事在公司治理过程中发挥的作用很小。这种"一人独大"的关键人控制模式对企业治理和公司组织资本的发展造成了极其不利的影响。

2.2 上市公司的独立性

在企业在发展过程中，上市是个"小目标"。上市公司也有独立性，比如人员管理和财务管理等等方面，关于上市公司的独立性，一般有说"三分开"和"五独立"，也有说"三独立"和"五分开"。关于"三分开"和"五独立"的内容也不完全一致。有说"三独立"是指股份公司要具有独立的生产、供应、销售系统,具有直接面向市场独立的经营能力。五独立是指人员、资产、财务、机构、业务独立。也有说"五独立"即资产独立(或资产完整)、业务独立、人员独立、财务独立、机构独立。至于"三分开",即董事会、监事会、经理层的责权分开。

目前"五独立"的说法基本统一。《首次公开发行股票并上市管理办法》第十五条到第十九条规定了首次公开发行时发行人应具备资产完整、业务独立、人员独立、财务独立、机构独立。

2.2.1 资产完整

一是企业应具有开展生产经营所必备的资产。企业改制时,主要由企业使用的生产系统、辅助生产系统和配套设施、工业产权、非专利技术等资产必须全部进入发行上市主体。企业在向证监会提交发行上市申请时的最近1年和最近1期,以承包、委托经营、租赁或其他类似方式,依赖控股股东及其全资或控股企业的资产进行生产经营所产生的收入,均不超过其主营业务收入的30% 企业不得以公司资产为股东、股东的控股子公司、股东的附属企业提供担保。

二是控股股东、实际控制人应当保证上市公司资产完整和机构独立,不得通过与上市公司共用原材料采购和产品销售系统及与上市公司共用机构和人员通过行使提案权、表决权以外的方式对上市公司董事会、监事会和其他机构行使职权进行限制或施加其他不正当影响等方式影响上市公司的机构独立。

2.2.2 业务独立

业务独立是指企业应具有完整的业务体系和直接面向市场独立经营的能力。属于生产经营企业的,应具备独立的产、供、销系统,无法避免的关联交易必须遵循市场公正、公平的原则。在向证监会提交发行上市申请时的最近1年和最近1期,拟上市公司与控股股东及其全资或控股企业,在产品(或服务)销售或原材料(或服务)采购方面的交易额,占拟上市公司主营业务收入或外购原材料(或服务)金额的比例都应不超过30%;委托控股股东及其全资或控股企业,进行产品(或服务)销售或原材料(或服务)采购的金额,占拟上市公司主营业务收入或外购原材料(或服务)金额的比例都应不超过30%。企业与控股股东及其全资或控股企业不应存在同业竞争。

2.2.3 人员独立

企业的劳动、人事及工资管理必须完全独立。董事长原则上不应由股东单位的法定代表人兼任;董事长、副董事长、总经理、副总经理、财务负责人、董事会秘书,不得在股东单位担任除董事、监事以外的其他职务,也不得在股东单位领取薪水;财务人员不能在关联公司兼职。

2.2.4 财务独立

企业应设置独立的财务部门,建立健全财务会计管理制度,独立核算,独立在银行开户,不得与其控股股东共用银行账户,依法独立纳税。企业的财务决策和资金使用不受控股股东干预。

2.2.5 机构独立

企业的董事会、监事会及其他内部机构应独立运作。控股股东及其职能部门与企业及其职能部门之间没有上下级关系。控股股东及其下属机构不得向企业及其下属机构下达任何有关企业经营的计划和指令,也不得以其他任何形式影响其经营管理的独立性。

2.3 股东大会

股东大会,是指由全体股东组成的,决定公司经营管理的重大事项的机构。股东大会是公司最高权力机构,其他机构都由它产生并对它负责。股东大会职权与有限责任公司股东会职权相同。根据《中华人民共和国公司法》第四章第二节的相关规定,股东大会是股份公司的最高权力机关,它由全体股东组成,对公司重大事项进行决策,有权选任和解除董事,并对公司的经营管理有广泛的决定权。企业一切重大的人事任免和重大的经营决策一般都得股东大会认可和批准方才有效。

2.3.1 股东大会的类型

1. 法定大会

凡是公开招股的股份公司,从它开始营业之日算起,一般规定在最短不少于一个月,最长不超过三个月的时期内举行一次公司全体股东大会。会议主要任务是审查公司董事在开会之前14天向公司各股东提出的法定报告。目的在于让所有股东了解和掌握公司的全部概况以及进行的重要业务是否具有牢固的基础。

2. 年度大会

股东大会定期会议又称为股东大会年会,一般每年召开一次,通常是在每一会计年度终结的6个月内召开。由于股东大会定期大会的召开大都为法律的强制,所以世界各国一般不对该会议的召集条件做出具体规定。

年度大会内容包括:选举董事,变更公司章程,宣布股息,讨论增加或者减少公司资本,审查董事会提出的营业报告等。

3. 临时大会

临时大会讨论临时的紧迫问题。除了上述三种大会外,还有特种股东会议。

股东大会临时会议通常是由于发生了涉及公司及股东利益的重大事项,无法等到股东大会年会召开而临时召集的股东会议。

关于临时股东大会的召集条件,世界主要国家大致有三种立法体例:列举式、抽象式和结合式。我国采取的是列举式,《公司法》第101条规定,有以下情形之一的,应当在两个月内召开股东会：

(1) 董事人数不足本法规定人数或者公司章程所定人数的三分之二时；

(2) 公司未弥补的亏损达实收股本总额三分之一时；

(3) 单独或者合计持有公司百分之十以上股份的股东请求时；

(4) 董事会认为必要时；

(5) 监事会提议召开时；

(6) 公司章程规定的其他情形。

德国、日本等国家的法律则采取的是抽象式的立法例，即不具体列举召集条件，而将决定权交由召集权人根据需要确定。德国《股份公司法》第121条第1款规定："股东大会应当在法律或章程规定的情形下以及在公司的利益需要时召集。"日本《商法典》也规定："临时全会于必要时随时召集。"而英国公司法在规定临时股东大会的召集条件时，则采取了结合式的办法，即在规定抽象的召集条件之后，对法律认为重要的事项进行列举。其规定为：股东临时会可于必要时随时召集，尤其是涉及到章程变更、公司的转化、限制股份转让的新规则、董事竞业的认可、董事私人交易责任的免除等。

2.3.2 股东大会的职权

1. 股份有限公司股东大会的职权与有限责任公司股东会的职权相同

依照《公司法》第三十七条规定，股东大会行使下列职权：

(1) 决定公司的经营方针和投资计划；

(2) 选举和更换非由职工代表担任的董事、监事，决定有关董事、监事的报酬事项；

(3) 审议批准董事会的报告；

(4) 审议批准监事会或者监事的报告；

(5) 审议批准公司的年度财务预算方案、决算方案；

(6) 审议批准公司的利润分配方案和弥补亏损方案；

(7) 对公司增加或者减少注册资本作出决议；

(8) 对发行公司债券作出决议；

(9) 对公司合并、分立、解散、清算或者变更公司形式作出决议；

(10) 修改公司章程；

(11) 公司章程规定的其他职权。

2. 上市公司股东大会的特别职权

(1) 对上市公司聘用、解聘会计师事务所作出决议；

(2) 审议上市公司1年内购买、出售重大资产或担保金额超过上市公司最近一期经审计总资产30%的事项；

(3) 审议批准变更募集资金用途事项；

(4) 审议股权激励计划；

(5) 审议批准特殊的对外担保。包括：①上市公司及其控股子公司的对外担保总额达到或者超过最近一期经审计"净资产"50%以后提供的任何担保；②上市公司的对外担保总额达到或者超过最近一期经审计"总资产"的30%以后提供的任何担保；③为资产负债率超过70%的担保对象提供的担保；④单笔担保额超过最近一期经审计净资产10%的担保；⑤上市公司对股东、实际控制人及其关联方提供的担保（对内的担保）。

3. 股东大会的召开流程

（1）会议召集。

股东大会会议召开时间有一定规定，一是在设立公司前召开首次股东会会议，首次股东会会议由出资最多的股东召集和主持；二是依公司章程规定召开定期会议；三是在代表十分之一以上表决权的股东，三分之一以上的董事，监事会或者不设监事会的公司的监视提议召开临时会议的情况下，召开临时会议。

有限公司设立董事会的，股东会会议由董事会召集，董事长主持；董事长不能履行职务或者不履行职务的，股东会会议由执行董事召集和主持。董事会或者执行董事不能履行或者不履行召集股东会会议职责的，由监事会或者不设监事会的公司的监视召集和主持；监事会或者监事不召集和主持的，连续90日以上代表十分之一以上表决权的股东可以自行召集和主持。监事会或股东决定自行召集股东大会的，须书面通知董事会，同时向公司所在地中国证监会派出机构和证券交易所备案，同时董事会和董事会秘书将予以配合，提供股权登记日的股东名册，若董事会未提供，召集人可持有关公告向证券登记结算机构申请获取。

（2）会议通知。

《公司法》第一百零二条的规定："召开年度股东大会会议，应当将会议召开的时间、地点和审议的事项于会议召开二十日前通知各股东；临时股东大会应当于会议召开十五日前通知各股东；发行无记名股票的，应当于会议召开三十日前公告会议召开的时间、地点和审议事项。"公司在计算会议通知的起始期限时，不应当包括会议召开当日。

（3）股东的出席和代理出席。

股东可以亲自出席会议，也可以委托代理人代为出席和表决，但股东应以书面形式委托代理人，代理人应当向公司提交股东授权委托书，并在授权范围内行使表决权。如果委托人为法人，应当加盖法人印章或由其正式委任的代理人签署。个人股东亲自出席会议的，应当出示本人身份证和持股凭证；接受委托代理他人出席会议的，应当出示代理人身份证、代理委托书和持股凭证。法人股东应当由法定代表人或者法定代表人委托的代理人出席会议。

法定代表人出席会议的，应当出示本人身份证、能证明其具有法定代表人资格的有效证明和持股凭证；委托代理人出席会议的，代理人应当出示本人身份证、法人股东单位的法定代表人依法出具的书面委托书和持股凭证。无记名股票持有人出席股东大会的，应当于会议召开5日前至股东大会闭会时止，将股票交存于公司。

当股东与股东大会拟审议事项有关联关系时，应当回避表决，其所持有表决权的股份不计入出席股东大会有表决权股份的总数。上市公司持有自己的股份没有表决权，且该部分股份同样不计入有表决权的股份总数。

（4）临时提案权。

股东提案权是指股东可以向股东大会提出供大会审议或表决的议题或者议案的权利。该项权利能够保证少数股东将其关心的问题提交给股东大会讨论，有助于提高少数股东在股东大会中的主动地位，实现对公司经营的决策参与、监督与纠正作用。

为使小股东的提案权能够得以实现，新《公司法》第102条规定："单独或者合计持有公司股份达到3%以上的股东，可以在股东大会召开前十日提出临时提案并书面提交董事会。董事会应当在收到提案后二日内通知其他股东，并将该临时提案提交股东大会审议。临时提案的内容应当属于股东大会的职权范围之内，并有明确议题和其他决议事项。"这样既能保证小股东能够有机会提出议案，同时，也能确保股东大会及其他股东有充分的时间审议、表决议案。

股东大会不得对通知中未列明的事项以及不符合《上市公司股东大会规则》第十三条规定的提案作出决议。

（5）决议。

股东会决议是股东会就公司事项通过的议案。根据议决事项的不同，可将股东会决议分为普通决议和特别决议。普通决议是就公司一般事项作出的决议，如任免董事、监察人、审计员或清算人，确定其报酬；分派公司盈余及股息、红利；承认董事会所作的各种表册；承认清算人所作的各项表册；对董事、监察人提起诉讼，等等。形成普通决议，一般只要求有代表已发行股份总数过半数的股东出席，以出席股东表决权的过半数同意即可。

特别决议是就公司特别事项作出的决议，包括：①修改公司章程；②增加或减少注册资本；③公司合并、分立、解散；④变更公司形式；⑤上市公司：上市公司在1年内购买、出售重大资产或者担保金额超过公司资产总额30%。特别决议的形成要求较严格，一般要有代表发行股份总数2/3或3/4的股东出席，并以出席股东表决权的过半数或3/4通过。无论是普通决议还是特别决议，若议决程序违法或违反章程，股东于决议通过之日起一定期限内，可诉请法院撤销该决议。决议的内容违法时，该决议即归无效。

《公司法》规定：股东大会选举董事、监事，可以依照公司章程的规定或者股东大会的决议，实行累积投票制。本法所称累积投票制，是指股东大会选举董事或者监事时，每一股份拥有与应选董事或者监事人数相同的表决权，股东拥有的表决权可以集中使用。指在公司的选举会上，实行每个股份持有者按其有表决权的股份数与被选人数的乘积为其应有的选举权利，选举者可以将这一定数的权利进行集中或分散投票的选举办法。例如，股东会需选五名董事，某股东持有100个普通股，这样他就有了500票的权力。他可以用500票去投某一名候选人，对其他候选人一票也不投；也可以把票分布开，同时去投几名候选人。

出席股东大会的股东应当对提交表决的天发表以下意见之一：同意、反对或弃权。未填、错填、自己无法辨认的表决票或未投的表决票均视为投票人放弃其表决权利，其所持股份的表决结果应计为"弃权"。

股东大会对提案进行表决时，应当由律师、股东代表与监事代表共同负责计票、检票。上市公司应聘请相关律师，对会议的召集、召开程序、出席会议人员资格、召集人资格、表决程序及表决结果等事项出具法律建议书，并与股东大会决议一起公告，其法律意见不得使用"基本""未发现"等含糊措辞，并应当由两名执业律师和所在律师事务所负责人签名，加盖律师事务所印章并签署日期。

（6）签名。

《公司法》规定：股东大会应当对所议事项的决定作成会议记录，主持人、出席会议的董事应当在会议记录上签名。会议记录应当与出席股东的签名册及代理出席的委托书一并保存。会议记录包含以下内容：会议时间、地点、议程和召集人姓名或名称；会议主持人以及出席或列席会议的董事、监事、董事会秘书、经理和其他高级管理人员姓名；对每一提案的审议经过、发言要点和表决结果；股东的质询意见或建议以及相应的答复或说明；律师及计票人、监票人姓名；公司章程规定应当载入会议记录的其他内容。

会议记录应当与现场出席股东的签名册及代理出席的委托书及其他方式表决情况的有效资料一并保存，保存期限不少于10年。

2.4 董事会和董事

董事会是依照有关法律、行政法规和政策规定，按公司或企业章程设立并由全体董事组成的业务执行机构。董事会是股东会或股东大会这一权力机关的业务执行机关，负责公司或企业和业务经营活动的指挥与管理，对公司股东会或股东大会负责并报告工作。股东会或股东大会所作的决定，董事会必须执行。董事会须设董事长一人，董事长、副董事长的产生办法由公司章程规定，一般由董事会选举产生。

2.4.1 董事会

1. 董事会的职权

董事会的义务主要是有：制作和保存董事会的会议记录，备置公司章程和各种簿册，及时向股东（大）大会报告资本的盈亏情况和在公司资不抵债时向有关机关申请破产等。股份公司成立以后，董事会就作为一个稳定的机构而产生。董事会的成员可以按章程规定随时任免，但董事会本身不能撤销，也不能停止活动。董事会是公司的最重要的决策和管理机构，公司的事务和业务均在董事会的领导下，由董事会选出的董事长、副董事长具体执行。

《公司法》规定，董事会对股东会负责，行使下列职权：召集股东会会议，并向股东会报告工作；执行股东会的决议；决定公司的经营计划和投资方案；制订公司的年度财务预算方案、决算方案；制订公司的利润分配方案和弥补亏损方案；制订公司增加或者减少注册资本以及发行公司债券的方案；制订公司合并、分立、解散或者变更公司形式的方案；决定公司内部管理机构的设置；决定聘任或者解聘公司经理及其报酬事项，并根据经理的提名决定聘任或者解聘公司副经理、财务负责人及其报酬事项；制定公司的基本管理制度；公司章程规定的其他职权。

需要注意的是，董事会的一般职权是"制定方案"，最终需要股东会表决是否通过。

2. 董事会的召开时间

董事会每年度至少召开两次会议，每次会议应当于会议召开十日前通知全体董事和监事。拥有十分之一以上表决权的股东、三分之一以上董事或者监事会，可以提议召开董事会临时会议。董事长应当自接到提议后十日内，召集和主持董事会会议。董事会召开临时会议，可以另定召集董事会的通知方式和通知时限。

3. 董事会的召开流程

（1）召集。董事长召集和主持董事会会议，董事长不能履行职务或不履行职务的，由副董事长召集和主持。若董事长和副董事长都不能履行职务或不履行职务，的，由半数以上董事共同推举一名董事召集和主持。

（2）董事会的通知、决议及会议记录。定期会议提前10日发出通知，临时董事会会议依照《公司章程》规定的方式和时限通知各董事，具体通知内容包括：会议时间和地点、会议召开方式、事由及议题以及发出通知的日期。公司董事、董事会秘书、记录人需要在会议记录上签字。记录内容包括：会议召开的日期地点和召集人姓名；出席董事的姓名以及受他人委托出席董事会的董事（代理人）姓名；会议议程；董事发言要点；每一决议事项的表决方式和结果（结果应载明赞成、反对或弃权的票数）。

（3）决议须经半数以上董事同意，在权限范围内对担保事项作出决议的，除半数以上董事同意外，还须经出席会议的2/3以上董事同意。

（4）独立董事每年现场工作时间不少于10日，并对以下内容发表独立意见：提名董事、聘任或解聘高级管理人员、公司董事及高级管理人员薪酬，以及公司股东、实际控制人及其关联企业对公司现有或新发生的总额高于300万元或高于上市公司最近经审计净资产值的5%的借款或其他资金往来，以及公司是否采取有效措施收回欠款。此外，还包括独立董事认为可能损害中小股东权益的事项以及公司章程规定的相关事项。

（5）决议通过后的两个交易日内公告。

2.4.2 董事会专门委员会

董事会下设战略发展委员会，审计委员会，风险管理委员会，提名与薪酬委员会，关联交易、社会责任和消费者权益保护委员会等五个专门委员会。其中，审计委员会，风险管理委员会，提名与薪酬委员会和关联交易、社会责任和消费者权益保护委员会的主席均由独立非执行董事担任，且独立非执行董事超过半数，审计委员会中至少应有一名独立董事是会计专业人士。

1. 战略发展委员会

对公司所处的外部环境、现有的内部条件以及长期发展战略规划进行研究并提出建议；对《公司章程》规定须经董事会批准的重大投资、融资、增加或减少注册资本的方案进行研究并提出建议；研究管理层提交董事会的投资发展战略、经营计划和预算；对以上事项的实施进行检查与评估；对公司的总体业绩与发展趋势进行监督、预测；就有关公司总体发展方向的一切重大事项向董事会提出建议；董事会授权的其他事宜。

2. 审计委员会

提意聘请或更换公司的外部审计机构；监督公司的内部审计制度及其实施，提出改进意见和建议；负责内部审计与外部审计之间的沟通；审核公司的财务信息及其披露；查阅审核公司资金运用状况；检查并完善内控制度，对重大关联进行审计；如有理由认为公司的任何董事、高级职员或雇员与违反中国法律、公司章程或规章制度的活动有牵连或知情，审计委员会有权要求公司聘请的审计机构给予协助并对公司上述人员进行质询，费用由公司负担；向董事会提交公司整体的风险管理战略与体系，建立相关的激励与约束机制；定期召开委员会会议，听取风险管理报告，并提出风险管理建议；重大关联交易应当由审计委员会审查后报董事会批准；定期审查内部审计部门提交的内控评估报告、风险管理部分提交的风险评估报告以及合规管理部门提交的合规报告，并就公司的内控、风险和合规方面的问题向董事会提出意见和改进建议；公司董事会授予其办理的其他事项。

3. 投资委员会

审议公司投资发展战略并监督战略的实施；审核公司有关投资管理的内部控制、管理模式、决策程序等；审核公司年度投资计划与方案、投资品种的配比结构，并提请年度董事会审批。审批通过后，投资委员会负责具体运作把关；每半年可以提出对年度投资计划的调整；审核资产负债的配置计划、单个投资品种的投资比例和范围；制定投资管理的绩效评估与考核的基准和方法，定期评估投资业绩；对重大投资决策进行论证，并向董事会汇报；经公司董事会授权管理的其他事宜。

4. 经营委员会

公司业务经营以及分支机构发展状况的诊断、分析；研究公司经营过程中遇到的具体问题，并寻求解决办法；对公司产品与服务质量进行评估，并提出改进意见；研究公司年度工作计划、年度预算；公司董事会授予其办理的其他事项。

5. 提名与薪酬委员会

根据公司业务发展、资产规模和股权结构等因素，就董事会的规模和构成向董事会提出建议；研究董事、高级管理人员的选择标准和程序，并向董事会提出建议；广泛搜寻合格的董事和高级管理人员的任选；对董事人选、高级管理人员的任选进行先期审查并提出建议；就董事、高级管理人员的薪酬待遇及其支付方式提出建议；就股票期权的设立、股权管理计划等长期激励事项提出建议；董事会授权的其他事宜。

2.4.3 董事

根据《中华人民共和国公司法》第六章的相关规定，董事是指由公司股东（大）会或职工民主选举产生的具有实际权力和权威的管理公司事务的人员，是公司内部治理的主要力量，对内管理公司事务，对外代表公司进行经济活动。

（1）任职资格

公司董事为自然人。我国《公司法》对董事的任职资格作了一定的限制。依据《公司法》第一百四十六条的规定，有以下情形之一的，不得担任公司的董事：①无民事行为能力或者限制民事行为能力者；②因贪污、贿赂、侵占财产、挪用财产罪和破坏社会主义市场经济秩序，被判处刑罚，执行期满未逾5年，或者因犯罪被剥夺政治权利，执行期满未逾5年；③担任破产清算的公司、企业的董事或厂长、经理，并对该公司、企业的破产负有个人责任的，自该公司、企业破产清算完结之日起未逾3年；④担任因违法被吊销营业执照、责令关闭的公司、企业的法定代表人，并负有个人责任的，自该公司、企业被吊销执照之日起未逾3年；⑤个人所负数额较大的债务到期未清偿。

上市公司的董事，除不得存在上述情形外，如果被中国证监会处以证券市场禁入处罚且期限未满，或是存在法律、行政法规或部门规章规定的其他禁止性情形的，也不得担任董事。

公司违反上述规定选举、委派董事的，该选举、委派或者聘任无效。董事在任职期间出现上述所列情形的，公司应当解除其职务。

(2) 董事的任免

《公司法》规定有限责任公司的董事成员为 3～13 人。股份有限公司的董事会成员为 5～19 人。董事会成员中可以有公司职工代表。董事会中的职工代表由公司职工通过职工代表大会、职工大会或者其他形式的民主选举产生。非职工代表董事由股东（大）会选举或更换，任期由公司章程规定，但每届任期不得超过 3 年。董事任期从股东（大）会决议通过之日起计算，至本届董事会任期届满时止。董事任期届满，连选可以连任。

董事的提名办法一般由公司章程或相关办法规定。董事选任程序应规范，保证董事选任公平、公正、独立。上市公司会要求董事候选人在股东大会召开之前作出书面承诺，同意接受提名，承诺披露的董事候选人的资料真实、完整，并保证当选后切实履行董事职责。

董事任期届满未及时改选，或者董事在任期内辞职导致董事会成员低于法定人数的，在改选出的董事就任前，原董事仍应当依照法律、行政法规和公司章程的规定，履行董事职务。董事辞职应当向董事会提交书面辞职报告。董事提出辞职或者任期届满，其对公司和股东负有的义务在其辞职报告尚未生效或者生效后的合理期间内，以及任期结束后的合理期间内，并不当然解除，其应当按照与公司签订的保密协议等，对公司商业秘密承担保密的义务。其他义务的持续期间应当根据公平的原则决定，视事件发生与离任之间时间的长短，以及与公司的关系在何种情况和条件下结束而定。任职尚未结束的董事，对因其擅自离职使公司造成的损失，应当承担赔偿责任。

(3) 董事的责任

《公司法》关于董事义务的规定。《公司法》第一百四十七条规定，董事应当遵守法律、行政法规和公司章程，对公司负有忠实义务和勤勉义务。

董事负责公司的日常运作和管理工作。董事的权力是受信管理公司。"受信"表示他们有诚实信用的责任。他们行事必须以公司的利益为依归，并须按照指定的目的运用权力。例如，董事办事时不能处与个人利益与公司利益有冲突的地位。此外，董事未经公司同意，不能利用职位为自己谋取利益。董事在办理公司业务时如有疏忽，必须就疏忽而引起的损害对公司负责。《公司法》对董事职责有严苛的规定。董事执行公司职务时违反法律、行政法规或者公司章程的规定，给公司造成损失的，应当承担赔偿责任。

(4) 董事的委托与受托出席

《公司法》第 112 条规定："董事会会议，应由董事本人出席；董事因故不能出席，可以书面委托其他董事代为出席，委托书中应载明授权范围"。董事会会议决定公司的重要事务，董事对董事会决议负有个人责任，董事亲自出席董事会会议是董事会召开的一般规则。董事因故不能出席董事会会议的，可以委托其他董事代为出席，但这里需要明确几个问题：事必须通过书面形式委托其他董事代为出席董事会会议。代理董事出席董事会会议的人员只能是其他董事。书面委托书中必须明确授权范围。

（5）董事的离任

因任期届满离职的，向董事会提交离职报告；非因任期届满理离职的，还应在离职报告中专项说明离职原因，并报监事会备案；原因涉及上市公司违法违规或者不规范运作的，需及时向交易所及相关监管机构报告。

2.5 监事会和监事

根据《中华人民共和国公司法》第四章第四节的规定，监事会是由股东（大）会选举的监事以及由公司职工民主选举的监事组成的，对公司的业务活动进行监督和检查的法定必设和常设机构。

监事会是股份公司的常设监督机构。监事会的监事由股东大会选举产生，代表股东大会执行监督职能。监事会作为股份公司的内部监督机构，其主要职权是：监督检查公司的财务会计活动；监督检查公司董事会和经理等管理人员执行职务时是否存在违反法律、法规或者公司章程的行为；要求公司董事和经理纠正其损害公司利益的行为；提议召开临时股东大会；执行公司章程授予的其他职权。

2.5.1 监事会

1. 监事会的构成

《公司法》第五十一条规定："有限责任公司设监事会，其成员不得少于三人。股东人数较少或者规模较小的有限责任公司，可以设一至二名监事，不设监事会。"

监事会应当包括股东代表和适当比例的公司职工代表，其中职工代表的比例不得低于三分之一，具体比例由公司章程规定。监事会中的职工代表由公司职工通过职工代表大会、职工大会或者其他形式民主选举产生。

监事会设主席一人，由全体监事过半数选举产生。监事会主席召集和主持监事会会议；监事会主席不能履行职务或者不履行职务的，由半数以上监事共同推举一名监事召集和主持监事会会议。

股份公司监事会还可以设副主席，副主席由全体监事过半数选举产生。监事会副主席可以在监事会主席不能履行召集和主持监事会会议职务或不履行职务时召集和主持监事会会议。

董事、高级管理人员不得兼任监事。

2. 监事会的职权

监事会（或不设监事会的公司的监事）行使下列职权：检查公司财务；对董事、高级管理人员执行公司职务的行为进行监督，对违反法律、行政法规、公司章程或者股东会决议的董事、高级管理人员提出罢免的建议；当董事、高级管理人员的行为损害公司的利益时，要求董事、高级管理人员予以纠正；提议召开临时股东会会议，在董事会不履行《公司法》规定的召集和主持股东会会议职责时召集和主持股东会会议；向股东会会议提出提案；依照

《公司法》第一百五十一条的规定,对董事、高级管理人员提起诉讼;列席董事会会议,对所以议事项提出质询和建议;发现公司经营情况;公司章程规定的其他职权。上市公司的监事会还可以对董事会编制的公司定期报告进行审核并提出书面审核意见。

3. 监事会的召开时间

根据《公司法》第四十条的规定,股东会会议分为定期会议和临时会议,监事会或者不设监事会的公司的监事提议召开临时会议的,应当召开临时会议。且根据《公司法》第五十六条规定,监事会每年度至少召开一次会议。

存在以下情形时,监事会应当在10日内召开临时会议:监事提议召开时;公司股东大会、董事会会议通过了违反法律、法规、规章、公司章程、股东大会的决议和其他有关规定的决议时;董事、高级管理人员的不当行为可能给公司造成重大损害或恶劣影响时;公司或公司董事、监事、高级管理人员被股东提起诉讼时;公司或公司董事、监事、高级管理人员被政府有关部门处罚或被证券交易所公开谴责时;其他情形。监事会定期会议的决议与临时会议的决议均属监事会决议,具有同等效力。

4. 监事会的召开程序

会议召集。由监事会主席召集和主持;监事会主席不能履行职务或者不履行职务的,由监事会副主席召集和主持;监事会副主席不能履行职务或者不履行职务的,由半数以上监事共同推举一名监事召集和主持。

会议通知。监事会办公室提前2天将书面会议通知提交给全体监事和有关列席人员,同时准备好会议的相关材料,包括签到表、表决表、会议材料等。通知内容主要包括:时间地点、会议提案、召集人和主持人(临时会议提议人及提议)、会议材料、监事应亲自出席或委托其他监事代为出席的要求、会务联系人等。

议事方式。首先由召集人、主持人说明召集的原因及会议所通知的事项(提案)等,介绍完基本情况后注意提请与会监事就所议事项发表明确意见,同时发表自己的明确意见。

表决方式。监事会决议可采取记名投票表决,也可采用举手表决,但有监事提议采取投票表决时应采用投票表决,表决意向为赞成、反对和弃权。采取记名投票的,与会监事表决完后,监事会秘书应收集表决票并在一名监事的监督下进行统计。监事会做出的决议必须经全体监事2/3以上成员表决通过。

会议记录。监事会秘书做好会议记录,内容主要包括:会议届次及时间地点、会议召集人主持人、出席情况、提案及每位监事发表的意见和表决一项、提案的表决方式及结果等。与会监事应对会议记录、决议记录等材料进行签字确认。在决议公开前,与会监事及其他与会人员应对决议内容保密。

监事会会议档案的保存期限为10年。

2.5.2 监事

1. 股东监事

股东监事是指有限责任公司或股份有限公司的监事会中代表公司股东利益,检查公司财务,监督董事、经理活动的,由公司股东在股东大会或股东会选举产生的由有股东资格的人充任的监事。

股东监事是监事会中的重要组成人员，是各国公司法的传统规定。股东监事由公司的股东大会（或股东会）选举更换，其所获得的报酬也由股东会或股东大会决定。

2. 职工监事

职工监事是指股份有限公司或者有限责任公司的监事会中代表职工利益，检查公司财务，监督董事经理活动的，由职工民主选举产生的职工充任的监事。职工监事是监事会中必设的人员，其具体人数比例由公司章程规定。

职工监事的具体选任办法，由代表全体职工利益的组织决定。由原来的国有企业改组为有限责任公司或股份有限公司，一般由该企业的职工代表大会选举更换本企业的职工为职工监事。公司的职工监事还可以由本公司的工会选举更换。担任职工监事的人不仅要符合《公司法》所规定的监事的资格，而且必须是本公司的职工。这是近年来西方为缓和劳资关系，实行民主管理而在公司法中新创设的一项规定，目的是通过吸收职工参与公司的管理，调动职工的积极性。我国公司法借鉴了国外的这项成功的经验措施并在法条上加以明确规定，以维护职工的利益，尊重职工的权利。

2.6 高级管理人员

《中华人民共和公司法》第二百一十七条第一款：高级管理人员，是指公司的经理、副经理、财务负责人，上市公司董事会秘书和公司章程规定的其他人员。一般而言，他们负起公司例行公务的种种责任，也拥有来自董事会或主要股东所授予之特定的执行权力。有部分企业为强化他们的职权等，会另外授予他们执行董事的职衔。而如果他们本身就是合伙人或股东，执行董事也是他们另一个重要的职称。

2.6.1 高级管理人员的任职资格

（1）高级管理人员候选人存在下列情形之一的，不得被提名担任上市公司高级管理人员：

①《公司法》第一百四十六条规定的情形之一；

②被采取场禁措施，期限尚未届满；

③被证券交易所公开认定不适合担任上市公司董事、监事和高级管理人员；

④最近三年内受证券交易所公责或者三次以上通报批评；

⑤因涉嫌犯罪被司法机关立案侦查或者涉嫌违法违规被中国证监会立案调查，尚未有明确结论意见。

（2）高级管理人员应当在公司股票首次上市前，新任高级管理人员应当在董事会通过其任命后1个月内，签署一式三份《董事（监事、高级管理人员）声明及承诺书》，并报交易所和公司董事会备案。

（3）高级管理人员辞职应当提交书面辞职报告。高级管理人员的辞职自辞职报告送达董事会时生效。

（4）高级管理人员在任职期间出现下列情形之一，应当在该事实发生之日起一个月内离职。

①《公司法》第一百四十七条规定的情形之一；

②措施期限尚未届满；

③被证券交易所公开认定不适合担任上市公司董事、监事和高级管理人员；

（5）董事会秘书有下列情形之一的，上市公司应当自事实发生之日起一个月内解聘董事会秘书。

①主板出现《上海证券交易所上市公司董事会秘书管理办法》第七条规定、深交所上市公司出现《深圳证券交易所股票上市规则》3.2.4条所规定情形之一的；

②连续3年不参加董事会秘书后续培训的；

③连续3个月以上不能履行职责的；

④在履行职责时出现重大错误或疏漏，后果严重的；

⑤违反法律法规或者其他规范性文件，后果严重的。

2.6.2 高级管理人员的聘任与解聘

1. 总经理

由董事长提名，经董事会提名委员会审核后由董事会聘任或解聘。

2. 副总经理

由总经理提名，董事会提名委员会审核后由董事会聘任或解聘。

3. 董事会秘书

董事会秘书由董事长提名，董事会提名委员会审核后由董事会聘任或者解聘。解聘董事会秘书应当具备充足的理由，无故不得解聘。上市公司应当在公司首次公开发行股票上市后3个月内，或者原任董事会秘书离职后3个月内聘任董事会秘书。在聘任会议召开前，应提前5个交易日向交易所备案，并报送有关材料：包括董事会推荐书和候选人学历证明及资格证书等。

4. 财务负责人

由总经理提名，董事会提名委员会审核后由董事会聘任或解聘。

2.6.3 高级管理人员的主要职责

（1）总经理

主持公司的生产经营管理工作，组织实施董事会决议，并向董事会报告工作；组织实施公司年计划和投资方案；拟订公司内部管理机构设置方案；拟订公司的基本管理制度；制定公司的具体规章；提请董事会聘任或者解聘公司副总经理、财务负责人；聘任或者解聘除应由董事会聘任或者解聘以外的管理人员；拟定公司职工的工资、福利、奖惩，决定公司职工的聘任和解聘；公司章程或董事会授予的其他职权。

（2）副总经理

执行总经理决定，协助总经理开展工作。受总经理委托分管部门或分、子公司的工作，依照分工负责具体的经营管理工作，并在职责范围内签发有关的业务文件。总经理外出时，受总经理委托的副总经理在授权范围内代行总经理职权。深入基层、走向市场，收集资料、掌握信息，向总经理提出供决策的具体意见。指导、检查分管部门或子公司的重要经济合同签订及执行情况。总经理授予的其他职权。

（3）董事会秘书

负责公司信息对外披露，协调公司信息披露事务，组织制定公司信息披露事务管理制度，督促公司和相关信息披露义务人遵守信息披露相关规定。负责投资者关系管理，协调公司与证券监管机构、投资者、证券服务机构、媒体等之间的信息沟通。组织筹备董事会会议和股东大会会议，参加股东大会会议、董事会会议监事会会议及高级管理人员相关会议，负责董事会会议记录工作并签字。负责公司信息披露的保密工作，在未公开重大信息泄露时，及时向交易所报告并披露。关注媒体报道并主动求证报道的真实性，督促公司董事会及时回复监管机构问询。组织公司董事、监事和高级管理人员进行相关法律、行政法规及相关规定的培训，协助前述人员了解各自在信息披露中的职责。知悉公司董事、监事和高级管理人员违反法律、行政法规、部门规章、其他规范性文件和公司章程时，或者公司作出或可能作出违反相关规定的决策时，应当提醒相关人员，并立即向监管机构报告。负责公司股权管理事务，保管公司董事、监事、高级管理人员、控股股东及其董事、监事、高级管理人员持有本公司股份的资料，并负责披露公司董事、监事、高级管理人员持股变动情况。《公司法》、中国证监会和交易所要求履行的其他职责

（4）财务负责人

执行总经理决定，协助总经理开展工作。组织拟订公司财务管理制度及其他经济管理制度；负责公司会计核算，组织成本管理。定期检查职能部门及公司下属单位的财务制度执行情况；监督检查下属子公司财务运作和资金收支情况；进行财务分析、控制财务风险。接受内部审计监督及财政、税务、审计、会计师事务所等外部审计监督。参与审定公司重大财务决策，拟订公司财务预算、决算方案。负责公司资金管理，拟订资金计划、控制资金流量、平衡资金需求，建立融资渠道。拟订下属公司财会机构和人员设置方案。指导、培训财会人员。向总经理及时汇报公司财务重大情况和公司财务异常变动情况。总经理授予的其他职权。

2.7 股权管理

股权管理，即持股企业经营管理，按照现代企业制度规范，对持股企业实施包括股权管理、产业整合、资产重组、战略监管在内的经营管理，积极推动以企业股份制改造和上市为主要途经的企业股权社会化改革，实现企业规模化发展，提升企业价值，为股东创造更大的利润回报和股权增值收益。根据公司治理理论与实践，公司股东之间应彼此负有受托责任，特别是大股东对小股东、内部人和外部股东都负有公平的责任。由于公众公司的股权交易是自由和实时的，因此，对控股股东及超过一定限额的一般股东，以及董事、监事、高管的股票买卖行为要进行管理，以减少内部人控制所诱发的道德风险。

2.7.1 股东间信息沟通

根据《深圳证券交易所上市公司信息披露工作指引第 2 号——股东和实际控制人信息披露》，控股股东及实际控制人应指定专人与上市公司及时沟通信息和联络，发生下列情况时，应立即通过并配合上市公司履行披露义务。

1. 持有、控制上市公司 5% 以上股份的股东和实际控制人应当指定专人与司及时沟通和联络，保证公司随时与其取得联系。

公司应当及时向证券交易所报备持有、控制公司 5% 以上股份的股东和实际控制人指定的专门联系人员的姓名、职务、联系方式等信息。若上述有关信息发生变更时，公司应当及时向证券交易所提交变更后的资料。

2. 发生下列情况之一时，持有、控制上市公司 5% 以上股份的股东或实际控制人应当立即通知公司并配合其履行信息披露义务。

（1）相关股东持有、控制的公司 5% 以上股份被质押、冻结、司法拍卖、托管或者设定信托或被依法限制表决权；

（2）相关股东或者实际控制人进入破产、清算等状态；

（3）控股或控制公司的情况已发生或拟发生较大变化；

（4）相关实际控制人拟对公司进行重大资产债务重组；

（5）交易所认定的其他情形。

上述情形出现重大变化或进展的，相关股东或实际控制人应当及时通知公司、向证券交易所报告并予以披露。

3. 上市公司股东和实际控制人应当积极配合公司履行信息披露义务。

公司股票及其衍生品种交易出现异常波动，或公共传媒上出现与公司股东或实际控制人有关的、对公司股票及其衍生品种交易价格可能产生较大影响的报道或传闻时，相关股东或实际控制人应当积极配合证券交易所和公司的调查、询问，及时就有关报道或传闻所涉及事项的真实情况答复交易所和公司，说明是否存在与其有关的、对公司股票及其衍生品种交易价格可能产生较大影响或影响投资者合理预期的应当披露而未披露的重大信息。

4. 在上市公司收购、相关股份权益变动、重大资产或债务重组等有关信息依法披露前发生下列情形之一的，相关股东或实际控制人应当及时通知公司刊登提示性公告，披露有关收购、相关股份权益变动、重大资产或债务重组等事项的筹划情况和既有事实。

（1）相关信息已经泄露或者市场出现有关该事项的传闻；

（2）公司及其易已出现异常波动；

（3）相关股东或实际控制人预计该事件难以保密；

（4）证券交易所认定的其他情形。

2.7.2 股份增减持

根据《上市公司收购管理办法》《上市公司董事、监事和高级管理人员所待本公司股份及其变动管理规则》《上市公司大股东、董事、监事、高管减持股份的若干规定》《证券法》等相关法律法规的规定，股份增减持需注意以下要点。

大股东、董事、监事、高管增减持股票是常见行为，但有不少细节问题需要注意。一旦违规，证交所就会采取纪律监管措施，并向市场公开，影响不可谓不大。本文将对大股东、董事、监事、高管增减持的法律法规进行详细的梳理。

1. 增持基本法规

投资者在二级市场增持（竞价交易、大宗交易）上市公司股份时，相关规则如下：

（1）投资者及其一致行动人拥有权益的股份达到一个上市公司已发行股份的5%，在该事实发生之日起3日内编制简式权益变动报告书，向中国证监会、证券交易所提交书面报告，通知该上市公司，并予公告；在上述期限内，不得再行买卖该上市公司的股票。

（2）持股比例达到10%、15%，在该事实发生之日起3日内编制简式权益变动报告书，向中国证监会、证券交易所提交书面报告，通知该上市公司，并予公告；在报告期限内，并在作出报告、公告后2个交易日内不得再行买卖该上市公司的股票。

（3）持股比例达到20%、25%，在该事实发生之日起3日内编制详式权益变动报告书，向中国证监会、证券交易所提交书面报告，通知该上市公司，并予公告；在报告期限内，并在作出报告、公告后2个交易日内不得再行买卖该上市公司的股票。

（4）持股比例达30%时，继续增持股份的，应当采取要约方式进行，发出全面要约或者部分要约。以要约方式收购一个上市公司股份的，其预定收购的股份比例均不得低于该上市公司已发行股份的5%。当持股比例达到30%且低于50%之日起一年后，每12个月内增持不超过该公司已发行的2%股份，增持不超过2%的股份锁定期为增持行为完成之日起6个月。

2015年"股灾"后，为鼓励大股东、董事、监事、高管增持本公司股份以稳定股价，证监会于2015年7月8日发布新规：在一个上市公司中拥有权益的股份达到或超过该公司已发行股份的30%的每12个月内增持不超过该公司已发行的2%的股份，不受上文"自上述事实发生之日起一年后"的限制。

持股比例达30%时，采用集中竞价方式增持股份，每累计增持股份比例达到该公司已发行股份的1%的，应当在事实发生之日通知上市公司，由上市公司在次一交易日发布相关股东增持公司股份的进展公告。

（5）持股比例达到50%且低于75%的，每累计增持股份比例达到该公司已发行股份的1%的，应当在事实发生之日通知上市公司，由上市公司在次一交易日发布相关股东增持公司股份的进展公告。（协议转让无此条规定）

每累计增持比例达2%的，在事实发生当日和上市公司发布相关股东增持公司股份进展公告的当日不得再增持股份。累计增持比例达5%的，应当根据规定，编制简式权益变动报告书并公告。在报告期限内和作出报告、公告后2个交易日内，不得再行买卖该上市公司的股票。

2. 大股东、董事、监事、高管买卖股票规则

大股东、董事、监事、高管增持，减持股票的法律法规我们主要从时间限制、数量限制、披露要求这三方面梳理。

(1) 时间限制。

窗口期限制。上市公司董事、监事和高级管理人员在下列期间不得买卖本公司股票：上市公司定期报告公告前30日内；上市公司业绩预告、业绩快报公告前10日内；自可能对本公司股票交易价格产生重大影响的重大事项发生之日或在决策过程中，至依法披露后2个交易日内；证券交易所规定的其他期间。

为稳定股价，证监会于2015年7月8日出台新规：上市公司股票价格连续10个交易日内累计跌幅超过30%的，上市公司董事、监事、高级管理人员增持本公司股票且承诺未来6个月内不减持本公司股票的，不适用上述规定。

短线交易限制。董事、监事、高管、持有上市公司股份5%以上的股东，将其持有的该公司的股票在买入后6个月内卖出，或者在卖出后6个月内又买入，由此所得收益归该公司所有，公司董事会应当收回其所得收益并披露相关情况。但是，证券公司因包销购入售后剩余股票而持有5%以上股份的，卖出该股票不受6个月时间限制。上述"买入后6个月内卖出，是指最后一笔买入时点起算6个月内卖出的；"卖出后6个月内又买入"是指最后一笔卖出时点起算6个月内又买入的。

证监会于2015年7月8日出台新规减弱了限制：在6个月内减持过本公司股票的上市公司大股东及董事、监事、高级管理人员，通过证券公司、基金管理公司定向资产管理等方式购买本公司股票的，不属于上述规定的禁止情形。通过上述方式购买的本公司股票6个月内不得减持。

减持限制。董事、监事、高管所持本公司股份需要遵守以下转让规则：本公司股票上市交易之日起1年内不得转让；董事、监事和高级管理人员离职后半年内不得转让；董事、监事和高级管理人员承诺一定期限内不转让并在该期限内的，不得转让；法律、法规、中国证监会和证券交易所规定的其他情形。

深交所创业板限制：上市公司董事、监事、高管在首次公开发行股票上市之日起六个月内申报离职的，自申报离职之日起十八个月内不得转让其直接持有的本公司股份；在首次公开发行股票上市之日起第七个月至第十二个月之间申报离职的，自申报离职之日起十二个月内不得转让其直接持有的本公司股份。

(2) 数量限制。

上市公司董事、监事和高级管理人员在任职期间，每年通过集中竞价、大宗交易、协议转让等方式转让的股份不得超过期所持本公司股份总数的25%，因司法强制执行、继承、遗赠、依法分割财产等导致股份变动的除外。上市公司董事、监事和高级管理人员所持股份不超过1000股的，可一次全部转让，不受前款转让比例的限制。因上市公司公开或非公开发行股份、实施股权激励计划，或因董事、监事和高级管理人员在二级市场购买、可转债转股、行权、协议受让等各种年内新增股份，新增无限售条件股份当年可转让25%，新增有限售条件的股份计入次年可转让股份的计算基数。"持有"以是否登记在在其名下为准，不包括间接持有或其他控制方式，但在融资融券的情况下还包括登记在其信用账户内的本公司股份。

下面我们对上述25%的计算方法进行具体介绍。大股东、董事、监事、高管的当年股份变动有3种情况：无新增股份；有新增股份；有可转让却未转让的股份。举个例子来具体说明。

周董是一家上市公司的董事长，在2015年末持有公司可流通股份10万股。

无新增股份时：在2016年，根据公式"可转让股份数=25%*上年末持有可流通股份数"，我们可以得出周董可转让的股份数为：10万*25%=2.55万股。

有新增股份时分为两种情况：因送红股、转增股本等方式进行权益分配的，可同比例增加可转让股份；因上市公司公开或非公开发行股份、股权激励计划、或因董事、监事、高管在二级市场购买、可转债转股、行权、协议受让等新增股票的，新增的无限售条件股票当年可转让25%，有限售条件股票计入次年可转让股票的计算基数。

继续上面的例子。公司在2015年实施了10送10的送股方案，周董的股份变成了20万股。同时，他通过二级市场增持了10万股，公司的股权激励计划中又获得10万股，但需要锁定3年。此时，他的总股数为40万股，其中30万无限售条件股份，10万有限售条件股份。2016年，周董可转让的股份数为：30万*0.25=7.5万股。值得注意的是，10万有限售条件股可作为2017年可转让股票的计算基数。

有可转让却未转让的股份时：对于当年可转让却未转让的本公司股份，不得累积到次年自由减持，应当按当年未持有股票数量为基数重新计算可转让股份数量。

我们假设周董在2016年转让了4万股，还有3.5万股可转让但未转让，这部分不能累计到2017年自由减持。在2016年底，周董持有股份36万股（40万-4万），则2017年的可转让股份数为36*0.25=9万股。

（3）信息披露要求。

增持信息披露要求已经体现于第一部分"增持基本法规"中，本部分主要就减持的信息披露要求进行梳理。董事、监事、高管所持本公司股份发生变动的，应当自该事实发生之日起2个交易日内，向上市公司报告并由上市公司在证券交易所网站进行公告。公告内容包括：上年末所持本公司股份数量；上年末至本次变动前每次股份变动的日期、数量、价格；本次变动前持股数量；本次股份变动的日期、数量、价格；变动后的持股数量；证券交易所要求披露的其他事项。

发行人应当在公开募集及上市文件中披露公开发行前持股5%以上股东的持股意向及减持意向。持股5%以上股东减持时，须提前三个交易日予以公告。

持股5%以上股东因减持股份导致其持股比例低于5%的，应当在二个交易日内公告。

投资者及其一致行动人拥有权益的股份达到一个上市公司已发行股份的5%后，其拥有权益的股份占该上市公司已发行股份的比例每增加或者减少5%，应当在该事实发生之日起3日内编制权益变动报告书，向中国证监会、证券交易所提交书面报告，通知该上市公司，并予公告。在报告期限内和作出报告、公告后2日内，不得再行买卖该上市公司的股票。

控股股东和持股5%以上股东在减持计划实施完毕后或减持期限届满后两个交易日内，应当披露减持计划实施情况。

此外，监管机关针对存量股份转让的信息披露进行了特殊规定。例如，持有、控制公司股份百分之五以上的原非流通股股东（股权分置改革前），通过证券交易所挂牌交易出售的股份数量，每达到该公司股份总数百分之一时，应当在该事实发生之日起两个工作日内做出公告，公告期间无须停止出售股份。

减持计划预披露（股灾之后的从严要求，大股东二级市场购买的股票不适用本规定）

大股东计划通过证券交易所集中竞价交易减持股份，应当在首次卖出的15个交易日前预先披露减持计划。减持计划的内容应当包括但不限于：拟减持股份的数量、来源、减持时间、方式、价格区间、减持原因。大股东在3个月内通过证券交易所集中竞价交易减持股份的总数不得超过公司股份总数的1%。

3. 增持公告格式

（1）法规背景。

2015年股灾后，不少上市公司的大股东、董事、监事、高管增持了本公司股份。投资者比较关注此类增持信息，增持公告具有较高的股价敏感性。然而，此类公告在信息披露还存在一些不规范现象，少数公司甚至滥用自愿披露的权利，将公告披露作为不当市值管理的工具，误导投资者。因此，上交所于2016年2月26日新增了临时公告格式指引，主要目的在于将披露增持计划这一自愿性披露行为纳入日常信息披露监管的轨道，予以必要的规范约束。增持公告格式：

增持主体的基本情况

①大股东、董事、监事、高管的名称。

②大股东、董事、监事、高管已持有股份的数量、持股比例等。

③大股东、董事、监事、高管在本次公告之前十二个月内已披露增持计划的，应当披露其完成情况。

（2）增持计划的主要内容。

①本次拟增持股份的目的。增持目的应当结合上市公司实际经营、未来发展趋势及股价变化等情况，符合客观实际。

②本次拟增持股份的种类。增持股份种类应当明确为A股或B股。

③本次拟增持股份的数量或金额。增持数量或金额应当明确。如设置数量或金额区间的，其上限和下限应当明确，且区间范围应当审慎合理，具有可执行性。

④本次拟增持股份的价格。如设置固定价格、价格区间或累计跌幅比例等实施前提的，应当根据公司股票近期价格波动及市场整体趋势，予以审慎确定，确保实施增持计划有切实可行的价格窗口。

⑤本次增持股份计划的实施期限。实施期限应当根据增持计划可行性、投资者预期等因素，限制在合理期限内。如实施期限超过6个月的，应当结合实际情况说明其理由。

增持计划实施期间，上市公司股票因筹划重大事项连续停牌10个交易日以上的，增持计划应当在股票复牌后顺延实施并及时披露。

⑥本次拟增持股份的资金安排。资金来源应当明确，如自有资金、银行贷款、杠杆融资等。可能采用非自有资金实施增持的，应当披露相关融资安排。拟通过资产管理计划实施增持的，应当披露资产管理计划的类型、金额及存续期限等。

⑦证券交易所要求的其他事项。

4. 增持计划实施的不确定性风险

增持计划应当详细披露可能面临的不确定性风险及拟采取的应对措施。增持计划实施过程中出现下列风险情形之一的，应当及时公告披露：公司股票价格持续超出增持计划披露的价格区间，导致增持计划无法实施的风险；增持股份所需资金未能到位，导致增持计划无法实施的风险；采用杠杆融资方式增持股份过程中，已增持股份可能被强行平仓的风险；其他风险。

5. 增持计划的实施进展

增持主体实施增持超过计划数量（金额）或区间下限 50% 的，应当及时披露增持进展及其目前持股数量、持股比例。原定增持计划期间过半，实际增持数量（金额）未过半或未到区间下限 50% 的，应当公告说明增持未过半的原因。原定增持计划期间过半，仍未实施增持计划的，应当公告说明未增持的原因，并于此后每月披露一次增持计划实施进展。上市公司在增持计划实施期间发生派发红利、送红股、转增股本、增发新股或配股等股本除权、除息事项的，增持主体应当根据股本变动，对增持计划进行相应调整并及时披露

6. 增持计划的实施结果

增持计划实施完毕或增持期限届满后的两个交易日内，增持主体应当发布增持计划实施结果公告，披露增持数量、金额、比例及本次增持后的实际持股比例。增持期限届满仍未实施增持或未达到计划最低增持额的，增持主体应当公告说明原因。

7. 其他法律法规

具有下列情形之一的，上市公司大股东、董事、监事、高管不得减持股份：

上市公司或大股东、董事、监事、高管因涉嫌证券期货违法犯罪，在被中国证监会立案调查或者被司法机关立案侦查期间，以及在行政处罚决定、刑事判决作出之后未满 6 个月的。

大股东、董事、监事、高管因违反证券交易所自律规则，被证券交易所公开谴责未满 3 个月的。中国证监会规定的其他情形。

上市公司大股东的股权被质押的，该股东应当在该事实发生之日起 2 日内通知上市公司并予公告。

2.7.3 股权质押

股权质押属于一种权利质押，是指出质人与质权人协议约定，出质人以其所持有的股份作为质押物，向质权人借钱，当出质人到期不能按协议还钱时，质权人可以依照约定就股份折价受偿，或将该股份出售而就其所得价款优先受偿的一种担保方式。

持股 5% 以上股东进行股权质押及解除质押的，应及时将质押及解除质押情况和有关资料报告给上市公司，若质押比例达到已发行股份的 5% 时，应及时履行披露义务。上市公司大股东的股权被质押的，该股东应当在该事实发生之日起 2 日内通知上市公司，并予公告（注：根据 2017 年 5 月 26 日发布的《上市公司股东、董事、监事、高管减持股份的若干规定》有关内容，5% 以上股东只要质押都要披露，不再是质押 5% 以上的才需要披露）。

2.7.4 股东名册的保管

《公司法》第三十二条规定,有限责任公司应当置备股东名册,记载下列事项:①股东的姓名或者名称及住所;②股东的出资额;③出资证明书编号。记载于股东名册的股东,可以依股东名册主张行使股东权利。公司应当将股东的姓名或者名称向公司登记机关登记;登记事项发生变更的,应当办理变更登记。未经登记或者变更登记的,不得对抗第三人。

1. 股东名册的作用

股东名册表明了股东与公司之间的关系,具有确认和证明股东身份的作用,是公司认可股东身份的标志,记载于股东名册上的股东即可主张行使股东的权利。股东名册也是公司向股东发出通知、确定股东资格、确认出资转让效力的依据。股东名册应备案于公司登记机关,并置备于公司,股东有权随时查阅。在名册记载内容发生变更时,应及时报登记机关备案。

2. 股东名册的法律效力

(1)股东名册的权利推定效力。

《公司法》第32条第2款规定,"记载于股东名册的股东,可以依股东名册主张行使股东权利",表明法律认可股东名册具有权利推定效力,即在股东名册上记载为股东的人,无须向公司出示股票或者出资证明书,也没有必要向公司举证自己的实质性权利,仅凭股东名册记载本身就可主张自己为股东。

(2)股东名册的对抗效力及其局限性。

由于公司怠于及时进行工商登记变更,实务中经常出现股东名册的登记与公司工商登记不一致的情形,当涉及公司外第三人时,则以哪种登记为标准呢?《公司法》第32条规定:"记载于股东名册的股东,可以依股东名册主张行使股东权利。公司应当将股东的姓名或者名称向公司登记机关登记;登记事项发生变更的,应当办理变更登记。未经登记或者变更登记的,不得对抗第三人。"股东名册是股东主张行使股东权利重要证明,但由于股东名册仅仅是一种宣示性登记,还具有它的局限性,即股东名册仅在公司与股东之间、股东之间、股权转让受让人和转让人之间证明股东资格。如果受让人已经实质上取得了股权,但未经登记,则不得对抗第三人,不能向第三人主张股权的存在。

(3)股东名册的变更。

确定股东身份就是公司对股东身份的认可,而公司对新股东的认可正是通过股东名册的变更体现的。股权转让经过半数股东同意,受让人履行支付价款手续后,需要转让方和受让方共同向公司申请变更股东名册,公司认可受让方的股东身份,应将受让方记载于股东名册。如公司拒绝记载,则表明其仍然认可转让方为股东,并向其发送通知、分配股利,故公司接到通知后怠于变更,则受让方可向公司主张权利。

3. 股东名册记载纠纷中办理股权变更登记的义务人是公司

根据《公司法》第73条和《公司法司法解释(三)》第23条的规定,签发出资证明书、记载股东名册,并办理工商登记的义务人为公司。一个正常的股东转让,在转让方通知其他股东行使优先购买权时,公司即已经知道股权转让的事实,股权转让款支付完毕后,转让方应知会公司可以变更股权。

4. 股东名册的保管

由董事会秘书负责收集、保管公司股东名册，每个月的月初和 16 日从 PROP 平台收集上个月的月底和月中 15 日的股东名册。

2.8 股权激励和员工持股计划

当企业比较小的时候，业务为先，激励机制可能没有凸显其重要性，但当企业做大或成为高人才资源型企业时，就必须考虑实施激励机制进行人才绑定与激励。其中，股权激励与员工持股计划是两种不同的中长期人才激励形式。

2.8.1 股权激励与员工持股计划的比较

1. 目的

根据《关于上市公司实施员工持股计划试点的指导意见》、《上市公司股权激励管理办法》两份文件，从文件精神来看，股权激励的目的是通过持续做大公司，实现公司、股东、激励对象等多方共赢，而不是利益博弈，也不是短期的福利和暴富计划。员工持股计划主要是"利益共享"和"资源配置"作用。

2. 特点

股权激励的目的是建立起一套长效激励机制，面向未来，将公司的业绩与员工个人收益绑定在一起，形成企业利益共同体向事业共同体的转变，实现双方共赢。员工持股计划的本质是员工出钱做投资。员工通过参与员工持股计划，他拿到股票的成本，往往并没有股权激励价格那么低。

3. 范围

股权是稀缺资源，股权激励只针对小部分人群，如中高层员工及少数基层骨干；而员工持股计划是普惠性质的，对象覆盖范围更广，甚至可以达到全员。股权激励的来源主要是定向增发或老股转让；员工持股计划的股份来源主要是除了以上两种，还有二级市场购买（包含大宗交易）成本：股权收益按照工资、薪金所得缴纳个人所得税，公司实施股权激励也要计股份支付的成本；员工持股计划暂不征收个人所得税，也不存在公司层面的财务成本。

4. 周期

股权激励一般 3~5 年，其中 1 年等待或锁定期，3~4 年进行每年分期行权或解锁。员工持股计划一般是 1 年锁定期，3 年内任意时间卖出锁定收益，分期兑付。

5. 价格

实施股权激励的价格不低于前一日收盘价与前三十日均价的高者、前二十日均价中最低者打 5 折；员工持股计划市价二级市场购买，定向增发打 9 折，但不允许使用结构化产品。

6. 适配阶段

当一个企业慢慢发展，商业模式稳定，甚至开始有盈利的时候，那么他可能需要借助资本的力量去发展。这时除了债权融资，可以考虑实施股权激励。当一个企业已经相对成熟稳定，业务不会存在大范围波动的时候，哪怕是让员工以市价购买股票，实际上近似于让员工享受稳定投资回报的一个理财产品，这时候适合实施员工持股计划。

2.8.2 股权激励

1. 股权激励的概念

股权激励是指企业为了留住并激励核心精英从而推行的一种长期激励方式。通过有条件的给予激励对象部分股东权益，使其与企业结合成利益共同体，有利于企业长期、健康、稳定的发展，最终实现企业的长期战略目标。股权激励是对员工进行长期激励的一种方法，属于期权激励的范畴。

2. 股权激励的类型

股权激励的模式主要有：业绩股票、股权期权、虚拟股票、股票增值权、限制性股票、延期支付、经营者/员工持股等。

（1）股票期权。

股票期权中，"期"指的是时间期限，"权"指的是权利，所以，股票期权指的就是在一定期限内将股票买入和卖出的交易权利。通常情况下，股票期权是企业为那些优秀员工或者高层管理人员提供的长期激励薪酬。

首先约定好一个时间期限，然后在这个期限内，符合条件的优秀员工或者高层管理人员就可以自由买入和卖出一定额度的股票，而股票的差价则可以直接作为自己的收益。

（2）业绩股票。

在股权激励的业绩股票下，企业会和员工达成书面约定，并以企业的净资产收益率为衡量标准，如果达到这个标准，员工就可以根据书面约定上的条款得到一定数额的股票。除了有数量限制以外，业绩股票还有变现时间方面的限制。

具体来说，有资格得到业绩股票的员工，需要若干年时间的考核，如果在这个过程中没有通过考核，或者是对企业的利益和正常经营造成严重影响，那么得到的业绩股票就会失效。

（3）虚拟股票。

虚拟股票指的是企业授予一部分员工的奖励股票，对于这种股票，员工既不能转让和出售，也没有所有权和表决权，而且员工离职后还会自动失效。

在操作程序上，虚拟股票和股票期权没有太大差别，同样是员工和企业需要事先达成一个书面约定，约定好股票的数额、兑现的时间及兑现的条件。不过，这里必须注意的是，虚拟股票不能转让，只能在约定的时间到来后兑换成现金。

（4）业绩单位。

还有一种是业绩单位，这种股权激励虽然听起来和业绩股票非常相似但其实有比较大的差别。在业绩股票中，如果兑现时股票有所升值的话，那么员工的薪酬就以兑现时的股票市值为准。而在业绩单位中，员工的薪酬则以考核时约定的股票市值为准，即使兑现时股票出现大幅度升值，那么也要按照当初的市值进行计算和发放。

（5）股票增值权。

最后一种是股票增值权。股票增值权和虚拟股票类似，员工不具有股票的所有权和转让权，而是只能在约定的时间内获得一定数额的股票增值后的收益。不过，在兑现方式上，员工既可以选择全额兑现，也可以选择部分兑现。而在兑现形式上，既可以是现金，也可以是实际股票，或者还可以将二者混合。一般来说，股票增值权比较适用于那些没有股权分配的封闭企业，或者是股票数额不足及担心股权稀释过大的企业。

3. 股权激励方案实施要点

（1）确定股权激励对象。

从人力资本价值、历史贡献、难以取代程度等几方面确定激励对象范围。根据这个原则，股权激励对象被分成了三个层面：第一层面是核心层，为公司的战略决策者；第二层面是经营层，为担任部门经理以上职位的管理者；第三层面是骨干层，为特殊人力资本持有者。

（2）确定股权激励方式。

股权激励的工具包括权益结算工具和现金结算工具，其中，权益结算中的常用工具包括股票期权、限制性股票、业绩股票、员工持股计划等，这种激励方式的优点是激励对象可以获得真实股权，公司不需要支付大笔现金，有时还能获得现金流入；缺点是公司股本结构需要变动，原股东持股比例可能会稀释。

现金结算中的常用工具包括股票增值权、虚拟股票计划、利润分红等，其优点是不影响公司股权结构，原有股东股权比例不会造成稀释。缺点是公司需要以现金形式支付，现金支付压力较大。而且，由于激励对象不能获得真正的股权，对员工的激励作用有所影响。

确定激励方式，应综合考虑员工的人力资本价值、敬业忠诚度、员工出资意愿及公司激励力度等方面。在结合公司实际情况的基础之上，可考虑如下激励方式：对于人力资本价值高且忠诚度高的员工，采用实股或期股激励方式，以在员工身上实现经营权与所有权的统一；对于不愿出资的员工，可以采用分红权激励和期权激励，以提升员工参与股权激励的积极性。

上述激励方式并非一成不变，在结合公司与激励对象现实需求的基础上可灵活运用并加以整合创新，设计出契合公司实际需求的激励方案。

（3）股权激励的股份来源。

针对现金结算类的股权激励方式，不涉及公司实际股权激励，故不存在股份来源问题，以下仅就权益类股权激励方式中的股份来源进行如下阐述

一是原始股东出让公司股份。如果以实际股份对公司员工实施激励，一般由原始股东，通常是大股东向股权激励对象出让股份。根据支付对价的不同可以分为两种情形：其一为股份赠予，原始股东向股权激励对象无偿转让一部分公司股份（要考虑激励对象个人所得税问题）；其二为股份出让，出让的价格一般以企业注册资本或企业净资产的账面价值确定

二是采取增资的方式，公司授予股权激励对象以相对优惠的价格参与公司增资的权利。

需要注意的是，在股权转让或增资过程中要处理好原始股东的优先认购权问题。公司可以在股东会对股权激励方案进行表决时约定其他股东对与股权激励有关的股权转让与增资事

项放弃优先购买权。

(4) 股权激励的资金来源

在现金结算的情况下,公司需要根据现金流量情况合理安排股权激励的范围、标准,避免给公司的正常经营造成资金压力。而在权益结算的情况下,除公司或老股东无偿转让股份外,股权激励对象也需要支付一定的资金来受让该部分股权。根据资金来源方式的不同,可以分为以下几种:

一是激励对象自有资金。在实施股权激励计划时,激励对象是以自有资金购入对应的股份。由于员工的支付能力通常都不会很高,因此,需要采取一些变通的方法,比如,在股权转让中采取分期付款的方式,而在增资中则可以分期缴纳出资或者由大股东提供借款的方式。

二是提取激励基金。为了支持股权激励制度的实施,公司可以建立相应基金专门用于股权激励计划。公司从税后利润中提取法定公积金后,经股东会或者股东大会决议,还可以从税后利润中提取任意公积金用于股权激励。公积金既可以用于现金结算方式的股权激励,也可以用于权益结算方式的股权激励。

(5) 确定股权激励周期。

若要产生长期激励效用,股权激励需要分阶段进行,以确保激励对象的工作激情能够得以延续。

一般可以将股权激励的授予期设为3年,例如针对股方式,可按3:3:4的比例,每年1次,分3次授予完毕,同期股权的解锁及期权的兑现亦分3年期实施,这样,一项股权激励计划的全部完成就会延续6年;针对利润分红激励方式,每年进行1次分红,同时由公司存留一定比例的分红份额,待第3个年度返还,并以此类推。

之所以采用上述机制,其原因在于,在激励的同时施加必要的约束——员工中途任何时刻想离开企业,都会觉得有些遗憾,以此增加其离职成本,强化长期留人的效用。

(6) 确定退出机制,避免法律纠纷。

为避免法律纠纷,在推行股权激励方案前应事先明确退出机制。针对不同的激励方式,分别采用不同的退出机制,

①针对现金结算类激励方式,可从三个方面界定退出办法:

对于合同期满、法定退休等正常的离职情况,已实现的激励成果归激励对象所有,未实现部分则由企业收回。若激励对象离开企业后还会在一定程度上影响企业的经营业绩,则未实现部分也可予以保留,以激励其能继续关注公司的发展。

对于辞职、辞退等非正常退出情况,除了未实现部分自动作废之外,已实现部分的收益可归属激励对象所有。

若激励对象连续几次未达到业绩指标,则激励资格自动取消,即默认此激励对象不是公司所需的人力资本,当然没有资格获取人力资本收益。

②针对权益结算类激励方式,可从以下三方面界定相关退出办法:

针对直接实股激励方式,激励对象直接获得实际股权,成为公司真正的股东。要根据股权激励协议约定的强制退出条款而要求激励对象转让股权存在较大困难,需要明确以下事

项：在激励对象取得公司实际股权后应当变更公司章程，章程对公司及股东均有约束力。变更后的章程应规定特定条件满足时某股东应当强制退股，该规定可以视作全体股东的约定。在该条件满足时，特定股东应当退股。同时应注意在公司存续过程中修改章程，并规定强制退股条件，则要分别情况看待。对于赞成章程修改的股东来说，在他满足强制退股条件时，章程的规定对他有效；对于反对章程修改的股东来说，即使章程已通过，强制退股的规定对他不具有效力。在此应注意：股东资格只能主动放弃，不能被动剥夺。章程或激励协议通过特殊约定强制退股条款，可能因违反法律关于股东不得抽逃出资的强制性规定而被认定无效，对激励对象仅起到协议约束的效果。

股权激励协议中一般规定了强制退出的股份的转让价格/回购价格计算方法。退出股份价格经常约定为激励对象原始购买价格或原始购买价格加利息的作价。但资产收益是股东的固有权利，不能被强制剥夺，资产收益体现在利润分配、剩余资产分配和转让股份获益三方面。股东退股有权以市场价值作价。再者，在公司亏损时，如再以原价或原价加利息作价，则对其他股东不公平或涉嫌抽逃。

因此，在股权激励设计方案中对退股的转让价格约定为公司实际账面净资产价值或市场公允价值较为妥当。

③股权激励中的税收问题。

股权激励过程中涉及的税收问题主要体为以下两方面：公司股权激励支出能否在公司成本中列支。我国目前未对非上市公司股权激励过程中的税收问题作出明确规定，但在相关条例中可以找到一定依据。《中华人民共和国企业所得税法实施条例》第三十四条规定"企业发生的合理的工资薪金支出，准予扣除。前款所称工资薪金，是指企业每一纳税年度支付给在本企业任职或者受雇的员工的所有现金形式或者非现金形式的劳动报酬，包括基本工资、奖金、津贴、补贴、年终加薪、加班工资，以及与员工任职或者受雇有关的其他支出。"同时国家税务总局在《关于我国居民企业实行股权激励计划有关企业所得税处理问题的公告》第三款规定"在我国境外上市的居民企业和非上市公司，凡比照《管理办法》的规定建立职工股权激励计划，且在企业会计处理上，也按我国会计准则的有关规定处理的，其股权激励计划有关企业所得税处理问题，可以按照上述规定执行。

根据上述条例的规定，非上市公司的股权激励支出，可以在公司成本中列支，但要区别对待。针对股权激励计划实行后立即可以行权的，确定作为当年公司工资薪金支出，依照税法规定进行税前扣除。针对股权激励计划实行后，需待一定服务年限或者达到规定业绩条件（以下简称等待期）方可行权的，公司等待期内会计上计算确认的相关成本费用，不得在对应年度计算缴纳企业所得税时扣除。在股权激励计划可行权后，公司方可根据该股票实际行权时的公允价格与当年激励对象实际行权支付价格的差额及数量，计算确定作为当年公司工资薪金支出，依照税法规定进行税前扣除

国家税务总局《关于个人认购股票等有价证券而从雇主取得折扣或补贴收入有关征收个人所得税问题的通知》（国税发〔1998〕9号）规定，在中国负有纳税义务的个人（包括在中国境内有住所和无住所的个人）认购股票等有价证券，因其受雇期间的表现或业绩，从其雇主以不同形式取得的折扣或补贴（指雇员实际支付的股票等有价证券的认购价格低于当期

发行价格或市场价格的数额），属于该个人因受雇而取得的工资、薪金所得，应在雇员实际认购股票等有价证券时，按照《中华人民共和国个人所得税法》（以下称税法）及其实施条例和其他有关规定计算缴纳个人所得税。上述个人在认购股票等有价证券后再行转让所取得的所得，属于税法及其实施条例规定的股票等有价证券转让所得，适用有关对股票等有价证券转让所得征收个人所得税的规定。

除上述国税发（1998）9号，目前关于非上市公司股份期权计划并无其他政策规定，由此可以看出，非上市公司雇员应在实际认购股票等有价证券时，按照《中华人民共和国个人所得税法》（以下称《个人所得税法》）及其实施条例和其他有关规定计算缴纳个人所得税。根据我国《个人所得税法》规定，工资、薪金所得，适用超额累进税率，税率为3%至45%；利息、股息、红利所得、财产转让所得和其他所得适用比例税率，税率为20%。

2.8.3 员工持股计划

1. 员工持股计划的概念

员工持股计划，又称之为员工持股制度，是员工所有权的一种实现形式，是企业所有者与员工分享企业所有权和未来收益权的一种制度安排。员工通过购买企业部分股票（或股权）而拥有企业的部分产权，并获得相应的管理权，同时委托员工持股会（或委托第三者，一般为金融机构）作为社团法人托管运作，集中管理，员工持股管理委员会（或理事会）作为社团法人进入董事会参与表决和分红。

2. 员工持股计划的类型

员工持股计划形式多样、内容复杂，特点各异。根据员工持股计划的目的，可以分为福利型、风险型和集资型。

（1）福利型的员工持股。有多种形式，其目的是为企业员工谋取利益，吸引和留住人才，增强企业凝聚力。它将员工的贡献与他们拥有的股份联系起来，并逐步增加员工的股票积累。将员工持股与退休计划相结合，为员工积累各种收入来源。但是，如员工持股与社会养老金计划相结合，员工支付部分月工资购买一定比例的企业股份；向员工（主要是退休员工）和高级管理人员提供低价股票、实施股票期权、企业与员工分享利润也是福利导向的员工持股。

（2）风险型的员工持股。其直接目的是提高企业的效率，尤其是企业的资本效率。它与福利员工持股的区别在于，当企业实施风险员工持股时，只有当企业效率提高时，员工才能获得利益。

（3）集资型的员工持股。目的是使企业获得生产经营、技术开发和项目投资所需的资金。需要企业员工一次性投入大量资金，员工和企业承担的风险相对较大。

3. 员工持股计划的实施要点

（1）对象。指股份期权的适用范围和受益人。在我国的民营企业中实施股份期权制度，主要需突出"激励性"而不是"福利性"，因此，该制度的适用范围重点在于企业的高级管理人员，如总经理、包括副总在内的少数几位高级经理人员，特别是个别的技术骨干。

（2）行权价。指在满足契约条件的情况下，受益人可在约定的期限内购买公司股权的价格，行权价格与转让价格之间的价差是股份期权制度的激励所在。实施股份期权制度时为了实现对高级管理人员的激励，行权价的制定必须与经营者的经营实绩相挂钩，在股权安排之初就应该确定相应的业绩考核指标（如单位股权净资产）和考核标准，并以考核结果作为决定行权价和转让价格的依据。

（3）数量。根据契约规定，受益人可在约定的期限内以约定价格购买公司股权的份额。股份期权数量的确定是该种激励制度中较为重要的一个环节，受益人持有的公司股权比例在很大程度上决定了其受激励的效果，从而直接或间接地对公司经营业绩产生影响。针对究竟管理层持有多少股权对于公司最为适宜，理论界存在着多种说法，但总的来说，普遍认为适宜持股比例的确定与企业的规模、类型和所处行业有关，对于我国民营企业来说，由于民营企业一般规模较小、享有较高的经营自主权且涉足于利润率较高的新兴行业，因此，与国有大中型企业及其他行业的企业相比，民营企业的这一持股比例可以略微高一些。

（4）期限结构。股份期权的期限结构包含行权期限和行权进度表两方面内容。

4. 操作流程

首先可以根据公司发展的近况由董事会作出决策是否采用股份期权的激励方式。

（1）初始股权设置及持股比例

①初始股权设置

企业内部员工持股原则上可以通过两种方式设置：一是增资扩股，二是产权转让。

②员工持股规模

一般而言，公司可以根据本企业规模、经营情况及员工购买能力，自行确定内部员工持股占公司总股本的比例。可根据公司注册资金总额，以及各股东所占公司注册资本的比例，并要获得股东会的认同和支持。员工持股比例可以掌握在 5% 到 10% 之间，但该比例可以在今后进行增资扩股或股权转让时而有所提高。

（2）员工持股计划实施范围及股份分配

①员工持股计划实施范围

从实施范围看，员工持股计划可以分为两种：一种是主要针对高级管理人员、主要技术人员、主要业务人员的持股计划；一种是涵盖所有员工的持股计划。

其中，前一种计划以形成对高级经理人员和知识型员工的激励约束机制为主要目的；后一种则是典型的福利型持股计划，激励作用居于次要位置。

②员工认购股份应遵循以下原则

坚持风险共担、利益共享的原则；坚持自愿参与的原则；坚持公正、公平、公开的原则。

③股权分配及结构

为避免平均主义和降低"搭便车"效应，公司应根据员工个人职位、职称、学历、工龄及贡献等因素，通过评分的办法确定员工认购的股份数额。一般情况下，员工职位越重要（道德风险性越高），对公司发展贡献（包括历史贡献和未来贡献）越大，持股比例应越高。

在确定员工认股比例时，须处理好两方面的关系，即不同人员之间的相对持股比例关系和不同人员持股数额占 ESOP 总股份的比例关系。

参与员工持股计划的人员大致可以分为三类：第一类是公司总经理、副总经理等高层管理人员；第二类是中层管理人员及技术业务骨干；第三类是一般员工。从相对持股比例关系看，这三类人员的持股数应是依次降低的，但相对比例应保持在合理的范围内。从各类人员持股数额占ESOP总股份的比例关系看，应以高管人员所占比例为最大，其他人员的持股比例不应超过50%。

此外，在确定董事长、总经理所持股份时，除了要考虑他们的职位外，还需考虑其历史贡献、大股东意愿、同行业水平及政府政策等因素；在确定主要业务技术人员的持股比例时，不仅要考虑他们的历史贡献，更应考虑他们的未来贡献，同时，还应合理确定他们与董事长、总经理的相对持股比例。

(3) 员工购股资金来源及操作程序

从根本上讲，员工购股资金最终来源于个人。从操作过程看，可采取以下三种不同的出资方式：

①员工个人以现金出资购股

此方式操作简便，但实施的可行性在很大程度上取决于员工的购买能力。从时间操作来看，如果要求员工一次性缴足购股款，难度较大，尤其是对于那些认股份额较高的高层管理人员、业务骨干等人更是如此。因此，一种可行的变通办法是，对于具有参加员工持股计划资格的员工，依其收入总额，每年摊提一定比例存入员工股份信托基金中，再由该基金出资购买公司股票。而公司根据收到的购股款，将相应的股票数额交给员工股份信托基金，再由基金分配到各员工账户中。采用该出资方法，员工有权认购的股份要经过若干年后，才能逐步转移到员工个人账户中，因此具有分期付款的特征。

在该方案中，员工股份信托基金是一个法人机构，其基本职能是受参与持股计划的员工委托，负责员工持股的统一经营与管理，并代表员工参与企业经营决策。因此，员工股份信托基金成为事实上的公司股东。

②杠杆型员工持股计划

此种出资方式主要通过银行借款来购买本公司发行的股权。其具体操作程序如下：先由员工持股计划组建一个信托基金，然后由员工持股信托基金向银行或其他贷款人借款购买公司股票，并以公司股份作质押或由公司担保；公司每年以现金分红的形式向员工持股计划交纳贡献金，员工持股计划再用此资金偿还贷款；当贷款还清以后，公司的股份即可以分配到每个参与人的个人账户中。

③非杠杆化的员工持股计划

所谓非杠杆化的ESOP是指由公司直接将股票或现金交给员工持股计划管理委员会，并由该委员会建立相应的员工持股账户；员工持股计划按其持有的公司股份比例每年从公司利润中分得红利，并通过红利归还由公司以股票形式提供的借款，借款还清后股票归参与持股计划的员工所有。

(4) 员工持股的权利

内部员工持股与在股票市场上公开买入的普通股有所不同，其权利范围也理应有所限制。基于这种考虑，应只赋予内部员工持股收益分配权和参与决策权，即内部员工持股可以像普通股股东一样参与企业的利润分配和重大问题的投票,但不能像普通股股东那样任意转让或出售属于自己的股份。只有在员工因故离开企业或退休时,才能按照每股净资产或市场价格由企业收回股份,并付给员工相应的现金。

此外,员工持股的各种权利不是以个人名义来行使,而是由员工股份信托基金代表员工统一行使。只有在这种情况下,员工持股计划才成为公司的大股东之一,进而,公司核心管理层才能实现以较小的持股率控制公司较大比例的股权,并实现对公司的有效控制。

(5) 员工股份回购

员工脱离公司时,其持股资格将自动取消,所持股份由员工持股会或员工股份信托基金按公司上年度每股账面净资产值回购,并转做预留股份,由具备有资格的新增员工认购。员工脱离公司是指调离、自动离职、被辞退或解聘、停薪留职及死亡等情形。持股员工历年已分得的现金分红,归本人或其合法继承人所有。

2.9 公司治理相关法律法规

2.9.1 《首次公开发行股票并上市管理办法》

首次公开发行股票并上市管理办法

第一章 总则

第一条 为了规范首次公开发行股票并上市的行为,保护投资者的合法权益和社会公共利益,根据《证券法》《公司法》,制定本办法。

第二条 在中华人民共和国境内首次公开发行股票并上市,适用本办法。

境内公司股票以外币认购和交易的,不适用本办法。

第三条 首次公开发行股票并上市,应当符合《证券法》《公司法》和本办法规定的发行条件。

第四条 发行人依法披露的信息,必须真实、准确、完整,不得有虚假记载、误导性陈述或者重大遗漏。

第五条 保荐人及其保荐代表人应当遵循勤勉尽责、诚实守信的原则,认真履行审慎核查和辅导义务,并对其所出具的发行保荐书的真实性、准确性、完整性负责。

第六条 为证券发行出具有关文件的证券服务机构和人员,应当按照本行业公认的业务标准和道德规范,严格履行法定职责,并对其所出具文件的真实性、准确性和完整性负责。

第七条 中国证券监督管理委员会(以下简称中国证监会)对发行人首次公开发行股票的核准,不表明其对该股票的投资价值或者投资者的收益作出实质性判断或者保证。股票依法发行后,因发行人经营与收益的变化引致的投资风险,由投资者自行负责。

第二章 发行条件

第一节 主体资格

第八条 发行人应当是依法设立且合法存续的股份有限公司。

经国务院批准,有限责任公司在依法变更为股份有限公司时,可以采取募集设立方式公开发行股票。

第九条 发行人自股份有限公司成立后，持续经营时间应当在3年以上，但经国务院批准的除外。

有限责任公司按原账面净资产值折股整体变更为股份有限公司的，持续经营时间可以从有限责任公司成立之日起计算。

第十条 发行人的注册资本已足额缴纳，发起人或者股东用作出资的资产的财产权转移手续已办理完毕，发行人的主要资产不存在重大权属纠纷。

第十一条 发行人的生产经营符合法律、行政法规和公司章程的规定，符合国家产业政策。

第十二条 发行人最近3年内主营业务和董事、高级管理人员没有发生重大变化，实际控制人没有发生变更。

第十三条 发行人的股权清晰，控股股东和受控股股东、实际控制人支配的股东持有的发行人股份不存在重大权属纠纷。

第二节 规范运行

第十四条 发行人已经依法建立健全股东大会、董事会、监事会、独立董事、董事会秘书制度，相关机构和人员能够依法履行职责。

第十五条 发行人的董事、监事和高级管理人员已经了解与股票发行上市有关的法律法规，知悉上市公司及其董事、监事和高级管理人员的法定义务和责任。

第十六条 发行人的董事、监事和高级管理人员符合法律、行政法规和规章规定的任职资格，且不得有下列情形：

（一）被中国证监会采取证券市场禁入措施尚在禁入期的；

（二）最近36个月内受到中国证监会行政处罚，或者最近12个月内受到证券交易所公开谴责；

（三）因涉嫌犯罪被司法机关立案侦查或者涉嫌违法违规被中国证监会立案调查，尚未有明确结论意见。

第十七条 发行人的内部控制制度健全且被有效执行，能够合理保证财务报告的可靠性、生产经营的合法性、营运的效率与效果。

第十八条 发行人不得有下列情形：

（一）最近36个月内未经法定机关核准，擅自公开或者变相公开发行过证券；或者有关违法行为虽然发生在36个月前，仍处于持续状态；

（二）最近36个月内违反工商、税收、土地、环保、海关以及其他法律、行政法规，受到行政处罚，且情节严重；

（三）最近36个月内曾向中国证监会提出发行申请，但报送的发行申请文件有虚假记载、误导性陈述或重大遗漏；或者不符合发行条件以欺骗手段骗取发行核准；或者以不正当手段干扰中国证监会及其发行审核委员会审核工作；或者伪造、变造发行人或其董事、监事、高级管理人员的签字、盖章；

（四）本次报送的发行申请文件有虚假记载、误导性陈述或者重大遗漏；

（五）涉嫌犯罪被司法机关立案侦查，尚未有明确结论意见；

（六）严重损害投资者合法权益和社会公共利益的其他情形。

第十九条 发行人的公司章程中已明确对外担保的审批权限和审议程序，不存在为控股股东、实际控制人及其控制的其他企业进行违规担保的情形。

第二十条 发行人有严格的资金管理制度，不得有资金被控股股东、实际控制人及其控制的其他企业以借款、代偿债务、代垫款项或者其他方式占用的情形。

第三节 财务与会计

第二十一条 发行人资产质量良好，资产负债结构合理，盈利能力较强，现金流量正常。

第二十二条 发行人的内部控制在所有重大方面是有效的，并由注册会计师出具了无保留结论的内部控制鉴证报告。

第二十三条 发行人会计基础工作规范，财务报表的编制符合企业会计准则和相关会计制度的规定，在所有重大方面公允地反映了发行人的财务状况、经营成果和现金流量，并由注册会计师出具了无保留意见的审计报告。

第二十四条 发行人编制财务报表应以实际发生的交易或者事项为依据；在进行会计确认、计量和报告时应当保持应有的谨慎；对相同或者相似的经济业务，应选用一致的会计政策，不得随意变更。

第二十五条 发行人应完整披露关联方关系并按重要性原则恰当披露关联交易。关联交易价格公允，不存在通过关联交易操纵利润的情形。

第二十六条 发行人应当符合下列条件：

（一）最近3个会计年度净利润均为正数且累计超过人民币3000万元，净利润以扣除非经常性损益前后较低者为计算依据；

（二）最近3个会计年度经营活动产生的现金流量净额累计超过人民币5000万元；或者最近3个会计年度营业收入累计超过人民币3亿元；

（三）发行前股本总额不少于人民币3000万元；

（四）最近一期末无形资产（扣除土地使用权、水面养殖权和采矿权等后）占净资产的比例不高于20%；

（五）最近一期末不存在未弥补亏损。

中国证监会根据《关于开展创新企业境内发行股票或存托凭证试点的若干意见》等规定认定的试点企业（以下简称试点企业），可不适用前款第（一）项、第（五）项规定。

第二十七条 发行人依法纳税，各项税收优惠符合相关法律法规的规定。发行人的经营成果对税收优惠不存在严重依赖。

第二十八条 发行人不存在重大偿债风险，不存在影响持续经营的担保、诉讼以及仲裁等重大或有事项。

第二十九条 发行人申报文件中不得有下列情形：

（一）故意遗漏或虚构交易、事项或者其他重要信息；

（二）滥用会计政策或者会计估计；

（三）操纵、伪造或篡改编制财务报表所依据的会计记录或者相关凭证。

第三十条 发行人不得有下列影响持续盈利能力的情形：

（一）发行人的经营模式、产品或服务的品种结构已经或者将发生重大变化，并对发行人的持续盈利能力构成重大不利影响；

（二）发行人的行业地位或发行人所处行业的经营环境已经或者将发生重大变化，并对发行人的持续盈利能力构成重大不利影响；

（三）发行人最近1个会计年度的营业收入或净利润对关联方或者存在重大不确定性的客户存在重大依赖；

（四）发行人最近1个会计年度的净利润主要来自合并财务报表范围以外的投资收益；

（五）发行人在用的商标、专利、专有技术以及特许经营权等重要资产或技术的取得或者使用存在重大不利变化的风险；

（六）其他可能对发行人持续盈利能力构成重大不利影响的情形。

第三章 发行程序

第三十一条 发行人董事会应当依法就本次股票发行的具体方案、本次募集资金使用的可行性及其他必须明确的事项作出决议，并提请股东大会批准。

第三十二条 发行人股东大会就本次发行股票作出的决议，至少应当包括下列事项：

（一）本次发行股票的种类和数量；

（二）发行对象；

（三）价格区间或者定价方式；

（四）募集资金用途；

（五）发行前滚存利润的分配方案；

（六）决议的有效期；

（七）对董事会办理本次发行具体事宜的授权；

（八）其他必须明确的事项。

第三十三条 发行人应当按照中国证监会的有关规定制作申请文件，由保荐人保荐并向中国证监会申报。

特定行业的发行人应当提供管理部门的相关意见。

第三十四条 中国证监会收到申请文件后，在5个工作日内作出是否受理的决定。

第三十五条 中国证监会受理申请文件后，由相关职能部门对发行人的申请文件进行初审，并由发行审核委员会审核。

第三十六条 中国证监会在初审过程中，将征求发行人注册地省级人民政府是否同意发行人发行股票的意见。

第三十七条 中国证监会依照法定条件对发行人的发行申请作出予以核准或者不予核准的决定，并出具相关文件。

自中国证监会核准发行之日起，发行人应在6个月内发行股票；超过6个月未发行的，核准文件失效，须重新经中国证监会核准后方可发行。

第三十八条 发行申请核准后、股票发行结束前，发行人发生重大事项的，应当暂缓或者暂停发行，并及时报告中国证监会，同时履行信息披露义务。影响发行条件的，应当重新履行核准程序。

第三十九条 股票发行申请未获核准的，自中国证监会作出不予核准决定之日起 6 个月后，发行人可再次提出股票发行申请。

第四章 信息披露

第四十条 发行人应当按照中国证监会的有关规定编制和披露招股说明书。

第四十一条 招股说明书内容与格式准则是信息披露的最低要求。不论准则是否有明确规定，凡是对投资者作出投资决策有重大影响的信息，均应当予以披露。

第四十二条 发行人应当在招股说明书中披露已达到发行监管对公司独立性的基本要求。

第四十三条 发行人及其全体董事、监事和高级管理人员应当在招股说明书上签字、盖章，保证招股说明书的内容真实、准确、完整。保荐人及其保荐代表人应当对招股说明书的真实性、准确性、完整性进行核查，并在核查意见上签字、盖章。

第四十四条 招股说明书中引用的财务报表在其最近一期截止日后 6 个月内有效。特别情况下发行人可申请适当延长，但至多不超过 1 个月。财务报表应当以年度末、半年度末或者季度末为截止日。

第四十五条 招股说明书的有效期为 6 个月，自中国证监会核准发行申请前招股说明书最后一次签署之日起计算。

第四十六条 申请文件受理后、发行审核委员会审核前，发行人应当将招股说明书（申报稿）在中国证监会网站（www.csrc.gov.cn）预先披露。发行人可以将招股说明书（申报稿）刊登于其企业网站，但披露内容应当完全一致，且不得早于在中国证监会网站的披露时间。

第四十七条 发行人及其全体董事、监事和高级管理人员应当保证预先披露的招股说明书（申报稿）的内容真实、准确、完整。

第四十八条 预先披露的招股说明书（申报稿）不是发行人发行股票的正式文件，不能含有价格信息，发行人不得据此发行股票。

发行人应当在预先披露的招股说明书（申报稿）的显要位置声明："本公司的发行申请尚未得到中国证监会核准。本招股说明书（申报稿）不具有据以发行股票的法律效力，仅供预先披露之用。投资者应当以正式公告的招股说明书全文作为作出投资决定的依据。"

第四十九条 发行人股票发行前只需在一种中国证监会指定报刊刊登提示性公告，告知投资者网上刊登的地址。同时将招股说明书全文和摘要刊登于中国证监会指定的网站并将招股说明书全文置于发行人住所、拟上市证券交易所、保荐人、主承销商和其他承销机构的住所，以备公众查阅。

第五十条 保荐人出具的发行保荐书、证券服务机构出具的有关文件应当作为招股说明书的备查文件，在中国证监会指定的网站上披露，并置备于发行人住所、拟上市证券交易所、保荐人、主承销商和其他承销机构的住所，以备公众查阅。

第五十一条 发行人可以将招股说明书摘要、招股说明书全文、有关备查文件刊登于其他报刊和网站，但披露内容应当完全一致，且不得早于在中国证监会指定报刊和网站的披露时间。

第五章 监管和处罚

第五十二条 发行人向中国证监会报送的发行申请文件有虚假记载、误导性陈述或者重大遗漏的，发行人不符合发行条件以欺骗手段骗取发行核准的，发行人以不正当手段干扰中国证监会及其发行审核委员会审核工作的，发行人或其董事、监事、高级管理人员的签字、盖章系伪造或者变造的，除依照《证券法》的有关规定处罚外，中国证监会将采取终止审核并在36个月内不受理发行人的股票发行申请的监管措施。

第五十三条 保荐人出具有虚假记载、误导性陈述或者重大遗漏的发行保荐书，保荐人以不正当手段干扰中国证监会及其发行审核委员会审核工作的，保荐人或其相关签字人员的签字、盖章系伪造或变造的，或者不履行其他法定职责的，依照《证券法》和保荐制度的有关规定处理。

第五十四条 证券服务机构未勤勉尽责，所制作、出具的文件有虚假记载、误导性陈述或者重大遗漏的，除依照《证券法》及其他相关法律、行政法规和规章的规定处罚外，中国证监会将采取12个月内不接受相关机构出具的证券发行专项文件，36个月内不接受相关签字人员出具的证券发行专项文件的监管措施。

第五十五条 发行人、保荐人或证券服务机构制作或者出具的文件不符合要求，擅自改动已提交的文件，或者拒绝答复中国证监会审核中提出的相关问题的，中国证监会将视情节轻重，对相关机构和责任人员采取监管谈话、责令改正等监管措施，记入诚信档案并公布；情节特别严重的，给予警告。

第五十六条 发行人公开发行证券上市当年即亏损的，中国证监会自确认之日起暂停保荐机构的保荐机构资格3个月，撤销相关人员的保荐代表人资格，尚未盈利的试点企业除外。

第五十七条 发行人披露盈利预测的，利润实现数如未达到盈利预测的80%，除因不可抗力外，其法定代表人、盈利预测审核报告签字注册会计师应当在股东大会及中国证监会指定报刊上公开作出解释并道歉；中国证监会可以对法定代表人处以警告。

利润实现数未达到盈利预测的50%的，除因不可抗力外，中国证监会在36个月内不受理该公司的公开发行证券申请。

第六章 附则

第五十八条 在中华人民共和国境内，首次公开发行股票且不上市的管理办法，由中国证监会另行规定。

第五十九条 本办法自2006年5月18日起施行。《关于股票发行工作若干规定的通知》（证监〔1996〕12号）、《关于做好1997年股票发行工作的通知》（证监〔1997〕13号）、《关于股票发行工作若干问题的补充通知》（证监〔1998〕8号）、《关于对拟发行上市企业改制情况进行调查的通知》（证监发字〔1998〕259号）、《关于对拟公开发行股票公司改制运行情况进行调查的通知》（证监发〔1999〕4号）、《关于拟发行股票公司聘请审计机构等问题的通知》（证监发行字〔2000〕131号）和《关于进一步规范股票首次发行上市有关工作的通知》（证监发行字〔2003〕116号）同时废止。

2.9.2 《中华人民共和国公司法》

中华人民共和国公司法

目　录

第一章　总则

第二章　有限责任公司的设立和组织机构

　第一节　设立

　第二节　组织机构

　第三节　一人有限责任公司的特别规定

　第四节　国有独资公司的特别规定

第三章　有限责任公司的股权转让

第四章　股份有限公司的设立和组织机构

　第一节　设立

　第二节　股东大会

　第三节　董事会、经理

　第四节　监事会

　第五节　上市公司组织机构的特别规定

第五章　股份有限公司的股份发行和转让

　第一节　股份发行

　第二节　股份转让

第六章　公司董事、监事、高级管理人员的资格和义务

第七章　公司债券

第八章　公司财务、会计

第九章　公司合并、分立、增资、减资

第十章　公司解散和清算

第十一章　外国公司的分支机构

第十二章　法律责任

第十三章　附则

第一章　总则

第一条　为了规范公司的组织和行为，保护公司、股东和债权人的合法权益，维护社会经济秩序，促进社会主义市场经济的发展，制定本法。

第二条　本法所称公司是指依照本法在中国境内设立的有限责任公司和股份有限公司。

第三条　公司是企业法人，有独立的法人财产，享有法人财产权。公司以其全部财产对公司的债务承担责任。

有限责任公司的股东以其认缴的出资额为限对公司承担责任；股份有限公司的股东以其认购的股份为限对公司承担责任。

第四条 公司股东依法享有资产收益、参与重大决策和选择管理者等权利。

第五条 公司从事经营活动，必须遵守法律、行政法规，遵守社会公德、商业道德，诚实守信，接受政府和社会公众的监督，承担社会责任。

公司的合法权益受法律保护，不受侵犯。

第六条 设立公司，应当依法向公司登记机关申请设立登记。符合本法规定的设立条件的，由公司登记机关分别登记为有限责任公司或者股份有限公司；不符合本法规定的设立条件的，不得登记为有限责任公司或者股份有限公司。

法律、行政法规规定设立公司必须报经批准的，应当在公司登记前依法办理批准手续。

公众可以向公司登记机关申请查询公司登记事项，公司登记机关应当提供查询服务。

第七条 依法设立的公司，由公司登记机关发给公司营业执照。公司营业执照签发日期为公司成立日期。

公司营业执照应当载明公司的名称、住所、注册资本、经营范围、法定代表人姓名等事项。

公司营业执照记载的事项发生变更的，公司应当依法办理变更登记，由公司登记机关换发营业执照。

第八条 依照本法设立的有限责任公司，必须在公司名称中标明有限责任公司或者有限公司字样。

依照本法设立的股份有限公司，必须在公司名称中标明股份有限公司或者股份公司字样。

第九条 有限责任公司变更为股份有限公司，应当符合本法规定的股份有限公司的条件。股份有限公司变更为有限责任公司，应当符合本法规定的有限责任公司的条件。

有限责任公司变更为股份有限公司的，或者股份有限公司变更为有限责任公司的，公司变更前的债权、债务由变更后的公司承继。

第十条 公司以其主要办事机构所在地为住所。

第十一条 设立公司必须依法制定公司章程。公司章程对公司、股东、董事、监事、高级管理人员具有约束力。

第十二条 公司的经营范围由公司章程规定，并依法登记。公司可以修改公司章程，改变经营范围，但是应当办理变更登记。

公司的经营范围中属于法律、行政法规规定须经批准的项目，应当依法经过批准。

第十三条 公司法定代表人依照公司章程的规定，由董事长、执行董事或者经理担任，并依法登记。公司法定代表人变更，应当办理变更登记。

第十四条 公司可以设立分公司。设立分公司，应当向公司登记机关申请登记，领取营业执照。分公司不具有法人资格，其民事责任由公司承担。

公司可以设立子公司，子公司具有法人资格，依法独立承担民事责任。

第十五条 公司可以向其他企业投资；但是，除法律另有规定外，不得成为对所投资企业的债务承担连带责任的出资人。

第十六条 公司向其他企业投资或者为他人提供担保，依照公司章程的规定，由董事会或者股东会、股东大会决议；公司章程对投资或者担保的总额及单项投资或者担保的数额有限额规定的，不得超过规定的限额。

公司为公司股东或者实际控制人提供担保的，必须经股东会或者股东大会决议。

前款规定的股东或者受前款规定的实际控制人支配的股东，不得参加前款规定事项的表决。该项表决由出席会议的其他股东所持表决权的过半数通过。

第十七条　公司必须保护职工的合法权益，依法与职工签订劳动合同，参加社会保险，加强劳动保护，实现安全生产。

公司应当采用多种形式，加强公司职工的职业教育和岗位培训，提高职工素质。

第十八条　公司职工依照《中华人民共和国工会法》组织工会，开展工会活动，维护职工合法权益。公司应当为本公司工会提供必要的活动条件。公司工会代表职工就职工的劳动报酬、工作时间、福利、保险和劳动安全卫生等事项依法与公司签订集体合同。

公司依照宪法和有关法律的规定，通过职工代表大会或者其他形式，实行民主管理。

公司研究决定改制以及经营方面的重大问题、制定重要的规章制度时，应当听取公司工会的意见，并通过职工代表大会或者其他形式听取职工的意见和建议。

第十九条　在公司中，根据中国共产党章程的规定，设立中国共产党的组织，开展党的活动。公司应当为党组织的活动提供必要条件。

第二十条　公司股东应当遵守法律、行政法规和公司章程，依法行使股东权利，不得滥用股东权利损害公司或者其他股东的利益；不得滥用公司法人独立地位和股东有限责任损害公司债权人的利益。

公司股东滥用股东权利给公司或者其他股东造成损失的，应当依法承担赔偿责任。

公司股东滥用公司法人独立地位和股东有限责任，逃避债务，严重损害公司债权人利益的，应当对公司债务承担连带责任。

第二十一条　公司的控股股东、实际控制人、董事、监事、高级管理人员不得利用其关联关系损害公司利益。

违反前款规定，给公司造成损失的，应当承担赔偿责任。

第二十二条　公司股东会或者股东大会、董事会的决议内容违反法律、行政法规的无效。

股东会或者股东大会、董事会的会议召集程序、表决方式违反法律、行政法规或者公司章程，或者决议内容违反公司章程的，股东可以自决议作出之日起六十日内，请求人民法院撤销。

股东依照前款规定提起诉讼的，人民法院可以应公司的请求，要求股东提供相应担保。

公司根据股东会或者股东大会、董事会决议已办理变更登记的，人民法院宣告该决议无效或者撤销该决议后，公司应当向公司登记机关申请撤销变更登记。

第二章　有限责任公司的设立和组织机构

第一节　设立

第二十三条　设立有限责任公司，应当具备下列条件：

（一）股东符合法定人数；

（二）有符合公司章程规定的全体股东认缴的出资额；

（三）股东共同制定公司章程；

（四）有公司名称，建立符合有限责任公司要求的组织机构；

（五）有公司住所。

第二十四条 有限责任公司由五十个以下股东出资设立。

第二十五条 有限责任公司章程应当载明下列事项：

（一）公司名称和住所；

（二）公司经营范围；

（三）公司注册资本；

（四）股东的姓名或者名称；

（五）股东的出资方式、出资额和出资时间；

（六）公司的机构及其产生办法、职权、议事规则；

（七）公司法定代表人；

（八）股东会会议认为需要规定的其他事项。

股东应当在公司章程上签名、盖章。

第二十六条 有限责任公司的注册资本为在公司登记机关登记的全体股东认缴的出资额。

法律、行政法规以及国务院决定对有限责任公司注册资本实缴、注册资本最低限额另有规定的，从其规定。

第二十七条 股东可以用货币出资，也可以用实物、知识产权、土地使用权等可以用货币估价并可以依法转让的非货币财产作价出资；但是，法律、行政法规规定不得作为出资的财产除外。

对作为出资的非货币财产应当评估作价，核实财产，不得高估或者低估作价。法律、行政法规对评估作价有规定的，从其规定。

第二十八条 股东应当按期足额缴纳公司章程中规定的各自所认缴的出资额。股东以货币出资的，应当将货币出资足额存入有限责任公司在银行开设的账户；以非货币财产出资的，应当依法办理其财产权的转移手续。

股东不按照前款规定缴纳出资的，除应当向公司足额缴纳外，还应当向已按期足额缴纳出资的股东承担违约责任。

第二十九条 股东认足公司章程规定的出资后，由全体股东指定的代表或者共同委托的代理人向公司登记机关报送公司登记申请书、公司章程等文件，申请设立登记。

第三十条 有限责任公司成立后，发现作为设立公司出资的非货币财产的实际价额显著低于公司章程所定价额的，应当由交付该出资的股东补足其差额；公司设立时的其他股东承担连带责任。

第三十一条 有限责任公司成立后，应当向股东签发出资证明书。

出资证明书应当载明下列事项：

（一）公司名称；

（二）公司成立日期；

（三）公司注册资本；

（四）股东的姓名或者名称、缴纳的出资额和出资日期；

（五）出资证明书的编号和核发日期。

出资证明书由公司盖章。

第三十二条 有限责任公司应当置备股东名册，记载下列事项：

（一）股东的姓名或者名称及住所；

（二）股东的出资额；

（三）出资证明书编号。

记载于股东名册的股东，可以依股东名册主张行使股东权利。

公司应当将股东的姓名或者名称向公司登记机关登记；登记事项发生变更的，应当办理变更登记。未经登记或者变更登记的，不得对抗第三人。

第三十三条 股东有权查阅、复制公司章程、股东会会议记录、董事会会议决议、监事会会议决议和财务会计报告。

股东可以要求查阅公司会计账簿。股东要求查阅公司会计账簿的，应当向公司提出书面请求，说明目的。公司有合理根据认为股东查阅会计账簿有不正当目的，可能损害公司合法利益的，可以拒绝提供查阅，并应当自股东提出书面请求之日起十五日内书面答复股东并说明理由。公司拒绝提供查阅的，股东可以请求人民法院要求公司提供查阅。

第三十四条 股东按照实缴的出资比例分取红利；公司新增资本时，股东有权优先按照实缴的出资比例认缴出资。但是，全体股东约定不按照出资比例分取红利或者不按照出资比例优先认缴出资的除外。

第三十五条 公司成立后，股东不得抽逃出资。

第二节 组织机构

第三十六条 有限责任公司股东会由全体股东组成。股东会是公司的权力机构，依照本法行使职权。

第三十七条 股东会行使下列职权：

（一）决定公司的经营方针和投资计划；

（二）选举和更换非由职工代表担任的董事、监事，决定有关董事、监事的报酬事项；

（三）审议批准董事会的报告；

（四）审议批准监事会或者监事的报告；

（五）审议批准公司的年度财务预算方案、决算方案；

（六）审议批准公司的利润分配方案和弥补亏损方案；

（七）对公司增加或者减少注册资本作出决议；

（八）对发行公司债券作出决议；

（九）对公司合并、分立、解散、清算或者变更公司形式作出决议；

（十）修改公司章程；

（十一）公司章程规定的其他职权。

对前款所列事项股东以书面形式一致表示同意的，可以不召开股东会会议，直接作出决定，并由全体股东在决定文件上签名、盖章。

第三十八条 首次股东会会议由出资最多的股东召集和主持，依照本法规定行使职权。

第三十九条 股东会会议分为定期会议和临时会议。

定期会议应当依照公司章程的规定按时召开。代表十分之一以上表决权的股东，三分之一以上的董事，监事会或者不设监事会的公司的监事提议召开临时会议的，应当召开临时会议。

第四十条 有限责任公司设立董事会的，股东会会议由董事会召集，董事长主持；董事长不能履行职务或者不履行职务的，由副董事长主持；副董事长不能履行职务或者不履行职务的，由半数以上董事共同推举一名董事主持。

有限责任公司不设董事会的，股东会会议由执行董事召集和主持。

董事会或者执行董事不能履行或者不履行召集股东会会议职责的，由监事会或者不设监事会的公司的监事召集和主持；监事会或者监事不召集和主持的，代表十分之一以上表决权的股东可以自行召集和主持。

第四十一条 召开股东会会议，应当于会议召开十五日前通知全体股东；但是，公司章程另有规定或者全体股东另有约定的除外。

股东会应当对所议事项的决定作成会议记录，出席会议的股东应当在会议记录上签名。

第四十二条 股东会会议由股东按照出资比例行使表决权；但是，公司章程另有规定的除外。

第四十三条 股东会的议事方式和表决程序，除本法有规定的外，由公司章程规定。

股东会会议作出修改公司章程、增加或者减少注册资本的决议，以及公司合并、分立、解散或者变更公司形式的决议，必须经代表三分之二以上表决权的股东通过。

第四十四条 有限责任公司设董事会，其成员为三人至十三人；但是，本法第五十条另有规定的除外。

两个以上的国有企业或者两个以上的其他国有投资主体投资设立的有限责任公司，其董事会成员中应当有公司职工代表；其他有限责任公司董事会成员中可以有公司职工代表。董事会中的职工代表由公司职工通过职工代表大会、职工大会或者其他形式民主选举产生。

董事会设董事长一人，可以设副董事长。董事长、副董事长的产生办法由公司章程规定。

第四十五条 董事任期由公司章程规定，但每届任期不得超过三年。董事任期届满，连选可以连任。

董事任期届满未及时改选，或者董事在任期内辞职导致董事会成员低于法定人数的，在改选出的董事就任前，原董事仍应当依照法律、行政法规和公司章程的规定，履行董事职务。

第四十六条 董事会对股东会负责，行使下列职权：

（一）召集股东会会议，并向股东会报告工作；

（二）执行股东会的决议；

（三）决定公司的经营计划和投资方案；

（四）制订公司的年度财务预算方案、决算方案；

（五）制订公司的利润分配方案和弥补亏损方案；

（六）制订公司增加或者减少注册资本以及发行公司债券的方案；

（七）制订公司合并、分立、解散或者变更公司形式的方案；

（八）决定公司内部管理机构的设置；

（九）决定聘任或者解聘公司经理及其报酬事项，并根据经理的提名决定聘任或者解聘公司副经理、财务负责人及其报酬事项；

（十）制定公司的基本管理制度；

（十一）公司章程规定的其他职权。

第四十七条 董事会会议由董事长召集和主持；董事长不能履行职务或者不履行职务的，由副董事长召集和主持；副董事长不能履行职务或者不履行职务的，由半数以上董事共同推举一名董事召集和主持。

第四十八条 董事会的议事方式和表决程序，除本法有规定的外，由公司章程规定。

董事会应当对所议事项的决定作成会议记录，出席会议的董事应当在会议记录上签名。

董事会决议的表决，实行一人一票。

第四十九条 有限责任公司可以设经理，由董事会决定聘任或者解聘。经理对董事会负责，行使下列职权：

（一）主持公司的生产经营管理工作，组织实施董事会决议；

（二）组织实施公司年度经营计划和投资方案；

（三）拟订公司内部管理机构设置方案；

（四）拟订公司的基本管理制度；

（五）制定公司的具体规章；

（六）提请聘任或者解聘公司副经理、财务负责人；

（七）决定聘任或者解聘除应由董事会决定聘任或者解聘以外的负责管理人员；

（八）董事会授予的其他职权。

公司章程对经理职权另有规定的，从其规定。

经理列席董事会会议。

第五十条 股东人数较少或者规模较小的有限责任公司，可以设一名执行董事，不设董事会。执行董事可以兼任公司经理。

执行董事的职权由公司章程规定。

第五十一条 有限责任公司设监事会，其成员不得少于三人。股东人数较少或者规模较小的有限责任公司，可以设一至二名监事，不设监事会。

监事会应当包括股东代表和适当比例的公司职工代表，其中职工代表的比例不得低于三分之一，具体比例由公司章程规定。监事会中的职工代表由公司职工通过职工代表大会、职工大会或者其他形式民主选举产生。

监事会设主席一人，由全体监事过半数选举产生。监事会主席召集和主持监事会会议；

监事会主席不能履行职务或者不履行职务的，由半数以上监事共同推举一名监事召集和主持监事会会议。

董事、高级管理人员不得兼任监事。

第五十二条 监事的任期每届为三年。监事任期届满，连选可以连任。

监事任期届满未及时改选，或者监事在任期内辞职导致监事会成员低于法定人数的，在改选出的监事就任前，原监事仍应当依照法律、行政法规和公司章程的规定，履行监事职务。

第五十三条 监事会、不设监事会的公司的监事行使下列职权：

（一）检查公司财务；

（二）对董事、高级管理人员执行公司职务的行为进行监督，对违反法律、行政法规、公司章程或者股东会决议的董事、高级管理人员提出罢免的建议；

（三）当董事、高级管理人员的行为损害公司的利益时，要求董事、高级管理人员予以纠正；

（四）提议召开临时股东会会议，在董事会不履行本法规定的召集和主持股东会会议职责时召集和主持股东会会议；

（五）向股东会会议提出提案；

（六）依照本法第一百五十一条的规定，对董事、高级管理人员提起诉讼；

（七）公司章程规定的其他职权。

第五十四条 监事可以列席董事会会议，并对董事会决议事项提出质询或者建议。

监事会、不设监事会的公司的监事发现公司经营情况异常，可以进行调查；必要时，可以聘请会计师事务所等协助其工作，费用由公司承担。

第五十五条 监事会每年度至少召开一次会议，监事可以提议召开临时监事会会议。

监事会的议事方式和表决程序，除本法有规定的外，由公司章程规定。

监事会决议应当经半数以上监事通过。

监事会应当对所议事项的决定作成会议记录，出席会议的监事应当在会议记录上签名。

第五十六条 监事会、不设监事会的公司的监事行使职权所必需的费用，由公司承担。

第三节 一人有限责任公司的特别规定

第五十七条 一人有限责任公司的设立和组织机构，适用本节规定；本节没有规定的，适用本章第一节、第二节的规定。

本法所称一人有限责任公司，是指只有一个自然人股东或者一个法人股东的有限责任公司。

第五十八条 一个自然人只能投资设立一个一人有限责任公司。该一人有限责任公司不能投资设立新的一人有限责任公司。

第五十九条 一人有限责任公司应当在公司登记中注明自然人独资或者法人独资，并在公司营业执照中载明。

第六十条 一人有限责任公司章程由股东制定。

第六十一条 一人有限责任公司不设股东会。股东作出本法第三十七条第一款所列决定时，应当采用书面形式，并由股东签名后置备于公司。

第六十二条 一人有限责任公司应当在每一会计年度终了时编制财务会计报告，并经会计师事务所审计。

第六十三条 一人有限责任公司的股东不能证明公司财产独立于股东自己的财产的，应当对公司债务承担连带责任。

第四节 国有独资公司的特别规定

第六十四条 国有独资公司的设立和组织机构，适用本节规定；本节没有规定的，适用本章第一节、第二节的规定。

本法所称国有独资公司，是指国家单独出资、由国务院或者地方人民政府授权本级人民政府国有资产监督管理机构履行出资人职责的有限责任公司。

第六十五条 国有独资公司章程由国有资产监督管理机构制定，或者由董事会制订报国有资产监督管理机构批准。

第六十六条 国有独资公司不设股东会，由国有资产监督管理机构行使股东会职权。国有资产监督管理机构可以授权公司董事会行使股东会的部分职权，决定公司的重大事项，但公司的合并、分立、解散、增加或者减少注册资本和发行公司债券，必须由国有资产监督管理机构决定；其中，重要的国有独资公司合并、分立、解散、申请破产的，应当由国有资产监督管理机构审核后，报本级人民政府批准。

前款所称重要的国有独资公司，按照国务院的规定确定。

第六十七条 国有独资公司设董事会，依照本法第四十六条、第六十六条的规定行使职权。董事每届任期不得超过三年。董事会成员中应当有公司职工代表。

董事会成员由国有资产监督管理机构委派；但是，董事会成员中的职工代表由公司职工代表大会选举产生。

董事会设董事长一人，可以设副董事长。董事长、副董事长由国有资产监督管理机构从董事会成员中指定。

第六十八条 国有独资公司设经理，由董事会聘任或者解聘。经理依照本法第四十九条规定行使职权。

经国有资产监督管理机构同意，董事会成员可以兼任经理。

第六十九条 国有独资公司的董事长、副董事长、董事、高级管理人员，未经国有资产监督管理机构同意，不得在其他有限责任公司、股份有限公司或者其他经济组织兼职。

第七十条 国有独资公司监事会成员不得少于五人，其中职工代表的比例不得低于三分之一，具体比例由公司章程规定。

监事会成员由国有资产监督管理机构委派；但是，监事会成员中的职工代表由公司职工代表大会选举产生。监事会主席由国有资产监督管理机构从监事会成员中指定。

监事会行使本法第五十三条第（一）项至第（三）项规定的职权和国务院规定的其他职权。

第三章 有限责任公司的股权转让

第七十一条 有限责任公司的股东之间可以相互转让其全部或者部分股权。

股东向股东以外的人转让股权，应当经其他股东过半数同意。股东应就其股权转让事项书面通知其他股东征求同意，其他股东自接到书面通知之日起满三十日未答复的，视为同意转让。其他股东半数以上不同意转让的，不同意的股东应当购买该转让的股权；不购买的，视为同意转让。

经股东同意转让的股权，在同等条件下，其他股东有优先购买权。两个以上股东主张行使优先购买权的，协商确定各自的购买比例；协商不成的，按照转让时各自的出资比例行使优先购买权。

公司章程对股权转让另有规定的，从其规定。

第七十二条 人民法院依照法律规定的强制执行程序转让股东的股权时，应当通知公司及全体股东，其他股东在同等条件下有优先购买权。其他股东自人民法院通知之日起满二十日不行使优先购买权的，视为放弃优先购买权。

第七十三条 依照本法第七十一条、第七十二条转让股权后，公司应当注销原股东的出资证明书，向新股东签发出资证明书，并相应修改公司章程和股东名册中有关股东及其出资额的记载。对公司章程的该项修改不需再由股东会表决。

第七十四条 有下列情形之一的，对股东会该项决议投反对票的股东可以请求公司按照合理的价格收购其股权：

（一）公司连续五年不向股东分配利润，而公司该五年连续盈利，并且符合本法规定的分配利润条件的；

（二）公司合并、分立、转让主要财产的；

（三）公司章程规定的营业期限届满或者章程规定的其他解散事由出现，股东会会议通过决议修改章程使公司存续的。

自股东会会议决议通过之日起六十日内，股东与公司不能达成股权收购协议的，股东可以自股东会会议决议通过之日起九十日内向人民法院提起诉讼。

第七十五条 自然人股东死亡后，其合法继承人可以继承股东资格；但是，公司章程另有规定的除外。

第四章　股份有限公司的设立和组织机构

第一节　设立

第七十六条 设立股份有限公司，应当具备下列条件：

（一）发起人符合法定人数；

（二）有符合公司章程规定的全体发起人认购的股本总额或者募集的实收股本总额；

（三）股份发行、筹办事项符合法律规定；

（四）发起人制订公司章程，采用募集方式设立的经创立大会通过；

（五）有公司名称，建立符合股份有限公司要求的组织机构；

（六）有公司住所。

第七十七条 股份有限公司的设立，可以采取发起设立或者募集设立的方式。

发起设立，是指由发起人认购公司应发行的全部股份而设立公司。

募集设立，是指由发起人认购公司应发行股份的一部分，其余股份向社会公开募集或者向特定对象募集而设立公司。

第七十八条 设立股份有限公司，应当有二人以上二百人以下为发起人，其中须有半数以上的发起人在中国境内有住所。

第七十九条 股份有限公司发起人承担公司筹办事务。

发起人应当签订发起人协议，明确各自在公司设立过程中的权利和义务。

第八十条 股份有限公司采取发起设立方式设立的，注册资本为在公司登记机关登记的全体发起人认购的股本总额。在发起人认购的股份缴足前，不得向他人募集股份。

股份有限公司采取募集方式设立的，注册资本为在公司登记机关登记的实收股本总额。

法律、行政法规以及国务院决定对股份有限公司注册资本实缴、注册资本最低限额另有规定的，从其规定。

第八十一条 股份有限公司章程应当载明下列事项：

（一）公司名称和住所；

（二）公司经营范围；

（三）公司设立方式；

（四）公司股份总数、每股金额和注册资本；

（五）发起人的姓名或者名称、认购的股份数、出资方式和出资时间；

（六）董事会的组成、职权和议事规则；

（七）公司法定代表人；

（八）监事会的组成、职权和议事规则；

（九）公司利润分配办法；

（十）公司的解散事由与清算办法；

（十一）公司的通知和公告办法；

（十二）股东大会会议认为需要规定的其他事项。

第八十二条 发起人的出资方式，适用本法第二十七条的规定。

第八十三条 以发起设立方式设立股份有限公司的，发起人应当书面认足公司章程规定其认购的股份，并按照公司章程规定缴纳出资。以非货币财产出资的，应当依法办理其财产权的转移手续。

发起人不依照前款规定缴纳出资的，应当按照发起人协议承担违约责任。

发起人认足公司章程规定的出资后，应当选举董事会和监事会，由董事会向公司登记机关报送公司章程以及法律、行政法规规定的其他文件，申请设立登记。

第八十四条 以募集设立方式设立股份有限公司的，发起人认购的股份不得少于公司股份总数的百分之三十五；但是，法律、行政法规另有规定的，从其规定。

第八十五条 发起人向社会公开募集股份，必须公告招股说明书，并制作认股书。认股书应当载明本法第八十六条所列事项，由认股人填写认购股数、金额、住所，并签名、盖章。认股人按照所认购股数缴纳股款。

第八十六条 招股说明书应当附有发起人制订的公司章程，并载明下列事项：

（一）发起人认购的股份数；

（二）每股的票面金额和发行价格；

（三）无记名股票的发行总数；

（四）募集资金的用途；

（五）认股人的权利、义务；

（六）本次募股的起止期限及逾期未募足时认股人可以撤回所认股份的说明。

第八十七条 发起人向社会公开募集股份，应当由依法设立的证券公司承销，签订承销协议。

第八十八条 发起人向社会公开募集股份，应当同银行签订代收股款协议。

代收股款的银行应当按照协议代收和保存股款，向缴纳股款的认股人出具收款单据，并负有向有关部门出具收款证明的义务。

第八十九条 发行股份的股款缴足后，必须经依法设立的验资机构验资并出具证明。发起人应当自股款缴足之日起三十日内主持召开公司创立大会。创立大会由发起人、认股人组成。

发行的股份超过招股说明书规定的截止期限尚未募足的，或者发行股份的股款缴足后，发起人在三十日内未召开创立大会的，认股人可以按照所缴股款并加算银行同期存款利息，要求发起人返还。

第九十条 发起人应当在创立大会召开十五日前将会议日期通知各认股人或者予以公告。创立大会应有代表股份总数过半数的发起人、认股人出席，方可举行。

创立大会行使下列职权：

（一）审议发起人关于公司筹办情况的报告；

（二）通过公司章程；

（三）选举董事会成员；

（四）选举监事会成员；

（五）对公司的设立费用进行审核；

（六）对发起人用于抵作股款的财产的作价进行审核；

（七）发生不可抗力或者经营条件发生重大变化直接影响公司设立的，可以作出不设立公司的决议。

创立大会对前款所列事项作出决议，必须经出席会议的认股人所持表决权过半数通过。

第九十一条 发起人、认股人缴纳股款或者交付抵作股款的出资后，除未按期募足股份、发起人未按期召开创立大会或者创立大会决议不设立公司的情形外，不得抽回其股本。

第九十二条 董事会应于创立大会结束后三十日内，向公司登记机关报送下列文件，申请设立登记：

（一）公司登记申请书；

（二）创立大会的会议记录；

（三）公司章程；

（四）验资证明；

（五）法定代表人、董事、监事的任职文件及其身份证明；

（六）发起人的法人资格证明或者自然人身份证明；

（七）公司住所证明。

以募集方式设立股份有限公司公开发行股票的，还应当向公司登记机关报送国务院证券监督管理机构的核准文件。

第九十三条 股份有限公司成立后，发起人未按照公司章程的规定缴足出资的，应当补缴；其他发起人承担连带责任。

股份有限公司成立后，发现作为设立公司出资的非货币财产的实际价额显著低于公司章程所定价额的，应当由交付该出资的发起人补足其差额；其他发起人承担连带责任。

第九十四条 股份有限公司的发起人应当承担下列责任：

（一）公司不能成立时，对设立行为所产生的债务和费用负连带责任；

（二）公司不能成立时，对认股人已缴纳的股款，负返还股款并加算银行同期存款利息的连带责任；

（三）在公司设立过程中，由于发起人的过失致使公司利益受到损害的，应当对公司承担赔偿责任。

第九十五条 有限责任公司变更为股份有限公司时，折合的实收股本总额不得高于公司净资产额。有限责任公司变更为股份有限公司，为增加资本公开发行股份时，应当依法办理。

第九十六条 股份有限公司应当将公司章程、股东名册、公司债券存根、股东大会会议记录、董事会会议记录、监事会会议记录、财务会计报告置备于本公司。

第九十七条 股东有权查阅公司章程、股东名册、公司债券存根、股东大会会议记录、董事会会议决议、监事会会议决议、财务会计报告，对公司的经营提出建议或者质询。

第二节 股东大会

第九十八条 股份有限公司股东大会由全体股东组成。股东大会是公司的权力机构，依照本法行使职权。

第九十九条 本法第三十七条第一款关于有限责任公司股东会职权的规定，适用于股份有限公司股东大会。

第一百条 股东大会应当每年召开一次年会。有下列情形之一的，应当在两个月内召开临时股东大会：

（一）董事人数不足本法规定人数或者公司章程所定人数的三分之二时；

（二）公司未弥补的亏损达实收股本总额三分之一时；

（三）单独或者合计持有公司百分之十以上股份的股东请求时；

（四）董事会认为必要时；

（五）监事会提议召开时；

（六）公司章程规定的其他情形。

第一百零一条 股东大会会议由董事会召集，董事长主持；董事长不能履行职务或者不履行职务的，由副董事长主持；副董事长不能履行职务或者不履行职务的，由半数以上董事共同推举一名董事主持。

董事会不能履行或者不履行召集股东大会会议职责的，监事会应当及时召集和主持；监事会不召集和主持的，连续九十日以上单独或者合计持有公司百分之十以上股份的股东可以自行召集和主持。

第一百零二条 召开股东大会会议，应当将会议召开的时间、地点和审议的事项于会议召开二十日前通知各股东；临时股东大会应当于会议召开十五日前通知各股东；发行无记名股票的，应当于会议召开三十日前公告会议召开的时间、地点和审议事项。

单独或者合计持有公司百分之三以上股份的股东，可以在股东大会召开十日前提出临时提案并书面提交董事会；董事会应当在收到提案后二日内通知其他股东，并将该临时提案提交股东大会审议。临时提案的内容应当属于股东大会职权范围，并有明确议题和具体决议事项。

股东大会不得对前两款通知中未列明的事项作出决议。

无记名股票持有人出席股东大会会议的，应当于会议召开五日前至股东大会闭会时将股票交存于公司。

第一百零三条 股东出席股东大会会议，所持每一股份有一表决权。但是，公司持有的本公司股份没有表决权。

股东大会作出决议，必须经出席会议的股东所持表决权过半数通过。但是，股东大会作出修改公司章程、增加或者减少注册资本的决议，以及公司合并、分立、解散或者变更公司形式的决议，必须经出席会议的股东所持表决权的三分之二以上通过。

第一百零四条 本法和公司章程规定公司转让、受让重大资产或者对外提供担保等事项必须经股东大会作出决议的，董事会应当及时召集股东大会会议，由股东大会就上述事项进行表决。

第一百零五条 股东大会选举董事、监事，可以依照公司章程的规定或者股东大会的决议，实行累积投票制。

本法所称累积投票制，是指股东大会选举董事或者监事时，每一股份拥有与应选董事或者监事人数相同的表决权，股东拥有的表决权可以集中使用。

第一百零六条 股东可以委托代理人出席股东大会会议，代理人应当向公司提交股东授权委托书，并在授权范围内行使表决权。

第一百零七条 股东大会应当对所议事项的决定作成会议记录，主持人、出席会议的董事应当在会议记录上签名。会议记录应当与出席股东的签名册及代理出席的委托书一并保存。

第三节 董事会、经理

第一百零八条 股份有限公司设董事会，其成员为五人至十九人。

董事会成员中可以有公司职工代表。董事会中的职工代表由公司职工通过职工代表大会、职工大会或者其他形式民主选举产生。

本法第四十五条关于有限责任公司董事任期的规定，适用于股份有限公司董事。

本法第四十六条关于有限责任公司董事会职权的规定，适用于股份有限公司董事会。

第一百零九条 董事会设董事长一人，可以设副董事长。董事长和副董事长由董事会以全体董事的过半数选举产生。

董事长召集和主持董事会会议，检查董事会决议的实施情况。副董事长协助董事长工作，董事长不能履行职务或者不履行职务的，由副董事长履行职务；副董事长不能履行职务或者不履行职务的，由半数以上董事共同推举一名董事履行职务。

第一百一十条 董事会每年度至少召开两次会议，每次会议应当于会议召开十日前通知全体董事和监事。

代表十分之一以上表决权的股东、三分之一以上董事或者监事会，可以提议召开董事会临时会议。董事长应当自接到提议后十日内，召集和主持董事会会议。

董事会召开临时会议，可以另定召集董事会的通知方式和通知时限。

第一百一十一条 董事会会议应有过半数的董事出席方可举行。董事会作出决议，必须经全体董事的过半数通过。

董事会决议的表决，实行一人一票。

第一百一十二条 董事会会议，应由董事本人出席；董事因故不能出席，可以书面委托其他董事代为出席，委托书中应载明授权范围。

董事会应当对会议所议事项的决定作成会议记录，出席会议的董事应当在会议记录上签名。

董事应当对董事会的决议承担责任。董事会的决议违反法律、行政法规或者公司章程、股东大会决议，致使公司遭受严重损失的，参与决议的董事对公司负赔偿责任。但经证明在表决时曾表明异议并记载于会议记录的，该董事可以免除责任。

第一百一十三条 股份有限公司设经理，由董事会决定聘任或者解聘。

本法第四十九条关于有限责任公司经理职权的规定，适用于股份有限公司经理。

第一百一十四条 公司董事会可以决定由董事会成员兼任经理。

第一百一十五条 公司不得直接或者通过子公司向董事、监事、高级管理人员提供借款。

第一百一十六条 公司应当定期向股东披露董事、监事、高级管理人员从公司获得报酬的情况。

第四节 监事会

第一百一十七条 股份有限公司设监事会，其成员不得少于三人。

监事会应当包括股东代表和适当比例的公司职工代表，其中职工代表的比例不得低于三分之一，具体比例由公司章程规定。监事会中的职工代表由公司职工通过职工代表大会、职工大会或者其他形式民主选举产生。

监事会设主席一人，可以设副主席。监事会主席和副主席由全体监事过半数选举产生。监事会主席召集和主持监事会会议；监事会主席不能履行职务或者不履行职务的，由监事会副主席召集和主持监事会会议；监事会副主席不能履行职务或者不履行职务的，由半数以上监事共同推举一名监事召集和主持监事会会议。

董事、高级管理人员不得兼任监事。

本法第五十二条关于有限责任公司监事任期的规定，适用于股份有限公司监事。

第一百一十八条 本法第五十三条、第五十四条关于有限责任公司监事会职权的规定，适用于股份有限公司监事会。

监事会行使职权所必需的费用，由公司承担。

第一百一十九条 监事会每六个月至少召开一次会议。监事可以提议召开临时监事会会议。

监事会的议事方式和表决程序，除本法有规定的外，由公司章程规定。

监事会决议应当经半数以上监事通过。

监事会应当对所议事项的决定作成会议记录，出席会议的监事应当在会议记录上签名。

第五节 上市公司组织机构的特别规定

第一百二十条 本法所称上市公司，是指其股票在证券交易所上市交易的股份有限公司。

第一百二十一条 上市公司在一年内购买、出售重大资产或者担保金额超过公司资产总额百分之三十的，应当由股东大会作出决议，并经出席会议的股东所持表决权的三分之二以上通过。

第一百二十二条 上市公司设独立董事，具体办法由国务院规定。

第一百二十三条 上市公司设董事会秘书，负责公司股东大会和董事会会议的筹备、文件保管以及公司股东资料的管理，办理信息披露事务等事宜。

第一百二十四条 上市公司董事与董事会会议决议事项所涉及的企业有关联关系的，不得对该项决议行使表决权，也不得代理其他董事行使表决权。该董事会会议由过半数的无关联关系董事出席即可举行，董事会会议所作决议须经无关联关系董事过半数通过。出席董事会的无关联关系董事人数不足三人的，应将该事项提交上市公司股东大会审议。

第五章 股份有限公司的股份发行和转让

第一节 股份发行

第一百二十五条 股份有限公司的资本划分为股份，每一股的金额相等。

公司的股份采取股票的形式。股票是公司签发的证明股东所持股份的凭证。

第一百二十六条 股份的发行，实行公平、公正的原则，同种类的每一股份应当具有同等权利。

同次发行的同种类股票，每股的发行条件和价格应当相同；任何单位或者个人所认购的股份，每股应当支付相同价额。

第一百二十七条 股票发行价格可以按票面金额，也可以超过票面金额，但不得低于票面金额。

第一百二十八条 股票采用纸面形式或者国务院证券监督管理机构规定的其他形式。

股票应当载明下列主要事项：

（一）公司名称；

（二）公司成立日期；

（三）股票种类、票面金额及代表的股份数；

（四）股票的编号。

股票由法定代表人签名，公司盖章。

发起人的股票，应当标明发起人股票字样。

第一百二十九条 公司发行的股票，可以为记名股票，也可以为无记名股票。

公司向发起人、法人发行的股票，应当为记名股票，并应当记载该发起人、法人的名称或者姓名，不得另立户名或者以代表人姓名记名。

第一百三十条 公司发行记名股票的，应当置备股东名册，记载下列事项：

（一）股东的姓名或者名称及住所；

（二）各股东所持股份数；

（三）各股东所持股票的编号；

（四）各股东取得股份的日期。

发行无记名股票的，公司应当记载其股票数量、编号及发行日期。

第一百三十一条 国务院可以对公司发行本法规定以外的其他种类的股份，另行作出规定。

第一百三十二条 股份有限公司成立后，即向股东正式交付股票。公司成立前不得向股东交付股票。

第一百三十三条 公司发行新股，股东大会应当对下列事项作出决议：

（一）新股种类及数额；

（二）新股发行价格；

（三）新股发行的起止日期；

（四）向原有股东发行新股的种类及数额。

第一百三十四条 公司经国务院证券监督管理机构核准公开发行新股时，必须公告新股招股说明书和财务会计报告，并制作认股书。

本法第八十七条、第八十八条的规定适用于公司公开发行新股。

第一百三十五条 公司发行新股，可以根据公司经营情况和财务状况，确定其作价方案。

第一百三十六条 公司发行新股募足股款后，必须向公司登记机关办理变更登记，并公告。

第二节 股份转让

第一百三十七条 股东持有的股份可以依法转让。

第一百三十八条 股东转让其股份，应当在依法设立的证券交易场所进行或者按照国务院规定的其他方式进行。

第一百三十九条 记名股票，由股东以背书方式或者法律、行政法规规定的其他方式转让；转让后由公司将受让人的姓名或者名称及住所记载于股东名册。

股东大会召开前二十日内或者公司决定分配股利的基准日前五日内，不得进行前款规定的股东名册的变更登记。但是，法律对上市公司股东名册变更登记另有规定的，从其规定。

第一百四十条 无记名股票的转让，由股东将该股票交付给受让人后即发生转让的效力。

第一百四十一条 发起人持有的本公司股份，自公司成立之日起一年内不得转让。公司公开发行股份前已发行的股份，自公司股票在证券交易所上市交易之日起一年内不得转让。

公司董事、监事、高级管理人员应当向公司申报所持有的本公司的股份及其变动情况，在任职期间每年转让的股份不得超过其所持有本公司股份总数的百分之二十五；所持本公司股份自公司股票上市交易之日起一年内不得转让。上述人员离职后半年内，不得转让其所持有的本公司股份。公司章程可以对公司董事、监事、高级管理人员转让其所持有的本公司股份作出其他限制性规定。

第一百四十二条 公司不得收购本公司股份。但是，有下列情形之一的除外：

（一）减少公司注册资本；

（二）与持有本公司股份的其他公司合并；

（三）将股份用于员工持股计划或者股权激励；

（四）股东因对股东大会作出的公司合并、分立决议持异议，要求公司收购其股份；

（五）将股份用于转换上市公司发行的可转换为股票的公司债券；

（六）上市公司为维护公司价值及股东权益所必需。

公司因前款第（一）项、第（二）项规定的情形收购本公司股份的，应当经股东大会决议；公司因前款第（三）项、第（五）项、第（六）项规定的情形收购本公司股份的，可以依照公司章程的规定或者股东大会的授权，经三分之二以上董事出席的董事会会议决议。

公司依照本条第一款规定收购本公司股份后，属于第（一）项情形的，应当自收购之日起十日内注销；属于第（二）项、第（四）项情形的，应当在六个月内转让或者注销；属于第（三）项、第（五）项、第（六）项情形的，公司合计持有的本公司股份数不得超过本公司已发行股份总额的百分之十，并应当在三年内转让或者注销。

上市公司收购本公司股份的，应当依照《中华人民共和国证券法》的规定履行信息披露义务。上市公司因本条第一款第（三）项、第（五）项、第（六）项规定的情形收购本公司股份的，应当通过公开的集中交易方式进行。

公司不得接受本公司的股票作为质押权的标的。

第一百四十三条 记名股票被盗、遗失或者灭失，股东可以依照《中华人民共和国民事诉讼法》规定的公示催告程序，请求人民法院宣告该股票失效。人民法院宣告该股票失效后，股东可以向公司申请补发股票。

第一百四十四条 上市公司的股票，依照有关法律、行政法规及证券交易所交易规则上市交易。

第一百四十五条 上市公司必须依照法律、行政法规的规定，公开其财务状况、经营情况及重大诉讼，在每会计年度内半年公布一次财务会计报告。

第六章 公司董事、监事、高级管理人员的资格和义务

第一百四十六条 有下列情形之一的，不得担任公司的董事、监事、高级管理人员：

（一）无民事行为能力或者限制民事行为能力；

（二）因贪污、贿赂、侵占财产、挪用财产或者破坏社会主义市场经济秩序，被判处刑罚，执行期满未逾五年，或者因犯罪被剥夺政治权利，执行期满未逾五年；

（三）担任破产清算的公司、企业的董事或者厂长、经理，对该公司、企业的破产负有个人责任的，自该公司、企业破产清算完结之日起未逾三年；

（四）担任因违法被吊销营业执照、责令关闭的公司、企业的法定代表人，并负有个人责任的，自该公司、企业被吊销营业执照之日起未逾三年；

（五）个人所负数额较大的债务到期未清偿。

公司违反前款规定选举、委派董事、监事或者聘任高级管理人员的，该选举、委派或者聘任无效。

董事、监事、高级管理人员在任职期间出现本条第一款所列情形的，公司应当解除其职务。

第一百四十七条　董事、监事、高级管理人员应当遵守法律、行政法规和公司章程，对公司负有忠实义务和勤勉义务。

董事、监事、高级管理人员不得利用职权收受贿赂或者其他非法收入，不得侵占公司的财产。

第一百四十八条　董事、高级管理人员不得有下列行为：

（一）挪用公司资金；

（二）将公司资金以其个人名义或者以其他个人名义开立账户存储；

（三）违反公司章程的规定，未经股东会、股东大会或者董事会同意，将公司资金借贷给他人或者以公司财产为他人提供担保；

（四）违反公司章程的规定或者未经股东会、股东大会同意，与本公司订立合同或者进行交易；

（五）未经股东会或者股东大会同意，利用职务便利为自己或者他人谋取属于公司的商业机会，自营或者为他人经营与所任职公司同类的业务；

（六）接受他人与公司交易的佣金归为己有；

（七）擅自披露公司秘密；

（八）违反对公司忠实义务的其他行为。

董事、高级管理人员违反前款规定所得的收入应当归公司所有。

第一百四十九条　董事、监事、高级管理人员执行公司职务时违反法律、行政法规或者公司章程的规定，给公司造成损失的，应当承担赔偿责任。

第一百五十条　股东会或者股东大会要求董事、监事、高级管理人员列席会议的，董事、监事、高级管理人员应当列席并接受股东的质询。

董事、高级管理人员应当如实向监事会或者不设监事会的有限责任公司的监事提供有关情况和资料，不得妨碍监事会或者监事行使职权。

第一百五十一条　董事、高级管理人员有本法第一百四十九条规定的情形的，有限责任公司的股东、股份有限公司连续一百八十日以上单独或者合计持有公司百分之一以上股份的股东，可以书面请求监事会或者不设监事会的有限责任公司的监事向人民法院提起诉讼；监事有本法第一百四十九条规定的情形的，前述股东可以书面请求董事会或者不设董事会的有限责任公司的执行董事向人民法院提起诉讼。

监事会、不设监事会的有限责任公司的监事，或者董事会、执行董事收到前款规定的股东书面请求后拒绝提起诉讼，或者自收到请求之日起三十日内未提起诉讼，或者情况紧急、不立即提起诉讼将会使公司利益受到难以弥补的损害的，前款规定的股东有权为了公司的利益以自己的名义直接向人民法院提起诉讼。

他人侵犯公司合法权益，给公司造成损失的，本条第一款规定的股东可以依照前两款的规定向人民法院提起诉讼。

第一百五十二条　董事、高级管理人员违反法律、行政法规或者公司章程的规定，损害股东利益的，股东可以向人民法院提起诉讼。

第七章　公司债券

第一百五十三条　本法所称公司债券，是指公司依照法定程序发行、约定在一定期限还本付息的有价证券。

公司发行公司债券应当符合《中华人民共和国证券法》规定的发行条件。

第一百五十四条　发行公司债券的申请经国务院授权的部门核准后，应当公告公司债券募集办法。

公司债券募集办法中应当载明下列主要事项：

（一）公司名称；

（二）债券募集资金的用途；

（三）债券总额和债券的票面金额；

（四）债券利率的确定方式；

（五）还本付息的期限和方式；

（六）债券担保情况；

（七）债券的发行价格、发行的起止日期；

（八）公司净资产额；

（九）已发行的尚未到期的公司债券总额；

（十）公司债券的承销机构。

第一百五十五条　公司以实物券方式发行公司债券的，必须在债券上载明公司名称、债券票面金额、利率、偿还期限等事项，并由法定代表人签名，公司盖章。

第一百五十六条　公司债券，可以为记名债券，也可以为无记名债券。

第一百五十七条　公司发行公司债券应当置备公司债券存根簿。

发行记名公司债券的，应当在公司债券存根簿上载明下列事项：

（一）债券持有人的姓名或者名称及住所；

（二）债券持有人取得债券的日期及债券的编号；

（三）债券总额，债券的票面金额、利率、还本付息的期限和方式；

（四）债券的发行日期。

发行无记名公司债券的，应当在公司债券存根簿上载明债券总额、利率、偿还期限和方式、发行日期及债券的编号。

第一百五十八条　记名公司债券的登记结算机构应当建立债券登记、存管、付息、兑付等相关制度。

第一百五十九条 公司债券可以转让，转让价格由转让人与受让人约定。

公司债券在证券交易所上市交易的，按照证券交易所的交易规则转让。

第一百六十条 记名公司债券，由债券持有人以背书方式或者法律、行政法规规定的其他方式转让；转让后由公司将受让人的姓名或者名称及住所记载于公司债券存根簿。

无记名公司债券的转让，由债券持有人将该债券交付给受让人后即发生转让的效力。

第一百六十一条 上市公司经股东大会决议可以发行可转换为股票的公司债券，并在公司债券募集办法中规定具体的转换办法。上市公司发行可转换为股票的公司债券，应当报国务院证券监督管理机构核准。

发行可转换为股票的公司债券，应当在债券上标明可转换公司债券字样，并在公司债券存根簿上载明可转换公司债券的数额。

第一百六十二条 发行可转换为股票的公司债券的，公司应当按照其转换办法向债券持有人换发股票，但债券持有人对转换股票或者不转换股票有选择权。

第八章 公司财务、会计

第一百六十三条 公司应当依照法律、行政法规和国务院财政部门的规定建立本公司的财务、会计制度。

第一百六十四条 公司应当在每一会计年度终了时编制财务会计报告，并依法经会计师事务所审计。

财务会计报告应当依照法律、行政法规和国务院财政部门的规定制作。

第一百六十五条 有限责任公司应当依照公司章程规定的期限将财务会计报告送交各股东。

股份有限公司的财务会计报告应当在召开股东大会年会的二十日前置备于本公司，供股东查阅；公开发行股票的股份有限公司必须公告其财务会计报告。

第一百六十六条 公司分配当年税后利润时，应当提取利润的百分之十列入公司法定公积金。公司法定公积金累计额为公司注册资本的百分之五十以上的，可以不再提取。

公司的法定公积金不足以弥补以前年度亏损的，在依照前款规定提取法定公积金之前，应当先用当年利润弥补亏损。

公司从税后利润中提取法定公积金后，经股东会或者股东大会决议，还可以从税后利润中提取任意公积金。

公司弥补亏损和提取公积金后所余税后利润，有限责任公司依照本法第三十四条的规定分配；股份有限公司按照股东持有的股份比例分配，但股份有限公司章程规定不按持股比例分配的除外。

股东会、股东大会或者董事会违反前款规定，在公司弥补亏损和提取法定公积金之前向股东分配利润的，股东必须将违反规定分配的利润退还公司。

公司持有的本公司股份不得分配利润。

第一百六十七条 股份有限公司以超过股票票面金额的发行价格发行股份所得的溢价款以及国务院财政部门规定列入资本公积金的其他收入，应当列为公司资本公积金。

第一百六十八条 公司的公积金用于弥补公司的亏损、扩大公司生产经营或者转为增加公司资本。但是，资本公积金不得用于弥补公司的亏损。

法定公积金转为资本时，所留存的该项公积金不得少于转增前公司注册资本的百分之二十五。

第一百六十九条 公司聘用、解聘承办公司审计业务的会计师事务所，依照公司章程的规定，由股东会、股东大会或者董事会决定。

公司股东会、股东大会或者董事会就解聘会计师事务所进行表决时，应当允许会计师事务所陈述意见。

第一百七十条 公司应当向聘用的会计师事务所提供真实、完整的会计凭证、会计账簿、财务会计报告及其他会计资料，不得拒绝、隐匿、谎报。

第一百七十一条 公司除法定的会计账簿外，不得另立会计账簿。

对公司资产，不得以任何个人名义开立账户存储。

第九章 公司合并、分立、增资、减资

第一百七十二条 公司合并可以采取吸收合并或者新设合并。

一个公司吸收其他公司为吸收合并，被吸收的公司解散。两个以上公司合并设立一个新的公司为新设合并，合并各方解散。

第一百七十三条 公司合并，应当由合并各方签订合并协议，并编制资产负债表及财产清单。公司应当自作出合并决议之日起十日内通知债权人，并于三十日内在报纸上公告。债权人自接到通知书之日起三十日内，未接到通知书的自公告之日起四十五日内，可以要求公司清偿债务或者提供相应的担保。

第一百七十四条 公司合并时，合并各方的债权、债务，应当由合并后存续的公司或者新设的公司承继。

第一百七十五条 公司分立，其财产作相应的分割。

公司分立，应当编制资产负债表及财产清单。公司应当自作出分立决议之日起十日内通知债权人，并于三十日内在报纸上公告。

第一百七十六条 公司分立前的债务由分立后的公司承担连带责任。但是，公司在分立前与债权人就债务清偿达成的书面协议另有约定的除外。

第一百七十七条 公司需要减少注册资本时，必须编制资产负债表及财产清单。

公司应当自作出减少注册资本决议之日起十日内通知债权人，并于三十日内在报纸上公告。债权人自接到通知书之日起三十日内，未接到通知书的自公告之日起四十五日内，有权要求公司清偿债务或者提供相应的担保。

第一百七十八条 有限责任公司增加注册资本时，股东认缴新增资本的出资，依照本法设立有限责任公司缴纳出资的有关规定执行。

股份有限公司为增加注册资本发行新股时，股东认购新股，依照本法设立股份有限公司缴纳股款的有关规定执行。

第一百七十九条 公司合并或者分立，登记事项发生变更的，应当依法向公司登记机关办理变更登记；公司解散的，应当依法办理公司注销登记；设立新公司的，应当依法办理公

司设立登记。

公司增加或者减少注册资本，应当依法向公司登记机关办理变更登记。

第十章 公司解散和清算

第一百八十条 公司因下列原因解散：

（一）公司章程规定的营业期限届满或者公司章程规定的其他解散事由出现；

（二）股东会或者股东大会决议解散；

（三）因公司合并或者分立需要解散；

（四）依法被吊销营业执照、责令关闭或者被撤销；

（五）人民法院依照本法第一百八十二条的规定予以解散。

第一百八十一条 公司有本法第一百八十条第（一）项情形的，可以通过修改公司章程而存续。

依照前款规定修改公司章程，有限责任公司须经持有三分之二以上表决权的股东通过，股份有限公司须经出席股东大会会议的股东所持表决权的三分之二以上通过。

第一百八十二条 公司经营管理发生严重困难，继续存续会使股东利益受到重大损失，通过其他途径不能解决的，持有公司全部股东表决权百分之十以上的股东，可以请求人民法院解散公司。

第一百八十三条 公司因本法第一百八十条第（一）项、第（二）项、第（四）项、第（五）项规定而解散的，应当在解散事由出现之日起十五日内成立清算组，开始清算。有限责任公司的清算组由股东组成，股份有限公司的清算组由董事或者股东大会确定的人员组成。逾期不成立清算组进行清算的，债权人可以申请人民法院指定有关人员组成清算组进行清算。人民法院应当受理该申请，并及时组织清算组进行清算。

第一百八十四条 清算组在清算期间行使下列职权：

（一）清理公司财产，分别编制资产负债表和财产清单；

（二）通知、公告债权人；

（三）处理与清算有关的公司未了结的业务；

（四）清缴所欠税款以及清算过程中产生的税款；

（五）清理债权、债务；

（六）处理公司清偿债务后的剩余财产；

（七）代表公司参与民事诉讼活动。

第一百八十五条 清算组应当自成立之日起十日内通知债权人，并于六十日内在报纸上公告。债权人应当自接到通知书之日起三十日内，未接到通知书的自公告之日起四十五日内，向清算组申报其债权。

债权人申报债权，应当说明债权的有关事项，并提供证明材料。清算组应当对债权进行登记。

在申报债权期间，清算组不得对债权人进行清偿。

第一百八十六条 清算组在清理公司财产、编制资产负债表和财产清单后，应当制定清算方案，并报股东会、股东大会或者人民法院确认。

公司财产在分别支付清算费用、职工的工资、社会保险费用和法定补偿金，缴纳所欠税款，清偿公司债务后的剩余财产，有限责任公司按照股东的出资比例分配，股份有限公司按照股东持有的股份比例分配。

清算期间，公司存续，但不得开展与清算无关的经营活动。公司财产在未依照前款规定清偿前，不得分配给股东。

第一百八十七条 清算组在清理公司财产、编制资产负债表和财产清单后，发现公司财产不足清偿债务的，应当依法向人民法院申请宣告破产。

公司经人民法院裁定宣告破产后，清算组应当将清算事务移交给人民法院。

第一百八十八条 公司清算结束后，清算组应当制作清算报告，报股东会、股东大会或者人民法院确认，并报送公司登记机关，申请注销公司登记，公告公司终止。

第一百八十九条 清算组成员应当忠于职守，依法履行清算义务。

清算组成员不得利用职权收受贿赂或者其他非法收入，不得侵占公司财产。

清算组成员因故意或者重大过失给公司或者债权人造成损失的，应当承担赔偿责任。

第一百九十条 公司被依法宣告破产的，依照有关企业破产的法律实施破产清算。

第十一章　外国公司的分支机构

第一百九十一条 本法所称外国公司是指依照外国法律在中国境外设立的公司。

第一百九十二条 外国公司在中国境内设立分支机构，必须向中国主管机关提出申请，并提交其公司章程、所属国的公司登记证书等有关文件，经批准后，向公司登记机关依法办理登记，领取营业执照。

外国公司分支机构的审批办法由国务院另行规定。

第一百九十三条 外国公司在中国境内设立分支机构，必须在中国境内指定负责该分支机构的代表人或者代理人，并向该分支机构拨付与其所从事的经营活动相适应的资金。

对外国公司分支机构的经营资金需要规定最低限额的，由国务院另行规定。

第一百九十四条 外国公司的分支机构应当在其名称中标明该外国公司的国籍及责任形式。

外国公司的分支机构应当在本机构中置备该外国公司章程。

第一百九十五条 外国公司在中国境内设立的分支机构不具有中国法人资格。

外国公司对其分支机构在中国境内进行经营活动承担民事责任。

第一百九十六条 经批准设立的外国公司分支机构，在中国境内从事业务活动，必须遵守中国的法律，不得损害中国的社会公共利益，其合法权益受中国法律保护。

第一百九十七条 外国公司撤销其在中国境内的分支机构时，必须依法清偿债务，依照本法有关公司清算程序的规定进行清算。未清偿债务之前，不得将其分支机构的财产移至中国境外。

第十二章　法律责任

第一百九十八条 违反本法规定，虚报注册资本、提交虚假材料或者采取其他欺诈手段隐瞒重要事实取得公司登记的，由公司登记机关责令改正，对虚报注册资本的公司，处以虚报注册资本金额百分之五以上百分之十五以下的罚款；对提交虚假材料或者采取其他欺诈手段隐瞒重要事实的公司，处以五万元以上五十万元以下的罚款；情节严重的，撤销公司登记或者吊销营业执照。

第一百九十九条 公司的发起人、股东虚假出资，未交付或者未按期交付作为出资的货币或者非货币财产的，由公司登记机关责令改正，处以虚假出资金额百分之五以上百分之十五以下的罚款。

第二百条 公司的发起人、股东在公司成立后，抽逃其出资的，由公司登记机关责令改正，处以所抽逃出资金额百分之五以上百分之十五以下的罚款。

第二百零一条 公司违反本法规定，在法定的会计账簿以外另立会计账簿的，由县级以上人民政府财政部门责令改正，处以五万元以上五十万元以下的罚款。

第二百零二条 公司在依法向有关主管部门提供的财务会计报告等材料上作虚假记载或者隐瞒重要事实的，由有关主管部门对直接负责的主管人员和其他直接责任人员处以三万元以上三十万元以下的罚款。

第二百零三条 公司不依照本法规定提取法定公积金的，由县级以上人民政府财政部门责令如数补足应当提取的金额，可以对公司处以二十万元以下的罚款。

第二百零四条 公司在合并、分立、减少注册资本或者进行清算时，不依照本法规定通知或者公告债权人的，由公司登记机关责令改正，对公司处以一万元以上十万元以下的罚款。

公司在进行清算时，隐匿财产，对资产负债表或者财产清单作虚假记载或者在未清偿债务前分配公司财产的，由公司登记机关责令改正，对公司处以隐匿财产或者未清偿债务前分配公司财产金额百分之五以上百分之十以下的罚款；对直接负责的主管人员和其他直接责任人员处以一万元以上十万元以下的罚款。

第二百零五条 公司在清算期间开展与清算无关的经营活动的，由公司登记机关予以警告，没收违法所得。

第二百零六条 清算组不依照本法规定向公司登记机关报送清算报告，或者报送清算报告隐瞒重要事实或者有重大遗漏的，由公司登记机关责令改正。

清算组成员利用职权徇私舞弊、谋取非法收入或者侵占公司财产的，由公司登记机关责令退还公司财产，没收违法所得，并可以处以违法所得一倍以上五倍以下的罚款。

第二百零七条 承担资产评估、验资或者验证的机构提供虚假材料的，由公司登记机关没收违法所得，处以违法所得一倍以上五倍以下的罚款，并可以由有关主管部门依法责令该机构停业、吊销直接责任人员的资格证书，吊销营业执照。

承担资产评估、验资或者验证的机构因过失提供有重大遗漏的报告的，由公司登记机关责令改正，情节较重的，处以所得收入一倍以上五倍以下的罚款，并可以由有关主管部门依法责令该机构停业、吊销直接责任人员的资格证书，吊销营业执照。

承担资产评估、验资或者验证的机构因其出具的评估结果、验资或者验证证明不实，给公司债权人造成损失的，除能够证明自己没有过错的外，在其评估或者证明不实的金额范围内承担赔偿责任。

第二百零八条 公司登记机关对不符合本法规定条件的登记申请予以登记，或者对符合本法规定条件的登记申请不予登记的，对直接负责的主管人员和其他直接责任人员，依法给予行政处分。

第二百零九条 公司登记机关的上级部门强令公司登记机关对不符合本法规定条件的登记申请予以登记，或者对符合本法规定条件的登记申请不予登记的，或者对违法登记进行包庇的，对直接负责的主管人员和其他直接责任人员依法给予行政处分。

第二百一十条 未依法登记为有限责任公司或者股份有限公司，而冒用有限责任公司或者股份有限公司名义的，或者未依法登记为有限责任公司或者股份有限公司的分公司，而冒用有限责任公司或者股份有限公司的分公司名义的，由公司登记机关责令改正或者予以取缔，可以并处十万元以下的罚款。

第二百一十一条 公司成立后无正当理由超过六个月未开业的，或者开业后自行停业连续六个月以上的，可以由公司登记机关吊销营业执照。

公司登记事项发生变更时，未依照本法规定办理有关变更登记的，由公司登记机关责令限期登记；逾期不登记的，处以一万元以上十万元以下的罚款。

第二百一十二条 外国公司违反本法规定，擅自在中国境内设立分支机构的，由公司登记机关责令改正或者关闭，可以并处五万元以上二十万元以下的罚款。

第二百一十三条 利用公司名义从事危害国家安全、社会公共利益的严重违法行为的，吊销营业执照。

第二百一十四条 公司违反本法规定，应当承担民事赔偿责任和缴纳罚款、罚金的，其财产不足以支付时，先承担民事赔偿责任。

第二百一十五条 违反本法规定，构成犯罪的，依法追究刑事责任。

第十三章 附 则

第二百一十六条 本法下列用语的含义：

（一）高级管理人员，是指公司的经理、副经理、财务负责人，上市公司董事会秘书和公司章程规定的其他人员。

（二）控股股东，是指其出资额占有限责任公司资本总额百分之五十以上或者其持有的股份占股份有限公司股本总额百分之五十以上的股东；出资额或者持有股份的比例虽然不足百分之五十，但依其出资额或者持有的股份所享有的表决权已足以对股东会、股东大会的决议产生重大影响的股东。

（三）实际控制人，是指虽不是公司的股东，但通过投资关系、协议或者其他安排，能够实际支配公司行为的人。

（四）关联关系，是指公司控股股东、实际控制人、董事、监事、高级管理人员与其直接或者间接控制的企业之间的关系，以及可能导致公司利益转移的其他关系。但是，国家控股的企业之间不仅因为同受国家控股而具有关联关系。

第二百一十七条 外商投资的有限责任公司和股份有限公司适用本法；有关外商投资的法律另有规定的，适用其规定。

第二百一十八条 本法自2006年1月1日起施行。

2.9.3 《深圳证券交易所上市公司信息披露工作指引第 2 号——股东和实际控制人信息披露》

深圳证券交易所上市公司信息披露工作指引第 2 号
——股东和实际控制人信息披露

第一章 总则

第一条 为规范上市公司股东和实际控制人信息披露行为，保护投资者的合法权益，根据《公司法》、《证券法》、《深圳证券交易所股票上市规则》（以下简称《上市规则》）等法律、行政法规、部门规章和业务规则，制定本指引。

第二条 本指引适用于深圳证券交易所（以下简称本所）主板上市公司股东和实际控制人的信息披露工作。

第三条 本指引所称股东是指持有或者拟持有上市公司5%以上股份的股东或者潜在股东；上市公司实际控制人是指虽不是公司的股东，但通过投资关系、协议或者其他安排，能够实际支配公司行为的人。

第二章 基本原则

第四条 上市公司股东和实际控制人应严格按照《上市公司收购管理办法》、《上市规则》等相关规定披露有关收购及股份权益变动等信息，并保证其所披露的信息真实、准确、完整，不得有虚假记载、误导性陈述或者重大遗漏。

第五条 上市公司股东和实际控制人应将所有与其有关的、对上市公司股票及其衍生品种交易价格可能产生较大影响的信息及时告知上市公司。

第六条 上市公司、本所向公司股东或实际控制人询问、调查有关情况和信息时，相关股东和实际控制人应及时给予回复，提供相关资料，确认或澄清有关事实。

第七条 上市公司股东和实际控制人应保证其向上市公司和本所做出的回复、提供的资料和信息真实、准确、完整。

第八条 上市公司股东和实际控制人对上市公司及该公司的其他股东负有诚信义务。

上市公司股东和实际控制人应严格履行其所做出的承诺，不得擅自变更或者解除。

第九条 上市公司股东和实际控制人以及其他知情人员不得以任何方式泄漏内幕消息，不得进行内幕交易、操纵市场或者其他欺诈活动。

第十条 上市公司股东和实际控制人应当遵守法律、行政法规和公司章程，依法行使股东权利，不得滥用股东权利损害公司和其他股东的利益。

第三章 配合披露

第十一条 发生下列情况之一时，上市公司股东或实际控制人应立即通知上市公司并配合其履行信息披露义务：

（一）上市公司股东持有的股份被质押、冻结、司法拍卖、托管或者设定信托；

（二）上市公司股东或实际控制人进入破产、清算状态；

（三）上市公司股东或实际控制人持股或控制公司的情况已发生或拟发生较大变化；

（四）上市公司股东或实际控制人对上市公司进行重大资产或债务重组；

（五）本所认定的其他情形。

第十二条 上市公司收购、相关股份权益变动、重大资产或债务重组等有关信息依法披露前，发生下列情形之一的，相关股东或实际控制人应及时通知上市公司刊登提示性公告，披露有关收购、相关股份权益变动、重大资产或债务重组等事项的筹划情况和既有事实：

（一）相关信息已在媒体上传播；

（二）公司股票及其衍生品种交易已出现异常波动；

（三）相关股东或实际控制人预计该事件难以保密；

（四）本所认定的其他情形。

第十三条 上市公司股票及其衍生品种交易出现异常波动时，上市公司股东和实际控制人应及时给予上市公司答复，告知上市公司是否存在与其有关的、对公司股票及其衍生品种交易价格可能产生较大影响或影响投资者合理预期的应披露而未披露的重大信息。

第十四条 公共传媒上出现与上市公司股东或实际控制人有关的、对公司股票及其衍生品种交易价格可能产生较大影响的报道或传闻，相关股东或实际控制人应积极配合上市公司调查、了解情况，并及时就有关报道或传闻所涉及事项的真实情况答复上市公司。

第十五条 上市公司股东和实际控制人应指定专人与上市公司及时沟通和联络，保证上市公司随时与其取得联系。

上市公司应及时向本所报备其股东和实际控制人指定的专门联系人员的有关信息，包括姓名、单位、职务、办公电话、移动电话、传真、通信地址及专用电子信箱地址等。若上述有关信息发生变更时，上市公司应及时向本所提交变更后的资料。

第四章 承诺事项

第十六条 上市公司股东和实际控制人应及时将其对证券监管机构、上市公司或其他股东做出的承诺事项告知上市公司并报送本所备案，同时按本所有关规定予以披露。

第十七条 上市公司股东和实际控制人做出的承诺必须具体、明确、无歧义、具有可操作性。

第十八条 上市公司股东和实际控制人应当在承诺中做出履约保证声明并明确违约责任。

第十九条 对于存在履约风险的承诺事项，上市公司股东和实际控制人应当提供经本所认可的履约担保。

第二十条 上市公司股东和实际控制人披露的承诺事项应包括但不限于以下内容：

（一）承诺的具体事项；

（二）履约方式、履约时间、履约能力分析、履约风险及防范对策；

（三）履约担保安排，包括担保方、担保方资质、担保方式、担保协议（函）主要条款、担保责任等（如有）；

（四）违约责任和声明。

第二十一条 上市公司股东和实际控制人应当在上市公司定期报告中披露所有承诺事项及具体履行情况。

第二十二条 上市公司股东和实际控制人应当在承诺履行条件即将达到或已经达到时，

及时通知上市公司,并履行承诺和信息披露义务。

第二十三条 上市公司股东和实际控制人应关注自身经营、财务状况,评价履约能力,如果经营、财务状况恶化等原因导致或可能导致无法履行承诺时,应当及时告知上市公司,并予以披露,详细说明有关影响承诺履行的具体情况。

第二十四条 履约担保人如果无法或可能无法履行担保义务时,上市公司股东和实际控制人应当及时告知上市公司,并予以披露,同时提供新的履约担保。

第五章 监管措施和对违反本指引的处理

第二十五条 本所对上市公司股东和实际控制人的信息披露行为实行日常监管,具体措施包括:

(一)进行诚信教育和培训;
(二)发出监管函件;
(三)口头或书面调查;
(四)约见谈话;
(五)报中国证监会查处;
(六)其他监管措施。

第二十六条 发生下列情况之一时,本所有权直接或者通过上市公司向其股东或实际控制人进行口头或书面调查:

(一)上市公司股票及其衍生品种交易出现异常波动;
(二)公共传媒上出现涉及上市公司相关股东或实际控制人的报道或传闻时;
(三)本所认定的其他需要调查了解的情况。

第二十七条 上市公司股东、实际控制人以及相关当事人违反本指引规定或者不履行、不完全履行其承诺,本所视情节轻重给予如下处分:

(一)责令改正;
(二)通报批评;
(三)公开谴责。

第六章 附则

第二十八条 本指引由本所负责解释。

第二十九条 本指引自发布之日起施行。

2.9.4 《上市公司收购管理办法》

《上市公司收购管理办法》

第一章 总则

第一条 为了规范上市公司的收购及相关股份权益变动活动,保护上市公司和投资者的合法权益,维护证券市场秩序和社会公共利益,促进证券市场资源的优化配置,根据《证券法》、《公司法》及其他相关法律、行政法规,制定本办法。

第二条 上市公司的收购及相关股份权益变动活动,必须遵守法律、行政法规及中国证券监督管理委员会(以下简称中国证监会)的规定。当事人应当诚实守信,遵守社会公德、商业道德，自觉维护证券市场秩序，接受政府、社会公众的监督。

第三条 上市公司的收购及相关股份权益变动活动，必须遵循公开、公平、公正的原则。

上市公司的收购及相关股份权益变动活动中的信息披露义务人，应当充分披露其在上市公司中的权益及变动情况，依法严格履行报告、公告和其他法定义务。在相关信息披露前，负有保密义务。

信息披露义务人报告、公告的信息必须真实、准确、完整，不得有虚假记载、误导性陈述或者重大遗漏。

第四条 上市公司的收购及相关股份权益变动活动不得危害国家安全和社会公共利益。

上市公司的收购及相关股份权益变动活动涉及国家产业政策、行业准入、国有股份转让等事项，需要取得国家相关部门批准的，应当在取得批准后进行。

外国投资者进行上市公司的收购及相关股份权益变动活动的，应当取得国家相关部门的批准，适用中国法律，服从中国的司法、仲裁管辖。

第五条 收购人可以通过取得股份的方式成为一个上市公司的控股股东，可以通过投资关系、协议、其他安排的途径成为一个上市公司的实际控制人，也可以同时采取上述方式和途径取得上市公司控制权。

收购人包括投资者及与其一致行动的他人。

第六条 任何人不得利用上市公司的收购损害被收购公司及其股东的合法权益。

有下列情形之一的，不得收购上市公司：

（一）收购人负有数额较大债务，到期未清偿，且处于持续状态；

（二）收购人最近3年有重大违法行为或者涉嫌有重大违法行为；

（三）收购人最近3年有严重的证券市场失信行为；

（四）收购人为自然人的，存在《公司法》第一百四十七条规定情形；

（五）法律、行政法规规定以及中国证监会认定的不得收购上市公司的其他情形。

第七条 被收购公司的控股股东或者实际控制人不得滥用股东权利损害被收购公司或者其他股东的合法权益。

被收购公司的控股股东、实际控制人及其关联方有损害被收购公司及其他股东合法权益的，上述控股股东、实际控制人在转让被收购公司控制权之前，应当主动消除损害；未能消除损害的，应当就其出让相关股份所得收入用于消除全部损害做出安排，对不足以消除损害的部分应当提供充分有效的履约担保或安排，并依照公司章程取得被收购公司股东大会的批准。

第八条 被收购公司的董事、监事、高级管理人员对公司负有忠实义务和勤勉义务，应当公平对待收购本公司的所有收购人。

被收购公司董事会针对收购所做出的决策及采取的措施，应当有利于维护公司及其股东的利益，不得滥用职权对收购设置不适当的障碍，不得利用公司资源向收购人提供任何形式的财务资助，不得损害公司及其股东的合法权益。

第九条 收购人进行上市公司的收购，应当聘请在中国注册的具有从事财务顾问业务资格的专业机构担任财务顾问。收购人未按照本办法规定聘请财务顾问的，不得收购上市公司。

财务顾问应当勤勉尽责，遵守行业规范和职业道德，保持独立性，保证其所制作、出具文件的真实性、准确性和完整性。

财务顾问认为收购人利用上市公司的收购损害被收购公司及其股东合法权益的，应当拒绝为收购人提供财务顾问服务。

第十条 中国证监会依法对上市公司的收购及相关股份权益变动活动进行监督管理。

中国证监会设立由专业人员和有关专家组成的专门委员会。专门委员会可以根据中国证监会职能部门的请求，就是否构成上市公司的收购、是否有不得收购上市公司的情形以及其他相关事宜提供咨询意见。中国证监会依法做出决定。

第十一条 证券交易所依法制定业务规则，为上市公司的收购及相关股份权益变动活动组织交易和提供服务，对相关证券交易活动进行实时监控，监督上市公司的收购及相关股份权益变动活动的信息披露义务人切实履行信息披露义务。

证券登记结算机构依法制定业务规则，为上市公司的收购及相关股份权益变动活动所涉及的证券登记、存管、结算等事宜提供服务。

第二章 权益披露

第十二条 投资者在一个上市公司中拥有的权益，包括登记在其名下的股份和虽未登记在其名下但该投资者可以实际支配表决权的股份。投资者及其一致行动人在一个上市公司中拥有的权益应当合并计算。

第十三条 通过证券交易所的证券交易，投资者及其一致行动人拥有权益的股份达到一个上市公司已发行股份的5%时，应当在该事实发生之日起3日内编制权益变动报告书，向中国证监会、证券交易所提交书面报告，抄报该上市公司所在地的中国证监会派出机构（以下简称派出机构），通知该上市公司，并予公告；在上述期限内，不得再行买卖该上市公司的股票。

前述投资者及其一致行动人拥有权益的股份达到一个上市公司已发行股份的5%后，通过证券交易所的证券交易，其拥有权益的股份占该上市公司已发行股份的比例每增加或者减少5%，应当依照前款规定进行报告和公告。在报告期限内和作出报告、公告后2日内，不得再行买卖该上市公司的股票。

第十四条 通过协议转让方式，投资者及其一致行动人在一个上市公司中拥有权益的股份拟达到或者超过一个上市公司已发行股份的5%时，应当在该事实发生之日起3日内编制权益变动报告书，向中国证监会、证券交易所提交书面报告，抄报派出机构，通知该上市公司，并予公告。

投资者及其一致行动人拥有权益的股份达到一个上市公司已发行股份的5%后，其拥有权益的股份占该上市公司已发行股份的比例每增加或者减少达到或者超过5%的，应当依照前款规定履行报告、公告义务。

前两款规定的投资者及其一致行动人在作出报告、公告前，不得再行买卖该上市公司的股票。相关股份转让及过户登记手续按照本办法第四章及证券交易所、证券登记结算机构的规定办理。

第十五条 投资者及其一致行动人通过行政划转或者变更、执行法院裁定、继承、赠与等方式拥有权益的股份变动达到前条规定比例的，应当按照前条规定履行报告、公告义务，并参照前条规定办理股份过户登记手续。

第十六条 投资者及其一致行动人不是上市公司的第一大股东或者实际控制人，其拥有权益的股份达到或者超过该公司已发行股份的5%，但未达到20%的，应当编制包括下列内容的简式权益变动报告书：

（一）投资者及其一致行动人的姓名、住所；投资者及其一致行动人为法人的，其名称、注册地及法定代表人；

（二）持股目的，是否有意在未来12个月内继续增加其在上市公司中拥有的权益；

（三）上市公司的名称、股票的种类、数量、比例；

（四）在上市公司中拥有权益的股份达到或者超过上市公司已发行股份的5%或者拥有权益的股份增减变化达到5%的时间及方式；

（五）权益变动事实发生之日前6个月内通过证券交易所的证券交易买卖该公司股票的简要情况；

（六）中国证监会、证券交易所要求披露的其他内容。

前述投资者及其一致行动人为上市公司第一大股东或者实际控制人，其拥有权益的股份达到或者超过一个上市公司已发行股份的5%，但未达到20%的，还应当披露本办法第十七条第一款规定的内容。

第十七条 投资者及其一致行动人拥有权益的股份达到或者超过一个上市公司已发行股份的20%但未超过30%的，应当编制详式权益变动报告书，除须披露前条规定的信息外，还应当披露以下内容：

（一）投资者及其一致行动人的控股股东、实际控制人及其股权控制关系结构图；

（二）取得相关股份的价格、所需资金额、资金来源，或者其他支付安排；

（三）投资者、一致行动人及其控股股东、实际控制人所从事的业务与上市公司的业务是否存在同业竞争或者潜在的同业竞争，是否存在持续关联交易；存在同业竞争或者持续关联交易的，是否已做出相应的安排，确保投资者、一致行动人及其关联方与上市公司之间避免同业竞争以及保持上市公司的独立性；

（四）未来12个月内对上市公司资产、业务、人员、组织结构、公司章程等进行调整的后续计划；

（五）前24个月内投资者及其一致行动人与上市公司之间的重大交易；

（六）不存在本办法第六条规定的情形；

（七）能够按照本办法第五十条的规定提供相关文件。

前述投资者及其一致行动人为上市公司第一大股东或者实际控制人的，还应当聘请财务顾问对上述权益变动报告书所披露的内容出具核查意见，但国有股行政划转或者变更、股份转让在同一实际控制人控制的不同主体之间进行、因继承取得股份的除外。投资者及其一致行动人承诺至少3年放弃行使相关股份表决权的，可免于聘请财务顾问和提供前款第（七）

项规定的文件。

第十八条 已披露权益变动报告书的投资者及其一致行动人在披露之日起6个月内，因拥有权益的股份变动需要再次报告、公告权益变动报告书的，可以仅就与前次报告书不同的部分作出报告、公告；自前次披露之日起超过6个月的，投资者及其一致行动人应当按照本章的规定编制权益变动报告书，履行报告、公告义务。

第十九条 因上市公司减少股本导致投资者及其一致行动人拥有权益的股份变动出现本办法第十四条规定情形的，投资者及其一致行动人免于履行报告和公告义务。上市公司应当自完成减少股本的变更登记之日起2个工作日内，就因此导致的公司股东拥有权益的股份变动情况作出公告；因公司减少股本可能导致投资者及其一致行动人成为公司第一大股东或者实际控制人的，该投资者及其一致行动人应当自公司董事会公告有关减少公司股本决议之日起3个工作日内，按照本办法第十七条第一款的规定履行报告、公告义务。

第二十条 上市公司的收购及相关股份权益变动活动中的信息披露义务人依法披露前，相关信息已在媒体上传播或者公司股票交易出现异常的，上市公司应当立即向当事人进行查询，当事人应当及时予以书面答复，上市公司应当及时作出公告。

第二十一条 上市公司的收购及相关股份权益变动活动中的信息披露义务人应当在至少一家中国证监会指定媒体上依法披露信息；在其他媒体上进行披露的，披露内容应当一致，披露时间不得早于指定媒体的披露时间。

第二十二条 上市公司的收购及相关股份权益变动活动中的信息披露义务人采取一致行动的，可以以书面形式约定由其中一人作为指定代表负责统一编制信息披露文件，并同意授权指定代表在信息披露文件上签字、盖章。

各信息披露义务人应当对信息披露文件中涉及其自身的信息承担责任；对信息披露文件中涉及的与多个信息披露义务人相关的信息，各信息披露义务人对相关部分承担连带责任。

第三章 要约收购

第二十三条 投资者自愿选择以要约方式收购上市公司股份的，可以向被收购公司所有股东发出收购其所持有的全部股份的要约（以下简称全面要约），也可以向被收购公司所有股东发出收购其所持有的部分股份的要约（以下简称部分要约）。

第二十四条 通过证券交易所的证券交易，收购人持有一个上市公司的股份达到该公司已发行股份的30%时，继续增持股份的，应当采取要约方式进行，发出全面要约或者部分要约。

第二十五条 收购人依照本办法第二十三条、第二十四条、第四十七条、第五十六条的规定，以要约方式收购一个上市公司股份的，其预定收购的股份比例均不得低于该上市公司已发行股份的5%。

第二十六条 以要约方式进行上市公司收购的，收购人应当公平对待被收购公司的所有股东。持有同一种类股份的股东应当得到同等对待。

第二十七条 收购人为终止上市公司的上市地位而发出全面要约的，或者向中国证监会提出申请但未取得豁免而发出全面要约的，应当以现金支付收购价款；以依法可以转让的证券（以下简称证券）支付收购价款的，应当同时提供现金方式供被收购公司股东选择。

第二十八条 以要约方式收购上市公司股份的,收购人应当编制要约收购报告书,并应当聘请财务顾问向中国证监会、证券交易所提交书面报告,抄报派出机构,通知被收购公司,同时对要约收购报告书摘要作出提示性公告。

收购人依照前款规定报送符合中国证监会规定的要约收购报告书及本办法第五十条规定的相关文件之日起15日后,公告其要约收购报告书、财务顾问专业意见和律师出具的法律意见书。在15日内,中国证监会对要约收购报告书披露的内容表示无异议的,收购人可以进行公告;中国证监会发现要约收购报告书不符合法律、行政法规及相关规定的,及时告知收购人,收购人不得公告其收购要约。

第二十九条 前条规定的要约收购报告书,应当载明下列事项:

(一)收购人的姓名、住所;收购人为法人的,其名称、注册地及法定代表人,与其控股股东、实际控制人之间的股权控制关系结构图;

(二)收购人关于收购的决定及收购目的,是否拟在未来12个月内继续增持;

(三)上市公司的名称、收购股份的种类;

(四)预定收购股份的数量和比例;

(五)收购价格;

(六)收购所需资金额、资金来源及资金保证,或者其他支付安排;

(七)收购要约约定的条件;

(八)收购期限;

(九)报送收购报告书时持有被收购公司的股份数量、比例;

(十)本次收购对上市公司的影响分析,包括收购人及其关联方所从事的业务与上市公司的业务是否存在同业竞争或者潜在的同业竞争,是否存在持续关联交易;存在同业竞争或者持续关联交易的,收购人是否已作出相应的安排,确保收购人及其关联方与上市公司之间避免同业竞争以及保持上市公司的独立性;

(十一)未来12个月内对上市公司资产、业务、人员、组织结构、公司章程等进行调整的后续计划;

(十二)前24个月内收购人及其关联方与上市公司之间的重大交易;

(十三)前6个月内通过证券交易所的证券交易买卖被收购公司股票的情况;

(十四)中国证监会要求披露的其他内容。

收购人发出全面要约的,应当在要约收购报告书中充分披露终止上市的风险、终止上市后收购行为完成的时间及仍持有上市公司股份的剩余股东出售其股票的其他后续安排;收购人发出以终止公司上市地位为目的的全面要约,无须披露前款第(十)项规定的内容。

第三十条 收购人按照本办法第四十七条拟收购上市公司股份超过30%,须改以要约方式进行收购的,收购人应当在达成收购协议或者做出类似安排后的3日内对要约收购报告书摘要作出提示性公告,并按照本办法第二十八条、第二十九条的规定履行报告和公告义务,同时免于编制、报告和公告上市公司收购报告书;依法应当取得批准的,应当在公告中特别提示本次要约须取得相关批准方可进行。

未取得批准的,收购人应当在收到通知之日起2个工作日内,向中国证监会提交取消收购计划的报告，同时抄报派出机构，抄送证券交易所，通知被收购公司，并予公告。

第三十一条 收购人向中国证监会报送要约收购报告书后，在公告要约收购报告书之前，拟自行取消收购计划的，应当向中国证监会提出取消收购计划的申请及原因说明，并予公告；自公告之日起12个月内，该收购人不得再次对同一上市公司进行收购。

第三十二条 被收购公司董事会应当对收购人的主体资格、资信情况及收购意图进行调查，对要约条件进行分析，对股东是否接受要约提出建议，并聘请独立财务顾问提出专业意见。在收购人公告要约收购报告书后20日内，被收购公司董事会应当将被收购公司董事会报告书与独立财务顾问的专业意见报送中国证监会，同时抄报派出机构，抄送证券交易所，并予公告。

收购人对收购要约条件做出重大变更的，被收购公司董事会应当在3个工作日内提交董事会及独立财务顾问就要约条件的变更情况所出具的补充意见，并予以报告、公告。

第三十三条 收购人作出提示性公告后至要约收购完成前，被收购公司除继续从事正常的经营活动或者执行股东大会已经作出的决议外，未经股东大会批准，被收购公司董事会不得通过处置公司资产、对外投资、调整公司主要业务、担保、贷款等方式，对公司的资产、负债、权益或者经营成果造成重大影响。

第三十四条 在要约收购期间，被收购公司董事不得辞职。

第三十五条 收购人按照本办法规定进行要约收购的，对同一种类股票的要约价格，不得低于要约收购提示性公告日前6个月内收购人取得该种股票所支付的最高价格。

要约价格低于提示性公告日前30个交易日该种股票的每日加权平均价格的算术平均值的，收购人聘请的财务顾问应当就该种股票前6个月的交易情况进行分析，说明是否存在股价被操纵、收购人是否有未披露的一致行动人、收购人前6个月取得公司股份是否存在其他支付安排、要约价格的合理性等。

第三十六条 收购人可以采用现金、证券、现金与证券相结合等合法方式支付收购上市公司的价款。收购人聘请的财务顾问应当说明收购人具备要约收购的能力。

以现金支付收购价款的，应当在作出要约收购提示性公告的同时，将不少于收购价款总额的20%作为履约保证金存入证券登记结算机构指定的银行。

收购人以证券支付收购价款的，应当提供该证券的发行人最近3年经审计的财务会计报告、证券估值报告，并配合被收购公司聘请的独立财务顾问的尽职调查工作。

收购人以在证券交易所上市交易的证券支付收购价款的，应当在作出要约收购提示性公告的同时，将用于支付的全部证券交由证券登记结算机构保管，但上市公司发行新股的除外；收购人以在证券交易所上市的债券支付收购价款的，该债券的可上市交易时间应当不少于一个月；收购人以未在证券交易所上市交易的证券支付收购价款的，必须同时提供现金方式供被收购公司的股东选择，并详细披露相关证券的保管、送达被收购公司股东的方式和程序安排。

第三十七条 收购要约约定的收购期限不得少于30日，并不得超过60日；但是出现竞争要约的除外。

在收购要约约定的承诺期限内，收购人不得撤销其收购要约。

第三十八条 采取要约收购方式的，收购人作出公告后至收购期限届满前，不得卖出被收购公司的股票，也不得采取要约规定以外的形式和超出要约的条件买入被收购公司的股票。

第三十九条 收购要约提出的各项收购条件，适用于被收购公司的所有股东。

收购人需要变更收购要约的，必须事先向中国证监会提出书面报告，同时抄报派出机构，抄送证券交易所和证券登记结算机构，通知被收购公司；经中国证监会批准后，予以公告。

第四十条 收购要约期限届满前15日内，收购人不得变更收购要约；但是出现竞争要约的除外。

出现竞争要约时，发出初始要约的收购人变更收购要约距初始要约收购期限届满不足15日的，应当延长收购期限，延长后的要约期应当不少于15日，不得超过最后一个竞争要约的期满日，并按规定比例追加履约保证金；以证券支付收购价款的，应当追加相应数量的证券，交由证券登记结算机构保管。

发出竞争要约的收购人最迟不得晚于初始要约收购期限届满前15日发出要约收购的提示性公告，并应当根据本办法第二十八条和第二十九条的规定履行报告、公告义务。

第四十一条 要约收购报告书所披露的基本事实发生重大变化的，收购人应当在该重大变化发生之日起2个工作日内，向中国证监会作出书面报告，同时抄报派出机构，抄送证券交易所，通知被收购公司，并予公告。

第四十二条 同意接受收购要约的股东（以下简称预受股东），应当委托证券公司办理预受要约的相关手续。收购人应当委托证券公司向证券登记结算机构申请办理预受要约股票的临时保管。证券登记结算机构临时保管的预受要约的股票，在要约收购期间不得转让。

前款所称预受，是指被收购公司股东同意接受要约的初步意思表示，在要约收购期限内不可撤回之前不构成承诺。在要约收购期限届满3个交易日前，预受股东可以委托证券公司办理撤回预受要约的手续，证券登记结算机构根据预受要约股东的撤回申请解除对预受要约股票的临时保管。在要约收购期限届满前3个交易日内，预受股东不得撤回其对要约的接受。在要约收购期限内，收购人应当每日在证券交易所网站上公告已预受收购要约的股份数量。

出现竞争要约时，接受初始要约的预受股东撤回全部或者部分预受的股份，并将撤回的股份售予竞争要约人的，应当委托证券公司办理撤回预受初始要约的手续和预受竞争要约的相关手续。

第四十三条 收购期限届满，发出部分要约的收购人应当按照收购要约约定的条件购买被收购公司股东预受的股份，预受要约股份的数量超过预定收购数量时，收购人应当按照同等比例收购预受要约的股份；以终止被收购公司上市地位为目的的，收购人应当按照收购要约约定的条件购买被收购公司股东预受的全部股份；未取得中国证监会豁免而发出全面要约的收购人应当购买被收购公司股东预受的全部股份。

收购期限届满后3个交易日内，接受委托的证券公司应当向证券登记结算机构申请办理股份转让结算、过户登记手续，解除对超过预定收购比例的股票的临时保管；收购人应当公告本次要约收购的结果。

第四十四条 收购期限届满，被收购公司股权分布不符合上市条件，该上市公司的股票由证券交易所依法终止上市交易。在收购行为完成前，其余仍持有被收购公司股票的股东，有权在收购报告书规定的合理期限内向收购人以收购要约的同等条件出售其股票，收购人应当收购。

第四十五条 收购期限届满后15日内，收购人应当向中国证监会报送关于收购情况的书面报告，同时抄报派出机构，抄送证券交易所，通知被收购公司。

第四十六条 除要约方式外，投资者不得在证券交易所外公开求购上市公司的股份。

第四章 协议收购

第四十七条 收购人通过协议方式在一个上市公司中拥有权益的股份达到或者超过该公司已发行股份的5%，但未超过30%的，按照本办法第二章的规定办理。

收购人拥有权益的股份达到该公司已发行股份的30%时，继续进行收购的，应当依法向该上市公司的股东发出全面要约或者部分要约。符合本办法第六章规定情形的，收购人可以向中国证监会申请免除发出要约。

收购人拟通过协议方式收购一个上市公司的股份超过30%的，超过30%的部分，应当改以要约方式进行；但符合本办法第六章规定情形的，收购人可以向中国证监会申请免除发出要约。收购人在取得中国证监会豁免后，履行其收购协议；未取得中国证监会豁免且拟继续履行其收购协议的，或者不申请豁免的，在履行其收购协议前，应当发出全面要约。

第四十八条 以协议方式收购上市公司股份超过30%，收购人拟依据本办法第六章的规定申请豁免的，应当在与上市公司股东达成收购协议之日起3日内编制上市公司收购报告书，提交豁免申请及本办法第五十条规定的相关文件，委托财务顾问向中国证监会、证券交易所提交书面报告，同时抄报派出机构，通知被收购公司，并公告上市公司收购报告书摘要。派出机构收到书面报告后通报上市公司所在地省级人民政府。

收购人自取得中国证监会的豁免之日起3日内公告其收购报告书、财务顾问专业意见和律师出具的法律意见书；收购人未取得豁免的，应当自收到中国证监会的决定之日起3日内予以公告，并按照本办法第六十一条第二款的规定办理。

中国证监会发现收购报告书不符合法律、行政法规及相关规定的，应当及时告知收购人，收购人未纠正的，不得公告收购报告书，在公告前不得履行收购协议。

第四十九条 依据前条规定所作的上市公司收购报告书，须披露本办法第二十九条第（一）项至第（六）项和第（九）项至第（十四）项规定的内容及收购协议的生效条件和付款安排。

已披露收购报告书的收购人在披露之日起6个月内，因权益变动需要再次报告、公告的，可以仅就与前次报告书不同的部分作出报告、公告；超过6个月的，应当按照本办法第二章的规定履行报告、公告义务。

第五十条 收购人进行上市公司的收购，应当向中国证监会提交以下文件：

（一）中国公民的身份证明，或者在中国境内登记注册的法人、其他组织的证明文件；

（二）基于收购人的实力和从业经验对上市公司后续发展计划可行性的说明，收购人拟修改公司章程、改选公司董事会、改变或者调整公司主营业务的，还应当补充其具备规范运作上市公司的管理能力的说明；

（三）收购人及其关联方与被收购公司存在同业竞争、关联交易的，应提供避免同业竞争等利益冲突、保持被收购公司经营独立性的说明；

（四）收购人为法人或者其他组织的，其控股股东、实际控制人最近2年未变更的说明；

（五）收购人及其控股股东或实际控制人的核心企业和核心业务、关联企业及主营业务的说明；收购人或其实际控制人为两个或两个以上的上市公司控股股东或实际控制人的，还应当提供其持股5%以上的上市公司以及银行、信托公司、证券公司、保险公司等其他金融机构的情况说明；

（六）财务顾问关于收购人最近3年的诚信记录、收购资金来源合法性、收购人具备履行相关承诺的能力以及相关信息披露内容真实性、准确性、完整性的核查意见；收购人成立未满3年的，财务顾问还应当提供其控股股东或者实际控制人最近3年诚信记录的核查意见。

境外法人或者境外其他组织进行上市公司收购的，除应当提交第一款第（二）项至第（六）项规定的文件外，还应当提交以下文件：

（一）财务顾问出具的收购人符合对上市公司进行战略投资的条件、具有收购上市公司的能力的核查意见；

（二）收购人接受中国司法、仲裁管辖的声明。

第五十一条 上市公司董事、监事、高级管理人员、员工或者其所控制或者委托的法人或者其他组织，拟对本公司进行收购或者通过本办法第五章规定的方式取得本公司控制权（以下简称管理层收购）的，该上市公司应当具备健全且运行良好的组织机构以及有效的内部控制制度，公司董事会成员中独立董事的比例应当达到或者超过1/2。公司应当聘请具有证券、期货从业资格的资产评估机构提供公司资产评估报告，本次收购应当经董事会非关联董事作出决议，且取得2/3以上的独立董事同意后，提交公司股东大会审议，经出席股东大会的非关联股东所持表决权过半数通过。独立董事发表意见前，应当聘请独立财务顾问就本次收购出具专业意见，独立董事及独立财务顾问的意见应当一并予以公告。

上市公司董事、监事、高级管理人员存在《公司法》第一百四十九条规定情形，或者最近3年有证券市场不良诚信记录的，不得收购本公司。

第五十二条 以协议方式进行上市公司收购的，自签订收购协议起至相关股份完成过户的期间为上市公司收购过渡期（以下简称过渡期）。在过渡期内，收购人不得通过控股股东提议改选上市公司董事会，确有充分理由改选董事会的，来自收购人的董事不得超过董事会成员的1/3；被收购公司不得为收购人及其关联方提供担保；被收购公司不得公开发行股份募集资金，不得进行重大购买、出售资产及重大投资行为或者与收购人及其关联方进行其他关联交易，但收购人为挽救陷入危机或者面临严重财务困难的上市公司的情形除外。

第五十三条 上市公司控股股东向收购人协议转让其所持有的上市公司股份的，应当对收购人的主体资格、诚信情况及收购意图进行调查，并在其权益变动报告书中披露有关调查情况。

控股股东及其关联方未清偿其对公司的负债，未解除公司为其负债提供的担保，或者存在损害公司利益的其他情形的，被收购公司董事会应当对前述情形及时予以披露，并采取有效措施维护公司利益。

第五十四条 协议收购的相关当事人应当向证券登记结算机构申请办理拟转让股份的临时保管手续，并可以将用于支付的现金存放于证券登记结算机构指定的银行。

第五十五条 收购报告书公告后，相关当事人应当按照证券交易所和证券登记结算机构的业务规则，在证券交易所就本次股份转让予以确认后，凭全部转让款项存放于双方认可的银行账户的证明，向证券登记结算机构申请解除拟协议转让股票的临时保管，并办理过户登记手续。

收购人未按规定履行报告、公告义务，或者未按规定提出申请的，证券交易所和证券登记结算机构不予办理股份转让和过户登记手续。

收购人在收购报告书公告后30日内仍未完成相关股份过户手续的，应当立即作出公告，说明理由；在未完成相关股份过户期间，应当每隔30日公告相关股份过户办理进展情况。

第五章 间接收购

第五十六条 收购人虽不是上市公司的股东，但通过投资关系、协议、其他安排导致其拥有权益的股份达到或者超过一个上市公司已发行股份的5%未超过30%的，应当按照本办法第二章的规定办理。

收购人拥有权益的股份超过该公司已发行股份的30%的，应当向该公司所有股东发出全面要约；收购人预计无法在事实发生之日起30日内发出全面要约的，应当在前述30日内促使其控制的股东将所持有的上市公司股份减持至30%或者30%以下，并自减持之日起2个工作日内予以公告；其后收购人或者其控制的股东拟继续增持的，应当采取要约方式；拟依据本办法第六章的规定申请豁免的，应当按照本办法第四十八条的规定办理。

第五十七条 投资者虽不是上市公司的股东，但通过投资关系取得对上市公司股东的控制权，而受其支配的上市公司股东所持股份达到前条规定比例、且对该股东的资产和利润构成重大影响的，应当按照前条规定履行报告、公告义务。

第五十八条 上市公司实际控制人及受其支配的股东，负有配合上市公司真实、准确、完整披露有关实际控制人发生变化的信息的义务；实际控制人及受其支配的股东拒不履行上述配合义务，导致上市公司无法履行法定信息披露义务而承担民事、行政责任的，上市公司有权对其提起诉讼。实际控制人、控股股东指使上市公司及其有关人员不依法履行信息披露义务的，中国证监会依法进行查处。

第五十九条 上市公司实际控制人及受其支配的股东未履行报告、公告义务的，上市公司应当自知悉之日起立即作出报告和公告。上市公司就实际控制人发生变化的情况予以公告后，实际控制人仍未披露的，上市公司董事会应当向实际控制人和受其支配的股东查询，必要时可以聘请财务顾问进行查询，并将查询情况向中国证监会、派出机构和证券交易所报告；中国证监会依法对拒不履行报告、公告义务的实际控制人进行查处。

上市公司知悉实际控制人发生较大变化而未能将有关实际控制人的变化情况及时予以报

告和公告的，中国证监会责令改正，情节严重的，认定上市公司负有责任的董事为不适当人选。

第六十条 上市公司实际控制人及受其支配的股东未履行报告、公告义务，拒不履行第五十八条规定的配合义务，或者实际控制人存在不得收购上市公司情形的，上市公司董事会应当拒绝接受受实际控制人支配的股东向董事会提交的提案或者临时议案，并向中国证监会、派出机构和证券交易所报告。中国证监会责令实际控制人改正，可以认定实际控制人通过受其支配的股东所提名的董事为不适当人选；改正前，受实际控制人支配的股东不得行使其持有股份的表决权。上市公司董事会未拒绝接受实际控制人及受其支配的股东所提出的提案的，中国证监会可以认定负有责任的董事为不适当人选。

第六章 豁免申请

第六十一条 符合本办法第六十二条、第六十三条规定情形的，投资者及其一致行动人可以向中国证监会申请下列豁免事项：

（一）免于以要约收购方式增持股份；

（二）存在主体资格、股份种类限制或者法律、行政法规、中国证监会规定的特殊情形的，可以申请免于向被收购公司的所有股东发出收购要约。

未取得豁免的，投资者及其一致行动人应当在收到中国证监会通知之日起30日内将其或者其控制的股东所持有的被收购公司股份减持到30%或者30%以下；拟以要约以外的方式继续增持股份的，应当发出全面要约。

第六十二条 有下列情形之一的，收购人可以向中国证监会提出免于以要约方式增持股份的申请：

（一）收购人与出让人能够证明本次转让未导致上市公司的实际控制人发生变化；

（二）上市公司面临严重财务困难，收购人提出的挽救公司的重组方案取得该公司股东大会批准，且收购人承诺3年内不转让其在该公司中所拥有的权益；

（三）经上市公司股东大会非关联股东批准，收购人取得上市公司向其发行的新股，导致其在该公司拥有权益的股份超过该公司已发行股份的30%，收购人承诺3年内不转让其拥有权益的股份，且公司股东大会同意收购人免于发出要约；

（四）中国证监会为适应证券市场发展变化和保护投资者合法权益的需要而认定的其他情形。

收购人报送的豁免申请文件符合规定，并且已经按照本办法的规定履行报告、公告义务的，中国证监会予以受理；不符合规定或者未履行报告、公告义务的，中国证监会不予受理。中国证监会在受理豁免申请后20个工作日内，就收购人所申请的具体事项做出是否予以豁免的决定；取得豁免的，收购人可以继续增持股份。

第六十三条 有下列情形之一的，当事人可以向中国证监会申请以简易程序免除发出要约：

（一）经政府或者国有资产管理部门批准进行国有资产无偿划转、变更、合并，导致投资者在一个上市公司中拥有权益的股份占该公司已发行股份的比例超过30%；

（二）在一个上市公司中拥有权益的股份达到或者超过该公司已发行股份的30%的，自上述事实发生之日起一年后，每12个月内增加其在该公司中拥有权益的股份不超过该公司已发行股份的2%；

（三）在一个上市公司中拥有权益的股份达到或者超过该公司已发行股份的50%的，继续增加其在该公司拥有的权益不影响该公司的上市地位；

（四）因上市公司按照股东大会批准的确定价格向特定股东回购股份而减少股本，导致当事人在该公司中拥有权益的股份超过该公司已发行股份的30%；

（五）证券公司、银行等金融机构在其经营范围内依法从事承销、贷款等业务导致其持有一个上市公司已发行股份超过30%，没有实际控制该公司的行为或者意图，并且提出在合理期限内向非关联方转让相关股份的解决方案；

（六）因继承导致在一个上市公司中拥有权益的股份超过该公司已发行股份的30%；

（七）中国证监会为适应证券市场发展变化和保护投资者合法权益的需要而认定的其他情形。

中国证监会自收到符合规定的申请文件之日起5个工作日内未提出异议的，相关投资者可以向证券交易所和证券登记结算机构申请办理股份转让和过户登记手续。中国证监会不同意其以简易程序申请的，相关投资者应当按照本办法第六十二条的规定提出申请。

第六十四条　收购人提出豁免申请的，应当聘请律师事务所等专业机构出具专业意见。

第七章　财务顾问

第六十五条　收购人聘请的财务顾问应当履行以下职责：

（一）对收购人的相关情况进行尽职调查；

（二）应收购人的要求向收购人提供专业化服务，全面评估被收购公司的财务和经营状况，帮助收购人分析收购所涉及的法律、财务、经营风险，就收购方案所涉及的收购价格、收购方式、支付安排等事项提出对策建议，并指导收购人按照规定的内容与格式制作申报文件；

（三）对收购人进行证券市场规范化运作的辅导，使收购人的董事、监事和高级管理人员熟悉有关法律、行政法规和中国证监会的规定，充分了解其应当承担的义务和责任，督促其依法履行报告、公告和其他法定义务；

（四）对收购人是否符合本办法的规定及申报文件内容的真实性、准确性、完整性进行充分核查和验证，对收购事项客观、公正地发表专业意见；

（五）接受收购人委托，向中国证监会报送申报材料，根据中国证监会的审核意见，组织、协调收购人及其他专业机构予以答复；

（六）与收购人签订协议，在收购完成后12个月内，持续督导收购人遵守法律、行政法规、中国证监会的规定、证券交易所规则、上市公司章程，依法行使股东权利，切实履行承诺或者相关约定。

第六十六条　收购人聘请的财务顾问就本次收购出具的财务顾问报告，应当对以下事项进行说明和分析，并逐项发表明确意见：

（一）收购人编制的上市公司收购报告书或者要约收购报告书所披露的内容是否真实、准确、完整；

（二）本次收购的目的；

（三）收购人是否提供所有必备证明文件，根据对收购人及其控股股东、实际控制人的实力、从事的主要业务、持续经营状况、财务状况和诚信情况的核查，说明收购人是否具备主体资格，是否具备收购的经济实力，是否具备规范运作上市公司的管理能力，是否需要承担其他附加义务及是否具备履行相关义务的能力，是否存在不良诚信记录；

（四）对收购人进行证券市场规范化运作辅导的情况，其董事、监事和高级管理人员是否已经熟悉有关法律、行政法规和中国证监会的规定，充分了解应承担的义务和责任，督促其依法履行报告、公告和其他法定义务的情况；

（五）收购人的股权控制结构及其控股股东、实际控制人支配收购人的方式；

（六）收购人的收购资金来源及其合法性，是否存在利用本次收购的股份向银行等金融机构质押取得融资的情形；

（七）涉及收购人以证券支付收购价款的，应当说明有关该证券发行人的信息披露是否真实、准确、完整以及该证券交易的便捷性等情况；

（八）收购人是否已经履行了必要的授权和批准程序；

（九）是否已对收购过渡期间保持上市公司稳定经营作出安排，该安排是否符合有关规定；

（十）对收购人提出的后续计划进行分析，收购人所从事的业务与上市公司从事的业务存在同业竞争、关联交易的，对收购人解决与上市公司同业竞争等利益冲突及保持上市公司经营独立性的方案进行分析，说明本次收购对上市公司经营独立性和持续发展可能产生的影响；

（十一）在收购标的上是否设定其他权利，是否在收购价款之外还作出其他补偿安排；

（十二）收购人及其关联方与被收购公司之间是否存在业务往来，收购人与被收购公司的董事、监事、高级管理人员是否就其未来任职安排达成某种协议或者默契；

（十三）上市公司原控股股东、实际控制人及其关联方是否存在未清偿对公司的负债、未解除公司为其负债提供的担保或者损害公司利益的其他情形；存在该等情形的，是否已提出切实可行的解决方案；

（十四）涉及收购人拟提出豁免申请的，应当说明本次收购是否属于可以得到豁免的情形，收购人是否作出承诺及是否具备履行相关承诺的实力。

第六十七条 上市公司董事会或者独立董事聘请的独立财务顾问，不得同时担任收购人的财务顾问或者与收购人的财务顾问存在关联关系。独立财务顾问应当根据委托进行尽职调查，对本次收购的公正性和合法性发表专业意见。独立财务顾问报告应当对以下问题进行说明和分析，发表明确意见：

（一）收购人是否具备主体资格；

（二）收购人的实力及本次收购对被收购公司经营独立性和持续发展可能产生的影响分析；

（三）收购人是否存在利用被收购公司的资产或者由被收购公司为本次收购提供财务资助的情形；

（四）涉及要约收购的，分析被收购公司的财务状况，说明收购价格是否充分反映被收购公司价值，收购要约是否公平、合理，对被收购公司社会公众股股东接受要约提出的建议；

（五）涉及收购人以证券支付收购价款的，还应当根据该证券发行人的资产、业务和盈利预测，对相关证券进行估值分析，就收购条件对被收购公司的社会公众股股东是否公平合理、是否接受收购人提出的收购条件提出专业意见；

（六）涉及管理层收购的，应当对上市公司进行估值分析，就本次收购的定价依据、支付方式、收购资金来源、融资安排、还款计划及其可行性、上市公司内部控制制度的执行情况及其有效性、上述人员及其直系亲属在最近24个月内与上市公司业务往来情况以及收购报告书披露的其他内容等进行全面核查，发表明确意见。

第六十八条　财务顾问受托向中国证监会报送申报文件，应当在财务顾问报告中作出以下承诺：

（一）已按照规定履行尽职调查义务，有充分理由确信所发表的专业意见与收购人申报文件的内容不存在实质性差异；

（二）已对收购人申报文件进行核查，确信申报文件的内容与格式符合规定；

（三）有充分理由确信本次收购符合法律、行政法规和中国证监会的规定，有充分理由确信收购人披露的信息真实、准确、完整，不存在虚假记载、误导性陈述和重大遗漏；

（四）就本次收购所出具的专业意见已提交其内核机构审查，并获得通过；

（五）在担任财务顾问期间，已采取严格的保密措施，严格执行内部防火墙制度；

（六）与收购人已订立持续督导协议。

第六十九条　财务顾问在收购过程中和持续督导期间，应当关注被收购公司是否存在为收购人及其关联方提供担保或者借款等损害上市公司利益的情形，发现有违法或者不当行为的，应当及时向中国证监会、派出机构和证券交易所报告。

第七十条　财务顾问为履行职责，可以聘请其他专业机构协助其对收购人进行核查，但应当对收购人提供的资料和披露的信息进行独立判断。

第七十一条　自收购人公告上市公司收购报告书至收购完成后12个月内，财务顾问应当通过日常沟通、定期回访等方式，关注上市公司的经营情况，结合被收购公司定期报告和临时公告的披露事宜，对收购人及被收购公司履行持续督导职责：

（一）督促收购人及时办理股权过户手续，并依法履行报告和公告义务；

（二）督促和检查收购人及被收购公司依法规范运作；

（三）督促和检查收购人履行公开承诺的情况；

（四）结合被收购公司定期报告，核查收购人落实后续计划的情况，是否达到预期目标，实施效果是否与此前的披露内容存在较大差异，是否实现相关盈利预测或者管理层预计达到的目标；

（五）涉及管理层收购的，核查被收购公司定期报告中披露的相关还款计划的落实情况与事实是否一致；

（六）督促和检查履行收购中约定的其他义务的情况。

在持续督导期间，财务顾问应当结合上市公司披露的季度报告、半年度报告和年度报告出具持续督导意见，并在前述定期报告披露后的15日内向派出机构报告。

在此期间，财务顾问发现收购人在上市公司收购报告书中披露的信息与事实不符的，应当督促收购人如实披露相关信息，并及时向中国证监会、派出机构、证券交易所报告。财务顾问解除委托合同的，应当及时向中国证监会、派出机构作出书面报告，说明无法继续履行持续督导职责的理由，并予公告。

第八章　持续监管

第七十二条　在上市公司收购行为完成后12个月内，收购人聘请的财务顾问应当在每季度前3日内就上一季度对上市公司影响较大的投资、购买或者出售资产、关联交易、主营业务调整以及董事、监事、高级管理人员的更换、职工安置、收购人履行承诺等情况向派出机构报告。

收购人注册地与上市公司注册地不同的，还应当将前述情况的报告同时抄报收购人所在地的派出机构。

第七十三条　派出机构根据审慎监管原则，通过与承办上市公司审计业务的会计师事务所谈话、检查财务顾问持续督导责任的落实、定期或者不定期的现场检查等方式，在收购完成后对收购人和上市公司进行监督检查。

派出机构发现实际情况与收购人披露的内容存在重大差异的，对收购人及上市公司予以重点关注，可以责令收购人延长财务顾问的持续督导期，并依法进行查处。

在持续督导期间，财务顾问与收购人解除合同的，收购人应当另行聘请其他财务顾问机构履行持续督导职责。

第七十四条　在上市公司收购中，收购人持有的被收购公司的股份，在收购完成后12个月内不得转让。

收购人在被收购公司中拥有权益的股份在同一实际控制人控制的不同主体之间进行转让不受前述12个月的限制，但应当遵守本办法第六章的规定。

第九章　监管措施与法律责任

第七十五条　上市公司的收购及相关股份权益变动活动中的信息披露义务人，未按照本办法的规定履行报告、公告以及其他相关义务的，中国证监会责令改正，采取监管谈话、出具警示函、责令暂停或者停止收购等监管措施。在改正前，相关信息披露义务人不得对其持有或者实际支配的股份行使表决权。

第七十六条　上市公司的收购及相关股份权益变动活动中的信息披露义务人在报告、公告等文件中有虚假记载、误导性陈述或者重大遗漏的，中国证监会责令改正，采取监管谈话、出具警示函、责令暂停或者停止收购等监管措施。在改正前，收购人对其持有或者实际支配的股份不得行使表决权。

第七十七条　投资者及其一致行动人取得上市公司控制权而未按照本办法的规定聘请财务顾问，规避法定程序和义务，变相进行上市公司的收购，或者外国投资者规避管辖的，中国证监会责令改正，采取出具警示函、责令暂停或者停止收购等监管措施。在改正前，收购人不得对其持有或者实际支配的股份行使表决权。

第七十八条 发出收购要约的收购人在收购要约期限届满,不按照约定支付收购价款或者购买预受股份的,自该事实发生之日起3年内不得收购上市公司,中国证监会不受理收购人及其关联方提交的申报文件;涉嫌虚假信息披露、操纵证券市场的,中国证监会对收购人进行立案稽查,依法追究其法律责任。

前款规定的收购人聘请的财务顾问没有充分证据表明其勤勉尽责的,中国证监会依法追究法律责任。

第七十九条 上市公司控股股东和实际控制人在转让其对公司的控制权时,未清偿其对公司的负债,未解除公司为其提供的担保,或者未对其损害公司利益的其他情形作出纠正的,中国证监会责令改正、责令暂停或者停止收购活动。

被收购公司董事会未能依法采取有效措施促使公司控股股东、实际控制人予以纠正,或者在收购完成后未能促使收购人履行承诺、安排或者保证的,中国证监会可以认定相关董事为不适当人选。

第八十条 上市公司董事未履行忠实义务和勤勉义务,利用收购谋取不当利益的,中国证监会采取监管谈话、出具警示函等监管措施,可以认定为不适当人选。

上市公司章程中涉及公司控制权的条款违反法律、行政法规和本办法规定的,中国证监会责令改正。

第八十一条 为上市公司收购出具资产评估报告、审计报告、法律意见书和财务顾问报告的证券服务机构或者证券公司及其专业人员,未依法履行职责的,中国证监会责令改正,采取监管谈话、出具警示函等监管措施。

第八十二条 中国证监会将上市公司的收购及相关股份权益变动活动中的当事人的违法行为和整改情况记入诚信档案。

违反本办法的规定构成证券违法行为的,依法追究法律责任。

第十章 附则

第八十三条 本办法所称一致行动,是指投资者通过协议、其他安排,与其他投资者共同扩大其所能够支配的一个上市公司股份表决权数量的行为或者事实。

在上市公司的收购及相关股份权益变动活动中有一致行动情形的投资者,互为一致行动人。如无相反证据,投资者有下列情形之一的,为一致行动人:

(一)投资者之间有股权控制关系;

(二)投资者受同一主体控制;

(三)投资者的董事、监事或者高级管理人员中的主要成员,同时在另一个投资者担任董事、监事或者高级管理人员;

(四)投资者参股另一投资者,可以对参股公司的重大决策产生重大影响;

(五)银行以外的其他法人、其他组织和自然人为投资者取得相关股份提供融资安排;

(六)投资者之间存在合伙、合作、联营等其他经济利益关系;

(七)持有投资者30%以上股份的自然人,与投资者持有同一上市公司股份;

(八)在投资者任职的董事、监事及高级管理人员,与投资者持有同一上市公司股份;

(九)持有投资者30%以上股份的自然人和在投资者任职的董事、监事及高级管理人员，其父母、配偶、子女及其配偶、配偶的父母、兄弟姐妹及其配偶、配偶的兄弟姐妹及其配偶等亲属，与投资者持有同一上市公司股份的；

（十）在上市公司任职的董事、监事、高级管理人员及其前项所述亲属同时持有本公司股份的，或者与其自己或者其前项所述亲属直接或者间接控制的企业同时持有本公司股份；

（十一）上市公司董事、监事、高级管理人员和员工与其所控制或者委托的法人或者其他组织持有本公司股份；

（十二）投资者之间具有其他关联关系。

一致行动人应当合并计算其所持有的股份。投资者计算其所持有的股份，应当包括登记在其名下的股份，也包括登记在其一致行动人名下的股份。

投资者认为其与他人不应被视为一致行动人的，可以向中国证监会提供相反证据。

第八十四条　有下列情形之一的，为拥有上市公司控制权：

（一）投资者为上市公司持股50%以上的控股股东；

（二）投资者可以实际支配上市公司股份表决权超过30%；

（三）投资者通过实际支配上市公司股份表决权能够决定公司董事会半数以上成员选任；

（四）投资者依其可实际支配的上市公司股份表决权足以对公司股东大会的决议产生重大影响；

（五）中国证监会认定的其他情形。

第八十五条　信息披露义务人涉及计算其持股比例的，应当将其所持有的上市公司已发行的可转换为公司股票的证券中有权转换部分与其所持有的同一上市公司的股份合并计算，并将其持股比例与合并计算非股权类证券转为股份后的比例相比，以二者中的较高者为准；行权期限届满未行权的，或者行权条件不再具备的，无需合并计算。

前款所述二者中的较高者，应当按下列公式计算：

（一）投资者持有的股份数量/上市公司已发行股份总数

（二）（投资者持有的股份数量+投资者持有的可转换为公司股票的非股权类证券所对应的股份数量）/（上市公司已发行股份总数+上市公司发行的可转换为公司股票的非股权类证券所对应的股份总数）

第八十六条　投资者因行政划转、执行法院裁决、继承、赠与等方式取得上市公司控制权的，应当按照本办法第四章的规定履行报告、公告义务。

第八十七条　权益变动报告书、收购报告书、要约收购报告书、被收购公司董事会报告书、要约收购豁免申请文件等文件的内容与格式，由中国证监会另行制定。

第八十八条　被收购公司在境内、境外同时上市的，收购人除应当遵守本办法及中国证监会的相关规定外，还应当遵守境外上市地的相关规定。

第八十九条　外国投资者收购上市公司及在上市公司中拥有的权益发生变动的，除应当遵守本办法的规定外，还应当遵守外国投资者投资上市公司的相关规定。

第九十条　本办法自2006年9月1日起施行。中国证监会发布的《上市公司收购管理办法》（证监会令第10号）、《上市公司股东持股变动信息披露管理办法》（证监会令第11

号）、《关于要约收购涉及的被收购公司股票上市交易条件有关问题的通知》（证监公司字〔2003〕16号）和《关于规范上市公司实际控制权转移行为有关问题的通知》（证监公司字〔2004〕1号）同时废止。

2.9.5 《上市公司大股东、董事、监事、高管减持股份的若干规定》

上市公司大股东、董事、监事、高管减持股份的若干规定

第一条 为了规范上市公司控股股东和持股5%以上股东（以下并称大股东）及董事、监事、高级管理人员（以下简称董事、监事、高管）减持股份行为，促进证券市场长期稳定健康发展，根据《公司法》《证券法》的有关规定，制定本规定。

第二条 上市公司大股东、董事、监事、高管减持股份的，适用本规定。

大股东减持其通过二级市场买入的上市公司股份，不适用本规定。

第三条 上市公司大股东、董事、监事、高管应当遵守《公司法》《证券法》和有关法律、法规，以及中国证监会规章、规范性文件中关于股份转让的限制性规定。

上市公司大股东、董事、监事、高管曾就限制股份转让作出承诺的，应当严格遵守。

第四条 上市公司大股东、董事、监事、高管可以通过证券交易所的证券交易卖出，也可以通过协议转让及法律、法规允许的其他方式减持股份。

因司法强制执行、执行股权质押协议、赠与等减持股份的，应当按照本规定办理。

第五条 上市公司大股东、董事、监事、高管减持股份，应当按照法律、法规和本规定，以及证券交易所相关规则，真实、准确、完整、及时履行信息披露义务。

第六条 具有下列情形之一的，上市公司大股东不得减持股份：

（一）上市公司或者大股东因涉嫌证券期货违法犯罪，在被中国证监会立案调查或者被司法机关立案侦查期间，以及在行政处罚决定、刑事判决作出之后未满六个月的。

（二）大股东因违反证券交易所自律规则，被证券交易所公开谴责未满三个月的。

（三）中国证监会规定的其他情形。

第七条 具有下列情形之一的，上市公司董事、监事、高管不得减持股份：

（一）董事、监事、高管因涉嫌证券期货违法犯罪，在被中国证监会立案调查或者被司法机关立案侦查期间，以及在行政处罚决定、刑事判决作出之后未满六个月的。

（二）董事、监事、高管因违反证券交易所自律规则，被证券交易所公开谴责未满三个月的。

（三）中国证监会规定的其他情形。

第八条 上市公司大股东计划通过证券交易所集中竞价交易减持股份，应当在首次卖出的15个交易日前预先披露减持计划。

上市公司大股东减持计划的内容应当包括但不限于：拟减持股份的数量、来源、减持时间、方式、价格区间、减持原因。

第九条 上市公司大股东在三个月内通过证券交易所集中竞价交易减持股份的总数，不得超过公司股份总数的百分之一。

第十条 通过协议转让方式减持股份并导致股份出让方不再具有上市公司大股东身

的，股份出让方、受让方应当在减持后六个月内继续遵守本规定第八条、第九条的规定。

第十一条　上市公司大股东的股权被质押的，该股东应当在该事实发生之日起二日内通知上市公司，并予公告。

中国证券登记结算公司应当统一制定上市公司大股东场内场外股权质押登记要素标准，并负责采集相关信息。证券交易所应当明确上市公司大股东办理股权质押登记、发生平仓风险、解除股权质押等信息披露内容。

因执行股权质押协议导致上市公司大股东股份被出售的，应当执行本规定。

第十二条　上市公司大股东、董事、监事、高管未按照本规定减持股份的，证券交易所应当视情节采取书面警示等监管措施和通报批评、公开谴责等纪律处分措施；情节严重的，证券交易所应当通过限制交易的处置措施禁止相关证券账户六个月内或十二个月内减持股份。

第十三条　上市公司大股东、董事、监事、高管未按照本规定减持股份的，中国证监会可以采取责令改正等监管措施。

第十四条　上市公司大股东、董事、监事、高管未按照本规定披露信息，或者所披露的信息存在虚假记载、误导性陈述或者重大遗漏的，中国证监会依照《证券法》第一百九十三条的规定给予行政处罚。

第十五条　上市公司大股东、董事、监事、高管减持股份超过法律、法规、中国证监会规章、规范性文件设定的比例，中国证监会依法给予行政处罚。

第十六条　上市公司大股东、董事、监事、高管未按照本规定减持股份，构成欺诈、内幕交易和操纵市场的，中国证监会依法给予行政处罚。

第十七条　上市公司大股东、董事、监事、高管违反本规定减持股份，情节严重的，中国证监会可以依法采取证券市场禁入的措施。

第十八条　本规定自 2016 年 1 月 9 日起施行。

2.9.6 《关于上市公司实施员工持股计划试点的指导意见》

关于上市公司实施员工持股计划试点的指导意见

为了贯彻国家"允许混合所有制经济实行企业员工持股，形成资本所有者和劳动者利益共同体"的精神，落实"允许上市公司按规定通过多种形式开展员工持股计划"的要求，中国证监会在上市公司中开展员工持股计划实施试点。上市公司实施员工持股计划试点，有利于建立和完善劳动者与所有者的利益共享机制，改善公司治理水平，提高职工的凝聚力和公司竞争力，使社会资金通过资本市场实现优化配置。为稳妥有序开展员工持股计划试点，现提出以下指导意见。

一、员工持股计划基本原则

（一）依法合规原则

上市公司实施员工持股计划，应当严格按照法律、行政法规的规定履行程序，真实、准确、完整、及时地实施信息披露。任何人不得利用员工持股计划进行内幕交易、操纵证券市场等证券欺诈行为。

（二）自愿参与原则

上市公司实施员工持股计划应当遵循公司自主决定，员工自愿参加，上市公司不得以摊派、强行分配等方式强制员工参加本公司的员工持股计划。

（三）风险自担原则

员工持股计划参与人盈亏自负，风险自担，与其他投资者权益平等。

二、员工持股计划的主要内容

（四）员工持股计划是指上市公司根据员工意愿，通过合法方式使员工获得本公司股票并长期持有，股份权益按约定分配给员工的制度安排。员工持股计划的参加对象为公司员工，包括管理层人员。

（五）员工持股计划的资金和股票来源

1.员工持股计划可以通过以下方式解决所需资金：

（1）员工的合法薪酬；（2）法律、行政法规允许的其他方式。

2.员工持股计划可以通过以下方式解决股票来源：

（1）上市公司回购本公司股票；（2）二级市场购买；（3）认购非公开发行股票；（4）股东自愿赠与；（5）法律、行政法规允许的其他方式。

（六）员工持股计划的持股期限和持股计划的规模

1.每期员工持股计划的持股期限不得低于12个月，以非公开发行方式实施员工持股计划的，持股期限不得低于36个月，自上市公司公告标的股票过户至本期持股计划名下时起算；上市公司应当在员工持股计划届满前6个月公告到期计划持有的股票数量。

2.上市公司全部有效的员工持股计划所持有的股票总数累计不得超过公司股本总额的10%，单个员工所获股份权益对应的股票总数累计不得超过公司股本总额的1%。员工持股计划持有的股票总数不包括员工在公司首次公开发行股票上市前获得的股份、通过二级市场自行购买的股份及通过股权激励获得的股份。

（七）员工持股计划的管理

1.参加员工持股计划的员工应当通过员工持股计划持有人会议选出代表或设立相应机构，监督员工持股计划的日常管理，代表员工持股计划持有人行使股东权利或者授权资产管理机构行使股东权利。

2.上市公司可以自行管理本公司的员工持股计划，也可以将本公司员工持股计划委托给下列具有资产管理资质的机构管理：（1）信托公司；（2）保险资产管理公司；（3）证券公司；（4）基金管理公司；（5）其它符合条件的资产管理机构。

3.上市公司自行管理本公司员工持股计划的，应当明确持股计划的管理方，制定相应的管理规则，切实维护员工持股计划持有人的合法权益，避免产生上市公司其他股东与员工持股计划持有人之间潜在的利益冲突。

4.员工享有标的股票的权益；在符合员工持股计划约定的情况下，该权益可由员工自身享有，也可以转让、继承。员工通过持股计划获得的股份权益的占有、使用、收益和处分的权利，可以依据员工持股计划的约定行使；参加员工持股计划的员工离职、退休、死亡以及发生不再适合参加持股计划事由等情况时，其所持股份权益依照员工持股计划约定方式处置。

5.上市公司委托资产管理机构管理本公司员工持股计划的，应当与资产管理机构签订资产管理协议。资产管理协议应当明确当事人的权利义务，切实维护员工持股计划持有人的合法权益，确保员工持股计划的财产安全。资产管理机构应当根据协议约定管理员工持股计划，同时应当遵守资产管理业务相关规则。

6.员工持股计划管理机构应当为员工持股计划持有人的最大利益行事，不得与员工持股计划持有人存在利益冲突，不得泄露员工持股计划持有人的个人信息。

7.员工持股计划管理机构应当以员工持股计划的名义开立证券交易账户。员工持股计划持有的股票、资金为委托财产，员工持股计划管理机构不得将委托财产归入其固有财产。员工持股计划管理机构因依法解散、被依法撤销或者被依法宣告破产等原因进行清算的，委托财产不属于其清算财产。

三、员工持股计划的实施程序及信息披露

（八）上市公司实施员工持股计划前，应当通过职工代表大会等组织充分征求员工意见。

（九）上市公司董事会提出员工持股计划草案并提交股东大会表决，员工持股计划草案至少应包含如下内容：

1.员工持股计划的参加对象及确定标准、资金、股票来源；

2.员工持股计划的存续期限、管理模式、持有人会议的召集及表决程序；

3.公司融资时员工持股计划的参与方式；

4.员工持股计划的变更、终止，员工发生不适合参加持股计划情况时所持股份权益的处置办法；

5.员工持股计划持有人代表或机构的选任程序；

6.员工持股计划管理机构的选任、管理协议的主要条款、管理费用的计提及支付方式；

7.员工持股计划期满后员工所持有股份的处置办法；

8.其他重要事项。

非金融类国有控股上市公司实施员工持股计划应当符合相关国有资产监督管理机构关于混合所有制企业员工持股的有关要求。

金融类国有控股上市公司实施员工持股计划应当符合财政部关于金融类国有控股上市公司员工持股的规定。

（十）独立董事和监事会应当就员工持股计划是否有利于上市公司的持续发展，是否损害上市公司及全体股东利益，公司是否以摊派、强行分配等方式强制员工参加本公司持股计划发表意见。上市公司应当在董事会审议通过员工持股计划草案后的2个交易日内，公告董事会决议、员工持股计划草案摘要、独立董事及监事会意见及与资产管理机构签订的资产管理协议。

（十一）上市公司应当聘请律师事务所对员工持股计划出具法律意见书，并在召开关于审议员工持股计划的股东大会前公告法律意见书。员工持股计划拟选任的资产管理机构为公司股东或股东关联方的，相关主体应当在股东大会表决时回避；员工持股计划涉及相关董事、股东的，相关董事、股东应当回避表决；公司股东大会对员工持股计划作出决议的，应当经出席会议的股东所持表决权的半数以上通过。

（十二）股东大会审议通过员工持股计划后2个交易日内，上市公司应当披露员工持股计划的主要条款。

（十三）采取二级市场购买方式实施员工持股计划的，员工持股计划管理机构应当在股东大会审议通过员工持股计划后6个月内，根据员工持股计划的安排，完成标的股票的购买。上市公司应当每月公告一次购买股票的时间、数量、价格、方式等具体情况。

上市公司实施员工持股计划的，在完成标的股票的购买或将标的股票过户至员工持股计划名下的2个交易日内，以临时公告形式披露获得标的股票的时间、数量等情况。

（十四）员工因参加员工持股计划，其股份权益发生变动，依据法律应当履行相应义务的，应当依据法律履行；员工持股计划持有公司股票达到公司已发行股份总数的5%时，应当依据法律规定履行相应义务。

（十五）上市公司至少应当在定期报告中披露报告期内下列员工持股计划实施情况：

1. 报告期内持股员工的范围、人数；
2. 实施员工持股计划的资金来源；
3. 报告期内员工持股计划持有的股票总额及占上市公司股本总额的比例；
4. 因员工持股计划持有人处分权利引起的计划股份权益变动情况；
5. 资产管理机构的变更情况；
6. 其他应当予以披露的事项。

四、员工持股计划的监管

（十六）除非公开发行方式外，中国证监会对员工持股计划的实施不设行政许可，由上市公司根据自身实际情况决定实施。

（十七）上市公司公布、实施员工持股计划时，必须严格遵守市场交易规则，遵守中国证监会关于信息敏感期不得买卖股票的规定，严厉禁止利用任何内幕信息进行交易。

（十八）中国证监会对上市公司实施员工持股计划进行监管，对利用员工持股计划进行虚假陈述、操纵证券市场、内幕交易等违法行为的，中国证监会将依法予以处罚。

（十九）法律禁止特定行业公司员工持有、买卖股票的，不得以员工持股计划的名义持有、买卖股票。

（二十）证券交易所在其业务规则中明确员工持股计划的信息披露要求；证券登记结算机构在其业务规则中明确员工持股计划登记结算业务的办理要求。

2.9.7 《上市公司股权激励管理办法》

上市公司股权激励管理办法

第一章 总则

第一条 为进一步促进上市公司建立健全激励与约束机制，依据《中华人民共和国公司法》（以下简称《公司法》）、《中华人民共和国证券法》（以下简称《证券法》）及其他法律、行政法规的规定，制定本办法。

第二条 本办法所称股权激励是指上市公司以本公司股票为标的,对其董事、高级管理人员及其他员工进行的长期性激励。

上市公司以限制性股票、股票期权实行股权激励的,适用本办法;以法律、行政法规允许的其他方式实行股权激励的,参照本办法有关规定执行。第三条上市公司实行股权激励,应当符合法律、行政法规、本办法和公司章程的规定,有利于上市公司的持续发展,不得损害上市公司利益。

上市公司的董事、监事和高级管理人员在实行股权激励中应当诚实守信,勤勉尽责,维护公司和全体股东的利益。

第四条 上市公司实行股权激励,应当严格按照本办法和其他相关规定的要求履行信息披露义务。

第五条 为上市公司股权激励计划出具意见的证券中介机构和人员,应当诚实守信、勤勉尽责,保证所出具的文件真实、准确、完整。

第六条 任何人不得利用股权激励进行内幕交易、操纵证券市场等违法活动。

第二章 一般规定

第七条 上市公司具有下列情形之一的,不得实行股权激励:

(一)最近一个会计年度财务会计报告被注册会计师出具否定意见或者无法表示意见的审计报告;

(二)最近一个会计年度财务报告内部控制被注册会计师出具否定意见或无法表示意见的审计报告;

(三)上市后最近36个月内出现过未按法律法规、公司章程、公开承诺进行利润分配的情形;

(四)法律法规规定不得实行股权激励的;

(五)中国证监会认定的其他情形。

第八条 激励对象可以包括上市公司的董事、高级管理人员、核心技术人员或者核心业务人员,以及公司认为应当激励的对公司经营业绩和未来发展有直接影响的其他员工,但不应当包括独立董事和监事。外籍员工任职上市公司董事、高级管理人员、核心技术人员或者核心业务人员的,可以成为激励对象。

单独或合计持有上市公司5%以上股份的股东或实际控制人及其配偶、父母、子女,不得成为激励对象。下列人员也不得成为激励对象:

(一)最近12个月内被证券交易所认定为不适当人选;

(二)最近12个月内被中国证监会及其派出机构认定为不适当人选;

(三)最近12个月内因重大违法违规行为被中国证监会及其派出机构行政处罚或者采取市场禁入措施;

(四)具有《公司法》规定的不得担任公司董事、高级管理人员情形的;

(五)法律法规规定不得参与上市公司股权激励的;

(六)中国证监会认定的其他情形。

第九条 上市公司依照本办法制定股权激励计划的,应当在股权激励计划中载明下列事项：

（一）股权激励的目的；

（二）激励对象的确定依据和范围；

（三）拟授出的权益数量，拟授出权益涉及的标的股票种类、来源、数量及占上市公司股本总额的百分比；分次授出的，每次拟授出的权益数量、涉及的标的股票数量及占股权激励计划涉及的标的股票总额的百分比、占上市公司股本总额的百分比；设置预留权益的，拟预留权益的数量、涉及标的股票数量及占股权激励计划的标的股票总额的百分比；

（四）激励对象为董事、高级管理人员的，其各自可获授的权益数量、占股权激励计划拟授出权益总量的百分比；其他激励对象（各自或者按适当分类）的姓名、职务、可获授的权益数量及占股权激励计划拟授出权益总量的百分比；

（五）股权激励计划的有效期、限制性股票的授予日、限售期和解除限售安排，股票期权的授权日、可行权日、行权有效期和行权安排；

（六）限制性股票的授予价格或者授予价格的确定方法，股票期权的行权价格或者行权价格的确定方法；

（七）激励对象获授权益、行使权益的条件；

（八）上市公司授出权益、激励对象行使权益的程序；

（九）调整权益数量、标的股票数量、授予价格或者行权价格的方法和程序；

（十）股权激励会计处理方法、限制性股票或股票期权公允价值的确定方法、涉及估值模型重要参数取值合理性、实施股权激励应当计提费用及对上市公司经营业绩的影响；

（十一）股权激励计划的变更、终止；

（十二）上市公司发生控制权变更、合并、分立以及激励对象发生职务变更、离职、死亡等事项时股权激励计划的执行；

（十三）上市公司与激励对象之间相关纠纷或争端解决机制；

（十四）上市公司与激励对象的其他权利义务。

第十条 上市公司应当设立激励对象获授权益、行使权益的条件。拟分次授出权益的，应当就每次激励对象获授权益分别设立条件；分期行权的，应当就每次激励对象行使权益分别设立条件。

激励对象为董事、高级管理人员的，上市公司应当设立绩效考核指标作为激励对象行使权益的条件。

第十一条 绩效考核指标应当包括公司业绩指标和激励对象个人绩效指标。相关指标应当客观公开、清晰透明，符合公司的实际情况，有利于促进公司竞争力的提升。

上市公司可以公司历史业绩或同行业可比公司相关指标作为公司业绩指标对照依据，公司选取的业绩指标可以包括净资产收益率、每股收益、每股分红等能够反映股东回报和公司价值创造的综合性指标，以及净利润增长率、主营业务收入增长率等能够反映公司盈利能力和市场价值的成长性指标。以同行业可比公司相关指标作为对照依据的，选取的对照公司不少于3家。

激励对象个人绩效指标由上市公司自行确定。

上市公司应当在公告股权激励计划草案的同时披露所设定指标的科学性和合理性。

第十二条 拟实行股权激励的上市公司，可以下列方式作为标的股票来源：

（一）向激励对象发行股份；

（二）回购本公司股份；

（三）法律、行政法规允许的其他方式。

第十三条 股权激励计划的有效期从首次授予权益日起不得超过10年。

第十四条 上市公司可以同时实行多期股权激励计划。同时实行多期股权激励计划的，各期激励计划设立的公司业绩指标应当保持可比性，后期激励计划的公司业绩指标低于前期激励计划的，上市公司应当充分说明其原因与合理性。

上市公司全部在有效期内的股权激励计划所涉及的标的股票总数累计不得超过公司股本总额的10%。非经股东大会特别决议批准，任何一名激励对象通过全部在有效期内的股权激励计划获授的本公司股票，累计不得超过公司股本总额的1%。

本条第二款所称股本总额是指股东大会批准最近一次股权激励计划时公司已发行的股本总额。

第十五条 上市公司在推出股权激励计划时，可以设置预留权益，预留比例不得超过本次股权激励计划拟授予权益数量的20%。

上市公司应当在股权激励计划经股东大会审议通过后12个月内明确预留权益的授予对象；超过12个月未明确激励对象的，预留权益失效。

第十六条 相关法律、行政法规、部门规章对上市公司董事、高级管理人员买卖本公司股票的期间有限制的，上市公司不得在相关限制期间内向激励对象授出限制性股票，激励对象也不得行使权益。

第十七条 上市公司启动及实施增发新股、并购重组、资产注入、发行可转债、发行公司债券等重大事项期间，可以实行股权激励计划。

第十八条 上市公司发生本办法第七条规定的情形之一的，应当终止实施股权激励计划，不得向激励对象继续授予新的权益，激励对象根据股权激励计划已获授但尚未行使的权益应当终止行使。

在股权激励计划实施过程中，出现本办法第八条规定的不得成为激励对象情形的，上市公司不得继续授予其权益，其已获授但尚未行使的权益应当终止行使。

第十九条 激励对象在获授限制性股票或者对获授的股票期权行使权益前后买卖股票的行为，应当遵守《证券法》《公司法》等相关规定。

上市公司应当在本办法第二十条规定的协议中，就前述义务向激励对象作出特别提示。

第二十条 上市公司应当与激励对象签订协议，确认股权激励计划的内容，并依照本办法约定双方的其他权利义务。

上市公司应当承诺，股权激励计划相关信息披露文件不存在虚假记载、误导性陈述或者重大遗漏。

所有激励对象应当承诺，上市公司因信息披露文件中有虚假记载、误导性陈述或者重大遗漏，导致不符合授予权益或行使权益安排的，激励对象应当自相关信息披露文件被确认存在虚假记载、误导性陈述或者重大遗漏后，将由股权激励计划所获得的全部利益返还公司。

第二十一条 激励对象参与股权激励计划的资金来源应当合法合规，不得违反法律、行政法规及中国证监会的相关规定。

上市公司不得为激励对象依股权激励计划获取有关权益提供贷款以及其他任何形式的财务资助，包括为其贷款提供担保。

第三章 限制性股票

第二十二条 本办法所称限制性股票是指激励对象按照股权激励计划规定的条件，获得的转让等部分权利受到限制的本公司股票。

限制性股票在解除限售前不得转让、用于担保或偿还债务。

第二十三条 上市公司在授予激励对象限制性股票时，应当确定授予价格或授予价格的确定方法。授予价格不得低于股票票面金额，且原则上不得低于下列价格较高者：

（一）股权激励计划草案公布前1个交易日的公司股票交易均价的50%；

（二）股权激励计划草案公布前20个交易日、60个交易日或者120个交易日的公司股票交易均价之一的50%。

上市公司采用其他方法确定限制性股票授予价格的，应当在股权激励计划中对定价依据及定价方式作出说明。

第二十四条 限制性股票授予日与首次解除限售日之间的间隔不得少于12个月。

第二十五条 在限制性股票有效期内，上市公司应当规定分期解除限售，每期时限不得少于12个月，各期解除限售的比例不得超过激励对象获授限制性股票总额的50%。

当期解除限售的条件未成就的，限制性股票不得解除限售或递延至下期解除限售，应当按照本办法第二十六条规定处理。

第二十六条 出现本办法第十八条、第二十五条规定情形，或者其他终止实施股权激励计划的情形或激励对象未达到解除限售条件的，上市公司应当回购尚未解除限售的限制性股票，并按照《公司法》的规定进行处理。

对出现本办法第十八条第一款情形负有个人责任的，或出现本办法第十八条第二款情形的，回购价格不得高于授予价格；出现其他情形的，回购价格不得高于授予价格加上银行同期存款利息之和。

第二十七条 上市公司应当在本办法第二十六条规定的情形出现后及时召开董事会审议回购股份方案，并依法将回购股份方案提交股东大会批准。回购股份方案包括但不限于以下内容：

（一）回购股份的原因；

（二）回购股份的价格及定价依据；

（三）拟回购股份的种类、数量及占股权激励计划所涉及的标的股票的比例、占总股本的比例；

（四）拟用于回购的资金总额及资金来源；

（五）回购后公司股本结构的变动情况及对公司业绩的影响。

律师事务所应当就回购股份方案是否符合法律、行政法规、本办法的规定和股权激励计划的安排出具专业意见。

第四章　股票期权

第二十八条　本办法所称股票期权是指上市公司授予激励对象在未来一定期限内以预先确定的条件购买本公司一定数量股份的权利。

激励对象获授的股票期权不得转让、用于担保或偿还债务。

第二十九条　上市公司在授予激励对象股票期权时，应当确定行权价格或者行权价格的确定方法。行权价格不得低于股票票面金额，且原则上不得低于下列价格较高者：

（一）股权激励计划草案公布前1个交易日的公司股票交易均价；

（二）股权激励计划草案公布前20个交易日、60个交易日或者120个交易日的公司股票交易均价之一。

上市公司采用其他方法确定行权价格的，应当在股权激励计划中对定价依据及定价方式作出说明。

第三十条　股票期权授权日与获授股票期权首次可行权日之间的间隔不得少于12个月。

第三十一条　在股票期权有效期内，上市公司应当规定激励对象分期行权，每期时限不得少于12个月，后一行权期的起算日不得早于前一行权期的届满日。每期可行权的股票期权比例不得超过激励对象获授股票期权总额的50%。

当期行权条件未成就的，股票期权不得行权或递延至下期行权，并应当按照本办法第三十二条第二款规定处理。

第三十二条　股票期权各行权期结束后，激励对象未行权的当期股票期权应当终止行权，上市公司应当及时注销。

出现本办法第十八条、第三十一条规定情形，或者其他终止实施股权激励计划的情形或激励对象不符合行权条件的，上市公司应当注销对应的股票期权。

第五章　实施程序

第三十三条　上市公司董事会下设的薪酬与考核委员会负责拟订股权激励计划草案。

第三十四条　上市公司实行股权激励，董事会应当依法对股权激励计划草案作出决议，拟作为激励对象的董事或与其存在关联关系的董事应当回避表决。

董事会审议本办法第四十六条、第四十七条、第四十八条、第四十九条、第五十条、第五十一条规定中有关股权激励计划实施的事项时，拟作为激励对象的董事或与其存在关联关系的董事应当回避表决。

董事会应当在依照本办法第三十七条、第五十四条的规定履行公示、公告程序后，将股权激励计划提交股东大会审议。

第三十五条　独立董事及监事会应当就股权激励计划草案是否有利于上市公司的持续发展，是否存在明显损害上市公司及全体股东利益的情形发表意见。

独立董事或监事会认为有必要的，可以建议上市公司聘请独立财务顾问，对股权激励计划的可行性、是否有利于上市公司的持续发展、是否损害上市公司利益以及对股东利益的影响发表专业意见。上市公司未按照建议聘请独立财务顾问的，应当就此事项作特别说明。

第三十六条　上市公司未按照本办法第二十三条、第二十九条定价原则，而采用其他方法确定限制性股票授予价格或股票期权行权价格的，应当聘请独立财务顾问，对股权激励计划的可行性、是否有利于上市公司的持续发展、相关定价依据和定价方法的合理性、是否损害上市公司利益以及对股东利益的影响发表专业意见。

第三十七条　上市公司应当在召开股东大会前，通过公司网站或者其他途径，在公司内部公示激励对象的姓名和职务，公示期不少于10天。

监事会应当对股权激励名单进行审核，充分听取公示意见。上市公司应当在股东大会审议股权激励计划前5日披露监事会对激励名单审核及公示情况的说明。

第三十八条　上市公司应当对内幕信息知情人在股权激励计划草案公告前6个月内买卖本公司股票及其衍生品种的情况进行自查，说明是否存在内幕交易行为。

知悉内幕信息而买卖本公司股票的，不得成为激励对象，法律、行政法规及相关司法解释规定不属于内幕交易的情形除外。

泄露内幕信息而导致内幕交易发生的，不得成为激励对象。

第三十九条　上市公司应当聘请律师事务所对股权激励计划出具法律意见书，至少对以下事项发表专业意见：

（一）上市公司是否符合本办法规定的实行股权激励的条件；

（二）股权激励计划的内容是否符合本办法的规定；

（三）股权激励计划的拟订、审议、公示等程序是否符合本办法的规定；

（四）股权激励对象的确定是否符合本办法及相关法律法规的规定；

（五）上市公司是否已按照中国证监会的相关要求履行信息披露义务；

（六）上市公司是否为激励对象提供财务资助；

（七）股权激励计划是否存在明显损害上市公司及全体股东利益和违反有关法律、行政法规的情形；

（八）拟作为激励对象的董事或与其存在关联关系的董事是否根据本办法的规定进行了回避；

（九）其他应当说明的事项。

第四十条　上市公司召开股东大会审议股权激励计划时，独立董事应当就股权激励计划向所有的股东征集委托投票权。

第四十一条　股东大会应当对本办法第九条规定的股权激励计划内容进行表决，并经出席会议的股东所持表决权的2/3以上通过。除上市公司董事、监事、高级管理人员、单独或合计持有上市公司5%以上股份的股东以外，其他股东的投票情况应当单独统计并予以披露。

上市公司股东大会审议股权激励计划时，拟为激励对象的股东或者与激励对象存在关联关系的股东，应当回避表决。

第四十二条　上市公司董事会应当根据股东大会决议，负责实施限制性股票的授予、解除限售和回购以及股票期权的授权、行权和注销。

上市公司监事会应当对限制性股票授予日及期权授予日激励对象名单进行核实并发表意见。

第四十三条 上市公司授予权益与回购限制性股票、激励对象行使权益前，上市公司应当向证券交易所提出申请，经证券交易所确认后，由证券登记结算机构办理登记结算事宜。

第四十四条 股权激励计划经股东大会审议通过后，上市公司应当在60日内授予权益并完成公告、登记；有获授权益条件的，应当在条件成就后60日内授出权益并完成公告、登记。上市公司未能在60日内完成上述工作的，应当及时披露未完成的原因，并宣告终止实施股权激励，自公告之日起3个月内不得再次审议股权激励计划。根据本办法规定上市公司不得授出权益的期间不计算在60日内。

第四十五条 上市公司应当按照证券登记结算机构的业务规则，在证券登记结算机构开设证券账户，用于股权激励的实施。

激励对象为外籍员工的，可以向证券登记结算机构申请开立证券账户。

尚未行权的股票期权，以及不得转让的标的股票，应当予以锁定。

第四十六条 上市公司在向激励对象授出权益前，董事会应当就股权激励计划设定的激励对象获授权益的条件是否成就进行审议，独立董事及监事会应当同时发表明确意见。律师事务所应当对激励对象获授权益的条件是否成就出具法律意见。

上市公司向激励对象授出权益与股权激励计划的安排存在差异时，独立董事、监事会（当激励对象发生变化时）、律师事务所、独立财务顾问（如有）应当同时发表明确意见。

第四十七条 激励对象在行使权益前，董事会应当就股权激励计划设定的激励对象行使权益的条件是否成就进行审议，独立董事及监事会应当同时发表明确意见。律师事务所应当对激励对象行使权益的条件是否成就出具法律意见。

第四十八条 因标的股票除权、除息或者其他原因需要调整权益价格或者数量的，上市公司董事会应当按照股权激励计划规定的原则、方式和程序进行调整。

律师事务所应当就上述调整是否符合本办法、公司章程的规定和股权激励计划的安排出具专业意见。

第四十九条 分次授出权益的，在每次授出权益前，上市公司应当召开董事会，按照股权激励计划的内容及首次授出权益时确定的原则，决定授出的权益价格、行使权益安排等内容。

当次授予权益的条件未成就时，上市公司不得向激励对象授予权益，未授予的权益也不得递延下期授予。

第五十条 上市公司在股东大会审议通过股权激励方案之前可对其进行变更。变更需经董事会审议通过。

上市公司对已通过股东大会审议的股权激励方案进行变更的，应当及时公告并提交股东大会审议，且不得包括下列情形：

（一）导致加速行权或提前解除限售的情形；

（二）降低行权价格或授予价格的情形。

独立董事、监事会应当就变更后的方案是否有利于上市公司的持续发展，是否存在明显损害上市公司及全体股东利益的情形发表独立意见。律师事务所应当就变更后的方案是否符合本办法及相关法律法规的规定、是否存在明显损害上市公司及全体股东利益的情形发表专业意见。

第五十一条 上市公司在股东大会审议股权激励计划之前拟终止实施股权激励的，需经董事会审议通过。

上市公司在股东大会审议通过股权激励计划之后终止实施股权激励的，应当由股东大会审议决定。

律师事务所应当就上市公司终止实施激励是否符合本办法及相关法律法规的规定、是否存在明显损害上市公司及全体股东利益的情形发表专业意见。

第五十二条 上市公司股东大会或董事会审议通过终止实施股权激励计划决议，或者股东大会审议未通过股权激励计划的，自决议公告之日起3个月内，上市公司不得再次审议股权激励计划。

第六章 信息披露

第五十三条 上市公司实行股权激励，应当真实、准确、完整、及时、公平地披露或者提供信息，不得有虚假记载、误导性陈述或者重大遗漏。

第五十四条 上市公司应当在董事会审议通过股权激励计划草案后，及时公告董事会决议、股权激励计划草案、独立董事意见及监事会意见。

上市公司实行股权激励计划依照规定需要取得有关部门批准的，应当在取得有关批复文件后的2个交易日内进行公告。

第五十五条 股东大会审议股权激励计划前，上市公司拟对股权激励方案进行变更的，变更议案经董事会审议通过后，上市公司应当及时披露董事会决议公告，同时披露变更原因、变更内容及独立董事、监事会、律师事务所意见。

第五十六条 上市公司在发出召开股东大会审议股权激励计划的通知时，应当同时公告法律意见书；聘请独立财务顾问的，还应当同时公告独立财务顾问报告。

第五十七条 股东大会审议通过股权激励计划及相关议案后，上市公司应当及时披露股东大会决议公告、经股东大会审议通过的股权激励计划、以及内幕信息知情人买卖本公司股票情况的自查报告。股东大会决议公告中应当包括中小投资者单独计票结果。

第五十八条 上市公司分次授出权益的，分次授出权益的议案经董事会审议通过后，上市公司应当及时披露董事会决议公告，对拟授出的权益价格、行使权益安排、是否符合股权激励计划的安排等内容进行说明。

第五十九条 因标的股票除权、除息或者其他原因调整权益价格或者数量的，调整议案经董事会审议通过后，上市公司应当及时披露董事会决议公告，同时公告律师事务所意见。

第六十条 上市公司董事会应当在授予权益及股票期权行权登记完成后、限制性股票解除限售前，及时披露相关实施情况的公告。

第六十一条 上市公司向激励对象授出权益时，应当按照本办法第四十四条规定履行信息披露义务，并再次披露股权激励会计处理方法、公允价值确定方法、涉及估值模型重要参数取值的合理性、实施股权激励应当计提的费用及对上市公司业绩的影响。

第六十二条 上市公司董事会按照本办法第四十六条、第四十七条规定对激励对象获授权益、行使权益的条件是否成就进行审议的，上市公司应当及时披露董事会决议公告，同时公告独立董事、监事会、律师事务所意见以及独立财务顾问意见（如有）。

第六十三条 上市公司董事会按照本办法第二十七条规定审议限制性股票回购方案的，应当及时公告回购股份方案及律师事务所意见。回购股份方案经股东大会批准后，上市公司应当及时公告股东大会决议。

第六十四条 上市公司终止实施股权激励的，终止实施议案经股东大会或董事会审议通过后，上市公司应当及时披露股东大会决议公告或董事会决议公告，并对终止实施股权激励的原因、股权激励已筹划及实施进展、终止实施股权激励对上市公司的可能影响等作出说明，并披露律师事务所意见。

第六十五条 上市公司应当在定期报告中披露报告期内股权激励的实施情况，包括：

（一）报告期内激励对象的范围；

（二）报告期内授出、行使和失效的权益总额；

（三）至报告期末累计已授出但尚未行使的权益总额；

（四）报告期内权益价格、权益数量历次调整的情况以及经调整后的最新权益价格与权益数量；

（五）董事、高级管理人员各自的姓名、职务以及在报告期内历次获授、行使权益的情况和失效的权益数量；

（六）因激励对象行使权益所引起的股本变动情况；

（七）股权激励的会计处理方法及股权激励费用对公司业绩的影响；

（八）报告期内激励对象获授权益、行使权益的条件是否成就的说明；

（九）报告期内终止实施股权激励的情况及原因。

第七章　监督管理

第六十六条 上市公司股权激励不符合法律、行政法规和本办法规定，或者上市公司未按照本办法、股权激励计划的规定实施股权激励的，上市公司应当终止实施股权激励，中国证监会及其派出机构责令改正，并书面通报证券交易所和证券登记结算机构。

第六十七条 上市公司未按照本办法及其他相关规定披露股权激励相关信息或者所披露的信息有虚假记载、误导性陈述或者重大遗漏的，中国证监会及其派出机构对公司及相关责任人员采取责令改正、监管谈话、出具警示函等监管措施；情节严重的，依照《证券法》予以处罚；涉嫌犯罪的，依法移交司法机关追究刑事责任。

第六十八条 上市公司因信息披露文件有虚假记载、误导性陈述或者重大遗漏，导致不符合授予权益或行使权益安排的，未行使权益应当统一回购注销，已经行使权益的，所有激励对象应当返还已获授权益。对上述事宜不负有责任的激励对象因返还已获授权益而遭受损失的，可按照股权激励计划相关安排，向上市公司或负有责任的对象进行追偿。

董事会应当按照前款规定和股权激励计划相关安排收回激励对象所得收益。

第六十九条 上市公司实施股权激励过程中，上市公司独立董事及监事未按照本办法及相关规定履行勤勉尽责义务的，中国证监会及其派出机构采取责令改正、监管谈话、出具警示函、认定为不适当人选等措施；情节严重的，依照《证券法》予以处罚；涉嫌犯罪的，依法移交司法机关追究刑事责任。

第七十条　利用股权激励进行内幕交易或者操纵证券市场的，中国证监会及其派出机构依照《证券法》予以处罚；情节严重的，对相关责任人员实施市场禁入等措施；涉嫌犯罪的，依法移交司法机关追究刑事责任。

第七十一条　为上市公司股权激励计划出具专业意见的证券服务机构和人员未履行勤勉尽责义务，所发表的专业意见存在虚假记载、误导性陈述或者重大遗漏的，中国证监会及其派出机构对相关机构及签字人员采取责令改正、监管谈话、出具警示函等措施；情节严重的，依照《证券法》予以处罚；涉嫌犯罪的，依法移交司法机关追究刑事责任。

第八章　附则

第七十二条　本办法下列用语具有如下含义：

标的股票：指根据股权激励计划，激励对象有权获授或者购买的上市公司股票。

权益：指激励对象根据股权激励计划获得的上市公司股票、股票期权。

授出权益（授予权益、授权）：指上市公司根据股权激励计划的安排，授予激励对象限制性股票、股票期权的行为。

行使权益（行权）：指激励对象根据股权激励计划的规定，解除限制性股票的限售、行使股票期权购买上市公司股份的行为。

分次授出权益（分次授权）：指上市公司根据股权激励计划的安排，向已确定的激励对象分次授予限制性股票、股票期权的行为。

分期行使权益（分期行权）：指根据股权激励计划的安排，激励对象已获授的限制性股票分期解除限售、已获授的股票期权分期行权的行为。

预留权益：指股权激励计划推出时未明确激励对象、股权激励计划实施过程中确定激励对象的权益。

授予日或者授权日：指上市公司向激励对象授予限制性股票、股票期权的日期。授予日、授权日必须为交易日。

限售期：指股权激励计划设定的激励对象行使权益的条件尚未成就，限制性股票不得转让、用于担保或偿还债务的期间，自激励对象获授限制性股票完成登记之日起算。

可行权日：指激励对象可以开始行权的日期。可行权日必须为交易日。

授予价格：上市公司向激励对象授予限制性股票时所确定的、激励对象获得上市公司股份的价格。

行权价格：上市公司向激励对象授予股票期权时所确定的、激励对象购买上市公司股份的价格。

标的股票交易均价：标的股票交易总额/标的股票交易总量。

本办法所称的"以上""以下"含本数，"超过""低于""少于"不含本数。

第七十三条　国有控股上市公司实施股权激励，国家有关部门对其有特别规定的，应当同时遵守其规定。

第七十四条　本办法适用于股票在上海、深圳证券交易所上市的公司。

第七十五条　本办法自2016年8月13日起施行。原《上市公司股权激励管理办法（试行）》（证监公司字〔2005〕151号）及相关配套制度同时废止。

2.10 公司治理相关案例

2.10.1 案例1：M集团股权激励计划及效果分析

M集团集团股权激励计划及效果分析

一、M集团股权激励计划

M集团于1968年在顺德成立，现总部位于广东省佛山市，1980年M集团正式进入家电业，1981年注册M集团品牌。是一家集消费电器、暖通空调、机器人与自动化系统、智能供应链、芯片产业、电梯产业的科技集团。拥有中国最完整的小家电产品群和厨房家电产品群；在全球设有60多个海外分支机构，产品远销200多个国家和地区。

2013年9月M集团在深交所上市，2014年1月13日M集团第一次推出了股票期权计划，有效期为5年。2015年3月31日，推出了第二期股票期权计划，有效期为5年。2016年5月26日，又推出第三期股票期权计划，有效期为5年。

2017年3月31日，公布了第四期股票期权计划以及限制性股票激励计划，股票期权计划有效期缩短至4年。

2018年3月31日，发布了第五期期权计划、第二期限制性股票激励计划，期权计划有效期延长至6年。

2019年先后又推出了第三期限制性股票激励计划和第六期股票期权激励计划，股票期权计划有效期也为6年。2014年至2019年M集团共推出了六期股票期权激励计划和三期限制性股票。

首先对2014年到2019年股权激励方案做一个统计，如表2-1、图2-1、图2-2、图2-3所示（表2-1、图2-1、图2-2、图2-3）。

从表2-1可以看出，2014年和2015年激励对象基本相同，2016年增加了品质人员，2017年到2019年激励对象相同，都加大了对品质人员的激励，而没有技术人员、营销人员以及董事及高管。对比图1我们可以发现，M集团股权激励计划的激励人数和激励规模呈先上升再回落的趋势，在2017年达到顶峰，2018年和2019年略有回落。

表2-1 2014—2019年股票期权激励对象岗位分布一览表

年份	研发人员	其他骨干人员	制造人员	品质人员	营销人员	信息技术人员	董事及高管
2014	122	96	274	0	111	0	2
2015	349	164	220	0	125	47	1
2016	567	158	320	118	149	55	0
2017	604	458	190	54	0	0	0
2018	455	493	200	81	0	0	0
2019	556	414	268	86	0	0	0

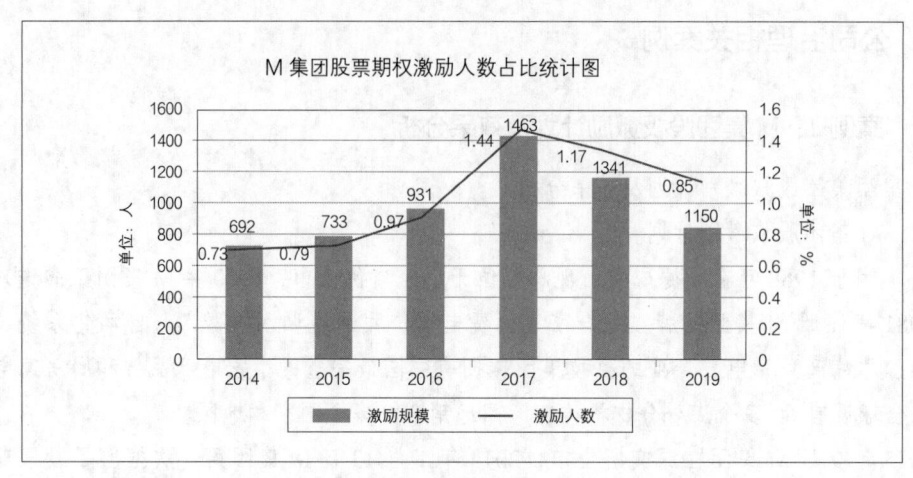

图2-1 M集团股票期权激励人数占比统计图

从图2-2可以看出，自实行限制性股票激励计划以来每年的激励人数和激励规模都在上升。2017年激励人数为140人，占员工总人数的0.14%，2018年激励人数为344人，占员工总人数的0.30%，2019年激励人数为451人，占员工总数的0.33%。而且从激励对象看，这三期主要的激励对象为经营单位和部门承担主要管理责任的高层管理人员及董事会认为对公司经营业绩和未来发展有直接影响的其他管理人员。限制性股票激励是上市企业比较常用的股权激励方案，面向中层管理者这类激励对象，使得该激励人群可根据激励计划享受到依公司年度业绩变化而对应的个人收益。通过实施限制性股票计划会使得员工与企业的捆绑性更强，补充和完善了企业激励机制。从以上分析我们可以看出：首先，M集团作为我国家电行业的巨头，为了保持自己在家电行业的领先地位，需要大量科技上的创新，因而需要大量的研发人员，企业加大对科研人员的激励，在一定程度上鼓励了科研人员的创新积极性，加速了产业升级，有利于企业朝更好的方向发展。其次，M集团也需要大量的制造人员来输出产能，所以对制造人员的激励也是必不可少的，加大对制造人员的激励可以使得制造人员更加积极努力，加大企业产能。再次，可以发现M集团也越来越重视品质人员的激励，其主要原因是企业要想树立良好的口碑，吸引更多的消费者。商品的品质同样不能忽视，提高对品质的监督同样也可以促进企业的发展。最后，可以发现M集团股票期权主要针对核心技术人员，只在第一期和第二期激励了企业的董事以及高管，后面的几期停止了对他们的激励，说明M集团越来越重视对企业非高管核心员工的激励。如图3所示，在行权价格方面，2016年最低只有21.35元，而在其他年份里价格都在30元以上，在2018年达到最高，为57.54元，可以看出M集团越来越重视对员工的股权激励。

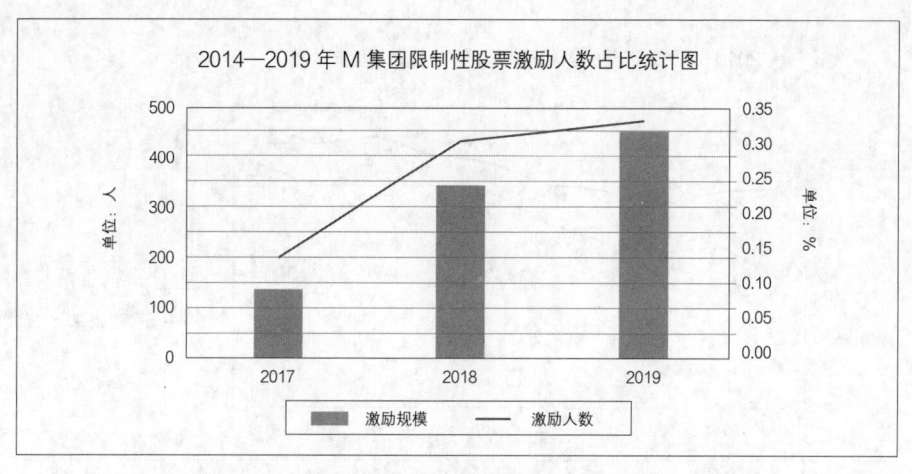

图 2-2　2014—2019 年 M 集团限制性股票激励人数占比统计图

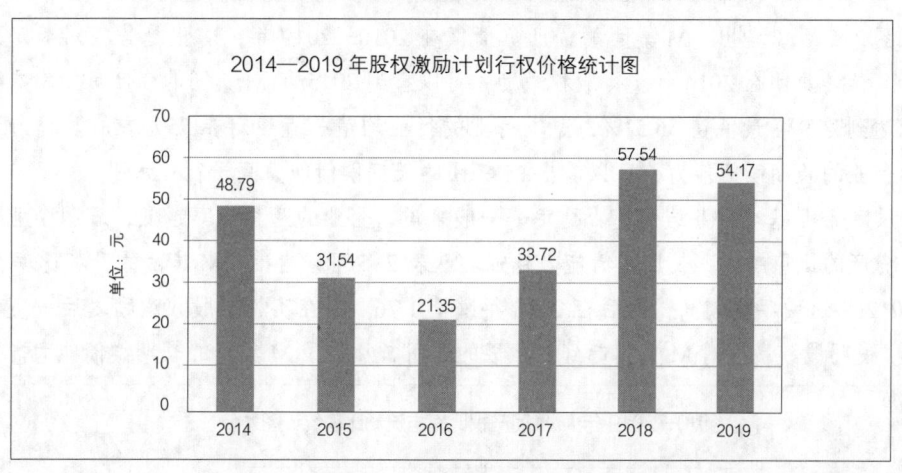

图 2-3　2014—2019 年股权激励计划行权价格统计图

二、M 集团股权激励实施效果分析

由于企业的绩效受多方面影响，因此为了更好地分析股权激励的实施对 M 集团的影响，本文使用 2010—2019 年的财务数据进行分析，并将其与行业水平进行对比，从偿债能力、盈利能力、发展能力三个角度进行比率分析。

1. 偿债能力。偿债能力是指企业用其资产偿还长期债务与短期债务的能力。企业偿债能力是反映企业财务状况的重要标志。本文选取了速动比率和流动比率来分析 M 集团的短期偿债能力。通过产权比率和流动比率来分析 M 集团的长期偿债能力。从图 2-4 可以看出，M 集团在 2010—2019 年，流动比率和速动比率都呈现出不断上升的趋势，流动比率在 2010 年为 1.16，在 2019 年为 1.5，而速动比率上升较为平缓，在 2010 年为 0.7，在 2019 年上升至 1.28。在 2010 年到 2015 年上升较快，之后变成缓慢上升。（图 2-4）一般认为，流动比率维持在 2 左右比较合适，可以发现从 2014 年实行股权激励后，M 集团在整体行业均值下降的趋势中流动比率仍然持续上升，足以说明股权激励政策起到了积极的作用。M 集团的速动比率波动较小，呈缓慢上升趋势，一般而言速动比率维持在 1 左右比较合适，可以发现 M 集团在实施了股权激励之后一直维持在 1.18，只有 2019 年略高，为 1.28，说明企业较同行有较好的短期偿债能力。

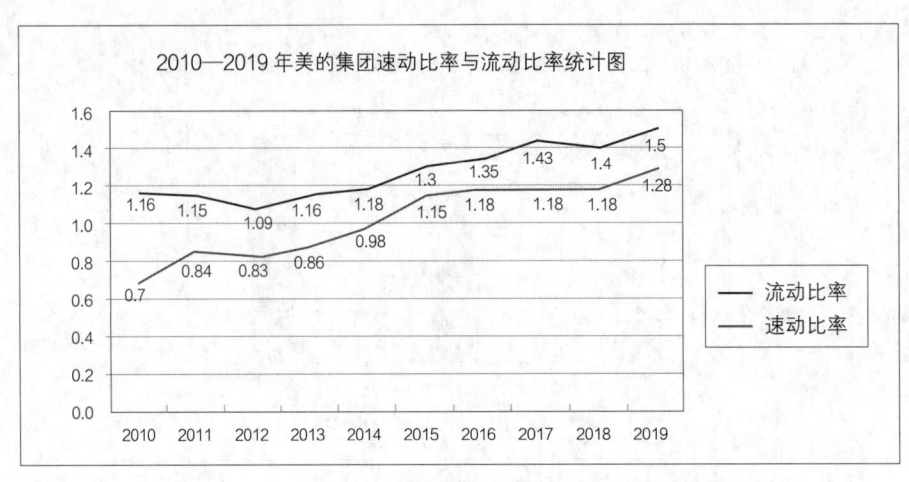

图 2-4　2010—2019 年 M 集团速动比率与流动比率统计图

从图 2-5 可以看出，M 集团的资产负债率在 2010—2019 年，变化趋势相对稳定，只是略有下降。M 集团在 2014 年实行股权激励，可以看到 2015 年 M 集团的资产负债率有明显下降并且达到这 9 年最低值 56.51%，家电行业的行业均值一直稳定在 55% 左右。资产负债率代表着企业的长期偿债能力，可以看出 M 集团的长期偿债能力高于行业水平。（图 2-5）产权比率反映企业基本财务结构是否稳定。一般来说，企业的产权比率越低，表明企业自有资本占总资产的比重越大，长期偿债能力越强。从表 2-5 可以看出，M 集团的产权比率在 2010 年至 2012 年这两年比较高，随后在 2013 年跌至 1.76。但在实施了股权激励之后一直稳定在 2 左右。说明股权激励对 M 集团起到了积极的作用，加强了 M 集团的长期偿债能力。

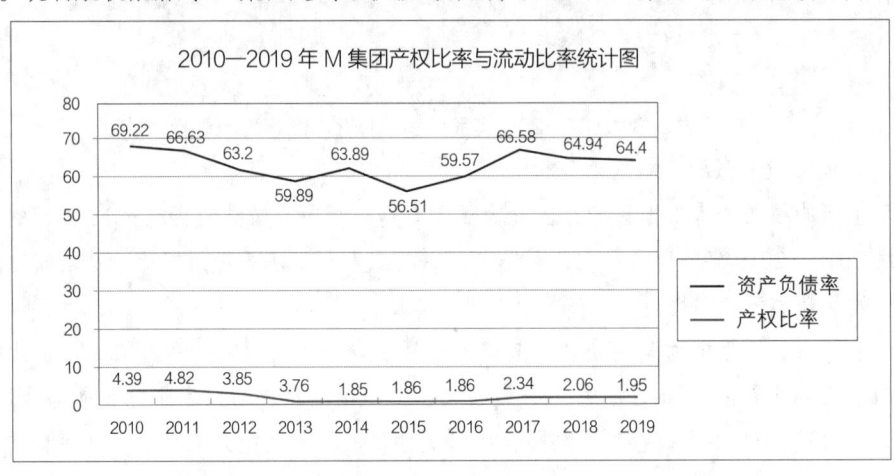

图 2-5　2010—2019 年 M 集团产权比率与流动比率统计图

2. 盈利能力。盈利能力指标是衡量公司赚取利润能力的指标，本文选取了营业利润率和销售利润率来分析 M 集团实施股权激励前后的效果。从图 2-6 可以看出，M 集团的营业利润率在 2010 年至 2019 年总体呈上升趋势，而且 M 集团的历年营业利润率都高于行业平均水平。从 2010 年的 5.43 增加到 2019 年的 10.62，从图中可以发现 M 集团的营业利润率只是在 2017 年稍有回落，降到了 8.94，但又在 2018 年之后呈平稳上升的趋势。同样，销售利润率也是呈总体上升趋势，从 2010 年的 5.86 到 2019 年的 9.09，只是在 2017 年有明显下降，但在之后都有所回升。这些都反映出 M 集团获取利润的能力在实施了股权激励之后有着较好的表现（图 2-6）。

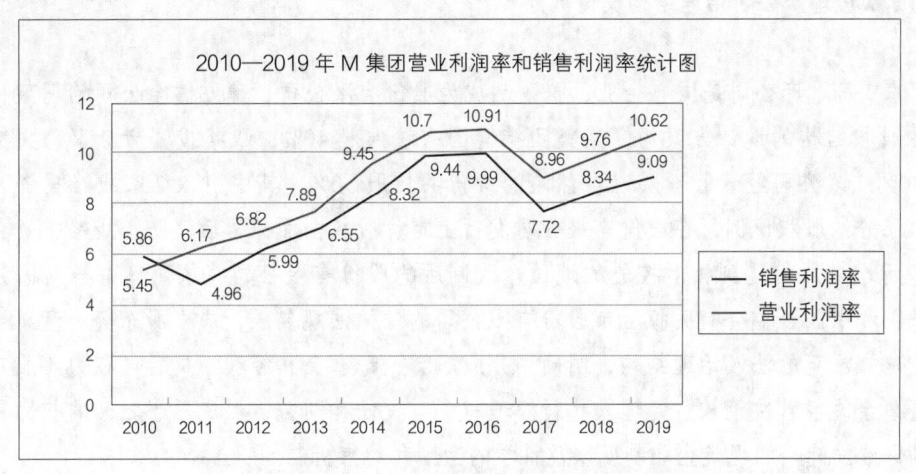

2010—2019 年 M 集团营业利润率和销售利润率统计图

图 2-6　2010—2019 年 M 集团营业利润率和销售利润率统计图

3. 发展能力。企业发展能力的核心是衡量企业价值增长率，本文选取营业利润增长率和净利润增长率来分析 M 集团在进行了股权激励前后的效果。从图 2-7 可以看出，M 集团的营业利润增长率整体呈下降趋势，但是与行业水平呈相同趋势。M 集团 2010 年的营业利润增长率在 67.31%，在 2012 年出现负增长，在 2013 年回升到 33.10%，但是在实施股权激励后可以发现指标变动较为平缓呈稳定缓慢增长。营业利润率代表着企业长期发展的能力，从图中的数据我们可以看出，股权激励对 M 集团的长期发展起到了积极作用。（图 2-7）净利润增长率是指企业当期净利润比上期净利润的增长幅度，从图 2-7 来看，M 集团的净利润增长率近 9 年浮动巨大，但是可以发现在实行了股权激励政策之后，在 2015 年到 2019 年波动较为平稳，同样也可以说明股权激励起到了正向积极的作用。

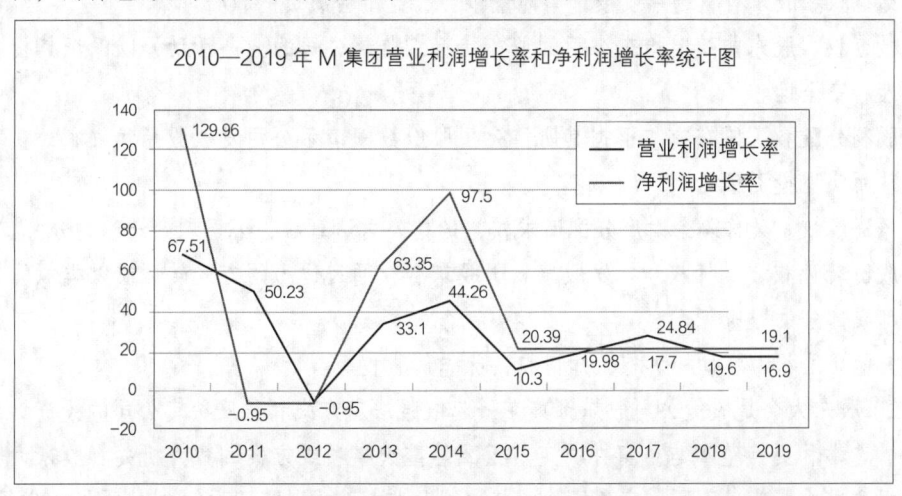

2010—2019 年 M 集团营业利润增长率和净利润增长率统计图

图 2-7　2010—2019 年 M 集团营业利润增长率和净利润增长率统计图

2.10.2 案例2：南京J房地产公司治理结构及情况分析

南京J房地产公司治理结构及情况分析

一、背景

南京J房地产公司是国有企业，拟改制成为股份有限公司，建立健全公司治理架构。该公司的股权结构的设计方案为，某集团持有国有法人股40%；战略投资者2家，共持有法人股30%；该公司经营管理层以自然人的身份共持股30%。其中引入2家战略投资者，主要是为了分散股权比例，在股份有限公司发行上市、股权全面摊薄后，防止战略投资者通过二级市场增持股份达到相对控股的地位。改制后的股份有限公司将依照《中华人民共和国公司法》和中国证监会有关拟上市股份有限公司的法律法规要求，成立股东会、董事会和监事会，建立规范的法人治理结构，明确划分股东会、董事会和经理人员各自权力（股东所有权、董事会的经营决策权、经理人执行管理权）、责任和利益，形成三者之间的权力制衡关系，确保建立健全的现代企业制度以及科学的激励和约束机制。

二、公司治理结构功能及其设计

1. 股东和股东大会

（1）该公司的股东为某集团，2家战略投资者及公司经营管理层（以自然人身份）。股权结构为：某集团持有国有法人股40%；战略投资者2家，共持有法人股30；该公司经营管理层以自然人的身份共持股30%。

股东权力主要涉及以下几个方面：

①出席股东大会的权力。这是公司股东都拥有的权利。

②表决权，又称议决权。即股东参与公司的最高权力机关——股东大会，并就议决事项作出一定意思表示的权力。

③选举权。股东有权选举或被选举为董事会、监事会成员的权力。

④检查权。股东能随时检查公司的业务状况，监督公司的业务活动，以保证其投资效益的合理性和安全性。

⑤股利分配权。股东有权根据其所持公司股份数额请示公司发放股息和红利，获取投资收益，从而实现投资目的。

⑥净资产权。又称剩余财产分配请求权，是指公司清算后，公司剩余资产的分配权。

⑦股份转让权、质押权和补发股票权。股东有权通过适当的方式转让或以类似的方式处理其全部或部分的股份等。

⑧其他合法权力。如控诉权，知情权，优先认股权等。

（2）股东大会是股份公司股东聚集在一起依照法定方式和程序决定公司的投资计划、经营方针、选举和更换董事与监事并决定其报酬等重大事项或方案的权力机关。股东大会仅有决定公司意思的职能，而不一定负责执行其决议和监督公司业务开展，对外不代表公司。

股东大会拥有以下权利：

①要案决定权。包括：对于董事会提出的经营计划方案、经营政策重大变更方案以及投资方案，股东大会拥有决定权；董事会关于公司章程修改的方案以及拟定的公司合并、分

立、解散的方案，须经股东大会特别决议通过；董事会拟定的增加或减少注册资本的方案以及发行公司债券的方案须经股东大会特别决议通过。

②人事任免权。股东大会有权选举和更换董事和监事，和决定他们的报酬；此外，股东大会有确定清算组人选的权力。

③听取报告权。主要是听取董事会、监事会的报告并予以批准。

④行使确认权。股东大会对于董事会年终所编制的各种报告、账册以及清算组在清理公司财产、编制资产表和财产清单后制定的方案，有确认与不确认的权力；此外，对于董事、监事、经理与公司签订的重大合同，股东大会有确认与否决的权力。

⑤财务处理权。董事在每年营业年度终了时须向股东提出财务预算方案、决算方案，利润分配方案或弥补亏损方案。

2. 董事及董事会

（1）独立董事制度。董事是由股东大会选举产生的公司董事会的组成人员，他们以公司代理人和公司财产委托人的身份代表公司对公司事务进行管理。我国早在1997年就引入了独立董事制度，目前我国在上市公司中要求聘请独立董事，并达到董事会人数的1/3以上。J公司是以最终上市为目标的，因而要按照规定聘请独立董事。独立董事是指不在公司担任除董事以外的其它职务，并与其所受聘的公司及其主要股东不存在可能妨碍其进行独立客观判断的关系的董事。

独立董事必须符合最低限度的条件：

①不是公司当前和以前的高级职员或雇员，必须与公司没有业务上的联系。

②不是公司的一个重要的供应商或消费者。

③不是一个以关系为基础而被推荐或任命，必须通过正式的程序被甄选。

④拥有商业、法律或财务等方面的工作经验。

⑤与执行董事没有密切的私人关系，不是公司董事、监事、高级管理人员的亲戚或生意上的合伙人。

⑥不具有大额的股份或代表任何重要的股东。

⑦必须是董事会的积极参与者，而不是被动参与者。引入独立董事制度是必要的。首先，增设独立董事，可以健全监督机制，大大加强监督约束代理人（经理层）的力量，有效的遏制经营者控制企业或攫取企业剩余索取权的行为。独立董事既不是经营者，与经营者也不存在利益关系，他们也不是企业的用户、供应商等，与企业没有债权、债务关系，因此有可能从公司的整体利益出发，对经营管理者进行有效的监督，正确行使自己的"用手投票权"，从而在一定程度上遏制企业经营管理层的"败德行为"和"逆选择"行为。

其次，增设独立董事，有利于公平、公正、科学合理地决策，提高董事会决策的效率。独立董事大都是具有某方面专业知识、经验丰富的专家、专业人士或社会贤达人士，有他们参与企业董事会，会丰富和完善董事会的知识结构，弥补其他董事专业知识的不足，提高董事会履行职权的质量，无疑会保证决策更加科学合理的进行。

（2）董事会。董事会是由股东大会选举产生的，由全体董事组成的行使公司经营管理权的、必设的、集体决定公司业务执行意思的机构。它对股东大会负责，是股东大会闭幕期间公司常设的权力机关，是集体行使权力的机构。董事会要定期向股东大会提交资产负债表，报告业务经营状况，并提出经营方面的发展计划。董事会的规模可以为7人制、9人制、11人制。针对我国企业董事会存在的问题，建议公司董事会要增强它的功能：一是增强董事会的独立性；二是建立董事会的自我评价体系；三是强化董事会的战略管理功能和责任。

3. 经理

经理是指为公司管理事务并有权为其管理事务签名的公司行政负责人，是主持公司的日常经营管理工作，在法律、法规、规章及公司章程规定和董事会授权范围内，由董事会聘任的、代表公司从事业务活动的高级管理人员。目前我国公司中董事长和总经理合二为一的现象很多，这有很多的弊端。J公司应分设董事长与总经理，明确董事长与总经理的职权与分工，这样有助于形成有效的监督约束机制。如果董事长与总经理二职合一，那么在高层执行人员权力膨胀的同时，严重削弱了董事会监督经理层的有效性，使得董事会的独立性大大降低；而且二职合一还意味着总经理自己监督自己，这与总经理的自利性相违背。如果董事长与总经理由二人分任，那么董事长与总经理之间就会形成一种权力的制约关系，提高监督的力度，遏制"内部人"控制现象，这样也会提高董事会运作效率，改变董事会以往形同虚设的现象。

4. 监事及监事会

监事是由股东大会选举产生的，监督业务执行情况和检查公司财务状况的有行为能力者。监事会是由股东大会选举产生的、监督与检查公司财务状况及董事会业务执行情况的常设机构。监事会的规模可以为3人制、5人制。

第3章
信息披露

信息披露主要是指公众公司以招股说明书、上市公告书以及定期报告和临时报告等形式，把公司及与公司相关的信息，向投资者和社会公众公开披露的行为。上市公司信息披露是公众公司向投资者和社会公众全面沟通信息的桥梁。投资者和社会公众对上市公司信息的获取，主要是通过大众媒体阅读各类临时公告和定期报告。投资者和社会公众在获取这些信息后，可以作为投资抉择的主要依据。真实、全面、及时、充分地进行信息披露至关重要，只有这样，才能对那些持价值投资理念的投资者真正有帮助。

3.1 信息披露概述

3.1.1 信息披露的理论基础

1. 有效市场假说理论

有效市场假说（Efficient Markets Hypothesis，EMH）是由美国著名经济学家尤金·法玛（Eugene Fama）于1970年提出并深化的。"有效市场假说"起源于20世纪初。有效市场假说认为，在法律健全、功能良好、透明度高、竞争充分的股票市场，一切有价值的信息已经及时、准确、充分地反映在股价走势当中，其中包括企业当前和未来的价值，除非存在市场操纵，否则投资者不可能通过分析以往价格获得高于市场平均水平的超额利润。有效市场假说有三种形态：

其一，弱式有效市场假说（Weak-Form Market Efficiency）

该假说认为在弱式有效的情况下，市场价格已充分反应出所有过去历史的证券价格信息，包括股票的成交价、成交量、卖空金额、融资金融等。

其二，半强式有效市场假说（Semi-Strong-Form Market Efficiency）

该假说认为价格已充分反应出所有已公开的有关公司营运前景的信息。这些信息有成交价、成交量、盈利资料、盈利预测值，公司管理状况及其它公开披露的财务信息等。假如投资者能迅速获得这些信息，股价应迅速做出反应。

其三，强式有效市场假说（Strong-Form Market Efficiency）

强式有效市场假说认为价格已充分地反映了所有关于公司营运的信息，这些信息包括已公开的或内部未公开的信息。

2. 信息不对称理论

信息不对称理论是指在市场经济活动中，各类人员对有关信息的了解是有差异的；掌握信息比较充分的人员，往往处于比较有利的地位，而信息贫乏的人员，则处于比较不利的地位。该理论认为：市场中卖方比买方更了解有关商品的各种信息；掌握更多信息的一方可以通过向信息贫乏的一方传递可靠信息而在市场中获益；买卖双方中拥有信息较少的一方会努力从另一方获取信息；市场信号显示在一定程度上可以弥补信息不对称的问题。

在证券市场中，信息不对称的现象是普遍存在的，而造成信息不对称的原因主要有两个：一是人们认识能力有所差异，拥有的私人信息及资源是有限的；二是人们获取信息需要成本，且不同的参与者获取信息的能力也各不相同。因此，信息不对称理论更是成为了信息披露制度的理论基础。

正是由于信息的不均匀分配使得股票的价格无法反映企业的真实经营状况，而信息不对称所导致的逆向选择（adverse selection）和道德风险（moral hazard）则加剧了证券市场效率低下问题。

"逆向选择"在经济学中是一个含义丰富的词汇，它的一个定义是指由交易双方信息不对称和市场价格下降产生的劣质品驱逐优质品，进而出现市场交易产品平均质量下降的现象。市场交易的一方如果能够利用多于另一方的信息使自己受益而对方受损时，信息劣势的一方便难以顺利地做出买卖决策，于是价格便随之扭曲，并失去了平衡供求、促成交易的作用，进而导致市场效率的降低。

在现实的经济生活中，存在着一些和常规不一致的现象。本来按常规，降低商品的价格，该商品的需求量就会增加；提高商品的价格，该商品的供给量就会增加。但是，由于信息的不完全性和机会主义行为，有时候，降低商品的价格，消费者也不会做出增加购买的选择（因为可能担心生产者提供的产品质量低，是劣质产品，而非原来他们心中的高质量产品）；提高价格，生产者也不会增加供给的现象。

道德风险是在信息不对称条件下，不确定或不完全合同使得负有责任的经济行为主体不承担其行动的全部后果，在最大化自身效用的同时，做出不利于他人行动的现象。概念起源于海上保险，1963年美国数理经济学家阿罗将此概念引入到经济学中来，指出道德风险是个体行为由于受到保险的保障而发生变化的倾向。是一种客观存在的，相对于逆向选择的事后机会主义行为，是交易的一方由于难以观测或监督另一方的行动而导致的风险。

理论上讲道德风险是从事经济活动的人在最大限度地增进自身效用时做出不利于他人的行动。它一般存在于下列情况：由于不确定性和不完全的、或者限制的合同使负有责任的经济行为者不能承担全部损失（或利益），因而他们不承受他们的行动的全部后果。同样地，也不享有行动的所有好处。显而易见，这个定义包括许多不同的外部因素，可能导致不存在均衡状态的结果，或者，均衡状态即使存在，也是没有效率的。

作为证券市场最重要的主体之一，上市公司是企业所有权与经营权分离的产物，在这种委托代理关系中，由于不同利益主体有其自身的利益追求，尤其是上市公司的管理者拥有大量的内幕信息，在证券市场中处于强势地位。在这种情形下，管理者就存在着冒一定风险使自己获利的动机，甚至发布虚假信息或运用内幕信息进行交易为自己谋取利益。显然，这种道德风险是与期望中的良好的公司治理相违背的。

针对逆向选择和道德风险，一种解决方法就是加强上市公司的内部监督以预防或及时发现管理者的这种不尽职行为；另一种方法就是通过信息披露，使投资者及时了解企业的经营状况、管理者的投资决策以及其他管理活动，从而在外部对管理者实施监督，以确保管理者切实履行其义务并保障证券市场的良性运转。

3.1.2 信息披露制度的起源与发展

1. 信息披露综述

早在 1965 年，美国经济学家 Fama 就提出有效市场理论。他认为，如果一个证券市场其证券价格能完全反映所利用的信息，该市场就是有效市场。1967 年，Harry.Roberts 将证券价格对信息反应程度分为弱式有效市场、半强式有效市场、强式有效市场。Samuelson 将市场有效性分为信息有效性和资源配置有效性。1968 年，Ball&Brown 研究发现，当公司会计财务报告公布的收益信息与市场预期不一致时，股价会产生波动。当财务报告公布的收益高于市场预期时，股价上升，反之则下降。2000 年，Baginski 和 Hassell 研究发现，每当上市公司发布一些预期收益减少的信息时，公司便会将之归因于非公司本身因素，比如说经济大萧条、市场萎缩等；而当公司发布一些预期收益增加的信息时，便将之归功于公司本身的因素，比如管理科学、产品优秀等。2003 年，Frank 研究发现，由于信息不对称，管理者会利用掌握更多的信息进行内部交易，进而给自己牟利。1999 年，Lev&Zarowin 研究发现，股票价格变动越来越不能反映财务信息的真实情况，会计财务信息与股票价格的相关性越加不明显，财务报表对企业的真实经营情况的预测性越来越弱。

资本市场有一个很关键因素就是信息流动，它在投资者和上市公司之间，形成一个关键枢纽，保障资本市场的有效运行。同时投资者和公司管理者是一种契约关系。所以，上市公司有责任进行信息披露，公司社会责任就是其中重要的一种信息。1994 年，Epstein 和 Freedmand 研究发现，由于公司的生产运作需要消耗能源和资源，也必然会产生各种污染物，比如说废气和垃圾等，所以这种行为必然会受到当局的各种法律和规章制度来约束。在这种情况下，公司遵守这些环境信息披露来证明公司行为的正当合法性。因为只有遵守政府的这些法律法规才能证明公司承担了社会责任的应尽义务。2001 年，David S.Gelb and Joyce A.Strawser 研究发现，公司要承担社会责任，所以公司应该披露一些法律规定信息披露内容之外的信息，这种提供法律规定之外的内容是具有社会责任的真正表现。因为真正的社会责任是自我对社会的责任意识，而不应该是法律强行规定下的社会责任。

2. 信息披露制度的演变与发展

信息披露制度起源于英国。1720 年，在英国发生了一起巨大的事件，史称"南海泡沫事件"。当时南海公司通过贿赂政府，获得南美贸易特许权，并夸大业务前景，制造各种虚假信息来欺骗投资者购买公司股票，导致股价飞速飙升，市面上存在着大量的证券欺诈行为，最后公司董事在价格顶峰时抛售股票，由于信息不对称，投资者受到巨大的损失，此事件就像一个肥皂泡沫变大之后破灭一样，最终引发大众对政府不信任，从而股市彻底崩盘，对当时英国经济造成巨大的破坏。著名物理学家牛顿曾对此事件评论道："我可以计算出天体运动，却无法揣测人类的疯狂。"1720 年 6 月，英国国会通过《1720 年泡沫法案》。该法案明确规定了任何人或机构不允许打着公共利益的幌子，发行股票卖给大众，向公众筹集巨款。该法案的出台，确定了会计信息披露制度的雏形，标志着信息披露制度的萌芽。1844 年，英国《合股公司法》出台。该法案对股份公司的注册、设立都提出了相应的要求。比如，将资产的使用情况提交给股东、公司报表需要审计，此时，强制性信息披露制度的雏形开始诞生。而在此之前，公司的这些信息披露都属于自愿信息披露范畴。大家都知道，股份公司是财产所有权与经营权相分离的。如果股份公司不披露这些财务信息的话，公司的利益相关者就不会将财产交给委托人处理。1911 年，美国德克萨斯州出台《蓝天法》就强制规定了股份公司有公开披露信息的义务，并对一些重要的证券发行与交易信息进行完全的公开。由于证券市场一直以来都存在各种投机、欺诈的行为。1929 年，美国发生了经济大危机，罗斯福"新政"使用了政府干预的手段来救市。国会先后通过了《1933 年证券法》《1934 年证券交易法》。这两部法律至今都是《证券法》的经典。《1933 年证券法》提出了"三公"原则，即公开、公平、公正，使得证券发行市场具有可靠性和真实性。《1934 年证券交易法》确定了美国证券交易与管理委员会负责监管证券市场，该委员会直接对国会负责，每年要向国会报告全国证券市场情况。该委员会要求股份公司不定期发布报告，使得证券流通更具有安全性，这样使得公众对证券市场更有信心。这两部法律使得证券发行披露和持续性披露制度得以展现。1964 年，美国《证券法修正案》又增加了必须将财务信息公开到柜台交易市场，即证券交易所以外的股票交易市场，加强了对证券商的管理。纵观美国这些立法，主要表现在这几方面：一是保护投资者；二是对内幕交易进行制裁；三是提高股东的参与决策权。

中国的证券市场是一个不成熟不完善的新兴市场，基本上是在一个相对封闭的环境下发展起来的，并带有明显的计划经济痕迹。为了使我国证券市场更好地发展，需要重视对上市公司规范动作的引导，采取对上市公司信息披露的年度考评方式，提高上市公司信息披露的整体质量。1990 年，我国先后成立了上海证券交易所和深圳证券交易所。从此，公司开始披露会计信息，我国信息披露制度出现。1992 年，我国成立了国务院证券委员会和中国证券监督管理委员会。1993 年，我国颁布了《公司法》，其中就对上市公司进行了强制性的信息披露和会计信息审计。4 月，我国颁布了《股票发行与交易管理暂行条例》，在此条例中要求上市公司有义务向证券会和证券交易所提供经注册会计师审计的年度报告。6 月又颁布了《公开发行股票公司信息披露实施细则》，这是我国尝试建立证券市场信息披露制度的第一个法规文件。之后中国证券监督管理委员会又出台了《公开发行股票公司信息披露的内容与格式准则第 1-6 号》，这套准则对信息披露的内容、期限等进行了严格的要求，加深了对上市公司信息披露监管力度。

1998 年 12 月，《中华人民共和国证券法》颁布，对信息披露进行了改善，并对证券发行实施了注册制和审批制，此时开始进入发展阶段。2007 年 1 月，中国证监会颁布《上市公司信息披露管理办法》，废除了《公开发行股票公司信息披露实施细则》等 20 世纪的一些条文，使得会计信息披露内容更加完善，标志着国内证券市场信息披露制度的初步建立。后又出台了《关于规范上市公司行为若干问题的通知》。2005 年和 2013 年又两次对《证券法》进行了修订，使其更加完善。目前，我国信息披露会计制度上越来越接近国际标准，同时，我国以中国证监会为监管核心，证券交易所与证监会负责对上市公司信息披露进行监管，以达到实现我国证券市场公开、公正、公平的"三公"准则。

3.2 信息披露基本原则及事务管理

3.2.1 信息披露基本原则

信息披露的基本原则主要包括以下几个方面：

1. 真实、准确、完整原则

真实、准确和完整主要指的是信息披露的内容。真实性是信息披露的首要原则，真实性要求发行人披露的信息必须是客观真实的，而且披露的信息必须与客观发生的事实相一致，发行人要确保所披露的重要事件和财务会计资料有充分的依据。

完整性原则又称充分性原则，要求所披露的信息在数量上和性质上能够保证投资者形成足够的投资判断意识。

准确性原则要求发行人披露信息必须准确表达其含义，所引用的财务报告、盈利预测报告应由具有证券期货相关业务资格的会计师事务所审计或审核，引用的数据应当提供资料来源，事实应充分、客观、公正，信息披露文件不得刊载任何有祝贺性、广告性和恭维性的词句。

2. 及时原则

及时原则又称时效性原则，包括两个方面：一是定期报告的法定期间不能超越；二是重要事实的及时报告制度，当原有信息发生实质性变化时，信息披露责任主体应及时更改和补充，使投资者获得当前真实有效的信息。任何信息都存在时效性问题，不同的信息披露遵循不同的时间规则。

3. 风险揭示原则

发行人在公开招股说明书、债券募集办法、上市公告书、持续信息披露过程中，对有关部分简要披露发行人及其所属行业、市场竞争和盈利等方面的现状及前景，并向投资者简述相关的风险。

4. 保护商业秘密原则

商业秘密是指不为公众所知悉、能为权利人带来经济利益、具有实用性并经权利人采取保密措施的技术信息和经验信息。由于商业秘密等特殊原因致使某些信息确实不变披露的，发行人可向中国证监会申请豁免。内幕信息在公开披露前也是属于商业秘密，也应受到保护，发行人信息公开前，任何当事人不得违反规定泄露有关的信息，或利用这些信息谋取不正当利益。商业秘密不受信息披露真实性、准确性、完整性和及时性原则的约束。

3.2.2 信息披露事务管理

1. 制定信息披露事务管理制度

（1）信息披露事务管理制度应当结合信息披露相关法律、法规、规章、规范性文件以及本所《股票上市规则》规定的最低披露要求，确定本公司的信息披露标准，明确界定应当披露的信息范围。

（2）信息披露事务管理制度应当确立自愿性信息披露原则，在不涉及敏感财务信息、商业秘密的基础上,应鼓励公司主动、及时地披露对股东和其他利益相关者决策产生较大影响的信息,包括公司发展战略、经营理念、公司与利益相关者的关系等方面。

(3)信息披露事务管理制度应当明确公司未公开信息的内部流转、审核及披露流程,确保重大信息第一时间通报给董事会秘书,由董事会秘书呈报董事长。董事长在接到报告后,应当立即向董事会报告,并敦促董事会秘书组织临时报告的披露工作。未公开信息的内部流转、审核及披露流程至少应当包括以下内容:

①未公开信息的内部通报流程及通报范围;
②拟公开披露的信息文稿的草拟主体与审核主体;
③信息公开披露前应当履行的内部审议程序及相关授权;
④信息公开披露后的内部通报流程;
⑤公司向监管部门、证券交易所报送报告的内部审核或通报流程;
⑥公司在媒体刊登相关宣传信息的内部审核或通报流程。

(4)信息披露事务管理制度应当特别明确公司财务部门、对外投资部门对信息披露事务管理部门的配合义务,以确保公司定期报告以及有关重大资产重组的临时报告能够及时披露。

(5)信息披露事务管理制度应当明确对控股子公司的信息披露事务管理和报告制度,明确建立子公司的定期报告制度、重大信息的临时报告制度以及重大信息的报告流程,明确控股子公司应当报告上市公司的重大信息范围,确保控股子公司发生的应予披露的重大信息及时上报给上市公司信息披露事务管理部门。

(6)信息披露事务管理制度应当明确公司总部各部门以及各分公司、子公司的负责人是本部门及本公司的信息报告第一责任人,同时各部门以及各分公司、子公司应当指定专人作为指定联络人,负责向信息披露事务管理部门或董事会秘书报告信息。

(7)信息披露事务管理制度应当明确公司信息披露事务管理部门及其负责人、董事和董事会、监事和监事会、高级管理人员、公司总部各部门以及各分公司、子公司的负责人在公司信息披露中的工作职责,至少应当包括以下内容:

①董事会秘书负责协调实施信息披露事务管理制度,组织和管理信息披露事务管理部门具体承担公司信息披露工作;
②公司董事和董事会应勤勉尽责、确保公司信息披露内容的真实、准确、完整;
③监事和监事会除应确保有关监事会公告内容的真实、准确、完整外,应负责对公司董事及高级管理人员履行信息披露相关职责的行为进行监督;
④公司董事和董事会、监事和监事会以及高级管理人员有责任保证公司信息披露事务管理部门及公司董事会秘书及时知悉公司组织与运作的重大信息、对股东和其他利益相关者决策产生实质性或较大影响的信息以及其他应当披露的信息;
⑤公司总部各部门以及各分公司、子公司的负责人应当督促本部门或公司严格执行信息披露事务管理和报告制度,确保本部门或公司发生的应予披露的重大信息及时通报给公司信息披露事务管理部门或董事会秘书;
⑥上述各类人员对公司未公开信息负有保密责任,不得以任何方式向任何单位或个人泄

露尚未公开披露的信息。信息披露事务管理制度应当确立财务管理和会计核算的内部控制及监督机制。公司应当根据国家财政主管部门的规定建立并执行财务管理和会计核算的内部控制制，公司董事会及管理层应当负责检查监督内部控制的建立和执行情况，保证相关控制规范的有效实施。

（8）信息披露事务管理制度应当确立公司控股股东和持股 5% 以上的大股东的重大信息报告制度，要求控股股东和持股 5% 以上的大股东出现或知悉应当披露的重大信息时，及时、主动通报信息披露事务管理部门或董事会秘书，并履行相应的披露义务。

（9）信息披露事务管理制度应当明确公司与投资者、证券服务机构、媒体等的信息沟通制度，强调不同投资者间的公平信息披露原则，保证投资者关系管理工作的顺利开展。

（10）信息披露事务管理制度应当包括公司内部信息披露文件、资料的档案管理制度，设置明确的档案管理岗位及其工作职责，特别应当确立董事、监事、高级管理人员履行职责的记录和保管制度。

（11）信息披露事务管理制度应当健全对公司未公开信息的保密措施，明确应予保密的信息范围及判断标准、界定内幕信息知情人的范围，明确内幕信息知情人的保密责任。

（12）信息披露事务管理制度应当确立未履行信息披露职责的责任追究机制，对违反信息披露事务管理各项制度或对公司信息披露违规行为负有直接责任的部门和人员规定明确的处分措施，以及必要时追究相关责任人员其他法律责任的机制。依据信息披露事务管理制度对相关责任人进行处分的，公司董事会应当将处理结果在 5 个工作日内报本所备案。

2. 制定定期报告的编制、审议、披露程序

上市公司应当制定定期报告的编制、审议以及披露程序，并做好分工落实工作。上市公司总经理、财务负责人、董事会秘书等高级管理人员应当编制定期报告草案，提请董事会审议；董事会秘书负责送达董事审阅；董事长负责召集和主持董事会会议审议定期报告；监事会负责审核董事会编制的定期报告；董事会秘书负责组织定期报告的披露工作。

3. 制定重大事件的报告、传递、审核、披露程序

上市公司应当制定完整的重大事件的报告、传递、审核以及披露程序，董事、监事和高级管理人员知悉重大事件发生时，应当按照规定立即履行报告义务；董事长在接到报告后，应当立即向董事会报告，并敦促董事会秘书组织临时报告的披露工作。

4. 明确董事、监事、高级管理人员的信息披露职责定位

（1）上市公司董事、监事、高级管理人员应当勤勉尽责，关注信息披露文件的编制情况，保证定期报告、临时报告在规定期限内披露，配合上市公司及其他信息披露义务人履行信息披露义务。

（2）董事应当对证券发行文件、证券上市文件、定期报告、临时报告以及其他重要信息进行披露，主动调查、获取决策所需要的资料。董事会全体成员必须勤勉尽责，保证信息披露内容真实、准确、完整、没有虚假、严重误导性陈述或重大遗漏，并就信息披露内容的真实性、准确性和完整性承担连带责任。

（3）监事应监督本公司信息披露执行情况。监事对信息披露的实施情况进行定期或不定期检查，发现重大缺陷时应及时督促改正。

（4）高级管理人员应当及时以书面形式定期或不定期向董事会报告本公司经营情况，重大合同的签订与执行情况、资金运用情况和盈亏情况（遇有重大或紧急事情时可口头报告），同时必须保证这些报告的真实性、准确性、及时性和完整性。

高级管理人员有责任和义务答复董事会关于涉及本公司定期报告、临时报告及本公司其他情况的询问，以及董事会代表股东、监管机构作出质询，提供有关资料，并承担相应责任。

（5）董事会秘书负责组织和协调公司信息披露事务，汇集上市公司应予披露的信息并报告董事会、持续关注媒体对公司的报道并主动求证报道的真实情况，并负责办理上市公司信息对外公布等相关事宜。董事、监事、高级管理人员非经董事会书面授权，不得对外发布上市公司未披露信息。

董事会秘书有权参加股东大会、董事会会议、监事会会议和高级管理人员相关会议，有权了解公司的财务和经营情况，查阅涉及信息披露事宜的所有文件。上市公司应当为董事会秘书履行职责提供便利条件，财务负责人应当配合董事会秘书在财务信息披露方面的相关工作。

5. 明确上市公司股东以及实际控制人的信息披露责任和义务

（1）上市公司的股东、实际控制人发生以下事件时，应当主动告知上市公司董事会，并配合上市公司履行信息披露义务：

①持有公司 5% 以上股份的股东或者实际控制人，其持有股份或者控制公司的情况发生较大变化的；

②法院裁决禁止控股股东转让其所持股份，任何一个股东所持公司 5% 以上股份被质押、冻结、司法拍卖、托管、设定信托或者被依法限制表决权的；

③拟对上市公司进行重大资产或者业务重组的；

④中国证监会规定的其他情形。

（2）当应披露的信息在依法披露前已经在媒体上传播或者公司证券及其衍生品种出现交易异常情况的，股东或者实际控制人应当及时、准确地向上市公司作出书面报告，并配合上市公司及时、准确地公告。

（3）上市公司的股东、实际控制人不得滥用其股东权利、支配地位，不得要求上市公司向其提供内幕信息。

（4）上市公司的控股股东、实际控制人和发行对象在上市公司非公开发行股票时，应当及时向上市公司提供相关信息，配合上市公司履行信息披露义务。

（5）通过接受委托或者信托等方式持有上市公司 5% 以上股份的股东或者实际控制人，应当及时将委托人情况告知上市公司，配合上市公司履行信息披露义务。

6. 明确信息披露义务人与中介机构的信息披露责任和义务

（1）信息披露义务人应当向其聘用的保荐人、证券服务机构提供与执业相关的所有资料，并确保资料的真实、有效、完整，不得拒绝、隐匿、谎报。

（2）保荐人、证券服务机构等中介机构在信息披露中的职责。

①息披露出具专项文件时，发现上市公司及其他信息披露义务人提供的材料有虚假记载、误导性陈述、重大遗漏或者其他重大违法行为的，应当要求其补充、纠正。

②注册会计师应当秉承风险导向审计理念，严格执行注册会计师执业准则及相关规定，完善鉴证程序，科学选用鉴证方法和技术，充分了解被鉴证单位及其环境，审慎关注重大错报风险，获取充分、适当的证据，合理发表鉴证结论。

③资产评估机构应当恪守职业道德，严格遵守评估准则或者其他评估规范，恰当选择评估方法，评估中提出的假设条件应当符合实际情况，对评估对象所涉及交易、收入、支出、投资等业务的合法性、未来预测的可靠性取得充分证据，充分考虑未来各种可能性发生的概率及其影响，形成合理的评估结论。

3.3 信息披露的监督与法律责任

3.3.1 信息披露的监督管理

信息披露义务人及其董事、监事、高级管理人员，上市公司的股东、实际控制人、收购人及其董事、监事、高级管理人员违反信息披露的规定，中国证监会可以采取以下监管措施：①责令改正；②监管谈话；③出具警示函；④将其违法违规、不履行公开承诺等情况记入诚信档案并公布；⑤认定为不适当人选；⑥依法可以采取的其他监管措施。

3.3.2 公司信息披露的法律责任

1. 上市公司董事、监事、高级管理人员责任的分担

（1）上市公司董事、监事、高级管理人员应当对公司信息披露的真实性、准确性、完整性、及时性、公平性负责，但有充分证据表明其已经履行勤勉尽责义务的除外。

（2）上市公司董事长、经理、董事会秘书，应当对公司临时报告信息披露的真实性、准确性、完整性、及时性、公平性承担主要责任。

（3）上市公司董事长、经理、财务负责人应对公司财务报告的真实性、准确性、完整性、及时性、公平性承担主要责任。

2. 信息披露义务人的赔偿责任分担

如果披露的信息有虚假记载、误导性陈述或者重大遗漏，致使投资者在证券交易中遭受损失的：

（1）发行人、上市公司应当承担赔偿责任；

（2）发行人、上市公司的董事、监事、高级管理人员和其他直接责任人员以及保荐人、承销的证券公司，应当与发行人、上市公司承担连带赔偿责任，但是能够证明自己没有过错的除外；

（3）发行人、上市公司的控股股东、实际控制人有过错的，应当与发行人、上市公司承担连带赔偿责任。

3.4 招股说明书、募集说明书与上市公告书

3.4.1 招股说明书的披露

招股说明书是股份公司公开发行股票时,就募股事宜发布的书面通告。招股说明书由股份公司发起人或股份化筹备委员会起草,送交政府证券管理机构审查批准。其主要内容包括:①公司状况:公司历史、性质、公司组织和人员状况、董事、经理、监察人和发起人名单。②公司经营计划,主要是资金的分配和收支及盈余的预算。③公司业务现状和预测,设备情况、生产经营品种、范围和方式、市场营销分析和预测。④专家对公司业务、技术和财务的审查意见。⑤股本和股票发行,股本形成、股权结构、最近几年净值的变化,股票市价的变动情况、股息分配情形、股票发行的起止日期、总额及每股金额、股票种类及其参股限额,股息分配办法,购买股份申请手续,公司股票包销或代销机构。⑥公司财务状况,注册资本,清产核算后的资产负债表和损益表,年底会计师报告。⑦公司近几年年度报告书。⑧附公司章程及有关规定。⑨附公司股东大会重要决议。⑩其他事项。招股说明书是发行股票时必备的文件之一,需经证券管理机构审核、批准,也是投资者特别是公众投资者认购该公司股票的重要参考。

《公开发行证券的公司信息披露内容与格式准则第1号——招股说明书》规定了招股说明书信息披露的最低要求。不论"第1号准则"是否有明确规定,凡对投资者作出投资决策有重大影响的信息,均应披露。如果第1号准则要求披露的某些信息涉及国家机密、商业秘密或其他因披露可能导致违反国家有关保密法律规定或严重损害公司利益的,发行人可向证监会申请豁免披露。

3.4.2 上市公告书的披露

上市公告书是指上市公司按照证券法规和证券交易所业务规则的要求,于其证券上市前,就其公司自身情况及证券上市的有关事宜,通过证券上市管理机构指定的报刊向社会公众公布的宣传和说明材料。

上市公告书是公司股票上市前的重要信息披露资料。我国规定上市公司必须在股票挂牌交易日之前的3天内、在中国证监会指定的上市公司信息披露指定报刊上刊登上市公告书,并将公告书备置于公司所在地,挂牌交易的证券交易所、有关证券经营机构及其网店,就公司本身及股票上市的有关事项,向社会公众进行宣传和说明,以利于投资者在公司股票上市后,做出正确的买卖选择。如果公司股票自发行结束日到挂牌交易的首日不超过90天,或者招股说明书尚未失效的,发行人可以只编制简要上市公告书。若公司股票自发行结束日到挂牌交易的首日超过90天,或者招股说明书已经失效的、发行人必须编制内容完整的上市公告书。

申请证券上市交易,应当按照证券交易所的规定编制上市公告书,并经证券交易所审核同意后公告。发行人的董事、监事、高级管理人员应当对上市公告书签署书面确认意见,发行人应加盖公章,以保证所披露的信息真实、准确和完整。

3.4.3 募集说明书的披露

以上有关招股说明书的规定,同时适用于公司债券募集说明书。

3.4.4 其他注意事项

招股说明书、上市公告书引用保荐人、证券服务机构的专业意见或者报告的,相关内容应当与保荐人、证券服务机构出具的文件内容一致,确保引用保荐人、证券服务机构的意见不会产生误导。

上市公司在非公开发行新股后,应当依法披露发行情况报告书。

3.5 定期报告(含业绩报告、业绩快报)

3.5.1 年度报告的披露

上市公司应当披露的定期报告包括年度报告、半年度报告和季度报告。凡是对投资者作出投资觉得有重大影响的信息,均应当披露。

1. 年度报告披露的时间

《证券法》第六十一条规定,股票或公司债券上市交易的公司,应当在每一会计年度结束之日起四个月内,向国务院证券监督管理机构和证券交易所提交年度报告。具体内容如表3-1所示:

表 3-1 年度、半年度、季度报告相关内容

年度报告	半年度报告	季度报告
(一)公司基本情况	公司基本情况	公司基本情况
(二)主要会计数据和财务指标	主要会计数据和财务指标	主要会计数据和财务指标
(三)公司股票、债券发行及变动情况,报告期末股票、债券总额、股东总数,公司前10大股东持股情况	公司股票、债券发行及变动情况,股东总数、公司前10大股东持股情况	
(四)持股5%以上股东、控股股东及实际控制人情况	控股股东及实际控制人发生变化的情况	
(五)董事、监事、高级管理人员的任职情况、持股变动情况、年度报酬情况		
(六)董事会报告		
(七)管理层讨论与分析	管理层讨论与分析	
(八)报告期内重大事件及对公司的影响	报告期内重大诉讼、仲裁等重大事件及对公司的影响	
(九)财务会计报告和审计报告全文	财务会计报告	
(十)中国证监会规定的其他事项	中国证监会规定的其他事项	中国证监会规定的其他事项

2. 年度报告披露的内容要求

年度报告应如实陈述公司现状，全面披露公司一年来的财务状况、经营状况。依据《证券法》及《内容与格式》的规定，年度报告主要应包括以下内容（如图 3-1）：

（1）公司概况。

（2）公司财务会计报告和经营情况；（公司财务报告必须经具有证券期货相关资格的会计师事务所审计，审计报告须由该所至少两名具有证券期货相关业务资格的注册会计师签字。）

（3）董事、监事、经理及有关高级管理人员简介及其持股情况；

（4）已发行的股票、公司债券情况，包括持有公司股份最多的前十名股东名单和持股数额；

（5）董事会报告、监事会报告及公司的有关重大事项；

（6）国务院证券监督管理机构规定的其他事项。

3. 其他相关要求

（1）年度财务报告审计工作的时间安排由审计委员会与负责公司年度审计工作的会计师事务所协商确定。审计委员会应督促会计师事务所在约定时限内提交审计报告，并以书面形式记录督促的方式、次数和结果以及相关负责人的签字确认。

（2）公司财务负责人应在为公司提供年报审计的注册会计师进场审计向独立董事与审计委员会书面提交本年度审计工作安排及其他相关资料。独立董事与审计委员会对审计工作安排或其他财务相关事项存在疑问的，公司财务负责人应及时以书面形式予以回复。

（3）年审注册会计师进场后，审计委员会与独立董事应加强与年审注册会计师的沟通，在年审注册会计师出具初步审计意见后，公司财务负责人至少安排一次独立董事、审计委员会与年审注册会计师的见面会，沟通审计过程中发现的问题及初步审计意见。

（4）年度财务会计审计报告完成后，审计委员会应召开会议进行表决，形成决议后提交公司董事会审核。

（5）公司年度报告中的财务报告必须经具有证券期货相关业务资格的会计师事务所审计，审计报告须由该所至少两名注册会计师签字。

3.5.2 半年度报告的披露

1. 半年度报告披露的时间

半年度报告的报告期是指年初至半年度期末。半年度报告在每个会计年度的上半年结束之日起两个月内进行披露。上市公司预计不能在规定期限内披露的，应及时向上交所报告，并公告不能按期披露的原因、解决方案以及延期披露的最后期限。

2. 半年度报告披露的内容要求

半年度报告具体内容根据证监会《公开发行证券的公司信息披露内容与格式准则第 3 号——半年度报告的内容与格式》要求编制。

（1）公司简介和主要财务指标。

（2）公司业务概况。

（3）重要事项。

（4）股份变动和股东情况。

（5）优先股相关情况。

（6）董事、监事和高级管理人员情况。

（7）公司债券相关情况。

（8）财务报告。

（9）中国证监会规定的其他事项。

3. 半年度报告中对财务报告的相关要求

半年度报告中的财务报告可以不经审计，但中国证券监督管理委员会和全国中小企业股份转让系统有限责任公司另有规定的除外。如需审计的，应当经过具有证券、期货相关业务资格的会计师事务所审计，有关审计报告由上述会计师事务所盖章及由两名或两名以上注册会计师签字盖章。

3.5.3 季度报告的披露

1. 季度报告披露的时间

季度报告期指季度初至季度末3个月期间。上市公司季度报告披露的时间第一个季度是在每年的4月1日到4月30日，第二个季度的披露时间在每年的7月1日到8月30日，第三个季度的披露时间在每年的10月1日到10月31日，第四个季度的披露时间在每年的1月1日到4月30日。

2. 季度报告披露的内容要求

季度报告的编制需要具体参照中国证监会《公开发行证券的公司信息披露编报规则第13号——季度报告内容与格式特别规定》（2016年修订）以及证券交易所关于半年报的通知和其他相关要求，主要应该包括以下内容（如图3-1）：

（1）公司基本情况。

（2）重要事项。

（3）中国证监会规定的其他事项。

3. 季度报告中对财务报告的相关要求

公司季度报告中的财务报告可以不经审计，但中国证监会和证券交易所另有规定的除外。

3.5.4 业绩预告、业绩快报和盈利预测

1. 业绩预告及修正

应披露业绩预告的情形，如表3-2：

（1）净利润为负值；

（2）实现扭亏为盈；

（3）实现盈利，且净利润与上年同期相比上升或者下降50%以上；

（4）期末净资产为负值；

（5）年度营业收入低于1000万元。

表 3-2　应披露业绩预告的情形

板块	内容
深主板	公司如预计出现上述第3项情形，但属于下列较小比较基数的，经深交所同意可以豁免披露： （1）上一年度每股收益低于或等于 0.05 元； （2）上一年度前三季度每股收益低于或等于 0.04 元； （3）上一年度半年度每股收益低于或等于 0.03 元； （4）上一年度第一季度每股收益低于或等于 0.02 元
中小板	1、公司应披露半年度、前三季度、年度业绩预告。 2、公司预计第一季度业绩将出现下列情形之一的，应披露第一季度业绩预告： （1）净利润为负值； （2）净利润与上年同期相比上升或者下降 50% 以上； （3）与上年同期相比实现扭亏为盈。 注：上市公司预计出现上述第（2）项情形，比较基数较小（即上一年第一季度基本每股收益绝对值低于或等于 0.02 元人民币）且净利润变动金额较小的，可免于披露
创业板	公司应披露一季度、半年度、前三季度、年度业绩预告
沪主板	1、公司预计年度经营业绩将出现下列情形之一的，应当进行业绩预告； （1）净利润为负值； （2）净利润与上年同期相比上升或者下降 50% 以上； （3）实现扭亏为盈。 2、预计中期和第三季度业绩出现上述情形之一的，可以进行业绩预告。 注：公司出现上述第（2）项情形，但属于下列较小比较基数的，经上交所同意可以豁免披露： （1）上一年年度报告每股收益绝对值低于或等于 0.05 元； （2）上一期中期报告每股收益绝对值低于或等于 0.03 元； （3）上一期年初至第三季度报告期末每股收益绝对值低于或等于 0.04 元

2. 业绩预告修正公告披露时间要求

业绩预告修正公告披露时间要求如表 3-3：

表 3-3　业绩预告修正公告披露时间

板块	一季度	半年度	前三季度	年度
深主板	不晚于报告期当年的 4月15日	不晚于报告期当年的 7月15日	不晚于报告期当年的 10月15日	不晚于报告期次年的 1月31日
中小板				
创业板	不晚于报告期当年的 4月10日			
沪主板	—	—	—	及时

（1）业绩快报及更正。

应披露业绩快报的情形及时间要求如表 3-4。

表 3-4 应披露业绩快报的情形及时间

板块	应披露业绩快报的情形与及时性要求	其他情况
深主板	鼓励上市公司在定期报告披露前,主动披露定期报告业绩快报; 拟发布第一季度报告业绩预告但其上年年报尚未披露的上市公司,应当在发布业绩预告的同时披露其上年度的业绩快报	在定期报告披露前业绩被提前泄漏,或者因业绩传闻导致公司股票及其衍生品种交易异常波动的,上市公司应当根据《股票上市规则》的相关规定,及时披露包括本报告期相关财务数据在内的业绩快报
中小板	年度报告预约披露时间在3—4月份的公司,应在2月底之前披露年度业绩快报; 鼓励半年度报告预约披露时间在8月份的公司,在7月底前披露半年度业绩快报	在公司定期报告披露前出现业绩泄漏,或者因业绩传闻导致公司股票及其衍生品种交易异常波动的,上市公司应当及时披露本报告期相关财务数据(无论是否已经审计)
创业板	年度报告预约披露时间在3—4月份的上市公司,应当在2月底之前披露年度业绩快报	在定期报告披露前业绩被提前泄漏,或者因业绩传闻导致公司股票及其衍生品种交易异常波动的,公司应当及时披露包括本期相关财务数据在内的业绩快报
沪主板	上市公司可以在年度报告和中期报告披露前发布业绩快报	定期报告披露前出现业绩提前泄漏,或者因业绩传闻导致公司股票及其衍生品种交易异常波动的,上市公司应当及时披露本报告期相关财务数据(无论是否已经审计)

(2)应披露业绩快报修正公告的情形及要求如表3-5。

表 3-5 应披露业绩快报修正公告的情形及要求

板块	应披露业绩快报修正公告的情形及要求	其他情况
深主板	上市公司在披露业绩快报后,如出现实际业绩与业绩快报存在重大差异的,应当及时发布业绩快报修正公告	若有关财务数据和指标的差异幅度达到20%以上的,上市公司应当在披露相关定期报告的同时,以董事会公告的形式进行致歉,并说明差异内容、原因及对公司内部责任人的认定情况等
中小板	公司在定期报告编制过程中,如果发现业绩快报中的财务数据与相关定期报告的实际数据差异幅度达到10%以上,公司应立即刊登业绩快报修正公告,解释差异内容及其原因	若有关财务数据和指标的差异幅度达到20%以上的,上市公司应当在披露相关定期报告的同时,以董事会公告的形式进行致歉,并说明差异内容及其原因、对公司内部责任人的认定情况等; 如果差异幅度达到20%以上,公司应在公告中向投资者致歉并披露对公司内部责任人的认定情况
创业板	公司预计实际数据与业绩快报、招股说明书或者上市公告书中披露的数据之间的差异达到或者超过20%的,应及时披露业绩快报修正公告	若有关财务数据和指标的差异幅度达到20%以上的,公司应当在披露相关定期报告的同时,以董事会公告的形式进行致歉,并说明差异内容及其原因、对公司内部责任人的认定情况等
沪主板	在披露定期报告之前,公司若发现有关财务数据和指标的差异幅度将达到10%的,应当及时披露业绩快报更正公告,说明具体差异及造成差异的原因	差异幅度达到20%的,公司应当在披露相关定期报告的同时,以董事会公告的形式进行致歉,说明对公司内部责任人的认定情况等

（3）业绩预测及修正。

上市公司预计本期业绩与已披露的盈利预测有重大差异的，应当及时披露盈利预测修正公告。上市公司披露的盈利预测修正公告应当包括以下内容：预计的本期业绩；预计的本期业绩与已披露的盈利预测存在的差异及造成差异的原因；董事会的致歉说明书和对公司内部责任人的认定情况；关于公司股票交易可能被实行或者撤销风险警示，或者股票可能被暂停上市、恢复上市或者终止上市的说明（如适用）。

3.5.5 相关注意事项

（1）上市公司董事会应当确保公司按时披露定期报告。因故无法形成董事会审议定期报告的决议的，公司应当以董事会公告的形式对外披露相关情况，说明无法形成董事会决议的原因和存在的风险。公司不得披露未经董事会审议通过的定期报告。

（2）上市公司应当向交易所预约定期报告的披露时间，交易所根据均衡披露原则统筹安排各公司定期报告的披露顺序。

公司应当按照交易所安排的时间办理定期报告披露事宜。因故需要定期变更披露时间的，应当提前5个交易日向交易所提出书面申请，说明变更的理由和变更后的披露时间，交易所视情形决定是否予以调整，原则上只接受一次变更申请。

（3）负责公司定期报告审计工作的会计师事务所，不得无故拖延审计工作影响公司定期报告的按时披露。

（4）在公司定期报告披露前出现业绩泄露，或者因业绩传闻导致公司股票及其衍生品种交易异常波动的，上市公司应当及时披露本报告期相关财务数据（无论是否已经审计），包括营业收入、营业利润、利润总额、净利润、总资产和净资产等。

（5）公司监事会应当依法对董事会编制的公司定期报告进行审核并提出书面审核意见。

（6）公司预计不能在规定期限内披露定期报告的，应当及时向交易所报告，并公告不能按期披露的原因、解决方案以及延期披露的最后期限。

（7）上市公司董事会应当按照中国证监会应当按照中国证监会和交易所关于定期报告的有关规定，组织有关人员安排落实定期报告的编制和披露工作。

公司经理、财务负责人、董事会秘书等高级管理人员应当及时编制定期报告提交董事会审议；公司董事、高级管理人员应当依法对公司定期报告是否真实、准确、完整签署书面确认意见。

（8）上市公司的董事、监事、高级管理人员不得以任何理由拒绝对公司定期报告签署书面意见影响定期报告的按时披露。公司董事会不得以任何理由影响公司定期报告的按时披露。

3.6 临时报告

3.6.1 临时报告披露的主要内容及时间节点

临时报告是指上市公司按有关法律法规及规则规定，在发生重大事项时需向投资者和社会公众披露的信息，是上市公司持续信息披露义务的重要组成部分。

1. 临时报告披露涉及的主要内容

发生可能对股价产生重大影响的重大事件且投资者未被告知的，上市公司应当立即向提交该重大事件的中期报告并予以公告，说明事件发生的原因、现状及可能产生的后果。

应提交临时报告的重大事件包括下列情况：

（1）公司经营范围、方针的重大变化；

（2）公司重大投资行为和重大购房决策；

（3）签订合同可能对公司权益、负债、资产和经营成果产生重要影响的；

（4）公司有未清偿到期重大债务、重大债务的违约行为；

（5）公司遭受重大损失或者重大损失；

（6）生产经营外部条件的重大变化；

（7）公司董事、1/3以上监事或者经理发生变动；

（8）公司实际控制人或者持有公司百分之五以上股份的股东在持股或者控制公司方面发生重大变化；

（9）公司申请破产、解散、分立、合并、减资的决定；

（10）涉及公司、股东会和董事会决议的重大诉讼、仲裁被依法撤销或宣告无效；

（11）公司因涉嫌违法违规被主管部门调查；公司高级管理人员、监事、董事涉嫌违法违规被主管机关调查或采取强制措施的；

（12）新公布产业政策、规定可能对公司产生重大影响；

（13）董事再融资计划的相关决议；

（14）任何股东持有公司5%以上的股份被依法委托、司法拍卖、冻结、质押、设立信托或限制表决权；

（15）主要资产被质押或者抵押、冻结、扣押、查封；

（16）主要或者全部业务停顿；

（17）对外提供重大担保；

（18）获得大额政府补贴等对于公司经营成果、权益、负债、资产产生重大影响的额外收入；

（19）变更会计政策和会计估计；

（20）因未按规定披露、记录不实、前期披露信息有误，被有关部门责令改正或经董事会决定改正的。

2. 临时报告披露的时间节点

挂牌公司应当在临时报告所涉及的重大事件最先触及下列任一时点后及时履行首次披露义务：

（1）董事会或者监事会作出决议时。

（2）签署意向书或者协议（无论是否附加条件或者期限）时。

（3）公司（含任一董事、监事或者高级管理人员）知悉或者理应知悉重大事件发生时。

对挂牌公司股票转让价格可能产生较大影响的重大事件正处于筹划阶段，虽然尚未触及上述时点，但出现下列情形之一的公司亦应履行首次披露义务：

（1）该事件难以保密。

（2）该事件已经泄露或者市场出现有关该事件的传闻。

（3）公司股票及其衍生品种交易已发生异常波动。挂牌公司应该及时履行信息披露义务，所谓"及时"是指自起算日或触及《信息披露细则》规定的披露时点起两个转让日内，另有规定的除外。

3.6.2 三会公告

1. 股东大会会议通知及决议公告

股东大会召集通知的内容应当包括：

（1）会议的时间、地点和会议期限；

（2）提交会议审议的事项和提案；

（3）以明显的文字说明：全体股东均有权出席股东大会，并可以书面委托代理人出席会议和参加表决，该股东代理人不必是公司的股东；

（4）有权出席股东大会股东的股权登记日；

（5）会务常设联系人姓名，电话号码。

股东会决议是股东会就公司事项通过的议案。根据议决事项的不同，可将股东会决议分为普通决议和特别决议。普通决议是就公司一般事项作出的决议，如任免董事、监察人、审计员或清算人，确定其报酬；分派公司盈余及股息、红利；承认董事会所作的各种表册；承认清算人所作的各项表册；对董事、监察人提起诉讼，等等。形成普通决议，一般只要求有代表已发行股份总数过半数的股东出席，以出席股东表决权的过半数同意即可。特别决议是就公司特别事项作出的决议，如变更公司章程；增加或减少公司资本；缔结、变更或终止关于转让或出租公司财产或营业以及受让他人财产或营业的合同；公司转化、合并或解散，等等。特别决议的形成要求较严格，一般要有代表发行股份总数 2/3 或 3/4 的股东出席，并以出席股东表决权的过半数或 3/4 通过。无论是普通决议还是特别决议，若议决程序违法或违反章程，股东于决议通过之日起一定期限内，可诉请法院撤销该决议。决议的内容违法时，该决议即归无效。

2. 董事会决议公告

上市公司召开董事会决议，应当在会议结束后及时将董事会决议（包括所有提案均被否决的董事会决议）报送证券交易所。经交易所登记后披露董事会决议公告。董事会决议应当经与会董事会签字确认。董事会决议公告应当包括以下内容。

（1）会议通知发出的时间和方式。

（2）会议召开的时间、地点、方式，以及是否符合有关法律、行政法规、部门规章、其他规范性文件和公司章程的说明。

（3）委托他人出席和缺席的董事人数、姓名、缺席理由和受托董事姓名。

（4）每项提案获得的同意、反对和弃权的票数，以及有关董事反对或者弃权的理由。

（5）涉及关联交易的，说明应当回避表决的董事姓名、理由和回避情况。

（6）需要独立董事事前认可或者独立发表意见的，说明事前认可情况或者所发表的意见。

（7）审议事项的具体内容和会议形成的决议。

3. 监事会决议公告

上市公司召开监事会会议，应当在会议结束后及时将监事会决议报送交易所，经交易所登记后披露监事会决议公告。监事会决议公告应当包括以下内容。

（1）会议召开的时间、地点、方式，以及是否符合有关法律、行政法规、部门规章、其他规范性文件和公司章程的说明。

（2）委托他人出席和缺席的监事人数、姓名、缺席的理由和受托监事姓名。

（3）每项提案获得的同意、反对和弃权的票数，以及有关监事反对或者弃权的理由。

（4）审议事项的具体内容和会议形成的决议。

3.6.3 应当披露的交易

1. 应该披露的"交易"内容及披露标准

本节所称"交易"包括下列事项：

（1）购买或者出售资产；

（2）对外投资（含委托理财、委托贷款、对子公司投资等）；

（3）提供财务资助；

（4）提供担保；

（5）租入或者租出资产；

（6）签订管理方面的合同（含委托经营、受托经营等）；

（7）赠与或者受赠资产；

（8）债权或者债务重组；

（9）研究与开发项目的转移；

（10）签订许可协议；

（11）本所认定的其他交易。

上述购买、出售的资产不含购买原材料、燃料和动力，以及出售产品、商品等与日常经营相关的资产，但资产置换中涉及购买、出售此类资产的，仍包含在内。

上市公司发生的交易达到下列标准之一的，应当及时披露：

（1）交易涉及的资产总额占上市公司最近一期经审计总资产的 10% 以上，该交易涉及的资产总额同时存在账面值和评估值的，以较高者作为计算数据；

（2）交易标的（如股权）在最近一个会计年度相关的营业收入占上市公司最近一个会计年度经审计营业收入的 10% 以上，且绝对金额超过一千万元；

（3）交易标的（如股权）在最近一个会计年度相关的净利润占上市公司最近一个会计年度经审计净利润的 10% 以上，且绝对金额超过一百万元；

（4）交易的成交金额（含承担债务和费用）占上市公司最近一期经审计净资产的 10%

以上，且绝对金额超过一千万元；

（5）交易产生的利润占上市公司最近一个会计年度经审计净利润的10%以上，且绝对金额超过一百万元。上述指标计算中涉及的数据如为负值，取其绝对值计算。

上市公司发生的交易（上市公司受赠现金资产除外）达到下列标准之一的，上市公司除应当及时披露外，还应当提交股东大会审议：

（1）交易涉及的资产总额占上市公司最近一期经审计总资产的50%以上，该交易涉及的资产总额同时存在账面值和评估值的，以较高者作为计算数据；

（2）交易标的（如股权）在最近一个会计年度相关的营业收入占上市公司最近一个会计年度经审计营业收入的50%以上，且绝对金额超过五千万元；

（3）交易标的（如股权）在最近一个会计年度相关的净利润占上市公司最近一个会计年度经审计净利润的50%以上，且绝对金额超过五百万元；

（4）交易的成交金额（含承担债务和费用）占上市公司最近一期经审计净资产的50%以上，且绝对金额超过五千万元；

（5）交易产生的利润占上市公司最近一个会计年度经审计净利润的50%以上，且绝对金额超过五百万元。

2. 对外担保

"提供担保"事项属于下列情形之一的，还应当在董事会审议通过后提交股东大会审议：

（1）单笔担保额超过上市公司最近一期经审计净资产10%的担保；

（2）上市公司及其控股子公司的对外担保总额，超过上市公司最近一期经审计净资产50%以后提供的任何担保；

（3）为资产负债率超过70%的担保对象提供的担保；

（4）连续十二个月内担保金额超过公司最近一期经审计总资产的30%；

（5）连续十二个月内担保金额超过公司最近一期经审计净资产的50%且绝对金额超过五千万元；

（6）对股东、实际控制人及其关联人提供的担保；

（7）本所或者公司章程规定的其他担保情形。

董事会审议担保事项时，应当经出席董事会会议的三分之二以上董事审议同意。股东大会审议前款第（四）项担保事项时，应当经出席会议的股东所持表决权的三分之二以上通过。

股东大会在审议为股东、实际控制人及其关联人提供的担保议案时，该股东或者受该实际控制人支配的股东，不得参与该项表决，该项表决须经出席股东大会的其他股东所持表决权的半数以上通过。

对于已披露的担保事项，上市公司还应当在出现下列情形之一时及时披露：

（1）被担保人于债务到期后十五个交易日内未履行还款义务的；

（2）被担保人出现破产、清算及其他严重影响还款能力情形的。

3. 其他

包括提供财务资助、租入或租出资产、赠与或受赠资产、研究与开发项目的转移、签订许可协议等。

4. 披露要求

上市公司披露交易事项时，应当向交易所提交下列文件：

（1）公告文稿；

（2）与交易有关的协议书或者意向书；

（3）董事会决议、独立董事意见及董事会决议公告文稿（如适用）；

（4）交易涉及的政府批文（如适用）；

（5）中介机构出具的专业报告（如适用）；

（6）本所要求的其他文件。

上市公司应当根据交易事项的类型，披露下述所有适用其交易的有关内容：

（1）交易概述和交易各方是否存在关联关系的说明；对于按照累计计算原则达到标准的交易，还应当简要介绍各单项交易情况和累计情况；

（2）交易对方的基本情况；

（3）交易标的的基本情况，包括标的的名称、账面值、评估值、运营情况、有关资产是否存在抵押、质押或者其他第三人权利、是否存在涉及有关资产的重大争议、诉讼或者仲裁事项、是否存在查封、冻结等司法措施；

交易标的为股权的，还应当说明该股权对应的公司的基本情况和最近一年又一期经审计的资产总额、负债总额、净资产、营业收入和净利润等财务数据；

出售控股子公司股权导致上市公司合并报表范围变更的，还应当说明上市公司是否存在为该子公司提供担保、委托该子公司理财，以及该子公司占用上市公司资金等方面的情况；如存在，应当披露前述事项涉及的金额、对上市公司的影响和解决措施。

（4）交易协议的主要内容，包括成交金额、支付方式（如现金、股权、资产置换等）、支付期限或者分期付款的安排、协议的生效条件、生效时间以及有效期限等；交易协议有任何形式的附加或者保留条款，应当予以特别说明；交易须经股东大会或者有权部门批准的，还应当说明需履行的合法程序及其进展情况；

（5）交易定价依据、支出款项的资金来源；

（6）交易标的的交付状态、交付和过户时间；

（7）公司预计从交易中获得的利益（包括潜在利益），以及交易对公司本期和未来财务状况和经营成果的影响；

（8）关于交易对方履约能力的分析；

（9）交易涉及的人员安置、土地租赁、债务重组等情况；

（10）关于交易完成后可能产生关联交易情况的说明；

（11）关于交易完成后可能产生同业竞争及相关应对措施的说明；

（12）中介机构及其意见；

（13）本所要求的有助于说明交易实质的其他内容。

3.6.4 关联交易

1. 关联交易定义

所谓关联交易，指公司与其关联人之间发生的一切转移资源或者义务的法律行为。其特征是：交易双方中一方是公司，另一方是公司的关联人；交易双方的法律地位名义上平等，但交易实由关联人一方所决定；交易双方存在利益冲突，关联人可能利用控制权损害公司的利益。

2. 关联交易的披露标准

《深圳证券交易所股票上市规则（2008年修订）》规定：

（1）上市公司与关联自然人发生的交易金额在30万元人民币以上的关联交易，应当及时披露。

（2）上市公司与关联法人发生的交易金额在300万元人民币以上，且占上市公司最近一期经审计净资产绝对值0.5%以上的关联交易，应当及时披露。

（3）上市公司与关联人发生的交易（上市公司获赠现金资产和提供担保除外）金额在3000万元人民币以上，且占上市公司最近一期经审计净资产绝对值5%以上的关联交易，除应当及时披露外，还应当比照9.7条的规定聘请具有执行证券、期货相关业务资格的中介机构，对交易标的进行评估或审计，并将该交易提交股东大会审议。

关联交易审议程序和披露的注意事项：

（1）上市公司董事会审议关联交易事项时，关联董事应当回避表决，也不得代理其他董事行使表决权。该董事会会议由过半数的非关联董事出席即可举行，董事会会议所作决议须经非关联董事过半数通过。出席董事会会议的非关联董事人数不足三人的，公司应当将交易提交股东大会审议。

（2）上市公司股东大会审议关联交易事项时，关联股东应当回避表决，也不得代理其他股东行使表决权。

（3）上市公司不得直接或者间接向董事、监事、高管提供借款。

（4）上市公司不得为董事、监事、高管、控股股东、实际控制人及其控股子公司等关联人提供资金等财务资助（深交所明文规定，上交所未明文规定）。

（5）持续督导期内，保荐机构应当对上市公司披露的关联交易发表意见。

（6）重大关联交易（指上市公司拟与关联人达成的总额高于300万或高于上市公司最近经审计净资产5%的关联交易）应由独立董事认可后，提交董事会讨论；独立董事作出判断前，可以聘请中介机构出具独立财务顾问报告。

（7）上市公司合并报表范围内的控股子公司发生的事项视同上市公司事项，因此，上市公司与其合并报表范围内的控股子公司及其控股子公司之间发生的交易不构成关联交易，无需按关联交易履行审议程序和披露义务。

（8）上市公司在与关联人共同投资，向共同投资的企业（含上市公司控股子公司）中增资、减资，购买非关联方股份而形成与关联方共同投资的，应当以上市公司的投资、增资、减资、购买发生额作为提交董事会或股东大会的数额标准。

（9）上市公司接受关联人财务资助（如接受委托贷款）或担保的，上市公司以应付的资金利息、资金使用费或担保费金额作为提交董事会或股东大会的数额标准。

（10）上市公司进行关联交易因连续十二个月累计计算的原则需提交股东大会审议的，仅需要将本次关联交易提交股东大会审议，并在本次关联交易公告中将前期已发生的关联交易一并披露。

3. 关联交易的审议程序

关联交易的具体审议程序如表 3-6。

表 3-6　关联交易审议程序

审议程序与披露	主板（包括中小板）	创业板
董事会审议且应披露的关联交易	关联自然人：交易金额在 30 万元以上	
	关联法人：交易金额在 300 万元以上，且占公司最近一期经审计净资产绝对值 0.5% 以上（300 万 +0.5%）	关联法人：交易金额在 100 万元以上，且占公司最近一期经审计净资产绝对值 0.5% 以上（100 万 +0.5%）
股东大会审议且应披露的关联交易	交易（公司受赠现金和提供担保除外）金额在 3000 万元以上，且占公司最近一期经审计净资产绝对值 5% 以上（3000 万 +5%）	交易（公司获赠现金和提供担保除外）金额在 1000 万元以上，且占公司最近一期经审计净资产绝对值 5% 以上（1000 万 +5%）
	为关联人提供担保的，不论数额大小，均应在董事会审议通过后提交股东大会审议（为持股 5% 以下的股东提供担保的，参照该规定执行，提交股东大会审议）	
	首次发生的日常关联交易，公司应当与根据与关联人订立的协议涉及的总交易金额提交董事会或股东大会审议，协议没有具体总交易金额的，应当提交股东大会审议	
	根据《公司法》第 149 条及《深交所规范运作指引》3.1.6 条，董事、监事和高管与上市公司订立合同或进行交易的，应根据《股票上市规则》和公司章程规定提交董事会或股东大会审议通过	上市公司与公司董事、监事和高管及其配偶发生关联交易，应当在对外披露后提交公司股东大会审议
	（1）若交易标的为公司股权，上市公司应当聘请具有从事证券、期货相关业务资格会所对交易标的最近一年一期财务报告进行审计，审计截止日距协议签署日不得超过六个月	
	（2）若交易标的为股权以外的其他资产，公司应当聘请具有从事证券、期货相关业务资格资产评估机构进行评估，评估基准日距协议签署日不得超过一年	
	（3）对于与日常经营相关的关联交易所涉及的交易标的，可以不进行审计或评估	

4. 关联交易的金额计算方法

上市公司在十二个月内如发生以下关联交易，应当按照连续 12 个月内累计原则，进行计算，如表 3-7。

表 3-7 关联交易金额计算方法

上交所	（1）与同一关联人进行的交易（同一关联人，包括与该关联人受同一法人或其他组织或者自然人直接或间接控制的，或相互存在股权控制关系，以及由同一关联自然人担任董事或高级管理人员的法人或其他组织）。 （2）与不同关联人进行的交易标的类别相关的交易
深交所	（1）与同一关联人进行的交易（同一关联人包括与该关联人受同一主体控制或者相互存在股权控制关系的其他关联人）。 （2）与不同关联人进行的与同一交易标的相关的交易
北交所	（1）与同意关联方进行的交易（同一关联方，包括与该关联方受同一实际控制人控制，或者存在股权控制关系，或者由同一自然人担任董事或高级管理人员的法人或其他组织）。 （2）与不同关联方进行交易标的类别相关的交易

5. 关联交易的定价

关联交易的定价如表 3-8：

表 3-8 关联交易的定价

定价方法	定价规则	适用情形
成本加成法	以关联交易发生的合理成本加上可比非关联交易的毛利定价	适用于采购、销售、有形资产的转让和使用、劳务提供、资金融通等关联交易
再销售价格法	以关联方购进商品再销售给非关联方的价格减去可比非关联交易毛利后的金额作为关联方购进商品的公平成交价格	适用于再销售者未对商品进行改变外型、性能、结构或更换商标等实质性增值加工的简单加工或单纯的购销业务
可比非受控价格法	以非关联方之间进行的与关联交易相同或类似业务活动所收取的价格定价	适用于所有类型的关联交易
交易净利润法	以可比非关联交易的利润水平指标确定关联交易的净利润	适用于采购、销售、有形资产的转让和使用、劳务提供等关联交易
利润分割法	根据上市公司与其关联方对关联交易合并利润的贡献计算各自应该分配的利润额	适用于各参与方关联交易高度整合且难以单独评估各方交易结果的情况

6. 豁免事项

部分关联交易因其程序公开、交易交割公允，或因交易涉及国家秘密、商业秘密等，上市公司可以豁免披露或者豁免履行相关义务。上市公司与关联人进行的交易，可以免予按照关联交易的方式进行审议和披露的，在股票上市规则当中主要规定了以下几种情形：

（1）一方以现金方式认购另一方公开发行的股票、公司债券或企业债券、可转换公司债券或者其他衍生品种；

（2）一方作为承销团成员承销另一方公开发行的股票、公司债券或企业债券、可转换公司债券或者其他衍生品种；

（3）一方依据另一方股东大会决议领取股息、红利或者报酬；

（4）交易所认定的其他交易。

3.6.5 募集资金的管理与披露

1. 募集资金的总体要求

募集资金是指上市公司通过公开发行证券（包括首次公开发行股票、配股、增发、发行可转换公司债券、分离交易的可转换公司债券、公司债券、权证等）以及非公开发行证券向投资者募集并用于特定用途的资金。

（1）上市公司应当审慎使用募集资金，保证募集资金的使用与招股说明书或募集说明书的承诺相一致，不得随意改变募集资金的投向。

公司应当真实、准确、完整地披露募集资金的实际使用情况，并在年度审计的同时聘请会计师事务所对募集资金存放与使用情况进行鉴证。

（2）上市公司董事会应当负责建立健全公司募集资金管理制度，并确保该制度的有效实施。募集资金管理制度应当对募集资金专户存储、使用、变更、监督和责任追究等内容进行明确规定。

募集资金管理制度应当对募集资金使用的申请、分级审批权限、决策程序、风险控制措施及信息披露程序作出明确规定。

（3）募集资金投资项目通过上市公司的子公司或公司控制的其他企业实施的，公司应当确保该子公司或受控制的其他企业遵守其募集资金管理制度。

（4）保荐机构在持续督导期间应当对上市公司募集资金管理事项履行保荐职责，按照《证券发行上市保荐业务管理办法》及本章规定进行公司募集资金管理的持续督导工作。

（5）上市公司应当审慎选择商业银行并开设募集资金专项账户（以下简称"专户"），募集资金应当存放于董事会决定的专户集中管理，专户不得存放非募集资金或用作其他用途。募集资金专户数量不得超过募集资金投资项目的个数。

公司存在两次以上融资的，应当独立设置募集资金专户。同一投资项目所需资金应当在同一专户存储。

（6）上市公司应当在募集资金到位后一个月内与保荐机构、存放募集资金的商业银行（以下简称"商业银行"）签订三方监管协议（以下简称"协议"）。协议至少应当包括下列内容：

①公司应当将募集资金集中存放于专户；

②募集资金专户账号、该专户涉及的募集资金项目、存放金额；

③公司一次或十二个月内累计从该专户中支取的金额超过5000万元人民币或该专户总额的20%的，公司及商业银行应当及时通知保荐机构；

④商业银行每月向公司出具银行对账单，并抄送保荐机构；

⑤保荐机构可以随时到商业银行查询专户资料；

⑥保荐机构每季度对公司现场调查时应当同时检查募集资金专户存储情况；

⑦保荐机构的督导职责、商业银行的告知及配合职责、保荐机构和商业银行对公司募集资金使用的监管方式；

⑧公司、商业银行、保荐机构的权利、义务和违约责任；

⑨商业银行三次未及时向保荐机构出具对账单或通知专户大额支取情况，以及存在未配合保荐机构查询与调查专户资料情形的，公司可以终止协议并注销该募集资金专户。

公司应当在上述协议签订后及时报本所备案并公告协议主要内容。

上述协议在有效期届满前提前终止的，公司应当自协议终止之日起一个月内与相关当事人签订新的协议，并及时报本所备案后公告。保荐机构应当及时在每季度现场检查结束后向本所提交检查报告。

2. 募集资金的使用管理

（1）上市公司应当按照发行申请文件中承诺的募集资金投资计划使用募集资金。出现严重影响募集资金投资计划正常进行的情形时，公司应当及时公告。

（2）除金融类企业外，募集资金投资项目不得为持有交易性金融资产和可供出售的金融资产、借予他人、委托理财等财务性投资，不得直接或者间接投资于以买卖有价证券为主要业务的公司。

上市公司不得将募集资金用于质押、委托贷款或其他变相改变募集资金用途的投资。

（3）上市公司应当确保募集资金使用的真实性和公允性，防止募集资金被控股股东、实际控制人等关联人占用或挪用，并采取有效措施避免关联人利用募集资金投资项目获取不正当利益。

（4）上市公司应当在每个会计年度结束后全面核查募集资金投资项目的进展情况。

募集资金投资项目年度实际使用募集资金与最近一次披露的募集资金投资计划当年预计使用金额差异超过30%的，公司应当调整募集资金投资计划，并在定期报告中披露最近一次募集资金年度投资计划、目前实际投资进度、调整后预计分年度投资计划以及投资计划变化的原因等。

（5）募集资金投资项目出现下列情形的，上市公司应当对该项目的可行性、预计收益等重新进行论证，决定是否继续实施该项目：

①募集资金投资项目涉及的市场环境发生重大变化的；

②募集资金投资项目搁置时间超过一年的；

③超过最近一次募集资金投资计划的完成期限且募集资金投入金额未达到相关计划金额50%的；

④募集资金投资项目出现其他异常情形的。

⑤公司应当在最近一期定期报告中披露项目的进展情况、出现异常的原因以及调整后的募集资金投资计划（如有）。

⑥上市公司决定终止原募集资金投资项目的，应当尽快、科学地选择新的投资项目。

⑦上市公司以募集资金置换预先已投入募集资金投资项目的自筹资金的，应当经公司董事会审议通过、会计师事务所出具鉴证报告及独立董事、监事会、保荐机构发表明确同意意见并履行信息披露义务后方可实施。

公司已在发行申请文件披露拟以募集资金置换预先投入的自筹资金且预先投入金额确定的，应当在置换实施前对外公告。

⑧上市公司可以用闲置募集资金暂时用于补充流动资金，但应当符合下列条件：

不得变相改变募集资金用途；不得影响募集资金投资计划的正常进行；单次补充流动资金时间不得超过六个月；单次补充流动资金金额不得超过募集资金金额的50%；已归还前次用于暂时补充流动资金的募集资金（如适用）；不使用闲置募集资金进行证券投资；保荐机构、独立董事、监事会单独出具明确同意的意见。

⑨上市公司用闲置募集资金补充流动资金的，应当经公司董事会审议通过，并在二个交易日内公告下列内容：

本次募集资金的基本情况，包括募集资金的时间、金额及投资计划等；募集资金使用情况；闲置募集资金补充流动资金的金额及期限；闲置募集资金补充流动资金预计节约财务费用的金额、导致流动资金不足的原因、是否存在变相改变募集资金用途的行为和保证不影响募集资金项目正常进行的措施；独立董事、监事会、保荐机构出具的意见；本所要求的其他内容。

补充流动资金到期日之前，公司应将该部分资金归还至募集资金专户，并在资金全部归还后二个交易日内公告。

3. 募集资金的用途变更

（1）上市公司存在下列情形的，视为募集资金用途变更：
①取消原募集资金项目，实施新项目；
②变更募集资金投资项目实施主体；
③变更募集资金投资项目实施方式；
④本所认定为募集资金用途变更的其他情形。

（2）上市公司应当在董事会和股东大会审议通过变更募集资金用途议案后，方可变更募集资金用途。

（3）上市公司董事会应当审慎地进行拟变更后的新募集资金投资项目的可行性分析，确信投资项目具有较好的市场前景和盈利能力，能够有效防范投资风险，提高募集资金使用效益。

公司变更后的募集资金用途原则上应当投资于主营业务。

（4）上市公司拟变更募集资金用途的，应当在提交董事会审议后二个交易日内公告下列内容：
①原项目基本情况及变更的具体原因；
②新项目的基本情况、可行性分析、经济效益分析和风险提示；
③新项目的投资计划；
④新项目已经取得或尚待有关部门审批的说明（如适用）；
⑤独立董事、监事会、保荐机构对变更募集资金用途的意见；
⑥变更募集资金用途尚需提交股东大会审议的说明；
⑦本所要求的其他内容。

（5）上市公司拟将募集资金投资项目变更为合资经营的方式实施的，应当在充分了解合资方基本情况的基础上，慎重考虑合资的必要性，并且公司应当控股，确保对募集资金投资项目的有效控制。

（6）上市公司变更募集资金用途用于收购控股股东或实际控制人资产（包括权益）的，应当确保在收购完成后能够有效避免同业竞争及减少关联交易。

公司应当披露与控股股东或实际控制人进行交易的原因、关联交易的定价政策及定价依据、关联交易对公司的影响以及相关问题的解决措施。

（7）上市公司拟对外转让或置换最近三年内募集资金投资项目的（募集资金投资项目对外转让或置换作为重大资产重组方案组成部分的情况除外），应当在董事会审议通过后二个交易日内公告下列内容并提交股东大会审议：

①对外转让或置换募集资金投资项目的具体原因；

②已使用募集资金投资该项目的金额；

③该项目完工程度和实现效益；

④换入项目的基本情况、可行性分析和风险提示（如适用）；

⑤转让或置换的定价依据及相关收益；

⑥独立董事、监事会、保荐机构对转让或置换募集资金投资项目的意见；

⑦本所要求的其他内容。

公司应当充分关注转让价款收取和使用情况、换入资产的权属变更情况及换入资产的持续运行情况。

（8）上市公司改变募集资金投资项目实施地点的，应当经董事会审议通过，并在二个交易日内公告，说明改变情况、原因、对募集资金投资项目实施造成的影响以及保荐机构出具的意见。

（9）单个募集资金投资项目完成后，上市公司将该项目节余募集资金（包括利息收入）用于其他募集资金投资项目的，应当经董事会审议通过、保荐机构发表明确同意的意见后方可使用。

节余募集资金（包括利息收入）低于 50 万元人民币或低于该项目募集资金承诺投资额 1% 的，可以豁免履行前款程序，其使用情况应当在年度报告中披露。

公司将该项目节余募集资金（包括利息收入）用于非募集资金投资项目（包括补充流动资金）的，应当按照第 6.4.2 条、第 6.4.4 条履行相应程序及披露义务。

（10）全部募集资金投资项目完成后，节余募集资金（包括利息收入）占募集资金净额 10% 以上的，上市公司使用节余资金应当符合下列条件：

①独立董事、监事会发表意见；

②保荐机构发表明确同意的意见；

③董事会、股东大会审议通过。

节余募集资金（包括利息收入）低于募集资金金额 10% 的，应当经董事会审议通过、保荐机构发表明确同意的意见后方可使用。

节余募集资金（包括利息收入）低于 300 万元人民币或低于募集资金净额 1% 的，可以豁免履行前款程序，其使用情况应当在年度报告中披露。

4. 募集资金监督措施

（1）上市公司会计部门应当对募集资金的使用情况设立台账，详细记录募集资金的支出情况和募集资金项目的投入情况。

公司内部审计部门应当至少每季度对募集资金的存放与使用情况检查一次，并及时向审计委员会报告检查结果。

审计委员会认为公司募集资金管理存在违规情形、重大风险或内部审计部门没有按前款规定提交检查结果报告的，应当及时向董事会报告。董事会应当在收到报告后二个交易日内向本所报告并公告。

（2）上市公司当年存在募集资金运用的，董事会应当对年度募集资金的存放与使用情况出具专项报告，并聘请会计师事务所对募集资金存放与使用情况出具鉴证报告。

会计师事务所应当对董事会的专项报告是否已经按照本指引及相关格式指引编制以及是否如实反映了年度募集资金实际存放、使用情况进行合理保证，提出鉴证结论。

鉴证结论为"保留结论""否定结论"或"无法提出结论"的，公司董事会应当就鉴证报告中会计师事务所提出该结论的理由进行分析、提出整改措施并在年度报告中披露。保荐机构应当在鉴证报告披露后的十个交易日内对年度募集资金的存放与使用情况进行现场核查并出具专项核查报告，核查报告应当认真分析会计师事务所提出上述鉴证结论的原因，并提出明确的核查意见。公司应当在收到核查报告后二个交易日内向本所报告并公告。

（3）上市公司以发行证券作为支付方式向特定对象购买资产的，应当确保在新增股份上市前办理完毕上述募集资产的所有权转移手续，公司聘请的律师事务所应当就资产转移手续完成情况出具专项法律意见书。

（4）上市公司以发行证券作为支付方式向特定对象购买资产或募集资金用于收购资产的，相关当事人应当严格遵守和履行涉及收购资产的相关承诺，包括实现该项资产的盈利预测以及资产购入后公司的盈利预测等。

（5）独立董事应当关注募集资金实际使用情况与上市公司信息披露情况是否存在重大差异。经二分之一以上独立董事同意，独立董事可以聘请会计师事务所对募集资金存放与使用情况出具鉴证报告。公司应当积极配合，并承担必要的费用。

（6）保荐机构在对上市公司进行现场调查时发现公司募集资金管理存在重大违规情形或重大风险的，应当及时向本所报告。

3.6.6 股票买卖

1. 主要涉及对象

（1）上市公司董事、监事、高级管理人员和证券事务代表。

（2）持有上市公司 5% 以上股份的股东（包括控股股东、实际控制人等）。

（3）内幕信息知情人。

（4）其他。

股票买卖的关注对象还包括上述人员的关联人。

2. 买卖情况披露

（1）上市公司董事、监事、高级管理人员和证券事务代表应当在买卖本公司股份及其衍生品种的两个交易日内，向上市公司报告并由上市公司在证券交易所网站进行填报。填报内容包括以下六点。

①上市公司名称、股票代码；

②董事、监事、高管姓名、职务；

③本次变动前持股数量；

④本次股份变动的原因、日期、数量、价格；

⑤变动后的持股数量；

⑥证券交易所要求披露的其他事项。

（2）上市公司董事、监事和高级管理人员、证券事务代表应当确保下列自然人、法人或其他组织不发生因知悉内部信息而买卖本公司股份及其衍生品种的行为。

①上市公司董事、监事、高级管理人员的配偶、父母、子女、兄弟姐妹；

②上市公司董事、监事、高级管理人员控制的法人或其他组织；

③上市公司的证券事务代表及其配偶、父母、子女、兄弟姐妹；

④中国证监会、证券交易所或上市公司根据实质重于形式的原则认定的其他与上市公司或上市公司董事、监事、高级管理人员、证券事务代表有特殊关系，可能获知内幕信息的自然人、法人或其他组织。

上述自然人、法人或其他组织买卖本公司股份及其衍生品种的，参照前条的规定执行。

（3）上市公司董事、监事和高级管理人员违反《证券法》第四十七条的规定。将其所持本公司股票在买入后6个月内卖出，或者在卖出后6个月内又买人的。公司董事会应当收回其所得收益，并及时披露以下内容

①相关人员违规买卖股票的情况；

②公司采取的补救措施；

③收益的计算方法和董事会收回收益的具体情况；

④证券交易所要求披露的其他事项。

（4）上市公司应当在定期报告中披露报告期内董事、监事和高级管理人员买卖本公司股票的情况，内容包括以下五点：

①报告期初所持本公司股票数量；

②报告期内买人和卖出本公司股票的数量，金额和平均价格；

③报告期末所持本公司股票数量；

④董事会关于报告期内董事、监事和高级管理人员是否存在违法违规买卖本公司股票行为以及采取的相应措施；

⑤证券交易所要求披露的其他事项。

（5）上市公司董事和高级管理人员持有本公司股份及其变动比例达到《上市公司收购管理办法》规定的，还应当按照《上市公司收购管理办法》等相关法律、行政法规、部门规章和业务规则的规定履行报告和披露等义务。

（6）控股股东、实际控制人通过证券交易系统买卖上市公司股份，每增加或减少比例达到公司股份总数的1%时，应当在该事实发生之日起两个交易日内就该事项作出公告。公告内容至少包括下列内容。

①本次股份变动前持股数量和持股比例;
②本次股份变动的方式、数量、价格、比例和起止日期;
③本次股份变动后的持股数量和持股比例;
④证券交易所要求披露的其他内容。

(7) 控股股东、实际控制人预计未来 6 个月内通过证券交易系统出售股份可能达到或超过公司股份总数的 5%,应当在首次出售两个交易日前刊登提示性公告。提示性公告包括下列内容。
①拟出售的股份数量;
②拟出售的时间;
③拟出售价格区间（如有);
④减持原因;
⑤证券交易所要求的其他内容。

控股股东、实际控制人未按照前述规定刊登提示性公告的,任意连续 6 个月内通过证券交易系统出售上市公司股份不得达到或超过公司股份总数的 5%。

(8) 控股股东、实际控制人转让股份出现下列情形之一时,应当及时通知上市公司,说明转让股份的原因、进一步转让计划等事项说明并予以公告。
①转让后导致持有、控制公司股份低于 50% 时;
②转让后导致持有、控制公司股份低于 30% 时;
③转让后首次导致其与第二大股东持有、控制的股份比例差额小于 5% 时;
④证券交易所认定的其他情形。

(9) 上市公司股东及其一致行动人,在公司首次公开发行的股票上市已满 1 年之后增持增持股份,应当在增加其在该公司拥有权益的股份达到该公司已发行股份的 1% 时将增持情况通知公司,并委托公司于当日或者次日发布增持股份公告。曾持股份公告应当包括下列内容。
①增持人姓名或名称;
②增持目的及计划;
③增持方式（如集中竞价、大宗交易等);
④增持期间,说明首笔增持股份事实发生至达到 1% 时的期间;
⑤增持股份数量及比例;
⑥增持行为是否存在违反《证券法》等法律、行政法规、部门规章、规范性文件和交易所业务规则等规定的情况说明;
⑦拟继续增持的,关于拟继续增持的股份数量及比例、增持实施条件"如增持股价区间、增持金额的限制、增持期限、是否须经有关部门批准等")以及若增持实施条件未达成是否仍继续增持等情况说明;
⑧证券交易所要求的其他内容。

公司股东及其一致行动人应当在公告中承诺,在增持期间及法定期限内不减持其所持有的该公司股份。

⑨持有、控制一个上市公司已发行的股份达到或预计超过 5% 的,以及持有、控制一个上市公司已发行股份 5% 以上的信息披露义务人,持股变动每达到或预计持股变动超过 5% 的,应当按照规定履行信息披露义务,在该事实发生之日起 3 个工作日内应作出公告,并提交持股变动报告书。持股变动虽未达到 5%,但导致其持有、控制该公司已发行的股份低于 5% 的,应当自该事实发生之日起 3 个工作日内作出公告,免于提交持股变动报告书。

(10)上市公司大股东通过协议转让方式出售股份的,单个受让方的受让比例不得低于 5%,转让价格范围下限比照大宗交易的规定执行,法律法规、部门规章及本所业务规则另有规定的除外。

(11)具有下列情形之一的,上市公司大股东不得减持股份。

①上市公司或者大股东因涉嫌证券期货违法犯罪,在被中国证监会立案调查或者被司法机关立案侦查期间,以及在行政处罚决定、刑事判决作出之后未满 6 个月的。

②大股东因违反证券交易所规则,被证券交易所公开谴责未满 3 个月的。

③中国证监会规定的其他情形。

(12)具有下列情形之一的,上市公司董事、监事、高管不得减持股份。

①董事、监事、高管因涉嫌证券期货违法犯罪,在被中国证监会立案调查或者被司法机关立案侦查期间,以及在行政处罚决定、刑事判决作出之后未满 6 个月的。

②董事、监事、高管因违反证券交易规则,被证券交易所公开谴责未满 3 个月的。

③中国证监会规定的其他情形。

(13)上市公司大股东、董事、监事、高管计划通过证券交易所集中竞价交易减持股份。应当在首次卖出的 15 个交易日前向证券交易所报告并预先披露减持计划,由证券交易所予以备案。

上市公司大股东、董事、监事、高管减持计划的内容应当包括但不限于:

①拟减持股份的数量和来源;

②减持时间区间、方式、价格区间以及减持原因;

③减持时间区间应当符合证券交易所的规定。

在预先披露的减持时间区间内,大股东、董事、监事、高管应当按照证券交易所的规定披露减持进展情况。减持计划实施完毕后,大股东、董事、监事、高管应当在两个交易日内向证券交易所报告,并予公告;在预先披露的减持时间区间内,未实施减持或者减持计划未实施完毕的,应当在减持时间区间届满后的两个交易日内向证券交易所报告,并予公告。

(14)上市公司大股东在 3 个月内通过证券交易所集中竞价交易减持股份的总数,不得超过公司股份总数的 1%。

股东通过证券交易所集中竞价交易减持其持有的公司首次公开发行前发行的股份、上市公司非公开发行的股份,应当符合前款规定的比例限制。

股东持有上市公司非公开发行的股份,在股份限售期届满后 12 个月内通过集中竞价交易减持的数量,还应当符合证券交易所规定的比例限制。

适用前三款规定时,上市公司大股东与其一致行动人所持有的股份应当合并计算。

(15)通过协议转让方式减持股份并导致股份出让方不再具有上市公司大股东身份的,

股份出让方、受让方应当在减持后6个月内继续遵守本规定第十四条第十五条第一款的规定。

股东通过协议转让方式减持其持有的公司首次公开发行前发行的股份、上市公司非公开发行的股份，股份出让方、受让方应当在减持后6个月内继续遵守本规定第十五条第二款的规定。

（16）上市公司大股东通过大宗交易方式减持股份，或者股东通过大宗交易方式减持其持有的公司首次公开发行前发行的股份、上市公司非公开发行的股份，股份出让方、受让方应当遵守证券交易所关于减持数量、持有时间等规定。

适用前款规定时，上市公司大股东与其一致行动人所持有的股份应当合并计算。

（17）上市公司大股东的股权被质押的，该股东应当在该事实发生之日起两日内通知上市公司，并予公告。

3.6.7 其他重大事件

1. 重大诉讼和仲裁

（1）上市公司发生的重大诉讼、仲裁事项涉及金额占公司最近一期经审计净资产绝对值10%以上，且绝对金额超过一千万元（创业板是500万）人民币的，应当及时披露。

（2）未达到上述标准或者没有具体涉案金额的诉讼、仲裁事项，董事会基于案件特殊性认为可能对公司股票及其衍生品种交易价格产生较大影响，或者深交所认为有必要的，以及涉及公司股东大会、董事会决议被申请撤销或者宣告无效的诉讼的，公司也应当及时披露。

（3）注意事项

①必须是经审计的净资产，比如2022年2月有一笔诉讼，这时还没有披露2021年年度报告，手头只有2020年经审计的财务报告，比较对象就是2020年的。

②净资产10%和1000万（500万）是且的关系，需要把公司净资产10%乘出来，哪怕诉讼金额为501万，不到净资产10%也不触发披露条件。

③特别重大的诉讼可以申请停牌

（4）根据《股票上市规则》第11.1.2条的规定，上市公司发生的重大诉讼、仲裁事项应当采取连续十二个月累计计算的原则，经累计计算达到《股票上市规则》第11.1.1条标准的，适用第11.1.1条规定。已按照第11.1.1条规定履行相关义务的，不再纳入累计计算范围。

（5）公司应当披露报告期内重大诉讼、仲裁事项。已在上一年度报告中披露，但尚未结案的重大诉讼、仲裁事项，公司应当披露案件进展情况、涉及金额、是否形成预计负债，以及对公司未来的影响。对已经结案的重大诉讼、仲裁事项，公司应当披露案件执行情况。

如以上诉讼、仲裁事项已在临时报告披露且无后续进展的，仅需披露该事项概述，并提供临时报告披露网站的查询索引。如报告期内公司无重大诉讼、仲裁和媒体质疑事项，应当明确说明"本报告期内无重大诉讼、仲裁事项"。

（6）上市公司披露重大诉讼、仲裁事项时应当向交易所提交下列文件：

①公告文稿；

②起诉书或仲裁申请书、受理（应诉）通知书；

③判决或裁决书；

④交易所要求的其他材料。

（7）上市公司重大诉讼、仲裁公告格式

证券代码：_____ 证券简称：_____ 公告编号：_____

××××××股份有限公司重大诉讼、仲裁公告

本公司及董事会全体成员（或除董事×××、×××外的董事会全体成员）保证信息披露的内容真实、准确、完整，没有虚假记载、误导性陈述或重大遗漏。

董事×××、×××因_____（具体和明确的理由）不能保证公告内容真实、准确、完整。

2. 利润分配和资本公积金转增股本

（1）上市公司制定、实施利润分配、资本公积金转增股本方案时，应当严格遵守本节规定。涉及高比例送转股份的，公司还应当遵守《上市公司信息披露指引第1号——高比例送转股份》。

（2）上市公司制定利润分配政策时，应当履行公司章程规定的决策程序。董事会应当就股东回报事宜进行专项研究论证，制定明确、清晰的股东回报规划，并详细说明规划安排的理由等情况。公司应当在公司章程中载明以下内容：

①公司董事会、股东大会对利润分配尤其是现金分红事项的决策程序和机制，对既定利润分配政策尤其是现金分红政策作出调整的具体条件、决策程序和机制，以及为充分听取独立董事和中小股东意见所采取的措施；

②公司的利润分配政策尤其是现金分红政策的具体内容，利润分配的形式，利润分配尤其是现金分红的期间间隔，现金分红的具体条件，发放股票股利的条件，各期现金分红最低金额或者比例（如有）等。

（3）在筹划或者讨论利润分配、资本公积金转增股本方案过程中，上市公司应当将内幕信息知情人控制在最小范围内，及时登记内幕信息知情人员名单及其个人信息，并采取严格的保密措施，防止方案提前泄露。公司还应当密切关注媒体关于公司分配方案、转增方案的报道和公司股票及其衍生品种的交易情况，及时采取相应措施：

①如传媒出现有关公司分配方案、转增方案的传闻，且该传闻据传出自公司内部有关人员或者与公司有密切联系的单位或者个人，而公司并未对相关方案进行讨论的，公司应当及时对有关传闻进行澄清；

②如公司股票及其衍生品交易价格发生异常波动，或者预计利润分配方案、转增方案已经提前泄露，或者预计相关方案难以保密的，公司应当对拟订的方案及是否计划推出高比例送转方案进行预披露。

（4）上市公司在披露利润分配方案时，公告应当包含以下内容：

①按照《公司法》和公司章程的规定弥补亏损（如有）、提取法定公积金、任意公积金的情况以及股本基数、分配比例、分配总额及其来源。

②本期利润分配尤其是现金分红的基本情况；现金分红同时发放股票股利的，应当结合公司发展阶段、成长性、每股净资产的摊薄和重大资金支出安排等因素，说明现金分红在本

次利润分配中所占比例及其合理性。公司章程规定以现金方式要约回购股份的资金视同为现金分红的，还应当单独披露该种方式计入现金分红的金额和比例。

③利润分配方案是否符合公司章程规定的利润分配政策和公司已披露的股东回报规划等。

④公司的现金分红水平是否与所处行业上市公司平均水平存在重大差异，如是，应当进一步说明原因。

3. 股票交易异常波动和传闻澄清

股票交易异常波动的计算从公告之日起重新开始，公告日为非交易日，从下一交易日起重新开始。

（1）上市公司披露股票交易异常波动公告时，应当向交易所提交下列文件：

①公告文稿；

②董事会的分析说明；

③公司问询控股股东及其实际控制人的函件，以及控股股东及其实际控制人的回函；

④有助于说明问题真实情况的其他文件。

（2）上市公司股票交易异常波动公告应当包括以下内容：

①股票交易异常波动的具体情况；

②董事会核实股票交易异常波动的对象、方式和结果，包括公司内外部环境是否发生变化，公司或者控股股东及其实际控制人是否发生或拟发生资产重组、股权转让等重大事项的情况说明；

③是否存在应当披露而未披露重大信息的声明；

④交易所要求的其他内容。

（3）上市公司股价持续异常，可以向交易所申请通过公开方式主动与投资者或媒体进行沟通，并于下一交易日披露沟通情况。

（4）公共传媒传播的消息（以下简称传闻）可能或者已经对公司股票及其衍生品种交易价格产生较大影响的，上市公司应当及时向交易所提供传闻传播的证据，控股股东及其实际控制人确认是否存在影响上市公司股票交易价格的重大事项的回函，并发布澄清公告。

（5）上市公司关于传闻的澄清公告应当包括以下内容：

①传闻内容及其来源；

②传闻所涉事项的真实情况；

③交易所要求的其他内容。

4. 回购股份

（1）股份回购是指公司按一定的程序购回发行或流通在外的本公司股份的行为，是通过大规模买回本公司发行在外的股份来改变资本结构的防御方法，是目标公司或其董事、监事回购目标公司的股份。

（2）上市公司回购股份，是指上市公司因下列情形之一收购本公司股份的行为：减少公司注册资本；将股份用于员工持股计划或者股权激励；将股份用于转换上市公司发行的可转换为股票的公司债券；为维护公司价值及股东权益所必需。

前款第四项所指情形，应当符合以下条件之一：公司股票收盘价格低于最近一期每股净资产；连续二十个交易日内公司股票收盘价格跌幅累计达到百分之三十；中国证监会规定的其他条件。

（3）股份回购的基本形式有两种：一是目标公司将可用的现金或公积金分配给股东以换回后者手中所持的股票；二是公司通过发售债券，用募得的款项来购回它自己的股票。

被公司购回的股票在会计上称为"库存股"。股票一旦大量被公司购回，其结果必然是在外流通的股份数量减少，假设回购不影响公司的收益，那么剩余股票的每股收益率会上升，使每股的市价也随之增加。目标公司如果提出以比收购者价格更高的出价来收购其股票，则收购者也不得不提高其收购价格，这样，收购计划就需要更多的资金来支持，从而导致其难度增加。

（4）上市公司回购股份应当同时符合以下条件：公司股票上市已满一年；公司最近一年无重大违法行为；回购股份后，上市公司具备持续经营能力和债务履行能力；回购股份后，上市公司的股权分布原则上应当符合上市条件；公司拟通过回购股份终止其股票上市交易的，应当符合证券交易所的相关规定；中国证监会、证券交易所规定的其他条件。上市公司因本规则第二条第一款第四项回购股份并减少注册资本的，不适用前款第一项。

（5）上市公司回购股份可以采取以下方式之一进行：集中竞价交易方式；要约方式；中国证监会认可的其他方式。

上市公司采用要约方式回购股份的，参照《上市公司收购管理办法》关于要约收购的规定执行。

（6）回购股份方案至少应当包括以下内容：
①回购股份的目的、方式、价格区间；
②拟回购股份的种类、用途、数量及占公司总股本的比例；
③拟用于回购的资金总额及资金来源；
④回购股份的实施期限；
⑤预计回购后公司股权结构的变动情况；
⑥管理层对本次回购股份对公司经营、财务及未来发展影响的分析；
⑦上市公司董事、监事、高级管理人员在董事会作出回购股份决议前六个月是否存在买卖上市公司股票的行为，是否存在单独或者与他人联合进行内幕交易及市场操纵的说明；
⑧证券交易所规定的其他事项。以要约方式回购股份的，还应当披露股东预受要约的方式和程序、股东撤回预受要约的方式和程序，以及股东委托办理要约回购中相关股份预受、撤回、结算、过户登记等事宜的证券公司名称及其通讯方式。

（7）上市公司以集中竞价交易方式回购股份的，在下列期间不得实施：
①上市公司年度报告、半年度报告、季度报告、业绩预告或业绩快报公告前十个交易日内；
②自可能对本公司股票交易价格产生重大影响的重大事项发生之日或者在决策过程中至依法披露之日内；
③中国证监会规定的其他情形。

（8）上市公司以集中竞价交易方式回购股份的，应当按照以下规定履行公告义务：

①上市公司应当在首次回购股份事实发生的次日予以公告；

②上市公司回购股份占上市公司总股本的比例每增加百分之一的，应当自该事实发生之日起三日内予以公告；

③在回购股份期间，上市公司应当在每个月的前三个交易日内，公告截止上月末的回购进展情况，包括已回购股份总额、购买的最高价和最低价、支付的总金额；

④上市公司在回购期间应当在定期报告中公告回购进展情况，包括已回购股份的数量和比例、购买的最高价和最低价、支付的总金额；

⑤上市公司在回购股份方案规定的回购实施期限过半时，仍未实施回购的，董事会应当公告未能实施回购的原因和后续回购安排；

⑥回购期届满或者回购方案已实施完毕的，上市公司应当停止回购行为，并在二个交易日内公告回购股份情况以及公司股份变动报告，包括已回购股份总额、购买的最高价和最低价以及支付的总金额等内容。

5. 吸收合并

（1）吸收合并可以通过以下两种方式进行：

①吸收方以倾向资金购买被吸收方的全部资产或股份，被吸收方以所得货币资金付给原有公司股东，被吸收方公司股东因此失去其股东资格。

②吸收方发行新股以换取被吸收方的全部资产或股份，被吸收公司的股东获得存续公司（吸收方）的股份，从而成为存续公司的股东。存续公司仍保持原有的公司名称，并对被吸收公司全部资产和负债概括承受。

吸收合并：又称兼并，是指两个或两个以上的企业合并成为一个单一的企业，其中一个企业保留法人资格，其他企业的法人资格随着合并而消失。

（2）上市公司发生的交易（提供担保、受赠现金资产、单纯减免上市公司义务的债务除外）达到下列标准之一的，除应当及时披露外，还应当提交股东大会审议：交易涉及的资产总额（同时存在账面值和评估值的，以高者为准）占上市公司最近一期经审计总资产的 50%以上；交易的成交金额（包括承担的债务和费用）占上市公司最近一期经审计净资产的 50%以上，且绝对金额超过 5000 万元；交易产生的利润占上市公司最近一个会计年度经审计净利润的 50% 以上，且绝对金额超过 500 万元；交易标的（如股权）在最近一个会计年度相关的营业收入占上市公司最近一个会计年度经审计营业收入的 50% 以上，且绝对金额超过 5000万元；交易标的（如股权）在最近一个会计年度相关的净利润占上市公司最近一个会计年度经审计净利润的 50% 以上，且绝对金额超过 500 万元。

（3）按照重大事件维度，本次吸收合并需要履行的信息披露义务：发生可能对上市公司证券及其衍生品种交易价格产生较大影响的重大事件，投资者尚未得知时，上市公司应当立即披露，说明事件的起因、目前的状态和可能产生的影响。

上市公司控股子公司发生该办法第二十二条规定的重大事件，可能对上市公司证券及其衍生品种交易价格产生较大影响的，上市公司应当履行信息披露义务。

除此之外，《上海证券交易所股票上市规则》以及该上市公司的《信息披露管理办法》

等规则中亦未对控股子公司之间吸收合并等股权结构调整事项要求履行信息披露义务的规定。

（4）按照对外投资的维度，本次吸收合并需要履行的信息披露义务：上市公司临时报告的内容主要为公司发生的重大事件及其持续进展情况。重大事件的范围包括但不限于以下内容：……（二）《上交所上市规则》规定的应当披露的交易事项；（三）其他可能对公司证券交易及价格产生较大影响的重大事件，包括：……2.公司的重大投资行为和重大的购置财产的决定；3.公司订立重要合同，可能对公司的资产、负债、权益和经营成果产生重要影响；"。

6. 可转换公司债券涉及的重大事项

（1）发行可转换公司债券的上市公司出现下列情形之一时，应当及时披露：

①因发行新股、送股、分立及其他原因引起股份变动，需要调整转股价格，或者依据募集说明书约定的转股价格向下修正条款修正转股价格的；

②可转换公司债券转换为股票的数额累计达到可转换公司债券开始转股前公司已发行股份总额的10%的；

③公司信用状况发生重大变化，可能影响如期偿还债券本息的；

④可转换公司债券担保人发生重大资产变动、重大诉讼，或者涉及合并、分立等情况的；

⑤未转换的可转换公司债券数量少于三千万元的；

⑥有资格的信用评级机构对可转换公司债券的信用或者公司的信用进行评级，并已出具信用评级结果的；

⑦可能对可转换公司债券交易价格产生较大影响的其他重大事件；

⑧中国证监会和交易所规定的其他情形。

（2）投资者持有上市公司已发行的可转换公司债券达到发行总量的20%时，应当在事实发生之日起两个交易日内（深交所）通知上市公司予以公告。持有上市公司已发行的可转换公司债券20%及以上的投资者，其所持上市公司已发行的可转换公司债券比例每增加或者减少10%时，应当在事实发生之日起两个交易日内依照前款规定履行报告和公告义务。

（3）上市公司应当在可转换公司债券约定的付息日前三至五个交易日内披露付息公告，在可转换公司债券期满前三至五个交易日内披露本息兑付公告。

（4）上市公司应当在可转换公司债券开始转股前三个交易日内披露实施转股的公告。

（5）上市公司行使赎回权时，应当在每年首次满足赎回条件后的五个交易日内至少披露三次赎回公告。赎回公告应当载明赎回的程序、价格、付款方法、时间等内容。赎回期结束，公司应当公告赎回结果及影响。

（6）在可以行使回售权的年份内，上市公司应当在每年首次满足回售条件后的五个交易日内至少披露三次回售公告。回售公告应当载明回售的程序、价格、付款方法、时间等内容。回售期结束后，公司应当公告回售结果及影响。

（7）经股东大会批准变更募集资金投资项目的，上市公司应当在股东大会通过后二十个交易日内赋予可转换公司债券持有人一次回售的权利，有关回售公告至少披露三次，其中，在回售实施前、股东大会决议公告后五个交易日内至少披露一次，在回售实施期间至少披露一次，余下一次回售公告披露的时间视需要而定。

（8）上市公司在可转换公司债券转换期结束的二十个交易日前应当至少披露三次提示公告，提醒投资者有关在可转换公司债券转换期结束前的十个交易日停止交易的事项。公司出现可转换公司债券按规定须停止交易的其他情形时，应当在获悉有关情形后及时披露其可转换公司债券将停止交易的公告。

（9）上市公司应当在每一季度结束后及时披露因可转换公司债券转换为股份所引起的股份变动情况。

7. 权益变动和收购

（1）在一个上市公司中拥有权益的股份达到该公司已发行股份的 5% 以上的股东及其实际控制人，其拥有权益的股份变动涉及《证券法》《上市公司收购管理办法》规定的收购或者股份权益变动情形的，该股东、实际控制人及其他相关信息披露义务人应当按照《证券法》、《上市公司收购管理办法》等的规定履行报告和公告义务，并及时通知公司披露提示性公告。公司应当在知悉上述收购或者股份权益变动时，及时对外披露公告。

（2）上市公司控股股东以协议方式向收购人转让其所持股份时，控股股东或其关联人如存在未清偿对公司的负债、未解除公司为其提供的担保及其他损害公司利益情形的，公司董事会应当如实对外披露相关情况并提出解决措施。

（3）上市公司涉及被要约收购的，应当在收购人公告《要约收购报告书》后的二十日内披露《被收购公司董事会报告书》和独立财务顾问出具的专业意见。收购人对要约收购条件作出重大修改的，被收购上市公司董事会应当在三个交易日内披露董事会和独立财务顾问的补充意见。

（4）上市公司董事、监事、高级管理人员、员工或者其所控制或者委托的法人、其他组织拟对上市公司进行收购或者取得控制权的，上市公司应当披露由非关联董事表决作出的董事会决议、非关联股东表决作出的股东大会决议以及独立董事和独立财务顾问的意见。上市公司控股子公司不得取得该上市公司发行的股份。确因特殊原因持有股份的，应当在一年内消除该情形，在消除前，上市公司控股子公司不得对其持有的股份行使表决权。

（5）因上市公司减少股本，导致投资者及其一致行动人在该公司中拥有权益的股份达到该公司已发行股份的 5% 或者变动幅度达到该公司已发行股份的 5% 的，公司应当自完成减少股本的变更登记之日起两个交易日内就因此导致的公司股东权益的股份变动情况作出公告。

（6）上市公司受股东委托代为披露相关股份变动过户手续事宜的，应当在获悉相关股份变动过户手续完成后及时对外公告。

（7）上市公司收购及相关股份权益变动活动中的信息披露义务人在依法披露前，如相关信息已在媒体上传播或者公司股票及其衍生品种交易出现异常的，公司董事会应当立即问询有关当事人并对外公告。

（8）上市公司股东、实际控制人未履行报告和公告义务的，公司董事会应当自知悉之日起作出报告和公告，并督促相关股东、实际控制人履行报告和公告义务。

（9）上市公司股东、实际控制人未履行报告和公告义务，拒不履行相关配合义务，或者实际控制人存在不得收购上市公司情形的，公司董事会应当拒绝接受被实际控制人支配的股东向董事会提交的提案或者临时提案，并及时报告交易所及有关监管部门。

（10）上市公司涉及其他上市公司的收购或者股份权益变动活动的，应当按照《证券法》、《上市公司收购管理办法》等的规定履行报告、公告义务。

8. 股权激励

（1）实行股权激励计划的上市公司，应当严格遵守中国证监会和交易所关于股权激励的相关规定，履行必要的审议程序和报告、公告义务。

（2）上市公司应当在董事会审议通过股权激励计划后，及时按交易所的要求提交材料，并对外披露股权激励计划公告。董事会审议股权激励计划时，本次激励计划中成为激励对象的关联董事应当回避表决。

（3）上市公司应当在股权激励计划授予条件成就后，及时召开董事会审议相关授予事项，并按本规则和交易所关于股权激励的相关规定披露董事会对授予条件是否成就等事项的审议结果及授予安排情况。

（4）上市公司应当按规定及时办理限制性股票或者股票期权的授予登记。公司应当在完成限制性股票或者股票期权的授予登记后，及时披露限制性股票或者股票期权授予完成情况。

因上市公司权益分派等原因导致限制性股票、股票期权相关参数发生变化的，公司应当按照权益分配或者股权激励计划中约定的调整公式对相关数据进行调整，并及时披露调整情况。

（5）上市公司应当在股权激励计划设定的限制性股票解除限售、股票期权行权条件得到满足后，及时召开董事会审议相关实施方案，并按本规则和交易所关于股权激励的相关规定，披露董事会对限制性股票解除限售或者股票期权行权条件是否满足等事项的审议结果及具体实施安排。

（6）上市公司应当按规定及时办理股权激励获授股份解除限售、股票期权行权的相关登记手续，并及时披露获授股份解除限售公告或者股票期权行权公告。

9. 破产

（1）上市公司应当在董事会作出向法院申请重整、和解或者破产清算的决定时，或者知悉债权人向法院申请公司重整或者破产清算时，及时披露下列事项：

①公司作出申请决定的具体原因、正式递交申请的时间（适用于公司主动申请情形）；

②申请人的基本情况、申请目的、申请的事实和理由（适用于债权人申请情形）；

③申请重整、和解或者破产清算对公司的影响说明及风险提示；

④其他需要说明的情况。

（2）上市公司应当及时披露法院受理重整、和解或者破产清算申请的相关进展情况，包括：

①法院受理重整、和解或者破产清算申请前，申请人请求撤回申请；

②法院作出受理或者不予受理重整、和解或者破产清算申请的裁定；

③交易所要求披露的其他事项。

（3）法院受理重整、和解或者破产清算申请的，上市公司应当及时披露下列内容：

①申请人名称（适用于债权人申请情形）；

②法院作出受理重整、和解或者破产清算申请裁定的时间及裁定的主要内容；

③法院指定的管理人的基本情况（包括管理人名称、负责人、成员、职责、处理事务的地址和联系方式等）；

④负责公司进入破产程序后信息披露事务的责任人情况（包括责任主体名称、成员、联系方式等）；

⑤交易所要求披露的其他事项。公司应当同时在公告中充分揭示其股票及其衍生品种可能被终止上市的风险。公司股票及其衍生品种应当按照本规则第十四章的有关规定停牌、复牌和实施风险警示。

（4）在法院受理破产清算申请后、宣告上市公司破产前，上市公司应当就所涉事项及时披露以下情况：

①公司或者出资额占公司注册资本十分之一以上的出资人向法院提出重整申请及申请时间、申请理由等情况；

②公司向法院提出和解申请及申请时间、申请理由等情况；

③法院作出同意或者不同意公司重整或者和解申请的裁定、裁定时间及裁定的主要内容；

④债权人会议计划召开情况；

⑤法院经审查发现公司不符合《中华人民共和国企业破产法》（以下简称"《企业破产法》"）规定情形而作出驳回公司破产申请裁定、裁定时间、裁定的主要内容以及相关申请人是否上诉的情况说明；

⑥交易所要求披露的其他事项。

（5）在重整期间，上市公司应当就所涉事项及时披露如下内容：

①债权申报情况（至少在法定申报债权期限内每月末披露一次）；

②重整计划草案的制定情况（包括向法院和债权人会议提交重整计划草案的时间、重整计划草案的主要内容等）；

③重整计划草案的表决通过和法院批准情况；

④法院强制批准重整计划草案情况；

⑤与重整有关的行政许可批准情况；

⑥法院裁定终止重整程序的原因及时间；

⑦法院裁定宣告公司破产的原因及时间；

⑧交易所要求披露的其他事项。

重整期间公司股票及其衍生品种应当按照本规则第十四章的有关规定停牌、复牌和实施风险警示。

（6）被法院裁定和解的上市公司，应当及时就所涉事项披露如下内容：

①债权申报情况（至少在法定申报债权期限内每月末披露一次）；

②公司向法院提交和解协议草案的时间及草案主要内容；

③和解协议草案的表决通过和法院认可情况；

④与和解有关的行政许可批准情况；
⑤法院裁定终止和解程序的原因及时间；
⑥法院裁定宣告公司破产的原因及时间；
⑦交易所要求披露的其他事项。

（7）在重整计划、和解协议执行期间，上市公司应当及时就所涉事项披露以下情况：
①重整计划、和解协议执行的重大进展情况；
②因公司不能执行或者不执行重整计划或者和解协议，法院经管理人、利害关系人或者债权人请求，裁定宣告公司破产的有关情况；
③交易所要求披露的其他事项。

（8）上市公司披露上述重整、和解或者破产清算事项时，应当按照披露事项所涉情形向交易所提交下列文件：

公告文稿；管理人说明文件；法院出具的法律文书；重整计划、和解协议草案；重整计划、和解协议草案涉及的有关部门审批文件；重整计划、和解协议草案涉及的协议书或者意向书；董事会决议；股东大会决议；债权人会议决议；职代会决议；律师事务所出具的专门意见；会计师事务所、资产评估机构等中介机构出具的文件；交易所要求的其他文件。

（9）进入破产程序的上市公司，除应当及时披露上述信息外，还应当按照本规则和交易所的其他有关规定，及时向交易所报送并对外披露定期报告和临时报告。

（10）上市公司采取管理人管理运作模式的，管理人及其成员应当按照《证券法》以及最高人民法院、中国证监会和交易所的相关规定，真实、准确、完整、及时地履行信息披露义务，并确保对公司所有债权人和股东公平地披露信息。公司披露的定期报告应当由管理人的成员签署书面确认意见，公司披露的临时报告应当由管理人发布并加盖管理人公章。

（11）上市公司采取管理人监督运作模式的，公司董事会、监事会和高级管理人员应当继续按照本规则和交易所其他有关规定履行信息披露义务。管理人应当及时将涉及信息披露的所有事项告知公司董事会，并督促公司董事、监事和高级管理人员勤勉尽责地履行信息披露义务。

（12）进入重整、和解程序的上市公司，其重整计划、和解协议涉及增加或者减少公司注册资本、发行公司债券、公司合并、公司分立、收购本公司股份等事项的，应当按相关规定履行必要的表决和审批程序，并按照本规则和交易所其他有规定履行信息披露义务。

10. 其他

（1）上市公司和相关信息披露义务人应当严格遵守承诺事项。公司应当及时将公司承诺事项和相关信息披露义务人承诺事项单独摘出报送交易所备案，同时在交易所指定网站上单独披露。公司应当在定期报告中专项披露上述承诺事项的履行情况。如出现公司或者相关信息披露义务人不能履行承诺的情形，公司应当及时披露具体原因和董事会拟采取的措施。

（2）上市公司董事、监事、高级管理人员、控股股东、实际控制人、持有上市公司首次公开发行股票前已发行股份的股东、重组方及其一致行动人、上市公司购买资产对应经营实体的股份或者股权持有人，以及其他持有法律、行政法规、部门规章、规范性文件和交易所规定的限售股的股东或者其他自愿承诺股份限售的股东，应当遵守其在公开募集及上市文

件、信息披露文件或者其他文件中作出的公开

承诺；如上市公司因首次公开发行股票、发行新股、构成借壳上市的重大资产重组的申请或者相关披露文件存在虚假记载、误导性陈述或者重大遗漏被证监会立案稽查的，暂停转让其拥有权益的公司股份。

（3）上市公司出现下列使公司面临重大风险情形之一的，应当及时披露：

发生重大亏损或者遭受重大损失；发生重大债务、未清偿到期重大债务或者重大债权到期未获清偿；可能依法承担的重大违约责任或者大额赔偿责任；计提大额资产减值准备；公司决定解散或者被依法强制解散；公司预计出现资不抵债（一般指净资产为负值）；主要债务人出现资不抵债或者进入破产程序，公司对相应债权未提取足额坏账准备；主要资产被查封、扣押、冻结或者被抵押、质押；主要或者全部业务陷入停顿；公司因涉嫌违法违规被有权机关调查或者受到重大行政处罚、刑事处罚；公司董事、监事、高级管理人员因涉嫌违法违规被有权机关调查或者采取强制措施而无法履行职责，或者因身体、工作安排等其他原因无法正常履行职责达到或者预计达到三个月以上；交易所或者公司认定的其他重大风险情况。

（4）上市公司出现本规则第3条第10项情形且可能触及重大违法强制退市情形的，公司应当在知悉被相关行政机关立案调查或者被人民检察院提起公诉时及时对外披露，并在其后的每月披露一次风险提示公告，说明相关情况进展，并就其股票可能被实施重大违法强制退市进行风险提示。交易所或公司董事会认为有必要的，可以增加风险提示公告的披露次数，并视情况对公司股票及其衍生品种的停牌与复牌作出相应安排。

（5）上市公司出现下列情形之一的，应当及时披露：变更公司名称、股票简称、公司章程、注册资本、注册地址、办公地址和联系电话等，其中公司章程发生变更的，还应当将新的公司章程在交易所指定网站上披露；经营方针和经营范围发生重大变化；变更会计政策、会计估计；董事会通过发行新股或者其他再融资方案；中国证监会发行审核委员会（含上市公司并购重组审核委员会）对公司发行新股或者其他再融资申请、重大资产重组事项提出相应的审核意见；持有公司5%以上股份的股东或者实际控制人持股情况或者控制公司的情况发生或者拟发生较大变化；公司董事长、经理、董事（含独立董事），或者三分之一以上的监事提出辞职或者发生变动；生产经营情况、外部条件或者生产环境发生重大变化（包括产品价格、原材料采购、销售方式等发生重大变化）；订立重要合同，可能对公司的资产、负债、权益和经营成果产生重大影响；新颁布的法律、行政法规、部门规章、规范性文件、政策可能对公司经营产生重大影响；聘任、解聘为公司审计的会计师事务所；法院裁定禁止控股股东转让其所持股份；任一股东所持公司5%以上股份被质押、冻结、司法拍卖、托管、设定信托或者被依法限制表决权；获得大额政府补贴等额外收益或者发生可能对上市公司的资产、负债、权益或者经营成果产生重大影响的其他事项；交易所或者公司认定的其他情形。

（6）上市公司因前期已公开披露的财务会计报告存在差错或者虚假记载被责令改正，或者经董事会决定改正的，应当在被责令改正或者董事会作出相应决定时，及时予以披露，并按照中国证监会《公开发行证券的公司信息披露编报规则第19号——财务信息的更正及相关

披露》等有关规定的要求，办理财务信息的更正及相关披露事宜。

（7）上市公司涉及股份变动的减资（回购除外）、合并、分立方案，应当在获得中国证监会批准后，及时报告交易所并公告。

（8）上市公司减资、合并、分立方案实施过程中涉及信息披露和股份变更登记等事项的，应当按中国证监会和交易所的有关规定办理。

8. 停复盘、风险警示、恢复及终止上市、重新上市及退市整理期特别规定

（1）停盘和复盘。

①上市公司发生本规则规定的停牌、复牌事项，应当向交易所申请对其股票及其衍生品种停牌与复牌。本章未有明确规定的，公司可以以交易所认为合理的理由向交易所申请对其股票及其衍生品种停牌与复牌，交易所视情况决定公司股票及其衍生品种的停牌与复牌事宜。

②上市公司应当披露的重大信息如存在不确定性因素且预计难以保密的，或者在按规定披露前已经泄露的，公司应当立即向交易所申请对其股票及其衍生品种停牌，直至按照规定披露后复牌。

③上市公司在股东大会召开期间出现异常情况，或者未能在股东大会结束后的次一交易日开市前披露公司股东大会决议公告且决议内容涉及否决议案的，公司应当向交易所申请股票及其衍生品种停牌，直至公司披露股东大会决议公告或者相关信息后复牌。对于未按本规则规定披露公司股东大会决议公告或者未申请停牌的公司，交易所可以视情况对其股票及其衍生品种实施停牌，直至公司按规定披露相关公告后复牌。

④公共媒体中出现上市公司尚未披露的信息，可能或者已经对公司股票及其衍生品种交易价格产生较大影响的，交易所可以在交易时间对公司股票及其衍生品种实施停牌，直至公司披露相关公告后复牌。

⑤上市公司未在法定期限内披露年度报告、半年度报告，交易所于相关定期报告披露期限届满后次一交易日，对该公司股票及其衍生品种实施停牌，后续按照本规则第十四章相关规定执行。

上市公司未在规定期限内披露季度报告的，交易所于季度报告披露期限届满后次一交易日，对该公司股票及其衍生品种实施停牌，直至公司披露季度报告后复牌。

⑥上市公司半数以上董事无法保证年度报告或者半年度报告真实、准确、完整且在相关定期报告披露的法定期限届满前仍有半数以上董事无法保证的，交易所于相关定期报告披露期限届满后次一交易日，对该公司股票及其衍生品种实施停牌，后续按照本规则第十四章相关规定执行。

⑦上市公司因财务会计报告存在重大会计差错或者虚假记载，被中国证监会责令改正但未在要求期限内改正的，交易所自要求期限届满后次一个交易日起对公司股票及其衍生品种实施停牌，后续按本规则第十四章相关规定执行。

⑧上市公司信息披露或规范运作等方面存在重大缺陷，被交易所要求改正但未在要求期限内改正，交易所自要求期限届满后次一个交易日起对公司股票及其衍生品种实施停牌，后续按照本规则第十四章相关规定执行。

⑨上市公司出现股本总额或者因要约收购以外的其他原因导致股权分布连续二十个交易日不符合上市条件的，交易所在二十个交易日届满后次一交易日，对该公司股票及其衍生品种实施停牌，后续按照本规则第十四章相关规定执行。

⑩上市公司因收购人履行要约收购义务，或者收购人以终止上市公司上市地位为目的而发出全面要约的，要约收购期限届满至要约收购结果公告前，公司股票及其衍生品种应当停牌。

根据收购结果，被收购上市公司股权分布具备上市条件的，公司股票及其衍生品种于要约收购结果公告后复牌。根据收购结果，被收购上市公司股权分布不再具备上市条件且收购人以终止公司上市地位为收购目的的，公司股票及其衍生品种于要约收购结果公告后继续停牌，并按照本规则第十四章第八节有关规定执行。

根据收购结果，被收购上市公司股权分布不再具备上市条件但收购人不以终止公司上市地位为收购目的的，公司股票及其衍生品种于要约收购结果公告后继续停牌，并参照本规则后续程序执行。

上市公司在其股票及其衍生品种被实施停牌期间，应当至少每五个交易日披露一次未能复牌的原因和相关事件进展情况，本规则另有规定的除外。

可转换公司债券上市交易期间出现下列情况之一时，可转换公司债券停止交易：可转换公司债券流通面值少于三千万元时，在公司披露相关公告三个交易日后停止其可转换公司债券的交易；可转换公司债券转换期结束前的十个交易日停止其交易；可转换公司债券在赎回期间停止交易；中国证监会和交易所认为应当停止交易的其他情况。

除上述规定外，交易所可以依据中国证监会的要求或者基于保护投资者合法权益、维护市场秩序的需要，作出上市公司股票及其衍生品种停牌与复牌的决定。

（2）风险警示。

①上市公司出现财务状况或者其他状况异常，导致其股票存在终止上市风险，或者投资者难以判断公司前景，其投资权益可能受到损害的，交易所对该公司股票交易实施风险警示。

②本规则所称风险警示分为提示存在终止上市风险的风险警示（以下简称退市风险警示）和其他风险警示。

上市公司股票交易被实施退市风险警示的，在股票简称前冠以"*ST"字样，被实施其他风险警示的，在股票简称前冠以"ST"字样，以区别于其他股票。公司同时存在退市风险警示和其他风险警示情形的，在股票简称前冠以"*ST"字样。

退市风险警示股票和其他风险警示股票进入风险警示板交易。

③上市公司出现下列情形之一的，交易所对其股票交易实施其他风险警示：
a. 公司生产经营活动受到严重影响且预计在三个月内不能恢复正常；
b. 公司主要银行账号被冻结；
c. 公司董事会、股东大会无法正常召开会议并形成决议；
d. 公司最近一年被出具无法表示意见或否定意见的内部控制审计报告或鉴证报告；
e. 公司向控股股东或控股股东关联人提供资金或者违反规定程序对外提供担保且情形严

重的；

　　f. 公司最近三个会计年度扣除非经常性损益前后净利润孰低者均为负值，且最近一年审计报告显示公司持续经营能力存在不确定性；

　　g. 交易所认定的其他情形。

　　④本规则第 3 条第五项所述"向控股股东或控股股东关联人提供资金或者违反规定程序对外提供担保且情形严重"，是指上市公司存在下列情形之一且无可行的解决方案或者虽提出解决方案但预计无法在一个月内解决的：公司向控股股东或控股股东关联人提供资金的余额在一千万元以上，或者占公司最近一期经审计净资产的 5% 以上；公司违反规定程序对外提供担保的余额（担保对象为上市公司合并报表范围内子公司的除外）在一千万元以上，或占上市公司最近一期经审计净资产的 5% 以上。

　　公司无控股股东、实际控制人的，其向第一大股东或第一大股东关联人提供资金的，按照本章规定执行。

　　⑤上市公司生产经营活动受到严重影响，或者出现本规则第 13.4 条情形的，应当及时对外披露，说明公司是否能在相应期限内解决，同时披露公司股票交易可能被实施其他风险警示的提示性公告。公司应当至少每月披露一次相关进展情况和风险提示公告，直至相应情形消除或公司股票交易被交易所实施其他风险警示。

　　⑥上市公司出现本规则第 3 条规定情形的，应当按照交易所的要求披露股票交易被实施其他风险警示公告，说明被实施其他风险警示的起始日期、触及情形并提示相关风险。公司股票于公告后停牌一天，自复牌之日起，交易所对该公司股票交易实施其他风险警示。

　　公司触及第 3 条情形但未按前款规定公告的，交易所可以对该公司股票实施其他风险警示，并向市场公告。

　　⑦上市公司因触及本规则第 3 条第 5 项情形其股票交易被实施其他风险警示的，在风险警示期间，应当至少每月披露一次进展公告，披露资金占用或者违规对外担保的解决进展情况，直至相应情形消除。公司没有采取措施或者相关工作没有进展的，也应当披露并说明具体原因。

　　公司因触及本规则第 3 条第 5 项以外的情形其股票交易被实施其他风险警示的，应当在相关事项取得重大进展或发生重大变化时及时披露。

　　⑧上市公司认为其出现的本规则第 13.3 条规定相应情形已消除的，应当及时公告并说明是否将向交易所申请撤销其他风险警示。公司拟申请撤销其他风险警示的，应当在披露之日起五个交易日内向交易所提交申请。

　　公司全部其他风险警示情形均符合撤销条件，且不存在新增其他风险警示情形的，方可撤销其他风险警示。

　　⑨上市公司向控股股东或控股股东关联人提供资金情形已消除，向交易所申请对其股票交易撤销其他风险警示的，应当提交会计师事务所出具的专项审核报告、独立董事出具的专项意见等文件。

　　公司违规对外担保情形已消除，向交易所申请对其股票交易撤销其他风险警示的，应当提交律师事务所出具的法律意见书、独立董事出具的专项意见等文件。

公司内部控制缺陷整改完成，内部控制能有效运行，向交易所申请对其股票交易撤销其他风险警示的，应当提交会计师事务所对其最近一年内部控制出具的标准无保留意见的审计报告或鉴证报告和独立董事出具的专项意见等文件。

公司最近一年经审计的财务报告显示，其扣除非经常性损益前后的净利润孰低者为正值或者持续经营能力不确定性已消除，向交易所申请对其股票交易撤销其他风险警示的，应当提交会计师事务所出具的最近一年审计报告和独立董事出具的专项意见等文件。

⑩上市公司股票交易因触及本规则第3条第（4）项、第（6）项情形，被交易所实施其他风险警示的，在风险警示期间，公司进行重大资产重组且符合以下全部条件的，可以向交易所申请对其股票交易撤销其他风险警示：

根据中国证监会有关重大资产重组规定出售全部经营性资产和负债、购买其他资产且已实施完毕；通过购买进入公司的资产是一个完整经营主体，该经营主体在进入公司前已在同一管理层之下持续经营三年以上；模拟财务报表的主体不存在本规则第13.3条规定的情形；交易所要求的其他条件。

⑪上市公司向交易所申请对其股票交易撤销其他风险警示的，应当于提交申请的次一交易日开市前披露相关公告。

公司提交完备的撤销其他风险警示申请材料的，交易所在十五个交易日内决定是否撤销其他风险警示。在此期间，交易所可以要求公司提供补充材料，公司应当在交易所规定期限内提供有关材料，公司补充材料期间不计入交易所作出有关决定的期限。交易所可以自行或委托相关机构就公司相关情况进行调查核实，调查核实期间不计入交易所作出有关决定的期限。

⑫交易所决定撤销其他风险警示的，上市公司应当及时披露股票交易撤销其他风险警示公告，公司股票于公告后停牌一天，自复牌之日起，交易所对公司股票交易撤销其他风险警示。

⑬交易所决定不予撤销其他风险警示的，上市公司应当于收到交易所书面通知的次一交易日开市前披露相关公告。

（3）恢复上市。

上市公司在其股票终止上市后，达到交易所规定的重新上市条件的，可以向交易所申请重新上市。申请重新上市的公司，应当同时符合以下条件：

①公司股本总额不少于五千万元；

②社会公众持有的股份占公司股份总数的比例为25%以上；公司股本总额超过四亿元的，社会公众持有的股份占公司股份总数的比例为10%以上；

③公司及其控股股东、实际控制人最近三年不存在贪污、贿赂、侵占财产、挪用财产或者破坏社会主义市场经济秩序的刑事犯罪；

④公司最近三个会计年度的财务会计报告被出具无保留意见的审计报告；

⑤公司最近三个会计年度经审计的净利润均为正值且累计超过三千万元（净利润以扣除非经常性损益前后较低者为计算依据）；

⑥公司最近三个会计年度经营活动产生的现金流量净额累计超过五千万元；或者公司最

近三个会计年度营业收入累计超过三亿元；

⑦公司最近一个会计年度经审计的期末净资产为正值；

⑧公司最近三年主营业务未发生重大变化；

⑨公司最近三年董事、高级管理人员未发生重大变化；

⑩公司最近三年实际控制人未发生变更；

⑪公司具备持续经营能力；

⑫具备健全的公司治理结构和内部控制制度且运作规范；

⑬公司董事、监事、高级管理人员具备法律、行政法规、部门规章、规范性文件、交易所有关规定及公司章程规定的任职资格，且不存在影响其任职的情形；

⑭交易所要求的其他条件。前款第⑬项所称"影响其任职的情形"，包括：被中国证监会采取证券市场禁入措施尚在禁入期的；最近三十六个月内受到中国证监会行政处罚，或者最近十二个月内受到证券交易所公开谴责；因涉嫌犯罪被司法机关立案侦查或者涉嫌违法违规被中国证监会立案调查，尚未有明确结论意见等情形。公司申请重新上市的具体事宜由交易所另行规定。

上市公司因触及重大违法强制退市情形其股票被终止上市后，符合本规则第1条所述重新上市条件拟申请重新上市的，还应当符合以下条件：

①已全面纠正违法行为；

②已及时撤换有关责任人员；

③已对民事赔偿责任作出妥善安排。

公司应当聘请律师对前款所述事项进行逐项核查，就公司是否具备申请重新上市的主体资格、是否符合重新上市的条件出具专门意见。

重新上市保荐人应当在重新上市保荐书中对本条第一款所述事项逐项说明，并就公司重大违法行为影响已基本消除、风险已得到控制，公司符合申请重新上市的条件明确发表意见。

重新上市的申请由交易所上市委员会审核。主动终止上市的公司申请重新上市的，交易所在受理公司股票重新上市申请后的三十个交易日内，作出是否同意其股票重新上市申请的决定。强制终止上市公司申请重新上市的，交易所在受理公司股票重新上市申请后的六十个交易日内，作出是否同意其股票重新上市申请的决定。

在此期间，交易所可以要求公司补充材料，公司应当在交易所要求期限内提供有关材料，补充材料期间不计入交易所作出有关决定的期限。交易所可以自行或委托相关机构就公司相关情况进行调查核实，调查核实期间不计入交易所作出有关决定的期限。

上市公司因触及欺诈发行强制退市情形，其股票被交易所终止上市的，不得在交易所重新上市。主动终止上市公司符合本规则规定的重新上市条件的，可以随时向交易所提出重新上市的申请。强制终止上市公司依据本规则第14.9.1条的规定向交易所申请其股票重新上市的，其申请时间应当符合以下规定：

①公司因重大违法强制退市情形（欺诈发行除外）其股票被强制终止上市的，首次提出重新上市申请与其股票终止上市后进入股份转让系统的时间间隔应当不少于五个完整的会计

年度；公司因触及重大违法强制退市情形及第14.5.3条规定情形其股票被强制终止上市的，首次提出重新上市申请与其股票终止上市后进入全国中小企业股份转让系统等证券交易场所的时间间隔应当不少于五个完整的会计年度；

②公司因市场交易类指标其股票被强制终止上市的，首次提出重新上市申请与其股票终止上市后进入全国中小企业股份转让系统等证券交易场所的时间间隔应当不少于三个月；

③公司因前述两项情形之外的其他退市指标规定情形其股票被强制终止上市的，首次提出重新上市申请与其股票终止上市后进入全国中小企业股份转让系统等证券交易场所的时间间隔应当不少于十二个月。

（4）终止上市。

上市公司出现下列情形之一的，可以向交易所申请主动终止其股票上市交易：

①公司股东大会决议主动撤回其股票在交易所上市交易，并决定不再在交易所交易；

②公司股东大会决议主动撤回其股票在交易所上市交易，并转而申请在其他交易场所交易或转让；

③公司股东大会决议解散；

④公司因新设合并或者吸收合并，不再具有独立主体资格并被注销；

⑤公司以终止公司股票上市为目的，向公司所有股东发出回购全部股份或者部分股份的要约，导致公司股本总额、股权分布等发生变化不再具备上市条件；

⑥公司股东以终止公司股票上市为目的，向公司所有其他股东发出收购全部股份或者部分股份的要约，导致公司股本总额、股权分布等发生变化不再具备上市条件；

⑦公司股东以外的其他收购人以终止公司股票上市为目的，向公司所有股东发出收购全部股份或者部分股份的要约，导致公司股本总额、股权分布等发生变化不再具备上市条件；

⑧中国证监会或交易所认可的其他主动终止上市情形。

A股股票和B股股票同时在交易所上市交易的公司，依照前款规定申请主动终止上市的，原则上其A股股票和B股股票应当同时终止上市。

本规则第1条第①项、第②项规定的股东大会决议事项，应当经出席会议的全体股东所持有效表决权的三分之二以上通过，且经出席会议的除以下股东以外的其他股东所持表决权的三分之二以上通过：

①上市公司的董事、监事、高级管理人员；

②单独或者合计持有上市公司5%以上股份的股东。

上市公司因本规则第14.8.1条第①项至第⑤项情形召开股东大会的，应当及时向交易所提交下列文件并公告：

①董事会关于申请主动终止上市的决议；

②召开股东大会通知；

③主动终止上市预案；

④独立董事意见；

⑤财务顾问报告（如适用）；

⑥法律意见书（如适用）；

⑦法律、行政法规、部门规章、规范性文件、交易所及公司章程要求的其他文件。

前款第③项所称"主动终止上市预案",应当包括但不限于:公司终止上市原因、终止上市方式、终止上市后经营发展计划、并购重组安排、重新上市安排、代办股份转让安排、异议股东保护措施,以及公司董事会关于主动终止上市对公司长远发展和全体股东利益的影响分析等相关内容。

前款第④项所称"独立董事意见",指独立董事应当就主动终止上市事项是否有利于公司长远发展和全体股东利益充分征询中小股东意见,并在此基础上发表意见。前款第⑤项、第⑥项所称"财务顾问报告"和"法律意见书",指财务顾问和律师事务所为主动终止上市提供专业服务,并发表专业意见。其中,第1条第①项、第②项、第⑤项情形不适用法律意见书,第③项情形同时不适用财务顾问报告和法律意见书。股东大会对主动终止上市事项进行审议后,上市公司应当及时披露股东大会决议公告,说明议案的审议及通过情况。

上市公司根据本规则第1条第①项、第②项情形,申请主动终止上市的,公司应当向交易所申请其股票自股东大会股权登记日的次一交易日起停牌,并在股东大会审议通过主动终止上市决议后及时披露决议情况。公司可以在股东大会决议后的十五个交易日内向交易所提交主动终止上市的书面申请。

公司根据本规则第1条第③项至第⑦项情形,申请主动终止上市的,应当遵守《公司法》《证券法》《上市公司收购管理办法》《上市公司重大资产重组管理办法》等有关规定及交易所相关业务规则,严格履行决策、实施程序和信息披露义务,并及时向交易所申请公司股票停牌或复牌。同时,按照相关规定,及时向交易所提交主动终止上市申请。

公司应当在提交申请后,及时披露相关公告。

上市公司主动终止上市事项未获股东大会审议通过的,公司应当及时向交易所申请其股票自公司股东大会决议公告后复牌。

上市公司出现本规则第1条第⑥项、第⑦项情形的,其股票自公司披露收购结果公告或者其他相关权益变动公告后继续停牌,直至交易所终止其股票上市。

上市公司依据本规则第14.8.1条的规定向交易所申请其股票终止上市的,应当向交易所提交下列文件:

①终止上市申请书;
②股东大会决议(如适用);
③相关终止上市方案;
④财务顾问报告;
⑤法律意见书;
⑥交易所要求的其他文件。

交易所在收到上市公司提交的终止上市申请文件后五个交易日内作出是否受理的决定并通知公司。公司未能按本节的要求提供申请文件的,交易所不受理其股票终止上市申请。公司应当在收到交易所关于是否受理其终止上市申请的决定后,及时披露决定的有关情况并提示其股票可能终止上市的风险。

交易所上市委员会对公司股票终止上市的申请进行审议，重点从保护投资者特别是中小投资者权益的角度，在审查上市公司决策程序合规性的基础上，作出独立的专业判断并形成审核意见。

公司依据本规则第 1 条第①项、第②项的规定申请其股票终止上市的，交易所在受理公司申请后的十五个交易日内，交易所上市委员会形成审核意见。公司因自愿解散、公司合并、回购股份、要约收购等情形依据本规则第 1 条第③项至第⑦项的规定申请其股票终止上市的，除另有规定外，交易所在上市公司披露解散决议公告、合并交易完成公告、回购或者收购结果公告后的十五个交易日内，交易所上市委员会形成审核意见。交易所根据上市委员会的审核意见作出是否终止公司股票上市的决定。

在交易所受理公司申请至作出决定期间，交易所可以要求公司提供补充材料，公司应当在交易所要求期限内提供有关材料，补充材料期间不计入交易所作出有关决定的期限。公司未能在交易所规定的期限内提供补充材料的，交易所在要求期限届满后按照第 14.8.9 条的规定作出是否同意公司股票终止上市申请的决定。

因本规则第 1 条规定情形其股票被终止上市、且法人主体资格将存续的公司，应当对公司股票终止上市后转让或交易、异议股东保护措施作出具体安排，保护中小投资者的合法权益。

上市公司主动终止上市的，不设退市整理期，公司股票自交易所公告终止上市决定之日起五个交易日内予以摘牌，公司股票终止上市。

3.7 主板、中小板、创业板有关信息披露的特别要求（包括行业指引）

行业信息披露指引的适应标准主要比照财务指标，即行业（具体包括：畜禽水产养殖、固体矿产资源、房地产、种业种植、工程机械、装修装饰、土木工程建筑、零售、快递服务、民用爆破、珠宝、软件与信息技术服务、非金属建材等 13 个行业）对应业务营业收入占公司最近一个会计年度经审计的营业收入 30% 以上的，或者归属于母公司所有者的净利润占公司最近一个会计年度经审计的净利润 30% 以上的，同时还存在兜底性条款即该业务可能对公司业绩或股票及其衍生品种交易价格产生重大影响的均需要适应相应的行业信息披露指引。再之，上市公司控股子公司从事对应业务视同上市公司从事该业务且需适应相应的行业信息披露指引规定，上市公司参股公司从事对应业务且可能对上市公司业绩或股票及其衍生品种交易价格产生重大影响的应当参照相应的行业信息披露指引规定履行信息披露义务。此外，深交所鼓励从事前述 13 个行业对应业务但未达到前述标准的其他上市公司参照相应行业信息披露指引规定执行。

3.7.1 披露要求

行业信息披露指引在现有信息披露规范的基础上，根据特定行业公司业务的共性特点，综合考虑投资者的信息需求和上市公司信息处理能力等因素，重点强调了以下几个方面的信息披露要求。

（1）重点针对所在行业的经营特点，明确行业关键指标及差异化信息披露的标准，结合行业情况和投资者需求，不同行业信息披露指引要求披露的内容各有侧重，旨在切实提高上市公司信息披露的针对性和有效性。

（2）从定期报和临时首次披露和持续披露、定性与定量、价值与风险财务信息与非财务信息等多维度，对上市公司应当履行的披露义务进行了规范，引导上市公司充分披露影响行业发展的宏观经济走势和政策、业务模式、行业地位及业务开展情况等信息。

（3）在披露现有公司常规经营事项的基础上，重点要求披露与具体行业经营风险相关的信息，便于投资者充分了解不同行业上市公司的潜在风险。

（4）上市公司应当针对关键指标进行实质性分析，避免披露的行业经营性信息过于空洞和泛化，公司应保证信息披露的一致性和可比性，并应当使用简明扼要、通俗易懂的语言，避免使用生僻用词或者术语，便于投资者尤其是中小投资者理解公司实际经营状况和风险信息。

3.7.2 行业信息披露注意点

1. 年度报告信息披露特殊行业分类

2021年1月6日，深交所发布食品及酒制造、电力、汽车制造、纺织服装、化工5件行业信息披露指引。2021年1月7日，深交所发布通信、网络安全2部创业板行业信息披露指引。指引发布后，创业板行业信息披露指引将覆盖医药、节能环保、工业机器人、集成电路、锂电池等15个新兴行业。

食品及酒制造行业：要求公司加强对代表品牌、品牌定位、经销商数量等信息的披露，以及在定期报告的财务报表附注中充分披露不同销售模式下的收入确认会计政策，期后销售退回、销售返利及销售奖励等特殊情况的会计核算方法，应收预付款项及存货的构成及坏账、跌价准备计提的充分性。同时，披露可能对公司造成重大影响的食品安全事件。

电力行业：要求公司区分电源种类、经营区域对经营情况、财务指标进行披露，鼓励披露新能源发电业务的产能扩张、资产收购等重大投资计划。

汽车制造行业：要求公司披露产销数据、新能源整车及零部件生产经营情况，并提示按揭销售、融资租赁、经销商担保等销售模式风险敞口。

纺织服装行业：要求公司充分披露库龄等存货信息、不同销售渠道的运营模式与经营数据、销售费用的构成及变动原因等行业关键信息。

化工行业：要求公司充分披露主要产品的原材料和能源采购价格情况，并及时披露受到环保部门重大行政处罚的情况。

通信行业：①关注研发创新能力；②关注公司优劣势；③强化风险揭示；④从严监管"蹭热点"行为。

网络安全行业：①关注核心安全产品情况；②强调经营合规性；③强化风险揭示。

2. 上市公司/挂牌公司聘任/变更会计师事务所公告格式

为进一步引导上市公司合理选聘会计师事务所，强化审计委员会、独立董事等的履职尽责，不断提升规则适用性及信息披露有效性，深交所修订了《创业板上市公司业务办理指南第6号——信息披露公告格式》所附《第44号上市公司拟续聘变更会计师事务所公告格式》和《深圳证券交易所上市公司业务办理指南第11号——信息披露公告格式》所附《第46号上市公司拟聘任会计师事务所公告格式》；上交所修订了《上市公司日常信息披露工作备忘录——第一号临时公告格式指引》所附《第一百号上市公司续聘/变更会计师事务所公告》，并同步修订了《科创板上市公司信息披露业务指南第3号——日常信息披露》所附《第二十六号科创板上市公司续聘/变更会计师事务所公告》。

同时，为规范挂牌公司聘请会计师事务所的信息披露要求，统一各证券交易场所相关公告披露内容，提升挂牌公司财务信息披露质量，全国股转公司也修订了《全国中小企业股份转让系统临时公告格式模板第14号—挂牌公司会计师事务所变更公告》。

3. 依据上市公司行业分类指引判断上市公司所属行业

依据上市公司行业分类指引判断上市公司所属行业，若：

（1）当上市公司某类业务的营业收入比重大于或等于50%，则将其划入该业务相对应的行业，遵守对应行业信息披露要求；

（2）当上市公司没有一类业务的营业收入比重大于或等于50%，但某类业务的收入和利润均在所有业务中最高，而且均占到公司总收入和总利润的30%以上（包含本数），则该公司归属该业务对应的行业类别，遵守对应行业信息披露要求；

（3）不能按照上述分类方法确定行业归属的，由上市公司行业分类专家委员会根据公司实际经营状况判断公司行业归属，遵守对应行业信息披露要求；归属不明确的，划为综合类。

（4）上市公司以从事的行业类型分别适用对应的行业信息披露要求，但沪深两市的行业信息披露适用标准略有不同：

深市行业及创业板行业比照下述财务指标，符合任一条件即适应对应的行业信息披露要求：相关业务营业收入占公司最近一个会计年度经审计的合并财务报表营业收入30%以上的；净利润占公司最近一个会计年度经审计的合并财务报表净利润30%以上；所从事的业务可能对公司业绩或者股票及其衍生品种交易价格产生重大影响的公司。

沪主板行业则要求上市公司按从事即适用的条件来披露行业信息。科创板可参照沪主板要求披露。需注意：沪深交易所对上市公司进行分行业监管，不能按照行业信息披露指引的要求在年度报告中披露相关行业信息的，应当解释未按要求进行披露的原因，并予以特别提示。上市公司及其控股子公司未达到上述标准的，深交所鼓励公司参照行业信息披露指引的相关规定执行。

4. 年度报告中涉及特殊行业信息披露要求的章节

（1）深交所。

深主板、创业板对行业信息的披露要求主要体现在年度报告对应的"重要提示、目录和释义""经营情况讨论与分析""公司治理""环境和社会责任""重要事项""财务报告附注"等章节。

需注意：从事纺织行业上市公司需要另外新增一栏目录来对行业信息披露指引要求的相

关内容进行披露。从事"锂离子电池产业链相关业务"的创业板上市公司若因生产或销售产品的质量、提供的服务发生重大诉讼的,应该在"重大诉讼、仲裁事项"目录中进行披露,并在"处罚及整改情况"中披露后续案件处罚及整改情况。

(2) 上交所。

上交所对行业信息的披露要求仅体现在年度报告对应的"管理层讨论与分析"-"报告期内主要经营情况-行业经营性信息分析"这一目录中,上市公司需依照行业指引披露要求,在该节中对行业经营性的相关情况进行充分说明,并且详细披露。

(3) 北交所。

北交所对行业信息的披露要求集中体现在年度报告的"行业信息"这一章节中,针对不同的行业要求对应披露不同的行业经营性信息。

3.8 信息披露直通车相关要求

信息披露直通车是指市场主体通过上交所登记和上传信息披露文件并直接在上交所官方网站披露的信息披露方式。近年来,债券市场信息披露制度体系逐步完善,信息披露规范化水平不断提高,上交所技术水平日益成熟,为实施债券市场信息披露直通车提供了良好的制度支持、市场支持和技术支持。前期,上交所按照稳步推进、风险可控的原则,先后在公司债券定期报告和评级报告等披露工作中试行了直通车制度,显著提高了信息披露的及时性和便利性。为进一步促进市场主体归位尽责,提升债券市场整体运行效率,在总结监管实践经验、深入分析现实条件的基础上,上交所全面推出债券市场信息披露直通车制度,加快信息披露由事前形式审核向对违规行为进行事后监管的转变,进一步提升监管的专业性和针对性。

信息披露直通车是上市公司信息披露的方式之一。上市公司采用直通车方式披露(以下简称"直通披露")信息,应当遵守有关法律、行政法规、部门规章、规范性文件、本指引和本所其他相关规定以及公司章程关于信息披露的规定。

1. 信息披露直通车范围

(1) 公司范围。

直通车业务原则上适用于所有上市公司。交易所可根据上市公司信息披露质量、规范运作程度、违规处分等情形,对适用直通车业务的信息披露主体进行调整。

(2) 公告类别。

信息披露公告类别设置为两级,分别为"一级公告类别"和"二级公告类别"。上市公司进行公告类别选择时,直接选择相应的二级公告序号和二级公告类别即可,如表3-9、表3-10。

表 3-9　上交所一级公告类别

定期报告	可转换公司债（部分非直通车）
董事会和监事会	公司债（部分非直通车）
股东大会	股权激励及员工持股计划（部分非直通车）
应当披露的交易	股权分置改革（部分非直通车）
关联交易	诉讼和仲裁
对外担保	股东股份被质押冻结或司法拍卖
募集资金使用与管理	破产与重整（部分非直通车）
业绩预告、业绩快报和盈利预测	其他重大事项
利润分配和资本公积金转增股本（部分非直通车）	公司重要基本信息变化（部分非直通车）
股票交易异常波动和澄清	风险警示（部分非直通车）
股份上市流通与股本变动（非直通车）	暂停、恢复和终止上市（部分非直通车）
股东增持或减持股份	补充更正公告
权益变动报告书和（要约）收购（部分非直通车）	规范运作
股权型再融资（部分非直通车）	中介机构报告
其他再融资	停复牌提示性公告（非直通车）
重大资产重组（部分非直通车）	仅上网披露的文件/材料
吸收合并（部分非直通车）	优先股（非直通车）
回购股份（部分非直通车）	其他披露事项（非直通车）

表 3-10　深交所一级公告类别

定期报告和权益分配	再融资（部分非直通车）
董监事会决议	其他重大事项（部分非直通车）
股东大会	公司治理及相关文件
交易	中介机构
关联交易	违规及被处罚（部分非直通车）
募集资金	风险警示、暂停、恢复与终止上市（非直通车）
董事、监事、高管人员变更	补充、更正（部分非直通车）
股权变动及相关业务（部分非直通车）	股价异动、澄清、风险提示事项（部分非直通车）
股权激励和员工持股计划（部分非直通车）	限制出售股份上市流通（非直通车）
重大资产重组（部分非直通车）	停复牌与其他公告（部分非直通车）

2. 信息披露直通车业务办理时间

（1）上交所上市公司可以在以下信息披露时段发布信息披露文件。

①交易日早间披露时段（7:30—8:30）。公告类别限定为四类，即澄清与说明公告、停复牌提示性公告、重大合同公告以及发行其他融资产品公告。

②交易日午间披露时段（11:30—12:30）。公告类别则限定为两类，即澄清与说明公告和停复牌提示性公告。

③交易日盘后披露时段：直通车公告（15:30—19:00）；非直通车公告（15:30—17:00）。

④非交易日披露时段（单一非交易日或连续非交易日的最后一日13:00—17:00）。考虑到实践中上市公司在非交易日披露公告的应急需要，将非交易日披露时段的公告类别限定为直通车公告。

（2）深交所技术平台在下列时间段将直通披露信息自动发送给指定披露媒体：

①上市公司在交易日6:00—7:30完成公告提交，且拟披露日期为当日的，技术平台于当日7:30自动发送相关公告给指定网站披露；

②上市公司在交易日7:30—8:00完成公告提交，且拟披露日期为当日的，技术平台实时发送相关公告给指定网站披露；

③上市公司在交易日8:00—11:30完成公告提交，且拟披露日期为当日的，技术平台于当日11:30后自动发送相关公告给指定网站披露；

④上市公司在交易日11:30后完成公告提交的，技术平台于当日15:30后自动发送相关公告在指定网站披露。

⑤上市公司在单一非交易日或连续非交易日最后一日12:00—16:00完成公告提交，拟披露日期必须为次日，技术平台于当日16:00后自动发送相关公告在指定网站披露。

3. 直通车披露原则

（1）坚持信息披露直通的总体方向，对大多数风险可控的公司和公告保持直通。

（2）紧盯"重点公司"和"重点问题"——聚焦重点高风险公司和市场重点问题，强化事前监管，推进监管前移。

（3）做好规则修订和动态评估。具体而言，深交所对直通车业务配套制度进行了修订，进一步完善直通车公司范围和公告类别范围调整的规则依据，并完善定期评估的工作机制，根据市场新情况、新问题进行动态调整。

（4）上市公司已确认发布的信息披露文件不得修改或者撤销。对于已确认发布但本所网站尚未刊载的信息披露文件，上市公司因特殊原因需修改或者撤销的，应当按照本所有关规定向本所提出申请。

（5）上市公司创建的同一个信息披露申请中，如有一个或者一个以上的公告不属于直通车公告范围的，该申请中的所有公告均不得通过直通车办理。

（6）上市公司及相关信息露义务人通过直通车业务办理的信息披露事项，出现错误、遗漏或者误导等情形的，应当按照有关法律法规、行政规章、规范性文件以及本所业务规则的规定及时刊登补充或更正公告。

（7）上市公司应当特别关注直通露的公告类别选择，所选公告类别应当全面、完整，包含事件涉及的所有公告子类，不得错选、漏选公告类别，不得以直通车公告类别代替事前审核公告类别。

(8) 上市公司办理直通车业务的情况，将纳入上市公司信息披露及董事会秘书工作的考核范围。

(9) 上市公司在同一交易日内拟披露的多个公告之间存在关联的，应当合并创建一个信息披露申请。

4. 直通车业务具体办理流程

上市公司涉及信息披露直通车业务的，其董事会秘书应当提前按照本所《上市规则》、《上市公司临时公告格式》等要求准备公告文稿和备查文件，然后按照本所发布的《上市公司信息披露直通车业务操作指南》办理直通披露业务。

上市公司通过网上业务专区报送直通披露申请的基本流程如下：

(1) 上市公司使用数字证书确认身份，登录网上"上市公司业务专区""中小企业板业务专区"或者"创业板业务专区"。

(2) 上市公司在交易日、单一非交易日或连续非交易日最后一日通过业务专区创建直通披露申请。上市公司选择并添加公告类别，检查报备材料完备性，并对照公告类别业务关注点检查公告是否符合相关要求，完成业务参数录入工作。上市公司上传待披露文件和报备文件。

(3) 上市公司确认并将该次信息披露申请提交本所技术平台。

(4) 如果该信息披露申请不符合直通披露标准，该信息需经过本所事前审核通过后方予以披露。

(5) 如果该信息披露申请符合直通披露标准，技术平台将提示上市公司再次进行内部复核，确认相关公告类别、公告文件、报备文件、业务参数等的准确性、完整性。

(6) 本所技术平台在规定时间段将已通过上市公司内部复核的直通披露信息自动发送给指定披露媒体。

(7) 上市公司应当及时与指定披露媒体确认接收。

5. 披露文件和报备文件

(1) 上网文件是指需在指定网络媒体上刊载的公告（文件），《上市规则》规定所有披露文件必须上网，包括但不限于下列内容：临时公告、定期报告摘要、全文、股东大会会议材料、公司的规章制度、中介机构意见等。

(2) 登报文件指需在指定报刊媒体上刊登的公告（如定期报告提示性公告、公司债上市公告等），其他文件由上市公司根据与报刊媒体签订的协议自愿刊登。

(3) 报备文件指需对外露的，但按照《上市规则》规定和监管部门要求，应当向本所提交的各类报备文件，如董事会决议签字盖章页、监事会决议签字盖章页、中介机构报告、合同文件、协议、意见或批文等。报备文件如是电子文件，可以经"信息披露申请"页面上传，否则，还需要以传真或书面方式向本所提交。

3.9 内幕信息及知情人管理

建立内幕信息知情人管理制度、加强上市公司内幕信息管理，是做好内幕信息保密工作、提升信息披露质量的重要环节，也是有效防范和打击内幕交易、推动证券市场健康发展的基础性工作，对董事会秘书工作来说也是非常重要的内容，应该予以高度重视。

3.9.1 内幕信息的定义及范围

内幕信息，是指证券交易活动中，涉及公司的经营、财务或者对该公司证券的市场价格有重大影响的尚未公开的信息。

内幕信息所具备的三大特质：（1）是该信息所在集体，内部运作人员所知悉的信息；（2）是该信息所在集体，尚未对外公开的信息；（3）是对于信息所在集体或行业具备商业价值的信息。

在证券交易活动中，涉及公司的经营、财务或者对该公司证券的市场价格有重大影响的尚未公开的信息，为内幕信息。

下列信息皆属内幕信息：

内幕信息是指涉及公司经营、财务或者对公司有重大影响的、尚未公开披露的信息，包括但不限于：

（1）公司的经营方针和经营范围的重大变化；

（2）公司的重大投资行为和重大的购置财产的决定，以及由此形成的具体方案；

（3）公司订立可能对公司的资产、负债、权益和经营成果产生重要影响的重要合同；

（4）公司发生重大债务和未能清偿到期重大债务的违约情况，或发生大额赔偿责任；

（5）公司发生重大亏损或者出现重大损失；

（6）公司主要经营业务外部条件发生重大变化；

（7）公司董事、三分之一以上监事、公司总经理的任职发生变动，或者公司董事长或公司总经理无法履行职责；

（8）公司控股股东、实际控制人持有的公司股份或者控制公司的情况发生较大变化；

（9）公司减资、合并、分立、解散及申请破产的决定；

（10）涉及公司的重大诉讼或仲裁；

（11）公司股东大会、董事会决议被依法撤销或者被依法宣告无效；

（12）公司涉嫌违法违规被有权机关调查，或者受到刑事处罚、重大行政处罚，公司董事、监事、高级管理人员涉嫌犯罪被司法机关采取强制措施；

（13）公司分配股利或者增资的计划；

（14）公司董事会就发行新股或者其他再融资方案、股权激励方案形成相关决议；

（15）公司获得政府大额补贴并因此可能对公司的资产、负债、权益或者经营成果产生重大影响；

（16）公司股权结构的重大变化；

（17）公司债务担保的重大变更；

（18）公司主要经营资产发生抵押、质押、出售，或者一次性报废超过该项经营资产总额的百分之三十；

（19）公司主要经营资产被依法查封、扣押、冻结；

（20）公司主要经营业务或者全部业务陷入停顿；

（21）公司的董事、监事、高级管理人员的行为可能依法承担重大损害赔偿责任；

（22）公司尚未披露的定期报告（包括年报、半年报、季报）。

3.9.2 内幕信息知情人范围

内幕信息知情人是在公司内幕信息公开披露之前直接或间接获取内幕信息的人员，包括但不限于：

（1）公司的董事、监事、高级管理人员；

（2）公司控股股东、实际控制人及其董事、监事、高级管理人员；

（3）公司下属分公司、控股子公司及其董事、监事、高级管理人员；

（4）由于所任职务可以获取公司有关内幕信息的人员；

（5）由于为公司提供服务并因此可以获得公司非公开信息的人员，包括但不限于保荐人、承销商、证券交易所、证券登记结算机构、证券服务机构、律师事务所、会计师事务所、银行的有关人员；

（6）上述规定的自然人的配偶、子女和父母；

（7）法律、法规规定的其他人员。

3.9.3 内幕信息及知情人的登记和管理制度

（1）公司及控股股东、实际控制人及其关联方、各控股子公司及公司能够对其实施重大影响的参股公司应当根据本制度，对公司内幕信息知情人进行登记和管理。

（2）公司向内幕信息知情人员提供非公开信息时，应严格遵循公司《信息披露事务管理制度》有关规定。公司及内幕信息知情人在信息披露前，应当将该信息的知情者控制在最小范围内，未经授权批准不得将载有内幕信息的文件、软（磁）盘、光盘、录音（像）带、会议记录、会议决议等文件、资料外借。

（3）公司应加强对内幕信息知情人员的教育培训，确保内幕信息知情人员明确自身的权利、义务和法律责任，督促有关人员严格履行信息保密职责，坚决杜绝内幕交易。

（4）公司各部门、分公司、子公司及重要参股公司、项目组负责人应对重要未公开信息明确内幕信息知情人并进行管理，向其明确保密责任，在内幕信息依法公开披露前，按照本制度填写公司内幕信息知情人登记表（见附件），及时记录商议筹划、论证咨询、合同订立等阶段及报告、传递、编制、决议、披露等环节的内幕信息知情人名单，及其知悉内幕信息的时间、地点、依据、方式、内容等信息。内幕信息知情人应当进行确认。相关负责人有义务以适当方式提示或标示出未公开信息。内幕信息知情人应签订公司内幕信息保密承诺书（见附件），并提供内幕信息知情人登记所需的信息。内幕信息知情人名单应及时向公司信息披露主管部门备案。

（5）因所任公司职务或提供中介服务可以获取公司有关内幕信息的知情人，因参与重大项目而知悉内幕信息的知情人，自其接触内幕信息之日起至相关内幕信息披露前，应作为内幕信息知情人管理，填写内幕信息知情人登记表。

（6）公司的股东、实际控制人及其关联方研究、发起涉及公司的重大事项，以及发生对公司证券交易价格有重大影响的其他事项时，应当填写本单位内幕信息知情人的档案。

证券公司、会计师事务所、律师事务所及其他中介机构接受委托开展相关业务，该受托事项对公司证券交易价格有重大影响的，应当填写本机构内幕信息知情人的档案。收购人、重大资产重组交易对方以及涉及公司并对公司证券交易价格有重大影响事项的其他发起方，应当填写本单位内幕信息知情人的档案。上述主体应当保证内幕信息知情人档案的真实、准确和完整，根据事项进程将内幕信息知情人档案分阶段送达公司，但完整的内幕信息知情人档案的送达时间不得晚于内幕信息公开披露的时间。内幕信息知情人档案应当按照第八条的要求进行填写，并由内幕信息知情人进行确认。

公司应当做好其所知悉的内幕信息流转环节的内幕信息知情人的登记，并做好本条第一款至第三款涉及各方内幕信息知情人档案的汇总。

（7）行政管理部门人员接触到公司内幕信息的，应当按照相关行政部门的要求做好登记工作。

公司在披露前按照相关法律法规政策要求需经常性向相关行政管理部门报送信息的，在报送部门、内容等未发生重大变化的情况下，可将其视为同一内幕信息事项，在同一张表格中登记行政管理部门的名称，并持续登记报送信息的时间。除上述情况外，内幕信息流转涉及到行政管理部门时，公司应当按照一事一记的方式在知情人档案中登记行政管理部门的名称、接触内幕信息的原因以及知悉内幕信息的时间。

（8）公司进行收购、重大资产重组、发行证券、合并、分立、分拆上市、回购股份等重大事项，或者披露其他可能对公司证券交易价格有重大影响的事项时，除按照第八条填写公司内幕信息知情人档案外，还应当制作重大事项进程备忘录，内容包括但不限于筹划决策过程中各个关键时点的时间、参与筹划决策人员名单、筹划决策方式等。公司应当督促备忘录涉及的相关人员在备忘录上签名确认。公司股东、实际控制人及其关联方等相关主体应当配合制作重大事项进程备忘录。

（9）公司应当及时补充完善内幕信息知情人档案及重大事项进程备忘录信息。内幕信息知情人档案及重大事项进程备忘录自记录（含补充完善）之日起至少保存10年。

公司应当在内幕信息依法公开披露后五个交易日内将内幕信息知情人档案及重大事项进程备忘录报送证券交易所。

公司披露重大事项后，相关事项发生重大变化的，公司应当及时补充报送内幕信息知情人档案及重大事项进程备忘录。

（10）内幕信息登记后对外报送前应进行内部审批，由经办部门申请，信息披露主管部门、董事会秘书复核，然后报公司领导审批，经审批后的内幕信息方可对外报送，同时将登记表和审批表（见附件）备案于董事会秘书。

（11）公司可根据内幕信息知情人档案对内幕信息知情人买卖本公司证券的情况进行自查。

（12）公司不得在没有合理依据的情况下向外部使用人报送未公开财务信息。公司向大股东定期报送非公开财务信息时，应严格控制未公开信息知情人范围，并根据本制度管理相关内幕信息及其知情人。

（13）公司向外部使用人提供未公开财务信息的，应提示或标明该信息属于内幕信息，并根据本制度管理相关内幕信息及其知情人。外部使用人须依法使用，不得利用内幕信息买卖公司证券，或者建议他人买卖该证券，或者泄露该信息。

（14）对大股东、实际控制人没有合理理由要求公司提供未公开信息的，公司董事会可予以拒绝。

3.9.4 内幕信息管理的监管措施

（1）公司根据中国证监会及上海证券交易所的规定，对内幕信息知情人买卖本公司证券的情况进行自查。发现内幕信息知情人进行内幕交易、泄露内幕信息或者建议他人进行交易的，公司应当进行核实并依据本制度对相关人员进行责任追究，并在 2 个工作日内将有关情况及处理结果报送上海证监局和上海证券交易所。

（2）对于违反本制度、擅自泄露内幕信息的内幕信息知情人，如果是公司内部任职人员，将视情节轻重，分别给予以下处分：通报批评；警告；记过；降职降薪；留职察看；开除。以上处分可以单处或并处。

对于非公司内部任职人员，违反本制度及其他规定，擅自泄露内幕信息的，公司将视情节轻重以及给公司造成的损失和影响，将有关情况通报有权管理部门，由有关部门对相关责任人进行处罚，涉及犯罪的，追究其刑事责任。

（3）公司发现内幕信息知情人泄露内幕信息、进行内幕交易或者建议他人进行交易等情形的，公司应当将情况报送上海证监局，由监管机构对有关单位和个人进行查处，涉嫌犯罪的，依法移送司法机关追究刑事责任。涉及国有控股股东的，公司应通报有关国有资产监督管理机构。

3.10 上市公司信息披露管理办法

上市公司信息披露办法
中国证监会令第 182 号

第一条 为了规范上市公司及其他信息披露义务人的信息披露行为，加强信息披露事务管理，保护投资者合法权益，根据《中华人民共和国公司法》（以下简称《公司法》）、《中华人民共和国证券法》（以下简称《证券法》）等法律、行政法规，制定本办法。

第二条 信息披露义务人履行信息披露义务应当遵守本办法的规定，中国证券监督管理委员会（以下简称中国证监会）对首次公开发行股票并上市、上市公司发行证券信息披露另有规定的，从其规定。

第三条 信息披露义务人应当及时依法履行信息披露义务，披露的信息应当真实、准确、完整，简明清晰、通俗易懂，不得有虚假记载、误导性陈述或者重大遗漏。

信息披露义务人披露的信息应当同时向所有投资者披露，不得提前向任何单位和个人泄露。但是，法律、行政法规另有规定的除外。

在内幕信息依法披露前，内幕信息的知情人和非法获取内幕信息的人不得公开或者泄露该信息，不得利用该信息进行内幕交易。任何单位和个人不得非法要求信息披露义务人提供依法需要披露但尚未披露的信息。

证券及其衍生品种同时在境内境外公开发行、交易的，其信息披露义务人在境外市场披露的信息，应当同时在境内市场披露。

第四条 上市公司的董事、监事、高级管理人员应当忠实、勤勉地履行职责，保证披露信息的真实、准确、完整，信息披露及时、公平。

第五条 除依法需要披露的信息之外，信息披露义务人可以自愿披露与投资者作出价值判断和投资决策有关的信息，但不得与依法披露的信息相冲突，不得误导投资者。

信息披露义务人自愿披露的信息应当真实、准确、完整。自愿性信息披露应当遵守公平原则，保持信息披露的持续性和一致性，不得进行选择性披露。

信息披露义务人不得利用自愿披露的信息不当影响公司证券及其衍生品种交易价格，不得利用自愿性信息披露从事市场操纵等违法违规行为。

第六条 上市公司及其控股股东、实际控制人、董事、监事、高级管理人员等作出公开承诺的，应当披露。

第七条 信息披露文件包括定期报告、临时报告、招股说明书、募集说明书、上市公告书、收购报告书等。

第八条 依法披露的信息，应当在证券交易所的网站和符合中国证监会规定条件的媒体发布，同时将其置备于上市公司住所、证券交易所，供社会公众查阅。

信息披露文件的全文应当在证券交易所的网站和符合中国证监会规定条件的报刊依法开办的网站披露，定期报告、收购报告书等信息披露文件的摘要应当在证券交易所的网站和符合中国证监会规定条件的报刊披露。

信息披露义务人不得以新闻发布或者答记者问等任何形式代替应当履行的报告、公告义务，不得以定期报告形式代替应当履行的临时报告义务。

第九条 信息披露义务人应当将信息披露公告文稿和相关备查文件报送上市公司注册地证监局。

第十条 信息披露文件应当采用中文文本。同时采用外文文本的，信息披露义务人应当保证两种文本的内容一致。两种文本发生歧义时，以中文文本为准。

第十一条 中国证监会依法对信息披露文件及公告的情况、信息披露事务管理活动进行监督检查，对信息披露义务人的信息披露行为进行监督管理。

证券交易所应当对上市公司及其他信息披露义务人的信息披露行为进行监督，督促其依法及时、准确地披露信息，对证券及其衍生品种交易实行实时监控。证券交易所制定的上市规则和其他信息披露规则应当报中国证监会批准。

第十二条 上市公司应当披露的定期报告包括年度报告、中期报告。凡是对投资者作出价值判断和投资决策有重大影响的信息，均应当披露。

年度报告中的财务会计报告应当经符合《证券法》规定的会计师事务所审计。

第十三条 年度报告应当在每个会计年度结束之日起四个月内，中期报告应当在每个会计年度的上半年结束之日起两个月内编制完成并披露。

第十四条 年度报告应当记载以下内容：

（一）公司基本情况；

（二）主要会计数据和财务指标；

（三）公司股票、债券发行及变动情况，报告期末股票、债券总额、股东总数，公司前十大股东持股情况；

（四）持股百分之五以上股东、控股股东及实际控制人情况；

（五）董事、监事、高级管理人员的任职情况、持股变动情况、年度报酬情况；

（六）董事会报告；

（七）管理层讨论与分析；

（八）报告期内重大事件及对公司的影响；

（九）财务会计报告和审计报告全文；

（十）中国证监会规定的其他事项。

第十五条 中期报告应当记载以下内容：

（一）公司基本情况；

（二）主要会计数据和财务指标；

（三）公司股票、债券发行及变动情况、股东总数、公司前十大股东持股情况，控股股东及实际控制人发生变化的情况；

（四）管理层讨论与分析；

（五）报告期内重大诉讼、仲裁等重大事件及对公司的影响；

（六）财务会计报告；

（七）中国证监会规定的其他事项。

第十六条 定期报告内容应当经上市公司董事会审议通过。未经董事会审议通过的定期报告不得披露。

公司董事、高级管理人员应当对定期报告签署书面确认意见，说明董事会的编制和审议程序是否符合法律、行政法规和中国证监会的规定，报告的内容是否能够真实、准确、完整地反映上市公司的实际情况。

监事会应当对董事会编制的定期报告进行审核并提出书面审核意见。监事应当签署书面确认意见。监事会对定期报告出具的书面审核意见，应当说明董事会的编制和审议程序是否符合法律、行政法规和中国证监会的规定，报告的内容是否能够真实、准确、完整地反映上市公司的实际情况。

董事、监事无法保证定期报告内容的真实性、准确性、完整性或者有异议的，应当在董事会或者监事会审议、审核定期报告时投反对票或者弃权票。

董事、监事和高级管理人员无法保证定期报告内容的真实性、准确性、完整性或者有异议的，应当在书面确认意见中发表意见并陈述理由，上市公司应当披露。上市公司不予披露的，董事、监事和高级管理人员可以直接申请披露。

董事、监事和高级管理人员按照前款规定发表意见，应当遵循审慎原则，其保证定期报告内容的真实性、准确性、完整性的责任不仅因发表意见而当然免除。

第十七条 上市公司预计经营业绩发生亏损或者发生大幅变动的，应当及时进行业绩预告。

第十八条 定期报告披露前出现业绩泄露，或者出现业绩传闻且公司证券及其衍生品种交易出现异常波动的，上市公司应当及时披露本报告期相关财务数据。

第十九条 定期报告中财务会计报告被出具非标准审计意见的，上市公司董事会应当针对该审计意见涉及事项作出专项说明。

定期报告中财务会计报告被出具非标准审计意见，证券交易所认为涉嫌违法的，应当提请中国证监会立案调查。

第二十条 上市公司未在规定期限内披露年度报告和中期报告的，中国证监会应当立即立案调查，证券交易所应当按照股票上市规则予以处理。

第二十一条 年度报告、中期报告的格式及编制规则，由中国证监会和证券交易所制定。

第二十二条 发生可能对上市公司证券及其衍生品种交易价格产生较大影响的重大事件，投资者尚未得知时，上市公司应当立即披露，说明事件的起因、目前的状态和可能产生的影响。

前款所称重大事件包括：

（一）《证券法》第八十条第二款规定的重大事件；

（二）公司发生大额赔偿责任；

（三）公司计提大额资产减值准备；

（四）公司出现股东权益为负值；

（五）公司主要债务人出现资不抵债或者进入破产程序，公司对相应债权未提取足额坏账准备；

（六）新公布的法律、行政法规、规章、行业政策可能对公司产生重大影响；

（七）公司开展股权激励、回购股份、重大资产重组、资产分拆上市或者挂牌；

（八）法院裁决禁止控股股东转让其所持股份；任一股东所持公司百分之五以上股份被质押、冻结、司法拍卖、托管、设定信托或者被依法限制表决权等，或者出现被强制过户风险；

（九）主要资产被查封、扣押或者冻结；主要银行账户被冻结；

（十）上市公司预计经营业绩发生亏损或者发生大幅变动；

（十一）主要或者全部业务陷入停顿；

（十二）获得对当期损益产生重大影响的额外收益，可能对公司的资产、负债、权益或者经营成果产生重要影响；

（十三）聘任或者解聘为公司审计的会计师事务所；

（十四）会计政策、会计估计重大自主变更；

（十五）因前期已披露的信息存在差错、未按规定披露或者虚假记载，被有关机关责令改正或者经董事会决定进行更正；

（十六）公司或者其控股股东、实际控制人、董事、监事、高级管理人员受到刑事处罚，涉嫌违法违规被中国证监会立案调查或者受到中国证监会行政处罚，或者受到其他有权机关重大行政处罚；

（十七）公司的控股股东、实际控制人、董事、监事、高级管理人员涉嫌严重违纪违法或者职务犯罪被纪检监察机关采取留置措施且影响其履行职责；

（十八）除董事长或者经理外的公司其他董事、监事、高级管理人员因身体、工作安排等原因无法正常履行职责达到或者预计达到三个月以上，或者因涉嫌违法违规被有权机关采取强制措施且影响其履行职责；

（十九）中国证监会规定的其他事项。

上市公司的控股股东或者实际控制人对重大事件的发生、进展产生较大影响的，应当及时将其知悉的有关情况书面告知上市公司，并配合上市公司履行信息披露义务。

第二十三条 上市公司变更公司名称、股票简称、公司章程、注册资本、注册地址、主要办公地址和联系电话等，应当立即披露。

第二十四条 上市公司应当在最先发生的以下任一时点，及时履行重大事件的信息披露义务：

（一）董事会或者监事会就该重大事件形成决议时；

（二）有关各方就该重大事件签署意向书或者协议时；

（三）董事、监事或者高级管理人员知悉该重大事件发生时。

在前款规定的时点之前出现下列情形之一的，上市公司应当及时披露相关事项的现状、可能影响事件进展的风险因素：

（一）该重大事件难以保密；

（二）该重大事件已经泄露或者市场出现传闻；

（三）公司证券及其衍生品种出现异常交易情况。

第二十五条 上市公司披露重大事件后，已披露的重大事件出现可能对上市公司证券及其衍生品种交易价格产生较大影响的进展或者变化的，上市公司应当及时披露进展或者变化情况、可能产生的影响。

第二十六条 上市公司控股子公司发生本办法第二十二条规定的重大事件，可能对上市公司证券及其衍生品种交易价格产生较大影响的，上市公司应当履行信息披露义务。

上市公司参股公司发生可能对上市公司证券及其衍生品种交易价格产生较大影响的事件的，上市公司应当履行信息披露义务。

第二十七条 涉及上市公司的收购、合并、分立、发行股份、回购股份等行为导致上市公司股本总额、股东、实际控制人等发生重大变化的，信息披露义务人应当依法履行报告、公告义务，披露权益变动情况。

第二十八条 上市公司应当关注本公司证券及其衍生品种的异常交易情况及媒体关于本公司的报道。

证券及其衍生品种发生异常交易或者在媒体中出现的消息可能对公司证券及其衍生品种的交易产生重大影响时，上市公司应当及时向相关各方了解真实情况，必要时应当以书面方式问询。

上市公司控股股东、实际控制人及其一致行动人应当及时、准确地告知上市公司是否存在拟发生的股权转让、资产重组或者其他重大事件，并配合上市公司做好信息披露工作。

第二十九条　公司证券及其衍生品种交易被中国证监会或者证券交易所认定为异常交易的，上市公司应当及时了解造成证券及其衍生品种交易异常波动的影响因素，并及时披露。

第三十条　上市公司应当制定信息披露事务管理制度。信息披露事务管理制度应当包括：

（一）明确上市公司应当披露的信息，确定披露标准；

（二）未公开信息的传递、审核、披露流程；

（三）信息披露事务管理部门及其负责人在信息披露中的职责；

（四）董事和董事会、监事和监事会、高级管理人员等的报告、审议和披露的职责；

（五）董事、监事、高级管理人员履行职责的记录和保管制度；

（六）未公开信息的保密措施，内幕信息知情人登记管理制度，内幕信息知情人的范围和保密责任；

（七）财务管理和会计核算的内部控制及监督机制；

（八）对外发布信息的申请、审核、发布流程；与投资者、证券服务机构、媒体等的信息沟通制度；

（九）信息披露相关文件、资料的档案管理制度；

（十）涉及子公司的信息披露事务管理和报告制度；

（十一）未按规定披露信息的责任追究机制，对违反规定人员的处理措施。

上市公司信息披露事务管理制度应当经公司董事会审议通过，报注册地证监局和证券交易所备案。

第三十一条　上市公司董事、监事、高级管理人员应当勤勉尽责，关注信息披露文件的编制情况，保证定期报告、临时报告在规定期限内披露。

第三十二条　上市公司应当制定定期报告的编制、审议、披露程序。经理、财务负责人、董事会秘书等高级管理人员应当及时编制定期报告草案，提请董事会审议；董事会秘书负责送达董事审阅；董事长负责召集和主持董事会会议审议定期报告；监事会负责审核董事会编制的定期报告；董事会秘书负责组织定期报告的披露工作。

第三十三条　上市公司应当制定重大事件的报告、传递、审核、披露程序。董事、监事、高级管理人员知悉重大事件发生时，应当按照公司规定立即履行报告义务；董事长在接到报告后，应当立即向董事会报告，并敦促董事会秘书组织临时报告的披露工作。

上市公司应当制定董事、监事、高级管理人员对外发布信息的行为规范，明确非经董事会书面授权不得对外发布上市公司未披露信息的情形。

第三十四条　上市公司通过业绩说明会、分析师会议、路演、接受投资者调研等形式就公司的经营情况、财务状况及其他事件与任何单位和个人进行沟通的，不得提供内幕信息。

第三十五条　董事应当了解并持续关注公司生产经营情况、财务状况和公司已经发生的或者可能发生的重大事件及其影响，主动调查、获取决策所需要的资料。

第3章 信息披露

第三十六条 监事应当对公司董事、高级管理人员履行信息披露职责的行为进行监督；关注公司信息披露情况，发现信息披露存在违法违规问题的，应当进行调查并提出处理建议。

第三十七条 高级管理人员应当及时向董事会报告有关公司经营或者财务方面出现的重大事件、已披露的事件的进展或者变化情况及其他相关信息。

第三十八条 董事会秘书负责组织和协调公司信息披露事务，汇集上市公司应予披露的信息并报告董事会，持续关注媒体对公司的报道并主动求证报道的真实情况。董事会秘书有权参加股东大会、董事会会议、监事会会议和高级管理人员相关会议，有权了解公司的财务和经营情况，查阅涉及信息披露事宜的所有文件。董事会秘书负责办理上市公司信息对外公布等相关事宜。

上市公司应当为董事会秘书履行职责提供便利条件，财务负责人应当配合董事会秘书在财务信息披露方面的相关工作。

第三十九条 上市公司的股东、实际控制人发生以下事件时，应当主动告知上市公司董事会，并配合上市公司履行信息披露义务：

（一）持有公司百分之五以上股份的股东或者实际控制人持有股份或者控制公司的情况发生较大变化，公司的实际控制人及其控制的其他企业从事与公司相同或者相似业务的情况发生较大变化；

（二）法院裁决禁止控股股东转让其所持股份，任一股东所持公司百分之五以上股份被质押、冻结、司法拍卖、托管、设定信托或者被依法限制表决权等，或者出现被强制过户风险；

（三）拟对上市公司进行重大资产或者业务重组；

（四）中国证监会规定的其他情形。

应当披露的信息依法披露前，相关信息已在媒体上传播或者公司证券及其衍生品种出现交易异常情况的，股东或者实际控制人应当及时、准确地向上市公司作出书面报告，并配合上市公司及时、准确地公告。

上市公司的股东、实际控制人不得滥用其股东权利、支配地位，不得要求上市公司向其提供内幕信息。

第四十条 上市公司向特定对象发行股票时，其控股股东、实际控制人和发行对象应当及时向上市公司提供相关信息，配合上市公司履行信息披露义务。

第四十一条 上市公司董事、监事、高级管理人员、持股百分之五以上的股东及其一致行动人、实际控制人应当及时向上市公司董事会报送上市公司关联人名单及关联关系的说明。上市公司应当履行关联交易的审议程序，并严格执行关联交易回避表决制度。交易各方不得通过隐瞒关联关系或者采取其他手段，规避上市公司的关联交易审议程序和信息披露义务。

第四十二条 通过接受委托或者信托等方式持有上市公司百分之五以上股份的股东或者实际控制人，应当及时将委托人情况告知上市公司，配合上市公司履行信息披露义务。

第四十三条 信息披露义务人应当向其聘用的证券公司、证券服务机构提供与执业相关的所有资料，并确保资料的真实、准确、完整，不得拒绝、隐匿、谎报。

证券公司、证券服务机构在为信息披露出具专项文件时，发现上市公司及其他信息披露义务人提供的材料有虚假记载、误导性陈述、重大遗漏或者其他重大违法行为的，应当要求其补充、纠正。信息披露义务人不予补充、纠正的，证券公司、证券服务机构应当及时向公司注册地证监局和证券交易所报告。

第四十四条 上市公司解聘会计师事务所的，应当在董事会决议后及时通知会计师事务所，公司股东大会就解聘会计师事务所进行表决时，应当允许会计师事务所陈述意见。股东大会作出解聘、更换会计师事务所决议的，上市公司应当在披露时说明解聘、更换的具体原因和会计师事务所的陈述意见。

第四十五条 为信息披露义务人履行信息披露义务出具专项文件的证券公司、证券服务机构及其人员，应当勤勉尽责、诚实守信，按照法律、行政法规、中国证监会规定、行业规范、业务规则等发表专业意见，保证所出具文件的真实性、准确性和完整性。

证券服务机构应当妥善保存客户委托文件、核查和验证资料、工作底稿以及与质量控制、内部管理、业务经营有关的信息和资料。证券服务机构应当配合中国证监会的监督管理，在规定的期限内提供、报送或者披露相关资料、信息，保证其提供、报送或者披露的资料、信息真实、准确、完整，不得有虚假记载、误导性陈述或者重大遗漏。

第四十六条 会计师事务所应当建立并保持有效的质量控制体系、独立性管理和投资者保护机制，秉承风险导向审计理念，遵守法律、行政法规、中国证监会的规定，严格执行注册会计师执业准则、职业道德守则及相关规定，完善鉴证程序，科学选用鉴证方法和技术，充分了解被鉴证单位及其环境，审慎关注重大错报风险，获取充分、适当的证据，合理发表鉴证结论。

第四十七条 资产评估机构应当建立并保持有效的质量控制体系、独立性管理和投资者保护机制，恪守职业道德，遵守法律、行政法规、中国证监会的规定，严格执行评估准则或者其他评估规范，恰当选择评估方法，评估中提出的假设条件应当符合实际情况，对评估对象所涉及交易、收入、支出、投资等业务的合法性、未来预测的可靠性取得充分证据，充分考虑未来各种可能性发生的概率及其影响，形成合理的评估结论。

第四十八条 任何单位和个人不得非法获取、提供、传播上市公司的内幕信息，不得利用所获取的内幕信息买卖或者建议他人买卖公司证券及其衍生品种，不得在投资价值分析报告、研究报告等文件中使用内幕信息。

第四十九条 媒体应当客观、真实地报道涉及上市公司的情况，发挥舆论监督作用。

任何单位和个人不得提供、传播虚假或者误导投资者的上市公司信息。

第五十条 中国证监会可以要求信息披露义务人或者其董事、监事、高级管理人员对有关信息披露问题作出解释、说明或者提供相关资料，并要求上市公司提供证券公司或者证券服务机构的专业意见。

中国证监会对证券公司和证券服务机构出具的文件的真实性、准确性、完整性有疑义的，可以要求相关机构作出解释、补充，并调阅其工作底稿。

信息披露义务人及其董事、监事、高级管理人员，证券公司和证券服务机构应当及时作出回复，并配合中国证监会的检查、调查。

第五十一条 上市公司董事、监事、高级管理人员应当对公司信息披露的真实性、准确性、完整性、及时性、公平性负责，但有充分证据表明其已经履行勤勉尽责义务的除外。

上市公司董事长、经理、董事会秘书，应当对公司临时报告信息披露的真实性、准确性、完整性、及时性、公平性承担主要责任。

上市公司董事长、经理、财务负责人应当对公司财务会计报告的真实性、准确性、完整性、及时性、公平性承担主要责任。

第五十二条 信息披露义务人及其董事、监事、高级管理人员违反本办法的，中国证监会为防范市场风险，维护市场秩序，可以采取以下监管措施：

（一）责令改正；

（二）监管谈话；

（三）出具警示函；

（四）责令公开说明；

（五）责令定期报告；

（六）责令暂停或者终止并购重组活动；

（七）依法可以采取的其他监管措施。

第五十三条 上市公司未按本办法规定制定上市公司信息披露事务管理制度的，由中国证监会责令改正；拒不改正的，给予警告并处国务院规定限额以下罚款。

第五十四条 信息披露义务人未按照《证券法》规定在规定期限内报送有关报告、履行信息披露义务，或者报送的报告、披露的信息有虚假记载、误导性陈述或者重大遗漏的，由中国证监会按照《证券法》第一百九十七条处罚。

上市公司通过隐瞒关联关系或者采取其他手段，规避信息披露、报告义务的，由中国证监会按照《证券法》第一百九十七条处罚。

第五十五条 为信息披露义务人履行信息披露义务出具专项文件的证券公司、证券服务机构及其人员，违反法律、行政法规和中国证监会规定的，中国证监会为防范市场风险，维护市场秩序，可以采取责令改正、监管谈话、出具警示函、责令公开说明、责令定期报告等监管措施；依法应当给予行政处罚的，由中国证监会依照有关规定进行处罚。

第五十六条 任何单位和个人泄露上市公司内幕信息，或者利用内幕信息买卖证券的，由中国证监会按照《证券法》第一百九十一条处罚。

第五十七条 任何单位和个人编造、传播虚假信息或者误导性信息，扰乱证券市场的；证券交易场所、证券公司、证券登记结算机构、证券服务机构及其从业人员，证券业协会、中国证监会及其工作人员，在证券交易活动中作出虚假陈述或者信息误导的；传播媒介传播上市公司信息不真实、不客观的，由中国证监会按照《证券法》第一百九十三条处罚。

第五十八条 上市公司董事、监事在董事会或者监事会审议、审核定期报告时投赞成票，又在定期报告披露时表示无法保证定期报告内容的真实性、准确性、完整性或者有异议的，中国证监会可以对相关人员给予警告并处国务院规定限额以下罚款；情节严重的，可以对有关责任人员采取证券市场禁入的措施。

第五十九条 利用新闻报道以及其他传播方式对上市公司进行敲诈勒索的，由中国证监会责令改正，并向有关部门发出监管建议函，由有关部门依法追究法律责任。

第六十条 信息披露义务人违反本办法的规定，情节严重的，中国证监会可以对有关责任人员采取证券市场禁入的措施。

第六十一条 违反本办法，涉嫌犯罪的，依法移送司法机关追究刑事责任。

第六十二条 本办法下列用语的含义：

（一）为信息披露义务人履行信息披露义务出具专项文件的证券公司、证券服务机构，是指为证券发行、上市、交易等证券业务活动制作、出具保荐书、审计报告、资产评估报告、估值报告、法律意见书、财务顾问报告、资信评级报告等文件的证券公司、会计师事务所、资产评估机构、律师事务所、财务顾问机构、资信评级机构等。

（二）信息披露义务人，是指上市公司及其董事、监事、高级管理人员、股东、实际控制人、收购人、重大资产重组、再融资、重大交易有关各方等自然人、单位及其相关人员，破产管理人及其成员，以及法律、行政法规和中国证监会规定的其他承担信息披露义务的主体。

（三）及时，是指自起算日起或者触及披露时点的两个交易日内。

（四）上市公司的关联交易，是指上市公司或者其控股子公司与上市公司关联人之间发生的转移资源或者义务的事项。

关联人包括关联法人（或者其他组织）和关联自然人。

具有以下情形之一的法人（或者其他组织），为上市公司的关联法人（或者其他组织）：

1. 直接或者间接地控制上市公司的法人（或者其他组织）；

2. 由前项所述法人（或者其他组织）直接或者间接控制的除上市公司及其控股子公司以外的法人（或者其他组织）；

3. 关联自然人直接或者间接控制的、或者担任董事、高级管理人员的，除上市公司及其控股子公司以外的法人（或者其他组织）；

4. 持有上市公司百分之五以上股份的法人（或者其他组织）及其一致行动人；

5. 在过去十二个月内或者根据相关协议安排在未来十二月内，存在上述情形之一的；

6. 中国证监会、证券交易所或者上市公司根据实质重于形式的原则认定的其他与上市公司有特殊关系，可能或者已经造成上市公司对其利益倾斜的法人（或者其他组织）。

具有以下情形之一的自然人，为上市公司的关联自然人：

1. 直接或者间接持有上市公司百分之五以上股份的自然人；

2. 上市公司董事、监事及高级管理人员；

3. 直接或者间接地控制上市公司的法人的董事、监事及高级管理人员；

4. 上述第1、2项所述人士的关系密切的家庭成员，包括配偶、父母、年满十八周岁的子女及其配偶、兄弟姐妹及其配偶，配偶的父母、兄弟姐妹，子女配偶的父母；

5. 在过去十二个月内或者根据相关协议安排在未来十二个月内，存在上述情形之一的；

6. 中国证监会、证券交易所或者上市公司根据实质重于形式的原则认定的其他与上市公司有特殊关系，可能或者已经造成上市公司对其利益倾斜的自然人。

第六十三条 中国证监会可以对金融、房地产等特定行业上市公司的信息披露作出特别规定。

第六十四条 境外企业在境内发行股票或者存托凭证并上市的，依照本办法履行信息披露义务。法律、行政法规或者中国证监会另有规定的，从其规定。

第六十五条 本办法自 2021 年 5 月 1 日起施行。2007 年 1 月 30 日发布的《上市公司信息披露管理办法》（证监会令第 40 号）、2016 年 12 月 9 日发布的《公开发行证券的公司信息披露编报规则第 13 号——季度报告的内容与格式》（证监会公告〔2016〕33 号）同时废止。

3.11 信息披露相关案例

3.11.1 案例 1：G 公司虚构贸易业务虚增收入利润

依据 2005 年修订的《中华人民共和国证券法》（以下简称 2005 年《证券法》）、2019 年修订的《中华人民共和国证券法》（以下简称《证券法》）的有关规定，中国证监会对 G 公司生态工程集团股份有限公司（以下简称 G 公司）信息披露违法违规行为进行了立案调查、审理，并依法向当事人告知了作出行政处罚的事实、理由、依据及当事人依法享有的权利，应当事人 G 公司、万某步、李某国、唐某、崔某、高某武、颜某霄、郑某林、徐某军的要求，中国证监会于 2021 年 11 月 10 日举行了听证会，听取了上述当事人及其代理人的陈述和申辩，本案现已调查、审理终结。

经查明，G 公司存在以下违法事实：

一、G 公司通过虚构贸易业务虚增收入利润

2015 年至 2018 年上半年，G 公司及其合并报表范围内的部分子公司通过与其供应商、客户和其他外部单位虚构合同，空转资金，开展无实物流转的虚构贸易业务，累计虚增收入 2,307,345.06 万元，虚增成本 2,108,384.88 万元，虚增利润总额 198,960.18 万元。其中：2015 年虚增营业收入 246,484.44 万元，虚增成本 230,507.99 万元，相应虚增利润总额 15,976.45 万元，占当期披露利润总额的 12.20%；2016 年虚增营业收入 847,299.36 万元，虚增成本 742,780.23 万元，相应虚增利润总额 104,519.13 万元，占当期披露利润总额的 99.22%；2017 年虚增营业收入 613,125.67 万元，虚增成本 568,077.60 万元，相应虚增利润总额 45,048.07 万元，占当期披露利润总额的 48.33%；2018 年上半年虚增营业收入 600,435.59 万元，虚增成本 567,019.06 万元，相应虚增利润总额 33,416.53 万元，占当期披露利润总额的 28.81%。上述情况导致 G 公司披露的《2015 年年度报告》《2016 年年度报告》《2017 年年度报告》和《2018 年半年度报告》存在虚假记载。

二、G 公司未按规定披露关联方及关联交易

（一）G 公司未按规定披露其与诺贝丰（中国）农业有限公司的关联关系及关联交易

1.G 公司与诺贝丰（中国）农业有限公司之间的关联关系披露不准确

万某君系 G 公司实际控制人、董事长兼总经理万某步的妹妹。万某君通过直接持有或者通过他人代为持有方式，持有诺贝丰投资有限公司（以下简称诺贝丰投资）100% 股权，并能够对诺贝丰投资实施控制。诺贝丰投资系诺贝丰（中国）农业有限公司（以下简称诺贝丰）控股股东，万某君系诺贝丰的实际控制人。根据《上市公司信息披露管理办法》（证监会令第 40 号，以下简称《信披管理办法》）第七十一条第三项的规定，万某君为 G 公司的关联自然人，诺贝丰为 G 公司的关联法人。

G 公司在 2018 年、2019 年年度报告中将诺贝丰披露为关联方，披露原因包括 G 公司持有诺贝丰 10.71% 的股权、诺贝丰法定代表人在 G 公司担任中层管理职务、G 公司 2018 年度与诺贝丰发生大额资金往来。G 公司对其与诺贝丰关联关系披露不准确。

2. G 公司对其与诺贝丰之间的关联资金往来披露不准确

2018 年度、2019 年度，G 公司通过预付账款方式，分别向诺贝丰支付非经营性资金 554,505.44 万元、252,901.98 万元，未按规定在 2018 年、2019 年年度报告中披露，且在《2018 年度控股股东及其他关联方占用资金情况汇总表》《2019 年度控股股东及其他关联方占用资金情况汇总表》中将与诺贝丰的非经营性资金往来性质披露为经营性往来。

上述资金大部分被 G 公司划入体外资金池，资金池内资金主要用于虚构贸易资金循环、偿还贷款本息、体系外资产运营等。截至 2018 年、2019 年期末，扣除 G 公司已收回非经营性资金和用于虚构贸易业务的资金，G 公司对诺贝丰的非经营性资金往来余额分别为 198,307.29 万元、275,788.46 万元。

（二）G 公司未按规定披露其与富朗（中国）生物科技有限公司、诺泰尔（中国）化学有限公司的关联关系及关联交易

万某君持有富朗（中国）生物科技有限公司（以下简称富朗）、诺泰尔（中国）化学有限公司（以下简称诺泰尔）100% 股权，系富朗、诺泰尔的实际控制人。根据《信披管理办法》第七十一条第三项的规定，富朗和诺泰尔为 G 公司关联法人。G 公司未在 2018 年、2019 年年度报告中将富朗和诺泰尔披露为 G 公司的关联方。

2018 年度 G 公司向富朗采购货物 3,395.35 万元，销售商品 1,786.27 万元，交易金额合计 5,181.61 万元；2019 年度 G 公司向富朗采购货物 6,913.75 万元，销售商品 48,938.82 万元，交易金额合计 55,852.58 万元。2018 年度 G 公司向诺泰尔采购货物 7,231.52 万元，销售商品 1,483.8 万元，交易金额合计 8,715.32 万元；2019 年度 G 公司向诺泰尔采购货物 2,556.74 万元，销售商品 3,124.06 万元，交易金额合计 5,680.8 万元。G 公司未在 2018 年、2019 年财务报告中披露上述关联交易事项。

综上，根据《公开发行证券的公司信息披露编报规则第 15 号—财务报告的一般规定》（证监会公告〔2014〕54 号）第五十一条、第五十二条，《公开发行证券的公司信息披露内容与格式准则第 2 号—年度报告的内容与格式》（证监会公告〔2017〕17 号）第四十条的规定，G 公司在《2018 年年度报告》《2019 年年度报告》中应如实披露其与诺贝丰、富朗、诺泰尔之间的关联关系及关联交易，但 G 公司未按规定予以披露。

三、G 公司部分资产、负债科目存在虚假记载

（一）G 公司虚减应付票据

2018年7月至2019年6月，G公司作为出票人和承兑人，通过包商银行、中国民生银行、华夏银行、浙商银行等四家银行向临沂凡高农资销售有限公司等7家参与前述虚构贸易业务的公司开具商业承兑汇票，累计金额102,800万元。G公司对其开具的上述商业承兑汇票未进行账务处理，导致《2018年年度报告》中虚减应付票据、其他应收款92,800万元，《2019年半年度报告》中虚减应付票据、其他应收款102,800万元。

（二）G公司虚增发出商品

为解决大额预付账款余额和虚假暂估存货余额，消化存货盘亏问题，G公司通过领用虚假暂估入库的原材料和实际已盘亏的存货、虚构电费和人工费等方式虚构生产过程，虚增产成品254,412.84万元，并通过虚假出库过程，计入发出商品科目。同时，G公司还将从诺贝丰虚假采购并暂估入库的65,302.33万元货物也计入发出商品科目，最终形成发出商品319,715.17万元。上述情况导致G公司《2019年年度报告》虚增存货319,715.17万元，虚增利润总额14,181.26万元，虚增负债（其他应付款/应付职工薪酬）1,435.84万元。

综上，G公司披露的《2018年年度报告》《2019年半年度报告》《2019年年度报告》存在虚假记载。

G公司实际控制人、时任董事长、总经理万某步决策前述虚构贸易业务、虚增发出商品等事项；知悉G公司与诺贝丰、富朗、诺泰尔之间真实的关联关系；参与决策G公司向诺贝丰划转非经营性资金；知悉G公司向部分参与虚构贸易业务的公司开具票据用于融资。时任副总经理、财务负责人李某国参与决策前述虚构贸易业务、向诺贝丰划转非经营性资金、虚增发出商品、虚减应付票据等事项；知悉或应当知悉G公司与诺贝丰之间真实的关联关系。时任财务部经理、财务中心总监唐某参与商议并负责具体组织实施G公司虚构贸易业务、向诺贝丰划转非经营性资金、虚增发出商品等事项；参与商议虚减应付票据事项；知悉或应当知悉G公司与诺贝丰、富朗、诺泰尔之间真实的关联关系。时任董事、董事会秘书、副总经理崔某参与办理诺贝丰、富朗和诺泰尔的工商登记手续，参与安排诺贝丰、富朗和诺泰尔董事等事项，未能关注并进一步核实诺贝丰、富朗、诺泰尔与G公司的关联关系；参与决策虚增发出商品事项。时任董事、副总经理高某武涉案期间曾在参与虚构贸易的相关G公司子公司任职，知悉并参与虚构贸易业务事项，知悉G公司2015年以来的定期报告披露数据与实际数据不一致。时任副总经理颜某霄配合财务部门履行虚构贸易业务、向诺贝丰付款的相关审批程序，参与富朗和诺泰尔对外付款的审批程序，未能关注并进一步核实诺贝丰、富朗、诺泰尔与G公司的关联关系。时任副总经理郑某林配合财务部门履行虚构贸易业务相关审批程序；负责诺贝丰、富朗、诺泰尔的项目建设，参与诺贝丰、富朗、诺泰尔对外付款的审批程序，未能关注并进一步核实诺贝丰、富朗、诺泰尔与G公司的关联关系。时任副总经理徐某军配合财务部门履行虚构贸易业务相关审批程序。上述董事、高级管理人员均对其任职期间的定期报告签署书面确认意见。

以上事实，有G公司相关定期报告和公告、财务资料、会议决议、情况说明、相关客户、供应商提供的财务资料、情况说明、银行流水和票据查询信息、相关人员询问笔录等证据证明，足以认定。

中国证监会认为，G公司公开披露的《2015年年度报告》《2016年年度报告》《2017

年年度报告》《2018年年度报告》《2019年年度报告》以及《2018年半年度报告》《2019年半年度报告》均存在虚假记载，G公司上述行为违反了《证券法》第七十八条第二款以及第七十九条有关半年度报告、年度报告的规定，构成《证券法》第一百九十七条第二款所述情形。

G公司相关董事、高级管理人员上述行为违反了《证券法》第八十二条第三款的规定，以及《信披管理办法》第五十八条第一款、第三款的规定，构成《证券法》第一百九十七条第二款所述情形。其中：万某步全面负责决策、组织实施上述违法行为，李某国、唐某组织、参与上述违法行为，未尽勤勉尽责义务，是直接负责的主管人员，万某步、李某国的违法情节较为严重，唐某的违法情节严重。崔某、高某武、颜某霄、郑某林、徐某军知悉、参与上述违法行为，未尽勤勉尽责义务，是其他直接责任人员。

此外，万某步作为G公司实际控制人，决策、指使相关人员进行财务造假，隐瞒关联关系及关联交易，其行为同时构成《证券法》第一百九十七条第二款所述实际控制人的相关情形。

G公司、万某步、唐某、崔某、高某武、颜某霄、郑某林、徐某军及其代理人提出：第一，本案应适用2005年《证券法》。疫情期间交易所允许上市公司延期披露年报，导致G公司2019年年报披露较往年有所延迟。G公司涉案违法行为均发生在新《证券法》修订前，根据最高人民法院《关于审理行政案件适用法律规范问题的座谈会纪要》（法〔2004〕96号）、《中华人民共和国行政处罚法》（2021年修订）第三十七条关于"从旧兼从轻"规定，应适用2005年《证券法》处罚。

第二，本案存在从轻、减轻处罚的情形。一是G公司对《事先告知书》确认的违规事项进行积极整改并如实披露。G公司2018年下半年起停止虚构贸易业务、虚增收入利润的违法行为并在2018年底回冲部分虚假数额；2018年7月至2019年6月虚减的应付票据，已经在2019年和2020年年度报告中体现，2019年年报虚增的存货、利润和负债已经在2020年年报中冲回；在《关于2020年度日常关联交易确认及2021年度日常关联交易预计的公告》中及时披露隐瞒的关联方富朗、诺泰尔及关联交易；已减轻信息披露违法行为的危害后果。二是G公司积极推动关联方诺贝丰偿付占款，并采取成立纾困基金、控股公司破产重整、化解非标事项等措施积极推动风险化解工作，努力改善财务状况。三是立案调查后G公司保持经营稳定、维持企业价值。

第三，请求延后作出行政处罚。G公司目前处于积极整改、恢复元气、消除风险、控股股东破产重整的最关键时期，为保持现有管理团队稳定，避免处罚导致管理层更换，恳请延长至2022年3月底后作出行政处罚决定。

除上述陈述申辩意见外，唐某还提出，其在涉案期间仅担任G公司财务部经理，未担任董事、监事、高级管理人员，对重要事项没有决策权，仅负责执行，且积极配合调查。

综上，G公司及前述责任人员请求减轻处罚。

李某国及其代理人提出：第一，本案事实认定存在偏差，责任划分不清。李某国没有积极组织参与财务造假的主观动因，客观上也并未积极组织、参与造假，涉案期间仅作为G公司名义财务负责人，主要负责对外事务协调，对财务事务参与度不高，并非财务造假的主要责任人。其行为不属于《证券市场禁入规定》（证监会令第115号）规定的情节较为严重的情形。

第二，本案未充分考虑违法行为的事实、性质、情节以及社会危害程度。一是李某国积极配合调查，主动交代违法行为，并配合G公司采取相应措施消除或者减轻违法行为危害后果；二是《事先告知书》未能准确辨析李某国在财务造假行为中的参与程度和具体责任，拟处理结果有失偏颇；三是拟采取的市场禁入措施与同期案例相比过重，有失公允；四是处罚结果将对李某国现任职公司的股权重组和生产经营带来负面影响。

综上，李某国请求从轻、减轻行政处罚。

针对G公司、万某步、唐某、崔某、高某武、颜某霄、郑某林、徐某军的陈述申辩意见，经复核，中国证监会认为：第一，关于新旧《证券法》适用问题。本案认定G公司的信息披露违法行为自2016年起至2020年处于持续状态，行为终了于现行《证券法》实施后，适用现行《证券法》并无不当。

第二，关于从轻、减轻处罚的情形。一是关于虚构贸易业务相关违法行为，G公司主张自2018年下半年起停止相关违法行为并予以回冲纠正，其主动改正行为与本案事实并不相关，但值得肯定；二是关于虚减应付票据、虚增存货、利润、负债的违法行为。G公司主张在后续报告中予以纠正或回冲，但截至行政处罚作出前，G公司并未提供对本案存在虚假记载的定期报告进行更正、追溯调整并予以披露的相应证据。三是关于未按规定披露关联方及关联交易相关违法行为，G公司及相关责任人员对《事先告知书》中"与诺贝丰关联资金往来披露不准确"的相关事项进行了整改，并采取了一系列解困措施，中国证监会对该部分陈述申辩意见予以采纳。

第三，关于延后处罚。当事人提出的延期处罚理由与本案并无直接关联，延期于法无据。

第四，唐某在涉案期间参与商议并负责具体组织实施G公司虚构贸易业务、向诺贝丰划转非经营性资金、虚增发出商品等事项，有相关人员的询问笔录予以证明，相关证据相互印证，事实清楚、证据充分。唐某在客观上对财务造假行为起到了组织协调作用，与G公司相关信息披露违法事项具有直接因果关系。根据《信息披露违法行为行政责任认定规则》（证监会公告〔2011〕11号）第十七条的规定，中国证监会认定唐某为直接负责的主管人员并无不当。

综上，中国证监会部分采纳G公司及上述责任人员的申辩意见，对部分责任人员的市场禁入措施依法予以调整。同时，采纳申辩意见不影响对G公司及上述责任人员的罚款幅度。

针对李某国的陈述申辩意见，经复核，中国证监会认为：第一，关于本案事实认定。李某国在涉案期间参与决策虚构贸易业务、向诺贝丰划转非经营性资金、虚增发出商品、虚减应付票据等事项，有相关人员的询问笔录予以证明，相关证据相互印证。认定李某国组织、参与涉案违法行为的事实清楚、证据充分，其行为属于《证券市场禁入规定》规定的情节较为严重的情形。

第二，关于对李某国的量罚。一是现有证据不能证明李某国主动交代中国证监会未发现的违法事实，配合调查情况已在事先告知时予以考虑。二是涉案期间李某国作为财务负责人,应对 G 公司财务数据的真实性、准确性、完整性承担主要责任。中国证监会在量罚时已充分考虑李某国在违法行为中发生过程中所起的作用、知情程度、职务职责及履职情况。三是李某国目前的任职情况与本案无关。

第三,对李某国的其他申辩意见予以采纳。

综上,中国证监会部分采纳李某国的申辩意见,并在本案市场禁入决定中予以体现。

根据当事人违法行为的事实、性质、情节与社会危害程度,并结合违法行为跨越新旧《证券法》适用的特别情形,依据《证券法》第一百九十七条第二款的规定,中国证监会决定:

一、对 G 公司生态工程集团股份有限公司责令改正,给予警告,并处以 150 万元罚款;

二、对万某步给予警告,并处以 240 万元罚款,其中作为直接负责的主管人员罚款 120 万元,作为实际控制人罚款 120 万元;

三、对李某国给予警告,并处以 60 万元罚款;

四、对唐某给予警告,并处以 55 万元罚款;

五、对崔某、高某武、颜某霄、郑某林、徐某军给予警告,并分别处以 50 万元罚款。

3.11.2 案例 2:R 资源未及时披露重大债务违约情况

依据 2005 年修订的《中华人民共和国证券法》(以下简称 2005 年《证券法》)的有关规定,中国证监会对 R 资源投资股份有限公司(以下简称 R 资源)信息披露违法违规行为进行了立案调查、审理,并依法向当事人告知了作出行政处罚的事实、理由、依据及当事人依法享有的权利,当事人未提出陈述、申辩意见,也未要求听证。本案现已调查、审理终结。

经查明,R 资源存在以下违法事实:

2016 年 5 月 12 日,R 资源第八届董事会第十九次会议审议通过《关于公司借款的议案》,同意向崔某、刘某庆、疏某倩、西藏国金聚富投资管理有限公司(以下简称国金聚富)等借款合计不超过 40,000 万元。2016 年 5 月,R 资源先后向崔某、刘某庆、疏某倩、国金聚富、宁波鼎亮汇通股权投资中心(有限合伙)(以下简称鼎亮汇通)、上海 YX 资产管理有限公司(以下简称上海 YX)借款 40,000 万元。具体情况如下:

一、R 资源向崔某借款的情况

2016 年 5 月 12 日,R 资源与崔某签署《借款协议》,约定 R 资源向崔某借款 20,000 万元,借款期限为自资金到账日(5 月 13 日)起 60 天。截止债务到期日,R 资源未清偿上述债务。

2016 年 5 月 23 日,R 资源与崔某再次签署《借款协议》,约定 R 资源向崔某借款 2,000 万元,借款期限为自资金到账日(5 月 24 日)起 60 天。截止债务到期日,R 资源未清偿上述债务。

2016 年 10 月 19 日,崔某向 R 资源出具《关于借款协议中有关条款变更的通知函》,同意将上述 22,000 万元借款的期限延长至 2017 年 6 月 30 日。截止 2017 年 6 月 30 日,R 资源未清偿上述债务。2017 年 7 月 14 日,R 资源向崔某偿还借款本金 8,000 万元,尚未清偿的本金余额为 14,000 万元。

2017年8月25日，崔某第二次向R资源出具《关于借款协议中有关条款再次变更的通知函》，同意将剩余借款本金14,000万元的借款期限延长至2017年10月10日。截止2017年10月10日，R资源仍未清偿上述债务。截止《2017年年度报告》披露前，R资源未清偿剩余借款本金。

二、R资源向刘某庆借款的情况

2016年5月12日，R资源与刘某庆签署《借款协议》，约定R资源向刘某庆借款3,000万元，借款期限为自资金到账日（5月13日）起30天。截止债务到期日，R资源未清偿上述债务。

之后，刘某庆向R资源出具《关于借款协议中有关条款变更的通知函》（未记载出具时间），同意将借款期限延长至2017年5月31日。截止《2017年年度报告》披露前，R资源未清偿上述债务。

三、R资源向疏某倩借款的情况

2016年5月12日，R资源与疏某倩签署《借款协议》，约定R资源向疏某倩借款5,000万元，借款期限为自资金到账日（5月13日）起30天。截止债务到期日，R资源未清偿上述债务。直到2016年11月25日，R资源才向疏某倩清偿上述债务。

四、R资源向国金聚富借款的情况

2016年5月，R资源与国金聚富签署《代为偿还借款协议》，约定国金聚富代R资源偿还5,000万元债务，借款期限为代为偿还后的1个月。国金聚富代R资源实际偿还2,500万元的债务，资金到账日为2016年5月12日。截止债务到期日，R资源未清偿上述债务。

2016年10月19日，国金聚富向R资源出具《关于代为偿还借款协议中有关条款变更的通知函》，同意将借款期限延长至2017年5月31日。截止2017年5月31日，R资源未清偿上述债务。

2017年12月19日，R资源与国金聚富签署《关于向西藏国金聚富投资管理有限公司还款的补充协议》，约定R资源最晚于2017年12月31日前支付利息490.68万元，并在2018年1月31日前付清2,500万元借款的本息。R资源在2017年12月31日前支付了490.68万元利息。截止《2017年年度报告》披露前，R资源未清偿上述2,500万元借款的本金及对应的利息。

五、R资源向鼎亮汇通借款的情况

2016年5月12日，R资源与鼎亮汇通签署《代为偿还借款协议》，约定鼎亮汇通代R资源偿还2,500万元的债务，借款期限为代为偿还日（5月12日）后的12个月。截止债务到期日，R资源未清偿上述债务。

2017年10月16日，R资源与鼎亮汇通签署《代为偿还借款协议之补充协议》，约定借款期限延长至2017年11月30日。截止《2017年年度报告》披露前，R资源未清偿上述债务。

六、R资源向上海YX借款的情况

2016年5月20日，R资源与上海YX签署《借款协议》，约定R资源向上海YX借款5,000万元，借款期限为自资金到账日（5月23日）起60天。截止债务到期日，R资源未清偿上述债务。直到 2016 年 10 月 28 日，R 资源才向上海 YX 清偿上述债务。

以上事实，有 R 资源董事会相关会议材料及决议公告、借款协议及后续补充协议、财务凭证、银行单据、债权人《催告函》《通知函》、R 资源 2016 年和 2017 年定期报告、相关人员询问笔录和情况说明等证据证明，足以认定。

基于上述事实与证据，中国证监会认为：

2016 年 5 月，R 资源分别向崔某、刘某庆、疏某倩、国金聚富、鼎亮汇通、上海翊芃借款，合计 40,000 万元，截止 2016 年 7 月 11 日，上述借款中有 27,500 万元借款本金到期未清偿，R 资源在借款到期前未能取得相关债权人同意债务展期的书面文件，已构成违约，且上述本金金额占 2015 年末经审计净资产的 19.16%。截止 2017 年 6 月 30 日，崔某、刘某庆、国金聚富同意的展期届满，鼎亮汇通的借款也已到期，但 R 资源仍未能偿还这 4 个债权人合计 30,000 万元的借款本金及利息，也未在该日前取得债权人同意再次展期的书面文件，再度发生债务到期未能清偿事项。这 30,000 万元借款本金占 2016 年末经审计净资产的 20.32%。

根据 2005 年《证券法》第六十七条第一款和第二款第四项"公司发生重大债务和未能清偿到期重大债务的违约情况"的规定，R 资源应及时披露上述未能清偿到期重大债务的违约情况，但 R 资源未对上述事项及时予以披露，直至 2018 年 4 月 27 日才在《2017 年年度报告》中披露。

R 资源在 2016 年 7 月 11 日至 2018 年 4 月 27 日期间多次发生未及时披露重大债务逾期行为，违反 2005 年《证券法》第六十七条第一款的规定，构成 2005 年《证券法》第一百九十三条第一款所述"发行人、上市公司或者其他信息披露义务人未按规定披露信息"的违法行为。对 R 资源的上述违法行为，时任董事长李某吉为直接负责的主管人员，时任董事兼财务总监石某、时任董事会秘书贺某为其他直接责任人员。

根据当事人违法行为的事实、性质、情节与社会危害程度，依据 2005 年《证券法》第一百九十三条第一款的规定，中国证监会决定：

一、对 R 资源投资股份有限公司给予警告，并处以 30 万元罚款；

二、对李某吉给予警告，并处以 10 万元罚款；

三、对石某、贺某给予警告，并分别处以 3 万元罚款。

3.11.3 案例 3：P 基金毛某、姚某增持、减持未报告

依据 2005 年修订的《中华人民共和国证券法》（以下简称 2005 年《证券法》）的有关规定，中国证监会对毛某、姚某超比例增持、减持未报告、披露及在限制期内交易"大连圣亚"行为进行了立案调查、审理，并依法向当事人告知了作出行政处罚的事实、理由、依据及当事人依法享有的权利，应当事人毛某、姚某的要求于 2021 年 10 月 20 日举行了听证会，听取了二人及其代理人的陈述和申辩。本案现已调查、审理终结。

经查明，毛某、姚某存在以下违法事实：

2017 年 11 月 7 日至 2019 年 7 月 3 日，P 股权投资基金管理（上海）有限公司（以下简称 P 基金）时任董事长毛某，与姚某共同通过 P 基金相关工作人员，控制使用"P 基金"机构账户、"新证泰 6 号"等 10 支信托产品账户、"九逸赤电晓君量化 3 号证券私募投资

基金"等7支私募产品账户、"杨某平"等37个个人账户共55个证券账户（以下简称账户组），交易"大连圣亚"。账户组于2017年11月14日持有"大连圣亚"比例达到5.3%，之后仍继续交易，于2018年8月10日达到最高点24.59%，截至2019年7月3日仍持有15.19%。P基金于2019年7月4日发布股东权益变动公告，披露其持有"大连圣亚"超过5%。

毛某、姚某控制账户组在增持"大连圣亚"达到5%及减持达到5%时均未向国务院证券监督管理机构、证券交易所作出书面报告，也未通知上市公司并予以公告，并且继续交易该股票，累计增持金额为1,818,175,870.2元，减持金额为1,635,328,381元。

上述违法事实，有相关证券账户资料、交易记录、银行账户资料、转账记录、相关人员通讯记录、聊天记录、询问笔录、有关协议、有关人员工作记录文件等证据证明，足以认定。

中国证监会认为，毛某、姚某的上述行为违反了2005年《证券法》第八十六条、第三十八条规定，构成2005年《证券法》第一百九十三条第一款、第二百零四条所述行为。

毛某的代理人提出：第一，事先告知书并未列示账户组明细，属于行政处罚事实告知不明确。第二，账户控制关系认定存在严重错误，除P基金名下的机构账户以及由其管理的P稳赢2号基金账户外，其他涉案信托产品账户、私募基金产品账户以及个人账户与毛某无关。第三，2005年《证券法》第八十六条"慢走规则"所规制的是以自己的名义实际行使以"表决权"为核心之股东权利的"投资者"，毛某不属于此类规制范围，不应被认定为信息披露及限制期内交易的违法主体。

姚某的代理人提出：第一，姚某不是"大连圣亚"信息披露义务人，也不是限制期内停止交易的义务人，不应被认定为责任主体。第二，姚某对账户组交易没有控制决策权，从未控制使用任何账户交易"大连圣亚"。

综上，二人均请求免于处罚。

经复核，中国证监会认为：

第一，在案证据足以认定账户组在涉案期间的交易是由毛某、姚某控制的。一是根据P基金相关工作人员笔录陈述、工作资料等证据，可以证实P基金机构账户及产品账户的交易决策是由毛某、姚某做出的；二是根据配资协议、配资中介陈述、P基金工作人员处获取的配资资料、银行转账信息等证据，可以证实二人通过部分P基金工作人员签订配资合同借用资金和账户，该部分配资账户交易决策也是二人做出的；三是"杨某平"等个人账户名义持有人陈述在接受毛某等人推荐后，将账户交由毛某、姚某等人具体决策交易。

第二，相关账户控制人只要使用所控制的账户交易股票，其就有义务关注账户持股情况并按照规定履行相应的信息披露、停止交易等义务，适用2005年《证券法》第八十六条认定当事人的违法行为符合法律规定，亦与中国证监会执法惯例一致。

此外，事先告知书所述账户组具体账户资料均收于在案证据中，听证前当事人代理人均已详细查阅、复制，未在事先告知书中列示账户组明细不影响当事人陈述申辩权。

综上，中国证监会对当事人的申辩意见不予采纳。

根据当事人违法行为的事实、性质、情节与社会危害程度，中国证监会决定：

一、对毛某、姚某超比例增持、减持未报告、披露行为，依据2005年《证券法》第一百九十三条第一款的规定，给予警告，并处以60万元罚款（二人各承担30万元）。

二、对毛某、姚某限制期内交易行为，依据2005年《证券法》第二百零四条的规定，给予警告，并处以3,000万元罚款（二人各承担1,500万元）。

3.11.4 案例4：F互动未在定期报告中披露关联交易

当事人：上海F互动娱乐股份有限公司（原上海中技控股股份有限公司，以下简称F互动），住所：上海市杨浦区国权路39号财富广场金座4层。

颜某刚，男，1978年12月出生，2013年12月13日至2017年4月17日为F互动控股股东、实际控制人，2017年4月18日至调查截止日为F互动实际控制人，住址：上海市虹口区。

王某强，男，1980年10月出生，2016年10月25日至2018年10月15日任F互动董事长、总经理，住址：浙江省杭州市江干区。

朱某舟，男，1972年10月出生，2014年1月20日至2016年10月25日任F互动董事长，住址：上海市虹口区。

吕某东，男，1976年10月出生，2013年12月24日至2016年10月31日任F互动财务总监，住址：上海市宝山区。

姜某，女，1983年4月出生，2016年10月31日至2018年10月18日任F互动财务总监，住址：上海市浦东新区。

依据2005年修订的《中华人民共和国证券法》（以下简称2005年《证券法》）的有关规定，中国证监会对上海F互动娱乐股份有限公司（原上海中技控股股份有限公司，以下简称F互动）信息披露违法违规行为进行了立案调查、审理，并依法向当事人告知了作出行政处罚的事实、理由、依据及当事人依法享有的权利，F互动、颜某刚、王某强、朱某舟、吕某东和姜某等当事人提出陈述、申辩意见，并要求听证。应当事人的要求，中国证监会于2020年11月25日至26日举行了听证会，听取了当事人及其代理人的陈述和申辩。本案现已调查、审理终结。

经查明，F互动存在以下违法事实：

一、未在定期报告中披露关联交易

F互动《2014年年度报告》《2015年年度报告》《2016年年度报告》《2017年年度报告》《2018年半年度报告》中披露，颜某刚为F互动实际控制人。根据《中华人民共和国公司法》第二百一十六条第四项及《上市公司信息披露管理办法》（证监会令第40号）第七十一条第三项的规定，在前述报告期内，颜某刚及其直接或者间接控制的企业为F互动的关联方。

2014年至2018年上半年，F互动及其子公司与颜某刚等关联方进行提供资金、日常购销、购买股权等业务，构成F互动与颜某刚等关联方之间的关联交易。

上述关联交易，2014年度新增金额为7.51亿元，占2013年度经审计净资产的32.25%；2015年度新增金额为11.11亿元，占2014年度经审计净资产的44.90%；2016年度新增金额为 8.54 亿元，占 2015 年度经审计净资产的 32.81%；2017 年度新增金额为 10.75 亿元，占 2016 年度经审计净资产的 26.95%；2018 年上半年新增金额为 2.85 亿元，占 2017 年度经审计净资产的 14.24%。

根据《公开发行证券的公司信息披露内容与格式准则第 2 号——年度报告的内容与格式》（证监会公告〔2014〕21 号）第三十一条、《公开发行证券的公司信息披露内容与格式准则第 2 号——年度报告的内容与格式》（证监会公告〔2015〕24 号、证监会公告〔2016〕31 号、证监会公告〔2017〕17 号）第四十条，《公开发行证券的公司信息披露内容与格式准则第 3 号——半年度报告的内容与格式》（证监会公告〔2017〕18 号）第三十八条的规定，F 互动应当在相关年度报告和半年度报告中披露与颜某刚等关联方的关联交易情况。F 互动未在《2014 年年度报告》《2015 年年度报告》《2016 年年度报告》《2017 年年度报告》《2018 年半年度报告》中披露该事项，导致相关定期报告存在重大遗漏。同时，F 互动未将其以债务人身份发生的关联借款计入财务报表，导致《2016 年半年度报告》《2016 年年度报告》《2017 年半年度报告》《2017 年年度报告》《2018 年半年度报告》财务报表少计负债，存在虚假记载。

二、在定期报告中虚增利润总额

F 互动通过虚增子公司上海中技桩业股份有限公司（以下简称中技桩业）对温岭市宏茂金属制品有限公司等 32 家公司的专利使用费和技术服务费收入的方式，2013 年虚增利润总额 27,676,356.32 元，2014 年虚增利润总额 109,247,855.43 元，2015 年虚增利润总额 140,246,009.53 元，2016 年 1 至 9 月虚增利润总额 73,607,010.01 元。该方式以下简称为虚增利润模式一。

F 互动通过虚增子公司中技桩业对滨州卓信建材有限公司等 11 家公司的专利使用费和商标使用费收入的方式，2015 年虚增利润总额 48,093,613.21 元，2016 年 1 至 9 月虚增利润总额 44,995,694.07 元。该方式以下简称为虚增利润模式二。

2016 年 10 月，F 互动将其持有的中技桩业股份转让给上海中技企业集团有限公司（以下简称中技集团）子公司上海轶鹏投资管理有限公司。

F 互动披露的《2013 年年度报告》虚增利润总额 27,676,356.32 元，占当期披露利润总额的 17.14%；《2014 年年度报告》虚增利润总额 109,247,855.43 元，占当期披露利润总额的 55.09%；《2015 年年度报告》虚增利润总额 188,339,622.74 元，占当期披露利润总额的 104.90%；《2016 年年度报告》虚增营业收入 118,602,704.08 元，虚减投资收益 118,602,704.08 元，占当期披露利润总额的 54.70%。上述行为导致 F 互动相关年度报告财务数据存在虚假记载。

三、未及时披露及未在定期报告中披露对外担保

2016 年，F 互动及其子公司通过对外签订保证合同、存单质押合同、质押担保合同、保证金质押协议等，合计发生对外担保金额 68.35 亿元。其中，2016 年上半年，向颜某刚及颜某刚控制的公司提供担保金额 19.80 亿元，占 2015 年度经审计净资产的 76.07%；2016 年全年，向颜某刚及颜某刚控制的公司提供担保金额为 41.35 亿元，占 2015 年度经审计净资产的 158.86%。

2017年，F互动及其子公司通过对外签订存单质押合同、最高额权利质押协议、权利质押协议、存单质押合同、保证合同等，合计发生对外担保金额46.59亿元。其中，2017年上半年，向颜某刚及颜某刚控制的公司提供担保金额32.19亿元，占2016年度经审计净资产的80.70%，向其他非关联方提供担保金额12.50亿元；2017年全年，向颜某刚及颜某刚控制的公司提供的担保金额为33.19亿元，占2016年度经审计净资产的83.21%。

2018年上半年，F互动及其子公司通过对外签订保证合同，合计发生对外担保金额0.23亿元。

根据2005年《证券法》第六十七条第二款第三项，《上市公司信息披露管理办法》（证监会令第40号）第三十条第二款第三项及第十七项的规定，参照《上海证券交易所股票上市规则》（2013年12月修订，2014年10月修订）9.1、9.11的规定，F互动应当及时披露其签订担保合同及对外提供担保事项。F互动未及时披露上述重大事件。

F互动《2016年半年度报告》未披露当期新增对外担保金额19.80亿元，均为关联担保；《2016年年度报告》未披露当期新增对外担保金额68.35亿元，其中关联担保41.35亿元；《2017年半年度报告》未披露当期新增对外担保金额44.69亿元，其中关联担保32.19亿元；《2017年年度报告》未披露当期新增对外担保金额46.59亿元，其中关联担保33.19亿元；《2018年半年度报告》未披露当期新增对外担保金额0.23亿元。

根据《公开发行证券的公司信息披露内容与格式准则第2号——年度报告的内容与格式》（证监会公告〔2014〕21号）第三十一条、第三十二条第二项，《公开发行证券的公司信息披露内容与格式准则第2号——年度报告的内容与格式》（证监会公告〔2016〕31号、证监会公告〔2017〕17号）第四十条、第四十一条第二项，《公开发行证券的公司信息披露内容与格式准则第3号——半年度报告的内容与格式》（证监会公告〔2014〕22号）第二十八条、第二十九条第二项，《公开发行证券的公司信息披露内容与格式准则第3号——半年度报告的内容与格式》（证监会公告〔2016〕32号、证监会公告〔2017〕18号）第三十八条、第三十九条第二项的规定，F互动应当在相关定期报告中披露其发生的关联担保和其他对外担保事项。F互动未在《2016年半年度报告》《2016年年度报告》《2017年半年度报告》《2017年年度报告》《2018年半年度报告》中披露该事项，导致相关定期报告存在重大遗漏。

上述违法事实，有相关公告、工商资料、账务资料、银行账户资料、银行流水、银行对账单、银行回单、合同文件、公司提供的文件资料、情况说明、相关当事人询问笔录等证据证明，足以认定。

中国证监会认为，F互动披露的《2013年年度报告》存在虚假记载，《2014年年度报告》《2015年年度报告》《2016年半年度报告》《2016年年度报告》《2017年半年度报告》《2017年年度报告》《2018年半年度报告》存在虚假记载和重大遗漏，以及未及时披露重大事件的行为，违反了2005年《证券法》第六十三条及第六十七条第一款的规定，构成2005年《证券法》第一百九十三条第一款所述的违法行为。

根据2005年《证券法》第六十八条第三款及《上市公司信息披露管理办法》（证监会令第40号）第五十八条的规定，王某强是F互动《2016年年度报告》《2017年半年度报告》

《2017年年度报告》《2018年半年度报告》存在虚假记载和重大遗漏以及其任职期间F互动未及时披露重大事件的直接负责的主管人员。朱某舟和吕某东是F互动《2013年年度报告》存在虚假记载、《2014年年度报告》《2015年年度报告》《2016年半年度报告》存在虚假记载和重大遗漏以及二人各自任职期间F互动未及时披露重大事件的直接负责的主管人员。姜某是F互动《2016年年度报告》《2017年半年度报告》《2017年年度报告》《2018年半年度报告》存在虚假记载和重大遗漏的直接负责的主管人员。此外，颜某刚作为实际控制人，其行为已构成2005年《证券法》第一百九十三条第三款所述"发行人、上市公司或者其他信息披露义务人的控股股东、实际控制人指使从事前两款违法行为"的情形。

F互动及其代理人在听证过程中及申辩材料中提出：第一，《行政处罚及市场禁入事先告知书》（以下简称《事先告知书》）认定的提供资金、日常购销和购买股权业务不构成关联交易，无需在定期报告中特别披露。一是《事先告知书》关于借款提供给颜某刚使用和借款金额的认定错误。二是上海盈浩建筑材料有限公司（以下简称上海盈浩）及其子公司不是F互动的关联方，相关交易不构成关联交易，而且《事先告知书》认定的日常购销业务实际均已披露。此外，上海盈浩子公司在转入上海盈浩前与中技桩业发生的日常交易金额不应计入关联交易金额。三是公司与上海品田创业投资合伙企业（有限合伙）（以下简称品田创业）之间的股权转让交易不是关联交易，而且定价公允、已经披露。

第二，认定公司在定期报告中虚增利润缺乏证据证明，且与事实不符。一是公司已将商标、专利形成过程中产生的研发等相关费用作为研发费用计入当期损益，不需要摊销。假设应当摊销而没有摊销，也属于会计处理不当问题。相关情况说明明显不符合证据形式要求，且因被许可方与中技桩业是竞争关系，其出具的情况说明不应采信。二是有证据证明，中技桩业的技术服务和商标、专利许可业务是真实的。三是对于虚增利润模式一，证监会的认定证据明显不足。对于虚增利润模式二，在日常交易中，被许可方在月底紧急筹集资金向许可方支付专利许可费很常见，不影响专利许可业务本身的真实性。中技桩业与各公司之间存在真实合法的专利授权合同，双方应当按照双方之间的合同履行合同义务，而至于各公司的专利费款项来源，为各公司与其他方之间的借款、融资关系，而不能混为一谈，不能由此认定为中技桩业的行为。

第三，关于未及时披露及未在定期报告中披露对外担保相关事项，一是《事先告知书》认定的担保金额错误。担保金额应按合同约定的贷款本金、实际发放的贷款本金和担保物价值之中较低者认定。且因借新还旧、续贷和变更担保主体产生的担保金额不应重复计算。二是《事先告知书》认定的关联担保金额错误。除颜某刚、中技集团和中技桩业以外，作为债务人的其他公司均不是F互动的关联方。三是《事先告知书》认定未及时披露担保的依据和金额错误。四是《事先告知书》认定公司未在定期报告中披露的担保金额错误。未在定期报告中披露的担保金额应按照报告期末的担保余额计算。五是就《事先告知书》认定的担保，公司基本上不用承担担保责任，不会造成重大不利影响。

第四，证监会对公司的立案调查时间为2018年1月17日，假设证监会认定公司存在信息披露违法行为，公司在2016年1月18日之前发生的应披露而未披露的违法行为以及虚假披露行为不应予以追究。

第五，F互动及相关责任主体对可能存在的案涉违法事项进行了积极整改，尽力挽回和避免损失。

综上，请求从轻、减轻或免予行政处罚。

颜某刚及其代理人在听证过程中及申辩材料中提出：第一，就《事先告知书》认定的信息披露违法行为，原则上同意F互动的意见，同时补充以下意见——一是申辩人没有占有、使用F互动的借款资金，《事先告知书》关于F互动向申辩人提供资金的认定是错误的。二是上海盈浩和品田创业并非由申辩人实际控制。第二，申辩人没有组织、策划、领导并实施F互动全部涉案信息披露违法行为，不构成指使F互动从事信息披露违法行为。信息披露行为与交易行为是两个完全不同的行为。其充其量只是参与了部分交易行为，且对该等交易行为不负有信息披露义务。其没有作出过指示、授意F互动及其董事、监事和高级管理人员不履行信息披露义务的"指使"行为，且其对F互动应披露的案涉事项没有法定告知义务，其没有告知与F互动未（及时）披露也没有因果关系。综上，请求免予行政处罚。

王某强及其代理人在听证过程中及申辩材料中提出：第一，申辩人对F互动案涉违法事项不知情。第二，申辩人主观上不具有任何违法故意，客观上在公司被立案调查后，积极配合调查，督促上市公司及时履行信息披露义务，努力维持上市公司正常运转，积极推动问题解决，恳请证监会充分考虑上述情节。第三，申辩人与时任董事、监事、高级管理人员在F互动《2017年年度报告》和《2018年半年度报告》中的相关声明是基于当时情形下对投资者、上市公司最负责任的做法。综上，请求免予认定申辩人部分参与了F互动未披露关联交易及虚减负债违法事项，从轻或减轻行政处罚。

朱某舟及其代理人在听证过程中及申辩材料中提出：第一，申辩人并非相关定期报告存在虚假记载和重大遗漏行为的直接负责的主管人员。申辩人虽名义上系F互动的董事长，但主要职责工作系分管技术研发，并不主要负责上市公司相关具体业务。第二，对于虚增利润事项，现有证据不能证明F互动对相关主体的专利使用费、技术服务费和商标使用费收入是虚构的，即使虚增利润事项确实存在，申辩人未参与，完全不知悉。第三，对于对外担保事项，申辩人对于未在OA系统中提交的出现申辩人人名章和签字的相关合同并不知悉。第四，对于关联交易事项，申辩人不参与F互动的具体业务，通过正常手段根本无法发现。第五，即使认定申辩人违反了信息披露的相关规定并应受处罚，因为申辩人并不起到主导作用，只是因客观条件限制而未能发现和阻止，故应认定为不存在"情节严重"的情形，即使承担责任，也只应承担次要责任。综上，请求免予行政处罚。

吕某东及其代理人在听证过程中及申辩材料中提出：第一，没有组织、策划F互动违规担保事项。颜某刚2018年1月15日的询问笔录和申辩人2018年1月17日的询问笔录中提到的相关内容与事实情况不符且已纠正，不能以此认定是申辩人组织、策划违规担保事项。第二，没有组织、参与F互动账外借款事项。此外，《事先告知书》中的部分违规担保和账外借款事项不应认定。第三，因相关违法事项过于隐蔽以及其职位限制，申辩人对信息披露违法行为起不到决定作用，不应认定其为信息披露违法行为的直接负责的主管人员。第四，申辩人一直看好F互动未来发展，利益与小股民一致，且其在维护上市公司，打击恶意债权人的工作中做出了成绩。综上，请求减轻或免予行政处罚。

姜某及其代理人在听证过程中及申辩材料中提出：第一，无任何证据证明申辩人在F互动被立案调查前知悉F互动可能存在违规担保、未披露关联交易等违规事项。第二，在《2017年年度报告》和《2018年半年度报告》编制及披露过程中，申辩人积极履职并尽全力核查上市公司违规担保、关联交易事项，上市公司及申辩人已经尽最大努力确保信息披露的真实、准确、完整并尽可能向广大中小投资者提示风险，完全不存在严重怠于履职的情形。第三，申辩人主观上没有违法动机；客观上积极配合调查，督促上市公司及时履行信息披露义务，努力维持上市公司正常运转，诚实守信、尽最大可能积极履职。综上，请求免予认定申辩人"在知悉F互动可能存在违规担保、未披露关联交易等违法事项时，未能调查核实相关情况并及时揭发、制止F互动的违法行为，严重怠于履行职责"，减轻或免予行政处罚。

针对F互动的陈述申辩意见，经复核，中国证监会认为：第一，关于未披露关联交易事项，部分采纳F互动的意见，并已在本决定书中对关联交易金额予以调整，不予采纳F互动的其他相关意见。一是从股权转让资金来源、工商变更、公司业务、公章管理、银行账户的使用、当事人陈述、他人指认以及日常管理等方面足以证明上海盈浩、上海攀定工程设备有限公司（以下简称上海攀定）、上海哲町贸易有限公司（以下简称上海哲町）、上海杰佩实业有限公司（以下简称上海杰佩）等多家公司是颜某刚等关联方直接或间接控制的公司，上海剩财贸易有限公司（以下简称上海剩财）等主体的案涉银行账户由颜某刚等关联方控制。F互动与上述直接或间接控制的公司构成关联关系，相关交易构成关联交易。二是《上市公司信息披露管理办法》（证监会令第40号）第七十一条第三项规定，在过去12个月内存在本条规定情形的自然人或法人属于关联人，因此上海盈浩的11家子公司在转入上海盈浩前12个月与中技桩业发生的日常交易属于关联交易，相关金额不予扣除。三是2016年度，F互动发生关联借款共1.2亿元，2017年度，F互动发生关联借款共10.75亿元，上述借款款项均直接转入颜某刚等关联方控制的公司或控制的银行账户。此外，根据《公开发行证券的公司信息披露内容与格式准则第2号——年度报告的内容与格式》（证监会公告〔2014〕21号）第三十一条、《公开发行证券的公司信息披露内容与格式准则第2号——年度报告的内容与格式》（证监会公告〔2015〕24号、证监会公告〔2016〕31号、证监会公告〔2017〕17号）第四十条第四项、《公开发行证券的公司信息披露内容与格式准则第3号——半年度报告的内容与格式》（证监会公告〔2017〕18号）第三十八条的规定，公司应当披露与关联方存在债权债务往来的本期发生额和期末余额。根据借款合同、客户回单等证据，F互动在2016年度与科信小贷共发生1.2亿元借款，上述借款均转给关联方，F互动应披露关联借款发生额和期末余额，与科信小贷的借款是否属上一笔借款的延期等因素可在期末余额中体现，并不影响其计入本期发生额。

第二，不予采纳F互动关于虚增利润事项的意见。一是关于会计师事务所出具的专项说明中提到的中技桩业的专利费、商标费、技术服务费等收入为纯收入性质，未发生可匹配的成本的情况，中国证监会并未将此作为认定相关收入是虚增的证据，而是在计算虚增利润金额时不再考虑成本因素。二是相关单位出具的情况说明系中国证监会依职权请有关单位提供，在调查过程中均向其出具了调查通知书，相关情况说明合法有效。三是对于虚增利润模式一，其中31家公司或其实际控制人、董事长、总经理、自然人股东等人员在情况说明或询问笔录中承认相关专利费和技术使用费虚假,9家公司(包括未取得上述情况说明或询问笔录的公司)有银行流水证明存在异常资金流(资金来源和流转时间异常,部分公司的中转账户未收款前的账面金额均不足以支付汇出款项等),结合会计师事务所提供的中技桩业有关账目资料等证据,足以认定F互动通过虚增中技桩业对32家公司的专利使用费和技术服务费收入的方式虚增利润的事实及金额。F互动提供的合同、对账单等证据,关于交易背景和特点的说明以及有关被许可方的情况说明是为了逃避支付费用的辩辞,不足以推翻该事实。对于虚增利润模式二,综合中技集团相关工作人员电脑保存的账户信息、相关人员询问笔录、部分银行账户IP地址、相关银行账户资料及资金异常进出等,足以证明颜某刚、中技集团控制上海盈浩及其部分子公司银行账户并借用部分其他公司银行账户,颜某刚、中技集团从第三方获取资金,用于虚增中技桩业的收入及利润。

第三,对于未及时披露及未披露对外担保事项,部分采纳F互动的意见,并已在本决定书中予以调整,不予采纳F互动的其他相关意见。一是由于案涉担保合同约定的担保范围不限于本金,本案以存单金额而非合同约定或实际发放的贷款本金额认定担保金额。二是相关担保合同及对应的主合同均为当期新签署,新担保义务的产生是基于新签署的担保合同,借新还旧、续贷和变更担保主体等因素可在担保余额中体现,上述因素产生的担保金额并不影响其计入本期担保发生额。上市公司在相关定期报告披露过程中应按要求分别披露担保余额和发生额,本案以发生额作为统计口径进行认定。三是从股权转让资金来源、工商变更、公司业务、公章管理、银行账户的使用、当事人陈述、他人指认以及日常管理等方面足以证明相关公司或相关银行账户系颜某刚等关联方直接或间接控制,与F互动构成关联关系,相关担保构成关联担保。四是F互动主张参照《关于规范上市公司对外担保行为的通知》(证监发〔2005〕120号)第一条第三项的规定确定应及时披露的重大担保标准,但该规定实际为关于上市公司应当在董事会审议通过后提交股东大会审议的担保事项的规定,并不涉及应当及时披露的担保事项的认定。自2016年以来,F互动未及时披露的对外担保共70笔,其中担保金额在2000万元至5000万元(不含5000万元)的7笔,5000万元至1亿元(不含1亿元)的9笔,1亿元及以上的54笔,单笔金额均较为重大。并且中国证监会是对F互动多项违法事实一并进行处罚,并未单独就某一笔未及时披露担保事项进行处罚。五是对于F互动有关部分案涉担保事项因主债务已履行、担保无效等原因,F互动不用承担担保责任或没有遭受损失的主张,债务履行、担保合同的效力等问题系民事范畴,本案系针对上市公司及相关责任主体的信息披露违法违规行为的行政处罚,二者并不冲突。F互动后续是否需真正承担担保责任,是否因承担担保责任而遭受损失,均不影响其应当履行的信息披露义务,F互动的该主张不能成立。

第四,F互动《2013年年度报告》至《2018年半年度报告》期间连续多年定期报告存在信息披露违法违规,违法行为处于连续或继续状态,因此处罚时效应当从《2018年半年度报告》披露时开始计算。当事人关于部分定期报告违法行为超过处罚时效的意见不能成立。

第五,经中国证监会核实,F互动未对案涉违法事项进行全面整改,中国证监会对其已进行全面整改的主张不予采纳。

针对颜某刚的陈述申辩意见,经复核,中国证监会认为:第一,在案证据足以证明颜某刚及其实际控制的中技集团控制上海盈浩、上海攀定、上海哲町、上海杰佩等公司以及控制上海剩财等主体的案涉银行账户。

第二，实际控制人滥用支配地位，授意、指挥上市公司从事信息披露违法行为，应当认定为"指使行为"，这种"授意、指挥"，既可能是明示，也可能是隐瞒、不告知或默许。本案违法事项包括虚增利润、未披露关联交易和未披露及未及时披露对外担保三方面内容，对于虚增利润部分，2013年，中技桩业借壳上市，颜某刚作为实际控制人对中技桩业2013年、2014年、2015年净利润进行了承诺，此后，中技桩业实施了造假行为，颜某刚作为造假主体中技桩业的董事长、总经理和法定代表人，知道或应当知道上述造假行为。对于未披露关联交易和未披露及未及时披露对外担保行为，颜某刚刻意隐瞒关联方，明确要求上市公司的银行存款由中技集团统一支配，具体包括以上市公司名义贷款，相关款项转至颜某刚指定账户，为颜某刚等关联方提供担保，上述行为涉及其实际控制的三家上市公司，颜某刚作为实际控制人，同时在其控制的三家上市公司组织、策划、领导并实施上述行为，三家公司的违法违规行为交叉关联，且三家上市公司均未披露，其行为已经构成实际控制人指使上市公司从事案涉违法行为的情形，颜某刚提出的其并没有"指使"的相关理由，并不能推翻在案证据已经形成的完整证据链条。

综上，中国证监会对颜某刚的意见不予采纳。

针对王某强、朱某舟、吕某东和姜某的陈述申辩意见，经复核，中国证监会认为：第一，本案中，朱某舟、王某强、吕某东、姜某分别担任F互动案涉期间董事长、总经理、财务总监，应该作为直接负责的主管人员对其任职期间上市公司的违法违规行为承担责任。此外，对于王某强和朱某舟，根据询问笔录等证据，王某强部分参与了F互动未披露关联交易违法事项，朱某舟部分参与了F互动虚增利润及违规担保违法事项。此外，二人在存在将人名章交予他人保管以及按照颜某刚要求将F互动存款存入指定银行或交由中技集团支配等情形下，未能调查核实相关情况并及时揭发、制止F互动的违法行为。对于吕某东，颜某刚2018年1月15日的询问笔录和吕某东2018年1月17日的询问笔录关于其建议用上市公司存款进行违规担保和账外借款的内容相互印证，且能与其他人员的询问笔录相互印证，在案证据足以证明其组织、策划F互动违规担保违法事项，组织、参与F互动账外借款违法事项。此外，部分采纳吕某东关于F互动借款事项的意见并已在本决定书中予以调整，而对于本决定书中认定的案涉关联交易和对外担保事项，F互动均应按规定披露。对于姜某，其作为时任财务总监，职责上应全面负责F互动财务工作，在知悉F互动存在贸易采购和短期资金拆借相关行为、F互动子公司与上海盈浩的子公司有专利授权使用的业务合作以及F互动会把资金存到颜某刚推荐的银行等F互动可能存在违规担保、未披露关联交易等违法事项时，未能调查核实相关情况并及时揭发、制止F互动的违法行为。此外，王某强和姜某分别作为时任董事长、总经理和时任财务总监，虽然在审议F互动《2017年年度报告》和《2018年半年度报告》时，王某强和姜某在声明保证真实、准确、完整的同时提请投资者特别关注重大风险提示，但该行为不足以免责。

第二，积极问询、提出质疑、提供建议、不知情、未参与、不具有专业背景、相信专业机构或者专业人员出具的意见和报告、积极配合调查等均不是法定免责事由。相反，在正常履职的情况下，不知情恰恰是其未勤勉尽责的证明。

综上，中国证监会部分采纳吕某东关于F互动借款事项的意见，对吕某东的其他意见不予采纳；对王某强、朱某舟和姜某的意见不予采纳。

根据当事人违法行为的事实、性质、情节与社会危害程度，依据2005年《证券法》第一百九十三条第一款、第三款的规定，中国证监会决定：

一、对上海F互动娱乐股份有限公司责令改正，给予警告，并处以60万元罚款；

二、对颜某刚给予警告，并处以60万元罚款；

三、对王某强、朱某舟、吕某东给予警告，并分别处以20万元罚款；

四、对姜某给予警告，并处以10万元罚款。

3.11.5 案例5：L科技年度报告虚假记载

依据《中华人民共和国证券法》（以下简称《证券法》）的有关规定，中国证监会对北京L科技股份有限公司（以下简称L科技）信息披露违法违规及欺诈发行行为进行了立案调查、审理，并依法向当事人告知了作出行政处罚的事实、理由、依据及当事人依法享有的权利，当事人未提出陈述、申辩意见，也未要求听证。本案现已调查、审理终结。

经查明，L科技存在以下违法事实：

一、L科技2017年、2018年、2019年年度报告存在虚假记载

（一）L科技2017至2019年度通过虚增银行存款、虚构销售业务、虚构研发支出、虚列运费支出以虚增收入、资产和利润

1.L科技虚增银行存款余额

根据L科技2017年、2018年年度报告，2017年、2018年年末L科技账面银行存款余额分别为8,864.99万元、4,743.07万元。经查，2017年、2018年年末L科技实际银行存款余额分别为630.05万元、333.87万元，L科技通过虚假记账方式虚增银行存款。其中，2017年末虚增银行存款余额8,234.94万元，虚增比例为92.89%，占当期净资产的10.19%；2018年末虚增银行存款余额4,409.20万元，虚增比例为92.96%，占当期净资产的4.92%。

2.L科技虚构循环购销业务，虚增收入、资产和利润

根据设立意图、人员关系、财务管理、员工工资及福利发放、资料保管等方面的证据，北京天越五洲科技有限公司、北京康居网络科技有限公司、北京博雅君立科技有限公司、成都可勤达尔科技有限公司、成都蜀晟科学技术研究所（以下简称成都蜀晟）、北京拓普星际科技有限公司（以下简称拓普星际）、北京伊普赛斯电子设备有限公司（以下简称伊普赛斯）、北京吉祥林克通讯技术有限公司、北京天雨鸿大网络科技有限公司、北京中创昊天物联科技有限公司（以下简称中创昊天）等公司均由L科技实际控制人谭某、Zhaoxxmei（中文名赵某梅，以下称赵某梅）实际控制。根据《企业会计准则第36号—关联方披露》第四条第十项以及《非上市公众公司信息披露管理办法》（证监会令第162号）第六十五条第四项的规定，上述公司为L科技关联方。L科技在2017年至2019年年报和2020年4月29日《向不特定合格投资者公开发行股票说明书（申报稿）》（以下简称《公开发行说明书》）中对其与中创昊天的关联关系未披露或披露不准确，未披露其与其他9家公司的关联关系。

L科技通过上述未如实披露的关联方以及外部客户、供应商虚构无实际生产、无实物流转的采购销售循环业务，在采购、生产、销售、库管、物流运输、财务记账等各个环节实施全链条造假。2017年至2019年，L科技及其全资子公司北京中经赛博科技有限公司（以下简称中经赛博）通过虚构采购销售循环业务虚增收入共计81,092.26万元，虚增销售利润（毛利，下同）共计24,588.96万元，虚增存货共计10,610.68万元，虚增应收账款共计6,303.33万元。其中：2017年虚增销售收入29,224.26万元，虚增销售利润10,031.72万元，虚增存货6,070.71万元，虚增应收账款400.39万元；2018年虚增销售收入18,740.36万元，虚增销售利润5,449.07万元，虚增存货4,539.97万元，虚增应收账款2,768.77万元；2019年虚增销售收入33,127.64万元，虚增销售利润9,078.17万元，虚增应收账款3,134.17万元。

3.L科技虚构研发业务和研发支出，虚增资产和研发费用

2017年至2019年，L科技研发支出（含研究阶段支出和开发阶段支出，下同）共计44,237.03万元，均采取合作研发方式，主要研发服务供应商为L科技关联方成都蜀晟、拓普星际等公司。经查，L科技存在自身不具备实际研发能力、项目研发人员及验收专家未实际参与研发和验收工作、研发成果未与生产对接、伪造现场应对中介机构走访、编造研发资料应对全国股转公司审查问询等情况，无真实研发业务。

2017年至2019年，L科技虚构与成都蜀晟、拓普星际的研发合同及付款，虚构研发支出共计24,858.80万元（不含税，下同），从而虚增资产和虚增管理费用。其中：2017年虚构研发支出5,144.39万元，虚增管理费用4,682.12万元，2017年年末虚增资产总额462.27万元；2018年虚构研发支出13,172.78万元，虚增管理费用3,032.16万元，2018年年末虚增资产总额10,602.89万元；2019年虚构研发支出6,541.63万元，虚增管理费用3,534.44万元，2019年年末虚增资产总额13,610.08万元。

4.L科技虚列运费支出

L科技对外销售的货物均由L科技安排运输并承担运费，由其唯一物流商北京新月联合汽车有限公司（以下简称新月联合）负责承运。经查，新月联合从未实际向L科技提供过物流运输服务，L科技也未实际发生运费支出，所有发出货物均为虚假。根据L科技财务账簿，2017年至2019年，L科技虚列对新月联合的运费支出共计4,146.75万元。其中：2017年度虚列运费支出1,363.29万元，2018年度虚列运费支出1,259.42万元，2019年度虚列运费支出1,524.04万元。

综上，2017至2019年期间，L科技通过上述手段虚增销售收入共计81,092.26万元，虚增利润总额共计8,848.32（按实际收入乘以相应综合毛利率计算的对利润影响数，下同）万元。其中：2017年虚增销售收入29,224.26万元，占当期披露收入总额的43.20%，虚增利润总额3,966.29万元，占当期披露利润总额的51.90%，虚增年末资产总额15,148.29万元，占当年年末资产总额的13.69%；2018年虚增销售收入18,740.36万元，占当期披露收入总额的29.18%，虚增利润总额1,019.05万元，占当期披露利润总额的22.16%，虚增年末资产总额22,062.63万元，占当年年末资产总额的20.56%；2019年虚增销售收入33,127.64万元，占当期披露收入总额的49.17%，虚增利润总额3,862.98万元，占当期披露利润总额的80.67%，虚增年末资产总额16,062.11万元，占当年年末资产总额的14.20%。

（二）L科技虚构处置出售资产

2019年12月，L科技及中经赛博因调整生产模式处置出售生产设备，销售金额为4,383.18万元（含税）。经查，L科技虚构该处置出售生产设备业务，购买方伊普赛斯实际为L科技关联方且L科技未实际收到出售款项，L科技虚构处置出售生产设备4,383.18万元（含税），占2019年年末净资产的4.89%。

二、L科技公开发行文件编造重大虚假内容

（一）L科技公开发行情况

2020年4月29日，L科技向全国中小企业股份转让系统有限责任公司（以下简称全国股转公司）提交《公开发行说明书》并进行了公告，拟向不特定合格投资者公开发行不超过8,000万股。9月22日，L科技向全国股转公司提交了《关于终止股票向不特定合格投资者公开发行并在精选层挂牌的申请》，申请撤回申请文件。9月25日，全国股转公司决定终止L科技精选层挂牌申请文件的审查。

（二）L科技公开发行文件"财务会计信息"部分编造重大虚假内容

L科技公告的《公开发行说明书》中包括L科技2017年至2019年三年的财务数据。如前所述，L科技通过虚增银行存款、虚构销售业务、虚构研发支出、虚列运费支出方式，虚增收入、资产和利润，导致《公开发行说明书》中"财务会计信息"部分编造重大虚假内容。

（三）L科技公开发行文件"业务和技术"部分编造重大虚假内容

L科技在其公告的《公开发行说明书》中"业务和技术"部分披露：2019年10月中旬，L科技决定处置生产设备；2020年1月，交易对方已支付全部设备款项，相关设备全部处置完毕；经第三届董事会第二次会议、2020年第一次临时股东大会审议批准，L科技生产模式由以自主生产模式为主，调整为外协加工生产模式。如前所述，L科技虚构处置出售生产设备，导致"业务和技术"部分存在编造重大虚假内容情形。

（四）L科技公开发行文件"公司治理与独立性"部分编造重大虚假内容

经查明，L科技会计核算存在严重账实不符，未依据原始凭证记账，未按规定装订会计档案。时任财务总监赵某虹长期未实际履职，由L科技实际控制人赵某梅实际履行包括财务在内的所有内部管理职责。L科技在会计核算、董事及高级管理人员履职等公司治理方面存在严重缺陷。L科技公告的《公开发行说明书》中"公司治理与独立性"部分存在编造重大虚假内容情形。

以上事实，有L科技相关定期报告和公开发行文件、会议决议、财务资料、情况说明、银行账户资料、研发材料，相关客户、供应商提供的财务资料、情况说明，工商资料，相关人员询问笔录等证据证明，足以认定。

中国证监会认为，L科技公告的2017年、2018年年度报告披露的财务数据存在虚假记载，违反了2013年修订的《非上市公众公司监督管理办法》（证监会令第96号，以下简称2013年《监督管理办法》）第二十条第一款的规定，构成2013年《监督管理办法》第六十条所述信息披露违法行为。L科技公告的2019年年度报告的财务数据存在虚假记载，违反了2019年修订的《非上市公众公司监督管理办法》（证监会令第161号，以下简称2019年

《监督管理办法》)第二十一条第一款的规定,构成2019年《监督管理办法》第八十二条所述信息披露违法行为。L科技2017年至2019年年报信息披露违法行为跨越新旧《监督管理办法》,根据2019年《监督管理办法》第八十二条的规定,依照《证券法》第一百九十七条第二款处罚。

L科技2020年4月29日公告的证券发行文件编造重大虚假内容,违反了2019年《监督管理办法》第七十八条第一款的规定,构成2019年《监督管理办法》第七十八条第一款所述欺诈发行行为。根据2019年《监督管理办法》第七十八条第一款的规定,对L科技欺诈发行行为,依照《证券法》第一百八十一条第一款处罚。

对L科技2017年至2019年年度报告财务数据存在虚假记载的行为,根据当事人违法行为的事实、性质、情节与社会危害程度,并结合违法行为跨越新旧《证券法》适用的特别情形,依据2019年《监督管理办法》第八十二条、《证券法》第一百九十七条第二款的规定,中国证监会决定:对L科技责令改正,给予警告,并处以200万元罚款。

对L科技欺诈发行行为,根据当事人违法行为的事实、性质、情节与社会危害程度,依据2019年《监督管理办法》第七十八条第一款、《证券法》第一百八十一条第一款的规定,中国证监会决定:对L科技责令改正,给予警告,并处以200万元罚款。

综合上述两项行政处罚意见,中国证监会决定:对L科技责令改正,给予警告,并处以400万元罚款。

对于相关责任人员,中国证监会将另行依法处理。

3.11.6 案例6:陈某豪、许某华超比例持股未依法披露

当事人:陈某豪,时任O网络股份有限公司(以下简称O智网)董事长兼总经理,住址:广东省珠海市香洲区。

许某华,深圳前海Z资产管理有限公司(以下简称ZHZF)实际控制人,住址:广东省深圳市南山区。

依据2005年修订的《中华人民共和国证券法》(以下简称2005年《证券法》)的有关规定,中国证监会对陈某豪、许某华超比例持股未履行披露义务及限制交易期内交易"O智网"行为进行了立案调查、审理,并依法向当事人告知了作出行政处罚的事实、理由、依据及当事人依法享有的权利,当事人陈某豪未提出陈述、申辩意见,也未要求听证;应当事人许某华的要求,中国证监会于2021年7月27日举行了听证会,听取了许某华及其代理人的陈述和申辩。本案现已调查、审理终结。

经查明,陈某豪、许某华存在以下违法事实:

一、陈某豪与许某华通过协议和融资安排共同持有"O智网"

陈某豪、许某华分别通过张某良、Z签订投资合作协议。2018年2月12日,陈某豪托请朋友张某良代其出面作为甲方,与乙方Z(许某华实际控制)签订了《投资合作协议》,约定共同出资并配资用于在二级市场交易"O智网"。投资期限为2018年2月12日至2019年2月11日,扣除利息等支出后剩余收益按照甲乙双方各半分配。

二、陈某豪、许某华超比例持股"O智网"未依法披露并在限制期交易的情况

2018年5月28日，在陈某豪已实际控制"O智网"股份远超5%的情况下，陈某豪、许某华通过"曹某莲"等57个证券账户（以下简称账户组）合计新增持股52,989,491股，占总股本（1,056,070,400股）的5.02%，新增持股比例首次超过5%，但陈某豪、许某华未按法律规定履行信息披露义务，仍反复交易。2018年6月29日，账户组持股比例达到峰值，合计持股88,316,789股，占总股本的8.36%。2018年7月9日，账户组合计持股减至25,464,951股，占总股本比例低于5%。2018年5月28日至7月6日期间，涉案账户组合计违规买入金额504,473,214.98元，违规卖出金额166,535,618.23元。

上述违法事实，有相关证券账户资料、银行账户资料、交易流水、证券交易所提供的交易数据、《投资合作协议》、询问笔录、持仓信息表、通信记录等证据证明，足以认定。

陈某豪、许某华的上述行为违反了2005年《证券法》第三十八条和第八十六条第二款的规定，构成2005年《证券法》第一百九十三条第二款和第二百零四条所述违法行为。

许某华及其代理人在听证过程中提出如下申辩意见：

其一，许某华不是Z实际控制人。Z没有真正意义上的实际控制人，需要区分具体项目具体分析，就涉案项目而言，黄某龙作为Z的实际控制人更为准确。

其二，涉案证券账户并非由许某华实际控制。涉案证券账户并非均由许某华借用而来，仅认可向杜某艳借用的30余个证券账户以及王某钧、周某的证券账户。许某华并非涉案账户的实际控制人，张某1作为涉案账户的实际控制人更为准确。

其三，Z并非《投资合作协议》合同的履行主体。Z仅为显名的签约主体，不是涉案《投资合作协议》的实际履行主体，而黄某龙和张某1才是涉案交易的履行主体，许某华不应作为涉案账户的信息披露义务主体。

其四，许某华的责任承担。许某华认为，如认定本次处罚系基于Z的公司行为，则许某华作为"主管人员"，应当承担"三万元以上三十万元以下的罚款"，而非处以500万元罚款。

其五，本案存在法条竞合。涉案所述两项违规行为存在法条竞合，如同时对该两项行为进行行政处罚，可能会涉及重复处罚的情形。

综上，许某华请求免于处罚。

经复核，中国证监会认为：

第一，许某华为Z实际控制人。一是相关人员的指证，Z时任法定代表人周某、Z工作人员蓝某球、许某华的合作伙伴李某晶、许某华的同学王某钧等人均指证许某华为Z实际控制人。二是Z的经营场所、人员安排等均与许某华密切相关。三是涉案《投资合作协议》中，Z虽名为签约主体，但Z对应的银行账户却是许某华控制的"庄某"账户。

第二，许某华实际控制涉案证券账户。一是交易人员根据所控制的证券账户持仓情况汇总制成持仓信息表，并向许某华通报知悉。二是蓝某球向调查组提供的其与交易人员的微信通信记录，相关内容直接反映若干账户控制情况。三是涉案证券账户资金来源与许某华所控制的银行账户密切相关。四是有张某2、李某宗、蓝某球、王某钧、李某晶等人的指证作为证据。

第三，许某华系涉案账户的信息披露义务主体。陈某豪、许某华分别通过张某良、Z签订投资合作协议共同持有"O智网",根据2005年《证券法》第八十六条第二款的规定,许某华为涉案账户的信息披露义务主体。

第四,《投资合作协议》约定的资金并未使用Z公司账户(使用的是"庄某"账户),且相关资金也未用于Z实际经营,涉案相关交易未体现Z单位决策和单位意志,故本案并非Z单位违法行为,而是许某华个人违法行为。因此,本案中许某华所承担的责任符合法律规定。

第五,本案不存在法条竞合问题。本案所涉违法行为并非同一违法行为。本案所涉超比例持股与限制期交易行为系由不同的法条规制,二者分别由2005年《证券法》第一百九十三条和第二百零四条规制;违法内容不同,前者违反的是主动的信息披露义务,后者违反的是禁止交易的禁止性义务;违法后果不同,前者可处以三十万元以上六十万元以下的罚款,后者并处以买卖证券等值以下的罚款。

综上,中国证监会对许某华的意见不予采纳。

根据当事人违法行为的事实、性质、情节与社会危害程度,依据2005年《证券法》第一百九十三条第二款、第二百零四条的规定,中国证监会决定:

一、对陈某豪、许某华信息披露违法行为,责令改正,给予警告,并处以50万元罚款,其中对陈某豪、许某华分别处以25万元罚款;

二、对陈某豪、许某华在限制交易期内交易股票的行为,责令改正,给予警告,并处以1,000万元的罚款,其中对陈某豪、许某华分别处以500万元罚款。

综合上述两项违法事实,合计对陈某豪处以525万元罚款,对许某华处以525万元罚款。

3.11.7 案例7:Y股份未在定期报告中披露关联交易

依据2005年修订的《中华人民共和国证券法》(以下简称2005年《证券法》)的有关规定,中国证监会对浙江Y高新纤维股份有限公司(以下简称Y股份)信息披露违法违规行为进行了立案调查、审理,并依法向当事人告知了作出行政处罚的事实、理由、依据及当事人依法享有的权利,当事人颜某刚提出陈述、申辩意见,并要求听证。当事人翁某华和吕某未要求陈述、申辩和听证。应当事人的要求,中国证监会于2020年8月20日举行了听证会,听取了当事人及其代理人的陈述和申辩。

经查明,Y股份存在以下违法事实:

一、未在定期报告中披露关联交易

Y股份《2017年半年度报告》《2017年年度报告》《2018年半年度报告》披露,颜某刚为Y股份实际控制人。根据《中华人民共和国公司法》第二百一十六条第四项及《上市公司信息披露管理办法》(证监会令第40号)第七十一条第三项的规定,在前述报告期内,颜某刚为Y股份的关联方。

2017年9月至2018年6月,Y股份作为债务人签订借款合同、最高授信合同、商业保理合同共5份,指定的收款账户均为颜某刚等关联方控制的公司的账户或颜某刚等关联方控制的银行账户,且资金均实际转入指定账户。

2018年1月2日，Y股份全资子公司湖州Y高性能纤维有限公司（以下简称Y高性能）向上海祈尊实业有限公司（以下简称上海祈尊）中信银行账户转入3亿元资金。同日，该笔3亿元资金经上海祈尊中信银行账户划转至颜某刚等关联方控制的上海樘嵊贸易有限公司招商银行账户，再划转至与颜某刚等关联方存在债权债务关系的丁红的光大银行账户，前述资金划转操作均在15分钟内完成。2018年1月3日，Y高性能与上海祈尊签订购销合同，约定合同金额3亿元。上海祈尊否认与Y高性能存在贸易往来。截至合同约定的交货期限2018年6月25日，上海祈尊未交付货物。

上述关联交易，2017年度新增金额为1.24亿元，占2016年度经审计净资产的5.12%；2018年上半年新增金额为3.83亿元，占2017年度经审计净资产的21.21%。

根据《公开发行证券的公司信息披露内容与格式准则第2号——年度报告的内容与格式》（证监会公告〔2017〕17号）第四十条，《公开发行证券的公司信息披露内容与格式准则第3号——半年度报告的内容与格式》（证监会公告〔2017〕18号）第三十八条、第四十三条的规定，Y股份应当在相关定期报告中披露与颜某刚等关联方的关联交易情况。Y股份未在《2017年年度报告》《2018年半年度报告》中披露该事项，导致相关定期报告存在重大遗漏。同时，Y股份未将前述其以债务人身份发生的借款金额计入财务报表，导致《2017年年度报告》《2018年半年度报告》财务报表少计负债，存在虚假记载。

二、未及时披露及未在定期报告中披露对外担保

2016年11月至2016年12月，Y股份子公司深圳Y控股有限公司（以下简称深圳Y）对外签订最高额质押担保合同、存单质押合同共2份，Y股份子公司上海尤航新能源科技有限公司（以下简称尤航新能源）对外签订保证金质押协议、存单质押合同共4份，前述担保金额合计7.30亿元。

2017年上半年，深圳Y对外签订存单质押合同8份，担保金额合计10.80亿元。2017年下半年，深圳Y对外签订存单质押合同1份，尤航新能源对外签订存单质押合同2份，Y股份对外签订担保合同8份，前述担保金额合计15.40亿元。2017年全年，Y股份及其子公司发生对外担保金额合计26.20亿元，其中，向颜某刚及颜某刚控制的其他公司提供的担保金额为6.30亿元，占2016年度经审计净资产的26.01%。

根据2005年《证券法》第六十七条第二款第三项，《上市公司信息披露管理办法》（证监会令第40号）第三十条第二款第三项及第十七项的规定，参照《深圳证券交易所股票上市规则》（2014年10月修订）9.1、9.11的规定，Y股份应当及时披露其签订担保合同及对外提供担保事项。Y股份未及时披露该重大事件。

Y股份《2016年年度报告》未披露当期新增对外担保金额7.30亿元；《2017年半年度报告》未披露当期新增对外担保金额10.80亿元；《2017年年度报告》未披露当期新增对外担保金额26.20亿元，其中，重大关联担保金额6.30亿元。

根据《公开发行证券的公司信息披露内容与格式准则第2号——年度报告的内容与格式》（证监会公告〔2016〕31号）第四十一条第二项、第四十四条，《公开发行证券的公司信息披露内容与格式准则第2号——年度报告的内容与格式》（证监会公告〔2017〕17号）第四十条、第四十一条第二项、第四十六条，《公开发行证券的公司信息披露内容与格式准

则第 3 号——半年度报告的内容与格式》（证监会公告〔2016〕32 号）第三十九条第二项、第四十二条的规定，Y 股份应当在相关定期报告中披露其发生重大关联担保和其他对外担保事项。Y 股份未在《2016 年年度报告》《2017 年半年度报告》《2017 年年度报告》中披露该事项，导致相关定期报告存在重大遗漏。

上述违法事实，有相关公告、工商资料、账务资料、银行账户资料、银行流水、银行对账单、银行回单、合同文件、公司提供的文件资料、情况说明、相关当事人询问笔录等证据证明，足以认定。

中国证监会认为，Y 股份披露的《2016 年年度报告》《2017 年半年度报告》存在重大遗漏，《2017 年年度报告》《2018 年半年度报告》存在虚假记载和重大遗漏以及未及时披露重大事件的行为，违反了 2005 年《证券法》第六十三条及第六十七条第一款的规定，构成 2005 年《证券法》第一百九十三条第一款所述的违法行为。

根据 2005 年《证券法》第六十八条第三款及《上市公司信息披露管理办法》（证监会令第 40 号）第五十八条第一款、第二款的规定，翁某华是 Y 股份定期报告存在虚假记载和重大遗漏以及未及时披露重大事件的直接负责的主管人员；吕某是 Y 股份定期报告存在虚假记载和重大遗漏的直接负责的主管人员。此外，颜某刚作为实际控制人，其行为已构成 2005 年《证券法》第一百九十三条第三款所述"发行人、上市公司或者其他信息披露义务人的控股股东、实际控制人指使从事前两款违法行为"的情形。

颜某刚及其代理人在听证过程中及申辩材料中提出：第一，2017 年 5 月 10 日申辩人才成为 Y 股份的实际控制人，此前发生的交易与其无关。

第二，关于未在定期报告中披露关联交易相关事项，一是 Y 股份与申辩人之间没有资金占用的关联交易，现有证据不足以证明拟认定的借款均为关联借款且实际由申辩人使用；Y 股份子公司 Y 高性能与上海祈尊之间存在真实贸易关系，申辩人没有占用 Y 高性能资金。二是年度报告及半年度报告的披露属于公司日常经营管理事项，申辩人不参与 Y 股份日常经营管理，不应承担 Y 股份未履行信息披露义务相关的责任。

第三，关于未及时披露及未在定期报告中披露对外担保事项，一是 2017 年 5 月 10 日之后发生的担保多数未经董事会或股东大会决议，自始无效，公司及其子公司无需承担担保责任。二是以尤航新能源为担保人的两笔担保是 2016 年 12 月发生的两笔担保的延续，不应重复计算。三是向申辩人及其控制的其他公司提供的担保金额有误。四是《事先告知书》拟认定的大部分对外担保已解除债务关系，未对公司造成实际损失。

第四，申辩人没有指使 Y 股份及其董事、监事和高级管理人员从事案涉信息披露违法行为，更不是案涉信息披露违法行为的组织者、决策者、领导者和实施者。信息披露行为与交易行为是两个完全不同的行为。其充其量只是参与了部分交易，其成为 Y 股份实际控制人以后没有实施"指使"行为，其对 Y 股份应披露的关联交易、对外担保和或有负债事项没有法定告知义务，其没有告知与 Y 股份未（及时）披露也没有因果关系。

综上，请求免予行政处罚。

针对颜某刚的陈述申辩意见，经复核，中国证监会认为：第一，认可颜某刚自 2017 年 5 月 11 日起为 Y 股份实际控制人的意见。

第二，关于未在定期报告中披露关联交易相关事项，从股权转让资金来源、工商变更、公司业务、公章管理、银行账户的使用、当事人陈述、他人指认以及日常管理等方面足以证明上海攀定、上海哲町等多家公司是颜某刚等关联方直接或间接控制的公司，上海剩财、上海竹远、何某的案涉银行账户由颜某刚等关联方控制。Y股份与上述颜某刚等关联方直接或间接控制的公司构成关联关系，相关交易构成关联交易。中国证监会对颜某刚的该部分意见不予采纳。

第三，关于未及时披露及未在定期报告中披露对外担保事项，一是债务履行、担保合同的效力等问题系民事范畴，本案系针对上市公司及相关责任主体的信息披露违法违规行为的行政处罚，二者并不冲突。Y股份后续是否需真正承担担保责任，是否因承担担保责任而遭受损失，均不影响其应当履行的信息披露义务。二是相关担保合同及对应的主合同均为当期新签署，新担保义务的产生是基于新签署的担保合同，借新还旧、续贷和变更担保主体等因素可在担保余额中体现，上述因素产生的担保金额并不影响其计入本期担保发生额。上市公司在相关定期报告披露过程中应按要求分别披露担保余额和发生额，本案以发生额作为统计口径进行认定。三是从股权转让资金来源、工商变更、公司业务、公章管理、银行账户的使用、当事人陈述、他人指认以及日常管理等方面足以证明相关公司或银行账户系颜某刚等关联方直接或间接控制，与Y股份构成关联关系，相关担保构成关联担保。中国证监会对颜某刚的该部分意见不予采纳。

第四，实际控制人滥用支配地位，授意、指挥上市公司从事信息披露违法行为，应当认定为"指使行为"，这种"授意、指挥"，既可能是明示，也可能是隐瞒、不告知或默许。对于未按规定披露关联交易和对外担保行为，颜某刚刻意隐瞒关联方，明确要求上市公司的银行存款由中技集团统一支配，具体包括以上市公司名义贷款，相关款项转至颜某刚指定账户，为颜某刚等关联方提供担保，上述行为涉及其实际控制的三家上市公司，颜某刚作为实际控制人，同时在其控制的三家上市公司组织、策划、领导并实施上述行为，三家公司的违法违规行为交叉关联，且三家上市公司均未披露，其行为已经构成实际控制人指使上市公司从事案涉违法行为的情形，颜某刚提出的其并没有"指使"的相关理由，并不能推翻在案证据已经形成的完整证据链条。中国证监会对颜某刚的该部分意见不予采纳。

根据当事人违法行为的事实、性质、情节与社会危害程度，依据2005年《证券法》第一百九十三条第一款、第三款的规定，中国证监会决定：

一、对颜某刚给予警告，并处以60万元罚款；

二、对翁某华给予警告，并处以20万元罚款；

三、对吕某给予警告，并处以15万元罚款。

对浙江Y高新纤维股份有限公司的案涉违法行为，中国证监会已在〔2020〕80号行政处罚决定书中予以处罚。

3.11.8 案例8：Z集团借用他人证券账户从事证券交易

依据2005年修订的《中华人民共和国证券法》（以下简称2005年《证券法》）、2019年修订的《中华人民共和国证券法》（以下简称2019年《证券法》）的有关规定，中国证监会对Z控股集团有限公司（以下简称Z集团）违反规定借用他人证券账户从事证券交易违法行为进行了立案调查、审理，并依法向当事人告知了作出行政处罚的事实、理由、依据及当事人依法享有的权利。当事人提出陈述、申辩意见，并要求听证。中国证监会于2021年5月28日召开听证会，听取了当事人的陈述、申辩。本案现已调查、审理终结。

经查明，Z集团的违法事实如下：

2015年6月5日至2016年7月13日期间，Z集团借用张某1、潘某雪、黄某兰、杨某燕、马某红5人名下的7个证券账户（以下简称账户组）买卖"中南建设""宝莫股份""比亚迪"等股票。Z集团先后向上述账户转入资金4.3亿余元。截至调查日，账户组全部卖出所持股票，资金主要返回Z集团。Z集团的上述行为违反了2005年《证券法》第八十条、2019年《证券法》第五十八条的规定，构成2019年《证券法》第一百九十五条所述的违法行为。同时，Z集团在增持股票后，至2015年底通过上述相关账户共计持有0.79%"中南建设"股票，但其未向上市公司如实报告该持股情况，导致江苏中南建设集团股份有限公司（以下简称中南建设）2015年年度报告披露的Z集团持股情况与事实不符。

上述违法事实，有相关人员询问笔录、当事人证券账户资料、证券交易流水、银行账户资料、相关说明等证据证明，足以认定。

听证会上，当事人Z集团提出如下意见：

1. 增持"Z建设"的行为系2015年股市异常波动期间响应证监会号召的救市行为。2015年6、7月，中南建设时任董秘智某、证券事务代表张某2从Z集团借款，增持上市公司股票。2016年6月，资金归还Z集团，亏损3400万元作为个人欠款挂在张某2名下。此外，"张某1"账户2014年交易所用资金与Z集团没有关系。

2. 现有证据无法证明增持行为系Z集团的行为。一是Z集团没有增持股票的主观故意和客观行为。二是高管增持股票并非为了Z集团利益，而是为了上市公司和广大投资者的利益，其行为不应当归咎于Z集团。三是高管的增持行为盈亏由个人承担。四是Z集团没有动机和必要借用他人账户增持股票。

3. 本案相关行为不构成年报信息披露违法，上市公司及有关责任人也不应当承担相应责任。

经复核，中国证监会认为：

第一，现有证据足以证明，涉案账户买卖股票的资金来源、去向均为Z集团，相关人员笔录也承认Z集团安排张某2、智某等人借用账户以维护"中南建设"股价，Z集团提供的《关于利用个人账户增持公司股票救市的情况说明》实际也已承认，上海中南茂创投资有限公司（Z集团全资子公司）财务人员电脑中"市值维护"相关文件及相关证言等证据均能够印证Z集团借用他人账户从事证券交易。

第二，对当事人关于相关行为系高管个人为响应证监会号召借款增持股票的说法不予采纳。一是高管个人借入大量资金买入股票有悖于一般常识，也未提交任何其他证据予以证实。二是现有证据显示，张某2等人向公司领取备用金，虽然在会计记账凭证中记为"其他借款"，但在相关资金的审批单中，资金用途为"处理证券相关业务""申请1亿元人民币办理公务"等，明显并非个人向公司借款。三是调查中相关当事人陈述及证人证言均承认或印证是 Z 集团借用个人账户进行交易，并未提及个人借款增持股票的说法，该说法与相关笔录明显矛盾。四是张某 2、智某均系在请示董事长陈某石并经其同意的情况下，代表 Z 集团从事相关证券交易行为。

第三，关于本案 Z 集团在增持股票后，未向上市公司如实报告持股情况，导致中南建设披露的 2015 年年度报告与事实不符的问题，经复核，中国证监会认为，Z 集团相关增持行为发生于 2015 年股市异常波动证监会号召大股东、董事监事高管增持期间，主观恶性不大，增持比例较小，不属于实际控制人持有上市公司股份发生重大变化的情形，其未如实报告违法行为轻微，依据《行政处罚法》第二十七条第二款的规定，中国证监会采纳当事人所提出的相关申辩意见。

第四，当事人关于提供资金时间和金额的申辩意见，中国证监会部分予以采纳，经核查后已调整相关事实。

根据当事人违法行为的事实、性质、情节与社会危害程度，依据 2019 年《证券法》第一百九十五条的规定，中国证监会决定：

对 Z 控股集团有限公司利用他人证券账户从事证券交易的行为，处以 50 万元罚款。

3.11.9　案例 9：陈某昌、蔡某内幕交易太原 SH 水泥股份有限公司股票

依据 2005 年修订的《中华人民共和国证券法》（以下简称 2005 年《证券法》）的有关规定，中国证监会对陈某昌、蔡某内幕交易太原 SH 水泥股份有限公司股票（以下简称"STSH"）的行为进行了立案调查、审理，并依法向当事人告知了作出行政处罚的事实、理由、依据及当事人依法享有的权利，应当事人陈某昌、蔡某的要求于 2021 年 11 月 5 日举行了听证会，听取了陈某昌、蔡某的陈述和申辩。本案现已调查、审理终结。

经查明，陈某昌、蔡某存在以下违法事实：

一、内幕信息的形成与公开过程

2016 年 7 月 1 日，太原 SH 水泥股份有限公司（以下简称 SH 股份）公告称苏州海融天及山西潞安工程有限公司（以下简称潞安工程）已通过协议转让的方式受让了原控股股东太原 SH 集团有限公司（以下简称 SH 集团）持有的上市公司全部股份，转让价格为 18.75 元/股。此时，苏州海融天持有上市公司 11.7% 的股份，成为第一大股东，潞安工程持有上市公司 11.24% 的股份，成为第二大股东。

7 月 20 日至 26 日，SH 股份因"证券市场环境、监管政策等客观情况发生了较大变化，各方无法达成符合变化情况的交易方案"终止了重大资产重组事项（向 SH 集团出售上市公司水泥主业相关业务、资产和负债，同时现金购买山西潞安纳克碳一化工有限公司 100% 股权），并予以公告和召开投资者说明会。SH 股份承诺在披露投资者说明会召开情况公告后的 3 个月内，不再筹划重大资产重组事项，仍将以水泥为主业，改革创新、提质增效，同时继续积极寻找战略性产业的业务发展机会，以谋求优化改善上市公司业务结构和盈利能力。

7 月底 8 月初，陈某昌、宋某桢（SH 集团董事长、SH 股份监事）、邓某信（SH 集团原董事长兼总经理、SH 股份董事）、郝某（SH 股份董事会秘书）、朱某民（国金证券股份有限公司投行部业务董事）等人商议重组终止后下一步计划，认为上市公司必须要有业务，基

本确定要继续寻找新的资产注入上市公司后再将水泥主业相关资产、负债出售给SH集团，尔后陶某（SH股份法定代表人、董事长，苏州海融天副总经理）、朱某民着手寻找、调研标的企业，初期考虑资产较大的公司。

8月12日，SH股份发布《关于公司股份转让相关问题的公告》，称重大资产重组终止不影响苏州海融天、潞安工程与SH集团股份协议转让及其相关协议的效力，又称股份转让协议及其相关协议中约定SH集团"将受让上市公司现有全部主业资产、负债和权益"。

8月底9月初，陈某昌、陶某聊天谈到水泥资产要按照协议约定出售给SH集团，SH股份当务之急是保壳，要先收购个资产进来，因上市公司没有现金，转而寻找一些小资产的企业。

9月底10月初，陈某昌、陶某、孟某军（陈某昌朋友，SH股份董事、总经理）喝茶聊天，孟某军提及浙江诸暨的浙江龙净水业有限公司（以下简称龙净水业）。

10月8、9日，陈某昌、陶某到龙净水业了解公司基本情况。10月15日左右，陈某昌、陶某确定收购龙净水业并通知朱某民组织中介进场尽调。

11月1日，SH股份与SH集团商议筹划本次重大资产重组事宜并确定初步方案，参加人员包括陈某昌、陶某、朱某民、邓某信、郝某、宋某桢等人。

11月5日，陈某昌、郝某到浙江诸暨，SH股份签订了龙净水业股权收购协议。

11月7日，SH股份发布《收购资产公告》，称拟以现金11,620万元受让龙净水业70%的股权，并成为龙净水业的控股股东，本次交易有利于公司尽快完成业务转型、确立主营业务、提升市场竞争力。

11月11日，SH股份公告完成龙净水业股权转让及工商变更登记。

2016年11月14日，SH股份发布重大资产重组停牌公告。

综上，SH股份为解决上市公司困境、继续出售水泥资产，决定先寻找新资产注入的交易方案属于2005年修订的《中华人民共和国证券法》（以下简称2005年《证券法》）第六十七条第二款第一项规定的重大事件，在信息公开前，属于2005年《证券法》第七十五条第二款第一项所述的内幕信息。参照《最高人民法院、最高人民检察院关于办理内幕交易、泄露内幕信息刑事案件具体应用法律若干问题的解释》第五条第三款的规定，"影响内幕信息形成的动议、筹划、决策或者执行人员，其动议、筹划、决策或者执行初始时间，应当认定为内幕信息的形成之时"。2016年7月底，陈某昌、宋某桢、邓某信、郝某、朱某民等人就重大资产重组终止后的下一步计划进行了商议，基本确定前述交易方案，因此本案内幕信息的形成时间不晚于2016年7月31日。2016年11月7日SH股份发布相关公告，内幕信息公开。陈某昌，为2005年《证券法》第七十四条第二项规定的内幕信息知情人，其不晚于2016年7月31日知悉内幕信息。

二、陈某昌、蔡某内幕交易"STSH"

蔡某系景瑞投资执行合伙人，与陈某昌，为大学同学，关系密切。双方自2016年9月20日至11月7日期间频繁电话联络，尤其是10月8日后几乎每天均有几次通话。

2016年10月17日，景瑞投资与江阴华中投资管理有限公司（以下简称华中投资）签订合作协议，约定由景瑞投资出资3,000万元、华中投资提供配资9,000万元用于购买

"STSH"，购买方式以不超过18.75元/股的价格择机买入，总交易额为1.2亿元，双方还约定了配资收益、锁定期等相关事项。蔡某作为景瑞投资的执行合伙人，出面签署上述协议。

"江阴华中投资管理有限公司"证券账户（以下简称"华中投资"账户）于2016年9月1日开立于中信建投证券北京小营路营业部，资金账户12×××68，下挂一个上海股东账户B88×××581和一个深圳股东账户80×××927。"华中投资"账户归属华中投资所有，并由华中投资交易员实际下单操作。蔡某在华中投资提供的投资建议确认书上签字确认相关交易行为。2016年10月21日至11月7日，"华中投资"账户批量、集中、单向买入"STSH"单只股票，且每日交易数量基本达到ST股票交易上限。内幕信息敏感期内，该账户累计买入"STSH" 5,499,498股，共计93,510,708.79元，该账户已全部卖出"STSH"，对应卖出金额为98,441,014.2元，盈利4,780,037.43元。

在内幕信息敏感期内，"华中投资"账户交易"STSH"的资金由陈某昌,提供。陈某昌,一方面主导筹措3,000万元并以景瑞投资的名义出资，另一方面通过1∶3的比例向华中投资配资9,000万元，配资使用费实际由陈某昌,支付。另外，"华中投资"账户在内幕信息敏感期内交易"STSH"所获收益扣除最后一期配资使用费和浮动收益、罚息后最终流向陈某昌,。

上述违法事实，有SH股份相关公告及情况说明、相关工商资料、相关会议记录、相关合同、相关投资建议确认书、相关证券账户和银行账户资料、交易记录、通讯记录、交易所计算数据及相关人员询问笔录和陈述等证据证明，足以认定。

中国证监会认为，在内幕信息公开之前，作为内幕信息知情人的陈某昌、蔡某出面通过"华中投资"账户交易"STSH"的行为明显异常，与内幕信息高度吻合，且不能作出合理说明或提供证据排除其利用内幕信息从事证券交易活动，陈某昌、蔡某的上述行为违反2005年《证券法》第七十三条、第七十六条第一款的规定，构成2005年《证券法》第二百零二条所述的内幕交易行为。

当事人在听证会上提出如下申辩意见：

第一，陈某昌,认可事先告知对其行为的认定，但请求从轻减轻处罚。理由包括交易成本巨大应在违法所得中扣除、已积极采取补救措施、无能力支付高额罚款等，应从轻减轻处罚。

第二，蔡某不认可告知认定，请求不予处罚。理由包括：

其一，蔡某未参与内幕交易。一是蔡某与陈某昌,通话联络具有合理理由；二是蔡某虽配合陈某昌,做不实笔录并在事后补签投资建议确认书，但未下达交易指令；三是景瑞投资为陈某昌,实际控制，蔡某仅为名义执行合伙人。

其二，蔡某并未从案涉交易中获利，不具备内幕交易动机。

其三，陈某昌,与本案资金来源方、实施方关系密切，是案涉交易的最终获益人，主导了内幕交易。

其四，陈某昌,本人、授意他人做不实陈述，栽赃蔡某。

中国证监会经复核，对上述申辩意见中的合理部分予以采纳，对处罚决定作适当调整，其他内容主要回应如下：第一，本案违法所得计算已经扣除与交易行为相关的直接成本即交易税费，且陈某昌，提出的采取积极补救措施等并无相关证据证明。第二，现有证据足以证明，蔡某出面签署配资交易协议与投资确认书，协助配合陈某昌，从事涉案交易行为，且蔡某在接受调查人员询问时提供虚假供述，帮助陈某昌，规避监管执法。但考虑到蔡某是听从陈某昌，的安排，在本案部分环节进行参与、配合，且交易收益流向陈某昌，因而蔡某在违法行为中起次要作用，中国证监会在量罚时对此予以充分考虑。

根据当事人违法行为的事实、性质、情节与社会危害程度，依据2005年《证券法》第二百零二条的规定，中国证监会决定：对陈某昌、蔡某没收其内幕交易违法所得4,780,037.43元，并对陈某昌、蔡某共处以9,560,074.86元罚款，其中陈某昌，承担8,604,067.37元罚款，蔡某承担956,007.49元罚款。

第4章
公开发行

4.1 公开发行和资本运营概述

董事会秘书作为上市公司的高级管理人员，掌握公司法、证券法、上市规则等有关法律法规，熟悉公司章程、信息披露规则，掌握财务及行政管理，承担着内部管理与公司外部治理的职能，资本运营和完善公司治理是董事会秘书工作的两个主要方面，其中公开发行即上市公司资本运营的关键一步，公司在发展过程中容易遇到企业发展的黄金机遇，但往往可能会因为资金限制造成公司发展过程中错失机遇，因此公司在发展过程中除了需要依靠自身资本积累外还需要借助市场外部力量，例如公开发行股票，实现企业发展。

4.1.1 公开发行和资本运营相关概念

公开发行即上市，企业上市对公司有很多优势，首先可以低成本融资：企业的发展需要充足的资本，因此，如何获得资本就成为企业家思考的首要问题，企业获得资本的方式有三种：一种是企业自身利润的积累，二是向债权人借贷，三是向投资人募集资本。其次，实现原始投资人的价值提升：企业一旦实现上市，就可以给原始投资人带来双重收益。第一收益是账面收益，第二是原始投资人转让股票等方式带来的收益。再次可以提高企业的信用：企业的信用是企业在市场经济活动中对外交易的基础，信用较强的企业，对外借贷，供货以及开展合作都可以更加容易达成交易，降低交易成本，从而获得更强的竞争力。由于企业治理规范、管理科学、融资要容易，所以容易获得较高的信用评价。再次可以增强企业凝聚力：企业的竞争，本质上是人才的竞争。企业员工的归属感和荣誉感会得到提升，对企业的信心也大为增加。提升企业的知名度和美誉度：最后可以企业的知名度和美誉度，也是企业竞争的一个重要方面。能够增加企业的形象品牌竞争力，有利于获得消费大众的好感，改善公共关系。

但同时上市也会带来一些相应的劣势。首先将导致公司控制权的消弱：公司上市，其实质是通过出让公司股权来获得投资人的资本投入，因此，公司上市，多少会使得原有的股东对公司持股的比例下降，这样的结果，是导致原有股东对公司控制权的消弱。其次，公司上市需要付出成本：公司上市不仅是一个融资的过程，也是一个不断付出成本的过程。再次，公司上市引起的监管增加：为了保护投资者的利益，各国立法机构都制定了完备的法律法规对公司上市行为进行监管，并建立了包括证券监督机构，证券交易所，投资者诉讼在内的一系列监管体制。最后，商业信息可能被竞争者知悉：每一个上市公司需要披露大量的信息，处于保护投资者的目的，监管要求上市公司对公司的重大信息进行披露，包括重要的财务数据、重大交易、股本变化、盈利和预算等进行公开披露，这样以来，一些不便公布的商业信息也被公开，一旦被竞争者知道，可能会给企业造成不利的影响。

公司上市需要付出一定的成本。第一方面，公司为了满足上市的条件而花费的成本，主要有资产债务重组的成本，雇佣职业经理人的成本，为满足企业业绩要求而增加的前期财务成本，规范公司治理结构建立的成本等。第二方面，公司为上市而花费的直接成本，包括投资银行的财务顾问费用，保荐人和主承销商的保荐费用，律师事务的法律顾问费用，会计师事务的审计费用，资产评估事务的评估费用，财务公关公司的公关费用，证券监督部门缴纳的审核费用，向交易所缴纳的上市费用，印刷公司的印刷费用，媒体公告费用等。这些费用大部分都是在公司获得成功融资之前需要由企业支付的。第三方面，企业为了维系上市而花费的费用，包括每年需要向交易所缴纳的上市费用，聘请常年法律顾问和审计师的费用，定期召开会议的费用，发布公告的费用，为了满足上市要求的变化而花费的费用，这些费用的付出增加了公司的成本，也是每一个上市的公司应当合理测算的。

公开发行后可以借助资本运营助推公司发展。资本运营又称资本经营、资本运作等，在资本运营上有几种代表性意见。

资本运营是指对企业可以支配的资源和生产要素进行运筹、谋划和优化配置，以实现最大限度资本增值目标。资本运营的目标在于资本增值的最大化，资本运营的全部活动都是为了实现这一目标。

资本运营：就是指企业将自己所拥有的一切有形和无形的存量资本通过流动、优化配量等各种方式进行有效运营，变为可以增值的活化资本，以最大限度地实现资本增值目标。

所谓资本运营，就是对集团公司所拥有的一切有形与无形的存量资产，通过流动、裂变、组合、优化配置等各种方式进行有效运营，以最大限度地实现增值。从这层意义上来说，人们可以把企业的资本运营分为资本扩张与资本收缩两种运营模式。

资本经营是指围绕资本保值增值进行经营管理，把资本收益作为管理的核心，实现资本盈利能力最大化。

资本经营，也称资本运作（资本运作还包括：连锁销售，资本孵化，民间合伙私募，互助式小额理财）是中国企业界创造的概念，它指利用市场法则，通过资本本身的技巧性运作或资本的科学运动，实现价值增值、效益增长的一种经营方式。简言之就是利用资本市场，通过买卖企业和资产而赚钱的经营活动和以小变大、以无生有的诀窍和手段。

从以上几种表述来看，前四种观点大同小异，讲的是资产经营，后一种是针对资本经营，但没有揭示资本经营的原理和本质。

综上所述，资本运营是以生产经营为基础，在企业内部形成以资本效率和效益为中心的新机制条件下，以各种形式资本运作为手段，来实现资本有效增值的一种经营形式。

中国社科院经济研究所研究员仲继银在《资本运作不是筐》一文中的结尾部分对"资本运作"是这样描述的："我想真正的资本运作，就其精神实质来讲，应该是股东价值管理。股东价值管理，顾名思义就是从实现股东价值和创造长期股东价值的角度来指导企业决策。当然，股东价值管理的引入和实现，需要有真正的股东存在，需要有股东能够规范和有效地发挥作用的机制和条件，需要有尽可能健全的公司治理系统。"

4.1.2 资本运营的具体方式

在实务操作中，不同形式的资本经营方式可单独运作，也可结合在一起共同使用。当前普遍认为资本运营有两种运营模式。

1. 扩张型资本运营模式

资本扩张是指在现有的资本结构下，通过内部积累、追加投资、吸纳外部资源即兼并和收购等方式，使企业实现资本规模的扩大。根据产权流动的不同轨道可以将资本扩张分为三种类型：

（1）横向型资本扩张。

横向型资本扩张是指交易双方属于同一产业或部门，产品相同或相似，为了实现规模经营而进行的产权交易。横向型资本扩张不仅减少了竞争者的数量，增强了企业的市场支配能力，而且改善了行业的结构，解决了市场有限性与行业整体生产能力不断扩大的矛盾。青岛啤酒集团的扩张就是横向型资本扩张的典型例子。近年来，青啤集团公司抓住国内啤酒行业竞争加剧，一批地方啤酒生产企业效益下滑，地方政府积极帮助企业寻找"大树"求生的有利时机，按照集团公司总体战略和规划布局，以开发潜在和区域市场为目标，实施了以兼并收购为主要方式的低成本扩张。几年来，青啤集团依靠自身的品牌资本优势，先后斥资 6.6 亿元，收购资产 12.3 亿元，兼并收购了省内外 14 家啤酒企业。不仅扩大了市场规模，提高了市场占有率，壮大了青啤的实力，而且带动了一批国企脱困。2003 年，青啤跻身世界啤酒十强，利润总额也上升到全国行业首位，初步实现了做"大"做"强"的目标。

（2）纵向型资本扩张。

处于生产经营不同阶段的企业或者不同行业部门之间，有直接投入产出关系的企业之间的交易称为纵向资本扩张。纵向资本扩张将关键性的投入产出关系纳入自身控制范围，通过对原料和销售渠道及对用户的控制来提高企业对市场的控制力。

格林柯尔集团是全球第三大无氟制冷剂供应商，处于制冷行业的上游。收购下游的冰箱企业，既有利于发挥其制冷技术优势，同时也能直接面对更广大的消费群体。从 2002 年开始，格林柯尔先后收购了包括科龙、美菱等冰箱巨头在内的五家企业及生产线。通过这一系列的并购活动，格林柯尔已拥有 900 万台的冰箱产能，居世界第二、亚洲第一，具备了打造国际制冷家电航母的基础。格林柯尔集团纵向产业链的构筑，大大提高了其自身的竞争能力和抗风险能力。

（3）混合型资本扩张。

两个或两个以上相互之间没有直接投入产出关系和技术经济联系的企业之间进行的产权交易称之为混合资本扩张。混合资本扩张适应了现代企业集团多元化经营战略的要求，跨越技术经济联系密切的部门之间的交易。它的优点在于分散风险，提高企业的经营环境适应能力。

拥有 105 亿资产的美的集团一直是我国家电业的巨头，2003 年的销售额达 175 亿元。在 20 年的发展历程中，美的从来没有偏离过家电这一主线。专业化的路线使美的风扇做到了全国最大，使空调、压缩机、电饭锅等产品做到了全国前三名，巨大的规模造就了明显的规模优势。然而，随着家电行业竞争形势的日益严峻，进军其它行业、培养新的利润增长点成为美的集团的现实选择。与此同时，美的在资本、品牌、市场渠道、管理和人才优势等方面也积累到了具备多元化经营、资本化运作的能力。审时度势之后，美的毅然作出了从相对单一的专业化经营转向相关多元化发展的战略决策。2003年8月和10月美的先后收购了云南客车和湖南三湘客车，正式进入汽车业。此后不久，又收购了安徽天润集团，进军化工行业。在未来的几年中，美的将以家电制造为基础平台，以美的既有的资源优势为依托，以内部重组和外部并购为手段，通过对现有产业的调整和新产业的扩张，实现多产业经营发展的格局，使美的最终发展成为多产品、跨行业、拥有不同领域核心竞争能力和资源优势的大型国际性综合制造企业。

2. 收缩型资本运营模式

收缩型资本运营是指企业把自己拥有的一部分资产、子公司、内部某一部门或分支机构转移到公司之外，从而缩小公司的规模。它是对公司总规模或主营业务范围而进行的重组，其根本目的是为了追求企业价值最大以及提高企业的运行效率。收缩性资本运营通常是放弃规模小且贡献小的业务，放弃与公司核心业务没有协同或很少协同的业务，宗旨是支持核心业务的发展。当一部分业务被收缩掉后，原来支持这部分业务的资源就相应转移到剩余的重点发展的业务，使母公司可以集中力量开发核心业务，有利于主流核心业务的发展。收缩性资本运营是扩张性资本运营的逆操作。

（1）资产剥离。

资产剥离是指把企业所属的一部分不适合企业发展战略目标的资产出售给第三方，这些资产可以是固定资产、流动资产，也可以是整个子公司或分公司。资产剥离主要适用于以下几种情况：①不良资产的存在恶化了公司财务状况；②某些资产明显干扰了其它业务组合的运行；③行业竞争激烈，公司急需收缩产业战线。

中国人寿在上市之前，就进行了大量的资产剥离。2003年8月，原中国人寿保险公司一分为三：中国人寿保险（集团）公司、中国人寿保险股份有限公司和中国人寿资产管理公司。超过6000万张的1999年以前的旧保单全部被拨归给母公司——中国人寿保险（集团）公司，而2000万张左右1999年以后签订的保单，则以注资的形式被纳入新成立的股份公司。通过资产剥离，母公司——中国人寿保险（集团）公司承担了1700多亿元的利差损失，但这为中国人寿保险股份有限公司于2003年12月在美国和香港两地同时上市铺平了道路。

（2）公司分立。

公司分立是指公司将其拥有的某一子公司的全部股份，按比例分配给母公司的股东，从而在法律和组织上将子公司的经营从母公司的经营中分离出去。通过这种资本运营方式，形成一个与母公司有着相同股东和股权结构的新公司。在分立过程中，不存在股权和控制权向第三方转移的情况，母公司的价值实际上没有改变，但子公司却有机会单独面对市场，有了自己的独立的价值判断。公司分立通常可分为标准式分立、换股式分立和解散式分立。

（3）分拆上市。

分拆上市指一个母公司通过将其在子公司中所拥有的股份，按比例分配给现有母公司的股东，从而在法律上和组织上将子公司的经营从母公司的经营中分离出去。分拆上市有广义和狭义之分，广义的分拆包括已上市公司或者未上市公司将部分业务从母公司独立出来单独上市；狭义的分拆指的是已上市公司将其部分业务或者某个子公司独立出来，另行公开招股上市。分拆上市后，原母公司的股东虽然在持股比例和绝对持股数量上没有任何变化，但是可以按照持股比例享有被投资企业的净利润分成，而且最为重要的是，子公司分拆上市成功后，母公司将获得超额的投资收益。

2000年，联想集团实施了有史以来最大规模的战略调整，对其核心业务进行拆分，分别成立新的"联想集团"和"神州数码"。2001年6月1日，神州数码股票在香港上市。神州数码从联想中分拆出来具有一箭双雕的作用。分拆不但解决了事业部层次上的激励机制问题，而且由于神州数码独立上市，联想集团、神州数码的股权结构大大改变，公司层次上的激励机制也得到了进一步的解决。

（4）股份回购。

股份回购是指股份有限公司通过一定途径购买本公司发行在外的股份，适时、合理地进行股本收缩的内部资产重组行为。通过股份回购，股份有限公司达到缩小股本规模或改变资本结构的目的。

股份公司进行股份回购，一般基于以下原因：一是保持公司的控制权；二是提高股票市价，改善公司形象；三是提高股票内在价值；四是保证公司高级管理人员认股制度的实施；五是改善公司资本结构。股份回购与股份扩张一样，都是股份公司在公司发展的不同阶段和不同环境下采取的经营战略。因此，股份回购取决于股份公司对自身经营环境的判断。一般来说，一个处于成熟或衰退期的、已超过一定的规模经营要求的公司，可以选择股份回购的方式收缩经营战线或转移投资重点，开辟新的利润增长点。

1999年，申能股份有限公司以协议回购方式向国有法人股股东中能（集团）有限公司回购并注销股份10亿股国有法人股，占总股本的37.98%，共计动用资金25.1亿元。国有法人股股东控股比例由原来的80.25%下降到68.16%，公司的法人治理结构和决策机制得到进一步完善。回购完成后，公司的业绩由98年每股收益0.306元提高到99年每股收益0.508元，而到2000年，每股收益达到了0.933元。这为申能股份的长远发展奠定良好的基础，并进一步提升了其在上市公司中的绩优股地位。

4.2 企业融资的理论基础

4.2.1 优序融资理论

优序融资理论是指当企业存在资金缺口时，第一应该考虑运用内源融资，然后才会转向债权融资，而股权融资应该作为最后的选择。优序融资理论解释了如果企业积累的留存收益不足以应对企业发展造成的净投资增加时，会优先运用债权融资而非股权融资。优序融资理论其实说明了企业对于各个融资渠道的选择偏好。优序融资理论框架如图4-1所示：

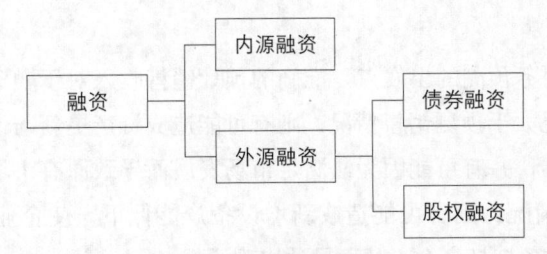

```
                    ┌── 内源融资
            融资 ────┤              ┌── 债券融资
                    └── 外源融资 ───┤
                                   └── 股权融资
```

图 4.1　优序融资理论框架

如图 4.1 所示优序融资理论框架是在研究资本结构的信息不对称中产生的。由于企业管理层掌握着远比外部投资者更多的企业信息，因为信息的不对称，企业决策层做出的很多实际上起到对外传递信号的决策，例如现金股利发放以及融资渠道的选择。外部投资者可以借由这些决策所传递出的信号间接的判断企业价值。企业债务比例或资本结构作为一种信息传递工具，将企业内部信息向外部投资者传递。由于信息不对称，企业的股票市场价值很可能被错误地定价。当企业股价被高估时，管理层倾向于发行新股进行融资。相反若股价被低估，管理层将倾向于运用留存收益和债务融资，避免增发新股。如表 4.1 所示，情况一是企业股价被低估，所以管理层为了维护现有股东利益避免发行新股转而采用内源融资或债权融资。而情况二是企业股价被高估，则管理层倾向于增发新股。于是外部投资者由于信息不对称会在此产生逆向选择。当他们看到企业在增发股票时，会立刻判断企业股价被高估，而实际企业价值并不看好，这会造成股价下跌。相反，当企业传递出非股权融资的信号时，外部投资者会判断股价在企业前景乐观的情况下被低估，企业为提高每股收益转向其他方式的融资，结果往往导致股价上升。优序融资理论说明见下表 4-1：

表 4-1　优序融资理论说明表

	当前股价	管理层预期	权益定价结果	增发新股结果
情况一	50 元	60 元	股票被低估	新投资者仅支付 50 元便可获得价值 60 元的股票
情况二	50 元	40 元	股票被高估	新投资者支付 50 元却只能获得价值 40 元的股票

经过上一次博弈，企业管理层为避免股权融资造成股价被高估的解读，往往倾向于先进行内源融资和债权融资，把股权融资这一选项留到最后。这恰恰说明了优序融资理论对于不同融资渠道的选择偏好。

4.2.2　融资需求理论

企业在进行扩大再生产时往往需要增加一定的流动资产甚至是固定资产。增加该部分资产需要筹措相应数量的资金。该部分资金一部分来源于企业内部，即可动用的金融资产以及增加的留存收益，如果不足还需要通过增加金融负债或增加股本募集一定的外部资金。如果融资需求不足有可能对扩大再生产起到阻碍作用，但若是融资需求大于净经营资产的增加，则为企业徒增不必要的资本成本造成浪费。所以融资需求理论就是用来解决量化融资需求进而量化内源融资与外部融资的理论。

融资需求的财务预测的基本步骤如下：

（1）销售预测。

销售预测往往是财务预测的出发点，准确的预计销售收入对于融资需求测算具有重要意义。如果实际销售情况大于预测销售情况，则有可能造成资产更新与设备添置欠缺的情况，浪费了大量盈利的机会，并有可能因无法满足市场发展而导致原有市场份额的丧失。如果预测销售大于实际销售情况，则有可能造成新增设备产能低下，使企业白白背上大量固定资产，使得经营杠杆与财务杠杆高企，从而导致出现亏损。

（2）估计经营资产和经营负债。

由于净经营资产等于经营资产减去经营负债，而净经营资产的净增加即为企业的资金占用部分，所以准确的估计经营资产与经营负债对于融资需求的量化也具有重要意义。融资需求理论假设经营资产与经营负债均与销售收入存在一定的函数关系，所以运用销售百分比法可以确定融资总需求即净经营资产的增加。

资金总需求 = 预计净经营资产合计 − 基期净经营资产合计

= （预计经营资产 − 预计经营负债）−（基期经营资产 − 基期经营负债）

= 经营资产增加 − 经营负债增加

= 销售收入增加 × 经营资产销售百分比 − 销售收入增加 × 经营负债销售百分比

（3）估计外部融资和内源融资

资金总需求 = 净经营资产增加 = 债务投资增加 + 权益投资增加

债务投资增加 = 可动用的金融资产 + 金融负债增加

权益投资增加 = 留存收益增加 + 股本增加

内源融资 = 可动用的金融资产 + 留存收益增加

外源融资 = 金融负债增加 + 股本增加

（4）估计所需融资

由于内源融资额是企业已掌握的信息，所以融资总需求的重点在于外部融资额的测算。

外部融资额

= 经营资产的增加 − 经营负债的增加 − 可动用的金融资产 − 留存收益增加

= 销售收入的增加 × 经营资产销售百分比 − 销售收入增加 × 经营负债销售百分比 − 可以动用的金融资产 − 预计销售额 × 预计销售净利率 ×（1− 预计股利支付率）

4.2.3 债务替代理论

无论债务融资与融资租赁，他们的资金数量都是固定的，两种融资方式在根本性质上具有很多相同点。一旦企业在债务融资渠道上受阻，如果其融资需求用于设备采购，则会天然的转向融资租赁。即融资租赁对于债务融资具有替代关系。在固定的融资数额中，如果增加融资租赁的比重，则总会伴随着债务融资的下降，反之亦然。其对比关系如表 4-2 所示：

表 4-2　融资租赁与银行贷款对比分析表

项目	融资租赁	银行贷款
租赁物入账	进入承租人资产负债表	进入借款人资产负债表
融资比例	设备全额融资	设备价值一定比例
折旧或摊销	以租期或剩余使用寿命	根据会计准则确定
现金流	灵活安排租金支付	等额本息或等额本金
审核	以自身资质及设备价值决定放贷	受国家宏观调控及央行信贷政策影响
期限	2 至 3 年为主	1 年期为主
付款方式	灵活分期付款	定期/期末还款
担保	以生产设备为标的物	不动产抵押或第三方担保
发票	直租利息部分开具 17% 增值税专票	利息部分无法开具专用发票

4.2.4　融资评价理论

融资评价使用的基本方法是现金流量折现法，最主要使用的是净现值法。净现值是指特定项目未来现金流入的现值与未来现金流出的现值之间的差额，它是评价项目是否可行的最重要的指标。按照这种方法，所有未来现金流入和流出都要用资本成本折算现值，然后用流入的现值减流出的现值得出净现值。如果净现值为正数，表明投资报酬率大于资本成本，该项目可以增加股东财富，应予采纳。如果净现值为零表明投资报酬率等于资本成本，不改变股东财富，没有必要采纳。如果净现值为负数，表明投资报酬率小于资本成本，该项目将减损股东财富，应予放弃。在融资方案的对比评价中，通常使用净现值法的简化形式，即成本现值法。当不同融资方案的现金流入时点和流入量一致的情况下，通过对比各个融资方案的融资成本现金流出量的现值大小可以为融资方案的选择提供支持，即哪种融资方案的融资成本现值更低则该方案为最优方案。

（1）计算净现值的公式。

$$净现值 = \sum_{t=0}^{n} \frac{I_t}{(1+i)^t} - \sum_{t=0}^{n} \frac{O_t}{(1+i)^t}$$

式中：

n——项目期限；

I_t——第 t 年的现金流入量

O_t——第 t 年的现金流出量

i——资本成本

净现值大于零则投资报酬率大于资本成本，项目可行。该方法考虑了资金的时间价值以及项目期限内的全部增量现金流量。

（2）现金流量的构成。

一般而言，投资项目的现金流量包括现金流出量、现金流入量和现金净流量。

①现金流出量。

一个方案的现金流出量,是指该方案一切的企业现金支出的增加额。如果增加一条生产线,通常会引起以下现金流出:

增加的生产线的价款。该价款可能一次性支出,也可能分批支出。

垫支的营运成本。由于该生产线扩大了企业的生产能力,引起对流动资产需求的增加。企业需要追加的营运资本,也是购置该生产线引起的,应列入该方案的现金流出量。只有在营业终了或出售报废该生产线时才能收回这些资金,并用于别的目的。

在融资方案对比中,借款本金的归还以及利息支出是银行借款的现金流出量;支付的租金以及租赁期满的设备回购价款是融资租赁最为重要现金流出量。

②现金流入量。

一个方案的现金流入量,是指该方案所引起的企业现金收入的增加额。如果企业增加一条生产线,假设不考虑所得税,通常会引起下列现金流入:

营业现金流入。增加的生产线扩大了企业的生产能力,使企业销售收入增加。扣除有关的付现成本增量后的余额,是该生产线引起的一项现金流入。即:营业现金流入 = 销售收入 − 付现成本。付现成本在这里是指需要每年支付现金的成本。成本中不需要每年支付现金的部分称为非付现成本,其中主要是折旧费,有时还包含摊销的费用。

所以付现成本可以用成本减折旧来估计。即:付现成本 = 成本 − 折旧

该生产线出售报废时的残值收入。资产出售报废时的残值收入,应当作为投资方案的一项现金流入。

收回的营运资本。该生产线出售时企业可以相应收回营运资本,收回的资金可以用于别处。因此,应将其作为该方案的一项现金流入。

在融资方案评价中,融资方式虽然不同,但融资所建项目产生的现金流入量却是相同的。所以融资方案的评价仅用到现金流出量的对比,即成本现值法。

③现金净流量。

现金净流量是指项目引起的、一定期间现金流入量和流出量的差额。这里的"一定期间",有时指的是 1 年内,有时是指投资项目持续的整个年限内。流入量大于流出量时,净流量为正值;反之,净流量为负值。当运用成本现值法时,不同融资方案的现金流出量即为净现值法中的现金净流量,哪个方案的现金净流量的现值小,则选取哪个融资方案。

(3)折现率。

任何投资项目都具有风险或不确定性。针对投资项目的风险,可以通过调整折现率即资本成本进行衡量,再计算净现值。

①资金来源为融资租赁的资本成本。

融资租赁资本成本可以利用内含利率法进行测算,即用每年支付租金现金流折现合计等于期初设备购置款项时的内含利率。

②资金来源为借款时的资本成本。

项目资金来源为借款时的资本成本通常是所得税后的借款利率。

4.3 首次公开发行股票实务操作

4.3.1 首次公开发行股票定义

首次公开发行（Initial Public Offering，简称 IPO）一般是指一家股份有限公司（发行人）第一次将它的股份向社会公众投资者发售的行为。

通常，发行人的股份是根据其招股说明书约定的条款，通过承销商（证券公司）进行销售。一般来说，首次公开发行完成后，公司将申请股票在证券交易所挂牌交易。

在实务中，中国境内 A 股首次公开发行，是指股份有限公司经过中国证监会批准并通过证券公司保荐承销公开发行股票的行为。在简政放权的大背景下的 IPO 注册制改革可能会有所变化。

4.3.2 首次公开发行股票的一般条件

根据《证券法》的规定，公司首次公开发行新股，应当符合下列条件：

（1）具备健全且运行良好的组织机构；
（2）具有持续经营能力；
（3）最近 3 年财务会计报告被出具无保留意见审计报告；
（4）发行人及其控股股东、实际控制人最近 3 年不存在贪污、贿赂、侵占财产、挪用财产或者破坏社会主义市场经济秩序的刑事犯罪；
（5）经国务院批准的中国证监会规定的其他条件

4.3.3 在主板和中小板上市的公司首次公开发行股票的条件

（1）发行人应当是依法设立且合法存续一定期限的股份有限公司。

发行人合法存续的期限条件符合下列情形之一即可：

①股份有限公司自成立后，持续经营时间在 3 年以上。
②有限责任公司按原账面净资产值折股整体变更为股份有限公司的，持续经营时间可以从有限责任公司成立之日起计算，并达 3 年以上。

（2）发行人已合法并真实取得注册资本项下载明的资产。

发行人的注册资本已足额缴纳，发起人或者股东用作出资的资产的财产权转移手续已经办理完毕，发行人的主要资产不存在重大权属纠纷。

（3）发行人的生产经营符合法律、行政法规和公司章程的规定，符合国家产业政策。
（4）发行人最近 3 年内主营业务和董事、高级管理人员没有发生重大变化，实际控制人没有发生变更。
（5）发行人的股权清晰，控股股东和受控股股东、实际控制人支配的股东持有的发行人股份不存在重大权属纠纷。
（6）发行人具备健全且运行良好的组织机构。
（7）发行人应当具有持续盈利能力，不得有下列影响持续盈利能力的情形：

①发行人的经营模式、产品或者服务的品种结构已经或者将发生重大变化，并对发行人

的持续盈利能力构成重大不利影响；

②发行人的行业地位或者发行人所处行业的经营环境已经或者将发生重大变化，并对发行人的持续盈利能力构成重大不利影响；

③发行人最近一个会计年度的营业收入或者净利润对关联方或者存在重大不确定性的客户存在重大依赖；

④发行人最近一个会计年度的净利润主要来自合并财务报表范围以外的投资收益；

⑤发行人在用的商标、专利、专有技术以及特许经营权等重要资产或者技术的取得或者使用存在重大不利变化的风险；

⑥其他可能对发行人持续盈利能力构成重大不利影响的情形。

（8）发行人的财务状况良好。

发行人发行股票并上市的财务指标应当达到以下要求：

①最近3个会计年度净利润均为正数且累计超过人民币3000万元，净利润以扣除非经常性损益前后较低者为计算依据。

②最近3个会计年度经营活动产生的现金流量净额累计超过人民币5000万元；或者最近3个会计年度营业收入累计超过人民币3亿元。

③发行前股本总额不少于人民币3000万元。

④最近一期期末无形资产（扣除土地使用权、水面养殖权和采矿权等后）占净资产的比例不高于20%。

⑤最近一期期末不存在未弥补亏损。

注意：符合中国证监会规定条件的试点企业，可不适用上述第①项、第⑤项财务指标要求。

（9）发行人不存在《首发管理办法》规定的违法行为。

①最近36个月内未经《证券法》规定的程序，擅自公开或者变相公开发行过证券，或者有关违法行为虽然发生在36个月前，但目前仍处于持续状态。

②最近36个月内违反工商、税收、土地、环保、海关以及其他法律、行政法规，受到行政处罚，且情节严重。

③最近36个月内曾提出发行申请，但报送的发行申请文件有虚假记载、误导性陈述或重大遗漏；或者伪造、变造发行人或其董事、监事、高级管理人员的签字、盖章。

④本次报送的发行申请文件有虚假记载误导性陈述或者重大遗漏。

⑤涉嫌犯罪被司法机关立案侦查，尚未有明确结论意见。

⑥严重损害投资者合法权益和社会公共利益的其他情形。

4.3.4 首次公开发行的必备条件

除上述规定外，发行人还得具备表4-3所列条件。

表 4-3 发行人应具备的条件

	主板	中小板	创业板
持续经营	3年（自股份有限公司设立）	3年（自股份有限公司设立）	3年（自股份有限公司设立）
盈利年限	3年（未来或改变）	3年	2年或1年
盈利指标	最近3个会计年度净利润均为正数且累计超过3000 最近3个会计年度经营现金流净额累计超过5000万元或营业收入累计超过3亿元；最近一期末不存在未弥补	（1）最近3个会计年度净利润均为正数且累计超过3000万元 （2）最近3个会计年度经营现金流净额累计超过5000万元或营业收入累计超过3亿元； （3）最近一期末不存在未弥补	（1）最近2年连续盈利，最近两年净利润累计不少于1000万元，或者最近1年盈利，最近一年营业收入不少于5000万元 （2）最近一期末不存在未弥补亏损
发行前资本规模	发行前股本总额不少于3000万元	发行前股本总额不少于3000万元	最近一期末净资产不少于3000万元
发行后股本总额	（1）不少于5000万元； （2）公开发行的股份达到公司股份总数的25%以上；公司股本总额超过人民币4亿元的，公开发行股份的比例为10%以上	（1）不少于5000万元； （2）公开发行的股份达到公司股份总数的25%以上； （3）公司股本总额超过人民币4亿元的，公开发行股份的比例为10%以上	（1）不少于3000万元； （2）公开发行的股份达到公司股份总数的25%以上；公司股本总额超过人民币4亿元的，公开发行股份的比例为10%以上
股东人数	发行前不超过200人	发行前不超过200人	发行前不超过200人
无形资产比例	占净资产的比例不高于20%（扣除土地使用权、水面养殖面养殖权和采矿权等后）	占净资产的比例不高于20%（扣除土地使用权、水面养殖面养殖权和采矿权等后）	无特殊要求
主营业务及管理层	最近3年内无重大变化	最近3年内无重大变化	（1）发行人应当主要经营一种业务行业，符合国家产业政策及环境保护政策； （2）最近2年内无重大变化
实际控制人	最近3年内没有发生变更	最近3年内没有发生变更	最近2年内没有发生变更

4.3.5 首次公开发行股票的流程

依照依法行政、公开透明、集体决策、分工制衡的要求，首次公开发行股票的申请和发行主要包括改制、辅导、申请文件制作及申报、受理和预先披露、反馈会、初审会、发审会、封卷、核准发行、发行股票、股票上市等步骤。其中改制及辅导阶段所需时间及工作内容因各公司情况不同有较大差异。但改制和辅导一般会结合在一起，即改制成股份公司后就开始进行辅导。同时，发行上市是一项系统工程，需要公司、股东及各中介机构通力配合。

1. 改制

公司或拟设立的股份公司在这一阶段要成立改制工作小组、确定发起人、选聘中介机构、制定股份制改造方案。改制需完成的主要任务是：配合中介机构做好尽职调查，理清公司的业务资产架构、股权关系、可能存在的产权问题、财务问题等，再据此确定改制方案和解决问题，确保改制方案符合发行上市的基本条件；对组织架构、业务和资产进行重组整合，突出主业，避免同业竞争；完成管理层激励，引进外资等工作（若需）；确定股份公司新一届董事会（包括独立董事）、监事会人选，起草《公司章程》、三会相关制度文件；发起人出资（整体变更设立的公司需进行改制前的审计评估等工作）；召开创立大会及股份公司第一届董事会、监事会会议；在创立大会结束后30日内持相关文件申请公司登记注册事宜。

2. 辅导

这一阶段发行人要与券商签订辅导协议，并在协议签署后5个工作日内向地方证监局申请辅导备案，开始进入辅导期，辅导期限没有硬性规定，通常为几个月至半年不等，期间须根据辅导计划分阶段在地方证监局网站公示辅导工作进展情况。辅导需完成的主要任务是：使公司董事、监事、高级管理人员、持有5%以上股份的股东和实际控制人（或者其法定代表人）全面理解发行上市的有关法律法规、市场运作规范和信息披露要求；使公司建立良好的公司治理结构，规范运作；使公司形成独立运营和持续发展能力；形成明确的业务发展目标和未来发展计划；制定科学可行的募集资金投向规划。在券商辅导结束后，向地方证监局报送辅导总结报告，申请辅导验收。

3. 申请文件制作及申报

公司董事会依法就股票发行的具体方案、募集资金使用的可行性及其他必须明确的事项作出决议，并提请股东大会批准后需履行申报的各项工作程序。这一阶段公司需完成的主要任务是：公司聘请具有从事保荐、承销业务资质的券商作为承销商并与其签订保荐和承销协议、聘请具有证券从业资格的会计师事务所律师事务所、资产评估机构等专业性机构并签订相关协议；与中介机构一起根据中国证监会的有关规定制作全套申请文件；保荐机构的内核小组对发行申请材料进行核查，出具保荐意见后向中国证监会申报，同时报送一份给发行人所在地的证监局备案。

4. 受理和预先披露

证监会受理部门依法受理首发申请文件并按程序转发行监管部，发行监管部在正式受理后即按程序安排预先披露，并将申请文件分发至相关监管处室，相关监管处室根据发行人的行业、公务回避的有关要求以及审核人员的工作量等确定审核人员。主板和中小板申请企业需同时送国家发改委征求意见。

5. 反馈会

相关监管处室审核人员审阅发行人申请文件后，从非财务和财务两个角度撰写审核报告，提交反馈会讨论。反馈会主要讨论初步审核中关注的主要问题，确定需要发行人补充披露以及中介机构进一步核查说明的问题。发行人、保荐机构和中介机构收到反馈意见后，要及时按照要求进行回复，在准备回复材料的过程中若有疑问可与审核人员进行沟通，如有必要也可与处室负责人、部分负责人进行沟通。同时，在审核过程中如发生或发现应予披露的事项，发行人及其中介机构应及时报告发行监管部并补充、修改相关材料。初审工作结束后，将形成初审报告（初稿）提交初审会讨论。反馈意见已按要求回复、财务资料未过有效期、且需征求意见的相关政府部门无异议的，将安排预先披露更新。

6. 初审会

初审会由审核人员汇报发行人的基本情况、初步审核中发现的主要问题及反馈意见回复情况。初审会由综合处组织并负责记录，发行监管部相关负责人、相关监管处室负责人、审核人员以及发审委委员（按小组）参加。根据初审会讨论情况，审核人员修改、完善初审报告。初审报告是发行监管部初审工作的总结，履行内部程序后与申请材料一并提交发审会。初审会讨论决定提交发审会审核的，发行监管部在初审会结束后出具初审报告。初审会讨论后认为发行人尚有需要进一步披露和说明的重大问题、暂不提交发审会审核的，将再次发出书面反馈意见。

7. 发审会

发审委制度是发行审核中的专家决策机制，发审委通过召开发审会进行审核工作。发审会以投票方式对首发申请进行表决。根据《中国证券监督管理委员会发行审核委员会办法》（以下简称《发审委办法》）规定，发审委会议审核首发申请适用普通程序。发审委委员投票表决采用记名投票方式，会前需撰写工作底稿，会议全程录音。发审会召开5天前中国证监会发布会议公告，公布发审会审核的发行人名单、会议时间、参会发审委委员名单等。首发发审会由审核人员委员报告审核情况，并就有关问题提供说明，委员发表审核意见，发行人代表和保荐代表人各2名到会陈述和接受询问，聆询时间不超过45分钟，聆询结束后由委员投票表决。发审会认为发行人有需要进一步披露和说明问题的，形成书面审核意见后告知保荐机构。保荐机构收到发审委审核意见后，组织发行人及相关中介机构按照要求回复。综合处收到审核意见回复材料后转相关监管处室。审核人员按要求对回复材料进行审核并履行内部程序。

8. 封卷

发行人的首发申请通过发审会审核后，需要进行封卷工作，即将申请文件原件重新归类后存档备查。封卷工作在按要求回复发审委意见后进行。如没有发审委意见需要回复，则在通过发审会审核后即进行封卷。

9. 核准发行

核准发行前，发行人及保荐机构应及时报送发行承销方案。封卷并履行内部程序后，将进行核准批文的下发工作。发行人领取核准发行批文后，无重大会后事项或已履行完会后事项程序的，可按相关规定启动招股说明书刊登工作。审核程序结束后，发行监管部根据审核情况起草持续监管意见书，书面告知日常监管部门。自中国证监会核准发行之日起，发行人应在6个月内发行股票；超过6个月未发行的，核准文件失效，须重新经中国证监会核准后方可发行。股票发行申请未获核准的，自中国证监会作出不予核准决定之日起6个月后，发行人可再次提出股票发行申请。

10. 发行股票

经证监会核准后，发行人即可和券商一起制定发行方案，并向交易所申请实施公开发行股票。步骤包括公告首次公开发行股票招股意向书；做好路演推介（包括机构投资者较多地如北京、深圳、上海等路演和网上路演）；确定发行价格（可以通过向网下投资者询价的方式确定股票发行价格，也可以通过发行人与主承销商自主协商直接定价等其他合法可行的方式）；采用网下向询价对象询价配售与网上向社会公众投资者定价发行相结合的方式发行；采用直接定价方式的，全部向网上投资者发行，不进行网下询价和配售；在发行日，投资者在各自开户的证券公司向发行人与承销商申购，然后由发行人与承销商按照规则确认有效申购，发行人收到认购款后，即在规定时间内将股票交给投资者，之后向登记结算公司提交全套登记申请材料，并完成新进入股东的股权登记，发行人将有关发行事项进行公告等。发行申请核准后、股票发行结束前，发行人发生重大事项的，应当暂缓或者暂停发行，并及时报告中国证监会，同时履行信息披露义务。影响发行条件的，应当重新履行核准程序。

11. 股票上市

在承销商按规定履行完承销义务，并经具有证券从业资格的会计师事务所和注册会计师签字出具验资报告后，发行人即可到登记结算公司办理股份登记，并编制上市公告书，向交易所提交相关文件提出上市申请，申请上市获得同意后，发行人与交易所签署上市协议，并完成公司股票的挂牌上市，上市后保荐机构按规定负责公司的持续督导。

4.3.6 首次公开发行股票之审核重点

依法审核、审慎监管、合理怀疑是当前首发审核的基本原则，证监会将贯彻"全面、依法、从严"思想，加大抽查和现场检查力度，严厉打击欺诈发行，严把 IPO 审核质量关。对于拟首次公开发行股份的公司而言关注发审要点，可以节省审核时间，提高发行效率。

（1）主体资格：发行人是否依法设立且合法存续；股权是否清晰，是否不存在重大权属纠纷（是否存在股权代持）；管理层、实际控制人是否具有稳定性；历史出资是否规范，主要资产是否存在重大权属纠纷；实际股东人数穿透后是否存在超过 200 人的情形等。

（2）独立性：发行人是否做到资产、业务、人员、机构、财务等"五独立"是否存在同业竞争；企业生产经营环节是否对关联方存在重大依赖；公司是否存在向关联方输送利益的情况等。

（3）业务经营：发行人的生产经营是否符合规定，符合国家产业政策；主营业务是否突出；业务适应环境的弹性能力；盈利模式与利润构成情况等。

（4）持续盈利能力：发行人的行业地位及其竞争优势；经营模式、产品或服务的品种结构无重大变化；经营模式是否适应市场变化、具有稳定性，是否满足公司的经营目标以及是否具备扩展空间；商标、专利、专有技术和特许经营权的取得或使用无重大不利变化；具有核心技术、研发能力及持续创新能力等；盈利来源是否集中，是否对客户、政府补助或税收减免存在依赖性。

（5）公司治理及规范运作：发行人的治理结构是否完善有效，制衡机制是否形成；董事、监事和高管的任职条件及其勤勉情况；对外担保的合法合规性；发行人及其控股股东、实际控制人是否存在违法违规情况；发行人是否具有严格的资金管理制度；是否存在被大股东或其他关联方占用资金的行为；历史上是否存在重大违法行为；是否存在商业贿赂等。

（6）财务与会计：财务会计资料是否真实；会计基础工作及会计处理是否规范；从财务会计角度判断发行人是否具有盈利能力，体现在收入的结构构成及增减变动、毛利率的构成及各期增减、利润来源的连续性和稳定性；是否存在客户和供应商的重大依赖；资产质量是否良好，资产负债结构是否合理；税收合法性，是否存在税收优惠依赖；是否存在重大偿债风险、影响持续经营的担保、诉讼及仲裁等重大或有事项；股份支付问题；内部控制体系是否健全。

（7）募集资金：募集资金除可用于固定资金投资项目外，还可用于公司的一般用途，如补充流动资金、偿还银行贷款等，募集资金的数额与投资方向应当与发行人现有生产经营规模、财务状况、技术水平和管理能力、未来资金支出规划等相适应，募集资金用于固定资投资项目的，发行人应按照《招股说明书准则》的要求披露项目的建设情况、市场前景及相关风险等，募集资金用于补充流动资金等一般用途的，则发行人应分析其用途的合理性和必要性。其中，用于补充流动资金的，应结合公司行业特点、现在规模及成长性、资金周转速度等合理确定相应规模；用于偿还银行贷款的，应结合银行信贷及债权融资环境、公司偿债风险控制目标等说明偿还银行贷款后公司负债结构合理性等。同时，发行人应当建立募集资金专项存储制度，募集资金应当存放于董事会决定的专项账户等。

（8）信息披露：信息披露的真实性、完整性是否存在瑕疵，如是否在申报材料中如实披露关联关系，是否存在未披露的关联交易和同业竞争事项；是否存在未披露的显失公平、损害发行人利益的交易；是否存在未披露的对外担保、证券投资、委托理财等事项；是否存在各中介机构对关联关系披露不一致、相互动的情形等。

4.3.7 企业在 IPO 过程中应注意的事项

（1）选择经验丰富且能够投入足够人员力量的中介机构，特别是项目执行负责人十分关键，这样有助于发行人在整个 IPO 运作中少走弯路；

（2）制度避免复杂化，不要频繁变动；若有引进战略投资者的考虑亦需谨慎引进战略投资；对于改制的成本，如果权衡利弊，应该以过会为原则；

（3）公司治理架构清晰治理规则完善、并能有效地执行内部控制制度；

（4）权属关系清晰，妥善处理关联交易和同业竞争，对于同业竞争的解决最好的方式是通过收购重组和放弃相关业务等方式进行彻底地解决；对于关联交易问题，先要尽到全面的信息披露义务，然后才是面对问题如何解决，实践中对关联交易的阐述主要在交易的必要性、公允性、决策程序等方面；

（5）历史遗留问题应有明确的解决方案或影响明显减少（如出资、股权关系土地及房屋产权等）；

（6）第一稿申报文件十分重要，上报材料要与中介机构反复讨论，公司数据之间要有勾稽关系，行业数据要有明确来源依据；证监会正大力减少反馈次数减少反馈次数也意味着给发行人反馈、反复修改的机会少了，如果发现比较严重暂时无法解决的问题会要求撤销申报重新排队；

（7）相关信息的披露应尊重事实，避免存在隐瞒或重大遗漏的情况。从被证监会发审委否决的案例来看，很大一部分是由于对发行人的过度包装和信息不对称造成的。

（8）IPO 的现场检查主要是验证收入的真实性，公司应规范五大循环体系（收入循环、固定资产和在建工程、成本循环、资金循环、费用循环），发行人及相关方的个人账户应杜绝与客户、供应商发生往来。

4.3.8 首次公开发行股票适用的主要法律法规、部门规章及其他规范性文件

1. 法律、行政法规

（1）《公司法》（2018 年修正）。

（2）《证券法》（2014 年修正）。

2. 部门规章

（1）《中国证券监督管理委员会行政许可实施程序规定》。

（2）《首次公开发行股票并上市管理办法》（2015 年修正）。

（3）《首次公开发行股票并在创业板上市管理办法》（2015 年修正）。

（4）《证券发行上市保荐业务管理办法》。

（5）《证券发行与承销管理办法》（2017 年修正）。

（6）《中国证券监督管理委员会发行审核委员会办法》（2017 年修正）

3. 其他规范性文件

（1）《公开发行证券的公司信息披露内容与格式准则》。

（2）《上海证券交易所股票上市规则》（2014 年修正）。

（3）《深圳证券交易所股票上市规则》（2014 年修正）。

（4）《深圳证券交易所创业板股票上市规则》（2014 年修正）。

（5）《中国证监会发行监管部首次公开发行股票审核工作流程》。

（6）《首次公开发行股票承销业务规范》。

（7）《首次公开发行股票配售细则》。

（8）《首次公开发行股票网下投资者管理细则》。

4.4 股权再融资专项运作实务操作

1958 年美国经济学家 Modigliani 和 Miller 提出了经典的 MM 理论，成为现代资本结构理论的基石，为融资理论建立了基准点。也成为再融资理论研究的基石。

随着理论假设条件的放开，形成了破产成本理论、权衡理论等，在信息不对称基础上形成了啄食顺序理论和代理成本理论等。

4.4.1 上市公司股权再融资理论

1. 从资本结构角度

假设上市公司在进行再融资前，存在一个最优资本结构，那么上市公司再融资必然导致原有资本结构的改变，为了追求一个新的平衡，重新达到一个最优资本结构状态，结果将对公司价值造成影响，由此产生资本结构变化假说。资本结构变化假说认为上市公司的股权再融资可能会导致两种结果：一是股权再融资会把财富从股东手里转移到债权人手里，即债券

持有者的收益是以股权持有者的损失为代价的二是财务杠杆比率的降低，增加了公司的资本成本，从而减少了公司价值。这两种结果都将导致市场的负面反应。因此，资本结构变化假说认为，上市公司应避免采用股权再融资方式的决策，而尽量采用其他再融资方式进行融资，如债权再融资等。

2. 从信息不对称角度

在经济主体发生联系的过程中，有些信息并非所有市场参与者都知道，这种某些人拥有而另一些人不拥有的信息被称为不对称信息。上市公司进行再融资时，信息不对称主要表现为股东与管理者之间的信息不对称，公司管理者作为公司的内部人掌握股东所不知道的更多内部信息。其中事前信息不对称产生逆向选择的表现为公司管理者在外部投资者投资前隐藏对外部投资者不利，而对自己有利的信息，由此产生的再融资理论有信号传递模型和啄食顺序理论。事后信息不对称所产生的道德风险指的是公司管理者隐藏对自己有利的行动，而做出损害外部投资者利益的行为，所产生的再融资理论是代理成本理论以及在此基础上发展起来的自由现金流量理论、公司契约理论和公司治理理论。

3. 从公司控制权角度

公司在职经理可以通过改变自己所持有股票的比例，操纵或影响股权收购，在其他因素不变的情况下，公司资本结构中债务或没有投票权的融资工具如优先股和认股权证等越多，在职经理的控制权就越大。公司融资控制权理论认为债务融资和股票融资不仅收益索取权不同，而且控制权安排上也不相同。

将公司定义为一个不完备契约，经济学家明确用剩余控制权来定义公司所有权。由于剩余控制权拥有处理公司中不可预测状态和事件的决策权，公司管理者因此可以获得控制权收益，所以控制权显得尤为重要，而股票有投票权，债券没有投票权，股权融资涉及剩余控制权分配问题，而债权融资不影响公司控制权。因此，上市公司管理者在做出再融资决策时，会充分考虑公司的控制权竞争问题，以防止公司被收购而发生控制权的转移。

4.4.2 上市公司股权再融资方式选择理论

上市公司股权再融资方式选择理论主要围绕对增发和配股方式的选择而产生的，有支持选择配股方式的承销成本假说、控制权假说、财富再分配效应理论等及支持选择增发方式的承销商公正假说、监管假说、流动成本假说等。

1. 支持选择配股方式的理论

（1）承销成本假说。

这一理论是 Eckbo 和 Masulis 提出的，他们在研究发行成本的时候发现承销配股的发行成本比非承销配股的发行成本高 5 个百分点，而增发新股的发行成本比承销配股的发行成本高 2 个百分点，因此，从股东利益最大化的角度看，上市公司应采用配股方式发行新股。

（2）财富再分配效应理论。

该理论认为在已发行股票市场价值减少的同时会伴随着绩优债券市场价值同等数量的增加，财富再分配理论指出新股权发行的宣布对股票价格将有一个负面影响，而新债权发行的宣布则有正面影响，影响的程度与发行规模直接相关。该理论模型的假设前提是上市公司股票同股同价，并不考虑流通股和非流通股的区别，即上市公司的股票是全流通的，该理论运用公式及数学推导得出结论：增发的情况下，老股东会出现各种损失，而配股老股东的损失为零，所以提倡采用配股方式进行股权再融资。

（3）控制权理论。

上市公司股东通常有两种股东即拥有控制权的股东和不拥有控制权的小股东，拥有控制权的股东通常又是公司的管理者，他们拥有选择股权再融资方式的决策权，控股股东通过拥有控制权可以获得剩余控制权收益，其收益往往大于其拥有的股权收益，所以这两种股东在公司的利益并不完全一致，控股股东会利用其拥有的控制权为自己谋取最大利益，而不是考虑所有股东利益最大化。由于配股方式不影响公司的控制状况，而增发方式则因为新股东的加入，稀释原有控股股东的控制权，对原有控般股东造成威胁，因此，从控制权的角度说，公司管理者应该选择配股作为股权再融资方式，以确保其在公司的控制地位。

2. 支持选择公开增发方式的理论

（1）代理成本理论。

公司管理者采用增发方式可以从承销商处获得私人收益，承销商通常会把一些股票配售给雇用自己的公司管理者，而且通常是A公司股票配售给B公司的管理者，所以这种做法很难被发现。

（2）比较发行成本理论。

该理论认为存在老股东效应，即成功的低成本配股依赖于老股东的认购，在老股东认购的情况下才能实现顺利配股，而这取决于老股东是否希望使他们的配股权利，如果老股东不希望行使他们的配股权利，而公司管理者硬要采用配股发行方式，那么配股成本将大于增发成本，公司之所以选择增发是意识到老股东不希望行使他们的配股权利。

（3）承销商公证理论。

该理论认为承销商在增发中所要承担的责任比在配股中大，承销商需要帮助上市公司以合理的市场价格将股票发售给新投资者，否则承销商将承担更大的市场风险，承销商的作用使得市场效率提高。且认为高价值的公司将选择增发，通过承销商公证来传递其是高价值公司的信号，而低价值公司只能选择配股方式。因此承销商公证的强弱可以作为传递公司价值高低的信号，这同时也可以解释公告效应的正负现象。

（4）流通成本假说。

流通成本假说是从流通成本的角度进行的分析。他们认为配股的间接交易成本要高于增发，通常用公司股票买卖差价来衡量公司股票流通性，该指标越小，表明流通性越好，配股后股权集中，会使买卖差价扩大，增加了股票流通的间接成本，而增发则不会出现此情形。

（5）监管假说。

该假说认为相对于配股方式而言，增发方式把新股发售给所有投资者，这样就会产生很多新的投资者。配股方式不改变上市公司股本结构，因此其监管作用不会发生变化，而增发会出现新的投资者，使大股东的持股比例下降，如果新股是增发给机构投资者，这些机构投资者由于其较强的专业能力，会起到监管作用，加强对上市公司的监管。

3. 支持选择定向增发方式的理论

（1）监管假说。

上市公司通过定向增发方式引入了一个有动机和有监控能力去监控发行公司管理层的积极投资者，从而可以降低管理者的代理成本。因此，有能力影响和监控发行公司的积极投资者会购买定向增发发行的证券。

（2）信息不对称理论。

根据逆向选择假说，认为只有在管理层认为公司股票价格被高估时，才愿意发行新股。经过一定扩展，认为当公司的信息不对称程度高的时候，公司会选择定向增发发行方式，因为选择定向增发发行的投资者有能力发现或获知公司的真实价值，而且可以从发行折扣中得到补偿。同时，拥有好的投资机会但资金短缺价值被低估的公司会选择向内部投资者定向增发发行来解决投资不足问题。

（3）防御假说。

管理层在公司需要通过发行股票融资时，会选择定向增发发行给消极投资者以防御消极投资者对公司管理的干涉，这样可以达到不影响大股东的投票权和管理者利益的目的，并且在公司价值被低估的情况下，管理者也会购买定向增发发行的股票。

4.4.3 上市公司公开发行证券应符合的一般条件

《证券法》第十三条对公司公开发行新股应当符合的条件作了原则规定，《上市公司证券发行管理办法》对其进行了细化，其第二章公开发行证券的条件第一节一般规定中具体描述如下。

1. 上市公司的组织机构健全、运行良好

需符合下列规定：

（1）公司章程合法有效，股东大会、董事会、监事会和独立董事制度健全能够依法有效履行职责；

（2）公司内部控制制度健全，能够有效保证公司运行的效率、合法合规性和财务报告的可靠性；内部控制制度的完整性、合理性、有效性不存在重大缺陷；

（3）现任董事、监事和高级管理人员具备任职资格，能够忠实和勤勉地行职务，不存在违反《公司法》第一百四十八条、第一百四十九条规定的行且最近36个月内未受到过中国证监会的行政处罚、最近12个月内未受到过证券交易所的公开谴责；

（4）上市公司与控股股东或实际控制人的人员、资产、财务分开，机构业务独立，能够自主经营管理；

（5）最近12个月内不存在违规对外提供担保的行为。

2. 上市公司的盈利能力具有可持续性

需符合下列规定

（1）最近3个会计年度连续盈利。扣除非经常性损益后的净利润与扣除前的净利润相比，以低者作为计算依据；

（2）业务和盈利来源相对稳定，不存在严重依赖于控股股东、实际控制人的情形；

（3）现有主营业务或投资方向能够可持续发展，经营模式和投资计划稳健主要产品或服务的市场前景良好，行业经营环境和市场需求不存在现实或可预见的重大不利变化；

（4）高级管理人员和核心技术人员稳定，最近12个月内未发生重大不利变化；

（5）公司重要资产、核心技术或其他重大权益的取得合法，能够持续使用不存在现实或可预见的重大不利变化；

（6）不存在可能严重影响公司持续经营的担保、诉讼、仲裁或其他重大事项；

（7）最近24个月内曾公开发行证券的，不存在发行当年营业利润比上年下降5%以上的情形。

3. 上市公司的财务状况良好

符合下列规定：

（1）会计基础工作规范，严格遵循国家统一会计制度的规定；

（2）最近3年及一期财务报表未被注册会计师出具保留意见、否定意见或无法表示意见的审计报告；被注册会计师出具带强调事项段的无保留意见审计报告的，所涉及的事项对发行人无重大不利影响或者在发行前重大不利影响已经消除；

（3）资产质量良好。不良资产不足以对公司财务状况造成重大不利影响；

（4）经营成果真实，现金流量正常。营业收入和成本费用的确认严格遵循国家有关企业会计准则的规定，最近3年资产减值准备计提充分合理，不存在操纵经营业绩的情形；

（5）最近3年以现金或股票方式累计分配的利润不少于最近3年实现的年均可分配利润的30%。

4. 上市公司最近36个月内财务会计文件无虚假记载，且不存在下列重大违法行为

（1）违反证券法律、行政法规或规章，受到中国证监会的行政处罚，或者受到刑事处罚；

（2）违反工商、税收、土地、环保、海关法律、行政法规或规章，受到行政处罚且情节严重，或者受到刑事处罚；

（3）违反国家其他法律、行政法规且情节严重的行为。

5. 上市公司募集资金的数额和使用应当符合下列规定

（1）募集资金数额不超过项目需要量；

（2）募集资金用途符合国家产业政策和有关环境保护、土地管理等法律和行政法规的规定；

（3）除金融类企业外，本次募集资金使用项目不得为持有交易性金融资产和可供出售的金融资产、借予他人、委托理财等财务性投资，不得直接或间接投资于以买卖有价证券为主要业务的公司。

（4）投资项目实施后，不会与控股股东或实际控制人产生同业竞争或影响公司生产经营的独立性；

（5）建立募集资金专项存储制度，募集资金必须存放于公司董事会决定的专项账户。

6. 上市公司存在下列情形之一的，不得公开发行证券

（1）本次发行申请文件有虚假记载、误导性陈述或重大遗漏；

（2）擅自改变前次公开发行证券募集资金的用途而未作纠正；

（3）上市公司最近12个月内受到过证券交易所的公开谴责；

（4）上市公司及其控股股东或实际控制人最近12个月内存在未履行向投资者作出的公开承诺的行为；

（5）上市公司或其现任董事、高级管理人员因涉嫌犯罪被司法机关立案侦查或涉嫌违法违规被中国证监会立案调查；

（6）严重损害投资者的合法权益和社会公共利益的其他情形。

《创业板上市公司证券发行管理暂行办法》对创业板上市公司的证券发行亦有其规定，有别于主板和中小板的主要条款如下。

①最近两年盈利，净利润以扣除非经常性损益前后较低者为计算依据；

②最近两年按照上市公司章程的规定实施现金分红；

③最近一期末资产负债率高于45%，但上市公司非公开发行股票的除外；

④上市公司最近12个月内不存在违规对外提供担保或者资金被上市公司控股股东、实际控制人及其控制的其他企业以借款、代偿债务、代垫款项或者其他方式占用的情形；

⑤前期募集资金基本使用完毕，且使用进度和效果与披露情况基本一致。

几种股权融资工具概述如表4-4所示：

表4-4 几种股权融资工具概述

	配股	非公开发行	公开增发	优先股
发行对象	原有股东	不超过10名特定对象创业板不超过5名制定对象	原股东、机构投资者、社会公众投资者	公开发行面向社会公众投资者；非公开发行面向不超过200名对象
发行主体条件	一般稳定盈利对分红要求较高	对业绩和分红无要求	对盈利能力和分红要求较高	一般稳定盈利
发行规模	发行股份规模不超过总股本的30%（配售比例不超过10配3）	非公开发行规模不超过总股本的20%	融资规模无特别限制，实际融资规模受市场行情影响较大	发行规模不得超过普通股总股本的50%，且募集资金额不得超过发行前净资产的50%
发行间隔周期	募集资金到位后的18个月内不能公布发行预案	募集资金到位后的18个月内不能公开发行预案	募集资金到位后的18个月内不能公布发行预案	无特别限制
定价效率	正式发行期定价；发行定价灵活性较高，发行价格折让通常在40%左右，主要为吸引投资者参与	在发行期首日参考市价（1日或20日价）的90%确定发行底价；发行价一般较市价折让在10%左右	正式发行期定价；发行价格不低于市价（刊登招股书前1日或20日均价）	按面值（100元）发行；正式发行前确定股息率询价区间，股息率根据国债利率确定，可以固定或定期调整

续表

	配股	非公开发行	公开增发	优先股
业绩影响	具有短期摊薄能力	具有短期摊薄能力	具有短期摊薄能力	不摊薄普通股股本，上市公司税后支付优先股股息
发行风险	理论上若认赔不足70%，则发行失败，但实践中尚无发行失败的案例；需考虑大股东认配的能力	因为投资者对发行价差及公司业绩增有一定要求，主要风险是在批文有效内找不到股价持续上行的窗口，导致行定价和认购需求面临较大不确定性	从定价到认购相隔2个工作日，导致较大的市场风险敞口，市场波动的情况下存在大量包销案例	没有明确赎回预期、且信用评级偏低的发行人面临较大的发行风险，投资者通常要求较高的股息率作为信用和流动性风险补偿
锁定期	无锁定期	控股股东锁定36个月，董事会决议确的战略投资者锁定36个月，其他一年投资者认购锁定12个月；市价发行创业板无锁定期	无锁定期	无锁定期
大股东及特定投资者参与灵活性	大股东需要在股东大会召开前公开承诺是否认购；发行仅针对原有股东	可定向发行给大股东，用于提升大持股比例；除大股东以外的战略投资参与可能性很小	可针对原有股东安排优先配售权	可定向发行给大股东或其他战略投资者

4.4.4 股权再融资还应具备的必要条件

1. 配股应符合的必要条件

配股除应符合公开发行证券的一般规定外，还应当符合《上市公司证券发行管理办法》中的第十二条规定。

（1）拟配售股份数量不超过本次配售股份前股本总额的30%。

（2）控股股应当在股东大会召开前公开承诺认配股份的数量。

（3）采用证券法规定的代销方式发行。控股股东不履行认配股份的承诺，或者代销期限届满，原股东认购股票的数量未达到拟配售数量的70%的，发行人应当按照发行价并加算银行同期存款利息返还已经认购的股东。

2. 公开发行新股应符合的必要条件

增发除应符合公开发行证券的一般规定外，还应当符合《上市公司证券发行管理办法》中的第十三条规定。

（1）最近3个会计年度加权平均净资产收益率平均不低于6%。扣除非经常性损益后的净利润与扣除前的净利润相比，以低者作为加权平均净资产收益率的计算依据。

（2）除金融类企业外，最近一期末不存在持有金额较大的交易性金融资产和可供出售的金融资产、借予他人款项、委托理财等财务性投资的情形。

（3）发行价格应不低于公告招股意向书前20个交易日公司股票均价或前一个交易日的均价。

3. 上市公司非公开发行应符合的必要条件

上市公司非公开发行应当符合《上市公司证券发行管理办法》中的第三十七条至第三十九条的规定，以及《创业板上市公司证券发行管理暂行办法》和《上市公司非公开发行股票实施细则》的相关规定，主要内容如下。

（1）特定对象符合股东大会决议规定的条件，发行对象不超过10名（创业板企业非公开发行对象不超过5名），发行对象为境外战略投资者的，应当经国务院相关部门事先批准。

（2）发行价格不低于定价基前20个交易公司股票均价的90%，定价基准日为本次非公开发行股票发行期的首日。

（3）本次发行的股份自发行结束之日起，12个月内不得转让。

发行对象属于下列情形之一的，具体发行对象及其定价原则应当由上市公司董事会的非公开发行股票决议确定，并经股东大会批准，认购的股份自发行结束之日起36个月内不得转让。

①上市公司的控股股东、实际控制人或其控制的关联人；

②通过认购本次发行的股份取得上市公司实际控制权的投资者；

③董事会拟引入的境内外战略投资者。

（4）本次发行将导致上公司控制权发生变化的，还应当符合中国证监会的其他规定。

（5）上市公司存在下列情形之一的，不得非公开发行股票。

①本次发行申请文件有虚假记载、误导性陈述或重大遗漏；

②上市公司的权益被控股股东或实际控制人严重损害且尚未消除；

③上市公司及其附属公司违规对外提供担保且尚未解除；

④现任董事、高级管理人员最近36个月内受到过中国证监会的行政处罚或者最近12个月内受到过证券交易所公开谴责；

⑤上市公司或其现任董事、高级管理人员因涉嫌犯罪正被司法机关立案侦查或涉嫌违法违规正被中国证监会立案调查；

⑥最近1年及一期财务报表被注册会计师出具保留意见、否定意见或无法表示意见的审计报告。保留意见、否定意见或无法表示意见所涉及事项的重大影响已经消除或者本次发行涉及重大重组的除外；

⑦严重损害投资者合法权益和社会公共利益的其他情形。

（6）除上述条件外，董事会决议未确定具体发行对象的，非公开发行股票的公司在取得证监会的核准批文后，由上市公司及保荐人在批文有效期内选择发行时间，有发行期起始的前1日，保荐人应当向符合条件的特定对象提供认购邀请书。认购邀请书发送对象名单由上市公司及保荐人共同确定，该名单应当包含以下内容。

①董事会决议后已经向上市公司或保荐人提交认购意向书的投资者；

②公司前20名股东；

③不少于20家证券投资基金管理公司；

④不少于10家证券公司；

⑤不少于5家保险机构投资者。

（7）非公开发行股票（定向增发）应当有利于减少关联交易、避免同业竞争增强独立性；应当有利于提高资产质量、改善财务状况、增加持续盈利能力。

4. 上市公司发行优先股的必要条件

上市公司发行优先股应当符合《优先股试点管理办法》的第三章中上市公司发行优先股的一般规定、特别规定和其他规定等相关要求。主要包括以下几点。

（1）上市公司发行优先股，最近3个会计年度实现的年均可分配利润应当不少于优先股一年的股息。

（2）上市公司最近3年现金分红情况应当符合公司章程及中国证监会的有关监管规定。

（3）上市公司发行优先股募集资金应有明确用途，与公司业务范围、经营规模相匹配，募集资金用途符合国家产业政策和有关环境保护、土地管理等法律和行政法规的规定。

除金融类企业外，本次募集资金使用项目不得为持有交易性金融资产和可供出售的金融资产、借予他人等财务性投资，不得直接或间接投资于以买卖有价证券为主要业务的公司。

（4）上市公司已发行的优先股不得超过公司普通股股份总数的50%，且筹资金额不得超过发行前净资产的50%，已回购、转换的优先股不纳入计算。

（5）上市公司存在下列情形之一的，不得发行优先股：本次发行申请文件有虚假记载、误导性陈述或重大遗漏；最近12个月内受到过中国证监会的行政处罚；因涉嫌犯罪正被司法机关立案侦查或涉嫌违法违规正被中国证监会立案调查；上市公司的权益被控股股或实际控制人严重损害且尚未消除；上市公司及其附公司违规对外提供担保且尚未解除；存在可能严重影响公司持续经营的担保、诉讼、仲裁、市场重大质疑或其他重大事项；其董事和高级管理人员不符合法律、行政法规和规章规定的任职资格；严重损害投资者合法权益和社会公共利益的其他情形。

（6）上市公司公开发行优先股，应当符合以下情形之一：其普通股为上证50指数成分股；以公开发行优先股作为支付手段收购或吸收合并其他上市公司；以减少注册资本为目的回购普通股的，可以公开发行优先股作为支付手段，或者在回购方案实施完毕后，可公开发行不超过回购减资总额的优先股。中国证监会核准公开发行优先股后不再符合本条第（一）项情形的，上市公司仍可实施本次发行。最近3个会计年度应当连续盈利。扣除非经常性损益后的净利润与扣除前的净利相比以较低者作为计算依据。公开发行优先股的上市公司应当在公司章程中规定以下事项：第一采取固定股息率；第二，在有可分配税后利润的情况下必须向优先股股东分配股息；第三，未向优先股股东足额派发股息的差额部分应当累积到下一会计年度；第四，优先股股东按照约定的股息率分配股息后，不再同普通股股东一起参加剩余利润分配。上市公司公开发行优先股的，可以向原股东优先配售。

（7）上市公司最近36个月内因违反工商、税收、土地、环保、海关法律、行政法规或规章，受到行政处罚且情节严重的，不得公开发行优先股。

（8）上市公司公开发行优先股，公司及其控股股东或实际控制人最近12个月内应当不存在违反向投资者作出的公开承诺的行为。

（9）上市公司不得发行可转换为普通股的优先股。但商业银行可根据商业银行资本监管规定，非公开发行触发事件发生时强制转换为普通股的优先股，并遵守有关规定。

5.再融资发行核准并上市程序

按照依法行政、公开透明、集体决策、分工制衡的要求，再融资是指上市公司通过配股、增发和发行可转换债券等方式在证券市场上进行的直接融资。再融资申请的审核工作流程分为受理、反馈会、初审会、发审会、封卷、核准发行等主要环节。

（1）受理。

中国证监会受理部门根据《中国证券监督管理委员会行政许可实施程序规定》（证监会令第66号，以下简称《行政许可程序规定》）、《上市公司证券发行管理办法》（证监会令第30号）、《公司债券发行试点办法》（证监会令第49号）、《优先股试点管理办法》（证监会令第97号）、《创业板上市公司证券发行管理暂行办法》（证监会令第100号）和《上市公司股东发行可交换公司债券试行规定》（证监会公告[2008]41号）等规则的要求，依法受理再融资申请文件，并按程序转发行监管部。发行监管部在正式受理后，将申请文件分发至相关监管处室，相关监管处室根据发行人的行业、公务回避的有关要求以及审核人员的工作量等确定审核人员。

（2）反馈会。

相关监管处室审核人员审阅发行人申请文件后，从非财务和财务两个角度撰写审核报告，提交反馈会讨论。反馈会主要讨论初步审核中关注的主要问题，确定需要发行人补充披露以及中介机构进一步核查说明的问题。

反馈会按照申请文件受理顺序安排。反馈会由综合处组织并负责记录，参会人员有相关监管处室审核人员和处室负责人等。反馈会后将形成书面意见，履行内部程序后反馈给保荐机构。反馈意见发出前不安排发行人及其中介机构与审核人员沟通。

保荐机构收到反馈意见后，组织发行人及相关中介机构按照要求进行回复。综合处收到反馈意见回复材料进行登记后转相关监管处室。审核人员按要求对申请文件以及回复材料进行审核。

发行人及其中介机构收到反馈意见后，在准备回复材料过程中如有疑问可与审核人员进行沟通，如有必要也可与处室负责人、部门负责人进行沟通。

审核过程中如发生或发现应予披露的事项，发行人及其中介机构应及时报告发行监管部并补充、修改相关材料。初审工作结束后，将形成初审报告（初稿）提交初审会讨论。

（3）初审会。

初审会由审核人员汇报发行人的基本情况、初步审核中发现的主要问题及反馈意见回复情况。初审会由综合处组织并负责记录，发行监管部相关负责人、相关监管处室负责人、审核人员以及发审委委员（按小组）参加。

根据初审会讨论情况，审核人员修改、完善初审报告。初审报告是发行监管部初审工作的总结，履行内部程序后与申请材料一并提交发审会。

初审会讨论决定提交发审会审核的，发行监管部在初审会结束后出具初审报告。初审会讨论后认为发行人尚有需要进一步披露和说明的重大问题、暂不提交发审会审核的，将再次发出书面反馈意见。

（4）发审会。

发审委制度是发行审核中的专家决策机制。目前主板中小板发审委委员共 25 人，创业板发审委委员共 35 人，每届发审委成立时，均按委员所属专业划分为若干审核小组，按工作量安排各小组依次参加初审会和发审会。各组中委员个人存在需回避事项的，按程序安排其他委员替补。发审委通过召开发审会进行审核工作。发审会以投票方式对证券发行申请进行表决。根据《中国证券监督管理委员会发行审核委员会办法》（以下简称《发审委办法》）规定，发审委会议审核公开发行股票申请和可转换公司债券等中国证监会认可的其他公开发行证券申请适用普通程序，发审委会议审核非公开发行股票申请和中国证监会认可的其他非公开发行证券申请适用特别程序。根据《公司债券发行试点办法》，发审委会议审核公司债券申请适用特别程序。发审委委员投票表决采用记名投票方式，会前需撰写工作底稿，会议全程录音。

根据《发审委办法》规定，发审会适用普通程序的，会议召开 5 天前中国证监会发布会议公告，公布发审会审核的发行人名单、会议时间、参会发审委委员名单等；发审会适用特别程序的，中国证监会不公布发审会审核的发行人名单、会议时间、参会发审委委员名单等。发审会由审核人员向委员报告审核情况，并就有关问题提供说明，委员发表审核意见，发行人代表和保荐代表人各 2 名到会陈述并接受聆讯，发行人聆询时间不超过 45 分钟，聆询结束后由委员投票表决。发审会认为发行人有需要进一步披露和说明问题的，形成书面审核意见后告知保荐机构。

保荐机构收到发审委审核意见后，组织发行人及相关中介机构按照要求回复。综合处收到审核意见回复材料后转相关监管处室。审核人员按要求对回复材料进行审核并履行内部程序。

（5）封卷。

发行人的再融资申请通过发审会审核后，需要进行封卷工作，即将申请文件原件重新归类后存档备查。封卷工作在按要求回复发审委意见后进行。如没有发审委意见需要回复，则在通过发审会审核后即进行封卷。

（6）会后事项。

会后事项是指发行人再融资申请通过发审会审核后，启动发行前发生的可能影响本次发行上市及对投资者作出投资决策有重大影响的应予披露的事项。发生会后事项的需履行会后事项程序，发行人及其中介机构应按规定向综合处提交会后事项材料。综合处接收相关材料后转相关监管处室。审核人员按要求及时提出处理意见。需重新提交发审会审核的，按照会后事项相关规定履行内部工作程序。如申请文件没有封卷，则会后事项与封卷可同时进行。

（7）核准发行。

封卷并履行内部程序后，将进行核准批文的下发工作。发行人领取核准发行批文后，无重大会后事项或已履行完会后事项程序的，可按相关规定启动发行。

审核程序结束后，发行监管部根据审核情况起草持续监管意见书，书面告知日常监管部门。

6. 再融资专项运作的审核重点

（1）再融资发行财务审核重点关注问题。

①募集资金使用情况。主要关注前次募集资金是否使用完毕、用途是否发生变更、项目进度和效益是否达到预期；本次募集资金使用合理性，主要关注本次募集资金使用几种情况：现有产品产能利用率不高或现有产能盈利能力逐年下降的情况下，继续投资扩大产能的必要性；与公司现有同类产品（业务）盈利能力的比较，募集资金投资项目效益预测是否谨慎；募投项目投产之后是否产生新的关联交易和同业竞争；本次募集资金使用计划如包括偿还银行贷款、补充流动资金，其测算依据是否合理。

②收购资产的合法合规合理性。股东大会表决时关联股东是否回避，相关信息披露是否充分、及时；拟购买资产的权属是否清晰（土地、房屋、知识产权等），是否存在被抵押、质押、冻结等限制转让的情况；资产涉及债务转让的，是否取得了债权人的同意，资产为公司股权的，是否已取得了该公司其他股东的同意；拟收购资产的历史盈利情况、盈利前景及对上市公司盈利指标的影响；收购资产评估的合理性；涉及国有资产的，是否经过国资部门批准；重大资产购买后是否会导致新的违规资金或违规对外担保等，同时还关注收购资产的估值合理性，有的项目本身资产不大但交易金额很大，从而形成了巨额商誉，就要考虑商誉减值风险。

③财务性投资审核标准。发行人不能存在金额较大、期限较长的财务件投资。如具体有以下情况：发行人存在财性投资余额大幅超过募集资金金额，比如本资融资5亿元，但账上20亿元在做理财；发行人存在期限较长的财务性投资，如购买1年期的理财产品，短期购买长期滚存使用也算；在本次融资董事会决议前6个月到本次发行完成前存在金额较大、期限较长的财务性投资。

④关联易的合理合规性。主要关注以下几种情况：关联交易定价是否公允，是否损害上市公司股东利益或上市公司输送利润；关联交易是否造成公司的采购或销售严重依赖关联方；重大关联交易存在必要性，公司是否有减少关联交易的计划；是否存在重大关联交易非关联化现象。

⑤重大事项会计处理。主要关注的问题有：收入确认方法是否充分；子公司纳入或不纳入合并范围的依据是否充分；对外投资的核算方法是否合理；资产减值准备的计提和转回是否科学；重大非经常性损益的确认依据是否充分；非正常经营业务或异常项目的会计处理是否合理。

⑥管理层讨论与分析。主要关注募集说明书的"管理层讨论与分析"部分是否对有关财务数据进行了科学、准确的分析，能否通过财务数据说明发行人报告期内财务状况、持续盈利能力、盈利来源、利润构成和核心竞争力等情况。

（2）再融资发行非财务审核重点关注问题。

①关注募集资金投向问题：本次募集资金的投向是否投入主业、是否符合国家既有的或拟发布的产业政策、是否存在"跟风式"的融资；并尽量围绕主业不要随意跨界，避免在上市部或发行部之间做监管套利，比如募集资金收购资产，达到一定标准的，还要两个部门一

起审，所以不要试图监管套利。

②竞争问题：发行人和控股股东实际控制人或者他们控制的企业存在同业竞争情况要作出解释说明，要有明确的解决方案，如果说原来没有同业竞争，但因为这次募集后，新增了同业竞争，这是不被允许的，如果说通过产业整合在一定时点上存在同业竞争，但存在整合计划并且作出了公开承诺的，也可以认可。

③关注实际控制人的承诺实际履行情况：实际控制人的公开承诺本身就是诚信问题，既然公开作出承诺就要记得，不能说承诺后做也行不做也行，常见未履行承诺类型有同业竞争、资产注入、增持等。

④关注土地和环保问题：这也是证监会非常看重的重点领域，目前国家提倡绿色发展，本身对空气、环保高度关注，所以在环保方面受过立案处罚的，尽管发行人各方面协调能力比较强，到了再融资的时候让当地环保部门出具了不构成重大违法行为的证明，但证监会有其审核标准，达到一定金额以上的，对于社会造成实质性损害的，找谁出文也没有用，倒逼企业平时就要符合环保要求，秉承绿色发展理念，尽量平时合法守规经营。最近3个月有违反环保法律受到行政处罚情节严重的，刑事处罚就更不用说了，不能公开发行股票。

⑤关注资管产有限合伙参与认购（3期定增）情况：资金在非公开发行获得核准后，发行方案备案前，资管产品或有限合伙资金募集到位。认购人数是否超限，穿透检查；证监会禁止在再融资中有优先、劣后的安排，做基金做成平层的，不要搞抽屉协议，另外锁定期内转让的，允许放弃认购，但不让份额互相转让。

⑥关注规范运作和信息露情况：上市公司的治理结构是否完善，相互间的制衡的机制是否明显，公司内部控制制度是否健全，且能有效保证公司运行的效率等，各个时点的信息披露是否做到及时、准确、完整。

7. 再融资专项运作适用的主要法律法规、部门规章及其他规范性文件

（1）行政法规。

①《上市公司证券发行管理办法》

②《公司债券发行与交易管理办法》

③《证券发行上市保荐业务管理办法》

④《证券发行与承销管理办法》（2015年修订）

⑤《创业板上市公司证券发行管理暂行办法》（2014年）

⑥《关于修改上市公司现金分红若干规定的决定》

⑦《其他相关行政规章》

（2）法规细则及披露规则。

包括：《上市公司非公开发行股票实施细则》（2017年修订）《上市公司股东发行可交换公司债券试行规定》《公司债券上市规则》（2015年修订）《非公开发行公司债券业务管理暂行办法》《公司券存续期信用风险管理指引》（试行）《非公开发行公司债券备案管理办法》《上交所可交换公司债券业务实施细则》《深交所可交换公司债券业务实施细则》《关于公开发行公司债券投资者适当性管理相关事项的通知》《公开发行证券的公司信息披露内容与格式准则第10号——上市公司公开发行证券申请文件》《公开发行证券的公司信息

披露内容与格式准则第 11 号——上市公司公开发行证券募集说明书》《公开发行证券的公司信息披露内容与格式准则第 23 号——公开发行公司债券募集说明书》《公开发行证券的公司信息披露内容与格式准则第 24 号——公开发行公司债券申请文件》《公开发行证券的公司信息披露内容与格式准则第 25 号——上市公司非公开发行股票预案和发行情况报告书》《关于前次募集资金使用情况报告的规定》《证券期货法律适用意见第 5 号》《发行监管问答——关于引导规范上市公司融资行为的监管要求》《深交所债券业务办理指南》第 1 号和第 2 号《非公开发行公司债券备案管理办法》《非公开发行公司负面清单指引》。

注：上述部分再融资相关法律法规也适用于债权再融资。

4.5 债权再融资专项运作实务操作

债券融资与股票融资一样，同属于直接融资，而信贷融资则属于间接融资。在直接融资中，需要资金的部门直接到市场上融资，借贷双方存在直接的对应关系。而在间接融资中，借贷活动必须通过银行等金融中介机构进行，由银行向社会吸收存款，再贷放给需要资金的部门。

4.5.1 公司债券的定义

公司债券是指公司依照法定程序发行的，约定在一定期限内还本付息的有价证券。公司债券是公司债的表现形式，基于公司债券的发行，在债券的持有人和发行人之间形成了以还本付息为内容的债权债务法律关系。因此，公司债券是公司向债券持有人出具的债务凭证。

4.5.2 发行公司债券的条件

对于发行人而言，发行公司债券属于向社会投资者出售信用、增加负债的重大社会融资行为，几乎所有国家的公司法都规定，发行公司债券需要公司决策机构，如董事会、股东大会等批准，公司经营管理层不得擅自决定发行公司债券，募集的资金不可以用于偿还银行贷款。对于政府监管机构而言，由于发行公司债券涉及到社会重大信用，对稳定社会经济秩序、维护投资者权益都有重大影响，因此几乎所有国家的公司法都规定，发行公司债券必须报经政府有关监管机构批准或核准，或者到政府监管机构登记、注册，否则，就属于违法行为。因此，"依照法定程序"主要包含两层含义：①需经公司决策层，如董事会、股东大会等批准；②需经政府监管部门同意。政府监管部门在同意发行公司债券的审查过程中，还通过有关法律法规在信用评级、财务审计、法律认证、信息披露等方面进行严格要求。

4.5.3 公司债券的类别

1. 按是否记名

记名公司债券，即在券面上登记持有人姓名，支取本息要凭印鉴领取，转让时必须背书并到债券发行公司登记的公司债券。

不记名公司债券，即券面上不需载明持有人姓名，还本付息及流通转让仅以债券为凭，不需登记。

2. 按持有人是否参加公司利润分配

参加公司债券，指除了可按预先约定获得利息收入外，还可在一定程度上参加公司利润分配的公司债券。

非参加公司债券，指持有人只能按照事先约定的利率获得利息的公司债券。

3. 按是否可提前赎回

可提前赎回公司债券，即发行者司在债券到期前购回其发行的全部或部分债券。

不可提前赎问公司债券，即只能一次到期还本付息的公司债券。

4. 按发行债券的目的

普通公司债券，即以固定利率、固定期限为特征的公司债券。这是公司债券的主要形式，目的在于为公司扩大生产规模提供资金米源。

改组公司债券、是为清理公司债务而发行的债券，也称为以新换旧债券。

利息公司债券，也称为调整公司债券，是指面临债务信用危机的公司经债权人同意而发行的较低利率的新债券，用以换回原来发行的较高利率债券。

延期公司债券，指公司在已发行债券到期元力支付，又不能发新债还旧债的情况下，在征得债权人同意后可延长偿还期限的公司债券。

5. 按发行人是否给予持有人选择权

附有选择权的公司债券，指在一些公司债券的发行中，发行人给予持有人一定的选择权，如可转换公司债券（附有可转换为普通股的选择权）、有认股权证的公司债券和可退还公司债券（附有持有人在债券到期前可将其回售给发行人的选择权）。

未附选择权的公司债券，即债券发行人未给予持有人上述选择权的公司债券。

公司债券大致可分为：普通公司债券、可转换公司债券、分离交易的可转换公司债券（目前处于暂停审批阶段）、可交换公司债券。另外市场上存在的其他融资工具还有：企业债券、绿色债券、可续期债券、创新创业债券、短期融资券、中期票据及非公开定向债务融资工具等。对于较主流的几项债券进行分别说明：

（1）公司债。

公司债（又称"公司债券，即普通公司债券"）是指上市公司依照法定程序发行、约定在一定期限还本付息的有价证券。公司债券代表了债券发行公司和债券投资者之间的债权债务关系，具有契约性、优先性、流动性、风险性等特征。公司债要还本付息，它不增加上市公司股票数量，不稀释原股东的股权比例。

与股权融资相比，公司债券具有如下优势：第一，资本成本低。由于公司债券的利息在公司所得税前支付，可以扣减一部分公司所得税。因此，避税作用和较低的发行成本，使得公司债券融资的资本成本低于股权融资。第二，保证股东的控制权。对于公司债券投资者而言，其只享有按期收取本息的权利，而没有参与公司经营决策和管理的权利，可以保证股东的控制权不被稀释。第三，信息披露压力小。从目前情况来看，只要不出现资不抵债等严重影响本息偿付的情况，公司债券投资者不必像股票投资者那样严格要求公司及时、准确、完整地披露公司经营的各方面信息。

(2) 可转债。

可转债（全称"可转换公司债券"）是指发行公司依法发行、在一定期限内依据约定的条件可以转换成股份的公司债券。这种债券附加转换选择权，在转换前是公司债券形式，转换后相当于增发了股票。可转债与一般的债券一样，在转换前投资者可以定期得到利息收入，但此时不具有股东的权利；在发行公司的经营业绩取得显著增长时，可转债的持有人可以在约定期限内，按预定的转换价格转换成公司的股份。

可转换公司债券是一种混合型的债券形式。当投资人不太清楚发行人的发展潜力及前景时，可先投资于这种债券。待发行人经营业绩改善，经营前景乐观其股票行市看涨时，则可将债券转换为股票，以受益于公司的发展。对于投资人来说，虽然债券的收益率较低但多了一种投资选择机会。

可转换公司债券的优势：第一，发行可转换公司债券，可以在股票市场低迷时筹集到所需资金；发行可转换公司债券的利率一般低于普通公司债券利率，此发行人可以以较低的融资成本获得所需资金。第二，可以通过债券与股票的换，优化资本结构，甚至可获取转换的溢价收入。在股市高估公司价值的时候可转换公司债券到期转换成功的可能性及其期权价值，往往也被高估了。选择这种时机溢价发行可转换公司债券，发行人可以赶在股价下跌之前融取大额资金公司估价被低估时发行可转换公司债券，主要在于它可以起到延缓股权融资的作用。这是因为，在股价偏低的情况下，公司管理层认为其公司价值被低估，立即发行股票将提高融资成本，而以可转换公司债券替代普通股发行，不仅可以避免筹集资金困难问题，而且当可转换公司债券发行后公司股价涨幅较大进而转股成功时，能以较高的价格间接地推迟股票出售，使公司能以较少的新股发行来筹集一定量的资本。

(3) 分离债。

分离债（全称"认股权和债券分离交易的可转换公司债券"）是指上市公司发行的一种附有认购该公司股票权利，且债券与认股权可以分离、可独立转让的公司债。分离债的持有人可以按预先规定的条件在公司发行股票时享有优先购买权，预先规定的条件主要是指股票的购买价格、认购比例和认购期间。分离债与可转债不同，前者在行使或出让新股认购权之后，债券形态依然存在；而后者在行使转换权之日，债券形态随即消失。因国内资本市场中权证交易的风险较大目前监管层已实质上停止了分离债的审批。

分离交易的可转换公司债券由两大部分组成：一是普通公司债券；二是股票权证。股票权证是指在未来规定的期限内，按照规定的协议价买卖股票的选择权证明，根据买或卖的不同权利，可分为认购权证和认沽权证。也就是说，它赋予上市公司两次筹资机会：先是发行附认股权证公司债券，这属于债权融资；然后认股权证持有人在行权期内或者到期时行权，这属于股权融资。

分离交易的可转换公司债券作为一种产品创新，是一种债权和股权混合的融资工具，具有以下特征：

①低融资成本。分离交易的可转换公司债券的投资者持认股权证，未来可以通过出售获取一定的经济利益，或通过行权获取股票差价，所以，发行人在产品的设计上会选取较低的利率，降低债券的价值，分离交易的可转换公司债券的发行利率比可转换公司债券要低

②减少管理层和股东之间的代理成本。分离交易的可转换公司债券具有分期融资的特点，可以最大限度地减少上市公司高管人员过度投资的机会，完善高管人员的约束和激励机制，体现市场化和有序化的再融资政策目标。

③完善发行人的财务结构。如果发行分离交易的可转换公司债券的持有人行使认股权证，那么发行人在增加债务的同时也增加了资本。债务犹如一把"双刃剑"，一方面发行人的财务杠杆会提高，使发行人面临较大的财务风险，一旦未来经营不善，无力偿还债务，发行人将陷入财务困境；另一方面，债务也给发行人带来了税务上的好处，支付债券利息使发行人的税务降低。

④融资风险适中。分离交易的可转换公司债券是一种结构型产品，结合了固定收益证券及衍生品的特性，固定收益有更强的价值保护，杠杆效应能为投资者提供全新的风险管理和套期保值的工具，与期货和期权相比，其交易结算简单，杠杆比率适中，具有止损下限的特点，可以满足投资者多元化投资的需求。

（4）可交换公司债券。

可交换公司债券是指上市公司的股东依法发行，在一定期限内依据约定的条件可以交换成该股东所持有的上市公司股份的债券。可交换债券是一种内嵌期权的金融衍生品，可以严格地说是可转换债券的一种。

可交换债券相比于可转换公司债券，有其相同之处，其要素与可转换债券类似，也包括票面利率、期限、换股价格和换股比率、换股期等；对投资者来说，与持有标的上市公司的可转换债券相同，投资价值与上市公司业绩相关，且在约定期限内可以以约定的价格交换为标的股票。不同之处一是发债主体和偿债主体不同，前者是上市公司的股东，后者是上市公司本身；二是所换股份的来源不同，前者是发行人持有的其他公司的股份，后者是发行人本身未来发行的新股。再者可转换债券转股会使发行人的总股本扩大，摊薄每股收益；可交换公司债券换股不会导致标的公司的总股本发生变化，也无摊薄收益的影响。

根据《上市公司股东发行可交换公司债券试行规定》，可交换公司债券具有以下特性：

①可交换债券和其转股标的股份分别属于不同的发行人，一般来说可交换债券的发行人为控股母公司，而转股标的的发行人则为上市子公司。

②可交换债券的标的为母公司所持有的子公司股票，为存量股，发行可交换债券一般并不增加其上市子公司的总股本，但在转股后会降低母公司对子公司的持股比例。

③交换债券给筹资者提供了一种低成本的融资工具。由于可交换债券给投资者一种转换股票的权，其利率水平与同期限、同等信用评级的一般债券相比要低。因此即使可交换债券的转换不成功，其发行人的还债成本也不高，对上市子公司也无影响。

4.5.4　公司债券发行应符合的一般条件

可参考股权再融资专项运作实务："二、上市公司公开发行证券应符合的一般条件。"

4.5.5　公司债券发行应符合的必要条件

（1）《证券法》第十六条规定，发行公司债应当符合下列条件。

①股份有限公司的净资产不低于人民币3000万元，有限责任公司的净资产不低于人民币6000万元；

②累计券余额不超过公司净资产的40%；

③最近3年平均可分配利润足以支付公司债券1年的利息；

④筹集的资金投向符合国家产业政策；

⑤债券的利率不超过国务院限定的利率水平；

⑥公开发行公司债券筹集的资金，必须用于核准的用途，不得用于弥补亏损和非生产性支出。

（2）《证券法》第十八条和《公司债券发行与交易管理办法》第十七条规定存在下列情形之一的，不得发行公司债券。

①前一次公开发行的公司债券尚未募足；

②对已公开发行的公司债券或者其他债务有违约或者延迟支付本息的事实，仍处于继续状态；

③违反《证券法》规定，改变公开发行公司债券所募资金的用途；

④最近36个月内公司财务会计文件存在虚假记载，或公司存在其他重大违法行为；

⑤本次发行申请文件存在虚假记载、误导性陈述或者重大遗漏

⑥对已发行的公司券或者其他务有违约或者迟延支付本息的事实仍处于继续状态；

⑦严重损害投资者合法权益和社会公共利益的其他情形。

（3）除上述规定外的其他的条款。

①公司债券可以公开发行，也可以非公开发行。

②公开发行公司债券，募集资金应当用于核准的用途；非公开发行公司债券，募集资金应当用于约定的用途。除金融类企业外，募集资金不得转借他人。发行人应当指定专项账户，用于公司债券募集资金的接收、存储、划转与本息偿付。

③公开发行公司债券，应当符合《证券法》《公司法》的相关规定，经中国证监会核准。公开发行的公司债券，应当在依法设立的证券交易所上市交易，或在全国中小企业股份转让系统或者国务院批准的其他证券交易场所转让。

④非公开发行的公司债券应当向合格投资者发行，不得采用广告、公开劝诱和变相公开方式，每次发行对象不得超过200人。发行人、承销机构应当按照中国证监会、证券自律组织规定的投资者适当性制度，了解和评估投资者对非公开发行债券的风险识别和承担能力，确认参与非公开发行公司债券认购的投资者为合格投资者，并充分揭示风险。非公开发行公司债券是否进行信用评级由发行人确定，并在债券募集说明书中披露。非公开发行公司债券，承销机构或依照《公司债券发行与交易管理办法》第三十三条规定自行销售的，公司应当在每次发行完成后5个工作日内向中国证券业协会备案。非公开发行公司债券，可以申请在证券交易所、全国中小企业股份转让系统、机构间私募产品报价与服务系统、证券公司柜台转让。转让仅限于合格投资者范围内，且转让后，持有同次发行债券的合格投资者合计不得超过200人。

⑤发行公司债券，可以申请一次核准，分期发行。自中国证监会核准发行之日起，公司

应在12个月内完成首期发行，剩余数量应当在24个月内发行完毕。公开发行公司债券的募集说明书自最后签署之日起6个月内有效。采用分期发行方式的，发行人应当在后续发行中及时披露更新后的债券募集说明书，并在每期发行完成后5个工作日内报中国证监会备案。

（4）发行可转债应符合的必要条件。

公开发行可转换公司债券的公司除应当符合上述《证券法》的第十六条规定和公开发行证券一般规定外，还应当符合《上市公司证券发行管理办法》的第十四条规定。

①最近3个会计年度加权平均净资产收益率平均不低于6%。扣除非经常性损益后的净利润与扣除前的净利润相比，以低者作为加权平均净资产收益率的计算依据。

②本次发行后累计司余额不超过最近一期末净资产额的40%。

③最近3个会计年度实现的年均可分配利润不少于公司债券1年的利息。另外，公开发行可转换公司债券，应当提供担保，但最近一期末经审计的净资产不低于人民币15亿元的公司除外。提供担保的，应当为全额担保，担保范围包括债券的本金及利息、违约金、损害赔偿金和实现债权的费用。以保证方式提供担保的，应当为连带责任担保，且保证人最近一期经审计的净资产额应不低于其累计对外担保的金额。证券公司或上市公司不得作为发行可转债的担保人但上市商业银行除外。设定抵押或质押的，抵押或质押财产的估值应不低于担保金额。估值应经有资格的资产评估机构评估。

（5）发行分离债应符合的必要条件。

发行分离交易的可转换公司债券除应符合公开发行证券的一般规定外，还应当符合《上市公司证券发行管理办法》的第二十七条规定：

①公司最近一期末经审计的净资产不低于人民币15亿元。

②最近3个会计年度实现的年均可分配利润不少于公司债券1年的利息。

③最近3个会计营活动产生现流量净额平均不少于公司债券1年的利息，符合《上市公司证券发行管理办法》第十四条第（一）项规定的公司除外。

④本次发行后累计公司债券余额不超过最近一期末净资产额的40%，预计所附认股权全部行权后募集的资金总量不超过拟发行公司债券金额。

另外，发行分离交易的可转换公司债券，发行人提供担保的，适用于《上市公司证券发行管理办法》第二十条第二款至第四款的规定。

（5）发行可交换公司债券应符合的必要条件。

《上市公司股东发行可交换公司债券试行规定》对上市公司股东发行可交换公司债券行为进行了规范。提出了以下三点内容。

①申请发行可换公司债券，应当符合下列规定：申请人应当是符合《公司法》《证券法》规定的有限责任公司或者股份有限公司；公司组织机构健全，运行良好，内部控制制度不存在重大缺陷；公司最近一期末的净资产额不少于人民币3亿元；公司最近3个会计年度实现的年均可分配利润不少于公司债券1年的利息；本次发行后累计公司债券余额不超过最近一期末净资产额的40%；本次发行债券的金额不超过预备用于交换的股票按募集说明书公告日前20个交易日均价计算的市值的70%，且应当将预备用于交换的股票设定为本次发行的公司债券的担保物；经资信评级机构评级，债券信用级别良好；不存在《公司债券发行试

点办法》第八条规定的不得发行公司债券的情形。

②预备用于交换的上公司股票应当符合下列规定：该上市公司最近一期末的净资产不低于人民币 15 亿元，或者最近 3 个会计年度加权平均净资产收益率平均不低于 6%；扣除非经常性损益后的净利润与扣除前的净利润相比，以低者作为加权平均净资产收益率的计算依据。用于交换的股票在提出发行申请时应当为无限售条件股份，且股东在约定的换股期间转让该部分股票不违反其对上市公司或者其他股东的承诺；用于交换的股票在本次可交换公司债券发行前，不存在被查封、扣押、冻结等财产权利被限制的情形，也不存在权属争议或者依法不得转让或设定担保的其他情形；可交换公司债券的期限最短为 1 年，最长为 6 年，面值每张人民币 100 元，发行价格由上市公司股东和保荐人通过市场询价确定。

③其他要求。预备用于交换的股票及其孳息（包括资本公积转增股本、送股、分红、派息等），是本次发行可交换公司债券的担保物，用于对债券持有人交换股份和本期债券本息偿付提供担保；拥有上市公司控制权的股东发行可交换公司债券的，应当合理确定发行方案，不得通过本次发行直接将控制权转让给他人。持有可交换公司债券的投资者因行使换股权利增持上市公司股份的，或者因持有可交换公司债券的投资者行使换股权利导致拥有上市公司控制权的股东发生变化的，相关当事人应当履行《上市公司收购管理办法》规定的义务。

4.5.6 其他债务融资工具

1. 中小企业私募债

中小企业已成为现代经济及国民经济增长中的重要组成部分。为响应国务院关于金融业服务于实体经济的号召，上海证券交易所、深圳证券交易所经中国证监会批准于 2012 年 5 月发布实施《中小企业私募债业务试点办法》，表明中小企业私募债业务正式开展。

（1）私募债的基本概念。

中小企业私募债是指中小微型企业在中国境内以非公开形式发行和转让，约定在一定期限内还本付息的公司债券。

（2）发行私募的基本条件。

①发行人是中国境内注册的有限责任公司或者股份有限公司；

②发行利率不得超过同期银行贷款基准利率的 3 倍；

③期限 1 年（含）以上（上交所规定期限 3 年以下）；

④未在上交所和深交所上市；

⑤符合中小企业认定标准：

农、林、牧、渔业。营业收入 20000 万元以下的为中小微型企业。其中，营业收入 500 万元及以上的为中型企业，营业收入 50 万元及以上的为小型企业，营业收入 50 万元以下的为微型企业。

工业。从业人员 1000 人以下或营业收入 40000 万元以下的为中小微型企业。其中，从业人员 300 人及以上，且营业收入 2000 万元及以上的为中型企业；从业人员 20 人及以上，且营业收入 300 万元及以上的为小型企业；从业人员 20 人以下或营业收入 300 万元以下的为微型企业。

建筑业。营业收入 80000 万元以下或资产总额 80000 万元以下的为中小微型企业。其中，营业收入 6000 万元及以上，且资产总额 5000 万元及以上的为中型企业；营业收入 300 万元及以上，且资产总额 300 万元及以上的为小型企业；营业收入 300 万元以下或资产总额 300 万元以下的为微型企业。

批发业。从业人员 200 人以下或营业收入 40000 万元以下的为中小微型企业。其中，从业人员 20 人及以上，且营业收入 5000 万元及以上的为中型企业；从业人员 5 人及以上，且营业收入 1000 万元及以上的为小型企业；从业人员 5 人以下或营业收入 1000 万元以下的为微型企业。

零售业。从业人员 300 人以下或营业收入 20000 万元以下的为中小微型企业。其中，从业人员 50 人及以上，且营业收入 500 万元及以上的为中型企业；从业人员 10 人及以上，且营业收入 100 万元及以上的为小型企业；从业人员 10 人以下或营业收入 100 万元以下的为微型企业。

交通运输业。从业人员 1000 人以下或营业收入 30000 万元以下的为中小微型企业。其中，从业人员 300 人及以上，且营业收入 3000 万元及以上的为中型企业；从业人员 20 人及以上，且营业收入 200 万元及以上的为小型企业；从业人员 20 人以下或营业收入 200 万元以下的为微型企业。

仓储业。从业人员 200 人以下或营业收入 30000 万元以下的为中小微型企业。其中，从业人员 100 人及以上，且营业收入 1000 万元及以上的为中型企业；从业人员 20 人及以上，且营业收入 100 万元及以上的为小型企业；从业人员 20 人以下或营业收入 100 万元以下的为微型企业。

邮政业。从业人员 1000 人以下或营业收入 30000 万元以下的为中小微型企业。其中，从业人员 300 人及以上，且营业收入 2000 万元及以上的为中型企业；从业人员 20 人及以上，且营业收入 100 万元及以上的为小型企业；从业人员 20 人以下或营业收入 100 万元以下的为微型企业。

住宿业。从业人员 300 人以下或营业收入 10000 万元以下的为中小微型企业。其中，从业人员 100 人及以上，且营业收入 2000 万元及以上的为中型企业；从业人员 10 人及以上，且营业收入 100 万元及以上的为小型企业；从业人员 10 人以下或营业收入 100 万元以下的为微型企业。

餐饮业。从业人员 300 人以下或营业收入 10000 万元以下的为中小微型企业。其中，从业人员 100 人及以上，且营业收入 2000 万元及以上的为中型企业；从业人员 10 人及以上，且营业收入 100 万元及以上的为小型企业；从业人员 10 人以下或营业收入 100 万元以下的为微型企业。

信息传输业。从业人员 2000 人以下或营业收入 100000 万元以下的为中小微型企业。其中，从业人员 100 人及以上，且营业收入 1000 万元及以上的为中型企业；从业人员 10 人及以上，且营业收入 100 万元及以上的为小型企业；从业人员 10 人以下或营业收入 100 万元以下的为微型企业。

软件和信息技术服务业。从业人员 300 人以下或营业收入 10000 万元以下的为中小微型企业。其中，从业人员 100 人及以上，且营业收入 1000 万元及以上的为中型企业；从业人员 10 人及以上，且营业收入 50 万元及以上的为小型企业；从业人员 10 人以下或营业收入 50 万元以下的为微型企业。

房地产开发经营。营业收入 200000 万元以下或资产总额 10000 万元以下的为中小微型企业。其中，营业收入 1000 万元及以上，且资产总额 5000 万元及以上的为中型企业；营业收入 100 万元及以上，且资产总额 2000 万元及以上的为小型企业；营业收入 100 万元以下或资产总额 2000 万元以下的为微型企业。

物业管理。从业人员 1000 人以下或营业收入 5000 万元以下的为中小微型企业。其中，从业人员 300 人及以上，且营业收入 1000 万元及以上的为中型企业；从业人员 100 人以上，且营业收入 500 万元及以上的为小型企业；从业人员 100 人以下或营业收入 500 万元以下的为微型企业。

租赁和商务服务业。从业人员 300 人以下或资产总额 120000 万元以下的为中小微型企业。其中，从业人员 100 人及以上，且资产总额 8000 万元及以上的为中型企业；从业人员 10 人及以上，且资产总额 100 万元及以上的为小型企业；从业人员 10 人以下或资产总额 100 万元以下的为微型企业。

其他未列明行业。从业人员 300 人以下的为中小微型企业。其中，从业人员 100 人及以上的为中型企业；从业人员 10 人及以上的为小型企业；从业人员 10 人以下的为微型企业。

⑥不属于房地产企业和金融企业。

（3）私募债的基本要素。

审核体制：中小企业私募债发行由具有承销业务资格的证券公司承销并向上海和深圳交易所备案，交易所对承销商提交的备案材料完备性进行核对，备案材料齐全的，交易所将确认接受材料，并在 10 个工作日内决定是否接受备案，如接受备案，交易所将出具《接受备案通知书》。

发行期限：发行期限暂定在 1 年以上（通过设计回、回售条款可将期限缩短在 1 年内），暂无上限，可一次发行或分期发行。

发行人类型：中小微企业，推出初期确定发行人需为非上市公司（暂不包括房地产业和金融企业）。

投资者类型：面向合格投资者，《中小企业私募债券试点业务指南》中对合格投资者有明确的界定。另外，发行人的董事、监事、高级管理人员及持股比例超过 5% 的股东可以参与本公司发行私募债券的认购，但仅允许通过承销商交易单位进行转让。承销商亦可参与其承销私募债券的认购与转让。

发行条件：中小企业私募债发行规模不受净资产 40% 的限制。需提交最近两年经审计财务报告，但对财务报告中的利润情况无要求，不受年均可分配利润不少于公司债券 1 年的利息的限制。

担保和评级：对是否进行信用评级没有硬性规定。私募债券增信措施以及信用评级安排由买卖双方自主协商确定。发行人可采取其他内外部增信措施，提高偿债能力，控制私募债券风险。

发行方式及流通场所：非公开发行；在上交所固定收益平台和深交所综合协议平台挂牌交易或证券公司进行柜台交易转让；发行、转让及持有账户合计限定为不超过 200 个。

（4）中企业发行私募债的优势。

"中小企业私募债"在发行审核、发行规模、发行条件、募集资金用途等方面都有别于现有债务融资工具，其主要优势有以下五种：

①降低综合融资成本，改善企业融资环境。银行信贷规模进一步收紧发行债券可以拓宽企业融资渠道，改善企业融资环境。通过发行中小企业私募债，有助于解决中小企业融资难、综合融资成本高的问题；有助于解决部分中小企业银行贷款短贷长用，使用期限不匹配的问题；增加直接融资渠道，有助于在经济形势和自身情况未明时保持债务融资资金的稳定性。

②筹集资金规模大，发行条件灵活。中小企业私募债券对发行人净资产和盈利能力等没有硬性要求，由承销商对发行人的偿债能力和资金用途进行把握，私募债规模占净资产的比例未作限制，筹资规模可按企业需要自主决定；中小企业私募债券的各种要素，诸如发行金额、利率、期限等，均由发行人、承销商和投资者自行协商确定，期限灵活，可以分为中短期（1~3 年）、中长期（5~8 年）、长期（10~15 年）；债券可以附赎回权、上调票面利率选择权等期权条款；增信设计可为第三方担保、抵押／质押担保等，也可以设计认股权证等；可分期发行。

③资金使用灵活，债务结构合理。允许中小企业私募债的募集资金全额用于偿还贷款、补充营运资金；若公司需要，也可以用于募投项目投资、股权收购等方面；资金使用的监管较松。

④提高资本市场影响力。债券发行期间的推介、公告与投资者的各种交流可以有效地提升企业的形象；债券的成功发行显示了发行人的整体实力，有助于企业在证监会、交易所面前提前树立良好印象，有利于企业未来的上市等其他安排；债券的挂牌交易进一步为发行人树立资本市场形象。

⑤宏观政策鼓励，发行审批便捷。"十二五"规划草案提出，要显著提高直接融资比重。目前中小企业私募债在发行审核上率先实施"备案"制度，接受材料至获取备案同意书 10 个工作日内。

2. 非公开定向债务融资工具

2011 年 4 月 29 日，交易商协会发布了《银行债券市场非金融企业债务融资工具非公开定向发行规则》。2011 年 5 月 4 日，非公开定向发行正式推出。非公开定向发行工具的推出对于深化市场功能，完善市场结构有着重要作用。因为，非公开定向融资工具的发行，可以吸引诸如私募基金等风险偏好型投资者入市、激活非金融机构投资者交投热情，吸引大量的机构投资人进入非公开定向发行市场，进一步推动市场投资人结构的不断优化，逐步改变银行间市场机构投资者队伍相对集中的现状，在培育多层次投资者队伍的同时推进市场运行效率提升。很显然，在稳健的货币政策环境下，非公开定向发行市场与公开发行市场将是构成我国债券市场功能互补、协调发展的两个组成部分，推动我国直接融资比重的继续扩大，进一步促进融资结构的优化。

(1) 非公开定向发行的基本概念。

非公开定向发行是指具有法人资格的非金融企业，向银行间市场特定机构投资人（以下简称"定向投资人"）发行债务融资工具，并在特定机构投资人范围内流通转让的行为。在银行间市场以非公开定向发行方式发行的债务融资工具称为非公开定向工具。

(2) 非公定向融资工具的基本条件。

①发行人是具有法人资格的非金融企业。

②发行利率在监管要求范围内发行人与投资者协商确定，由于定向工具流动性弱于公募产品，发行利率高于公开发行债务融资工具。

③发行期限没有明确要求，但主要集中在1年、2~3年期品种，部分5年期。

(3) 非公开定向债务融资工具的基本要素。监管机构：中国银行间市场交易商协会。

发行期限：未作特别限定，可由主承销商、发行人和投资者商定

发行规模和资金用途：突破"累计发行债券余额不得超过公司净资产40%"的规定限制。

投资者类型：在银行间债券市场发行，由协会界定的银行间债券市场合格投资者，定向投资人投资定向工具应向交易商协会出具书面确认函。

交易流通：不限于初始投资人，可在签订《定向发行协议》的定向投资者人之间转让。

(4) 非公开定向务融资工具的优势。

①程序便捷。定向工具采取注册制，在协会现有中期票据注册规划的基础上进一步简化注册程序，申报材料简化，同时仅作要件审核，审批过程进一步加快。

②产品结构灵活。可以由发行人与定向投资者协商，根据双文特定需求灵活制定个性化的产品

③信息披露较少：定向工具发行人的全部信息仅在定向投资者间披露信息披露的具体要求由发行人与定向投资者协商确定，可豁免信用评级。

④突破净资产40%的限制。定向工具不受企业净资产40%的限制，企业直接债务融资的空间增长潜力大。

(5) 非公开定向债务融资工具的发行程序。

①发行人和主承销商在定向工具发行前遴选确定定向投资人；定向投资人投资定向工具应向交易商协会出具书面确认函。

②企业或者相关中介机构应向交易商协会提交非公开定向发行注册材料正式文件，该文件包括：主承销商负责的非公开定向发行注册信息表、非公开定向发行注册推荐函，发行人负责的非公开定向发行注册材料报送函、内部有权机构决议、企业法人营业执照（副本）复印件或同等效力文件、最近1年经审计的财务报表，定向发行协议，非公开定向发行法律意见书，定向工具投资人确认函，相关机构及从业人员资质证明。

③交易商协会根据相关自律规则指引接受非公开定向发行注册材料，对非公开定向发行注册材料进行形式完备性核对。该核对实行核对人和复核人双人负责制；若核对人认为非公开定向发行注册材料形式完备，则直接交由复核人进行复核；若核对人认为非公开定向发行注册形式不完备，经复核人复核后，核对人可通过主承销商向企业出具补充信息的建议函；

复核人对核对人工作进行复核，复核人可根据需要通过主承销商向企业出具补充信息的建议函。复核人认定非公开定向发行注册材料形式完备，则按照规定程序办理相关后续工作。

④交易商协会接受发行注册的，应向企业出具《接受注册通知书》，注册有效期2年。企业在注册有效期内需要更换主承销商或者变更注册金额的，应重新注册。企业在注册有效期内可分期定向发行，首期发行应在注册后6个月内完成。

⑤企业向定向投资人发行定向工具前，应与拟投资该期定向工具的定向投资人达成《定向发行协议》。

⑥企业行向工具合条件的承销机构承销。企业自主选择主承销商。需要组织承销团的，由主承销商组织承销团。定向工具的发行价格按市场化方式确定。

⑦企业应在定向工具发行完成后的下一个工作日，以合理方式告知定向投资人当期定向工具实际发行规模、期限、利率等情况；通过主承销商向交易商协会书面报告发行情况。为定向工具提供登记托管、流通转让服务的机构，应按照交易商协会的要求，及时向交易商协会提供定向工具相关信息；应于次月的5个工作日内，将本月定向工具托管结算和流通转让情况书面报送交易商协会。

3. 除国债外的债券现货主要品种比较

除国债外的债券现货主要品种比较如表4-5所示。

表 4-5 主要债券比较

要素	企业债	公司债	可转换公司债	可交换公司债券	短期融资券	中期票据	中小企业私募债	非公开定向债务融资工具
定义	指中国境内具有法人资格的企业在境内依照法定程序发行、约定在一定期限内还本付息的有价证券	指上市公司依照法定程序发行、约定在一定期限内还本付息的有价证券	指发行公司依法发行，在一定期间内依据约定的条款，可以转换成股票形式的债券	是指上市公司的股东依法发行，在一定期限内依据约定的条件可以交换成该股东所持有的上市公司股份的债券	指非金融企业在银行间债券市场发行和交易并约定在一定期限内还本付息的债务融资工具	指非金融企业在银行间债券市场分期发行的，约定在一定期限内还本付息的债务融资工具	指中小微型企业在中国境内以非公开形式发行和转让、约定在一定期限内还本付息的公司债券	指具有法人资格的非金融企业，向银行间市场特定机构投资人发行债务融资工具，并在特定机构投资人范围内流通转让的行为。在银行间市场以非公开定向发行方式发行的债务融资工具称为非公开定向债务融资工具
监管主体	国家发改委	证监会/交易所	证监会/交易所	证监会/交易所	银行间市场交易商协会	银行间市场交易商协会	交易所（中国证监会）	银行间市场交易商协会
发行方式	审批制	审核制/备案制	审核制	审核制	注册制	注册制	备案制	注册制
发行主体	中央政府部门所属机构、国有独资企业或国有控股企业（它对发债主体的限制比公司债窄）	上市公司、发行境外上市外资股的境内公司、证券公司、拟上市公司	上市公司	上市公司股东	中国境内具备法人资格的非金融企业	中国境内具备法人资格的非金融企业	符合工信部《中小企业划型标准规定》的中小微非上市企业	中国境内具备法人资格的非金融企业
行业限定	能源、交通、工业、城建、高新技术等扶持性行业	无行业限制	无行业限定	无行业限定	无行业限定	无行业限定	非房地产企业和金融企业	无行业限定

续表

要素	企业债	公司债	可转换公司债	可交换公司债券	短期融资券	中期票据	中小企业私募债	非公开定向债务融资工具
所占比例	占企业债发行总额的60%~70%	占公司债发行总额的30%~40%	不适用	可交换公司债券不超过募集说明书公告日前20个交易日均价计算市值的70%	不适用	不适用	不适用	不适用
发债资金用途	主要限制在固定资产投资和技术革新改造方面，用并与政府部门审批的项目直接相关（受发改委固定资产投资方向影响）	固定资产投资、技术更新改造、改善公司资金来源的结构、调整公司资产结构、降低公司财务成本、支持公司并购和资产重组等	改善股权结构和融资结构	无限制	募集资金用途灵活，包括补充流动资金和置换银行贷款等	募集资金用途灵活，包括项目投建、补充流动资金和偿还债务等	无限制	应符合法律法规和国家政策需求
是否需要全额担保	需全额无条件、可撤销的连带责任担保	不强制要求担保	全额担保，但最近一期末经审计的净资产不低于15亿元的公司除外	预备用于交换的股票设定为发行的担保物	无须担保	无须担保	不强制要求担保	无须担保
信用评级	需要信用评级	公开发行需要信用评级；非公开发行不强制要求评级	需要信用评级	需要信用评级	需要信用评级	需要信用评级	不强制要求评级	无须信用评级
上市交易	可在银行间市场和交易所市场流通	可在证券交易所挂牌买卖交易	可以交易	可在证券交易所挂牌买卖交易	全国银行间债券市场	全国银行间债券市场	交易所固定收益综合平台（上交所）、综合协议交易平台（深交所）、证券公司	在《定向发行协议》约定的定向投资人之间流动转让

续表

要素	企业债	公司债	可转换公司债	可交换公司债券	短期融资券	中期票据	中小企业私募债	非公开定向债务融资工具
主要发行条件	（1）发债前连续3年盈利，所筹资金用途符合国家产业政策；（2）累计债券余额不超过公司净资产的40%；最近3年平均可分配利润足以支付公司债券1年的利息；（3）发债资金用于投资项目的，用于其投资总额不得超过该项目建设总额的20%；（4）取得公司董事会同意申请发行债券的决定	（1）股份有限公司净资产不低于3000万元；（2）有限责任公司净资产不低于6000万元；（3）最近3年平均可分配利润足以支付公司债券1年的利息；（4）累计发行债券余额超过其净资产40%。另公开发行的还应符合：（1）发行人最近3年无债务违约或者迟延支付本息的事实；（2）最近3个会计年度实现的年均可分配利润不少于公司债券1年利息的1.5倍；（3）债券信用评级达到AAA	（1）主板和中小板要求最近3个会计年度加权平均净资产收益率不低于6%，创业板无此要求；（2）主板和中小板要求3年连续盈利，创业板连续两年盈利即可；（3）累计债券余额不超过公司净资产的40%；（4）最近3年平均可分配利润不少于公司债券1年的利息	（1）最近一期末净资产不少于人民币3亿元；（2）公司最近3个会计年度实现的年均可分配利润不少于公司债券1年的利息；（3）本次发行后累计公司债券余额不超过最近一期末净资产额的40%；（4）本次发行债券的金额不超过预备用于交换的股票按募集说明书公告日前20个交易日均价计算的市值的70%，且应当将预备用于交换的股票设定为本次发行的公司债券的担保物	（1）具有稳定的偿债资金来源，最近一个会计年度盈利；（2）流动性良好，具有较强的到期偿债能力；（3）发行募集资金用于本企业生产经营；（4）近3年发行的融资券没有延迟支付本息的情形；（5）具有健全的内部管理体系和募集资金的使用偿付管理制度；（6）其他软条件	（1）具有稳定的偿债资金来源，最近一个会计年度盈利；（2）流动性良好，具有较强的到期偿债能力；（3）发行募集资金用于本企业生产经营；（4）近3年发行的融资券没有延迟支付本息的情形；（5）具有健全的内部管理体系和募集资金的使用偿付管理制度；（6）其他软条件	（1）办理中小企业私募债必须有企业纳税规范，营业收入达到一定规模，以企业年均发债额不低于发债额的限制；（2）营业收入达到一定规模，以企业年均发债额不低于发债额度为宜；（3）需提交最近两年经审计财务报告，但对利润情况无要求；（4）不受年均可分配利润不少于公司债券1年的利息的限制	无硬性条件

293

续表

要素	企业债	公司债	可转换公司债	可交换公司债券	短期融资券	中期票据	中小企业私募债	非公开定向债务融资工具
利率水平	市场招标，不得高于同期银行居民储蓄定期存款利率的40%	市场询价	发行利率由发行公司和主承销商协商确定，一般以市场招标确定	发行利率由发行公司和主承销商协商确定，一般以市场招标确定	发行利率或发行价格由发行机构协商确定，一般以市场招标确定	发行利率或发行价格由企业和承销机构协商确定，一般以市场招标确定	发行利率不得超过同期银行贷款基准利率的3倍	发行利率或发行价格由企业协商确定，一般以交易商协会指导价（参考同期中期票据发行价）浮动确定
债券期限	一般为5年以上，以10年和20年居多	一般是5~10年，以10年居多	1~6年	最短为1年，最长为6年	最长不超过365天。发行企业可在上述最长期限内自主确定每期融资券的期限	发行期限为1年以上，3年期和5年期为主流品种	1年期以上（深交所）3年以下（上交所）	6个月、1年期、2年期3年期及5年期
发行规模（相互占用额度）	不超过净资产40%，不超过项目投资总额的30%，不低于10亿元	本次发行后累计公司债券余额不超过最近一期末净资产40%	本次发行后累计公司债券余额不超过最近一期末净资产的40%	本次发行后累计公司债券余额不超过最近一期末净资产40%	注册额度上限为净资产的40%，对企业发行融资券实行余额管理	注册额度上限为净资产的40%，对企业发行融资券实行余额管理	不受净资产额比例限制	不受净资产额比例限制
发行对象	境内机构和个人投资者	境内机构和个人投资者	证券投资基金、自然人、法人等	公众投资者和合格投资者	全国银行间债券市场的机构投资者	全国银行间债券市场的机构投资者	面向机构投资者发行，个人投资者亦可参与	定向工具不向社会公众发行。定向投资人由发行人和主承销商在定向工具发行前遴选确定

4. 债券融资专项运作程序及其他

债券融资专项运作之发行核准并上市程序按公开发行（公募）和非公开发行（私募）分别适用不同的审核流程。证监会依法对面向公众投资者和合格投资者公开发行公司债券行政许可申请进行审核。面向公众投资者公开发行公司债券申请，按照《程序规定》的"一般程序"实施行政许可；面向合格投资者公开发行公司债券申请，简化行政许可实施程序。

（1）面向公众投资者公开发行公司债券的审核流程。

①受理。

中国证监会行政许可受理部门根据《程序规定》《管理办法》等要求，接收公司债券发行申请文件，并按程序转公司债券监管部。

公司债券监管部对申请材料进行形式审查。需要发行人补正的，按规定提出补正要求；认为申请材料形式要件齐备，符合受理条件的，通知受理部门作出受理决定；发行人未在规定时间内提交补正材料，或提交的补正材料不符合法定形式的，通知受理部门作出不予受理决定。

②审核。

申请受理后，公司债券监管部将根据回避要求等确定审核人员。审核人员分别从财务和非财务角度对申报材料进行审核，并适时启动诚信档案查询程序。审核工作遵循双处双审、书面反馈、集体讨论的原则。

③反馈。

审核人员审阅发行人申请文件，提出初审意见，提交反馈会集体讨论。反馈会主要讨论初步审核中关注的问题、拟反馈意见及其他需要会议讨论的事项，通过集体决策方式确定反馈意见。

原则上反馈会按照申请文件受理时间顺序安排。反馈会后形成书面反馈意见，履行内部程序后转受理部门通知、送达发行人。自申请材料受理至首次反馈意见发出期间为静默期，审核人员不接受发行人来电来访及其他任何形式的沟通交流。

发行人应当在规定时间内向受理部门提交反馈意见回复材料。期间，如有疑问可与审核人员通过电话、邮件、传真、会谈等方式进行沟通。当面会谈沟通的，公司债券监管部应指定两名以上工作人员在办公场所与发行人及其中介机构会谈。

④行政许可决定。

公司债券监管部召开审核专题会，集体讨论形成审核意见。原则上依据受理时间顺序安排审核专题会。

审核专题会对发行人的基本情况、审核中发现的主要问题以及反馈意见回复情况进行集体讨论，形成公司债券发行申请的审核意见。审核专题会审核意见分为通过、有条件通过和不予通过。对于发行申请材料仍存在尚需进一步落实的重大问题的，公司债券监管部可以按规定再次发出书面反馈意见。

中国证监会履行核准或者不予核准公司债券发行行政许可的签批程序后，审结发文，公司债券监管部及时完成申请文件原件的封卷归档工作。

发行人领取核准发行批文后，无重大期后事项或已履行完期后事项程序的，可按相关规定启动发行。

⑤期后事项。

对于发行人和主承销商领取批文后发生重大事项（简称"期后事项"）的，发行人及相关中介机构应按规定向公司债券监管部提交期后事项材料，对该事项是否影响发行条件发表明确意见。

审核人员按要求及时提出处理意见，需提交审核专题会重新审议的，按照相关规定履行内部工作程序。

（2）面向合格投资者公开发行公司债券的审核流程。

中小企业私募债整个发行流程的工作大致可以分为五个阶段，分别是前期准备阶段、材料制作阶段、申报阶段、备案阶段及发行阶段。每一阶段都各有工作流程及重点事宜，程序分工明确。接下来由法律快车编辑在本文整理介绍公司发行私募债的流程内容。

①前期准备阶段：

流程步骤：讨论确定发行方案：规模、期限、担保方式、预计利率、募集资金用途等；联系担保工作；会计师开展审计工作；券商、律师开展尽职调查；召开董事会、股东（大）会；

重点工作：前期重点工作有发债事项决议、审计工作、尽职调查及确定发行方案，具体内容与企业角色分析如下：发债事项决议，发行人有权部门需组织会议，出具同意发债的决议文件。一般发债事宜由董事会提案，股东大会批准后方可开展。制定审核限制股息分配措施。此时企业需联系召开董事会和股东大会；审计工作，备案材料包含发行人经具有执行证券、期货相关业务资格的会计师事务所审计的最近两个完整会计年度的财务报告。一般审计工作所需时间最长，而财务数据定稿决定了其它备案文件的完成时间。在企业操作层面，发行人需尽早确定会计师，安排会计师进场开展审计工作；尽职调查，主承销商、律师、会计师等中介机构可一起对企业进行尽职调查，以加快项目进程。尽职调查期间，主承销商与发行人商定私募债具体发行方案。中小企业作为私募债发行人需根据中介机构要求配合完成尽职调查；确定发行方案，在此项工作中，具体要做到四确定，即确定发行规模、期限、募集资金用途等常规方案（具体方案在项目过程中仍可讨论修改）；确定私募债受托管理人，承销商、上市商业银行，为私募债提供担保机构不得担任该债受托管理人；确定担保方式（第三方担保，财产抵质押），积极寻找担保方，联系担保工作；确定偿债保障金账户银行。

②材料制作阶段：

流程步骤：完成评级、担保工作；签署各项协议文件（承销协议、受托管理协议、债券持有人会议规则、设立偿债保障金专户、担保函、担保协议）；中介机构撰写承销协议、募集说明书、尽职调查报告等；律师出具法律意见书；完成上报文件初稿。

重点工作：在材料制作阶段重要的是完成担保工作和签署协议文件两大方面。具体内容与企业角色分析如下：证券交易所鼓励发行人采取一定的增信措施，以提高偿债能力，降低企业融资成本；内部增信、外部增信（第三方担保；保证；担保抵押（优先选择现房、国有土地使用权（含上面房屋）、在建工程等价格稳定的）；质押（黄金、白银、股票、应收账款、专利权等）等；目前受市场认可度较高的担保方式为第三方担保（担保公司），考虑到第三方担保需要尽职调查，且发行人需要准备相应反担保物，该环节耗时长，沟通较为复杂，需要尽早安排；选择担保机构很重要：机构实力，股权结构，评级等。签署协议文件，需要签署的协议文件包括承销协议、受托管理协议、债券持有人会议规则、银行设立偿债保障金专户签订的协议、担保协议或担保函；协议文件的签署，保证了相关文件制作的顺利完成。对签署协议各方都需要走公司内部流程，需要预留时间以防止耽误整体进程。在企业角色方面，中小企业要与各方签订好协议。与主承销商签订承销协议；与受托管理人签署受托管理协议，制定债券持有人会议规则；在银行设立偿债保障金账户；与担保人签署担保协议或担保函。

③申报阶段：

流程步骤：全部文件定稿；申请文件报送上交所、深交所备案；寻找潜在投资者。

重点工作：申报阶段的重点工作是寻找投资者，在申报阶段，主承销商开始寻找本期债券的潜在投资人，进行前期沟通。此时中小企业私募债发行者应配合主承销商做好企业宣传、推介工作。

④备案阶段：

流程步骤：证交所对备案材料进行完备性审查；备案期间与主管单位持续跟踪和沟通；出具《接受备案通知书》，完成备案。

重点工作：备案阶段的重点工作是沟通协调，上报备案材料后，主承销商需要在备案期间与主管单位持续跟踪和沟通，保证债券顺利备案。此时中小企业私募债发行者应配合主承销商做好与主管单位沟通工作。

⑤发行阶段：

流程步骤：发行推介及宣传；备案后六个月内择机发行债券。

重点工作：发行流程最后一个阶段即发行阶段，其重点工作主要是做好发行推介和把握好发行时机。在发行阶段，主承销商正式寻找本期债券投资人，进行充分沟通，积极推介企业；私募债的合格投资者包括金融机构、金融机构发行的理财产品、企业法人、合伙企业以及高净值个人，主承销商的销售实力与寻找潜在投资人的能力直接相关，进而对公司最终融资成本产生影响，故为申报阶段的重点。

在证券交易所备案后六个月内，发行人可择机发行债券。此时主承销商通过对市场的研究，与发行人共同把握发行时机；优秀的承销商能够寻求更好的发行窗口，挖掘更多潜在的投资者，以低利率发行本期债券，为发行人降低发行成本。

在整个中小企业私募债发行流程的五个阶段中，所需花费的时间上前三个阶段需要1个月左右，备案阶段预计1—2个月，发行阶段要在6个月内。

5. 公司债券融资审核要点

2021年4月22日，上交所发布《上海证券交易所公司债券发行上市审核规则适用指引第3号——审核重点关注事项》。

主要关注公司债券发行人四方面的重点事项：一是组织机构与公司治理，重点关注发行人、控股股东、实际控制人是否存在重大负面舆情、严重失信行为以及发行人是否存在大额非经营性往来、大额对外担保、股权结构不稳定等情况；

二是财务信息披露，重点关注发行人是否存在债务结构和债务篮子不合理、债务过度激进扩张、大额资产受限、现金流或盈利缺乏稳定性以及财务指标明显异常等情形；

三是特定类型发行人，重点关注发行人是否属于"母弱子强"的投资控股型发行人以及是否存在信用评级下调、债务违约记录等需要关注的情形，并对城市建设类企业和房地产企业等特定类型发行人信息披露要求进行了特别明确；

四是中介机构履职尽责，重点关注中介机构对相关事项的核查工作以及执业质量评价记录情况。中介机构和相关人员存在严重负面执业记录的，将加大审核问询力度，推进实施分类审核。

4.6 案例分析：A 城投公司公开发行中期票据

一、A 城投公司简介

（一）A 城投公司基本情况

A 城投公司成立于 2009 年 4 月 28 日，中文注册名称为 A 市城乡开发投资有限公司，经营范围：重点支持土地整理和土地一级开发项目、城乡基础设施建设项目、产业集聚区、扶持产业化龙头项目；资产管理；物流建设运营；传媒事业发展；国内广告的设计、制作、代理、发布；公共停车场管理；中介咨询；环保事业发展；园林绿化；房屋租赁；房地产开发经营；房地产中介服务；物业管理；企业管理；商贸服务；城市综合开发；建材销售；基础设施建设与运营；基础设施维护、租赁；棚户区改造。

A 城投公司最初是由 A 市东新区管理委员会以货币出资设立，企业类型为有限责任公司。公司经过五次增资及股东变更，形成如下股权结构，如表 4-6 所示：

表 4-6 设立时的股权结构表

股东名称	认缴出资（万元）	占比（%）	实缴出资（万元）
A 市城建投资发展有限公司	230,000.00	89.22	0
A 市投资集团有限公司	27,800.00	10.78	8,900.00
合计	257,800.00	100	8,900.00

截至 2020 年 6 月末，公司本部内设 9 个职能部门，包括招商发展部、财务会计部、投融资管理部及工程管理部等；合并范围内拥有子公司 3 家。截至 2019 年末，公司资产总额 72.32 亿元，所有者权益 45.36 亿元；2019 年，公司实现营业收入 12.26 亿元，利润总额 2.32 亿元。截至 2020 年 6 月末，公司资产总额 88.67 亿元，所有者权益 46.53 亿元；2020 年 1—6 月公司实现营业收入 6.71 亿元，利润总额 1.10 亿。截至本募集说明书签署之日，A 城投公司注册资本、实收资本及股权结构未发生变化。公司的股权结构图如图 4-2 所示：

```
A市国有资产监督管理局
        │ 100%
        ▼
A国控发展有限公司
        │ 100%
        ▼
A市城建投资发展有限公司         A市投资集团有限公司
                89.22% ↘    ↙ 10.78%
                    A平台公司
```

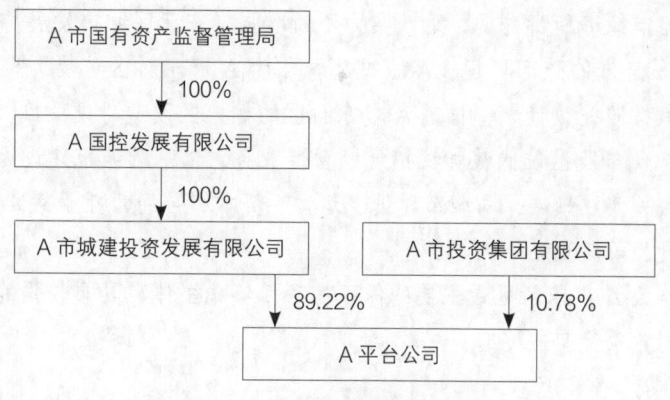

图4-2　A城投公司股权结构图

（二）A城投公司主营业务

A城投公司是A市东新区最主要的保障房项目实施主体，在城市基础设施建设领域履行公共基础设施建设职能。A城投公司及子公司XH置业的主营业务为委托代建业务，主要承接棚户区改造项目工程，负责城市化进程中的保障房和安置房建设等，项目主要集中在A市东新区。其中A城投公司主营业务经营情况如下：2017—2019年及2020年1—6月，公司分别实现主营业务收入81,913.35万元、118,576.05万元、121,871.01万元和67,111.65万元，其中，2018年度主营业务收入较2017年度增加36,662.70万元，增加幅度为44.76%，2019年度主营业务收入较2018年度增加3,294.96万元，增加幅度为2.78%，主要因为2018年度和2019年度确认了KH家园项目收入较大，导致当期委托代建收入大幅增加；2017—2019年及2020年1—6月，公司主营业务毛利润分别为-2,409.22万元、-3,487.53万元、2,389.63万元和1,315.91万元，其中，2017年度和2018年度公司毛利润持续为负，主要是公司所承接项目均为由HN省政府批准，由A市东新区政府牵头，经区发改委、住建局等部门配合，委托公司进行的棚户区改造项目，建设期间的所有支出在开发成本中进行核算，根据项目结点，移交政府，再确认收入同时结转成本。由于上述项目均为由政府引导的改造项目，所以加成非常低，2%的加层比率，同时受营改增后收入为含税核算影响，导致公司扣除税费后，毛利润为负，2019年度公司毛利润由负转正，主要是因为当期公司由小规模纳税人变更为一般纳税人。公司的主营业务经营情况如表4-7所示：

表4-7　公司近三年主营业务收入、成本和利润

单位：万元

相关指标	2017年度	2018年度	2019年度	2020年1—6月
主营收入及占比	81,913.35 100%	118,576.05 100%	121,871.01 100%	67,111.65 100%
主营成本及占比	84,322.60 100%	122,063.60 100%	119,481.40 100%	65,795.74 100%
毛利润及占比	-2,409.22 100%	-3,487.53 100%	2,389.63 100%	1,315.91 100%
毛利率	1.96%	1.96%	-2.94%	-2.94%

近几年来，A市经济稳步发展，财政实力不断增强，东新区城市发展持续推进，为A城投公司发展提供了良好的外部环境；A城投公司作为A市东新区重要的棚户区改造实施主体，未来仍将继续按照棚改计划，推进A市东新区的棚户区改造建设项目。与此同时，公司也将积极利用自身优势及区位优势尝试拓展经营性业务，以基础城市建设为中心，挖掘上下游运营链，涉入相关实业领域，向城市建设、运营、资本综合经营性业务目标发展。

（三）A城投公司核心竞争优势

A城投公司作为A市东新区最主要的保障房项目实施主体，具有较强的竞争优势和广阔的发展前景。公司竞争优势主要有：

1. 区域垄断优势

A城投公司是A市东新区最主要的保障房项目实施主体，在A市东新区保障房项目建设领域处于一定的垄断地位，承担了东新区大部分的拆迁安置及保障房项目建设任务。随着东新区未来经济水平的提高和城镇化进程的加快，A城投公司在拆迁安置房和保障房建设和销售等行业中的主导地位将更加凸显。在A市未来的城市规划中，A市东新区将集行政、金融、文化、旅游于一体的发展定位，成为A市的城市名片。A市东新区现处于建设的初期，有强烈的棚户区改造需求，A城投公司作为该区域最主要的保障房项目实施主体，具有较强的区域垄断优势，基本无外来竞争，市场相对稳定。

2. 政府支持优势

2017—2019年，A市分别实现地区生产总值2517.03亿元、2687.22亿元和3198.49亿元，经济实力有所增强；2017—2019年，A市一般公共预算收入持续增长，分别为111.83亿元、129.30亿元和140.9亿元，其中，2019年税收收入为100.2亿元，增长10.8%，占一般公共预算收入的71.1%。2017—2019年，A市一般公共预算支出分别为514.90亿元、618.60亿元和656.2亿元，财政自给率（一般公共预算收入/一般公共预算支出×100%）分别为21.72%、20.90%和21.47%。2019年，A市政府性基金收入（主要为国有土地使用权出让收入）为213.8亿元，较上年增长25.5%，主要系当年土地市场行情较好所致。东新区作为A市未来的政治文化中心和城乡建设中心，发展前景良好，为A城投公司提供了良好的外部发展环境。鉴于A城投公司的重要地位，公司在项目资本金、资产注入和财政补贴等方面获得有力的政府外部支持。2017—2019年及2020年1—6月，公司累计获得财政补贴10.20亿元。2020年1—6月，公司获得道路地下管网、引黄调蓄工程项目资产及权益注入，价值合计25.33亿元。随着A市政府和东新区政府对公司逐步注入经营性资产，扩大公司生产经营规模，未来对公司的支持力度不会减弱。

3. 融资渠道优势

A城投公司具有优良的资信AA评级，经过数年运营，基本业务板块已形成，在区域内具备较强的竞争力，为进一步实现综合发展和提升抗风险能力奠定了基础。同时A城投公司与商业银行、证券公司、信托公司、融资租赁等金融机构有着良好的合作关系，资信较好，融资渠道持续拓宽。通过与银行等金融机构的良好合作，A城投公司的经营发展将得到有利的信贷支持，业务拓展能力也有了可靠的保障，通畅的融资渠道更为A城投公司未来的发展提供了有力的资金支持。

二、中期票据发行的过程与结果
（一）发行的准备过程
1. 债券融资方案设计
由于防疫特殊时期，在经过前期与 A 城投公司高管两次沟通债券融资计划的前提下，2020 年 3 月 16 日，主承销商通过线上会议形式与 A 城投公司高管对公司债务结构、主营业务、资金用途、偿债保障等发债融资相关核心要素以及中期票据产品优势进行综合分析探讨，初步确定了选择发行中期票据融资的方案。

2. 现场尽职调查
2020 年 3 月 30 日，国内疫情防控初现好转，省内低风险地区做好防护措施的前提下允许在省内跨市流动，主承销商联合副主承销商、评级机构、律师事务所、会计师事务所组建项目组共同前往 A 城投公司开展现场尽调事宜，对 A 城投公司的三年及一期的审计财务报告底稿、主营业务相关底稿等内部资料进行现场搜集，同时项目组各成员分别与 A 城投公司高管们进行面对面的沟通访谈，以确保获取的相关资料信息真实有效。

3. 项目组立项
2020 年 4 月 29 日，历时一个月项目组提前完成了各自的立项准备工作，主承销商完成募集说明书的撰写且根据项目组各成员的评审意见进行了内部立项并确定了 A 城投公司中期票据注册额度不超过 10 亿（含 10 亿），首期发行额度不超过 5 亿（含 5 亿），期限不超过 5 年（含 5 年），其中 80% 的发行额度用于偿还高息非标融资借款，20% 的发行额度用于经营性项目补流的发行初步方案。

4. 公司董事会审议
2020 年 5 月 7 日，A 城投公司根据公司章程召开董事会审议中期票据发行方案，会议最终作出了同意 A 城投公司发行本次中期票据的决议，同意 A 城投公司公开发行期限不超过 5 年期（含 5 年）、注册额度不超过 10 亿（含 10 亿）、首期发行规模不超过 5 亿元（含 5 亿元）的中期票据，根据资金需求计划和市场情况选择一次性或分期发行，所募集资金主要用于置换高成本的金融机构贷款、补充公司流动资金。具体发行规模、发行期限、及发行的相关条款设置根据相关监管部门规定、交易商协会审核和发行时的债券市场情况来定。

5. 准备材料上报协会
2020 年 5 月 11 日，主承销商与 A 城投公司签订承销协议及受托管理协议并出具推荐函，律师事务所出具无异议法律意见书，评级公司出具主体 AA 和债项评级 AA 的评级报告，组织完备上报协会的全套材料。

（二）发行的申报过程
2020 年 5 月 18 日，主承销商准备全套注册材料向交易商协会申报。积极沟通协会审核员收文并针对收文反馈问题进行补充回复。其中交易商协会审核员共有三次问题反馈，同时主承销商一一对应补充回复，具体如下：

1. 交易商协会第一次反馈
交易商协会审核员要求补充披露代建模式下盈利能否覆盖成本的财务问题。
主承销商与 A 城投公司高管面对面沟通核算协会审核员提出的盈利问题，结果回复如下：盈利可以覆盖成本，由于A城投公司以委托代建模式签订的棚改项目在2016年营改增之前，营改增之前按照开发成本加成2%基本可以覆盖营业成本，营改增之后，上述项目仍然按照原协议中约定的开发成本加成2%的比例进行回购，由于营改增之后项目营业成本较营改增之前有所增加，仅凭加成2%的收益率难以覆盖营改增之后项目的实际营业成本，基于上述项目收益较低或为负的情况，东新区政府每年会根据A城投公司经营情况给与一定的补贴资金，补贴资金可以覆盖A城投公司代建项目建设发生的亏损。

2. 交易商协会第二次反馈

交易商协会审核员要求从以下九个方面：法律法规执行情况、政府职能剥离情况、募集资金用途情况、公司规范运作情况、企业生产经营情况、资产真实性及合规性情况、与政府相关的市场化安排、A城投公司其他融资情况及审计署审计情况，提供补充合规及政策要求的专项尽调说明。

主承销商根据前期尽调底稿以及与A城投公司高管再次面对面访谈沟通合规方面问题，同时A城投公司通过主动的自审自查、逐一比照交易商协会审核员提出的九个方面的法律法规及政策要求的相关问题并征询A市财政局的意见，最终得出结论性的意见并回复交易商协会审核员：A城投公司符合交易商协会审核员提出的九个方面的法律法规及政策要求的相关情况同时提供专项尽调的说明情况底稿清单。

3. 交易商协会第三次反馈

交易商协会审核员要求进一步分析公司经营活动产生的现金流量情况。主承销商根据尽调底稿及审计报告同时跟A城投公司高管沟通确认后做出及时回复：A城投公司在2017—2019年及2020年6月末，经营活动现金流入主要来自于收到其他与经营活动有关的现金。经营活动现金流出主要为购买商品、接受劳务支付的现金以及支付其他与经营活动有关的现金等。报告期内，公司经营活动现金流量净额分别为-130,814.71万元、-45,424.16万元、-72,143.22万元和-72,690.10万元。其中，公司经营活动现金流入额分别为90,294.81万元、322,626.09万元、191,674.78万元和194,646.42万元，主要是收到其他与经营活动有关的现金。公司经营活动现金流出额分别为221,109.52万元、368,050.25万元、263,818.00万元和267,336.51万元，主要是购买商品、接受劳务支付的现金以及支付其他与经营活动有关的现金。2017—2019年及2020年6月末，公司经营活动现金流量净额持续为负，主要系公司应收类款项对公司资金形成较大占用，回款较慢所致。2018年公司经营活动产生的现金流量净额较2017年增加85,390.55万元，主要系2018年公司主营业务收入大幅增加导致当期销售商品、提供劳务收到的现金较上年度增加较多，同时由于2018年收回款项的工程多数是在以前年度已支付相关的投资款，因而2018年公司购买商品、接受劳务支付的现金并未随收入的变动同比增长，从而导致公司2018年经营活动产生的现金流量净额较2017年增幅较大。2019年公司经营活动产生的现金流量净额较2018年减少26,719.06万元，主要系2019年公司主营业务收入增加导致当期购买商品、接受劳务支付的现金增加，同时2019年收回款项较上年度减少，从而导致2019年度经营活动产生的现金流量净额较上年度有所减少。A城投公司现金流量情况如表4-8：

表 4-8 公司现金流量情况

单位：万元

项目	2020年1—6月	2019年度	2018年度	2017年度
经营活动产生的现金流量净额	-72,690.10	-72,143.22	-45,424.16	-130,814.71
投资活动产生的现金流量净额	-230.15	-7,896.58	-134.09	-7,632.39
筹资活动产生的现金流量净额	144,465.87	57,527.27	86,381.12	135,526.81
现金及现金等价物净增加额	71,545.62	-22,512.53	40,822.87	-2,920.29

（三）发行的结果

1. 成功注册

2020年7月1日，主承销商经过一个多月的与交易商协会审核员沟通、反馈及补充回复，A城投公司终于拿到了交易商协会的注册通知书，同意A公司注册期限3年期、注册额度10亿的中期票据。

2. 成功发行

通过前期一个多月的对债券投资人进行中期票据发行询价及7月7日现场中期票据路演情况来看，A城投公司的中期票据发行预期与市场投资人的看法相差甚远，A城投公司要求不高于距发行日30个自然日内的本省区域内万得数据同行政层级城投公司所发行同品种债券票面利率算术平均数，年化利率5.3%。而投资人大都认为A城投公司AA评级且首次在交易商协会公开发行债务融资工具，评级资质相对较弱，还款风险较大。在主承销商自主认购20%的前提下，极少数投资人要求利率上浮30%才有意向认购，远远不能满足发行预期额度，发行难度加大。

鉴于以上发行准备受挫的情况，项目组采取先前制定的增加担保对策，通过对A城投公司进行增加担保优势分析，一方面增加担保能保证顺利发行进而提升A城投公司的债券资本市场的公开形象，另一方面建议由控股股东AA+评级的A市城建投资发展有限公司来提供担保进而达到节约发行成本的目的。A城投公司采纳了项目组的增加担保优势分析方案并把增加担保的方案提交股东会审议且获得了审批，最终A城投公司在2020年8月28日以AA+的债项评级成功发行了5亿额度，期限3年、票面利率4.8%的中期票据。

三、中期票据发行案例分析

（一）中期票据发行的背景分析

1. 宏观政策背景

纵观2019年，面对日益严峻的国际贸易冲突和世界经济形势下行趋势，我国高层的工作重心以加强逆周期调节和维持经济平稳有序发展为主。这其中，推进基础设施建设成为支持经济发展的重要举措之一，而城投公司作为地方政府开展基础设施建设的主要抓手，在当前经济形势和政策环境下的重要性不言而喻。特别是2020年春节期间，新冠肺炎疫情突然爆发且烈度高、传播迅速。针对疫情，国家采取了延长假期、推迟复工、倡议隔离等措施。由于疫情的影响，市场受到重大打击，国家通过更大力度的减税降费、贷款支持措施为受到疫情影响的行业和企业进行扶持，力保经济平稳发展。监管层也通过多项政策对债券市场参与各方提供了有力支持。2020年1月28日，银行间交易商协会率先发布《关于加强银行间市场自律服务，做好疫情防控工作的通知》；2020年2月1日有央行、财政部、银保监会、证监会和国家外汇管理局等五部委联合发布的《关于进一步强化金融支持防控新型冠状病毒感染肺炎疫情的通知》（以下简称为《通知》）该通知重点提及开辟债券发行"绿色通道"；随后，沪深交易所、发改委和银行间交易商协会均对"绿色通道"进行了延伸，为更多企业发行债券提供了便利。

A城投公司作为国有城投公司应当积极响应国家政策带动当地实体经济复苏，及时推进疫情防控期间的投融资计划，发行中期票据融资争取如期完成稳基建、稳投资的重要任务。

2. 公司自身背景

A城投公司目前自身情况为评级机构给出的主体评级AA，收入结构来源于地方政府收入超过了50%，净资产50亿左右，直接融资占比较低，经营性项目资金缺口较大等；自身融资需求是偿还非标融资高成本资金需求、经营性项目资金需求、补充流动资金需求。首先，根据A城投公司的评级、收入结构及净资产等基础因素分析，交易商协会的债务融资工具相对于企业债、公司债来看，没有"单50"（"单50"指A城投公司来自于地方政府收入不能超过营业收入的50%。）的限制，只要符合AA评级以上即可发行，这是A城投公司首选交易商协会的发债融资工具的基础背景；其次，根据A城投公司的债务融资结构和非标融资成本来看，公司前期高资金成本的信托、租赁等非标融资占比相对正常的债务结构来看占比较高，而且大多用于棚改保障房建设相关的偿债资金，公司计划通过低成本债券融资尽快归还高息非标融资，优化债务结构，公开发行债券成本相对较低，是公司融资计划的强烈动因，发行中期票据是公司目前公开发行债券融资的最佳选择；再次，经营性项目的流动资金需求，公司旗下运营的物业板块、绿化板块、停车场板块等经营性项目板块都有很大的资金缺口，中期票据的资金用途可以满足经营性资金缺口；最后，对A城投公司来讲，债券发行成功是首要目标，公开发行中期票据的核心优势是主承销商可以自行认购百分之二十的发行额度，这对中期票据发行的投资机构有很大的引导作用，对中期票据发行成功是一个关键因素背景。

3. 市场化转型背景

随着2014年国发43号文的发布，政府城投公司的融资进入融资新阶段，再加上近几年监管部门对城投公司违规举债的问责不断升级，A城投公司积极响应国家倡导的城投公司市场化转型的政策背景，主动做了以下准备工作：一是公司内部根据监管要求主动自审自查，妥善处理与政府相关的债务问题。二是在经营方面，做优做强主营业务，担当城市基础设施建设、棚改保障房建设领域的重要职能。同时利用自身核心优势积极尝试拓展当地的经营性业务，以基础的城市建设为中心，挖掘相关经营性业务领域机会，朝着城市建设、运营、资本综合经营性业务目标发展。比如目前在做的房屋租赁业务、物业管理服务业务、园林绿化工程业务及停车场运营等等。三是开拓资本市场业务，公司目前在新三板市场已完成收购了与主营业务相关的绿化公司，这给公司带来经营性资产的同时也带来了市场化运营的资源及新的利润增长点。四是加强直接融资规模占比，挖掘培养债券融资相关的市场化人才，积极拥抱债券融资市场，学习研究债券融资的政策及条件。以上市场化转型的准备工作举措是交易商协会对发行人发行中期票据的硬性要求。

（二）中期票据发行的可行性分析

1. 公司基本条件分析

A城投公司基本条件为：评级机构给出的最新主体评级为AA，收入结构来源于地方政府收入占比超过了50%，净资产额度50亿左右，直接融资占比较低。一方面根据A城投公司的主体评级情况、收入结构、净资产额度等发债融资核心要素分析，交易商协会的债务融资工具相比于企业债、公司债来看，没有收入结构"单50"的限制，只要符合AA评级以上且发债额度不超净资产的40%即可注册发行，这是A城投公司首选交易商协会的发债融资工具的基础条件；另一方面根据A城投公司的债务融资结构分析来看，公司前期高资金成本的信托、租赁等非标融资比较多，而且大多用于棚改保障房建设相关的偿债资金，直接融资占比太低，提高直接融资比重是公司外源融资的战略规划，公司计划通过低成本债券融资尽快归还高息非标融资资金，优化债务结构，是公司融资计划的强烈需求，交易商协会对发行人的资金用途规定能满足A城投公司的资金融资计划需求，发行中期票据是公司目前公开发行债务融资的最佳选择；对A城投公司融资的最终目标来讲，债券发行成功是首要条件，交易商协会允许主承销商认购主承公开发行的债务融资工具，公开发行中期票据的核心优势正是主承销商可以自行认购百分之二十的发行额度，这大大增加了发行成功的机率。综上对A城投公司基本条件分析可知，A城投公司基本条件符合交易商协会对发行人的基本条件要求。

2. 公司财务评价分析

（1）资产负债结构分析。

本文主要从资产结构、负债结构两个方面来分析A城投公司的资产负债结构情况。

①资产结构分析。

2017—2019年及2020年6月末，公司资产总额分别为490,417.52万元、637,483.15万元、723,215.61万元和886,706.71万元，呈现逐年增长态势。公司资产以流动资产为主，报告期内，各期末流动资产分别为461,039.47万元、608,659.99万元、687,164.17万元和850,189.39万元，占期末总资产的比例分别为94.01%、95.48%、95.02%和95.88%；各期末非流动资产分别为29,378.05万元、28,823.16万元、36,051.44万元和36,517.33万元。占期末总资产的比例分别为5.99%、4.52%、4.98%和4.12%，整体上呈逐年递减趋势。公司资产的构成情况如表4-9所示：

表4-9 A城投公司资产结构表

单位：万元，%

资产	2020年6月末 金额	占比	2019年末 金额	占比	2018年末 金额	占比	2017年末 金额	占比
货币资金	94,483.55	10.66	22,937.93	3.17	45,450.45	7.13	14,627.59	2.98
应收账款	157,320.43	17.74	108,200.31	14.96	85,073.07	13.35	60,009.02	12.24
其他应收款	61,623.27	6.95	117,121.61	16.19	105,225.80	16.51	20,033.30	4.08

续表

资产	2020年6月末		2019年末		2018年末		2017年末	
	金额	占比	金额	占比	金额	占比	金额	占比
存货	536,760.99	60.53	438,904.33	60.69	372,910.67	58.50	366,369.56	74.71
流动资产合计	850,189.39	95.88	687,164.17	95.02	608,659.99	95.48	461,039.47	94.01
投资性房地产	32,653.35	3.68	32,968.76	4.56	25,929.79	4.07	26,560.61	5.42
固定资产	1,126.34	0.13	931.62	0.13	748.22	0.12	669.85	0.14
无形资产	1,987.87	0.22	2,011.63	0.28	2,071.68	0.32	2,131.73	0.43
非流动资产合计	36,517.33	4.12	36,051.44	4.98	28,823.16	4.52	29,378.05	5.99
资产总计	886,706.71	100.00	723,215.61	100.00	637,483.15	100.00	490,417.52	100.00

虽然公司资产规模持续增长，但是主要以应收委托代建款和棚户区改造项目成本为主，对资金形成较大占用，对公司整体资产质量影响有待进一步分析，现对应收账款和存货分析如下：

第一，应收账款分析。2017—2019年及2020年6月末，公司应收账款分别为60,009.02万元、85,073.07万元、108,200.31万元和157,320.43万元，占总资产的比例分别为12.24%、13.35%、14.96%和17.74%。其中，公司应收账款2018年末较2017年末增加25,064.05万元，增幅为41.77%；2019年末比2018年末增加23,127.24万元，增幅为27.19%；2020年6月末比2019年末增加49,120.13万元，增幅为45.40%。报告期内公司应收账款增幅较大，主要为应收A市东新区管理委员会的棚户区改造代建工程款项，总体看，公司应收账款集中度高，对资金形成一定的占用。公司的应收账款收款对象主要为A市东新区管理委员会，截至2020年6月末，A市东新区管理委员会欠款金额为157,182.56万元，占应收账款总额的比例为99.91%；截至2019年末，A市东新区管理委员会欠款金额为108,057.56万元，占应收账款总额的比例为99.86%；截至2018年末，A市东新区管理委员会欠款金额为85,031.06万元，占应收账款总额的比例为99.95%。公司与A市东新区管理委员会形成的应收账款为代建工程款项，一般不会产生无法收回情况，公司应收账款整体质量较高。2017年末、2018年末、2019年末和2020年6月末，应收账款期末余额中金额较大的单位明细如表4-10所示：

表4-10 应收账款期末余额中金额较大的单位明细表

单位：万元，%

债务人名称	2020年6月末		2019年12月31日		2018年12月31日		2017年12月31日	
	金额	占比	金额	占比	金额	占比	金额	占比
A市东新区管委会	157,182.56	99.91	108,057.56	99.86	85,031.06	99.95	60,009.02	100.00
合计	157,182.56	99.91	108,057.56	99.86	85,031.06	99.95	60,009.02	100.00

第二，存货分析。2017—2019年及2020年6月末，公司存货账面余额分别为366,369.56万元、372,910.67万元、438,904.33万元和536,760.99万元，占总资产的比例分别为

74.71%、58.50%、60.69%和60.53%，存货占比保持在较高水平。存货项目全部为棚户区改造项目的工程施工成本。报告期内，公司存货明细如表4-11所示：

表4-11 公司存货明细表

单位：万元，%

项目	2020年6月30日		2019年12月31日		2018年12月31日		2017年12月31日	
	账面价值	占比	账面价值	占比	账面价值	占比	账面价值	占比
开发成本	536,760.99	100.00	438,904.33	100.00	372,910.67	100.00	366,369.56	100.00
合计	536,760.99	100.00	438,904.33	100.00	372,910.67	100.00	366,369.56	100.00

②负债结构分析。

2017—2019年及2020年6月末，公司负债总额分别为81,514.55万元、207,092.62万元、269,572.78万元和421,403.96万元。其中，公司的流动负债规模分别为35,056.21万元、71,089.18万元、61,705.77万元和68,028.60万元，非流动负债规模分别为46,458.34万元、136,003.44万元、207,867.01万元和353,375.36万元。从负债结构来看，公司报告期内非流动负债占总负债的比重不断提高，表明公司债务结构改善明显，长期资金较好的支持了公司的项目建设，较好的规避了资金期限错配和债务集中偿付的风险。公司负债的总体构成情况如表4-12所示：

表4-12 公司负债的总体构成情况

单位：万元，%

项目	2020年6月30日		2019年12月31日		2018年12月31日		2017年12月31日	
	金额	占比	金额	占比	金额	占比	金额	占比
短期借款	18,000.00	4.27	12,000.00	4.45	15,000.00	7.24	19,950.00	24.47
应交税费	17,673.44	4.19	15,418.49	5.72	11,270.23	5.44	4,587.15	5.63
其他应付款	22,683.49	5.38	22,495.69	8.34	34,432.31	16.63	3,544.96	4.35
短期非流动负债	9,582.32	2.27	11,791.59	4.37	10,386.64	5.02	6,974.10	8.56
流动负债合计	68,028.60	16.14	61,705.77	22.89	71,089.18	34.33	35,056.21	43.01
长期借款	233,564.61	55.43	187,291.61	69.48	126,500.00	61.08	32,968.25	40.44
应付债券	99,200.00	23.54	0.00	0.00	0.00	0.00	0.00	0.00
长期应付款	20,610.75	4.89	20,575.40	7.63	9,503.44	4.59	13,490.09	16.55
非流动负债合计	353,375.36	83.86	207,867.01	77.11	136,003.44	65.67	46,458.34	56.99
负债合计	421,403.96	100.00	269,572.78	100.00	207,092.62	100.00	207,092.62	100.00

（2）现金流量分析。

本文主要从经营活动现金流、投资活动现金流及筹资活动现金流三个方面来分析A城投公司的现金流量情况。

①经营活动现金流量分析。

公司经营活动现金流入主要来自于收到其他与经营活动有关的现金。经营活动现金流出主要为购买商品、接受劳务支付的现金以及支付其他与经营活动有关的现金等。2017—2019年及2020年6月末，公司经营活动现金流量净额分别为-130,814.71万元、-45,424.16万元、-72,143.22万元和-72,690.10万元。其中，公司经营活动现金流入额分别为90,294.81万元、322,626.09万元、191,674.78万元和194,646.42万元，主要是收到其他与经营活动有关的现金。公司经营活动现金流出额分别为221,109.52万元、368,050.25万元、263,818.00万元和267,336.51万元，主要是购买商品、接受劳务支付的现金以及支付其他与经营活动有关的现金。报告期内，公司经营活动现金流量净额持续为负，主要系公司应收类款项对公司资金形成较大占用，回款较慢所致。2018年公司经营活动产生的现金流量净额较2017年增加85,390.55万元，主要系2018年公司主营业务收入大幅增加导致当期销售商品、提供劳务收到的现金较上年度增加较多，同时由于2018年收回款项的工程多数是在以前年度已支付相关的投资款，因而2018年公司购买商品、接受劳务支付的现金并未随收入的变动同比增长，从而导致公司2018年经营活动产生的现金流量净额较2017年增幅较大。2019年公司经营活动产生的现金流量净额较2018年减少26,719.06万元，主要系2019年公司主营业务收入增加导致当期购买商品、接受劳务支付的现金增加，同时2019年收回款项较上年度减少，从而导致2019年度经营活动产生的现金流量净额较上年度有所减少。

②投资活动现金流量分析。

2017—2019年及2020年6月末，公司投资活动产生的现金流量净额分别为-7,632.39万元、-134.09万元、-7,896.58万元和-230.15万元。公司投资活动现金流入规模较小，主要系购建固定资产、无形资产和其他长期资产支付的现金。2017年和2019年公司购建固定资产、无形资产和其他长期资产支付现金主要为自建招商大厦的投入。

③筹资活动现金流量分析。

2017—2019年及2020年6月末，公司筹资活动产生的现金流入量主要是取得借款收到的现金。筹资活动产生的现金流出量主要是偿还债务所支付的现金。报告期内，公司筹资活动产生的现金流量净额分别为135,526.81万元、86,381.12万元、57,527.27万元和144,465.87万元。其中，公司筹资活动现金流入量分别为175,822.30万元、174,900.00万元、95,351.61万元和169,000.00万元，公司筹资活动现金流出量分别为40,295.49万元、88,518.88万元、37,824.34万元和24,534.13万元。2017年，公司筹资活动产生的现金流量净额大幅上升，主要是吸收投资收到的现金大幅增加所致。2020年1—6月，公司筹资活动产生的现金流量净额大幅上升，主要是A城投公司积极拓展融资渠道，取得借款和发行债券收到的现金明显增加所致。公司近年来为推进项目建设积极筹措资金，特别是积极开拓债券融资市场资金，主动学习研究债券市场创新型债券产品，为公司多元化多渠道融资打开思路同时也积极拓展营利性经营项目，为发债筹资奠定基础，为较高的偿债能力提供了有力的保障。报告期内，公司现金流量情况如表4-13所示：

表4-13 现金流量情况表

单位：万元

项目	2020年1—6月	2019年度	2018年度	2017年度
经营活动产生的现金流量净额	-72,690.10	-72,143.22	-45,424.16	-130,814.71
投资活动产生的现金流量净额	-230.15	-7,896.58	-134.09	-7,632.39
筹资活动产生的现金流量净额	144,465.87	57,527.27	86,381.12	86,381.12
现金及现金等价物净增加额	71,545.62	-22,512.53	40,822.87	-2,920.29

（3）偿债能力分析。

本文将利用流动比率和速动比率来分析A城投公司的短期偿债能力，利用资产负债率和EBITDA利息倍数来分析长期偿债能力。2017—2019年及2020年6月末，公司合并口径的资产负债率分别为16.62%、32.49%、37.27%和47.52%。A城投公司资产负债率处于较低水平，长期偿债能力较强。2018年末较2017年末，公司资产负债率上升15.87%，主要系公司因业务扩张需要，公司新增长期借款所致。公司流动资产中棚改项目投资占比较高，资产实际流动性弱于指标值。2019年末较2018年末，公司资产负债率略有增加，但依然处于较低水平。

从短期偿债能力指标看，各报告期末，公司流动比率分别为13.15倍、8.56倍、11.14倍和12.50倍，较为波动，主要系各报告期末流动资产持续增加，同时2018年末流动负债较2017年末明显增加，2019年末略有下降所致；各报告期末，公司速动比率分别为2.70倍、3.32倍、4.02倍和4.61倍，持续增加，短期偿债能力持续增强。整体来看，公司流动比率和速动比率均处于较高水平，短期偿债能力较强。

从长期偿债能力指标看，2018年，公司EBITDA利息倍数【EBITDA利息倍数=EBITDA/（利息支出+资本化利息支出）。其中，EBITDA=利润总额+计入财务费用的利息支出+折旧+无形资产摊销+长期待摊费用摊销】由2017年的6.88倍下降至2.36倍；2019年，公司EBITDA利息倍数由2018年的2.36倍下降至1.84倍，总体来看EBITDA对利息的覆盖程度依然较高；2017—2019年及2020年6月末，公司的资产负债率为16.62%、32.49%、37.27%、47.52%，随着公司业务量的提升，负债率也相应的增加，但是负债率的边际收益整体上处于合理的范围内。从整体看，公司长期债务偿债能力尚可，为较高的偿债能力提供了有力的保障。公司主要偿债指标如表4-14所示：

表4-14 公司主要偿债指标表

财务指标	2020年6月30日	2019年12月31日	2018年12月31日	2017年12月31日
资产负债率（%）	47.52	37.27	32.49	16.62
流动比率（倍）	12.50	11.14	8.56	13.15
速动比率（倍）	4.61	4.02	3.32	2.70
EBITDA利息保障倍数	—	1.84	2.36	6.88

（4）盈利能力分析。

本文主要从营业收入、毛利及其他收益三个方面来分析A城投公司的盈利能力。从营业收入来看，2017—2019年及2020年6月末，公司营业收入分别为81,913.35万元、119,137.75万元、122,576.61万元和67,112.86万元，公司营业收入稳步增长，公司盈利能力也进一步加强。从毛利来看，2017—2019年及2020年6月末，公司毛利率分别为-2.94%、-3.16%、1.80%和1.49%，由负转正。公司所承接项目均为由HN省政府批准，由A市东新区政府牵头，经区发改委、住建局等部门配合，委托公司进行的棚户区改造项目，建设期间的所有支出在开发成本中进行核算，根据项目结点，移交政府，再确认收入同时结转成本。由于上述项目均为由政府引导的改造项目，所以加成比率较低，同时受营改增后收入为含税核算影响，导致公司扣除税费后，毛利率为负。2019年度毛利率由负转正，表明公司盈利能力出现好转。从其他收益来看，2017—2019年及2020年6月末，公司各期其他收益分别为36,000.00万元、28,000.00万元、24,000.00万元和14,000.00万元，系公司收到的政府补贴。其他收益占当期营业利润的比例分别为116.86%、130.53%、103.17%和126.67%，公司报告期内净利润对财政补助依赖较强。根据公司历年取得财政补贴时由A市东新区财政局发布的《A市东新区财政局关于给予A市城乡开发投资有限公司财政补贴的通知》显示，公司历年取得的财政补贴为东新区财政局为表彰公司在城市综合运营方面做出重大贡献的奖励。该项奖励由东新区财政局拨付。随着A市政府和东新区政府对公司逐步注入经营性资产，扩大公司生产经营规模，未来对公司的支持力度不会减弱，同时A城投公司也通过近几年市场化转型在不断利用自身核心竞争优势开拓主营业务产业链上下游的营利性项目，目前已经为公司增加了盈利来源，所以公司未来盈利能力保障不会减弱，盈利能力逐步提升。2017—2019年及2020年6月末，公司经营情况如表4-15所示：

表4-15 公司经营情况表

单位：万元

项目	2020年1—6月	2019年度	2018年度	2017年度
营业收入	67,112.86	122,576.61	119,137.75	81,913.35
营业成本	66,111.15	120,372.87	122,899.23	84,322.57
毛利润	1,001.71	2,203.74	-3,761.48	-2,409.22
管理费用	799.44	898.18	650.72	194.10
财务费用	446.21	1,284.01	1,231.43	2,050.54
其他收益	14,000.00	24,000.00	28,000.00	36,000.00
营业利润	11,052.06	23,263.78	21,451.64	30,807.03
利润总额	11,049.59	11,049.59	21,449.95	30,808.43
净利润	11,659.93	23,252.30	21,487.55	30,820.34
毛利率（%）	1.49	1.80	-3.16	-2.94

综上所述，2017—2019年及2020年6月末，公司资产规模持续增长，公司整体资产质量较好；公司有息债务持续快速增长，债务结构合理，整体债务负担适中；公司营业收入持续增长，政府补助对利润实现贡献度高，整体盈利能力较强；受委托代建业务回款存在一定滞后影响，公司收入实现质量一般，加之棚户区改造项目投入增加，经营活动现金流呈持续净流出状态，考虑到公司在建棚户区改造项目尚需投资额大，仍具有较大融资需求。从偿债能力指标看，公司短期偿债能力强，长期偿债能力尚可，考虑到公司作为A市东新区重要的棚户区改造实施主体，获得有力的外部支持，整体偿债能力很强。A城投公司的财务核心指标表明其偿还债务的能力很强，受不利经济环境的影响不大，违约风险很低，财务状况符合交易商协会的中期票据发行的财务基本要求。

3.六真原则分析

从交易商协会制定的"六真"原则进行分析，六真原则是指"真公司、真资产、真项目、真支持、真偿债、真现金流"六原则，即：明确要求申请企业不得为"空壳"公司，需内控完善，业务经营和公司财务具有独立性；公司资产必须存在能产生现金流和利润并保证偿债的经营性资产，不能全部为公益性资产；必须是公司或下属子公司正常经营的项目，要避免为融资而将项目主业临时并入的情况；政府具有明确的支持措施，且措施落实到位；要有明确、可信的偿债计划，具体体现为非经营性收入是否超过30%，地方政府债务率是否低于100%；公司必须有稳定、真实的现金流。A城投公司从"真公司、真资产、真项目、真支持、真偿债、真现金流"六个方面要求——比照"六真"原则分析得出：符合交易商协会制定的"六真"原则条件要求。

4.行业要求分析

从交易商协会对发行债务融资工具的行业要求进行分析，A城投公司的经营范围是重点支持土地整理和土地一级开发项目、城乡基础设施建设项目、产业集聚区、扶持产业化龙头项目；资产管理；物流建设运营；传媒事业发展；国内广告的设计、制作、代理、发布；公共停车场管理；中介咨询；环保事业发展；园林绿化；房屋租赁；房地产开发经营；房地产中介服务；物业管理；企业管理；商贸服务；城市综合开发；建材销售；基础设施建设与运营；基础设施维护、租赁；棚户区改造。A城投公司是A市东新区最主要的保障房项目实施主体，承担了东新区大部分的拆迁安置及保障房项目建设任务。主要履行A市东新区城市基础设施投资建设及运营职能，负责筹措A市东新区城市公共基础设施项目及其他重点项目的建设资金；履行市属国有资产出资人代表职能，管理东新区政府授权经营的国有资产，确保国有资产的保值增值。所以A城投公司的经营范围及运营职能符合交易商协会的债务融资工具行业要求。

（三）中期票据发行的障碍因素分析

1.行业监管趋严

主承销商整理罗列了近几年的监管发文，根据2014年《国发43号文》，财政部发布《地方政府存量债务纳入预算管理清理甄别办法》（财预（2014）351号），对2014年末地方政府存量债务进行了甄别、清理，并以政府债务置换的方式使城投企业债务与地方政府性债务逐步分离，未被认定为政府债务以及新增的城投企业债务将主要依靠城投企业自身经营能力偿还。2015年以来，国家出台了多项政策以进一步加强地方政府债务管理，并建立了以一般债券和专项债券为主的地方政府举债融资机制，要求坚决遏制隐性债务增量，并多次强调坚决剥离投融资平台的政府融资职能。2018年伴随国内经济下行压力加大，城投企业相关政策出现了一定变化和调整，政府及监管部门提出了按市场化原则保障融资平台公司合理融资需求以及加大基础设施领域补短板的力度等政策。2019年以来，我国经济下行压力持续增大，再次强调在坚决遏制隐性债务增量、剥离投融资平台政府融资职能的基础上，政府持续加大在基础设施领域补短板的力度并在资金端提供较大力度的支持，充分发挥基建逆经济周期调节作用一定程度上缓解了城投企业的经营及融资压力。具体来看，防范债务风险方面，财政部先后下发财金（2019）10号和财办金（2019）40号文，旨在厘清PPP项目投资和地方政府隐性债务的界限，严格遏制以PPP名义增加地方政府隐性债务。

2. 公司主体评级较弱

评级机构通过城市基础设施投资企业信用评级方法对A城投公司的宏观和区域环境、行业政策、基础素质、企业管理、经营分析、资产质量、盈利能力、现金流、资本结构及偿债能力十大评价要素对A城投公司及其拟公开发行的2020年中期票据的信用状况进行综合分析和评估，确定A城投公司主体长期信用等级为AA，债项评级为AA。虽然评级结果满足交易商协会中期票据注册的准入门槛，但是主体AA的评级资质对主承销商中期票据的立项及风险评审过程来说沟通难度系数较高、协会审核沟通过程审批难度较大、后期中期票据发行过程销售难度更大。

3. 公司实收资本尚未缴足

项目组注意到A城投公司注册资本257,800万元，其中A市城建投资发展有限公司认缴230,000万元，占比89.22%，实缴0万元；A市投资集团有限公司认缴27,800万元，占比10.78%，实缴8,900万元，A城投公司实缴出资共计8,900万元，尚有大部分股东出资未缴足。控股股东A市城建投资发展有限公司系根据政府文件无偿承继A市东新区管委会所持有的股权并承担出资义务，但由于其认缴出资数额较大，其将面临较大资金压力，若其未能履行承诺按时出资，将对A城投公司的整体资金实力造成不利影响，进而对A城投公司发行中期票据的项目组的立项、主承销商的内核、交易商协会的申报过程都产生了很大的障碍。

4. 资金合规用途较少

在新冠疫情防控的特殊背景下，债券融资也得到了国家政策的支持，根据2020年2月交易商协会关于债务融资工具注册的窗口指导意见，主承销商整理了城投公司发行交易商协会债务融资工具的资金用途规定大致有以下六个方面：交易商协会发债募集资金可部分用于偿还企业债和公司债；对于地方政府融资平台项目，其资金用途穿透后不可置换2018年10月31日之后发放的用于补充流动资金或用于公益性项目建设的银行贷款；取消偿还非标融资的上限额度50%，具体将会采用一事一议的方式；将地方政府融资平台风险预警体系从强制执行调整为参考执行，对于发新还旧的项目可完全不看风险预警体系；协会收文组不再核对净资产40%的注册额度限制，进入业组后一事一议；防疫债用途新增，对中小微企业租金减免达当期金额10%以上的，可申请发行防疫债。即使交易商协会最新窗口指导已经对城投公司中期票据的融资用途规定放宽了很多，但是资金用途合规性的穿透式监管是底线，其中不得用于保障房（含棚户区改造）项目建设或偿还保障房（含棚户区改造）项目贷款，这对主营业务为棚改保障房建设的城投公司包括A城投公司在内的大多城投公司来说都是因为资金用途合规性的问题望而却步，然而主承销商经过多次的与A城投公司探讨沟通合规的资金用途及深度研究学习最新政策指导，最终还是压缩了原定方案资金用途的近百分之五十额度。

5. 发债融资综合人才缺乏

项目组认为A城投公司公司高管人员大多是市场化招聘而来且拥有丰富的行业背景和管理经验，员工素质能满足公司目前管理和运营的需要。其中融资部门的成员在融资管理方面也算比较专业且做了很多工作，公司制定了相应的融资管理制度，明确了融资工作的原则和控制目标，公司董事会应根据制定的融资计划来选定融资方案，融资方案的选择应当依据现行主流的融资理论比较市场上各种资金筹措方式、优势和融资成本。公司高管及融资相关人员也在逐步学习发债融资相关知识。公司在发行债券产品之前大多是银行借款、非标融资借款等传统融资，由于首次公开发行交易商协会的债务融资工具产品，公司高管及融资部成员对协会产品知识了解相对较少，主要还是对发债融资综合业务还处于学习阶段，导致在前期沟通融资方案、担保增信及内部审议等与项目组沟通配合方面的效率相对较低，影响了整个项目的进程。

（四）A城投公司的解决方案

1. 积极顺应监管政策

尽管监管政策趋严，主承销商建议A城投公司严格按照监管要求积极准备债券融资方案，先进行申报，后期发行视情况而定。2020年春节期间，新冠肺炎疫情突然爆发，由于疫情的影响，市场受到重大打击，国家通过更大力度的减税降费、贷款支持措施为受到疫情影响的行业和企业进行扶持，力保经济平稳发展。监管层也通过多项政策对债券市场参与各方提供了有力支持，政府持续加大在基础设施领域补短板的力度，明确未来基础设施建设投资重点并在资金端提供较大力度支持，充分发挥基建逆经济周期调节作用，A城投公司作为国有城投公司应当积极响应国家政策带动当地实体经济复苏，提前推进疫情防控期间的投融资计划，发行中期票据融资争取如期完成稳基建、稳投资的重要任务。

2. 增加保证担保

由于公司首次公开发行交易商协会的债务融资工具，项目组在前期制定发债融资方案时就提出建议A城投公司增加保证担保，一方面可以提升中期票据项目的推进效率，比如，加快主承销商的立项、风险评审，易于与交易商协会审核员的沟通反馈，有利于中期票据的顺利发行；另一方面可以加大中期票据发行成功的机率，增加保证担保就能增强主体资质及实力，进而增加投资人的信心，降低中期票据发行的综合成本，中期票据成功发行也大大提升公司在债券资本市场的公开形象及满足资金需求。但是对于A城投公司增加担保的沟通过程也是一波三折，具体如下：

（1）增加担保方案被拒。

项目组在前期制定发债融资方案时就提出建议A城投公司增加保证担保，但是增加担保的优势分析方案没有得到A城投公司的采纳，主要由于公司股东对发债监管部门的政策研究不够透彻，担心给予A城投公司提供保证担保影响自身的发债融资，股东会的内部审议异议较大，项目组提供了一系列的类似融资担保方案案例及监管法规说明不影响股东发债融资，但是由于公司股东对政策理解不够深刻及内部利益配置等因素还是把担保的方案给搁置了。

（2）选择发行次优方案。

项目组经过一系列的现场与公司高管及核心股东沟通努力无果后，项目组选择了中期票据发行的次优方案，先行按照目前 AA 主体评级和 AA 债项评级的资质情况来推进，推进过程中遇到困难解决困难，推进不下去再协调沟通担保，以免错过了发行的时机。在监管政策支持及项目组和 A 城投公司共同努力的情况下，公司最终拿到了交易商协会的注册通知书，但是在中期票据发行阶段还是卡到了公司资质太弱的硬伤上，导致发行计划暂缓。

（3）同意增加担保。

在中期票据发行计划暂缓后，项目组再次回归到发行方案原点，沟通 A 城投公司增加保证担保。这时 A 城投公司更加认识到项目组制定方案时建议增加担保的重要性和专业性。A 城投公司迅速起草担保相关文件向股东汇报，由于公司股东还是坚持推诿提供担保事宜，同时项目组也尝试了寻找市场化的担保，但是还是由于公司股东不配合出股东会决议，项目组的担保方案迟迟没有被批准。最后项目组和 A 城投公司一致认为申请开立市政府领导牵头的发债担保申请说明会议，项目组列席补充，在 A 城投公司汇报了股东担保申请说明后，主承销商补充了担保的必要性分析：第一，宏观环境分析，新冠疫情防控特殊背景下，国家提供了宽松的债券融资政策，A 城投公司积极主动按照政策做了中期票据发行的相关努力，已拿到了交易商协会的注册通知书，机会来之不易；第二，A 市的战略发展分析，A 城投公司肩负着东新区的棚改保障房建设的重要使命，A 市东新区的棚改保障房建设计划是 A 市发展规划的重要一环，中期票据融资又是 A 城投公司融资的当务之急，A 城投公司中期票据融资的成败直接关乎到股东未来的融资战略；第三，再次阐述论证本次股东给 A 城投公司提供保证担保非但不影响其后期发债融资而且 A 城投公司中期票据发行成功对股东后期发债融资也是锦上添花的实证分析。通过以上有理有据的分析，主承销商又按照增加担保的方案再次预案了发行路演，现场展示了反向路演和正向路演方案，专业的服务及实力得到了参会的政府分管领导及股东的极大认可。在经过长达一个半小时的担保申请说明会的工作汇报及现场讨论后，参会的政府分管领导及股东全部同意支持为 A 城投公司增加信用担保，最终拿到了担保申请审议通过决议。

3. 股东承诺实缴出资计划

项目组把"A 城投公司实缴出资共计 8,900 万元，尚有大部分股东出资未缴足，若股东未能履行承诺按时出资，将对 A 城投公司的整体资金实力造成不利影响，进而对 A 城投公司中期票据的发行产生很大的障碍"这一情况反馈给 A 城投公司，由于之前 A 城投公司没有进行公开发债融资，对信息披露不够重视，经过项目组专业的解释，A 城投公司跟 A 市东新区政府和股东积极汇报沟通这一障碍因素，最终东新区政府协调股东出具详细的实缴出资计划时间节点方案，同时承诺在 2021 年 12 月 31 日之前分批缴足出资，以书面文件的形式签章落款，这一具体实缴出资计划时间节点方案文件增强了公司信息披露的公信力及证实了公司的真正的资本实力，解决了项目组的推进项目的障碍及投资机构投资决策审议的障碍。

4. 资金用途方案设计

（1）有息债务筛选。

根据交易商协会关于城投公司中期票据融资资金用途的最新指导规定，主承销商组根据借贷合同底稿逐一筛选，同时又在 A 城投公司现场对每一笔归还的债务与公司财务负责人沟通确认，由于交易商协会对地方政府融资平台项目，其资金用途穿透后不可置换 2018 年 10 月 31 日之后发放的用于补充流动资金或用于公益性项目建设的银行贷款这一硬性规定，最终筛选出了 4.5 亿额度，这远远没有达到 A 城投公司发行 10 亿的预期，然后又通过跟交易商协会不同审核员关于中期票据融资资金用途的反复沟通，最终只有 3.2 亿符合交易商协会的资金用途最新规定。

（2）流动资金测算。

按照交易商协会关于城投公司资金用途的指导规定，主承销商再次召开项目组和 A 城投公司的资金用途匡算现场会议，由于协会要求 2018 年 10 月 31 日之后的资金用途若用于补充流动资金或偿还流资借款就必须严格穿透，补充流动资金要求公司必须有具有流资需求的经营性主体和经营性板块，偿还流资借款在协会规定金额范围内可以偿还，具体根据偿还金额和公司规模等要素来定。最后根据交易商协会规定及银保监的流资测算公式综合测算后，A 城投公司可用于补充流动资金的资金额度只有 0.7 亿。

（3）资金用途确定。

项目组经过以上有息债务筛选和补充流动资金测算，总计可用于发行的资金用途才 3.9 亿，这与项目组和 A 城投公司之前制定的发行方案资金用途额度相差太大，最后项目组和 A 城投公司高管一致决定去交易商协会跟审核员面对面会议形式沟通，经过提前跟交易商协会审核员预约，主承销商顺利地跟交易商协会 5 位审核员进行了资金用途的会议探讨，最终获得了一个重要资金用途计算方式的信息，项目组计算的置换流资贷款的方式与协会认定的计算方式有误差，按照协会的计算方式，主承销商少算了公司每年归还的利息只要是符合协会规定的资金用途的借款利息，可以通过协会的债务融资工具归还，同时只要是发生在 2018 年 10 月 31 日之前的原始借款，就算是 2018 年 10 月 31 日之后通过银行借款归还且还款路径及时间匹配得上，也可以通过协会的债务融资工具归还，通过审核员以上的两点指导，主承销商和 A 城投公司高管现场又重新计算了发行额度，最后计算出合规的资金用途是 6.8 亿。主承销商和 A 城投公司高管对这个结果是感到非常惊喜，最终确定了中期票据发行的资金用途额度。

5. 现场协助办公

鉴于 A 城投公司的债券融资人员发债融资综合专业度不够高，项目整体进度较慢，主承销商主动跟 A 城投公司协商派驻专门的承做人员在 A 城投公司现场办公全力协助债券融资人员准备中期票据发行的工作并且定期给公司融资相关人员进行发债融资的相关培训，一方面对于主承销商来讲，现场搜集募集说明书写作材料及项目组其他机构材料比较客观高效，另一方面，A 城投公司也感受得到了主承销商优质专业的增值服务。同时在项目组全力支持和 A 城投公司全力配合的情况下，项目进展速度得到了大大的提升，最终使的整个项目进度如期推进。

四、研究结论与案例启示

（一）研究结论

通过对区县级平台 A 城投公司 2020 年成功发行中期票据案例的研究，阐述了 A 城投公司发行中期票据的背景与意义、相关融资理论、公司的基本情况、发行准备的全过程及案例分析，最终得出以下研究结论：

1. 背景分析是中期票据成功发行的基础

案例从宏观政策背景、公司自身背景、市场化转型背景三个方面对 A 城投公司进行了发行中期票据的背景分析。首先，新冠疫情防控的特殊宏观背景下，国家为了支持市场尽快复工复产，监管层通过多项政策对债券市场参与各方提供了强有力支持，A 城投公司及时把握国家政策推进疫情防控期间的投融资计划，发行中期票据；其次，A 城投公司目前自身情况为主体评级 AA，收入结构来源于地方政府收入超过 50%，净资产 50 亿左右，直接融资占比较低，经营性项目资金缺口较大等；自身背景符合发行条件；最后，A 城投公司已主动完成了市场化转型工作。

2. 可行性分析是中期票据成功发行的前提

案例从 A 城投公司的基本条件、财务评价、六真原则及行业要求四个方面进行了发行中期票据的可行性分析。首先，A 城投公司基本条件为：主体评级为 AA，净资产额度 50 亿左右，债务融资结构中直接融资占比较低等，主体资质具备发行中期票据的可行性；其次，A 城投公司资产规模持续增长，整体债务负担适中，营业收入持续增长，整体盈利能力较强；短期偿债能力强及长期偿债能力尚可，公司的财务核心指标表明其具备发行中期票据的可行性；再次，A 城投公司从"真公司、真资产、真项目、真支持、真偿债、真现金流"六个方面要求一一比照"六真"原则分析得出：符合交易商协会制定的"六真"原则条件要求，具备发行中期票据的可行性；最后，从 A 城投公司的经营范围及运营职能比较分析符合交易商协会的债务融资工具行业要求，具备发行中期票据的可行性。

3. 解决障碍因素是中期票据成功发行的关键

案例研究分析了 A 城投公司分析中期票据的障碍因素及解决方案。首先，积极响应了监管政策，及时把握住发债窗口期；其次，争取提供了股东担保增信，增加了中期票据发行成功的机率；再次，主承销商以专业的角度沟通协调股东出具了缴足资本金的具体方案签章承诺函，增强了公司信息披露的公信力及资本实力；再次，资金用途的方案设计及合规性的研读，主承销商的专业的资金用途方案设计及专业深度研读资金用途的合规性解决了资金用途合规问题。最后，主承销商的专业债券发行销售实力也是发行中期票据的关键，本案例中主承销商一方面通过反向路演，即组织投资机构现场去发行人处现场调研及对高管现场访谈，增加投资人的认可和信心；另一方面通过正向路演，即协同发行人去金融机构发达区域现场路演，增强投资机构对本次中期票据产品深度了解和信任度。

4. 市场化转型是中期票据成功发行的根本

A 城投公司通过完善公司内部治理结构、规范公司运营体系、增强公司营利能力、开拓多元化融资渠道等多种举措成功转型为地方性国有资本投资运营主体，市场化转型准备工作是公司成功发行中期票据的根本。

（二）案例启示

通过对区县级平台A城投公司2020年成功发行中期票据的案例研究得出以下案例启示：

1. 及时把握国家政策环境

2020年新冠疫情防控的特殊背景下，国家为了支持市场尽快复工复产，实施了为中小企业减费降税、贷款支持等一系列稳经济举措，监管层也通过多项政策对债券市场参与各方提供了强有力支持，A城投公司作为国有城投公司应当积极带动当地实体经济复工复产，及时把握发债融资窗口期，抓紧推进疫情防控期间的投融资计划，发行中期票据融资增强保障房建设投资实力，争取完成稳基建、稳投资的重要任务。A城投公司中期票据融资的成功发行正是积极响应了监管层当前阶段的政策指导，及时把握发债融资的窗口期是城投公司发债融资的前提条件。

2. 积极探索公开发行债券

区县级城投公司一般资质都比较弱，融资渠道比较单一，融资结构不合理，融资难度比较大，融资成本较高，积极尝试公开发行债券融资很有必要。公开发行债券融资有利于提升公司在债券资本市场的公开形象，有利于改善公司债务融资结构，有利于降低融资成本。公开发行债券是对主体资质较弱的区县级平台的一种挑战也是一种探索，虽然前期准备工作比较困难，但是也要积极整合自身的优势资源去创造条件。

3. 重点研读融资用途合规性

交易商协会发行的债务融资工具对资金用途要求非常严格，相比于公司债、企业债要求严格的多，资金用途合规性的穿透式监管是底线，其中一条核心要求不得用于保障房（含棚户区改造）项目建设或偿还保障房（含棚户区改造）项目贷款，这对主营业务为棚改保障房建设的包括A城投公司在内的大多城投公司来说都是因为资金用途合规性的问题望而却步，然而本案例中主承销商经过多次的与A城投公司探讨梳理合规的资金用途甚至主动现场拜访交易商协会审核员现场沟通匡算资金用途、面对面的接受审核政策解读指导及深度研究学习最新政策指导让资金用途达到合规的要求，其中一条"债务融资公司每年归还的债务利息只要是符合协会规定的资金用途的借款的相应利息，可以通过协会的债务融资工具归还，同时只要是发生在2018年10月31日之前的原始借款，即使是2018年10月31日之后通过银行借款归还且还款路径及时间对得上，也可以通过协会的债务融资工具归还。"的融资用途合规要求的合理解读非常重要，这直接决定了债务融资工具的发行额度。

4. 提供必要增信措施

在本案例中A城投公司积极争取评级较强的股东为其增加信用担保，这样一方面提升公司债券产品的债项评级，极大的降低了债券发行的难度，另一方面也降低了债券的发行综合成本，同时成功发行中期票据，增强其偿债能力，有效置换了前期的短期高息借款，缓解短期偿债压力，同时还可以补充经营性业务的流动资金，提升其流动资产对流动负债的覆盖能力，即提升流动比率，增强公司的短期偿债能力，形成一个增强偿债能力的良性循环，进而增强公司的长期偿债能力，最终提升公司的综合信用实力，为公司后期在债券资本市场融资创造了先决条件。

5. 主动谋划市场化转型

通过 A 城投公司发行中期票据的案例研究可以看出，城投公司大多面临着监管逐步升级，主营业务单一，经营性业务很少，融资能力较弱，盈利能力较差，债务偿还压力较大等问题。A 城投公司积极主动地通过完善公司内部治理结构、规范公司运营体系、增强公司营利能力、开拓多元化融资渠道等一系列举措进行市场化转型，解决了城投公司面临的共同问题并成功转型为地方性国有资本投资运营主体，为本次成功发行中期票据融资提供了坚实的根基，因而城投公司应当主动谋划市场化转型。

第5章
并购重组

5.1 并购重组概述

并购重组是市场的一定约定俗称,并非准确的法律概念。并购一般是指兼并和收购,兼并又称吸收合并,即两种不同事物,因故合并成一体,指两家或者更多的独立企业、公司等合并组成一家企业,通常由一家占优势的公司吸收一家或者多家公司。收购是指一个公司通过产权交易,取得其他公司一定程度的控制权,以实现一定经济目标为最终目的的经济行为。收购是企业资本经营的一种形式,既有经济意义,又有法律意义。收购的经济意义是指一家企业的经营控制权易手,原来的投资者丧失了对该企业的经营控制权,实质是取得控制权。

资产重组是指企业资产的拥有者、控制者与企业外部的经济主体进行的,对企业资产的分布状态进行重新组合、调整、配置的过程,或对设在企业资产上的权利进行重新配置的过程,其目标是优化公司资产规模和质量、生产经营业务、组织架构,目的是使公司适应内外部环境变化,保持和创造竞争优势。

并购重组就是并购和重组的组合,一般指的是公司企业兼并或者收购被收购后,再对资产进行重新配置的过程。并购及重组虽然在交易标的和内容、指向目标和目的等方面均不同,但两者关联紧密,并购常常是实现重组的前提,重组则是进行并购的目的。随着交易支付方式的变化和多样性,尤其在资本市场,自从出现以股权类证券或者股份、股票等作为交易的支付手段后,并购和资产重组可通过一项交易同时完成,两者的边际也渐渐变的模糊。

5.1.1 国外并购重组的基本经验及方法

美国并购史超百年,一共经历了 5 次并购浪潮。前四次并购浪潮分别发生在 1897—1904 年、1916—1929 年、1965—1969 年,以及 1984—1989 年。并购活动在 20 世纪 80 年代末有所减少,但在 90 年代早期又重新崛起,从而拉开了第五次并购浪潮的序幕。不同时期的并购浪潮都有其独有的特征,更促成了美国经济结构的重大改变。

第一次并购浪潮发生于 1897—1904 年间,开始于 1883 年经济大萧条之后,在 1898—1902 年达到顶峰,最后结束于 1904 年,这次并购几乎影响了所有的矿业和制造行业,金属、食品、石化产品、化工、交通设备、金属制产品、机械、煤炭这八个行业并购最为活跃,合计并购数量约占该时期所有并购量的 2/3。这次并购浪潮的兴起主要有三方面的原因,一方面是联邦反托拉斯法执行不力。由于司法部人手不够,因此在 20 世纪早期并购集中发生的这段时间里,反托拉斯法由工会代理来执行,导致反托拉斯法在这个时期没有任何的实际意义,横向并购和行业并购非常活跃。二是公司法逐渐放宽。某些州的公司法逐渐放宽要求,公司在获得资本，持有其他公司股票、扩大商业运作范围等方面可操作性更强，这为第一次并购浪潮的兴起及繁荣创造了良好的条件。三是美国交通运输系统的大力发展，全国市场初成。这是促成第一次并购浪潮的另一个主要因素，南北战争后，主要铁路系统的建成使公司能为全国市场而不是地区市场服务。

第一次并购浪潮以横向并购为主。这一时期发生了许多横向并购和行业间的合作事件，形成了垄断的市场结构，这段并购时期也以"产业大垄断商"著称。第一例超过10亿美元的巨额并购交易就发生在这一阶段——J.P.摩根创建的美国钢铁公司通过收购安德鲁．卡内基创办的卡内基钢铁公司等785家独立竞争对手公司，最后形成了钢铁巨人——美国钢铁集团。它产量曾一度占美国钢铁行业生产总量的75%。此外，这一阶段诞生的产业巨擘还包括杜邦、标准石油、通用电气、柯达公司、美国烟草公司以及航星国际公司。第一次并购浪潮发生的300次主要并购覆盖了大多数行业领域，控制了40%的国家制造业资本，并购造成该时期超过3000家的公司消失。工业的集中程度有了显著的提高，一些行业的公司数量比如钢铁行业急剧下降，有些行业甚至只有一家公司幸存。1904年股票市场崩溃，紧接着在1907年发生银行业恐慌，许多国民银行纷纷倒闭，崩盘的股票市场和脆弱的银行体系造成并购的融资来源严重缺乏，所有这些直接导致了第一次并购浪潮的结束。

第二次并购浪潮发生于1916—1929年，始于1922年商业活动的上升阶段，终结于1929年严重的经济衰退初期。这段时期因兼并收购导致企业数量减少了12000家。范围主要涉及公用事业、采矿业、银行业和制造业。美国在第一次世界大战后经济波动很频繁，但从1918年大战结束一直到1920年的经济持续增长是促成了第二次并购浪潮兴起的一个原因。另外，交通运输的快速发展和广告的普及成为重要催化剂。美国铁路和公路的快速发展，火车、汽车数量的日益增多，使产品市场的销售范围大大扩宽，许多地区市场逐渐扩张为全国市场。另一方面，广播的发明，广播公司的大量出现，以及收音机的生产和普及，使产品广告进入千家万户。无论运输还是广告的普及都促进了企业扩大生产规模以满足市场的需要，再辅之广告大力推广产品以占据更大的市场份额，获得更丰厚的利润。经济的繁荣大力促进了公司间的兼并收购。

第二次并购浪潮主要以纵向并购为主。由于美国反托拉斯法的立法不断完善，特别是1914年国会通过了克莱顿法案，对行业垄断的约束和监管更加严格，反垄断的措施更加具体，执行更加有效，虽然在此次并购浪潮中仍然有很多横向并购的案件，但是更多的是上下游企业间的整合和并购，即纵向并购。因此，如果说美国第一次并购浪潮是导致垄断巨头的并购，那么第二次并购浪潮更多产生的是占据很大市场份额的寡头公司。美国有许多至今活跃的著名大公司就是在此期间通过并购形成的，例如美国通用汽车公司就是一个典型例子。自1918年以来公司成为美国最大的汽车公司后，连续进行多次并购，整合与汽车相关多项业务。之后继阿尔弗雷德·斯隆接任董事长职位后，直至1929年间又采取了许多并购行动，继续收购为通用提供零部件的公司。自此，通用公司真正成为一家实力超群的巨人企业。

投资银行在第二次并购浪潮中起主导作用。由于在第二次并购浪潮中，很多并购是通过融资实现的，而融资往往需要通过投资银行作中介，因此少数大型投资银行往往主导了并购事件。对符合它们意愿的并购，它们就鼎力相助，否则就通过拒绝帮助融资来阻碍并购发生。此时，投资银行之间各有各的客户，相互很少竞争，这与以后的情形很不相同。

另一个主要的特征是大量使用债券对交易进行融资。公司在资本结构中使用大量的债务，这给投资者提供了获得高额回报的机会。但债务融资是把双刃剑，如果经济出现严重的衰退也会给市场带来极大的风险，1929年股票市场的崩盘导致的经济危机正是导致本次并购浪潮戛然而止的重要原因。

在这次并购浪潮中，美国金字塔式的控股公司逐渐涌现，即一家控股公司控制第一层子公司，第一层子公司又控制第二层子公司，第二层控制第三层，以此类推，有的母公司控制达六层之多。控股公司的特点是每一层子公司都是上市公司，至少是股份公司，所有子公司都由上一层母公司控股。控股公司的出现即是纵向并购的结果，也大大促进了并购，因为通过这种模式，控股公司用较少的资金即可控制较多或较大的公司。

1929年10月29日股票市场危机结束了第二次并购浪潮，股票市场危机导致企业和投资者信心急剧下降，生产活动和消费支出进一步缩减，进而经济衰退更为恶化，这一次危机之后，公司并购数量大幅减少，公司不再关注扩张，而是力求在需求迅速全面下降的情况下能够维持债务的偿付能力。

第三次并购浪潮发生于1965—1969年，这是美国战后经济发展的"黄金时期"。由于战后科技的发展，特别是电子计算机、激光、宇航、核能和合成材料等部门的兴起对生产力的发展起到了极大的推动作用，美国经济在六十年代经历了战后最长的一次经济大繁荣。其他重要的推动因素还包括战后布雷顿森林体系带来的以美元为核心的双挂钩的固定汇率制度、关税与贸易总协定下的各成员国减让关税的安排以及长期只有一美元一桶的低石油价格。科技的推动和经济的发展极大促进了公司的并购意愿，第三次并购浪潮悄然兴起。和前两次并购浪潮不同，混合并购成为本次并购浪潮的主导。第三次浪潮期间发生的并购大多数是混合并购而不是单纯的纵向或横向并购，因此行业集中度并没有增加。尽管并购交易数量众多，不同行业间的竞争程度并没有太大的改变，期间大约共有6000次并购发生，造成25000家公司消失。据联邦贸易委员会报道，1965—1975年这10年间，混合并购占到并购交易总量的80%。这时期形成许多综合性企业，如LTV公司、Litton产业公司和美国国家电话电报公司（ITT）。人们普遍认为形成这一特征的主要原因是60年代管理学科得到了巨大的发展，各个大学的商学院迅速扩张，人们普遍认为得到最好训练的"最杰出、最优秀"的管理人才无所不能，可以当国防部长，可以管理跨国公司，各种跨行业的业务管理可以做到游刃有余。当然还有一个重要原因就是六十年代是美国反托拉斯、反垄断最严厉的时期，在此之前美国的反托拉斯、反垄断执法都没有那么严厉，这使横向与纵向并购的数量受到了极大的限制。

公司开始玩市盈率游戏，热衷成长性股票。在20世纪60年代的牛市中股票价格越升越高，道琼斯工业股票指数从1960年的618点上升至1968年的906点。随着股票价格的飞涨，投资者们开始关注那些具有成长性的股票。潜在的收购方很快发现，通过股票融资实施收购是在不增加额外税务负担的情况下提高每股收益的一种理想的"无痛"方法。并购通过股票交易进行融资不需要纳税，这一点上，股票收购要优于现金收购，因为现金收购需要纳税。如果市场上大多数股票的市盈率水平都比较高，则表明投资者普遍持乐观态度，20世纪60年代出现的牛市就是这种情况。股票市场的繁荣在第三次并购浪潮的许多并购融资中起到重要的作用。

会计操纵使得意外事故保险公司成为很受欢迎的收购标的。这段时期的许多混合并购由财务操纵引发，根据当时的会计准则，如果被收购的公司拥有一些账面价值远远低于市场价值的资产，收购方就有机会获得账面收益。当收购方卖掉这些资产时，获得的收益记入账中。由于保险公司的许多资产价值被低估，使得这些公司对大公司来说具有很大的吸引力。

第三次并购浪潮中"蛇吞象"案例逐渐出现，并购水平愈加高超。相对较小的公司收购大公司不是罕见的事情，与之相反，在前两次并购浪潮中，大多数的目标公司要远远小于收购公司。这次并购浪潮也以创历史性的高水平并购活动而闻名。著名的国际镍业公司（INCO）收购ESB就是典型的例子，位于费城的ESB在1974年的时候是世界上最大的电池制造商，1974年7月18日国际镍业公司宣布以每股28美元的价格收购ESB所有发行在外的股份。这次并购开启了敌意收购的先例，成为20世纪70年代后半期和80年代第四次并购浪潮期间知名公司进行敌意收购的典型教材。

20世纪60年代末通过的几部法案结束了第三次并购浪潮，1968年威廉姆斯法对股权收购和敌意收购设定了限制。1969年税制改革法案禁止使用低利率可转换债券为并购融资，规定在计算每股收益时，这些债券必须被视作普通股。这样一来，在计算每股收益时，由于普通股的数量事实上增加了，每股收益就不能在账面上有所增加。随着1969年股市的回落，市盈率游戏不再盛行，当证券价值远远超过其所代表的经济基础价值时，崩溃迟早都会发生。这一切的发生为第三次并购浪潮划上了句号。

第四次并购浪潮发生于1981—1989年，以金融杠杆并购为特征，这又是美国战后经济持续景气最长的一个时期。在这个经济扩张期内，很多公司开始通过收购股票来推动企业的兼并，这形成了美国第四次并购浪潮的开端。杠杆收购在第四次并购浪潮中非常盛行。投资银行的大力推动导致了杠杆并购数量迅速飙升。在这一时期，公司并购给投资银行带来巨额的风险咨询费，这些费用达到了史无前例的水平，投资银行和律师事务所的并购专家们设计出许多主动并购或防御并购的创新技术和策略，深受潜在的目标公司和收购方欢迎。这直接导致了这一时期杠杆收购很盛行。

敌意收购是该阶段的显著特征。收购行为是善意的还是敌意的主要取决于目标公司董事会的反应。如果董事会批准收购提案，这就是善意的，如果反对，则被视为敌意收购。敌意收购到1908年已经成为公司扩张的一种可以接受的形式。作为高盈利的投资行为，收购方通过袭击目标公司以取得自己的地位。在第四次并购浪潮中，敌意收购成为一个重要的特征。在此次并购浪潮中敌意收购的绝对数量相对于并购总数而言并不很高，但敌意收购的价值金额在整个并购价值中却占有较大的比例。其中，敌意收购最活跃的领域是石油、石化、医药和医疗设备、航空和银行业。例如1981—1985年，石油天然气行业占并购总价值的21.6%。

跨国并购案例开始出现。随着国际化进程的推进，第四次并购浪潮中既有美国公司收购外国公司，也有外国公司收购美国公司的跨国并购事件。1987年英国石油公司以78亿美元收购美国标准石油公司就是一个经典的案例。

第四次并购浪潮另一个重要特征是"象吞象"——超级并购的诞生。相比其他三次并购浪潮，这次的并购浪潮的不同之处还在于目标公司的规模和知名度。20世纪80年代有一些最大型的公司成了收购目标，第四次并购浪潮逐渐演变成为一场史无前例的超级并购狂潮。随着 20 世纪 80 年代持续的经济扩张时期结束，1990 年经济进入了短暂的相对萧条时期，第四次并购浪潮也在 1989 年结束了，第四次并购浪潮中的许多高收益杠杆交易因为经济下滑而被迫终止。除了经济的全面衰退，为许多杠杆收购提供了融资支持的垃圾债券市场的崩溃也是导致并购浪潮结束的重要原因。

第五次并购浪潮发生于 1992—2000 年，在此期间美国一共发生了 52045 起并购案。无论是总量还是年平均量都大大超过了此前任何一次并购浪潮，特别是 1996—2000 年五年共发生了 40301 起并购案，平均每年达到了 8060 起，并购活动异常活跃。跨国并购主要发生在发达国家间，发展中国家的跨国并购后期增长迅速。1995—1999 年间，90% 的并购额度都集中在发达国家内部，鲜有涉及发展中国家。但此后，针对发展中国家的并购快速增长，并购额占流入发展中国家 FDI 的比重由 1987—1989 年间的 10% 增至 1997—1999 年间的 33%。同时，来自发展中国家的企业对跨国并购的参与程度不断提高，除了发展中国家企业间的并购外，一些发展中国家的跨国公司开始通过并购发达国家当地企业直接进入发达国家市场。1987 年，发展中国家企业作为并购买方的跨国并购额仅为 30 亿美元，1999 年，这类并购额达到了 410 亿美元，增长了 12.7 倍。

这一阶段跨国并购的行业主要集中在电信、金融、汽车、医药、传媒及互联网行业，新兴行业与传统行业的融合也是本轮并购的亮点之一。总体上看，第五次并购浪潮中并购对象的行业分布相当广泛，其中电讯、汽车、医药、化工、石油天然气、银行等进入壁垒高、资产专用性强，并购数量较少，并购金额较高；而竞争激烈、管制放松的行业成为并购最集中的行业。同时，随着知识经济的发展，传统行业开始积极向新兴行业进军，以实现企业生产经营的转型，而新兴行业的发展同样需要传统行业为依托，二者的兼并融合也就成为必然。AOL 对传统传媒巨子时代华纳的并购、盈动数码收购香港电讯等案例则充分体现了这一特点。

第五次并购浪潮的另一个特征是并购个案金额巨大，强强联合此起彼伏。此次并购浪潮中震惊世界的并购消息不时传出，数百亿美元、上千亿美元的并购案例时有发生，而且并购基本上都是各个行业巨型航母之间的整合。巨额的并购事件对一些行业原有的市场结构和竞争格局产生了巨大冲击，在行业重新"洗牌"的过程中，市场势力的再分配为更大规模的并购创造了更多机会。以并购集中的汽车业为例，在第五次并购浪潮中先后发生了戴姆勒—奔驰并购克莱斯勒，福特并购沃尔沃，雷诺收购日产，通用并购菲亚特，戴姆勒—奔驰并购三菱，通用收购大宇等重大并购事件，带动了汽车业的全球重组，致使全球汽车业的市场集中度大幅提高，1999 年，世界前 10 大汽车制造商的全球市场份额达到了 80%，比 1996 年提高了 11%，比 20 世纪 80 年代提高了 20%。战略（横向）并购成为跨国并购的主要方式。20 世纪 90 年代后期以来，随着国际竞争环境的变化，对于大跨国公司来说，多元化经营已不再是其追求的主要目标，而强化核心能力、推进全球战略的重要性则日益突出。在这种大背景下，跨国公司之间围绕着战略资源整合的横向并购个案数和并购金额持续上升，逐步成为跨国并购的主导方式。1990—1999 年间，横向并购的个案数占跨国并购案总数的比例由 54.8% 上升到 56.2%，横向并购金额占跨国并购总额的比重由 55.8% 提高到 71.2%，而同期混合并购的个案数和并购金额则有较大幅度的下降。

此次并购浪潮主角不局限于仅为规模扩张而并购，并购动机更加多元化。跨国公司的并购动机已不再仅局限于传统意义上的规模扩张，其他动机还包括新市场寻求，提高市场进入效率和控制力、增强协同效应、融资便利、拓展所有权优势、战略跟随以及经理人的个人愿望等。其中，基于对战略资源掌控和全球创新能力整合的目标成为跨国并购的主要动因。

第五次并购浪潮进一步深化了全球经济一体化。全球经济一体化大力推动并购事件的发生，譬如欧洲的一体化导致了欧洲出现了许多大的并购案，欧洲企业希望通过并购能更好地适应由于欧洲一体化所带来的更加激烈的竞争态势。同时，并购大潮反过来也进一步深化了全球经济一体化。美国的并购浪潮也使国际竞争更加激烈了，巨型企业的合并不一定会导致竞争削弱，反而会导致竞争更加白热化。巨型企业之间的竞争将更加惨烈无情，尤其是在许多行业生产过剩的情况下，竞争失败者将被无情淘汰出局。在这场大竞赛中，发达国家凭借其雄厚的资本实力攻城掠地，发展中国家将面临更大的压力，容易处于劣势地位。

5.1.2 国内并购重组的基本思路、特点及并购历史回顾

1. 国内并购重组的基本思路、特点

国内并购重组的兴起和演变与一定的经济发展阶段、市场环境与政策取向密切相关。近年来，中国经济发展发生重要变化，经济发展方式以从追求数量扩张型为主转变为追求质量效益型增长为主，增速从高速换挡为中高速，经济结构调整和转型升级加快，新兴产业的崛起与发展动能强劲，随着互联网与人工智能技术的升级改造进程不断加快，传统产业转型升级步伐也在加快。在新的经济发展态势下，市场化并购重组成为对大量的包括存量和新增要素资源进行调整与配置的重要选择方式。为此，国家相关部门相继推出一系列政策鼓励并购重组，2014年3月24日，国务院发布《关于进一步优化企业兼并重组市场环境的意见》，从行政审批、交易机制等方面进行梳理，发挥市场机制作用，全面推进并购重组市场化改革。2014年5月9日，国务院发布了《进一步促进资本市场健康发展的若干意见》，提出发展多层次股票市场，鼓励市场化并购重组，充分发挥资本市场在企业并购重组过程中的作用，拓宽并购融资渠道，破除市场壁垒和行业分割。2014年10月23日，证监会修改并发布了《上市公司收购管理办法》，2016年9月8日修改并发布了《上市公司重大资产重组管理办法》。大幅取消了上市公司重大购买、出售、置换资产行为的审批，体现了"管制政策放松、审批环节简化、定价机制市场化"的特点。2015年8月31日，证监会、财政部、国资委、银监会等四部委联合发布《关于鼓励上市公司兼并重组、现金分红及回购股份的通知》，提出在并购重组监管中将进一步简政放权，进一步优化市场化定价机制，鼓励支付工具和融资方式创新，并通过多种方式为并购重组提供金融支持。2019年6月对《上市公司重大资产管理办法》的修改意见中主要在允许所募资金用于补充上市公司流动性和偿还债务方面有所宽松。

从近几年国内并购重组活动的情况看，主流并购方式主要是以横向整合或业务多元化为目的的产业化并购。基于国内经济与产业结构调整，跨界并购或者混合并购成为上市公司业务转型的重要方式。从行业分布来看，2015年的并购热点集中在出版传媒、能源、房地产、

医疗健康、信息技术、金融、影视游戏动漫等领域；2016年集中在能源、电子信息、交运物流、批发零售、金融、文化传媒、房地产领域；2017年最大的变化是房地产行业不再是热点，信息技术、制造业是并购重组中数量占据较多的行业，这与国家政策的调整有很大的关系。近年来，新兴产业领域诸如信息技术、互联网领域、文化传媒的并购重组发生得更多。国内并购重组主要有以下特点：

（1）并购方法多样，基本包括了国外并购的各种方式方法，横向并购、纵向并购、混合并购，并购交易对价支付方法上有现金支付、股票支付，现金+股票支付。

（2）以产业结构优化、转型升级而发生的产业型并购为主导，并持续活跃。

（3）国企混合所有制改革推动的并购重组活跃。

（4）符合国家"一带一路"倡议、进一步开放、"走出去"等战略，以获得先进核心技术、核心资源的跨境并购稳步增多。

2. 我国并购历史回顾

并购在我国是改革开放之后才出现的事物，从1984年至今短短20多年的时间，并购逐渐为人们所熟悉和接受。我国的并购历史可以分为以下几个阶段。

（1）探索阶段（1984—1987）。

1984年7月，保定纺织机械厂和保定市锅炉厂以承担全部债务的形式分别兼并了保定市针织器材厂和保定市鼓风机厂，拉开了中国企业并购重组的序幕。随后，并购开始在中国的各大城市展开。这一时期的并购有以下特点：①并购数量少，规模小，都在同一地区、同一行业进行；②政府以所有者身份主导并购，其目的是为了消灭亏损，减少财政包袱；③并购方式主要是承担债务和出资购买。

（2）第一次并购浪潮（1987—1989）。

1987年以后，政府出台了一系列鼓励企业并购重组的政策，促成了第一次并购高潮。据有关部门统计，80年代全国25个省、市、自治区和13个计划单列市共有6226个企业兼并了6966个企业，共转移资产82.25亿元，减少亏损企业4095户，减少亏损金额5.22亿元。这段时间企业并购的特点如下：出现了跨地区、跨行业并购；出现了控股等新的并购方式；并购动因由单纯消灭亏损向提高企业经营活力、优化经济结构发展；局部产权交易市场开始出现。

（3）第二次并购浪潮（1992—2001）。

1992年小平同志的南巡讲话确立了市场经济的改革方向，促进了我国企业并购重组的进程。随着产权交易市场和股票市场的发育，上市公司出现，外资并购国企和中国企业的跨国并购不断涌现。这段时间的企业并购特点如下：企业并购的规模进一步扩大；产权交易市场普遍兴起，在企业并购重组中发挥了重要作用；上市公司股权收购成为企业并购的重要方式；以资本为纽带的混合式并购有所发展，涌现了一批优秀的企业集团；民营企业和外资企业纷纷参与并购，并购的主体不再局限于国有企业。

（4）第三次并购浪潮（2002至今）。

2002年中国正式加入WTO，既反映了经济全球化的趋势进一步加强，又促进了中国与世界经济的接轨。中国政府先后制定了一系列并购法规，如《指导外商投资方向规定》《外商投资产业指导目录》《利用外资改组国有企业暂行规定》《上市公司收购管理办法》《上市公司股东持股变动信息披露管理办法》《关于向外商转让上市公司国有股和法人股有关问题的通知》和《外国投资者并购境内企业暂行规定》等。这些法规的制定必将引发新一轮的并购高潮的涌现。

5.2 上市公司收购

5.2.1 概述

收购是企业并购的重要组成部分，是企业法人在平等自愿、等价有偿基础上，以一定的经济方式取得其他法人产权的行为，是企业进行资本运作和经营的一种主要形式。上市公司收购是指为了达到控制或合并上市公司的目的，收购人通过法定方式获得上市公司一定比例的已发行股份，成为该上市公司的控股股东，或通过投资关系、协议、其他安排的途径成为该上市公司的实际控制人，也能同时采取以上两种方式取得上市公司的实际控制权。在上市公司收购过程中，收购方是主动方，被收购方是被动方。

收购企业具有若干种方式与路径，每一种都有其特定的优势与局限性。企业选择收购方式应结合自身和标的企业的客观情况综合考虑，方能提升收购策略实施的成功率，达到协同效用最大化。上市公司收购的常规方式包括协议转让、定向增发及要约收购，鉴于前述收购方式可能在收购成本、收购所需时间、程序等方面不能完全满足收购方的诉求，除一般收购方式外，收购人还可以采取一些特殊的收购方式，如间接收购、表决权委托、可交换债券等。《上市公司收购管理办法》（2020年修订版）中对主要的上市公司收购方式类别作了专门的划分，其中，第三章、第四章和第五章分别对要约收购、协议收购和间接收购的条件、要求和程序等作了规定。

5.2.2 上市公司收购的一般性原则

《上市公司收购管理办法》第一章对上市公司的收购及相关权益变动活动所应遵循的总体性原则、条件、要求等作出明确规定。

1. 依法合规和公开、公平、公正的原则

上市公司的收购及相关股份权益变动活动，必须遵守法律、行政法规及有关政府与监管机构的规定。当事人应当诚实守信，遵守社会公德、商业道德，自觉维护证券市场秩序，接受政府、社会公众的监督。信息披露义务人应当充分披露其在上市公司中的权益及变动情况，依法严格履行报告、公告和其他法定义务。

2. 不得危害国家安全和社会公共利益

上市公司的收购及相关股份权益变动活动涉及国家产业政策、行业准入、国有股份转让等事项，需要取得国家相关部门批准的，应当在取得批准后进行。

外国投资者进行上市公司的收购及相关股份权益变动活动的，应当取得国家相关部门的批准，适用中国法律，服从中国的司法、仲裁管辖。

3. 不得损害被收购公司及其股东的合法权益

对上市公司收购相关主要当事主体的基本要求：

（1）任何人不得利用上市公司的收购损害被收购公司及其股东的合法权益。

有下列情形之一的，不得收购上市公司：

收购人负有数额较大债务，到期未清偿，且处于持续状态；

收购人最近3年有重大违法行为或者涉嫌有重大违法行为；

收购人最近3年有严重的证券市场失信行为；

收购人为自然人的，存在《公司法》第一百四十六条规定情形；

法律、行政法规规定以及中国证监会认定的不得收购上市公司的其他情形。

（2）被收购公司的控股股东、实际控制人及其关联方有损害被收购公司及其他股东合法权益的，上述控股股东、实际控制人在转让被收购公司控制权之前，应当主动消除损害；未能消除损害的，应当就其出让相关股份所得收入用于消除全部损害做出安排，对不足以消除损害的部分应当提供充分有效的履约担保或安排，并依照公司章程取得被收购公司股东大会的批准。

（3）被收购公司董事会针对收购所做出的决策及采取的措施，应当有利于维护公司及其股东的利益，不得滥用职权对收购设置不适当的障碍，不得利用公司资源向收购人提供任何形式的财务资助，不得损害公司及其股东的合法权益。

4. 必须有财务顾问参与

收购人进行上市公司的收购，应当聘请符合《证券法》规定的专业机构担任财务顾问。收购人未按照本办法规定聘请财务顾问的，不得收购上市公司。财务顾问应当勤勉尽责，遵守行业规范和职业道德，保持独立性，保证其所制作、出具文件的真实性、准确性和完整性。

5.2.3 上市公司收购方式

1. 要约收购

要约收购，指收购人按照同等价格、同一比例等相同要约条件，向上市公司股东公开发出的收购其所持有的公司股份的行为，是对非特定对象公开收购的一种方式。

要约收购根据收购数量不同可分为全面要约和部分要约，但发出对象始终为全体股东。全面要约是通过证券交易、协议收购或间接收购等方式，一次性从持股30%以下跨过30%，不符合豁免条件的，则被动触发全面要约收购义务，即投资者自愿选择以要约方式收购上市公司股份的方式向被收购公司所有股东发出收购其所持有的全部股份的要约。部分要约是在不涉及一次性跨过30%或以终止上市为目的情形下的任意持股数量，但预定收购股份比例不得低于目标上市公司总股本的5%，即投资者自愿选择以要约方式收购上市公司股份的方式向被收购公司所有股东发出收购其所持有的部分股份的要约。

要约收购的投点是部分要约可设置固定的要约股份比例，如5%，收购方获取的股份比例及所需资金量均具有可控性，有利于防止内幕交易，保障全体股东尤其是中小股东的利益。

结合《上市公司收购管理办法》与实际工作，要约收购相关规定及主要事项如下：

(1) 触发条件。

收购人持有一个上市公司的股份达到该公司已发行股份的30%时，继续增持股份的，应当采取要约方式进行，发出全面要约或者部分要约。

(2) 公平原则。

以要约方式进行上市公司收购的，收购人应当公平对待被收购公司的所有股东。持有同一种类股份的股东应当得到同等对待。

(3) 要约收购提示性公告和要约收购报告书。

以要约方式收购上市公司股份的，收购人应当编制要约收购报告书，聘请财务顾问，通知被收购公司，同时对要约收购报告书摘要作出提示性公告。本次收购依法应当取得相关部门批准的，收购人应当在要约收购报告书摘要中作出特别提示，并在取得批准后公告要约收购报告书。

收购人自作出要约收购提示性公告起60日内，未公告要约收购报告书的，收购人应当在期满后次一个工作日通知被收购公司，并予公告；此后每30日应当公告一次，直至公告要约收购报告书。收购人作出要约收购提示性公告后，在公告要约收购报告书之前，拟自行取消收购计划的，应当公告原因；自公告之日起12个月内，该收购人不得再次对同一上市公司进行收购。

(4) 基本要素：收购数量、期限、价格和支付方式等。

①收购数量。

以要约方式收购一个上市公司股份的，其预定收购的股份比例均不得低于该上市公司已发行股份的5%。

②收购期限。

收购要约约定的收购期限不得少于30日，并不得超过60日；但是出现竞争要约的除外。

③收购价格。

对同一种类股票的要约价格，不得低于要约收购提示性公告日前6个月内收购人取得该种股票所支付的最高价格。要约价格低于提示性公告日前30个交易日该种股票的每日加权平均价格的算术平均值的，收购人聘请的财务顾问应当就该种股票前6个月的交易情况进行分析，说明是否存在股价被操纵、收购人是否有未披露的一致行动人、收购人前6个月取得公司股份是否存在其他支付安排、要约价格的合理性等。

④支付方式。

收购人可以采用现金、证券、现金与证券相结合等合法方式支付收购上市公司的价款。收购人以证券支付收购价款的，应当提供该证券的发行人最近3年经审计的财务会计报告、证券估值报告，并配合被收购公司聘请的独立财务顾问的尽职调查工作。收购人以在证券交易所上市的债券支付收购价款的，该债券的可上市交易时间应当不少于一个月。收购人以未在证券交易所上市交易的证券支付收购价款的，必须同时提供现金方式供被收购公司的股东选择，并详细披露相关证券的保管、送达被收购公司股东的方式和程序安排。

⑤履约保证：至少提供以下三项中的一项。

以现金支付收购价款的，将不少于收购价款总额的20%作为履约保证金存入证券登记结算机构指定的银行；收购人以在证券交易所上市交易的证券支付收购价款的，将用于支付的全部证券交由证券登记结算机构保管，但上市公司发行新股的除外；

银行对要约收购所需价款出具保函；

财务顾问出具承担连带保证责任的书面承诺，明确如要约期满收购人不支付收购价款，财务顾问进行支付。

（5）要约变更与撤销。

收购要约期限届满前15日内，收购人不得变更收购要约；但是出现竞争要约的除外。出现竞争要约时，发出初始要约的收购人变更收购要约距初始要约收购期限届满不足15日的，应当延长收购期限，延长后的要约期应当不少于15日，不得超过最后一个竞争要约的期满日，并按规定追加履约保证。在收购要约约定的承诺期限内，收购人不得撤销其收购要约。

（6）预受要约和要约期满收购股份。

同意接受收购要约的股东（以下简称预受股东），应当委托证券公司办理预受要约的相关手续。收购人应当委托证券公司向证券登记结算机构申请办理预受要约股票的临时保管。证券登记结算机构临时保管的预受要约的股票，在要约收购期间不得转让。

收购期限届满，发出部分要约的收购人应当按照收购要约约定的条件购买被收购公司股东预受的股份，预受要约股份的数量超过预定收购数量时，收购人应当按照同等比例收购预受要约的股份；以终止被收购公司上市地位为目的的，收购人应当按照收购要约约定的条件购买被收购公司股东预受的全部股份；未取得中国证监会豁免而发出全面要约的收购人应当购买被收购公司股东预受的全部股份。

收购期限届满后3个交易日内，接受委托的证券公司应当向证券登记结算机构申请办理股份转让结算、过户登记手续，解除对超过预定收购比例的股票的临时保管；收购人应当公告本次要约收购的结果。收购期限届满后15日内，收购人应当向证券交易所提交关于收购情况的书面报告，并予以公告。

（7）对要约收购人买卖股票的限制：作出要约收购公告后至收购期限届满前，收购人不得卖出被收购公司的股票，也不得采取要约规定以外的形式和超出要约的条件买入被收购公司的股票。

（8）对不履约或发假要约的收购人罚则：明确禁止对不履行要约或发出虚假要约的收购人3年不得收购上市公司，证监会不受理其报送的申报文件，并追究未履行勤勉尽责义务的财务顾问的法律责任。

2. 协议收购

协议收购是指收购人通过合法的书面协议收购上市公司股份以取得控制权的方式。协议收购的对象通常是上市公司原有控股股东（或实际控制人，包括其一致性的人）持有的股份（或拥有的权益）。

在《上市公司收购管理办法》第四章，对协议收购按其收购股份数量或所占上市公司总股本比例不同，作出了相关的程序、事项和要求等规定，主要如下：

①原控股股东向收购人协议转让其所持上市公司股份的，应当对收购人的主体资格、诚信情况及收购意图进行调查，并在其权益变动报告书中披露有关调查情况。

控股股东及其关联方未清偿其对上市公司的负债，未解除上市公司为其提供的担保，或者存在损害公司利益的其他情形的，被收购公司董事会应当对前述情形及时予以披露，并采取有效措施维护公司利益。

②收购人拟协议收购一个上市公司的股份超过30%的，超过30%的部分，应当改以要约方式进行；收购人可向中国证监会申请免除发出要约，取得豁免后，履行其收购协议；否则在履行其收购协议前，应当发出全面要约。

收购人协议收购超过上市公司股份30%的，并拟按规定申请豁免的，应当在与上市公司股东达成收购协议之日起3日内编制收购报告书，通知被收购上市公司，并公告收购报告书摘要。收购人应当在收购报告书摘要公告后5日内，公告其收购报告书、财务顾问专业意见和律师出具的法律意见书。公告时还需按（第五十条）规定提供一系列备查文件。

③上市公司管理层收购。

上市公司董事、监事、高级管理人员、员工或者其所控制或者委托的法人或者其他组织，拟对本公司进行收购的，该上市公司应当具备健全且运行良好的组织机构以及有效的内部控制制度，公司董事会成员中独立董事的比例应当达到或者超过1/2。公司应当聘请符合《证券法》规定的资产评估机构提供公司资产评估报告，本次收购应当经董事会非关联董事作出决议，且取得2/3以上的独立董事同意后，提交公司股东大会审议，经出席股东大会的非关联股东所持表决权过半数通过。独立董事发表意见前，应当聘请独立财务顾问就本次收购出具专业意见，独立董事及独立财务顾问的意见应当一并予以公告。

禁止情形：上市公司董事、监事、高级管理人员存在《公司法》第一百四十八条规定情形，或者最近3年有证券市场不良诚信记录的，不得收购本公司。

④过渡期安排。

以协议方式进行上市公司收购的，自签订收购协议起至相关股份完成过户的期间为上市公司收购过渡期（以下简称过渡期）。在过渡期内，收购人不得通过控股股东提议改选上市公司董事会，确有充分理由改选董事会的，来自收购人的董事不得超过董事会成员的1/3；被收购公司不得为收购人及其关联方提供担保；被收购公司不得公开发行股份募集资金，不得进行重大购买、出售资产及重大投资行为或者与收购人及其关联方进行其他关联交易，但收购人为挽救陷入危机或者面临严重财务困难的上市公司的情形除外。

⑤收购人在收购报告书公告后30日内仍未完成相关股份过户手续的，应当立即作出公告，说明理由；在未完成相关股份过户期间，应当每隔30日公告相关股份过户办理进展情况。

⑥收购报告书公告后，相关当事人应当按照证券交易所和证券登记结算机构的业务规则，在证券交易所就本次股份转让予以确认后，凭全部转让款项存放于双方认可的银行账户的证明，向证券登记结算机构申请解除拟协议转让股票的临时保管，并办理过户登记手续。收购人未按规定履行报告、公告义务，或者未按规定提出申请的，证券交易所和证券登记结算机构不予办理股份转让和过户登记手续。

3. 间接收购

间接收购是指收购人虽不是上市公司股东，但通过股权收购或投资关系、协议、其他安排等方式获取上市公司上层直接或间接股东的控制权,间接实现控制上市公司的目的。间接收购方式主要包括:直接收购上市公司大股东股权、向大股东增资扩股、出资与大股东成立合资公司、托管大股东股权。

在《上市公司收购管理办法》第五章,对间接收购按其收购拥有股份/权益数量或所占上市公司总股本比例不同,作出了相关的规定,主要如下:

(1)收购人通过间接方式收购拥有权益的上市公司股份达到或者超过一个上市公司已发行股份的5%未超过30%的,应当按照第二章的规定办理。

收购人拥有权益的股份超过该公司已发行股份的30%的,应当向该公司所有股东发出全面要约;收购人预计无法在事实发生之日起30日内发出全面要约的,应当在前述30日内促使其控制的股东将所持有的上市公司股份减持至30%或者30%以下,并自减持之日起2个工作日内予以公告;其后收购人或者其控制的股东拟继续增持的,应当采取要约方式;拟依据第六章的规定免于发出要约的,应当按照第四十八条的规定办理。

(2)间接收购对主要当事方的要求。

①上市公司实际控制人及受其支配的股东,负有配合上市公司真实、准确、完整披露有关实际控制人发生变化的信息的义务。实际控制人及受其支配的股东拒不履行上述配合义务,导致上市公司无法履行法定信息披露义务而承担民事、行政责任的,上市公司有权对其提起诉讼;未履行报告、公告义务的,上市公司应当自知悉之日起立即作出报告和公告;予以公告后,实际控制人仍未披露的,上市公司董事会应当向实际控制人和受其支配的股东查询并报告中国证监会,由证监会责令改正并依法进行查处。

②上市公司实际控制人及受其支配的股东未履行报告、公告义务,拒不履行第五十八条规定的配合义务,或者实际控制人存在不得收购上市公司情形的,上市公司董事会应当拒绝接受受实际控制人支配的股东向董事会提交的提案或者临时议案,并向中国证监会、派出机构和证券交易所报告。上市公司董事会未拒绝接受实际控制人及受其支配的股东所提出的提案的,中国证监会可以认定负有责任的董事为不适当人选。

4. 豁免事项及申请

《上市公司收购管理办法》第六章对上市公司收购的豁免事项、条件和申请等作了相关规定。

(1)豁免事项。

收购过程中符合规定情形的,投资者及其一致行动人可以申请两类豁免事项:

免于以要约收购方式增持股份;

存在主体资格、股份种类限制或者法律、行政法规、中国证监会规定的特殊情形的,免于向被收购公司的所有股东发出收购要约。

不符合本章规定情形的,投资者及其一致行动人应当在30日内将其或者其控制的股东所持有的被收购公司股份减持到30%或者30%以下;拟以要约以外的方式继续增持股份的,应当发出全面要约。

(2)有下列情形之一的,收购人可以向证监会申请免于以要约方式增持股份,走一般普通程序,证监会受理申请后20个工作日作出决定(第六十二条):

收购人与出让人能够证明本次股份转让是在同一实际控制人控制的不同主体之间进行，未导致上市公司的实际控制人发生变化；

上市公司面临严重财务困难，收购人提出的挽救公司的重组方案取得该公司股东大会批准，且收购人承诺3年内不转让其在该公司中所拥有的权益；

中国证监会为适应证券市场发展变化和保护投资者合法权益的需要而认定的其他情形。

（3）有下列情形之一的，投资者可以向证监会申请免于发出要约，走简易程序，证监会受理后10个工作日内未有异议的，可办理股份转让、过户登记（第六十三条）：

国有资产经批准无偿划转、变更、合并导致投资者持股超过30%；

因上市公司向特定股东回购股份而减少股本，导致投资者拥有权益的股份超过该公司已发行股份的30%；

中国证监会为适应证券市场发展变化和保护投资者合法权益需要而认定的其他情形。

（4）可免于向证监会提交豁免申请，并可直接办理股份转让、过户手续的情形（第六十三条）：

经上市公司股东大会非关联股东批准，投资者取得上市公司向其发行的新股，导致其在该公司拥有权益的股份超过该公司已发行股份的30%，投资者承诺3年内不转让本次向其发行的新股，且公司股东大会同意投资者免于发出要约；

在一个上市公司中拥有权益的股份达到或者超过该公司已发行股份的30%的，自上述事实发生之日起一年后，每12个月内增持不超过该公司已发行的2%的股份；

在一个上市公司中拥有权益的股份达到或者超过该公司已发行股份的50%的，继续增加其在该公司拥有的权益不影响该公司的上市地位；

证券公司、银行等金融机构在其经营范围内依法从事承销、贷款等业务导致其持有一个上市公司已发行股份超过30%，没有实际控制该公司的行为或者意图，并且提出在合理期限内向非关联方转让相关股份的解决方案；

因继承导致在一个上市公司中拥有权益的股份超过该公司已发行股份的30%；

因履行约定购回式证券交易协议购回上市公司股份导致投资者在一个上市公司中拥有权益的股份超过该公司已发行股份的30%，并且能够证明标的股份的表决权在协议期间未发生转移；

因所持优先股表决权依法恢复导致投资者在一个上市公司中拥有权益的股份超过该公司已发行股份的30%；

中国证监会为适应证券市场发展变化和保护投资者合法权益的需要而认定的其他情形。

（5）上市公司收购及权益变动的信息披露要点。

为促进和保障上市公司收购及权益变动活动按照合法合规及"三公"原则进行，作为具体负责上市公司信息披露的董事会秘书，必须清楚和掌握上市公司收购及权益变动活动中的信息披露要点，这主要包括：收购相关的信息披露义务人主体，收购过程和环节中的披露时间节点，不同收购方式的披露内容及区别。

投资者在一个上市公司中拥有的权益份额发生如下变化时，需要进行相应的信息披露。表5-1所列是上市公司收购及权益变动活动达到一个上市公司发行股份不同比例时的信息披露要点。

表 5-1 收购股份及权益变动占比与信息披露

收购方式	收购股份占比	信息披露时点	信息披露内容	后续信息披露时点
证券市场交易、协议转让、行政划转或者变更、执行法院裁定、继承、赠与等方式	5%	事发 3 日内	上市公司提示性公告、收购人（转让人，若有）简式权益变动报告书	每增加或减少 5%
	>5%、≤20% 事发 3 日内	事发 3 日内	上市公司提示性公告、未成为第一大股东或实际控制人的：收购人（转让人，若有）简式权益变动报告书。为第一大股东或实际控制人的，每增加或减少 5% 的：收购人（转让人，若有）详式权益变动报告书，财务顾问核查	每增加或减少 5%
	>20%、≤30% 事发 3 日内	事发 3 日内	收购人详式权益变动报告书，财务顾问核查	超过 30% 股份，继续进行收购即需向所有股东发出收购要约
	>30%、>30% 继续收购；申请要约豁免，或履行全面要约收购义务	事发 3 日内	公告要约提示性公告，公告收购报告书（摘要）、财务顾问专项意见，律师意见	根据证监会审核进度情况，及时作出信息披露

注：就信息披露时点，不同的收购方式也有一些特殊要求，具体可查阅《上市公司收购管理办法》有关规定内容。

已披露权益变动报告书的投资者及其一致行动人，在披露之日起 6 个月内因拥有权益的股份变动需要再次报告、公告权益变动报告书的，可以仅就与前次报告书不同的部分做出报告、公告。自前次披露之日起超过 6 个月的，投资者及其一致行动人应当按照信息披露的有关规定编制权益变动报告书，履行报告、公告义务。

5. 上市公司收购的主要流程

不同的收购方式，收购的程序和流程也各有不同。

（1）要约收购的流程。

要约收购的流程如图 5-1 所示。

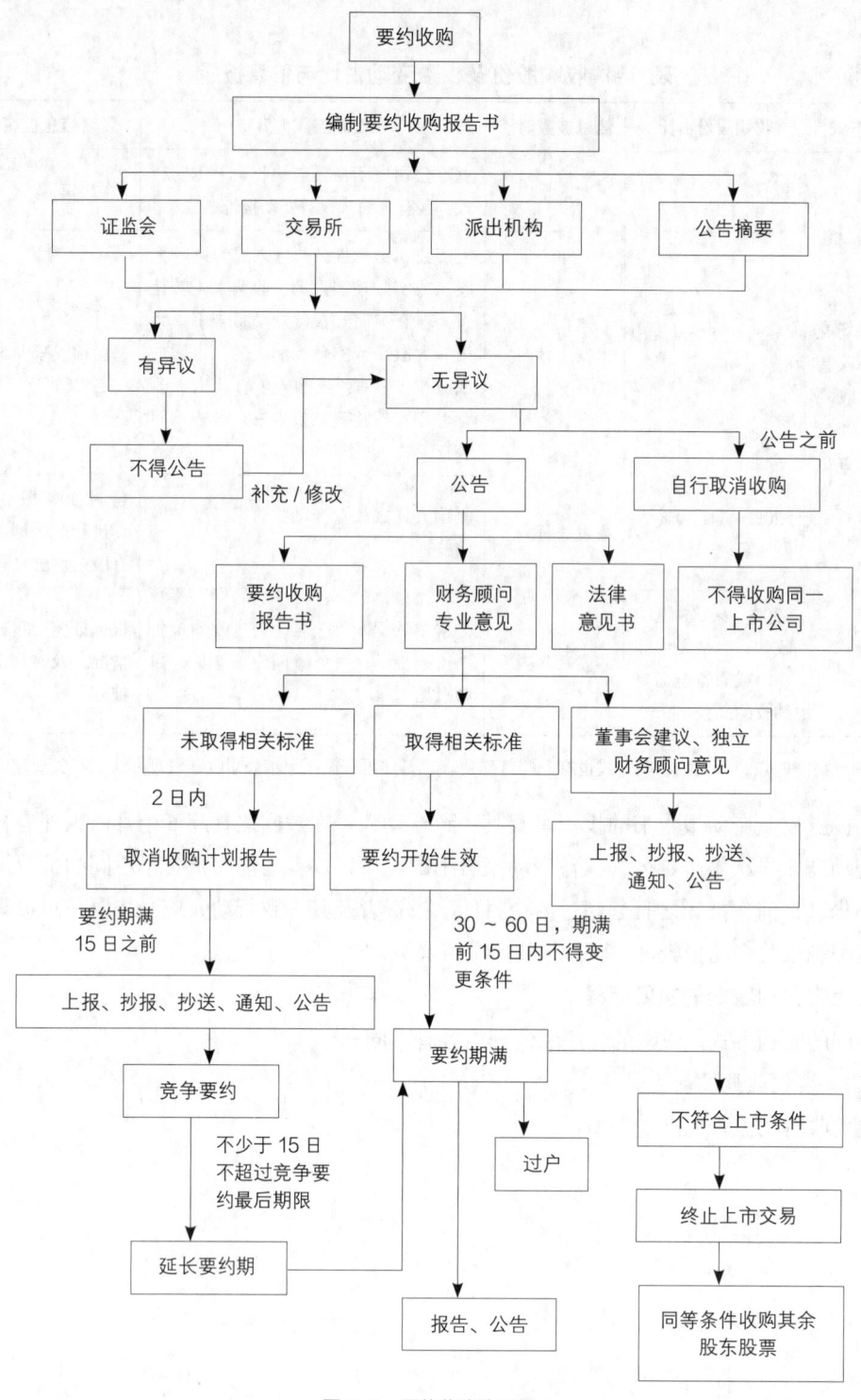

图 5-1 要约收购流程图

（2）协议收购的主要流程。

协议收购的主要流程如图 5-2 所示。

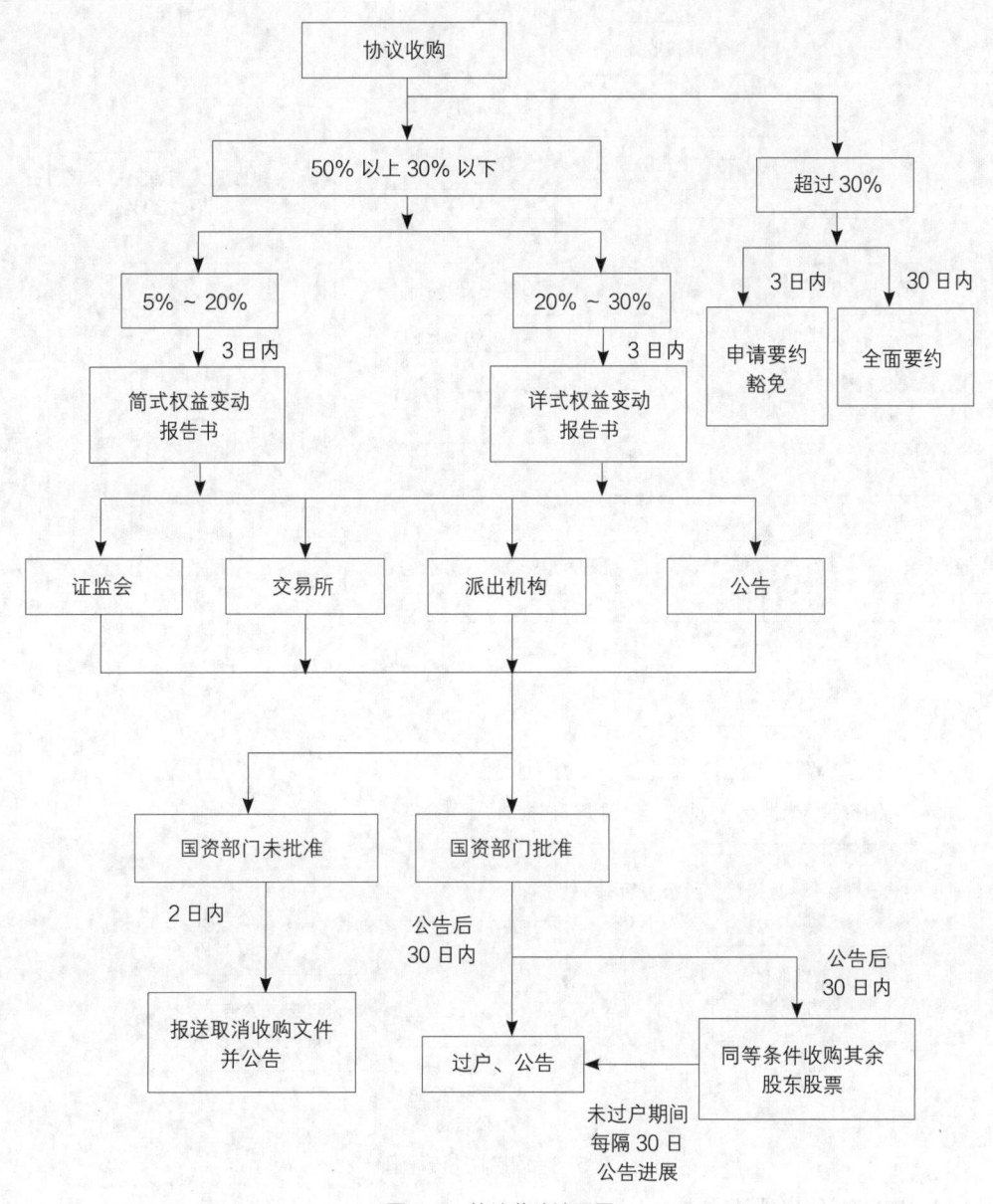

图 5-2 协议收购流程图

（3）间接收购的流程。

间接收购的主要流程如图 5-3 所示。

图 5-3　间接收购流程图

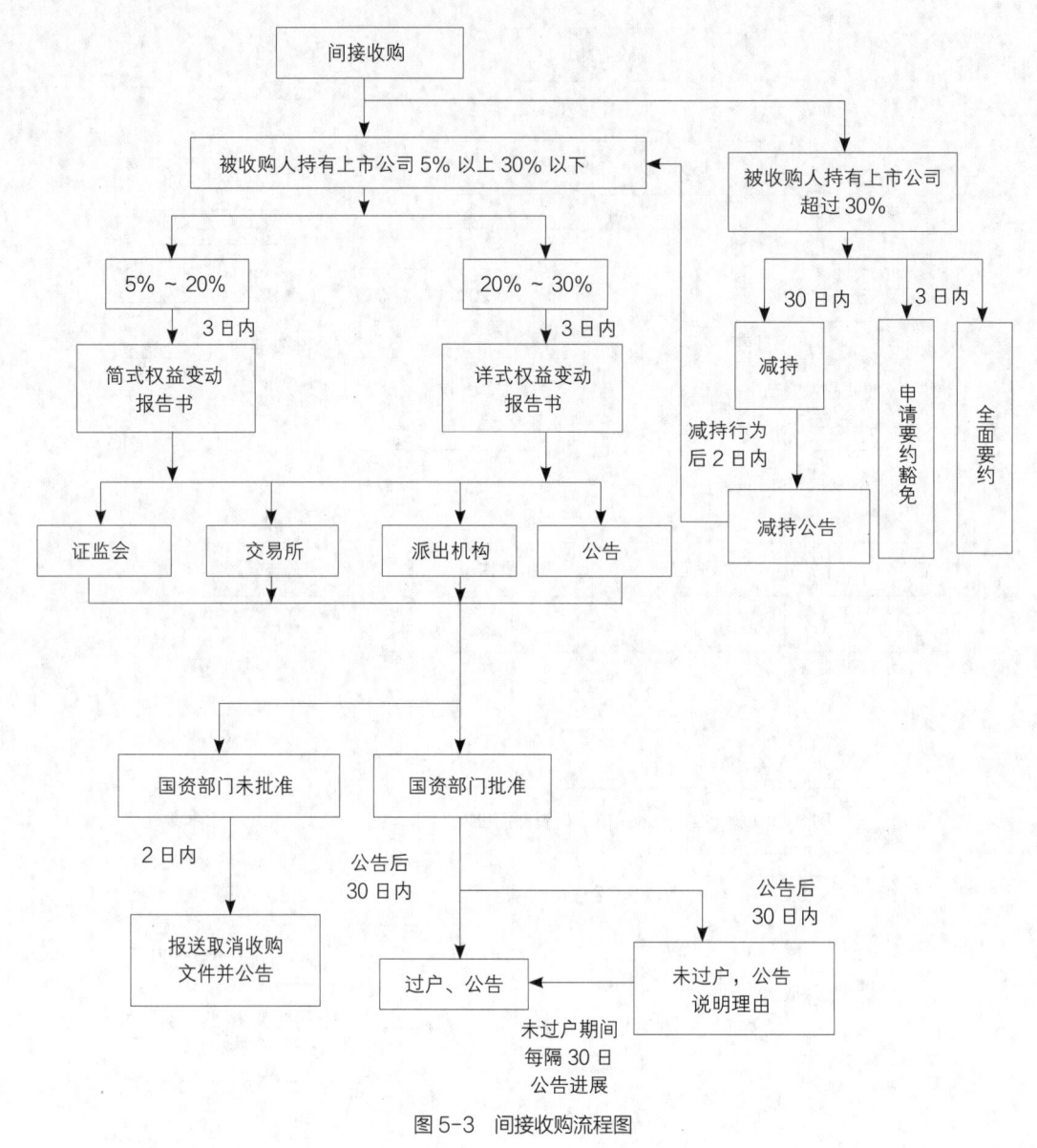

（4）要约豁免申请流程。

要约豁免申请流程如图 5-4 所示。

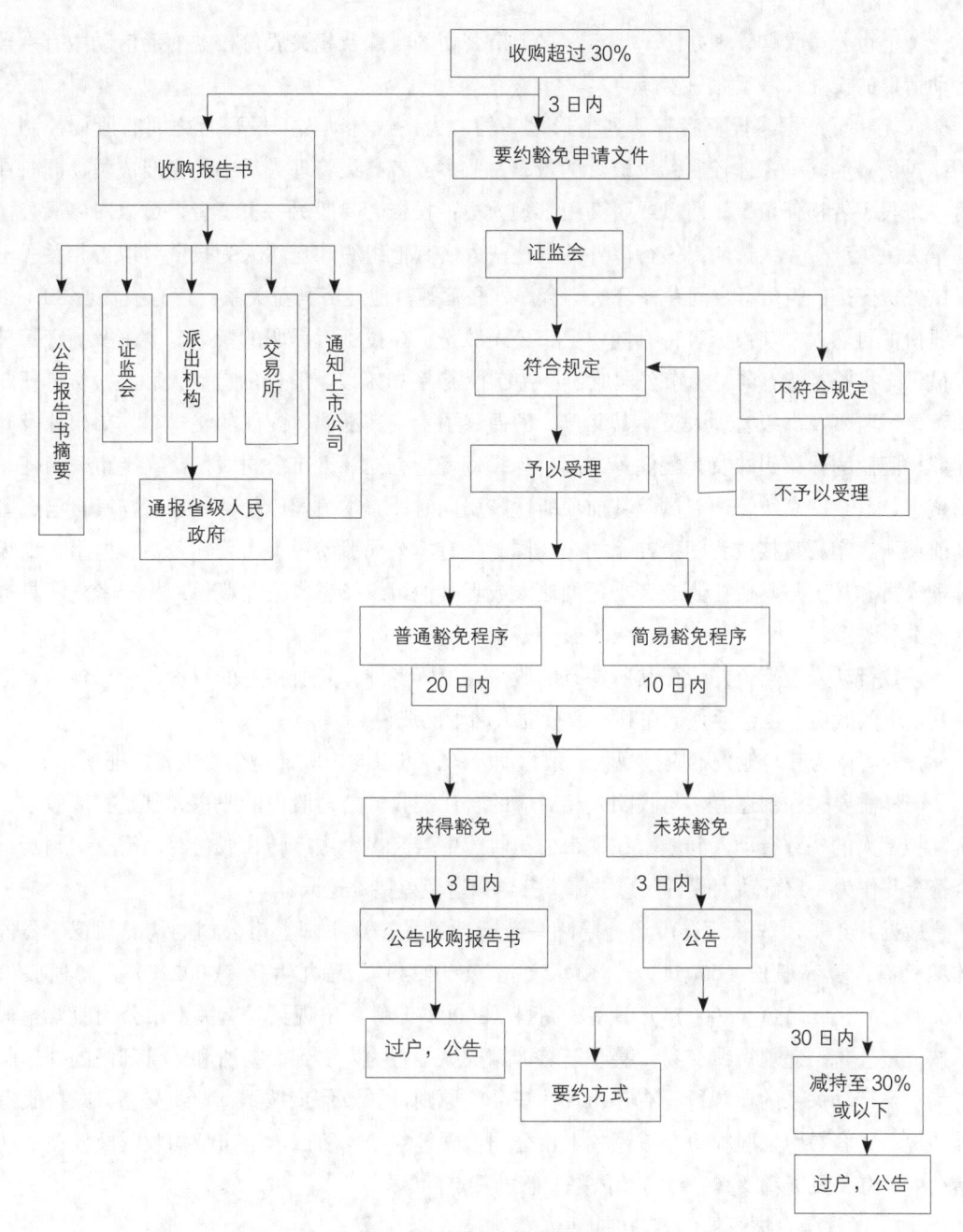

图 5-4　要约豁免申请流程图

6. 上市公司收购中应重点关注、把握的事项

上市公司收购及相关权益变动活动涉及投资者、股东尤其是中小股东和上市公司等众多市场主体的利益，也事关上市公司和证券市场的健康发展，为做好相关工作，从上市公司和董事会秘书角度，重点应关注、把握以下事项。

（1）以信息披露为核心，把握、督促和协助收购活动相关主体履行信息披露义务，使信息披露工作依法、合规、到位，关注信息披露义务人，特别是作为收购人的投资者及其一致行动人。

《上市公司收购管理办法》规定：在上市公司的收购及相关股份权益变动活动中有一致行动情形的投资者，互为一致行动人。

如无相反证据，投资者有下列情形之一的，为一致行动人：投资者之间有股权控制关系；投资者受同一主体控制；投资者的董事、监事或者高级管理人员中的主要成员，同时在另一个投资者担任董事、监事或者高级管理人员；投资者参股另一投资者，可以对参股公司的重大决策产生重大影响；银行以外的其他法人、其他组织和自然人为投资者取得相关股份提供融资安排；投资者之间存在合伙、合作、联营等其他经济利益关系；持有投资者30%以上股份的自然人，与投资者持有同一上市公司股份；在投资者任职的董事、监事及高级管理人员，与投资者持有同一上市公司股份；持有投资者30%以上股份的自然人和在投资者任职的董事、监事及高级管理人员，其父母、配偶、子女及其配偶、配偶的父母、兄弟姐妹及其配偶、配偶的兄弟姐妹及其配偶等亲属，与投资者持有同一上市公司股份；在上市公司任职的董事、监事、高级管理人员及其前项所述亲属同时持有本公司股份的，或者与其自己或者其前项所述亲属直接或者间接控制的企业同时持有本公司股份；上市公司董事、监事、高级管理人员和员工与其所控制或者委托的法人或者其他组织持有本公司股份；投资者之间具有其他关联关系。

一致行动人应当合并计算其所持有的股份。投资者计算其所持有的股份，应当包括登记在其名下的股份，也包括登记在其一致行动人名下的股份。

投资者认为其与他人不应被视为一致行动人的，可以向中国证监会提供相反证据。

同样需要关注的还有，与收购人相对应的转让被收购公司股份的股东尤其是控股股东、实际控制人的一致行动人问题，在上市公司收购中若有多个主体转让股份时，需查询判断是否符合并作为一致行动人履行信息披露义务，以避免差错、遗漏。

最近几年来，沪深证券市场上隐瞒一致行动关系违规举牌上市公司的情况频现，公告的案例有：莫高股份（600543）、山水文化（600234）、昌九生化（600228）、博通股份（600455）、武昌鱼（600275）、荃银高科（300087）等，出现买卖有关上市公司股票超限不按规定公告、违规短线交易、甚至还有涉嫌操纵等行为，受到交易所和监管部门的处理。隐瞒一致行动关系的违规行为有违市场"三公"原则，导致信息披露、短线交易、减持股份等违规，并容易引发股权争夺战影响上市公司治理等纠纷。所以，上市公司收购及权益变动活动中，有关投资者及其一致行动人是监管的重点问题。

（2）关注信息披露的内容、时点要求。

不管是通过证券交易所交易系统（集中竞价或大宗交易）交易收购，还是要约收购、协议收购或者是间接收购，对于信息披露既有共同的要求，如公告收购报告书或要约收购报告书摘要，经批准实施后还要公告结果。同时不同收购方式也有特定的不同要求，例如要约收购中的要约提示、变更或取消等特殊事项公告。

具体可参见前文"三、上市公司收购方式"和"四、上市公司收购及权益变动信息披露要点"中的部分相关内容。

（3）上市公司收购中对控股股东、实际控制人和董事会的有关要求。

上市公司收购活动通常导致上市公司控制权的转移，《上市公司收购管理办法》中对被收购公司的控股股东、实际控制人、董事会的行为规范作出了相应规定,从董事会秘书的工作职责看这方面的事项也应重点关注和把握。

①对转让控制权的要求:被收购公司的控股股东、实际控制人及其关联方有损害被收购公司及其他股东合法权益的,上述控股股东、实际控制人在转让被收购公司控制权之前,应当主动消除损害;未能消除损害的,应当就其出让相关股份所得收入用于消除全部损害作出安排,对不足以消除损害的部分应当提供充分有效的履约担保或安排,并取得被收购公司股东大会的批准。

②对董事会的基本要求:被收购公司董事会针对收购所作出的决策及采取的措施,应当有利于维护公司及其股东的利益,不得滥用职权对收购设置不适当的障碍,不得利用公司资源向收购人提供任何形式的财务资助,不得损害公司及其股东的合法权益。

③要约收购中的有关要求:被收购公司董事会应当对收购人的主体资格、资信情况及收购意图进行调查,对要约条件进行分析,对股东是否接受要约提出建议,并聘请独立财务顾问提出专业意见。在收购人公告要约收购报告书后20日内,被收购公司董事会应当公告被收购公司董事会报告书与独立财务顾问的专业意见。若要约条件发生重大变化,公司董事会和独立财务顾问也应及时公告补充意见。

收购人作出要约提示性公告后至要约收购完成前,被收购公司除继续从事正常的经营活动或者执行股东大会已经作出的决议外,未经股东大会批准,被收购公司董事会不得通过处置公司资产、对外投资、调整公司主要业务、担保、贷款等方式,对公司的资产、负债、权益或者经营成果造成重大影响。

在要约收购期间,被收购公司董事不得辞职。

④协议收购中转让股权的要求:控股股东向收购人协议转让其所持有的上市公司股份的,应当对收购人的主体资格、诚信情况及收购意图进行调查,并在其权益变动报告书中披露有关调查情况。

控股股东及其关联方未清偿其对公司的负债,未解除公司为其负债提供的担保,或者存在损害公司利益的其他情形的,被收购公司董事会应当对前述情形及时予以披露,并采取有效措施维护公司利益。

⑤间接收购中的要求:上市公司实际控制人及受其支配的股东,负有配合上市公司真实、准确、完整披露有关实际控制人发生变化的信息的义务。

上市公司公告实际控制人发生变化的情况以后,实际控制人仍未披露的,公司董事会应当向实际控制人和受其支配的股东查询,并向监管机构和交易所报告查询结果。

上市公司实际控制人及受其支配的股东未履行报告、公告义务,拒不履行规定的配合义务,或者实际控制人存在不得收购上市公司情形的,公司董事会应当拒绝接受实际控制人支配的股东向董事会提交的提案或者临时议案,并向证监会、派出机构和交易所报告。由证监会责令实际控制人改正;改正前,受实际控制人支配的股东不得行使其持有股份的表决权。

7. 上市公司收购的具体策划和组织实施

上市公司收购一般是通过收购或取得具有控股地位权益的股份以获得上市公司的控制权,虽然从交易主体和结果层面看属于股份收购人与转让股份或权益的股东(或股份实际控制人）层面之间的拥有上市公司股份或权益的变动，但控制权变动是事关上市公司的规范治理和经营发展以及全体股东利益的重大事项，也关系到保护投资者合法权益和证券市场健康有序发展。所以，上市公司收购活动影响面广，利害关系重大，同时收购涉及法律、财务和相关企业的经营业务等专业领域，收购工作的综合性和专业化强，程序复杂且规范要求高。因此，为保障收购活动依法合规，收购工作有序顺利开展，需要专业化的中介机构参与策划、组织并提供必要的专业意见和帮助。

《上市公司收购管理办法》规定（第九条），收购人进行上市公司的收购，应当聘请在中国注册的具有从事财务顾问业务资格的专业机构担任财务顾问。收购人未按照规定聘请财务顾问的，不得收购上市公司。

《上市公司收购管理办法》在第七章专门对财务顾问应履行的职责作了明确规定，对其工作范围、程序与出具的报告、专业意见的内容、格式等提出了明确要求。收购人的财务顾问类似于公司上市时的券商保荐机构。同时，对上市公司董事会、独立董事根据需要聘请独立财务顾问及相关要求也作了明确规定。具体可参见《上市公司收购管理办法》有关章节。

近几年来，在不断强化以信息披露为核心的上市公司监管形势下，上市公司董事会秘书作为主管信息披露事务的负责人和规范治理中的重要角色，在上市公司收购及权益变动活动尤其是相关信息披露的合法合规方面也负有重要职责，发挥着独特作用。从董事会秘书的角色和主要工作内容讲，是协调相关收购人及其聘请的财务顾问机构、律师机构等开展工作，按照"三公"原则，及时、真实、准确、完整地披露相关信息。具体收购工作以收购人财务顾问为主，董事会秘书配合。同样地，对上市公司董事会、独立董事聘请的独立财务顾问工作，董事会秘书也要积极做好协助、配合工作。

5.3 上市公司重大资产重组

5.3.1 上市公司重大资产重组的概念及特征

1. 重大资产重组的概念

狭义资产重组指通过企业资源的重新配置，达到节约企业成本，稳定企业持续发展能力的目的；广义资产重组往往是基于企业发展战略基础上，通过扩张、收缩、内部调节的方式，进行资产优化配置，提高资产质量，实现企业战略目标，最终提升其核心竞争力的行为。

重大资产重组，顾名思义，属于资产重组，但从重组规模上要超过一般情况下的资产重组。从微观层面来讲，重大资产重组会对上市公司的利益相关者产生重大影响。从宏观层面来讲，企业的重大资产重组行为会对我国整个资本市场以及我国经济发展造成一定程度的影响。

具体至某一上市公司，重大资产重组行为一般情况下会在下列六个方面严重影响上市公司主体，包括：①上市公司的总资产；②上市公司的净资产；③上市公司的营业收入；④上市公司的净利润；⑤上市公司的总股本；⑥上市公司的主营业务。与此同时上市公司有关联的个人和企业也会受到重大影响，包括但不限于上市公司股东（不光包含上市公司的控股股东，并且包含机构投资者和中小投资者）、上市公司债权人、上市公司所有员工、标的公司有关联的个人和企业等等。与此同时重大资产重组还从股权融资、并购基金、资源调整、产业升级等方面关系到我国的金融市场和宏观经济。

在我国资本市场，重大资产重组在法律法规中有明确的定义，重大资产重组行为的主体只针对于我国上市公司及新三板挂牌公司，且二者适用的法律法规有明确区别。针对上市公司，《上市公司重大资产重组管理办法》中第2条规定：重大资产重组是我国上市公司及其控股或控制的公司在其日常经营活动之外购买、出售资产或者通过其他方式进行资产交易达到规定的比例，导致上市公司的主营业务、资产、收入发生重大变化的资产交易行为。"《上市公司重大资产重组管理办法》第15条规定"所称通过其他方式进行资产交易包括：①与他人新设企业、对已设立的企业增资或者减资；②受托经营、租赁其他企业资产或者将经营性资产委托他人经营、租赁；③接受附义务的资产赠与或者对外捐赠资产；④中国证监会根据审慎监管原则认定的其他情形。"

我国有关法律法规对重大资产重组的界定，重大性是以发生重组企业主体为参照的相对概念，以收购或者剥离的资产占上市公司各项指标的比例来量定重大资产重组的重大性。

《上市公司重大资产重组管理办法》第12条规定上市公司及其控股或者控制的公司购买、出售资产，达到下列标准之一的，构成重大资产重组：①购买、出售的资产总额占上市公司最近一个会计年度经审计的合并财务会计报告期末资产总额的比例达到50%以上；②购买、出售的资产在最近一个会计年度所产生的营业收入占上市公司同期经审计的合并财务会计报告营业收入的比例达到50%以上；③购买、出售的资产净额占上市公司最近一个会计年度经审计的合并财务会计报告期末净资产额的比例达到50%以上，且超过5000万元人民币。

实践中，重大资产重组的主要类型可以从交易方式或交易基本目的的不同进行分类。

（1）按交易方式不同，重大资产重组可分为三种：

重大资产购买：上市公司通过支付现金或其他对价的方式将符合企业发展战略，有盈利能力和竞争优势的标的资产置入体内。

重大资产出售：出售剥离不符合公司战略和发展规划、盈利能力较差、缺乏竞争力的资产。

重大资产置换：在进行资产剥离的同时置入符合要求的标的资产。

（2）按交易基本目的不同可分为：产业并购、整体上市、借壳上市。

2. 重大资产重组市场趋势

近几年来，在国内经济结构和发展方式调整、转型、升级以及改革开放不断深化的大背景下，为更好地发挥市场在资源配置中的决定性作用，营造良好的市场化并购重组环境，鼓励企业尤其是上市公司通过并购重组转型升级、做强做大，国家出台了一系列支持鼓励企业并购重组的政策，中国证监会也根据形势和需要对《上市公司重大资产重组管理办法》多次作出修改（修订）。2014年3月，国务院印发《关于进一步优化企业兼并重组市场环境的意见》。接着，证监会也相应修改有关规则和出台新规，进一步减少和放宽审批，比如对上市公司重大资产重组交易全部以现金支付方式的，规定不需要报证监会审核。2016年9月证监会又对《上市公司重大资产重组管理办法》进行修订，并针对借壳上市（重组上市）的情形作了更加明确严格的规定，将借壳上市审核标准原来按与 IPO 标准趋同变为与 IPO 标准等同。同时，证监会也对加强事中、事后监管，强化上市公司更好地履行信息披露义务和责任，以及明确有关中介服务机构归位尽职要求等方面作出了一系列规定。在上述经济和政策背景下，企业并购重组日趋活跃，2013—2016 年 4 年间，国内上市公司重大资产重组单数分别达到 185 项、305 项、408 项和 372 项。

5.3.2　上市公司重大资产重组的原则和界定标准

1. 原则

在《上市公司重大资产重组管理办法》第十一条明确提出上市公司重大资产重组的原则，且在具体实践中，证监会及并购重组委的有关案例审核中也常见到依据《上市公司重大资产重组管理办法》中规定的原则提出质疑或否决意见。具体如下：

（1）符合国家产业政策和有关环境保护、土地管理、反垄断等法律和行政法规的规定；

（2）不会导致上市公司不符合股票上市条件；

（3）重大资产重组所涉及的资产定价公允，不存在损害上市公司和股东合法权益的情形；

（4）重大资产重组所涉及的资产权属清晰，资产过户或者转移不存在法律障碍，相关债权债务处理合法；

（5）有利于上市公司增强持续经营能力，不存在可能导致上市公司重组后主要资产为现金或者无具体经营业务的情形；

（6）有利于上市公司在业务、资产、财务、人员、机构等方面与实际控制人及其关联人保持独立，符合中国证监会关于上市公司独立性的相关规定；

（7）有利于上市公司形成或者保持健全有效的法人治理结构。

2. 界定标准

（1）基本标准。

在《上市公司重大资产重组管理办法》第十二条对重大资产重组作出明确规定，上市公司及其控股或者控制的公司购买、出售资产，达到下列标准之一的，构成重大资产重组：

①购买、出售的资产总额占上市公司最近一个会计年度经审计的合并财务会计报告期末资产总额的比例达到 50% 以上。

②购买、出售的资产在最近一个会计年度所产生的营业收入占上市公司同期经审计的合并财务会计报告营业收入的比例达到 50% 以上。

③购买、出售的资产净额占上市公司最近一个会计年度经审计的合并财务会计报告期末净资产额的比例达到 50% 以上，且超过 5000 万元人民币。

购买、出售资产未达到前款规定标准，但中国证监会发现存在可能损害上市公司或者投资者合法权益的重大问题的，可以根据审慎监管原则，责令上市公司按照本办法的规定补充披露相关信息、暂停交易、聘请符合《证券法》规定的独立财务顾问或者其他证券服务机构补充核查并披露专业意见。

（2）相关指标规定。在《上市公司重大资产重组管理办法》第十四条对重大资产重组界定标准相关指标的确定作出明确规定，采取的衡量原则主要有以下三项：一是限高买不限高卖；二是累计12个月计算；三是资产置换分别计算。

①限高买不限高卖。即在进行指标选取时，如果是买入资产，则应以成交额与相应指标的孰高来确定（见表5-2）。在具体选取时，依照是否为股权资产、是否获取控制权有一定的区分，简单来讲，基本规律就是"限卖不限买，股权看收入，收入无孰高，非股无收入"。同时，需要注意的是，对于不涉及负债的资产，则不宜适用资产净额的标准；而在计算净资产额的时候，并不包含少数股东权益。重组标准认定如表5-2所示：

表5-2 重组标准认定

项目		控制权不变化		控制权变化	
		股权	非股权	股权	非股权
总资产	卖出	股权占比乘以资产总额	账面价值	资产总额	账面价值
	买入	股权占比乘以资产总额与成交金额孰高	账面价值与成交价格孰高	账面价值与成交金额孰高	账面价值与成交价格孰高
净资产	卖出	股权占比乘以净资产额	账面价值	净资产额	账面价值
	买入	股权占比乘以净资产额与成交金额孰高	账面价值与成交价格孰高	账面价值与成交金额孰高	账面价值与成交价格孰高
收入	卖出	营业收入乘以净资产额	—	营业收入	—
	买入	股权占比乘以营业收入	—	股权占比乘以营业收入	—

②累计12个月计算。

对于以上指标，上市公司自股东大会作出决议之日起，再次作出决议进行购买同一或相关资产时，需要进行累计计算，计算时采用的分母为第一次交易时最近1个会计年度上市公司经审计的合并财务会计报告期末数值。需要说明的是，该处的同一或相关资产，指的是同一交易对手方控制的资产或相同或类似行业的资产。

③资产置换分别计算。

对于实践中经常出现的资产置换行为，即同时买入、卖出资产，则分别计算占比，以孰高为准判断是否属于重大资产重组。

交易标的资产属于同一交易方所有或者控制，或者属于相同或者相近的业务范围，或者中国证监会认定的其他情形下，可以认定为同一或者相关资产。

3. 上市公司重大资产重组的操作流程

（1）基本程序和要点。

《上市公司重大资产重组管理办法》第三章对上市公司重大资产重组的程序进行了详细的介绍，上市公司重大资产重组从开始到实施完成的整个过程主要经过几个阶段，简要概况如下。

①筹划准备与拟订重组方案。

首先，上市公司需要与有关交易方就重组事项初步接触商谈，以确定交易范围、内容框架，双方协商一致后签订交易意向性协议。其次，上市公司聘请独立财务顾问和财务审计、资产评估等中介服务机构展开工作，论证设计形成重组方案预案，提交董事会审议（第一次董事会审议）后披露。重组预案需要经过第一次董事会会议审议，在中介机构完成审计、评估报告等之后，上市公司与交易对方在财务顾问、律师协助下商议确定重组交易方案，拟订重大资产重组报告书，提交董事会审议（第二次董事会审议》并披露。同时也要披露独立财务顾问报告。

披露后由交易所进行审核，发出问询函提出问题或修改要求，上市公司完成并披露问询函答复，同时披露经修改的重大资产重组报告书和独立财务顾问报告等。

②召开股东大会，审议批准重组方案、重组报告书等。

③向证监会申报重组报告书等有关的申请材料。经过证监会受理、初审、反馈意见及答复，提交并购重组委审核。

④若并购重组委审核通过，在获得证监会核准文件后组织实施。

属于发行股份购买资产的，在规定期限内向特定对象办理股份发行、登记手续和交易资产（包括置换资产）的交割过户、工商变更登记手续。

⑤披露重大资产重组实施完成情况。

（2）重点环节和工作要点。

重大资产重组对上市公司的财务状况、经营业绩和发展前景有非常重大的影响，重组不同阶段的结果和预期对二级市场上公司股价运行有重大而不确定的影响，又由于重组过程周期较长、涉及主体较多、利益影响较复杂，从上市公司尤其是董事会秘书的角度讲，为了切实防范内幕交易、履行好信息披露义务、维护公司及相关各方与市场投资者合法权益，使重大资产重组规范、有序地推进，必须坚持依法合规，抓住重点环节和要点做好工作。

①前期筹划和重组方案商议拟订阶段。

此阶段主要是重组动议方，也就是上市公司或其控股股东及实际控制人与重组交易对方及其控股股东及控制人等，接洽、商议、筹划拟对上市公司进行的重大资产重组的初步意向性或框架性方案，方案中主要包含重组交易对象、内容、范围、方式及交易结果测算和对各方的初步影响评估等内容，这个阶段也包括向上级主管部门（如国资管理部门）汇报、请示等的过程。

保密工作。做好保密是筹划阶段特别需要重视的，因为信息泄露与扩散，较容易影响股价，造成股价异动，甚至招致交易所要求被迫停牌，做股价异动核查及公告，这样会导致筹划各方变得非常被动；另外，股价大幅波动还可能提高以股份支付对价的重组成本，可能会给重组方案确定甚至未来成功后带来隐患；还有，监管层（对股价）有异动必查、有违规必究的态度，对重组方案未来报监管部门审核增加了时间等方面的许多不确定性，严重的甚至造成实质性障碍。因此，此阶段要确保内幕信息不被泄露，防止内幕交易及股价异动，尤其应防止媒体上出现相关新闻或误报。

保密工作的要点：一是董秘要有主动强烈的保密责任意识，努力及时宣导申明规则要求、利害影响，争取获得重组相关各方理解、配合；二是尽力控制、减少内幕信息知情人范围，对知情人要求按规定进行登记并提示保密义务；三是对重组交易各方洽谈、会商以及上市公司内部的专项讨论研究情况做好必要记录，这也是后期形成重组交易进程备忘录的基础；四是专门安排加强关注市场主要媒体舆情动态监测，采取适当措施防患于未然。

申请股票停牌。当筹划重组一旦取得实质性进展，董秘应及时申请办理股票停牌，实质性进展主要包括就此重组方案达成初步一致、签订意向书或框架性协议，或者重组信息出现泄露风险难以保密包括有关媒体新闻报道明确涉及保密信息，或者股价出现明显异动迹象等情形。按照交易所关于重大资产重组停牌业务的有关要求，根据重组后续时间进程和取得的阶段结果，做好持续停牌期间的工作安排，尤其是重组进展情况的持续披露工作。

股票停牌对防范内幕交易风险，避免不必要的干扰因素对重组工作正常推进等有重要作用，但也使股东和市场投资者的正常交易权受到影响。因此，沪深交易所对上市公司筹划重大资产重组的股票停复牌有专门的规范要求，并在2016年先后发布有关停复牌业务指引。

根据有关指引确定的重大资产重组停复牌监管要求大致可概括为"3+2"原则，即：原则上应当在停牌3个月内公布重组预案并申请复牌。符合指引中特别规定情形的（主要指：需经国资、国防管理部门事先审批的，国资部门以公开征集受让方转让下属上市公司股权并要求受让方注入资产或业务的，涉及境外收购并以发行股票购买资产的，重大无先例事项），可以延期2个月停牌。连续筹划重大资产重组事项，合计停牌时间不超过5个月。

②股票停牌至披露重组预案（第一次董事会审议）阶段。

对象的全面尽职调查，对重组交易方案的拟订、论证等相关工作。如需向相关主业中介机构进场，组织启动和开展重组交易涉及资产的审计、评估，对交易标的上市公司因重组事项股票停牌后，需尽快聘请独立财务顾问、券商等相关专管部门做咨询论证的（如相关行业主管部门、上级主管部门、监管部门等），需要尽快进行。同时，独立财务顾问负责组织协调编制重组预案，确定交易架构方案和主要交易数据（未审数及预评估数），提交上市公司董事会审议通过的重组预案并公告（即完成"一董"程序）后，可申请股票复牌交易。

董秘这阶段的主要工作及要点是：参与选聘独立财务顾问等中介机构并协调组织各中介机构按计划开展工作；及时掌握重组交易方案拟订、论证、变化等情况和交易各方谈判情况；根据重组工作进展及时履行停牌期间持续信息披露。

③预案公告至正式重组报告书披露（第二次董事会会议）阶段。

重组预案公告后，中介机构需要进一步完成审计、评估和法律尽职调查等工作，独立财务顾问须按重组管理办法规定和重组报告书要求对重组交易标的以及交易对上市公司的影响等进行全面尽调、分析、评价，交易各方对重组方案和有关交易协议进行谈判、确定和签署，方案待审计评估正式报告出具、券商律师等报告出具后，可召开上市公司第二次董事会，审议通过最终的正式重组方案（相关的审计评估数字已审定、齐备），并发布上市公司召开临时股东大会的通知。上市公司披露重组预案至正式方案的时间间隔，最长不得超过6个月。

④股东大会阶段。

上市公司就重组方案与股东进行沟通，媒体宣传推介等阶段，审议重大资产重组的股东大会需要经关联股东回避表决后的参会股东2/3以上表决权通过方为有效，且需向股东提供网络投票方式。

董秘这阶段的主要工作及要点是：做好与股东、投资者、媒体等的沟通，正确解读、理解重组方案，保障股东大会顺利召开。

（3）重组申请证监会报批阶段。

上市公司股东大会通过后的3日内，需要将重组全套申请材料报送中国证监会审核。主要涉及材料初次报送、补正通知、正式受理、反馈意见回复、部务会、并购重组委审核、并购重组委会后反馈回复、证监会下发批文等主要阶段。

董秘这阶段的主要工作及要点是：与券商、律师、会计师等中介机构密切配合，做好与监管机构审核人员的沟通、审核反馈意见回复、上会准备等工作。

（4）资产交割过户阶段。

获得中国证监会核准批文后，即组织重组标的资产置入、置出上市公司的资产交割过户工作、新增股份的登记工作及上市公司的工商变更等工作。此过程中需要券商财务顾问和律师组织指导，并出具相关的专业机构意见，如图5-5所示。

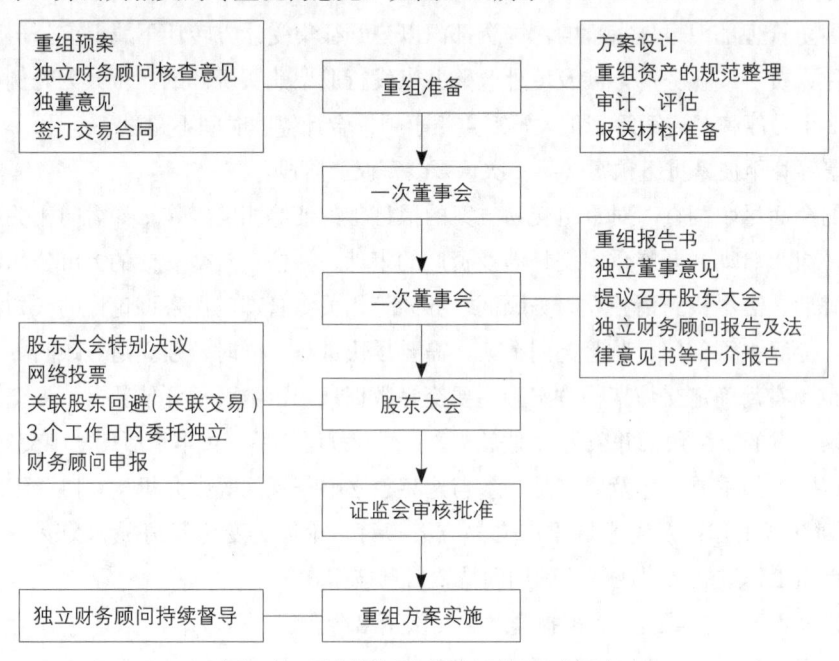

图5-5 重大资产重组重点环节和工作要点

4. 重大资产重组审核关注的重点

（1）资产定价的公允性。主要包括定价的科学性、定价依据的合理性、定价机制的市场化等，重点是防止注入上市公司资产价值高估和置出上市公司资产价值低估。

（2）资产权属的清晰性。股权注入会关注是否合法拥有该股权的全部权力，是否有出资不实或影响公司合法存续的情况，将有限责任公司相关股权注入上市公司是否已取得其他股东的同意，是否存在已被质押、抵押或其他限制转让的情形，是否存在诉讼、仲裁或其他形式纠纷等；资产注入也要关注是否已经办理了相应的权属证明和是否存在已被质押、抵押或其他限制转让的情形，是否存在诉讼、仲裁或其他形式纠纷等。

(3) 债权债务纠纷处理合法性。转移债务方面债权人书面同意并履行法定程序，转让债权方面履行通知债务人等法定程序，承担他人债务方面被承担债务人是否已取得其他债权人同意并履行了法定程序。

(4) 是否有利于提高持续经营能力。重组资产是否有持续经营能力，出售资产是否导致公司盈利下降等。

(5) 是否损害上市公司的法人治理结构。重组后上市公司是否资产完整、生产经营独立（在人员、资产、财务、采购、生产、销售、知识产权等方面能否保持独立）；商标权和专有技术使用权是否全部进入上市公司。

(6) 其他问题。重组是否涉及职工安置等。

5. 重大资产重组运作应关注的事项

(1) 筹划阶段。上市公司与交易对方就重大资产重组事宜进行初步磋商时，应当立即采取必要且充分的保密措施，制定严格有效的保密制度，限定重组相关信息的知悉范围。上市公司及交易对方聘请证券服务机构的，应当立即与所聘请的证券服务机构签署保密协议。应做到及时停牌、按期公告。

(2) 建立交易进程备忘制度。重大资产重组筹划过程中每一具体环节的进展情况，包括商议相关方案、形成相关意向、签署相关协议或者意向书的具体时间、地点、参与机构和人员、商议和决议内容等，并要求相关人员签名确认。

(3) 避免内幕交易的发生。上市公司要明确承担保密义务的主体，及时与相关主体签署或告知保密义务和禁止买卖股票行为，时刻关注股价的异动情况，避免发生内幕交易从而影响资产重组。

(4) 信息管理。根据中小企业板信息披露业务备忘录第17号——重大资产重组相关事项等规定的规定，做好每一时间段的信息披露。

6. 重大资产重组实务操作中的关键节点及事项

(1) 重组筹划及股票停牌阶段。

重组筹划阶段是指上市公司控股股东及实际控制人、或重组方及其控制人、或上市公司本身等相关重组动议方，在筹划拟对上市公司进行重大资产重组的过程中，包括相关的重组方案制定、交易结果测算等内部论证筹划的全过程，包括向上级主管部门（如国资管理部门等）汇报的过程。

做好保密工作也是重组筹划阶段需要做的最重要的工作，确保内幕信息不被泄露，防止内幕交易及股价异动，并防止媒体误报。内幕信息外泄一方面会造成股价异动，提高重组成本，另一方面也会导致重组工作面对被动局面，上市公司应交易所要求被迫紧急停牌，带来实质性障碍。因此，此阶段需严控相关参与人员，并做到信息保密，确保不出现股价异动和内幕交易。

经论证，若重组方案具有可行性，则上市公司应在获悉重组事项的第一时间向交易所申请股票停牌，初次停牌时往往会以重大事项为由申请，待经过5~10个交易日后正式发布上市公司正筹划重大重组，申请正式进入重组停牌程序。一般进入重组停牌程序的停牌时间为

30日，经向交易所申请可延迟一次。

（2）股票停牌至披露重组预案（复牌）阶段。

上市公司股票因重组事项停牌后，需要尽快聘请券商等中介机构进场，组织全面启动实施重组相关工作。如需向相关主管部门做咨询论证的（如相关行业主管部门、上级主管部门、证监会等监管部门），需要尽快启动相关沟通程序。

同时，财务顾问负责协调编制重组预案，锁定交易方案结构和主要交易数据（未审数及预评估数），待上市公司董事会审议通过重组预案并公告后，上市公司股票复牌交易。

（3）审计评估报告出具及重组正式方案公告阶段。

上市公司股票复牌后，需要进一步实施审计评估及财务法律尽职调查等工作，待审计评估正式报告出具、券商律师等报告出具后，可召开上市公司第二次董事会，审议通过最终的正式重组方案（相关的审计评估数字已审定、齐备），并发布上市公司召开临时股东大会的通知。

上市公司披露重组预案至正式方案的时间间隔，最长不得超过6个月。

（4）股东大会阶段。

上市公司就重组方案与股东进行沟通，媒体宣传推介等阶段，审议重大资产重组的股东大会需要经关联股东回避表决后的参会股东2/3以上表决权通过方有效，且需向股东提供网络投票方式。

（5）重组申请证监会报批阶段。

上市公司股东大会通过后3日内，需要将重组全套申请材料报送中国证监会审核。主要涉及材料初次报送、补正通知、正式受理、反馈意见回复、部务会、并购重组委审核、并购重组委会后反馈回复、证监会下发批文等主要阶段。

目前，中国证监会大幅压缩了重组项目的审核时间，目前一般项目在会审核时间为2～3个月左右即可完成审核。

（6）资产交割过户阶段。

获得中国证监会核准批文后，即组织重组标的资产置入、置出上市公司的资产交割过户工作、新增股份的登记工作及上市公司的工商变更等工作。此过程中需要券商财务顾问和律师组织指导，并出具相关的专业机构意见。

（7）持续督导阶段。

重大资产重组完成后，券商财务顾问需要进行不少于1个会计年度的持续督导，按季度出具相关的持续督导报告并报送证监局等监管部门，年度持续督导报告还需上市公司进行公告。

此外，对于借壳上市类型的重组，持续督导的期限为3个会计年度。

5.4 从上市公司发行股份购买资产

5.4.1 上市公司发行股份购买资产概述

上市公司发行股份购买资产，是指上市公司以股份作为支付对价的方式来购买资产，特定对象以现金或者资产认购上市公司非公开发行的股份后，上市公司用同一次非公开发行所募集的资金向该特定对象购买资产的，视同上市公司发行股份购买资产。

发行股份购买资产不同于普通的重大资产重组，上市公司发行股份购买资产可能构成重大资产重组，也可能不构成重大资产重组，无论是否构成重大资产重组，均适用《重大资产重组管理办法》，且均须证监会并购重组委审核。

证监会在《上市公司重大资产重组管理办法》中对上市公司发行股份购买资产进行了规定，上市公司发行股份购买资产需要由证监会上市部并购重组委审核。

自 2006 年股权分置改革基本完成以后，随着资本市场发展，在经济转型升级和鼓励支持并购重组的一系列政策推动下，上市公司的并购重组活动日益活跃，数量、规模持续增加。其中，发行股份购买资产成为上市公司实施并购重组的主流模式。向特定对象发行股份购买资产，重在股权和业务的重组整合而非融资，是上市公司利用资本市场平台，充分发挥股票市场对企业股权资产和业务市场化定价与交易的特色功能开展并购重组的重要手段。通过向特定对象发行股份分别可实现企业整体上市、向上市公司注入优质资产促进业务的转型升级、为上市公司引入战略投资者、增强大股东控股权、挽救陷入财务或业务危机的公司等效果。特别是，现行规则为发行股份定价提供了灵活、较大的选择空间，也有利于兼顾重组各方的利益平衡和稳定市场投资者对重组事项进程的预期。

5.4.2 上市公司发行股份购买资产的主要作用

近几年来向特定对象发行股份购买资产的重大资产重组的比例明显高于其他重组方式。探究其原因，除了可以减低资产负债率，无需还本付息以及自主选择合适投资人等优势外，从企业战略层面归纳以发行股份购买资产方式进行重大资产重组的动因主要有四：促进集团整体上市、减少关联交易及解决同业竞争、注入优质资产和变更主营业务。

1. 促进集团整体上市

二十世纪末，我国许多大型国有企业开始走上市道路。由于上市条件苛严，国有企业只有部分优质的资产符合上市要求，加上当时证券市场规模较小无法容纳大量资金，所以许多大型国有企业采用分拆的方式让部分资产上市。这样造成的后果是：同属一个集团企业的非上市公司和上市公司存在大量关联交易、输送利益、甚至非上市公司借贷上市公司资金等问题。2006 年 12 月国办发（2006）97 号——《国务院办公厅转发国资委关于推进国有资本调整和国有企业重组指导意见的通知》指示："加快国有企业的股份制改革，大力推进改制上市，提高上市公司质量。积极支持资产或主营业务资产优良的企业实现整体上市，鼓励已经上市的国有控股公司通过增资扩股、收购资产等方式，把主营业务资产全部注入上市公司。"在这样的政策背景下，我国掀起了新一轮重组高潮。

根据非公开发行股份的具体条件，非公开发行股份有三年的禁售期，但控股股东窥于资本市场发展态势良好以及三年后股份即可上市流通，极力推进，将其拥有的优质资产并入上市公司的控制。这么做既可以实现企业集团的利益最大化，又可以通过非公开发行进一步加强集团上市公司的控制。2009年6月，深圳华侨城股份有限公司启动重大资产重组，向其控股股东华侨城集团购买其持有的12家子公司的股权，主营业务涉及旅游地产、酒店、物业、传媒等。重组交易所涉及标的12家子公司相关股权的账面价值412105.74万元，最终交易价格确定为737367.08万元。通过此次重组，华侨城集团兑现了主营业务整合上市的承诺，增强了可持续发展的能力，同时也保护了上市公司和全体股东的利益。华侨城A公布2009年报显示，公司营业收入109.57亿元，同比增加26.6%；实现营业利润23.78亿元，同比增加20.8%；归属上市公司股东净利润17.06亿元，同比增加32.7%。

2. 减少关联交易及解决同业竞争

由于公司内部治理不健全，公司外部治理环境较差，在我国资本市场大股东利益输送行为比较常见；而这种利益输送行为大多数是上市公司大股东借助关联交易进行。如何避免和杜绝大股东利益输送行为、减少上市公司关联交易，毫无疑问地成为资本市场上一个重大难题。

通过非公开发行股票进行重大资产重组，首先是从源头上避免了控股公司与上市公司的关联交易以及同业竞争，其次在很大程度上降低了控股股东与上市公司发生利益冲突的概率，再次公司经营的透明度得到提高，既有助于提升上市公司的内在价值，也有利于资本主义市场的健康公平发展。2010年7月，上海强生控股股份有限公司向久事公司、强生集团发行股份，以购买久事公司、强生集团持有的出租车运营、汽车租赁、汽车服务等汽车运营类相关资产及旅游类资产。这一重大重组事件其根本目的是消除强生控股与久事公司（实际控制人）、强生集团（第一大股东）在出租车运营、汽车租赁、汽车服务等同业竞争，以规范关联交易。本次交易完成后，强生控股将拥有12000余辆出租车，占上海全市出租车保有量的25%以上，成为上海市乃至全国范围内最大的出租车运营公司。通过本次重组，上海市出租车运营资源更加集中，对进一步提高出租车运营系统效率、缓解城市运输资源紧张具有重要意义。2010年年度财务报告显示，实现营业收入157594.40万元，同比增长21.18%。预计2011年度归属于上市公司股东的净利润约为20000万元左右。

3. 注入优质资产

上市公司在经营过程中，有可能因为外部竞争激烈，而自身资产质量及盈利能力较差，出现业务连续亏损，被中国证监会处于ST股，经营形势十分严峻。在肯定业务符合国家政策且仍有市场发展前景的情况下，上市公司试图通过购买其他公司与其相近的有良好盈利能力的资产，提升核心竞争力，改善上市公司目前的经营业绩，走出困境。

非公开发行购买资产可以准确锁定交易对方目标资产，利用资本市场的资源配置功能，使上市公司自身与优良资产结合，提高上市公司资产质量和抗风险能力，使之变身成一家资产优良、主营业务突出并具有可持续发展能力的上市公司。

4. 变更主营业务

1998年，中国证券市场引入ST制度，近十五年间有200多家A股上市公司先后受到中国证监会的特别处理，占上市公司总量的10%左右。一些ST公司通过自身改变公司战略、完善经营管理等措施改变了暂时性的亏损状态，摘除了ST帽子。但是更多的ST公司主营业务已经不符合国家政策或者是市场发展前景暗淡，如果继续从事现有行业或业务将面临退市的悲惨结果。在这种情况下，为了能够改变亏损现状，持续经营上市公司，ST公司往往采取变更主营业务以获取较好行业的利润份额。当然，其中也不乏一些经营效果极佳的非上市公司（特别是中小民营企业）有意绕开公开上市的种种限制，以自身资产购买ST公司非公开发行的股票，实现较短时间的借壳上市。可以说非公开发行股票购买资产的重大资产重组为借壳上市或买壳上市提供了高效方便的手段。

5.4.3 上市公司发行股份购买资产的原则与条件

1. 发行股份购买资产的原则

我国《公司法》第一百二十七条规定，股份的发行，实行公平、公正的原则。具体而言，股份有限公司发行股份时应当做到：

（1）当公司向社会公开募集股份时，应就有关股份发行的信息依法公开披露。其中，包括公告招股说明书、财务会计报告等。

（2）同次发行的股份，每股的发行条件和价格应当相同。任何单位或者个人所认购的股份，每股应当支付相同价额。

（3）发行的同种股份，股东所享有的权利和利益应当是相同的。

2. 发行股份购买资产的条件

（1）充分说明并披露本次交易有利于提高上市公司资产质量、改善财务状况和增强持续盈利能力，有利于上市公司减少关联交易、避免同业竞争、增强独立性；

（2）上市公司最近一年及一期财务会计报告被注册会计师出具无保留意见审计报告；被出具保留意见、否定意见或者无法表示意见的审计报告的，须经注册会计师专项核查确认，该保留意见、否定意见或者无法表示意见所涉及事项的重大影响已经消除或者将通过本次交易予以消除；

（3）上市公司及其现任董事、高级管理人员不存在因涉嫌犯罪正被司法机关立案侦查或涉嫌违法违规正被中国证监会立案调查的情形，但是，涉嫌犯罪或违法违规的行为已经终止满3年，交易方案有助于消除该行为可能造成的不良后果，且不影响对相关行为人追究责任的除外（不包括监事）；

（4）充分说明并披露上市公司发行股份所购买的资产为权属清晰的经营性资产，并能在约定期限内办理完毕权属转移手续；

（5）证监会其他规定。

5.4.4 上市公司发行股份购买资产的发行定价

上市公司发行股份的价格不得低于市场参考价的90%。市场参考价为本次发行股份购买资产的董事会决议公告日前20个交易日、60个交易日或者120个交易日的公司股票交易均价之一。本次发行股份购买资产的董事会决议应当说明市场参考价的选择依据。在中国证监会核准前，上市公司的股票价格相比最初确定的发行价格发生重大变化的，董事会可以按照已经设定的调整方案对发行价格进行一次调整。

拟购买资产交易价格，指本次交易中以发行股份方式购买资产的交易价格，但不包括交易对方在本次交易停牌前六个月内及停牌期间以现金增资入股标的资产部分对应的交易价格。但上市公司董事会首次就重大资产重组作出决议前该现金增资部分已设定明确、合理资金用途的除外。

上市公司控股股东、实际控制人及其一致行动人在本次交易停牌前六个月内及停牌期间取得标的资产权益的，以该部分权益认购的上市公司股份，按前述计算方法予以剔除计算，但上市公司董事会首次就重大资产重组作出决议前，前述主体已通过足额缴纳出资、足额支付对价获得标的资产权益的除外。

独立财务顾问就前述主体是否按期、足额认购配套募集资金相应股份，取得股份后是否变相转让，取得标的资产权益后有无抽逃出资等开展专项核查。

上市公司破产重整，涉及公司重大资产重组拟发行股份购买资产的，其发行股份价格由相关各方协商确定后，提交股东大会作出决议，决议需出席会议的股东所持表决权的2/3以上通过，且经出席会议的社会公众股东所持表决权的2/3以上通过，关联股东应当回避表决。

另外，发行股份购买资产的首次董事会决议公告后，董事会在6个月内未发布召开股东大会通知的，上市公司应该重新召开董事会审议发行股份购买资产事项，并以该次董事会决议公告日作为发行股份的定价基准日。

发行股份购买资产事项提交股东大会决议公告日作为发行股份的定价基准日。发行股份购买资产事项提交股东大会审议未获得批准的，上市公司董事会如再次作出发行股份购买资产的决议，应当以该董事会决议公告日作为发行股份定价的基准日。

在购买资产的过程中，由于尽职调查和对资产进行审计、评估的时间会持续2个月到4个月，甚至更长，而如果股市在此期间出现单边下跌，会导致很多公司的股价在第一次董事会决议公布后一段时间里跌破发行价。

5.4.5 上市公司发行股份购买资产的流程

上市公司发行股份购买资产应当编制发行股份购买资产预案、发行股份购买资产报告书，并向中国证监会提出申请，经过并购重组委员会的审核后方可执行，其流程与上市公司重大资产重组相似。流程如图5-6所示。

1. 停牌筹划

（1）向交易所申请停牌。

（2）聘请独立财务顾问、律师所、会计师所、资产评估机构等中介机构并签署保密协议。

（3）发行方、收购人、独立财务顾问商议发行股份购买资产初步方案和工作安排。

（4）编制重大资产重组预案。（披露预案必须有第二次董事会）

（5）与收购人签署附条件生效的交易合同。

①生效条件：上市公司首次召开董事会审议重大资产重组事项的，应当在召开董事会的

当日或者前一日与相应的交易对方签订附条件生效的交易合同。交易合同应当载明本次重大资产重组事项一经上市公司董事会、股东大会批准并经中国证监会核准，交易合同即应生效。

②重大资产重组涉及发行股份购买资产的，交易合同应当载明特定对象拟认购股份的数量或者数量区间、认购价格或者定价原则、限售期，以及目标资产的基本情况、交易价格或者定价原则、资产过户或交付的时间安排和违约责任等条款。

（6）每周发布一次重组事项进展公告。

（7）向交易所提交重大资产重组预案基本情况表、内幕消息人员买卖股票自查报告或作出不存在异常波动的说明、已聘请的独立财务顾问及其主办人、项目协办人联络信息。

（8）制作书面的交易进程备忘录：包括商议相关方案、形成相关意向、签署相关协议或者意向书的具体时间、地点、参与机构和人员、商议和决议内容等。参与每一具体环节的所有人员应当即时在备忘录上签名确认。

2. 第一次董事会

（1）审议重大资产重组预案并做出决议（定价和发行规模）。

（2）独董发表意见。

①就重大资产重组发表独立意见。

②重大资产重组构成关联交易的，独立董事可以另行聘请独立财务顾问就本次交易对上市公司非关联股东的影响发表意见。

③向交易所报送董事会决议、预案、独董意见、交易合同、董事会会议记录、有关其他文件并申请复牌。

④公告：董事会决议、董事会关于重组履行法定程序的完备性、合规性及提交的法律文件的有效性的说明、独董意见、重组预案、拟注入资产的股东承诺（保证其所提供信息的真实性、准确性和完整性，保证不存在虚假记载、误导性陈述或者重大遗漏，并声明承担个别和连带的法律责任）、独立财务顾问核查意见、收购报告书摘要。

⑤制作《重大资产重组交易进程备忘录》。

3. 第一、二次董事会之间

（1）主要工作阶段，主导各方开展发行股份购买资产工作。确认审计、评估、盈利预测审核结果。

（2）根据独立财务顾问总结的各方问题和建议，补充相关资料。

（3）制作发行股份购买资产（暨关联交易）报告书。

4. 第二次董事会

（1）召开董事会审议具体事项和股东大会召开时间。

（2）董事会、独董就评估结果发表意见。

（3）报送交易所并公告：董事会决议、独董意见、股东大会召开通知、重组报告书（草案）和摘要、董事会关于重组履行法定程序的完备性、合规性及提交的法律文件的有效性的说明、独立财务顾问报告、法律意见书、审计报告、资产评估报告、经审核的盈利预测报告、收购报告书。

（4）完成首次董事会决议前6个月至重组报告书公布之日止内幕信息知情人的买卖上市公司股票情况的自查报告。

①上市公司停牌之后可以召开两次董事会，分别出具重组预案和草案，也可以直接停牌召开一次董事会，直接出具草案。

②发行股份购买资产的首次董事会决议公告后，董事会在6个月内未发布召开股东大会通知的，上市公司应当重新召开董事会审议发行股份购买资产事项，并以该次董事会决议公告日作为发行股份的定价基准日。

5. 股东大会

（1）召开股东大会审议通过。

①本次重大资产重组的方式、交易标的和交易对方。

②交易价格或者价格区间。

③定价方式或者定价依据。

④相关资产自定价基准日至交割日期间损益的归属。

⑤相关资产办理权属转移的合同义务和违约责任。

⑥决议的有效期。

⑦对董事会办理本次重大资产重组事宜的具体授权。

⑧其他需要明确的事项。

（2）公告股东大会决议。

上市公司应当在股东大会作出重大资产重组决议后的次一工作日公告该决议，以及律师事务所对本次会议的召集程序、召集人和出席人员的资格、表决程序以及表决结果等事项出具的法律意见书。

（3）编制申请文件，委托独立财务顾问在做出决议后3个工作日向证监会申请、抄报派出机构（涉及国有资产转让的还需相关主管部门批准）。

6. 方案申报

（1）就证监会的反馈进行答复或补充材料。

中国证监会在审核期间提出反馈意见要求上市公司作出书面解释、说明的，上市公司应当自收到反馈意见之日起30日内提供书面回复意见，独立财务顾问应当配合上市公司提供书面回复意见。逾期未提供的，上市公司应当在到期日的次日就本次交易的进展情况及未能及时提供回复意见的具体原因等予以公告。

（2）上市公司在收到中国证监会关于召开并购重组委工作会议审核其申请的通知后，应当立即予以公告，并申请办理并购重组委工作会议期间直至其表决结果披露前的停牌事宜。

（3）上市公司收到并购重组委关于其申请的表决结果的通知后，应当在次一工作日公告表决结果并申请复牌。公告应当说明，公司在收到中国证监会作出的予以核准或者不予核准的决定后将再行公告。

（4）等待证监会的审核。

中国证监会依照法定条件和程序，对上市公司的交易申请作出予以核准或者不予核准的决定。上市公司收到中国证监会就其申请作出的予以核准或者不予核准的决定后，应当在次一工作日予以公告。

7. 方案实施

（1）中国证监会予以核准后，全文披露重组报告书和相关中介机构的补充意见和报告及修订后的上述报告（如需）。

（2）实施发行股份购买资产方案。

（3）完成资产过户、工商变更。

8. 交易方案重大调整（或有）

股东大会作出重大资产重组的决议后，上市公司拟对交易对象、交易标的、交易价格等作出变更，构成对原交易方案重大调整的，应当在董事会表决通过后重新提交股东大会审议，并及时公告相关文件。

中国证监会审核期间，上市公司按照前款规定对原交易方案作出重大调整的，还应当按照本办法的规定向中国证监会重新提出申请，同时公告相关文件。

中国证监会审核期间，上市公司董事会决议撤回申请的，应当说明原因，予以公告；上市公司董事会决议终止本次交易的，还应当按照公司章程的规定提交股东大会审议。

9. 实施完毕

（1）实施完毕之日起3个工作日内编制实施情况报告书并公告，同时公告独立财务顾问和律师事务所的结论性意见。

（2）为注入资产的股东申请办理证券登记手续。

（3）自完成相关批准程序之日起60日内，本次重大资产重组未实施完毕的，上市公司应当于期满后次一工作日将实施进展情况报告，并予以公告；此后每30日应当公告一次，直至实施完毕。自收到中国证监会核准文件之日起超过12个月未实施完毕的，核准文件失效。

10. 持续督导期限

持续督导的期限自中国证监会核准本次重大资产重组之日起，应当不少于1个会计年度（涉及控制权转让为3年）。自年报披露之日起15日内，对重大资产重组实施的下列事项出具持续督导意见，并予以公告：

（1）交易资产的交付或者过户情况；

（2）交易各方当事人承诺的履行情况；

（3）已公告的盈利预测或者利润预测的实现情况；

（4）管理层讨论与分析部分提及的各项业务的发展现状；

（5）公司治理结构与运行情况；

（6）与已公布的重组方案存在差异的其他事项。

重组方案及申报材料准备阶段 | 聘证监会审核批准阶段

聘请中介机构确定重组方案 → 上市公司申请停牌 → 召开第一次董事会审议重组预算 → 披露预算并复牌 → 召开第二次董事会 → 召开股东大会审议方案 → 三个工作日内 → 向证监会上报申请文件 → 证监会上市部受理提出反馈意见 → 是否上并购重组委 → 是 → 并购重组委审核通过 / 审核通过

不超过30日　确定发行股份价格　准备需要的文件　申请文件目录

次一工作日至少披露下列文件：
1. 董事会决议以及独立董事的意见；
2. 上市公司重大资产重组预案。本次重组的重大资产重组报告书、独立财务顾问报告、法律意见书以及重组涉及的审计报告、资产评估报告和经审核的盈利预测报告，应与召开股东大会的通知同时公告。

1. 上市公司重大资产重组报告书及相关文件
2. 独立财务顾问和律师事务所所出具的文件
3. 本次重大资产重组涉及的财务信息相关文件
4. 本次重大资产重组涉及的有关协议、合同和决议
5. 其他文件

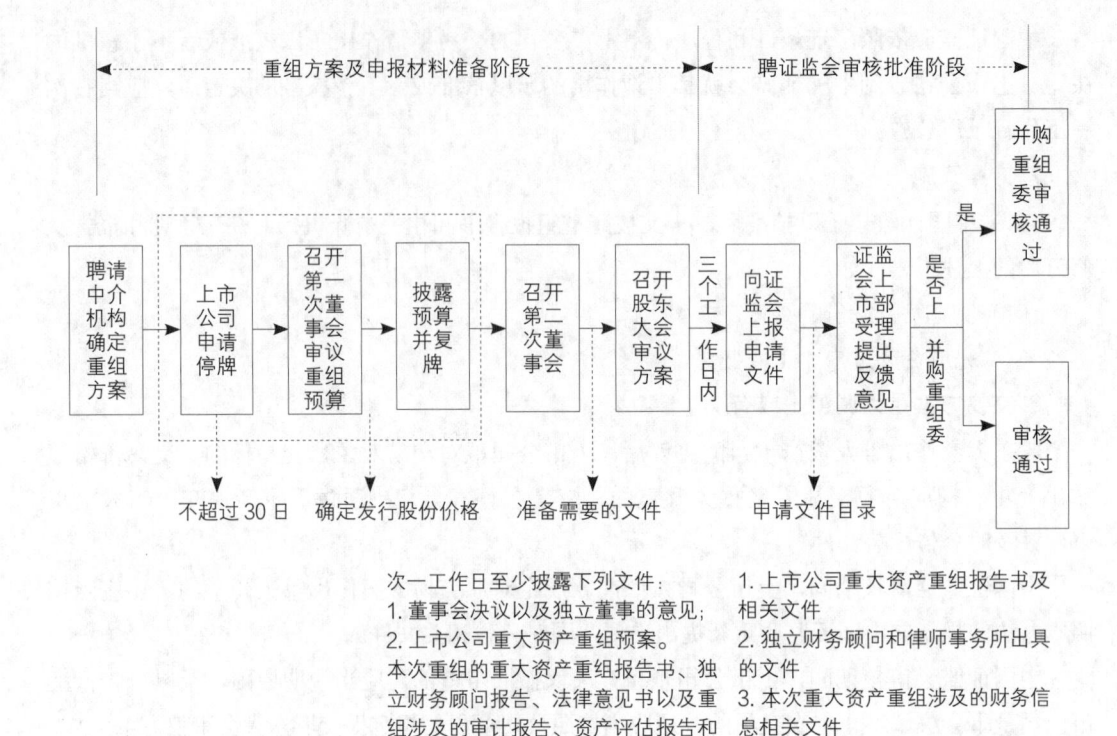

图5-6　上市公司发行股份购买资产流程

5.5　借壳上市

借壳上市指的是一家私人公司通过把资产注入一家市值较低的已上市公司，得到该公司一定程度的控股权，利用其上市公司地位，使母公司的资产得以上市，即一家没有上市的公司通过收购另一家上市公司股权来实现间接上市的过程。被收购的公司通常是经营不善的上市公司，在被收购之后会实现改头换面，一般名字也会被改变。通常借壳上市的审核程序较为简单，审核时间也不长，所以有些公司为了尽快上市就会借壳上市。

5.5.1　借壳上市简述

1. 借壳上市的含义

借壳上市就是将上市的公司通过收购、资产置换等方式取得已上市公司的控股权。举例来说，假设有甲乙两家公司，甲公司已经成功上市但最近几年经营业绩较差，乙公司未上市，希望通过借壳上市的途径来达到上市的目的。甲乙两家公司达成协议，甲公司的股东使用甲公司的股权与乙公司的股东的资产进行交换，这样甲公司便控制了乙公司的资产，而乙公司则顺理成章成了甲公司的股东，获得了甲公司的控制权。之后乙公司便会将甲公司更名，更改为自己公司的名称，在乙公司上市后，会给予甲公司一笔借壳费，自此，借壳上市过程完成。尽管目前借壳上市的监管力度正在逐渐加大，但相较之于IPO，借壳上市免去企

业了首发上市高门槛、时间周期长和操作过程繁琐等困扰,越来越多的企业选择借壳上市。

与一般企业相比,上市公司最大的优势是能在证券市场上大规模筹集资金,以此促进公司规模的快速增长。因此,上市公司的上市资格已成为一种"稀缺资源",所谓"壳"就是指上市公司的上市资格。由于有些上市公司机制转换不彻底,不善于经营管理,其业绩表现不尽如人意,丧失了在证券市场进一步筹集资金的能力,要充分利用上市公司的"壳"资源,就必须对其进行资产重组,买壳上市和借壳上市就是更充分的利用上市资源的两种资产重组形式。而借壳上市是指上市公司的母公司(集团公司)通过将主要资产注入到上市的子公司中,来实现母公司的上市。

2. 壳与壳公司

壳指的是公司经过证监会的严格审查后批准,能够在资本市场上进行股票交易的上市资格。在我国,上市比较困难,想要取得上市资格需要通过 IPO 审核,但是审核标准高要求严格,这使得上市资格成为一种非常稀缺的资源。众多的拟上市企业就会希望可以通过借"壳"这种形式间接的达到上市的目的。同时,有些上市公司迫于各种压力要出售自身的上市资格。这样就形成了借"壳"的条件。

壳公司指的是在证券市场上一直拥有上市资格,但主营业务规模较小或者已经停滞的公司,这类公司通常经营亏损、面临退市风险,有时还背负着债务或者诉讼问题。由于我国的退市制度尚不完善,所以虽然该类公司出现亏损,甚至无法正常生产经营,即使面临着退市的风险,但仍然可以保留在资本市场进行融资,这就为那些被 IPO 高门槛阻拦在外的企业提供了上市的机会。

在我国借壳上市兴起之前,IPO 作为企业上市的唯一途径,其高要求限制了许多企业无法成功上市。我国每年顺利通过 IPO 的企业少之又少,这就导致了上市资格即壳成为了上市企业的特有的资源,因此壳公司具有稀缺性。在当前的资本市场中,壳公司的供给远远小于需求。一般来说,壳公司可分为以下三类:

"实壳"公司:指的是仍具备上市资格,公司规模小,股价低,业绩较差的上市公司。在证券市场中,该类公司极易形成,尤其是在股市行情较差的情况下,实壳公司更为普遍,并且广泛存在于各个国家。

"空壳"公司:是指业务遭受重大损害,严重萎缩或停滞,无法持续经营的企业。这类企业往往发展前景渺茫,基本没有重组的希望,但股票仍然在流通,可是股价惨淡甚至已经停牌。空壳公司的形成原因较为复杂,大多数空壳公司是由长期处于低迷期的企业发展而来的。比如公司处于夕阳产业无法创新:新产品投放市场却经营失败等情况,从而促使其转化为空壳公司。

"净壳"公司:这一类型的公司没有负债,没有法律纠纷,无违规操作,无遗留资产,仅仅保留了自身的上市资格。这一类型的公司,主要来自于两个方面:一是上市"空壳公司"的大股东对公司进行一系列的清理工作,如解散员工、出售资产、清理债务等。最后只维持自身上市资格,以寻找合适的发展机会;二是一些善于"买壳上市"的投资银行或者相关顾问机构,对符合要求的空壳公司进行专业的净壳处理。

3. 借壳上市的特点

借壳上市有着 IPO 不可比拟的优势，借壳上市的审批工作相对较简易，急求上市的公司在较短的时间内就可以实现上市。这种方式可以较快缓解公司的一部分融资压力。而且如果选择直接上市的方式，审批时间和成本都会比较高，在这种角度上来说，对于想上市的企业来说工作量过大。在大多数借壳公司上市的案例中我们可以看到，一般借壳公司会倾向于那些与自己的经营业务有所关联的壳公司，而且这种壳公司处于改造不当、生产结构调整不当、公司经营不善或者处于"隐性死亡"状态，这会方便借壳后的整合。

5.5.2 借壳上市的动因分析

1. IPO 发行条件严苛、等待时间长

由于我国特殊的证券发行制度，IPO 上市要求严格，等待时间较长，很多企业更倾向选择借壳上市模式，尽管成本较高，却可以在较短的时间内实现上市目标。IPO 上市制度下证监会对企业财务指标要求较为严格，制约了想要凭借资本市场发展扩张的企业。而且在一系列严格的审核要求下，企业失败的风险较高，很多企业愿意选择灵活性高的借壳上市模式。企业选择借壳上市最主要的原因就是借壳上市的审核标准相对于 IPO 大大降低，可以有效地提高成功率这种方式流程简单快捷，花费的成本少。这些企业之所以不选择 IPO 上市，是因为他们满足不了上市的严格要求，而借壳上市要求较低，能够实现快速上市的目标。

2. 满足借壳方的融资需求

借壳方可以利用壳资源所拥有的融资便利优势为企业发展提供资金支持。企业面临的融资约束越大，企业更愿意通过借壳模式完成上市目标。大多数情况下，企业选择借壳模式主要是其对资金的渴望，对融资具有强烈的需求，是为了解决自身融资约束问题，并不是借壳模式时间短。借壳上市可以解决我国企业存在的融资难问题，对企业来说是一个不错的方法。上市后企业可以利用资本市场获得企业发展所需的资金，资金成本更低。

融资渠道的拓展是非上市企业发展战略的必要条件。对于非上市企业来说，尤其是中小型企业，融资渠道十分受限，受制于企业信用和信息不对称等因素，银行信贷作为外源融资的主要途径有时也难以满足企业的需求，况且国有银行本身就存在政策上的倾斜，80% 以上的贷款主要发放给了国有企业，因此许多非上市企业想借助内源融资和外源融资扩大企业规模的可能性极小，它们迫切需要通过上市来突破融资难题，所以借壳上市对于非上市企业来说无疑是一个巨大的诱惑。

3. 享受地方政府优惠政策

地方存在的上市公司数量往往也是政绩的一个组成部分，这也在一定程度上促进地方更好的加大其对上市公司的支持力度。对于已经成立上市公司来说，上市公司的发展会带动当地社会和经济的繁荣和发展；另一方面，地方经济的强有力发展有时也离不开上市公司所带来的促进作用，比如提供更多的就业岗位，缴纳更多的税收。因此，地方政府为了激励中小微型企业进行申请和上市，也会给一些行业优惠或者资金支持，来增加本地上市公司的数量。这也体现了借壳上市会带来一定的社会效益，反过来也是选择上市的一个考虑因素。借壳成立上市公司很多方面同时享受到相应的减免，比如税收和亏损。

4. 借壳交易双方的战略需求

交易双方之所以愿意借壳交易，是出于双方各自的战略需求。出于协同效应以及资源优化的战略需求，企业双方达成借壳上市的交易，从而实现企业扩张、完善产业链进而形成规模经济战略目标。对于售壳企业来说，借壳上市可以有助于其实现业务转型以及产业结构的调整需要；对于借壳企业来说，借壳上市也能够满足其上市的战略目标。

作为并购重组的类型之一，借壳上市的公司可以与售壳方形成协同效应。在同一行业、甚至同一控制下的借壳上市案例中，获取协同效应往往是借壳的主要目的之一。通过借壳上市，公司一方面整合了行业资源，优化上市公司的资源配置，促进其转型发展；另一方面，借壳方和售壳方的相关资产和业务可以形成合力，提高上市公司在所处行业中的地位和竞争力。借壳上市形成的协同效应可以体现在经营业绩、企业文化、内部管理等方面，对公司发展大有帮助。

5. 提升公司形象与社会影响力

上市不仅可以帮助企业解决资金融通需要，更是可以利用上市提升企业知名度，提高企业社会影响力，形成巨大的宣传效应，扩大企业的市场竞争力。截至2019年我国股民已经达到1.6亿人，这些人每天要了解数次证券市场的变化，如果一家上市公司在证券市场中的新闻或者信息中被提到，这家企业所获得的关注度将是非上市公司难以企及的。如果上市公司利用好这样的宣传机会提升公司形象，会对公司品牌产生巨大的促进和推动作用。

其次，企业通过借壳上市所能获得的市场关注度与舆论热点要比正常上市获得的关注度高。因为借壳上市的高点已过，随着政策的改变，近几年能够成功借壳上市的企业数量极少，针对某一企业成功借壳上市，各个机构自然会深入分析研究借壳方与售壳方的经营状况、发展潜力等因素，并对整个上市整合过程深入剖析，吸引着各位投资人的目光，无形中为公司的股票进行着推广。

5.5.3 借壳上市的模式

借壳交易双方在选择采取何种模式时，往往会根据自身具体情况如借壳成本、资金状况、经营状况等进行考虑。同时也要考虑证监会对借壳交易的监管严格程度，综合考量并选择最佳的借壳模式，提高借壳上市的成功率及交易效率。

1. 资产置换

资产置换是借壳方公司与所选择的壳公司进行的一种资产交换行为。通过将借壳方优质的资产置换到其他壳公司当中，而其他壳公司用自己的控制权或资产来进行交换。在这个过程中可能会存在资产价值不同而产生的差额，这一部分差额可以通过定向增发或者支付现金来弥补。通过这种方式，可以剥离掉壳公司的一些不良资产。这种交易模式可以使双方不必使用大量的现金，大大的节省了资产的成本。在实务界会根据壳公司置出资产的多少来将资产置换这种模式分为借净壳和借非净壳两种。从本质上来说，资产置换就是为了达到双方利益交换最大化。

2. 换股合并

换股合并也是比较常用的借壳模式之一。主要是指拟上市的公司将自己的新资产转接到已上市公司，目的就是让已上市公司的资产或者业务逐步退出公司，从而让自身的主要资产或新的业务进入公司逐步达到主导的地位，方便之后顺利替代原上市公司成功上市。这种模式也可以形象的称之为嫁接，就像植物界的嫁接一样。在这种模式下，借壳公司新资产相当于植物的新枝干，而原来的上市公司则相当于原来植物的枝干，随着整个植物开始朝着新枝干的方向生长，那么原先的部分就会逐渐开始凋谢直到新的枝干占据主导地位。这种模式看起来好像与上文提到的资产置换类似，但其实还是存在明显的差别，拿资产置换来说，实际上是将借壳方的优质资产与壳公司的股权或资产进行一个置换，而换股合并更多是指一种合并，将资产合并在一起而非一种置换。

3.定向增发

定向增发这一模式具有以下三个主要特点：

一是费用相对较低。比如在借壳交易上市的实际应用中，上市公司会选择向借壳方的股东们发行股份，而借壳方的股东也会一并置换出自己的资产。通过这样的方式公司之间可以不用使用大量的现金就可以完成有关资产的转移。

二是使用定向增发的模式可以保障重要信息的安全性，同时这种方式也让操作过程始终处于我们的控制下。因为定向增发实质上是一种企业内部的操作活动，对于股东来说可以很好的保障他们的隐私，不被大众所知悉。

三是有利于提高中小型投资者的收益。上市公司之所以成为壳资源也是由于治理体系存在一定的问题，我们不难看出一般的股份发行，往往会使得中小股东的利益受到损失，如果在借壳时引起中小股东的不满，往往会增加不必要的时间与成本。而定向增发对于中小型投资者是非常合适的，不用再进行任何资本投入，又能够直接获得企业上市后的回报。

4.股权收购

企业通过直接收购一定数量的股份或者是受让一定数量股权的途径来直接得到所选择的壳公司的所有权，从而使企业直接获得对该壳公司的控制，成为其最大的控股股东。股权收购方式主要包括两种，目前我国企业普遍采取的是协议转让的方式，通过互相签订股权转让协议来成为原公司的股东，获得股权。当一个国有股或者是法人公司的股票持有者与现持有股份公司的未来规划或者发展前景持有不同的意见时，他们可以选择转让自己手上的股份，这也是借壳上市得以采用股权收购方式的基础。另一种股权收购方式就是采取划转的模式，不过这种方式比较特殊，一般存在国有企业内部。因为划转一般来说是一种无偿的划转方式。

5.5.4 借壳上市的工作流程

借壳的过程是指非上市公司收购壳公司股份并取得控制权的过程。借壳上市，最主要的目的是取得目标公司的上市资格。在借壳上市中，最重要的过程是反向收购。借壳上市公司往往只对上市公司的壳感兴趣，而不是上市公司本身资产。为了保壳和育壳，在借壳上市交易后，必须注入新的增长活力，以提高效益，真正实现通过壳公司而进入资本市场，达到风险资源优化配置的目的。

1. 选择壳公司

选择壳公司作为借壳上市的第一步，壳公司合适与否成为决定着借壳公司能否成功上市的关键性因素。一个优质的壳资源通常具有负债少、有微利、没有官司纠纷、距离退市还有一定的安全距离的特点。这样的壳公司不仅能够给借壳方带来较高的成功上市几率，甚至有可能在借壳方上市后股价向上的弹性更大，反之极有可能走向失败。这一点在 360 借壳江南嘉捷实现上市过程中便不难发现。江南嘉捷是一家设计制造电梯的上市企业，由于电梯行业前景不够广阔，公司经营状况不佳，因此公司打算出售壳资源，不过公司资产负债率不高、股权结构合理、没有被处罚的情况等，所以是一个较好的选择，360 也能成功借壳江南嘉捷上市。而华图教育在选壳方面则又为这一点提供了反面教材。华图教育选择的壳公司 *ST 新都存在未解决纠纷，连续两年被出具"无法表示意见"的审计报告，壳资源本身的制约也令华图教育的此次借壳之路不告而终。

2. 设计重组方案

在选择优质的壳资源之后，设计一套合适的借壳上市的方案可以为借壳上市的顺利进行提供保障。模式的选择是一个十分复杂的过程，借壳上市重组方案的设计并不是一个一成不变的模式，而是会根据不同情况进行调整的动态的过程，但是大致都需要先取得壳公司控制权，之后在通过资产重组完成借壳。借壳的时候通常会考虑上市的直接成本和间接成本、能否快速筹集资金、后续融资能力如何以及是否存在风险等，更需要考虑借壳双方的公司情况、行业特点以及财务状况等关键点。因此，公司在设计借壳方案时还需灵活变通。

3. 取得控制权

壳公司控制权的取得通常采用股份转让、增发新股或者间接收购的方式。股份转让是上市公司控股股东向借壳方转让其持有的股票，作为交易对价借壳方可能要用现金支付或是其他的双方协商的条件。股份转让的结束也意味着控制权的转移，上市公司原有的资产、负债、业务和人员等都被剥离出来，由原有的类型转变为借壳方所处行业的上市公司。增发新股是上市公司通过定向增发股票给特定的对象，不通过现金购买的方式而是以发行股份的方式来购买资产，用其非公开发行股份所募集到的资金作为支付对价，向特定对象购买其拟注入的资产及业务，便于后续特定对象取得控制权。间接收购是指借壳公司不直接收购目标公司，而是在市场上收购目标公司股票，以此取得上市公司的控制权。

4. 重大资产置换

重大资产置换大多是一家公司利用自己优质的货币或非货币性资产与上市公司的呆滞资产或者主营业务和非主营业务的资产置换。一定程度而言，资产置换可以被看作一种特殊的资产重组方式，并相较于传统资产重组方式具有起效更快、效益更高的优势。按照其置换资产的范围来分，资产置换可以分为整体置换和部分置换两种形式。上市公司的资产置换对公司整体经营而言意义重大，一方面在置换完成后，由于大量呆滞资产被置出，公司的产品结构和资产状况都会得到极大改善，甚至部分业绩较差公司或未股改公司依靠置换吸收的高质量资产足以让上市公司"起死回生"。另一方面，资产置换完成后，上市公司原有非流通股股东不仅未来可以获得充分流动股票权益，同时股改后限售流通股的价格更是会水涨船高，两项叠加，提高了大股东进一步将资产注入上市公司的积极性，并形成"资产置换——股价上升"的利好循环，实现上市公司在资本市场上的保本增值目标。

5. 借壳上市的风险分析

借壳上市是一种半市场化的交易，所涉及的程序较 IPO 而言可能更为繁琐，不确定性也更大。借壳上市过程中的不确定性会给整个交易带来一定的风险。借壳上市通常包括筹备、上市、整合三个核心环节，风险分析也一般基于这三个环节展开。筹备阶段一般包括选壳风险和估值风险，上市阶段包括融资风险、支付风险和审批风险，而整合阶段主要包括整合风险。

（1）筹备阶段的风险分析。

筹备阶段是公司制定上市规划的重要阶段，在这一阶段中需要选择借壳对象，而壳公司的选择和定价一般存在较大的风险。

合理选择壳公司关系到借壳上市成功的可能性以及后期的业绩表现。由于借壳交易双方存在信息不对称，一些经营业绩不佳的售壳企业又具有强烈的保壳动机，因此市场中存在较大的选壳风险。

在选定壳公司的基础上，借壳方还应该对其进行合理地评估，确定合适的交易价格。壳公司定价可能存在诸多不确定性，一方面在于借壳过程中市场在不断发生变化，股价也在持续波动，买卖双方的定价谈判具有较大的变数，定价过高或过低都会使得交易难产；另一方面，评估机构的专业水平也会影响定价风险的高低。

（2）上市阶段的风险分析。

上市阶段是整个借壳交易中最为关键的环节，也是风险最高的环节，涉及到资金筹集、对价支付和监管部门审批等内容。

融资风险主要取决于公司的融资能力和融资结构。借壳交易可能会给公司带来大量的借壳成本，而完成整个借壳流程通常需要在半年以上。如果公司前期没有充足的资金储备，且自身也不具有较强的融资能力，借壳交易可能会陷入困境。此外，合理选择融资方法，保持公司良性的融资结构，对于借壳交易也至关重要，否则借壳公司可能面临较大的融资风险。

借壳上市中对价的支付方式一般包括现金支付、股份支付以及现金加股份的混合支付等。在实务中，借壳公司一般倾向于选择混合支付的方式。这种方式的好处在于一方面可以减少现金的流出，缓解借壳方的资金压力；另一方面可以降低股权的摊薄程度，降低摊薄成本。但是，这种支付方式要求公司合理确定现金和股份的支付比例。如果支付比例不合理，借壳方仍然可能面临较大的支付风险。作为一种半市场化的上市方式，借壳上市涉及到的利益主体较多，因此需要经过的审批环节也较多。按照现行的有关规定，借壳上市的方案需要经过证监会并购重组委审核通过；如果公司在上市后要进行定向增发，那么该行为还需要经过发审委的审核。此外，借壳交易双方涉及国有企业的，该交易还需要经过政府相关部门的审批。审批环节越多，借壳交易的风险也就越大。

（3）整合阶段的风险分析。

公司成功借壳上市后，并不一定意味借壳过程的结束。借壳公司能否用好壳资源关系到公司的未来发展，因此整合阶段是借壳过程中的重要部分。一方面，实务中的借壳案例大多为跨行业并购,对于两个不同行业的公司来说,实现二者资源的优化组合与配置存在较大的难度;另一方面,一些案例是上市公司与非上市公司的资源重组,二者在公司制度与文化等方面可能存在较大的差异,能否实现有效对接具有较高的不确定性。如果整合失败或者结果不理想,借壳上市就难以实现预期的效果。

5.6 上市公司并购重组相关法规

5.6.1 中国证监会《上市公司重大资产重组管理方法》

上市公司重大资产重组管理办法

(2008年4月16日证监会令第53号公布根据2011年8月1日证监会令第73号《关于修改上市公司重大资产重组与配套融资相关规定的决定》第一次修订 2014年10月23日证监会令第109号第二次修订根据2016年9月8日证监会令第127号《关于修改〈上市公司重大资产重组管理办法〉的决定》第三次修订根据2019年10月18日证监会令第159号《关于修改〈上市公司重大资产重组管理办法〉的决定》第四次修订根据2020年3月20日证监会令第166号《关于修改部分证券期货规章的决定》第五次修订)

第一章 总则

第一条 为了规范上市公司重大资产重组行为,保护上市公司和投资者的合法权益,促进上市公司质量不断提高,维护证券市场秩序和社会公共利益,根据《公司法》《证券法》等法律、行政法规的规定,制定本办法。

第二条 本办法适用于上市公司及其控股或者控制的公司在日常经营活动之外购买、出售资产或者通过其他方式进行资产交易达到规定的比例,导致上市公司的主营业务、资产、收入发生重大变化的资产交易行为(以下简称重大资产重组)。

上市公司发行股份购买资产应当符合本办法的规定。

上市公司按照经中国证券监督管理委员会(以下简称中国证监会)核准的发行证券文件披露的募集资金用途,使用募集资金购买资产、对外投资的行为,不适用本办法。

第三条 任何单位和个人不得利用重大资产重组损害上市公司及其股东的合法权益。

第四条 上市公司实施重大资产重组,有关各方必须及时、公平地披露或者提供信息,保证所披露或者提供信息的真实、准确、完整,不得有虚假记载、误导性陈述或者重大遗漏。

第五条 上市公司的董事、监事和高级管理人员在重大资产重组活动中,应当诚实守信、勤勉尽责,维护公司资产的安全,保护公司和全体股东的合法权益。

第六条 为重大资产重组提供服务的证券服务机构和人员,应当遵守法律、行政法规和中国证监会的有关规定,以及证券交易所的相关规则,遵循本行业公认的业务标准和道德规范,诚实守信,勤勉尽责,严格履行职责,对其所制作、出具文件的真实性、准确性和完整性承担责任。

前款规定的证券服务机构和人员,不得教唆、协助或者伙同委托人编制或者披露存在虚假记载、误导性陈述或者重大遗漏的报告、公告文件，不得从事不正当竞争，不得利用上市公司重大资产重组谋取不正当利益。

第七条 任何单位和个人对所知悉的重大资产重组信息在依法披露前负有保密义务。

禁止任何单位和个人利用重大资产重组信息从事内幕交易、操纵证券市场等违法活动。

第八条 中国证监会依法对上市公司重大资产重组行为进行监督管理。

中国证监会审核上市公司重大资产重组或者发行股份购买资产的申请，可以根据上市公司的规范运作和诚信状况、财务顾问的执业能力和执业质量，结合国家产业政策和重组交易类型，作出差异化的、公开透明的监管制度安排，有条件地减少审核内容和环节。

第九条 鼓励依法设立的并购基金、股权投资基金、创业投资基金、产业投资基金等投资机构参与上市公司并购重组。

第十条 中国证监会在发行审核委员会中设立上市公司并购重组审核委员会（以下简称并购重组委），并购重组委以投票方式对提交其审议的重大资产重组或者发行股份购买资产申请进行表决，提出审核意见。

第二章 重大资产重组的原则和标准

第十一条 上市公司实施重大资产重组，应当就本次交易符合下列要求作出充分说明，并予以披露：

（一）符合国家产业政策和有关环境保护、土地管理、反垄断等法律和行政法规的规定；

（二）不会导致上市公司不符合股票上市条件；

（三）重大资产重组所涉及的资产定价公允，不存在损害上市公司和股东合法权益的情形；

（四）重大资产重组所涉及的资产权属清晰，资产过户或者转移不存在法律障碍，相关债权债务处理合法；

（五）有利于上市公司增强持续经营能力，不存在可能导致上市公司重组后主要资产为现金或者无具体经营业务的情形；

（六）有利于上市公司在业务、资产、财务、人员、机构等方面与实际控制人及其关联人保持独立，符合中国证监会关于上市公司独立性的相关规定；

（七）有利于上市公司形成或者保持健全有效的法人治理结构。

第十二条 上市公司及其控股或者控制的公司购买、出售资产，达到下列标准之一的，构成重大资产重组：

（一）购买、出售的资产总额占上市公司最近一个会计年度经审计的合并财务会计报告期末资产总额的比例达到50%以上；

（二）购买、出售的资产在最近一个会计年度所产生的营业收入占上市公司同期经审计的合并财务会计报告营业收入的比例达到50%以上；

（三）购买、出售的资产净额占上市公司最近一个会计年度经审计的合并财务会计报告期末净资产额的比例达到50%以上，且超过5000万元人民币。

购买、出售资产未达到前款规定标准，但中国证监会发现存在可能损害上市公司或者投资者合法权益的重大问题的，可以根据审慎监管原则，责令上市公司按照本办法的规定补充披露相关信息、暂停交易、聘请符合《证券法》规定的独立财务顾问或者其他证券服务机构补充核查并披露专业意见。

第十三条 上市公司自控制权发生变更之日起36个月内，向收购人及其关联人购买资产，导致上市公司发生以下根本变化情形之一的，构成重大资产重组，应当按照本办法的规定报经中国证监会核准：

（一）购买的资产总额占上市公司控制权发生变更的前一个会计年度经审计的合并财务会计报告期末资产总额的比例达到100%以上；

（二）购买的资产在最近一个会计年度所产生的营业收入占上市公司控制权发生变更的前一个会计年度经审计的合并财务会计报告营业收入的比例达到100%以上；

（三）购买的资产净额占上市公司控制权发生变更的前一个会计年度经审计的合并财务会计报告期末净资产额的比例达到100%以上；

（四）为购买资产发行的股份占上市公司首次向收购人及其关联人购买资产的董事会决议前一个交易日的股份的比例达到100%以上；

（五）上市公司向收购人及其关联人购买资产虽未达到本款第（一）至第（四）项标准，但可能导致上市公司主营业务发生根本变化；

（六）中国证监会认定的可能导致上市公司发生根本变化的其他情形。

上市公司实施前款规定的重大资产重组，应当符合下列规定：

（一）符合本办法第十一条、第四十三条规定的要求；

（二）上市公司购买的资产对应的经营实体应当是股份有限公司或者有限责任公司，且符合《首次公开发行股票并上市管理办法》规定的其他发行条件；

（三）上市公司及其最近3年内的控股股东、实际控制人不存在因涉嫌犯罪正被司法机关立案侦查或涉嫌违法违规正被中国证监会立案调查的情形，但是，涉嫌犯罪或违法违规的行为已经终止满3年，交易方案能够消除该行为可能造成的不良后果，且不影响对相关行为人追究责任的除外；

（四）上市公司及其控股股东、实际控制人最近12个月内未受到证券交易所公开谴责，不存在其他重大失信行为；

（五）本次重大资产重组不存在中国证监会认定的可能损害投资者合法权益，或者违背公开、公平、公正原则的其他情形。

上市公司通过发行股份购买资产进行重大资产重组的，适用《证券法》和中国证监会的相关规定。

本条第一款所称控制权，按照《上市公司收购管理办法》第八十四条的规定进行认定。上市公司股权分散，董事、高级管理人员可以支配公司重大的财务和经营决策的，视为具有上市公司控制权。

创业板上市公司自控制权发生变更之日起，向收购人及其关联人购买符合国家战略的高新技术产业和战略性新兴产业资产，导致本条第一款规定任一情形的，所购买资产对应的经营实体应当是股份有限公司或者有限责任公司，且符合《首次公开发行股票并在创业板上市管理办法》规定的其他发行条件。

上市公司自控制权发生变更之日起，向收购人及其关联人购买的资产属于金融、创业投资等特定行业的，由中国证监会另行规定。

第十四条 计算本办法第十二条、第十三条规定的比例时，应当遵守下列规定：

（一）购买的资产为股权的，其资产总额以被投资企业的资产总额与该项投资所占股权比例的乘积和成交金额二者中的较高者为准，营业收入以被投资企业的营业收入与该项投资所占股权比例的乘积为准，资产净额以被投资企业的净资产额与该项投资所占股权比例的乘积和成交金额二者中的较高者为准；出售的资产为股权的，其资产总额、营业收入以及资产净额分别以被投资企业的资产总额、营业收入以及净资产额与该项投资所占股权比例的乘积为准。

购买股权导致上市公司取得被投资企业控股权的，其资产总额以被投资企业的资产总额和成交金额二者中的较高者为准，营业收入以被投资企业的营业收入为准，资产净额以被投资企业的净资产额和成交金额二者中的较高者为准；出售股权导致上市公司丧失被投资企业控股权的，其资产总额、营业收入以及资产净额分别以被投资企业的资产总额、营业收入以及净资产额为准。

（二）购买的资产为非股权资产的，其资产总额以该资产的账面值和成交金额二者中的较高者为准，资产净额以相关资产与负债的账面值差额和成交金额二者中的较高者为准；出售的资产为非股权资产的，其资产总额、资产净额分别以该资产的账面值、相关资产与负债账面值的差额为准；该非股权资产不涉及负债的，不适用第十二条第一款第（三）项规定的资产净额标准。

（三）上市公司同时购买、出售资产的，应当分别计算购买、出售资产的相关比例，并以二者中比例较高者为准。

（四）上市公司在12个月内连续对同一或者相关资产进行购买、出售的，以其累计数分别计算相应数额。已按照本办法的规定编制并披露重大资产重组报告书的资产交易行为，无须纳入累计计算的范围。中国证监会对本办法第十三条第一款规定的重大资产重组的累计期限和范围另有规定的，从其规定。

交易标的资产属于同一交易方所有或者控制，或者属于相同或者相近的业务范围，或者中国证监会认定的其他情形下，可以认定为同一或者相关资产。

第十五条 本办法第二条所称通过其他方式进行资产交易，包括：

（一）与他人新设企业、对已设立的企业增资或者减资；

（二）受托经营、租赁其他企业资产或者将经营性资产委托他人经营、租赁；

（三）接受附义务的资产赠与或者对外捐赠资产；

（四）中国证监会根据审慎监管原则认定的其他情形。

上述资产交易实质上构成购买、出售资产，且按照本办法规定的标准计算的相关比例达到50%以上的，应当按照本办法的规定履行相关义务和程序。

第三章 重大资产重组的程序

第十六条 上市公司与交易对方就重大资产重组事宜进行初步磋商时，应当立即采取必要且充分的保密措施，制定严格有效的保密制度，限定相关敏感信息的知悉范围。上市公司及交易对方聘请证券服务机构的，应当立即与所聘请的证券服务机构签署保密协议。

上市公司关于重大资产重组的董事会决议公告前，相关信息已在媒体上传播或者公司股票交易出现异常波动的，上市公司应当立即将有关计划、方案或者相关事项的现状以及相关进展情况和风险因素等予以公告，并按照有关信息披露规则办理其他相关事宜。

第十七条 上市公司应当聘请符合《证券法》规定的独立财务顾问、律师事务所以及会计师事务所等证券服务机构就重大资产重组出具意见。

独立财务顾问和律师事务所应当审慎核查重大资产重组是否构成关联交易，并依据核查确认的相关事实发表明确意见。重大资产重组涉及关联交易的，独立财务顾问应当就本次重组对上市公司非关联股东的影响发表明确意见。

资产交易定价以资产评估结果为依据的，上市公司应当聘请符合《证券法》规定的资产评估机构出具资产评估报告。

证券服务机构在其出具的意见中采用其他证券服务机构或者人员的专业意见的，仍然应当进行尽职调查，审慎核查其采用的专业意见的内容，并对利用其他证券服务机构或者人员的专业意见所形成的结论负责。

第十八条 上市公司及交易对方与证券服务机构签订聘用合同后，非因正当事由不得更换证券服务机构。确有正当事由需要更换证券服务机构的，应当披露更换的具体原因以及证券服务机构的陈述意见。

第十九条 上市公司应当在重大资产重组报告书的管理层讨论与分析部分，就本次交易对上市公司的持续经营能力、未来发展前景、当年每股收益等财务指标和非财务指标的影响进行详细分析。

第二十条 重大资产重组中相关资产以资产评估结果作为定价依据的，资产评估机构应当按照资产评估相关准则和规范开展执业活动；上市公司董事会应当对评估机构的独立性、评估假设前提的合理性、评估方法与评估目的的相关性以及评估定价的公允性发表明确意见。

相关资产不以资产评估结果作为定价依据的，上市公司应当在重大资产重组报告书中详细分析说明相关资产的估值方法、参数及其他影响估值结果的指标和因素。上市公司董事会应当对估值机构的独立性、估值假设前提的合理性、估值方法与估值目的的相关性发表明确意见，并结合相关资产的市场可比交易价格、同行业上市公司的市盈率或者市净率等通行指标，在重大资产重组报告书中详细分析本次交易定价的公允性。

前二款情形中，评估机构、估值机构原则上应当采取两种以上的方法进行评估或者估值；上市公司独立董事应当出席董事会会议，对评估机构或者估值机构的独立性、评估或者估值假设前提的合理性和交易定价的公允性发表独立意见，并单独予以披露。

第二十一条 上市公司进行重大资产重组，应当由董事会依法作出决议，并提交股东大会批准。

上市公司董事会应当就重大资产重组是否构成关联交易作出明确判断，并作为董事会决议事项予以披露。

上市公司独立董事应当在充分了解相关信息的基础上，就重大资产重组发表独立意见。重大资产重组构成关联交易的，独立董事可以另行聘请独立财务顾问就本次交易对上市公司非关联股东的影响发表意见。上市公司应当积极配合独立董事调阅相关材料，并通过安排实地调查、组织证券服务机构汇报等方式，为独立董事履行职责提供必要的支持和便利。

第二十二条　上市公司应当在董事会作出重大资产重组决议后的次一工作日至少披露下列文件：

（一）董事会决议及独立董事的意见；

（二）上市公司重大资产重组预案。

本次重组的重大资产重组报告书、独立财务顾问报告、法律意见书以及重组涉及的审计报告、资产评估报告或者估值报告至迟应当与召开股东大会的通知同时公告。上市公司自愿披露盈利预测报告的，该报告应当经符合《证券法》规定的会计师事务所审核，与重大资产重组报告书同时公告。

本条第一款第（二）项及第二款规定的信息披露文件的内容与格式另行规定。

上市公司只需选择一种符合中国证监会规定条件的媒体公告董事会决议、独立董事的意见，并应当在证券交易所网站全文披露重大资产重组报告书及其摘要、相关证券服务机构的报告或者意见。

第二十三条　上市公司股东大会就重大资产重组作出的决议，至少应当包括下列事项：

（一）本次重大资产重组的方式、交易标的和交易对方；

（二）交易价格或者价格区间；

（三）定价方式或者定价依据；

（四）相关资产自定价基准日至交割日期间损益的归属；

（五）相关资产办理权属转移的合同义务和违约责任；

（六）决议的有效期；

（七）对董事会办理本次重大资产重组事宜的具体授权；

（八）其他需要明确的事项。

第二十四条　上市公司股东大会就重大资产重组事项作出决议，必须经出席会议的股东所持表决权的2/3以上通过。

上市公司重大资产重组事宜与本公司股东或者其关联人存在关联关系的，股东大会就重大资产重组事项进行表决时，关联股东应当回避表决。

交易对方已经与上市公司控股股东就受让上市公司股权或者向上市公司推荐董事达成协议或者默契，可能导致上市公司的实际控制权发生变化的，上市公司控股股东及其关联人应当回避表决。

上市公司就重大资产重组事宜召开股东大会，应当以现场会议形式召开，并应当提供网络投票和其他合法方式为股东参加股东大会提供便利。除上市公司的董事、监事、高级管理人员、单独或者合计持有上市公司5%以上股份的股东以外，其他股东的投票情况应当单独统计并予以披露。

第二十五条　上市公司应当在股东大会作出重大资产重组决议后的次一工作日公告该决

议，以及律师事务所对本次会议的召集程序、召集人和出席人员的资格、表决程序以及表决结果等事项出具的法律意见书。

属于本办法第十三条规定的交易情形的，上市公司还应当按照中国证监会的规定委托独立财务顾问在作出决议后3个工作日内向中国证监会提出申请。

第二十六条 上市公司全体董事、监事、高级管理人员应当公开承诺，保证重大资产重组的信息披露和申请文件不存在虚假记载、误导性陈述或者重大遗漏。

重大资产重组的交易对方应当公开承诺，将及时向上市公司提供本次重组相关信息，并保证所提供的信息真实、准确、完整，如因提供的信息存在虚假记载、误导性陈述或者重大遗漏，给上市公司或者投资者造成损失的，将依法承担赔偿责任。

前二款规定的单位和个人还应当公开承诺，如本次交易因涉嫌所提供或者披露的信息存在虚假记载、误导性陈述或者重大遗漏，被司法机关立案侦查或者被中国证监会立案调查的，在案件调查结论明确之前，将暂停转让其在该上市公司拥有权益的股份。

第二十七条 中国证监会依照法定条件和程序，对上市公司属于本办法第十三条规定情形的交易申请作出予以核准或者不予核准的决定。

中国证监会在审核期间提出反馈意见要求上市公司作出书面解释、说明的，上市公司应当自收到反馈意见之日起30日内提供书面回复意见，独立财务顾问应当配合上市公司提供书面回复意见。逾期未提供的，上市公司应当在到期日的次日就本次交易的进展情况及未能及时提供回复意见的具体原因等予以公告。

第二十八条 股东大会作出重大资产重组的决议后，上市公司拟对交易对象、交易标的、交易价格等作出变更，构成对原交易方案重大调整的，应当在董事会表决通过后重新提交股东大会审议，并及时公告相关文件。

中国证监会审核期间，上市公司按照前款规定对原交易方案作出重大调整的，还应当按照本办法的规定向中国证监会重新提出申请，同时公告相关文件。

中国证监会审核期间，上市公司董事会决议撤回申请的，应当说明原因，予以公告；上市公司董事会决议终止本次交易的，还应当按照公司章程的规定提交股东大会审议。

第二十九条 上市公司重大资产重组属于本办法第十三条规定的交易情形的，应当提交并购重组委审核。

第三十条 上市公司在收到中国证监会关于召开并购重组委工作会议审核其申请的通知后，应当立即予以公告，并申请办理并购重组委工作会议期间直至其表决结果披露前的停牌事宜。

上市公司收到并购重组委关于其申请的表决结果的通知后，应当在次一工作日公告表决结果并申请复牌。公告应当说明，公司在收到中国证监会作出的予以核准或者不予核准的决定后将再行公告。

第三十一条 上市公司收到中国证监会就其申请作出的予以核准或者不予核准的决定后，应当在次一工作日予以公告。

中国证监会予以核准的，上市公司应当在公告核准决定的同时，按照相关信息披露准则的规定补充披露相关文件。

第三十二条 上市公司重大资产重组完成相关批准程序后，应当及时实施重组方案，并于实施完毕之日起3个工作日内编制实施情况报告书，向证券交易所提交书面报告，并予以公告。

上市公司聘请的独立财务顾问和律师事务所应当对重大资产重组的实施过程、资产过户事宜和相关后续事项的合规性及风险进行核查，发表明确的结论性意见。独立财务顾问和律师事务所出具的意见应当与实施情况报告书同时报告、公告。

第三十三条 自完成相关批准程序之日起60日内，本次重大资产重组未实施完毕的，上市公司应当于期满后次一工作日将实施进展情况报告，并予以公告；此后每30日应当公告一次，直至实施完毕。属于本办法第十三条、第四十四条规定的交易情形的，自收到中国证监会核准文件之日起超过12个月未实施完毕的，核准文件失效。

第三十四条 上市公司在实施重大资产重组的过程中，发生法律、法规要求披露的重大事项的，应当及时作出公告；该事项导致本次交易发生实质性变动的，须重新提交股东大会审议，属于本办法第十三条规定的交易情形的，还须重新报经中国证监会核准。

第三十五条 采取收益现值法、假设开发法等基于未来收益预期的方法对拟购买资产进行评估或者估值并作为定价参考依据的，上市公司应当在重大资产重组实施完毕后3年内的年度报告中单独披露相关资产的实际盈利数与利润预测数的差异情况，并由会计师事务所对此出具专项审核意见；交易对方应当与上市公司就相关资产实际盈利数不足利润预测数的情况签订明确可行的补偿协议。

预计本次重大资产重组将摊薄上市公司当年每股收益的，上市公司应当提出填补每股收益的具体措施，并将相关议案提交董事会和股东大会进行表决。负责落实该等具体措施的相关责任主体应当公开承诺，保证切实履行其义务和责任。

上市公司向控股股东、实际控制人或者其控制的关联人之外的特定对象购买资产且未导致控制权发生变更的，不适用本条前二款规定，上市公司与交易对方可以根据市场化原则，自主协商是否采取业绩补偿和每股收益填补措施及相关具体安排。

第三十六条 上市公司重大资产重组发生下列情形的，独立财务顾问应当及时出具核查意见，并予以公告：

（一）上市公司完成相关批准程序前，对交易对象、交易标的、交易价格等作出变更，构成对原重组方案重大调整，或者因发生重大事项导致原重组方案发生实质性变动的；

（二）上市公司完成相关批准程序后，在实施重组过程中发生重大事项，导致原重组方案发生实质性变动的。

第三十七条 独立财务顾问应当按照中国证监会的相关规定，对实施重大资产重组的上市公司履行持续督导职责。持续督导的期限自本次重大资产重组实施完毕之日起，应当不少于一个会计年度。实施本办法第十三条规定的重大资产重组，持续督导的期限自中国证监会核准本次重大资产重组之日起，应当不少于3个会计年度。

第三十八条 独立财务顾问应当结合上市公司重大资产重组当年和实施完毕后的第一个会计年度的年报，自年报披露之日起15日内，对重大资产重组实施的下列事项出具持续督导意见，并予以公告：

（一）交易资产的交付或者过户情况；
（二）交易各方当事人承诺的履行情况；
（三）已公告的盈利预测或者利润预测的实现情况；
（四）管理层讨论与分析部分提及的各项业务的发展现状；
（五）公司治理结构与运行情况；
（六）与已公布的重组方案存在差异的其他事项。

独立财务顾问还应当结合本办法第十三条规定的重大资产重组实施完毕后的第二、三个会计年度的年报，自年报披露之日起15日内，对前款第（二）至（六）项事项出具持续督导意见，并予以公告。

第四章　重大资产重组的信息管理

第三十九条　上市公司筹划、实施重大资产重组，相关信息披露义务人应当公平地向所有投资者披露可能对上市公司股票交易价格产生较大影响的相关信息（以下简称股价敏感信息），不得有选择性地向特定对象提前泄露。

第四十条　上市公司的股东、实际控制人以及参与重大资产重组筹划、论证、决策等环节的其他相关机构和人员，应当及时、准确地向上市公司通报有关信息，并配合上市公司及时、准确、完整地进行披露。上市公司获悉股价敏感信息的，应当及时向证券交易所申请停牌并披露。

第四十一条　上市公司及其董事、监事、高级管理人员，重大资产重组的交易对方及其关联方，交易对方及其关联方的董事、监事、高级管理人员或者主要负责人，交易各方聘请的证券服务机构及其从业人员，参与重大资产重组筹划、论证、决策、审批等环节的相关机构和人员，以及因直系亲属关系、提供服务和业务往来等知悉或者可能知悉股价敏感信息的其他相关机构和人员，在重大资产重组的股价敏感信息依法披露前负有保密义务，禁止利用该信息进行内幕交易。

第四十二条　上市公司筹划重大资产重组事项，应当详细记载筹划过程中每一具体环节的进展情况，包括商议相关方案、形成相关意向、签署相关协议或者意向书的具体时间、地点、参与机构和人员、商议和决议内容等，制作书面的交易进程备忘录并予以妥当保存。参与每一具体环节的所有人员应当即时在备忘录上签名确认。

上市公司预计筹划中的重大资产重组事项难以保密或已经泄露的，应当及时向证券交易所申请停牌，直至真实、准确、完整地披露相关信息。停牌期间，上市公司应当至少每周发布一次事件进展情况公告。

上市公司股票交易价格因重大资产重组的市场传闻发生异常波动时，上市公司应当及时向证券交易所申请停牌，核实有无影响上市公司股票交易价格的重组事项并予以澄清，不得以相关事项存在不确定性为由不履行信息披露义务。

第五章　发行股份购买资产

第四十三条　上市公司发行股份购买资产，应当符合下列规定：
（一）充分说明并披露本次交易有利于提高上市公司资产质量、改善财务状况和增强持续盈利能力，有利于上市公司减少关联交易、避免同业竞争、增强独立性；

（二）上市公司最近一年及一期财务会计报告被注册会计师出具无保留意见审计报告；被出具保留意见、否定意见或者无法表示意见的审计报告的，须经注册会计师专项核查确认，该保留意见、否定意见或者无法表示意见所涉及事项的重大影响已经消除或者将通过本次交易予以消除；

（三）上市公司及其现任董事、高级管理人员不存在因涉嫌犯罪正被司法机关立案侦查或涉嫌违法违规正被中国证监会立案调查的情形，但是，涉嫌犯罪或违法违规的行为已经终止满3年，交易方案有助于消除该行为可能造成的不良后果，且不影响对相关行为人追究责任的除外；

（四）充分说明并披露上市公司发行股份所购买的资产为权属清晰的经营性资产，并能在约定期限内办理完毕权属转移手续；

（五）中国证监会规定的其他条件。

上市公司为促进行业的整合、转型升级，在其控制权不发生变更的情况下，可以向控股股东、实际控制人或者其控制的关联人之外的特定对象发行股份购买资产。所购买资产与现有主营业务没有显著协同效应的，应当充分说明并披露本次交易后的经营发展战略和业务管理模式，以及业务转型升级可能面临的风险和应对措施。

特定对象以现金或者资产认购上市公司发行的股份后，上市公司用同一次发行所募集的资金向该特定对象购买资产的，视同上市公司发行股份购买资产。

第四十四条 上市公司发行股份购买资产的，可以同时募集部分配套资金，其定价方式按照现行相关规定办理。

上市公司发行股份购买资产应当遵守本办法关于重大资产重组的规定，编制发行股份购买资产预案、发行股份购买资产报告书，并向中国证监会提出申请。

第四十五条 上市公司发行股份的价格不得低于市场参考价的90%。市场参考价为本次发行股份购买资产的董事会决议公告日前20个交易日、60个交易日或者120个交易日的公司股票交易均价之一。本次发行股份购买资产的董事会决议应当说明市场参考价的选择依据。

前款所称交易均价的计算公式为：董事会决议公告日前若干个交易日公司股票交易均价＝决议公告日前若干个交易日公司股票交易总额／决议公告日前若干个交易日公司股票交易总量。

本次发行股份购买资产的董事会决议可以明确，在中国证监会核准前，上市公司的股票价格相比最初确定的发行价格发生重大变化的，董事会可以按照已经设定的调整方案对发行价格进行一次调整。

前款规定的发行价格调整方案应当明确、具体、可操作，详细说明是否相应调整拟购买资产的定价、发行股份数量及其理由，在首次董事会决议公告时充分披露，并按照规定提交股东大会审议。股东大会作出决议后，董事会按照已经设定的方案调整发行价格的，上市公司无需按照本办法第二十八条的规定向中国证监会重新提出申请。

第四十六条 特定对象以资产认购而取得的上市公司股份，自股份发行结束之日起12个月内不得转让；属于下列情形之一的，36个月内不得转让：

（一）特定对象为上市公司控股股东、实际控制人或者其控制的关联人；

（二）特定对象通过认购本次发行的股份取得上市公司的实际控制权；

（三）特定对象取得本次发行的股份时，对其用于认购股份的资产持续拥有权益的时间不足12个月。

属于本办法第十三条第一款规定的交易情形的，上市公司原控股股东、原实际控制人及其控制的关联人，以及在交易过程中从该等主体直接或间接受让该上市公司股份的特定对象应当公开承诺，在本次交易完成后36个月内不转让其在该上市公司中拥有权益的股份；除收购人及其关联人以外的特定对象应当公开承诺，其以资产认购而取得的上市公司股份自股份发行结束之日起24个月内不得转让。

第四十七条 上市公司申请发行股份购买资产，应当提交并购重组委审核。

第四十八条 上市公司发行股份购买资产导致特定对象持有或者控制的股份达到法定比例的，应当按照《上市公司收购管理办法》的规定履行相关义务。

上市公司向控股股东、实际控制人或者其控制的关联人发行股份购买资产，或者发行股份购买资产将导致上市公司实际控制权发生变更的，认购股份的特定对象应当在发行股份购买资产报告书中公开承诺：本次交易完成后6个月内如上市公司股票连续20个交易日的收盘价低于发行价，或者交易完成后6个月期末收盘价低于发行价的，其持有公司股票的锁定期自动延长至少6个月。

前款规定的特定对象还应当在发行股份购买资产报告书中公开承诺：如本次交易因涉嫌所提供或披露的信息存在虚假记载、误导性陈述或者重大遗漏，被司法机关立案侦查或者被中国证监会立案调查的，在案件调查结论明确以前，不转让其在该上市公司拥有权益的股份。

第四十九条 中国证监会核准上市公司发行股份购买资产的申请后，上市公司应当及时实施。向特定对象购买的相关资产过户至上市公司后，上市公司聘请的独立财务顾问和律师事务所应当对资产过户事宜和相关后续事项的合规性及风险进行核查，并发表明确意见。上市公司应当在相关资产过户完成后3个工作日内就过户情况作出公告，公告中应当包括独立财务顾问和律师事务所的结论性意见。

上市公司完成前款规定的公告、报告后，可以到证券交易所、证券登记结算公司为认购股份的特定对象申请办理证券登记手续。

第五十条 换股吸收合并涉及上市公司的，上市公司的股份定价及发行按照本章规定执行。

上市公司发行优先股用于购买资产或者与其他公司合并，中国证监会另有规定的，从其规定。

上市公司可以向特定对象发行可转换为股票的公司债券、定向权证、存托凭证等用于购买资产或者与其他公司合并。

第六章 重大资产重组后申请发行新股或者公司债券

第五十一条 经中国证监会审核后获得核准的重大资产重组实施完毕后，上市公司申请公开发行新股或者公司债券，同时符合下列条件的，本次重大资产重组前的业绩在审核时可以模拟计算：

（一）进入上市公司的资产是完整经营实体；

（二）本次重大资产重组实施完毕后，重组方的承诺事项已经如期履行，上市公司经营稳定、运行良好；

（三）本次重大资产重组实施完毕后，上市公司和相关资产实现的利润达到盈利预测水平。

上市公司在本次重大资产重组前不符合中国证监会规定的公开发行证券条件，或者本次重组导致上市公司实际控制人发生变化的，上市公司申请公开发行新股或者公司债券，距本次重组交易完成的时间应当不少于一个完整会计年度。

第五十二条 本办法所称完整经营实体，应当符合下列条件：

（一）经营业务和经营资产独立、完整，且在最近两年未发生重大变化；

（二）在进入上市公司前已在同一实际控制人之下持续经营两年以上；

（三）在进入上市公司之前实行独立核算，或者虽未独立核算，但与其经营业务相关的收入、费用在会计核算上能够清晰划分；

（四）上市公司与该经营实体的主要高级管理人员签订聘用合同或者采取其他方式，就该经营实体在交易完成后的持续经营和管理作出恰当安排。

第七章 监督管理和法律责任

第五十三条 未依照本办法的规定履行相关义务或者程序，擅自实施重大资产重组的，由中国证监会责令改正，并可以采取监管谈话、出具警示函等监管措施；情节严重的，可以责令暂停或者终止重组活动，处以警告、罚款，并可以对有关责任人员采取市场禁入的措施。

未经中国证监会核准擅自实施本办法第十三条第一款规定的重大资产重组，交易尚未完成的，中国证监会责令上市公司补充披露相关信息、暂停交易并按照本办法第十三条的规定报送申请文件；交易已经完成的，可以处以警告、罚款，并对有关责任人员采取市场禁入的措施；涉嫌犯罪的，依法移送司法机关追究刑事责任。

上市公司重大资产重组因定价显失公允、不正当利益输送等问题损害上市公司、投资者合法权益的，由中国证监会责令改正，并可以采取监管谈话、出具警示函等监管措施；情节严重的，可以责令暂停或者终止重组活动，处以警告、罚款，并可以对有关责任人员采取市场禁入的措施。

第五十四条 上市公司或者其他信息披露义务人未按照本办法规定报送重大资产重组有关报告或者履行信息披露义务的，由中国证监会责令改正，依照《证券法》第一百九十七条予以处罚；情节严重的，可以责令暂停或者终止重组活动，并可以对有关责任人员采取市场禁入的措施；涉嫌犯罪的，依法移送司法机关追究刑事责任。

上市公司控股股东、实际控制人组织、指使从事前款违法违规行为，或者隐瞒相关事项导致发生前款情形的，依照《证券法》第一百九十七条予以处罚；情节严重的，可以责令暂停或者终止重组活动，并可以对有关责任人员采取市场禁入的措施；涉嫌犯罪的，依法移送司法机关追究刑事责任。

第五十五条 上市公司或者其他信息披露义务人报送的报告或者披露的信息存在虚假记载、误导性陈述或者重大遗漏的，由中国证监会责令改正，依照《证券法》第一百九十七条予以处罚；情节严重的，可以责令暂停或者终止重组活动，并可以对有关责任人员采取市场禁入的措施；涉嫌犯罪的，依法移送司法机关追究刑事责任。

上市公司的控股股东、实际控制人组织、指使从事前款违法违规行为，或者隐瞒相关事项导致发生前款情形的，依照《证券法》第一百九十七条予以处罚；情节严重的，可以责令暂停或者终止重组活动，并可以对有关责任人员采取市场禁入的措施；涉嫌犯罪的，依法移送司法机关追究刑事责任。

重大资产重组或者发行股份购买资产的交易对方未及时向上市公司或者其他信息披露义务人提供信息，或者提供的信息有虚假记载、误导性陈述或者重大遗漏的，按照第一款规定执行。

上市公司发行股份购买资产，在其公告的有关文件中隐瞒重要事实或者编造重大虚假内容的，中国证监会依照《证券法》第一百八十一条予以处罚。

上市公司的控股股东、实际控制人组织、指使从事第四款违法行为的，中国证监会依照《证券法》第一百八十一条予以处罚。

第五十六条 重大资产重组涉嫌本办法第五十三条、第五十四条、第五十五条规定情形的，中国证监会可以责令上市公司作出公开说明、聘请独立财务顾问或者其他证券服务机构补充核查并披露专业意见，在公开说明、披露专业意见之前，上市公司应当暂停重组；上市公司涉嫌前述情形被司法机关立案侦查或者被中国证监会立案调查的，在案件调查结论明确之前应当暂停重组。

涉嫌本办法第五十四条、第五十五条规定情形，被司法机关立案侦查或者被中国证监会立案调查的，有关单位和个人应当严格遵守其所作的公开承诺，在案件调查结论明确之前，不得转让其在该上市公司拥有权益的股份。

第五十七条 上市公司董事、监事和高级管理人员未履行诚实守信、勤勉尽责义务，或者上市公司的股东、实际控制人及其有关负责人员未按照本办法的规定履行相关义务，导致重组方案损害上市公司利益的，由中国证监会责令改正，并可以采取监管谈话、出具警示函等监管措施；情节严重的，处以警告、罚款，并可以对有关人员采取认定为不适当人选、市场禁入的措施；涉嫌犯罪的，依法移送司法机关追究刑事责任。

第五十八条 为重大资产重组出具财务顾问报告、审计报告、法律意见、资产评估报告、估值报告及其他专业文件的证券服务机构及其从业人员未履行诚实守信、勤勉尽责义务，违反中国证监会的有关规定、行业规范、业务规则，或者未依法履行报告和公告义务、持续督导义务的，由中国证监会责令改正，并可以采取监管谈话、出具警示函、责令公开说明、责令定期报告、认定为不适当人选等监管措施；情节严重的，依法追究法律责任。

前款规定的证券服务机构及其从业人员所制作、出具的文件存在虚假记载、误导性陈述或者重大遗漏的，由中国证监会责令改正，依照《证券法》第二百一十三条予以处罚；情节严重的，可以采取市场禁入的措施；涉嫌犯罪的，依法移送司法机关追究刑事责任。

存在前二款规定情形的，在按照中国证监会的要求完成整改之前，不得接受新的上市公司并购重组业务。

第五十九条 重大资产重组实施完毕后，凡因不属于上市公司管理层事前无法获知且事后无法控制的原因，上市公司所购买资产实现的利润未达到资产评估报告或者估值报告预测金额的 80%，或者实际运营情况与重大资产重组报告书中管理层讨论与分析部分存在较大差距的，上市公司的董事长、总经理以及对此承担相应责任的会计师事务所、财务顾问、资产评估机构、估值机构及其从业人员应当在上市公司披露年度报告的同时，在同一媒体上作出解释，并向投资者公开道歉；实现利润未达到预测金额 50% 的，中国证监会可以对上市公司、相关机构及其责任人员采取监管谈话、出具警示函、责令定期报告等监管措施。

交易对方超期未履行或者违反业绩补偿协议、承诺的，由中国证监会责令改正，并可以采取监管谈话、出具警示函、责令公开说明、认定为不适当人选等监管措施，将相关情况记入诚信档案。

第六十条 任何知悉重大资产重组信息的人员在相关信息依法公开前，泄露该信息、买卖或者建议他人买卖相关上市公司证券、利用重大资产重组散布虚假信息、操纵证券市场或者进行欺诈活动的，中国证监会依照《证券法》第一百九十一条、第一百九十二条、第一百九十三条予以处罚；涉嫌犯罪的，依法移送司法机关追究刑事责任。

第八章 附则

第六十一条 中国证监会对证券交易所相关板块上市公司重大资产重组另有规定的，从其规定。

第六十二条 本办法自 2014 年 11 月 23 日起施行。2008 年 4 月 16 日发布并于 2011 年 8 月 1 日修改的《上市公司重大资产重组管理办法》（证监会令第 73 号）、2008 年 11 月 11 日发布的《关于破产重整上市公司重大资产重组股份发行定价的补充规定》（证监会公告〔2008〕44 号）同时废止。

5.6.2 中国证券监督管理委员会规章

上市公司收购管理办法

（2002 年 9 月 28 日证监会令第 10 号公布 2006 年 7 月 31 日证监会令第 35 号第一次修订 根据 2008 年 8 月 27 日证监会令第 56 号《关于修改〈上司公司收购管理办法〉第六十三条的决定》第二次修订 根据 2012 年 2 月 14 日证监会令第 77 号《关于修改〈上市公司收购管理办法〉第六十二条及第六十三条的决定》第三次修订 根据 2014 年 10 月 23 日证监会令第 108 号《关于修改〈上市公司收购管理办法〉的决定》第四次修订 根据 2020 年 3 月 20 日证监会令第 166 号《关于修改部分证券期货规章的决定》第五次修订）

第一章 总则

第一条 为了规范上市公司的收购及相关股份权益变动活动，保护上市公司和投资者的合法权益，维护证券市场秩序和社会公共利益，促进证券市场资源的优化配置，根据《证券法》、《公司法》及其他相关法律、行政法规，制定本办法。

第二条 上市公司的收购及相关股份权益变动活动，必须遵守法律、行政法规及中国证券监督管理委员会（以下简称中国证监会）的规定。当事人应当诚实守信，遵守社会公德、商业道德，自觉维护证券市场秩序，接受政府、社会公众的监督。

第三条 上市公司的收购及相关股份权益变动活动，必须遵循公开、公平、公正的原则。

上市公司的收购及相关股份权益变动活动中的信息披露义务人，应当充分披露其在上市公司中的权益及变动情况，依法严格履行报告、公告和其他法定义务。在相关信息披露前，负有保密义务。

信息披露义务人报告、公告的信息必须真实、准确、完整，不得有虚假记载、误导性陈述或者重大遗漏。

第四条 上市公司的收购及相关股份权益变动活动不得危害国家安全和社会公共利益。

上市公司的收购及相关股份权益变动活动涉及国家产业政策、行业准入、国有股份转让等事项，需要取得国家相关部门批准的，应当在取得批准后进行。

外国投资者进行上市公司的收购及相关股份权益变动活动的，应当取得国家相关部门的批准，适用中国法律，服从中国的司法、仲裁管辖。

第五条 收购人可以通过取得股份的方式成为一个上市公司的控股股东，可以通过投资关系、协议、其他安排的途径成为一个上市公司的实际控制人，也可以同时采取上述方式和途径取得上市公司控制权。

收购人包括投资者及与其一致行动的他人。

第六条 任何人不得利用上市公司的收购损害被收购公司及其股东的合法权益。

有下列情形之一的，不得收购上市公司：

（一）收购人负有数额较大债务，到期未清偿，且处于持续状态；

（二）收购人最近3年有重大违法行为或者涉嫌有重大违法行为；

（三）收购人最近3年有严重的证券市场失信行为；

（四）收购人为自然人的，存在《公司法》第一百四十六条规定情形；

（五）法律、行政法规规定以及中国证监会认定的不得收购上市公司的其他情形。

第七条 被收购公司的控股股东或者实际控制人不得滥用股东权利损害被收购公司或者其他股东的合法权益。

被收购公司的控股股东、实际控制人及其关联方有损害被收购公司及其他股东合法权益的，上述控股股东、实际控制人在转让被收购公司控制权之前，应当主动消除损害；未能消除损害的，应当就其出让相关股份所得收入用于消除全部损害做出安排，对不足以消除损害的部分应当提供充分有效的履约担保或安排，并依照公司章程取得被收购公司股东大会的批准。

第八条 被收购公司的董事、监事、高级管理人员对公司负有忠实义务和勤勉义务，应当公平对待收购本公司的所有收购人。

被收购公司董事会针对收购所做出的决策及采取的措施，应当有利于维护公司及其股东的利益，不得滥用职权对收购设置不适当的障碍，不得利用公司资源向收购人提供任何形式的财务资助，不得损害公司及其股东的合法权益。

第九条 收购人进行上市公司的收购，应当聘请符合《证券法》规定的专业机构担任财务顾问。收购人未按照本办法规定聘请财务顾问的，不得收购上市公司。

财务顾问应当勤勉尽责，遵守行业规范和职业道德，保持独立性，保证其所制作、出具文件的真实性、准确性和完整性。

财务顾问认为收购人利用上市公司的收购损害被收购公司及其股东合法权益的，应当拒绝为收购人提供财务顾问服务。

财务顾问不得教唆、协助或者伙同委托人编制或披露存在虚假记载、误导性陈述或者重大遗漏的报告、公告文件，不得从事不正当竞争，不得利用上市公司的收购谋取不正当利益。

为上市公司收购出具资产评估报告、审计报告、法律意见书的证券服务机构及其从业人员，应当遵守法律、行政法规、中国证监会的有关规定，以及证券交易所的相关规则，遵循本行业公认的业务标准和道德规范，诚实守信，勤勉尽责，对其所制作、出具文件的真实性、准确性和完整性承担责任。

第十条 中国证监会依法对上市公司的收购及相关股份权益变动活动进行监督管理。

中国证监会设立由专业人员和有关专家组成的专门委员会。专门委员会可以根据中国证监会职能部门的请求，就是否构成上市公司的收购、是否有不得收购上市公司的情形以及其他相关事宜提供咨询意见。中国证监会依法做出决定。

第十一条 证券交易所依法制定业务规则，为上市公司的收购及相关股份权益变动活动组织交易和提供服务，对相关证券交易活动进行实时监控，监督上市公司的收购及相关股份权益变动活动的信息披露义务人切实履行信息披露义务。

证券登记结算机构依法制定业务规则，为上市公司的收购及相关股份权益变动活动所涉及的证券登记、存管、结算等事宜提供服务。

第二章 权益披露

第十二条 投资者在一个上市公司中拥有的权益，包括登记在其名下的股份和虽未登记在其名下但该投资者可以实际支配表决权的股份。投资者及其一致行动人在一个上市公司中拥有的权益应当合并计算。

第十三条 通过证券交易所的证券交易，投资者及其一致行动人拥有权益的股份达到一个上市公司已发行股份的5%时，应当在该事实发生之日起3日内编制权益变动报告书，向中国证监会、证券交易所提交书面报告，通知该上市公司，并予公告；在上述期限内，不得再行买卖该上市公司的股票，但中国证监会规定的情形除外。

前述投资者及其一致行动人拥有权益的股份达到一个上市公司已发行股份的5%后，通过证券交易所的证券交易，其拥有权益的股份占该上市公司已发行股份的比例每增加或者减少5%，应当依照前款规定进行报告和公告。在该事实发生之日起至公告后3日内，不得再行买卖该上市公司的股票，但中国证监会规定的情形除外。

前述投资者及其一致行动人拥有权益的股份达到一个上市公司已发行股份的5%后，其拥有权益的股份占该上市公司已发行股份的比例每增加或者减少1%，应当在该事实发生的次日通知该上市公司，并予公告。

违反本条第一款、第二款的规定买入在上市公司中拥有权益的股份的，在买入后的36个月内，对该超过规定比例部分的股份不得行使表决权。

第十四条 通过协议转让方式，投资者及其一致行动人在一个上市公司中拥有权益的股份拟达到或者超过一个上市公司已发行股份的5%时，应当在该事实发生之日起3日内编制权益变动报告书，向中国证监会、证券交易所提交书面报告，通知该上市公司，并予公告。

前述投资者及其一致行动人拥有权益的股份达到一个上市公司已发行股份的5%后，其拥有权益的股份占该上市公司已发行股份的比例每增加或者减少达到或者超过5%的，应当依照前款规定履行报告、公告义务。

前两款规定的投资者及其一致行动人在作出报告、公告前，不得再行买卖该上市公司的股票。相关股份转让及过户登记手续按照本办法第四章及证券交易所、证券登记结算机构的规定办理。

第十五条 投资者及其一致行动人通过行政划转或者变更、执行法院裁定、继承、赠与等方式拥有权益的股份变动达到前条规定比例的，应当按照前条规定履行报告、公告义务，并参照前条规定办理股份过户登记手续。

第十六条 投资者及其一致行动人不是上市公司的第一大股东或者实际控制人，其拥有权益的股份达到或者超过该公司已发行股份的5%，但未达到20%的，应当编制包括下列内容的简式权益变动报告书：

（一）投资者及其一致行动人的姓名、住所；投资者及其一致行动人为法人的，其名称、注册地及法定代表人；

（二）持股目的，是否有意在未来12个月内继续增加其在上市公司中拥有的权益；

（三）上市公司的名称、股票的种类、数量、比例；

（四）在上市公司中拥有权益的股份达到或者超过上市公司已发行股份的5%或者拥有权益的股份增减变化达到5%的时间及方式、增持股份的资金来源；

（五）在上市公司中拥有权益的股份变动的时间及方式；

（六）权益变动事实发生之日前6个月内通过证券交易所的证券交易买卖该公司股票的简要情况；

（七）中国证监会、证券交易所要求披露的其他内容。

前述投资者及其一致行动人为上市公司第一大股东或者实际控制人，其拥有权益的股份达到或者超过一个上市公司已发行股份的5%，但未达到20%的，还应当披露本办法第十七条第一款规定的内容。

第十七条 投资者及其一致行动人拥有权益的股份达到或者超过一个上市公司已发行股份的20%但未超过30%的，应当编制详式权益变动报告书，除须披露前条规定的信息外，还应当披露以下内容：

（一）投资者及其一致行动人的控股股东、实际控制人及其股权控制关系结构图；

（二）取得相关股份的价格、所需资金额，或者其他支付安排；

（三）投资者、一致行动人及其控股股东、实际控制人所从事的业务与上市公司的业务是否存在同业竞争或者潜在的同业竞争，是否存在持续关联交易；存在同业竞争或者持续关联交易的，是否已做出相应的安排，确保投资者、一致行动人及其关联方与上市公司之间避免同业竞争以及保持上市公司的独立性；

（四）未来12个月内对上市公司资产、业务、人员、组织结构、公司章程等进行调整的后续计划；

（五）前24个月内投资者及其一致行动人与上市公司之间的重大交易；

（六）不存在本办法第六条规定的情形；

（七）能够按照本办法第五十条的规定提供相关文件。

前述投资者及其一致行动人为上市公司第一大股东或者实际控制人的，还应当聘请财务顾问对上述权益变动报告书所披露的内容出具核查意见，但国有股行政划转或者变更、股份转让在同一实际控制人控制的不同主体之间进行、因继承取得股份的除外。投资者及其一致行动人承诺至少3年放弃行使相关股份表决权的，可免于聘请财务顾问和提供前款第（七）项规定的文件。

第十八条 已披露权益变动报告书的投资者及其一致行动人在披露之日起6个月内，因拥有权益的股份变动需要再次报告、公告权益变动报告书的，可以仅就与前次报告书不同的部分作出报告、公告；自前次披露之日起超过6个月的，投资者及其一致行动人应当按照本章的规定编制权益变动报告书，履行报告、公告义务。

第十九条 因上市公司减少股本导致投资者及其一致行动人拥有权益的股份变动出现本办法第十四条规定情形的，投资者及其一致行动人免于履行报告和公告义务。上市公司应当自完成减少股本的变更登记之日起2个工作日内，就因此导致的公司股东拥有权益的股份变动情况作出公告；因公司减少股本可能导致投资者及其一致行动人成为公司第一大股东或者实际控制人的，该投资者及其一致行动人应当自公司董事会公告有关减少公司股本决议之日起3个工作日内，按照本办法第十七条第一款的规定履行报告、公告义务。

第二十条 上市公司的收购及相关股份权益变动活动中的信息披露义务人依法披露前，相关信息已在媒体上传播或者公司股票交易出现异常的，上市公司应当立即向当事人进行查询，当事人应当及时予以书面答复，上市公司应当及时作出公告。

第二十一条 上市公司的收购及相关股份权益变动活动中的信息披露义务人应当在证券交易所的网站和符合中国证监会规定条件的媒体上依法披露信息；在其他媒体上进行披露的，披露内容应当一致，披露时间不得早于前述披露的时间。

第二十二条 上市公司的收购及相关股份权益变动活动中的信息披露义务人采取一致行动的，可以以书面形式约定由其中一人作为指定代表负责统一编制信息披露文件，并同意授权指定代表在信息披露文件上签字、盖章。

各信息披露义务人应当对信息披露文件中涉及其自身的信息承担责任；对信息披露文件中涉及的与多个信息披露义务人相关的信息，各信息披露义务人对相关部分承担连带责任。

第三章　要约收购

第二十三条 投资者自愿选择以要约方式收购上市公司股份的，可以向被收购公司所有股东发出收购其所持有的全部股份的要约（以下简称全面要约），也可以向被收购公司所有股东发出收购其所持有的部分股份的要约（以下简称部分要约）。

第二十四条 通过证券交易所的证券交易，收购人持有一个上市公司的股份达到该公司已发行股份的 30% 时，继续增持股份的，应当采取要约方式进行，发出全面要约或者部分要约。

第二十五条 收购人依照本办法第二十三条、第二十四条、第四十七条、第五十六条的规定，以要约方式收购一个上市公司股份的，其预定收购的股份比例均不得低于该上市公司已发行股份的 5%。

第二十六条 以要约方式进行上市公司收购的，收购人应当公平对待被收购公司的所有股东。持有同一种类股份的股东应当得到同等对待。

第二十七条 收购人为终止上市公司的上市地位而发出全面要约的，或者因不符合本办法第六章的规定而发出全面要约的，应当以现金支付收购价款；以依法可以转让的证券（以下简称证券）支付收购价款的，应当同时提供现金方式供被收购公司股东选择。

第二十八条 以要约方式收购上市公司股份的，收购人应当编制要约收购报告书，聘请财务顾问，通知被收购公司，同时对要约收购报告书摘要作出提示性公告。

本次收购依法应当取得相关部门批准的，收购人应当在要约收购报告书摘要中作出特别提示，并在取得批准后公告要约收购报告书。

第二十九条 前条规定的要约收购报告书，应当载明下列事项：

（一）收购人的姓名、住所；收购人为法人的，其名称、注册地及法定代表人，与其控股股东、实际控制人之间的股权控制关系结构图；

（二）收购人关于收购的决定及收购目的，是否拟在未来 12 个月内继续增持；

（三）上市公司的名称、收购股份的种类；

（四）预定收购股份的数量和比例；

（五）收购价格；

（六）收购所需资金额、资金来源及资金保证，或者其他支付安排；

（七）收购要约约定的条件；

（八）收购期限；

（九）公告收购报告书时持有被收购公司的股份数量、比例；

（十）本次收购对上市公司的影响分析，包括收购人及其关联方所从事的业务与上市公司的业务是否存在同业竞争或者潜在的同业竞争，是否存在持续关联交易；存在同业竞争或者持续关联交易的，收购人是否已作出相应的安排，确保收购人及其关联方与上市公司之间避免同业竞争以及保持上市公司的独立性；

（十一）未来 12 个月内对上市公司资产、业务、人员、组织结构、公司章程等进行调整的后续计划；

（十二）前 24 个月内收购人及其关联方与上市公司之间的重大交易；

（十三）前 6 个月内通过证券交易所的证券交易买卖被收购公司股票的情况；

（十四）中国证监会要求披露的其他内容。

收购人发出全面要约的，应当在要约收购报告书中充分披露终止上市的风险、终止上市后收购行为完成的时间及仍持有上市公司股份的剩余股东出售其股票的其他后续安排；收购人发出以终止公司上市地位为目的的全面要约，无须披露前款第（十）项规定的内容。

第三十条　收购人按照本办法第四十七条拟收购上市公司股份超过30%，须改以要约方式进行收购的，收购人应当在达成收购协议或者做出类似安排后的3日内对要约收购报告书摘要作出提示性公告，并按照本办法第二十八条、第二十九条的规定履行公告义务，同时免于编制、公告上市公司收购报告书；依法应当取得批准的，应当在公告中特别提示本次要约须取得相关批准方可进行。

未取得批准的，收购人应当在收到通知之日起2个工作日内，公告取消收购计划，并通知被收购公司。

第三十一条　收购人自作出要约收购提示性公告起60日内，未公告要约收购报告书的，收购人应当在期满后次一个工作日通知被收购公司，并予公告；此后每30日应当公告一次，直至公告要约收购报告书。

收购人作出要约收购提示性公告后，在公告要约收购报告书之前，拟自行取消收购计划的，应当公告原因；自公告之日起12个月内，该收购人不得再次对同一上市公司进行收购。

第三十二条　被收购公司董事会应当对收购人的主体资格、资信情况及收购意图进行调查，对要约条件进行分析，对股东是否接受要约提出建议，并聘请独立财务顾问提出专业意见。在收购人公告要约收购报告书后20日内，被收购公司董事会应当公告被收购公司董事会报告书与独立财务顾问的专业意见。

收购人对收购要约条件做出重大变更的，被收购公司董事会应当在3个工作日内公告董事会及独立财务顾问就要约条件的变更情况所出具的补充意见。

第三十三条　收购人作出提示性公告后至要约收购完成前，被收购公司除继续从事正常的经营活动或者执行股东大会已经作出的决议外，未经股东大会批准，被收购公司董事会不得通过处置公司资产、对外投资、调整公司主要业务、担保、贷款等方式，对公司的资产、负债、权益或者经营成果造成重大影响。

第三十四条　在要约收购期间，被收购公司董事不得辞职。

第三十五条　收购人按照本办法规定进行要约收购的，对同一种类股票的要约价格，不得低于要约收购提示性公告日前6个月内收购人取得该种股票所支付的最高价格。

要约价格低于提示性公告日前30个交易日该种股票的每日加权平均价格的算术平均值的，收购人聘请的财务顾问应当就该种股票前6个月的交易情况进行分析，说明是否存在股价被操纵、收购人是否有未披露的一致行动人、收购人前6个月取得公司股份是否存在其他支付安排、要约价格的合理性等。

第三十六条　收购人可以采用现金、证券、现金与证券相结合等合法方式支付收购上市公司的价款。收购人以证券支付收购价款的，应当提供该证券的发行人最近3年经审计的财务会计报告、证券估值报告，并配合被收购公司聘请的独立财务顾问的尽职调查工作。收购人以在证券交易所上市的债券支付收购价款的，该债券的可上市交易时间应当不少于一个月。收购人以未在证券交易所上市交易的证券支付收购价款的，必须同时提供现金方式供被收购公司的股东选择，并详细披露相关证券的保管、送达被收购公司股东的方式和程序安排。

收购人聘请的财务顾问应当对收购人支付收购价款的能力和资金来源进行充分的尽职调

查，详细披露核查的过程和依据，说明收购人是否具备要约收购的能力。收购人应当在作出要约收购提示性公告的同时，提供以下至少一项安排保证其具备履约能力：

（一）以现金支付收购价款的，将不少于收购价款总额的20%作为履约保证金存入证券登记结算机构指定的银行；收购人以在证券交易所上市交易的证券支付收购价款的，将用于支付的全部证券交由证券登记结算机构保管，但上市公司发行新股的除外；

（二）银行对要约收购所需价款出具保函；

（三）财务顾问出具承担连带保证责任的书面承诺，明确如要约期满收购人不支付收购价款，财务顾问进行支付。

第三十七条 收购要约约定的收购期限不得少于30日，并不得超过60日；但是出现竞争要约的除外。

在收购要约约定的承诺期限内，收购人不得撤销其收购要约。

第三十八条 采取要约收购方式的，收购人作出公告后至收购期限届满前，不得卖出被收购公司的股票，也不得采取要约规定以外的形式和超出要约的条件买入被收购公司的股票。

第三十九条 收购要约提出的各项收购条件，适用于被收购公司的所有股东。

上市公司发行不同种类股份的，收购人可以针对持有不同种类股份的股东提出不同的收购条件。

收购人需要变更收购要约的，必须及时公告，载明具体变更事项，并通知被收购公司。变更收购要约不得存在下列情形：

（一）降低收购价格；

（二）减少预定收购股份数额；

（三）缩短收购期限；

（四）中国证监会规定的其他情形。

第四十条 收购要约期限届满前15日内，收购人不得变更收购要约；但是出现竞争要约的除外。

出现竞争要约时，发出初始要约的收购人变更收购要约距初始要约收购期限届满不足15日的，应当延长收购期限，延长后的要约期应当不少于15日，不得超过最后一个竞争要约的期满日，并按规定追加履约保证。

发出竞争要约的收购人最迟不得晚于初始要约收购期限届满前15日发出要约收购的提示性公告，并应当根据本办法第二十八条和第二十九条的规定履行公告义务。

第四十一条 要约收购报告书所披露的基本事实发生重大变化的，收购人应当在该重大变化发生之日起2个工作日内作出公告，并通知被收购公司。

第四十二条 同意接受收购要约的股东（以下简称预受股东），应当委托证券公司办理预受要约的相关手续。收购人应当委托证券公司向证券登记结算机构申请办理预受要约股票的临时保管。证券登记结算机构临时保管的预受要约的股票，在要约收购期间不得转让。

前款所称预受，是指被收购公司股东同意接受要约的初步意思表示，在要约收购期限内不可撤回之前不构成承诺。在要约收购期限届满3个交易日前，预受股东可以委托证券公司办理撤回预受要约的手续，证券登记结算机构根据预受要约股东的撤回申请解除对预受要约股票的临时保管。在要约收购期限届满前3个交易日内，预受股东不得撤回其对要约的接受。在要约收购期限内，收购人应当每日在证券交易所网站上公告已预受收购要约的股份数量。

出现竞争要约时，接受初始要约的预受股东撤回全部或者部分预受的股份，并将撤回的股份售予竞争要约人的，应当委托证券公司办理撤回预受初始要约的手续和预受竞争要约的相关手续。

第四十三条　收购期限届满，发出部分要约的收购人应当按照收购要约约定的条件购买被收购公司股东预受的股份，预受要约股份的数量超过预定收购数量时，收购人应当按照同等比例收购预受要约的股份；以终止被收购公司上市地位为目的的，收购人应当按照收购要约约定的条件购买被收购公司股东预受的全部股份；因不符合本办法第六章的规定而发出全面要约的收购人应当购买被收购公司股东预受的全部股份。

收购期限届满后3个交易日内，接受委托的证券公司应当向证券登记结算机构申请办理股份转让结算、过户登记手续，解除对超过预定收购比例的股票的临时保管；收购人应当公告本次要约收购的结果。

第四十四条　收购期限届满，被收购公司股权分布不符合证券交易所规定的上市交易要求，该上市公司的股票由证券交易所依法终止上市交易。在收购行为完成前，其余仍持有被收购公司股票的股东，有权在收购报告书规定的合理期限内向收购人以收购要约的同等条件出售其股票，收购人应当收购。

第四十五条　收购期限届满后15日内，收购人应当向证券交易所提交关于收购情况的书面报告，并予以公告。

第四十六条　除要约方式外，投资者不得在证券交易所外公开求购上市公司的股份。

第四章　协议收购

第四十七条　收购人通过协议方式在一个上市公司中拥有权益的股份达到或者超过该公司已发行股份的5%，但未超过30%的，按照本办法第二章的规定办理。

收购人拥有权益的股份达到该公司已发行股份的30%时，继续进行收购的，应当依法向该上市公司的股东发出全面要约或者部分要约。符合本办法第六章规定情形的，收购人可以免于发出要约。

收购人拟通过协议方式收购一个上市公司的股份超过30%的，超过30%的部分，应当改以要约方式进行；但符合本办法第六章规定情形的，收购人可以免于发出要约。符合前述规定情形的，收购人可以履行其收购协议；不符合前述规定情形的，在履行其收购协议前，应当发出全面要约。

第四十八条　以协议方式收购上市公司股份超过30%，收购人拟依据本办法第六十二条、第六十三条第一款第（一）项、第（二）项、第（十）项的规定免于发出要约的，应当在与上市公司股东达成收购协议之日起3日内编制上市公司收购报告书，通知被收购公司，并公告上市公司收购报告书摘要。

收购人应当在收购报告书摘要公告后5日内，公告其收购报告书、财务顾问专业意见和律师出具的法律意见书；不符合本办法第六章规定的情形的，应当予以公告，并按照本办法第六十一条第二款的规定办理。

第四十九条 依据前条规定所作的上市公司收购报告书，须披露本办法第二十九条第（一）项至第（六）项和第（九）项至第（十四）项规定的内容及收购协议的生效条件和付款安排。

已披露收购报告书的收购人在披露之日起6个月内，因权益变动需要再次报告、公告的，可以仅就与前次报告书不同的部分作出报告、公告；超过6个月的，应当按照本办法第二章的规定履行报告、公告义务。

第五十条 收购人公告上市公司收购报告书时，应当提交以下备查文件：

（一）中国公民的身份证明，或者在中国境内登记注册的法人、其他组织的证明文件；

（二）基于收购人的实力和从业经验对上市公司后续发展计划可行性的说明，收购人拟修改公司章程、改选公司董事会、改变或者调整公司主营业务的，还应当补充其具备规范运作上市公司的管理能力的说明；

（三）收购人及其关联方与被收购公司存在同业竞争、关联交易的，应提供避免同业竞争等利益冲突、保持被收购公司经营独立性的说明；

（四）收购人为法人或者其他组织的，其控股股东、实际控制人最近2年未变更的说明；

（五）收购人及其控股股东或实际控制人的核心企业和核心业务、关联企业及主营业务的说明；收购人或其实际控制人为两个或两个以上的上市公司控股股东或实际控制人的，还应当提供其持股5%以上的上市公司以及银行、信托公司、证券公司、保险公司等其他金融机构的情况说明；

（六）财务顾问关于收购人最近3年的诚信记录、收购资金来源合法性、收购人具备履行相关承诺的能力以及相关信息披露内容真实性、准确性、完整性的核查意见；收购人成立未满3年的，财务顾问还应当提供其控股股东或者实际控制人最近3年诚信记录的核查意见。

境外法人或者境外其他组织进行上市公司收购的，除应当提交第一款第（二）项至第（六）项规定的文件外，还应当提交以下文件：

（一）财务顾问出具的收购人符合对上市公司进行战略投资的条件、具有收购上市公司的能力的核查意见；

（二）收购人接受中国司法、仲裁管辖的声明。

第五十一条 上市公司董事、监事、高级管理人员、员工或者其所控制或者委托的法人或者其他组织，拟对本公司进行收购或者通过本办法第五章规定的方式取得本公司控制权（以下简称管理层收购）的，该上市公司应当具备健全且运行良好的组织机构以及有效的内部控制制度，公司董事会成员中独立董事的比例应当达到或者超过1/2。公司应当聘请符合《证券法》规定的资产评估机构提供公司资产评估报告，本次收购应当经董事会非关联董事作出决议，且取得2/3以上的独立董事同意后，提交公司股东大会审议，经出席股东大会的非关联股东所持表决权过半数通过。独立董事发表意见前，应当聘请独立财务顾问就本次收购出具专业意见，独立董事及独立财务顾问的意见应当一并予以公告。

上市公司董事、监事、高级管理人员存在《公司法》第一百四十八条规定情形，或者最近3年有证券市场不良诚信记录的，不得收购本公司。

第五十二条　以协议方式进行上市公司收购的，自签订收购协议起至相关股份完成过户的期间为上市公司收购过渡期（以下简称过渡期）。在过渡期内，收购人不得通过控股股东提议改选上市公司董事会，确有充分理由改选董事会的，来自收购人的董事不得超过董事会成员的1/3；被收购公司不得为收购人及其关联方提供担保；被收购公司不得公开发行股份募集资金，不得进行重大购买、出售资产及重大投资行为或者与收购人及其关联方进行其他关联交易，但收购人为挽救陷入危机或者面临严重财务困难的上市公司的情形除外。

第五十三条　上市公司控股股东向收购人协议转让其所持有的上市公司股份的，应当对收购人的主体资格、诚信情况及收购意图进行调查，并在其权益变动报告书中披露有关调查情况。

控股股东及其关联方未清偿其对公司的负债，未解除公司为其负债提供的担保，或者存在损害公司利益的其他情形的，被收购公司董事会应当对前述情形及时予以披露，并采取有效措施维护公司利益。

第五十四条　协议收购的相关当事人应当向证券登记结算机构申请办理拟转让股份的临时保管手续，并可以将用于支付的现金存放于证券登记结算机构指定的银行。

第五十五条　收购报告书公告后，相关当事人应当按照证券交易所和证券登记结算机构的业务规则，在证券交易所就本次股份转让予以确认后，凭全部转让款项存放于双方认可的银行账户的证明，向证券登记结算机构申请解除拟协议转让股票的临时保管，并办理过户登记手续。

收购人未按规定履行报告、公告义务，或者未按规定提出申请的，证券交易所和证券登记结算机构不予办理股份转让和过户登记手续。

收购人在收购报告书公告后30日内仍未完成相关股份过户手续的，应当立即作出公告，说明理由；在未完成相关股份过户期间，应当每隔30日公告相关股份过户办理进展情况。

第五章　间接收购

第五十六条　收购人虽不是上市公司的股东，但通过投资关系、协议、其他安排导致其拥有权益的股份达到或者超过一个上市公司已发行股份的5%未超过30%的，应当按照本办法第二章的规定办理。

收购人拥有权益的股份超过该公司已发行股份的30%的，应当向该公司所有股东发出全面要约；收购人预计无法在事实发生之日起30日内发出全面要约的，应当在前述30日内促使其控制的股东将所持有的上市公司股份减持至30%或者30%以下，并自减持之日起2个工作日内予以公告；其后收购人或者其控制的股东拟继续增持的，应当采取要约方式；拟依据本办法第六章的规定免于发出要约的，应当按照本办法第四十八条的规定办理。

第五十七条　投资者虽不是上市公司的股东，但通过投资关系取得对上市公司股东的控制权，而受其支配的上市公司股东所持股份达到前条规定比例、且对该股东的资产和利润构成重大影响的，应当按照前条规定履行报告、公告义务。

第五十八条 上市公司实际控制人及受其支配的股东，负有配合上市公司真实、准确、完整披露有关实际控制人发生变化的信息的义务；实际控制人及受其支配的股东拒不履行上述配合义务，导致上市公司无法履行法定信息披露义务而承担民事、行政责任的，上市公司有权对其提起诉讼。实际控制人、控股股东指使上市公司及其有关人员不依法履行信息披露义务的，中国证监会依法进行查处。

第五十九条 上市公司实际控制人及受其支配的股东未履行报告、公告义务的，上市公司应当自知悉之日起立即作出报告和公告。上市公司就实际控制人发生变化的情况予以公告后，实际控制人仍未披露的，上市公司董事会应当向实际控制人和受其支配的股东查询，必要时可以聘请财务顾问进行查询，并将查询情况向中国证监会、上市公司所在地的中国证监会派出机构（以下简称派出机构）和证券交易所报告；中国证监会依法对拒不履行报告、公告义务的实际控制人进行查处。

上市公司知悉实际控制人发生较大变化而未能将有关实际控制人的变化情况及时予以报告和公告的，中国证监会责令改正，情节严重的，认定上市公司负有责任的董事为不适当人选。

第六十条 上市公司实际控制人及受其支配的股东未履行报告、公告义务，拒不履行第五十八条规定的配合义务，或者实际控制人存在不得收购上市公司情形的，上市公司董事会应当拒绝接受受实际控制人支配的股东向董事会提交的提案或者临时议案，并向中国证监会、派出机构和证券交易所报告。中国证监会责令实际控制人改正，可以认定实际控制人通过受其支配的股东所提名的董事为不适当人选；改正前，受实际控制人支配的股东不得行使其持有股份的表决权。上市公司董事会未拒绝接受实际控制人及受其支配的股东所提出的提案的，中国证监会可以认定负有责任的董事为不适当人选。

第六章　免除发出要约

第六十一条 符合本办法第六十二条、第六十三条规定情形的，投资者及其一致行动人可以：

（一）免于以要约收购方式增持股份；

（二）存在主体资格、股份种类限制或者法律、行政法规、中国证监会规定的特殊情形的，免于向被收购公司的所有股东发出收购要约。

不符合本章规定情形的，投资者及其一致行动人应当在30日内将其或者其控制的股东所持有的被收购公司股份减持到30%或者30%以下；拟以要约以外的方式继续增持股份的，应当发出全面要约。

第六十二条 有下列情形之一的，收购人可以免于以要约方式增持股份：

（一）收购人与出让人能够证明本次股份转让是在同一实际控制人控制的不同主体之间进行，未导致上市公司的实际控制人发生变化；

（二）上市公司面临严重财务困难，收购人提出的挽救公司的重组方案取得该公司股东大会批准，且收购人承诺3年内不转让其在该公司中所拥有的权益；

（三）中国证监会为适应证券市场发展变化和保护投资者合法权益的需要而认定的其他情形。

第六十三条　有下列情形之一的，投资者可以免于发出要约：

（一）经政府或者国有资产管理部门批准进行国有资产无偿划转、变更、合并，导致投资者在一个上市公司中拥有权益的股份占该公司已发行股份的比例超过30%；

（二）因上市公司按照股东大会批准的确定价格向特定股东回购股份而减少股本，导致投资者在该公司中拥有权益的股份超过该公司已发行股份的30%；

（三）经上市公司股东大会非关联股东批准，投资者取得上市公司向其发行的新股，导致其在该公司拥有权益的股份超过该公司已发行股份的30%，投资者承诺3年内不转让本次向其发行的新股，且公司股东大会同意投资者免于发出要约；

（四）在一个上市公司中拥有权益的股份达到或者超过该公司已发行股份的30%的，自上述事实发生之日起一年后，每12个月内增持不超过该公司已发行的2%的股份；

（五）在一个上市公司中拥有权益的股份达到或者超过该公司已发行股份的50%的，继续增加其在该公司拥有的权益不影响该公司的上市地位；

（六）证券公司、银行等金融机构在其经营范围内依法从事承销、贷款等业务导致其持有一个上市公司已发行股份超过30%，没有实际控制该公司的行为或者意图，并且提出在合理期限内向非关联方转让相关股份的解决方案；

（七）因继承导致在一个上市公司中拥有权益的股份超过该公司已发行股份的30%；

（八）因履行约定购回式证券交易协议购回上市公司股份导致投资者在一个上市公司中拥有权益的股份超过该公司已发行股份的30%，并且能够证明标的股份的表决权在协议期间未发生转移；

（九）因所持优先股表决权依法恢复导致投资者在一个上市公司中拥有权益的股份超过该公司已发行股份的30%；

（十）中国证监会为适应证券市场发展变化和保护投资者合法权益的需要而认定的其他情形。

相关投资者应在前款规定的权益变动行为完成后3日内就股份增持情况做出公告，律师应就相关投资者权益变动行为发表符合规定的专项核查意见并由上市公司予以披露。相关投资者按照前款第（五）项规定采用集中竞价方式增持股份的，每累计增持股份比例达到上市公司已发行股份的2%的，在事实发生当日和上市公司发布相关股东增持公司股份进展公告的当日不得再行增持股份。前款第（四）项规定的增持不超过2%的股份锁定期为增持行为完成之日起6个月。

第六十四条　收购人按照本章规定的情形免于发出要约的，应当聘请符合《证券法》规定的律师事务所等专业机构出具专业意见。

第七章　财务顾问

第六十五条　收购人聘请的财务顾问应当履行以下职责：

（一）对收购人的相关情况进行尽职调查；

（二）应收购人的要求向收购人提供专业化服务，全面评估被收购公司的财务和经营状况，帮助收购人分析收购所涉及的法律、财务、经营风险，就收购方案所涉及的收购价格、收购方式、支付安排等事项提出对策建议，并指导收购人按照规定的内容与格式制作公告文件；

（三）对收购人进行证券市场规范化运作的辅导，使收购人的董事、监事和高级管理人员熟悉有关法律、行政法规和中国证监会的规定，充分了解其应当承担的义务和责任，督促其依法履行报告、公告和其他法定义务；

（四）对收购人是否符合本办法的规定及公告文件内容的真实性、准确性、完整性进行充分核查和验证，对收购事项客观、公正地发表专业意见；

（五）与收购人签订协议，在收购完成后12个月内，持续督导收购人遵守法律、行政法规、中国证监会的规定、证券交易所规则、上市公司章程，依法行使股东权利，切实履行承诺或者相关约定。

第六十六条 收购人聘请的财务顾问就本次收购出具的财务顾问报告，应当对以下事项进行说明和分析，并逐项发表明确意见：

（一）收购人编制的上市公司收购报告书或者要约收购报告书所披露的内容是否真实、准确、完整；

（二）本次收购的目的；

（三）收购人是否提供所有必备证明文件，根据对收购人及其控股股东、实际控制人的实力、从事的主要业务、持续经营状况、财务状况和诚信情况的核查，说明收购人是否具备主体资格，是否具备收购的经济实力，是否具备规范运作上市公司的管理能力，是否需要承担其他附加义务及是否具备履行相关义务的能力，是否存在不良诚信记录；

（四）对收购人进行证券市场规范化运作辅导的情况，其董事、监事和高级管理人员是否已经熟悉有关法律、行政法规和中国证监会的规定，充分了解应承担的义务和责任，督促其依法履行报告、公告和其他法定义务的情况；

（五）收购人的股权控制结构及其控股股东、实际控制人支配收购人的方式；

（六）收购人的收购资金来源及其合法性，是否存在利用本次收购的股份向银行等金融机构质押取得融资的情形；

（七）涉及收购人以证券支付收购价款的，应当说明有关该证券发行人的信息披露是否真实、准确、完整以及该证券交易的便捷性等情况；

（八）收购人是否已经履行了必要的授权和批准程序；

（九）是否已对收购过渡期间保持上市公司稳定经营作出安排，该安排是否符合有关规定；

（十）对收购人提出的后续计划进行分析，收购人所从事的业务与上市公司从事的业务存在同业竞争、关联交易的，对收购人解决与上市公司同业竞争等利益冲突及保持上市公司经营独立性的方案进行分析，说明本次收购对上市公司经营独立性和持续发展可能产生的影响；

（十一）在收购标的上是否设定其他权利，是否在收购价款之外还作出其他补偿安排；

（十二）收购人及其关联方与被收购公司之间是否存在业务往来，收购人与被收购公司的董事、监事、高级管理人员是否就其未来任职安排达成某种协议或者默契；

（十三）上市公司原控股股东、实际控制人及其关联方是否存在未清偿对公司的负债、未解除公司为其负债提供的担保或者损害公司利益的其他情形；存在该等情形的，是否已提出切实可行的解决方案；

（十四）涉及收购人拟免于发出要约的，应当说明本次收购是否属于本办法第六章规定的情形，收购人是否作出承诺及是否具备履行相关承诺的实力。

第六十七条 上市公司董事会或者独立董事聘请的独立财务顾问，不得同时担任收购人的财务顾问或者与收购人的财务顾问存在关联关系。独立财务顾问应当根据委托进行尽职调查，对本次收购的公正性和合法性发表专业意见。独立财务顾问报告应当对以下问题进行说明和分析，发表明确意见：

（一）收购人是否具备主体资格；

（二）收购人的实力及本次收购对被收购公司经营独立性和持续发展可能产生的影响分析；

（三）收购人是否存在利用被收购公司的资产或者由被收购公司为本次收购提供财务资助的情形；

（四）涉及要约收购的，分析被收购公司的财务状况，说明收购价格是否充分反映被收购公司价值，收购要约是否公平、合理，对被收购公司社会公众股股东接受要约提出的建议；

（五）涉及收购人以证券支付收购价款的，还应当根据该证券发行人的资产、业务和盈利预测，对相关证券进行估值分析，就收购条件对被收购公司的社会公众股股东是否公平合理、是否接受收购人提出的收购条件提出专业意见；

（六）涉及管理层收购的，应当对上市公司进行估值分析，就本次收购的定价依据、支付方式、收购资金来源、融资安排、还款计划及其可行性、上市公司内部控制制度的执行情况及其有效性、上述人员及其直系亲属在最近24个月内与上市公司业务往来情况以及收购报告书披露的其他内容等进行全面核查，发表明确意见。

第六十八条 财务顾问应当在财务顾问报告中作出以下承诺：

（一）已按照规定履行尽职调查义务，有充分理由确信所发表的专业意见与收购人公告文件的内容不存在实质性差异；

（二）已对收购人公告文件进行核查，确信公告文件的内容与格式符合规定；

（三）有充分理由确信本次收购符合法律、行政法规和中国证监会的规定，有充分理由确信收购人披露的信息真实、准确、完整，不存在虚假记载、误导性陈述和重大遗漏；

（四）就本次收购所出具的专业意见已提交其内核机构审查，并获得通过；

（五）在担任财务顾问期间，已采取严格的保密措施，严格执行内部防火墙制度；

（六）与收购人已订立持续督导协议。

第六十九条 财务顾问在收购过程中和持续督导期间，应当关注被收购公司是否存在为收购人及其关联方提供担保或者借款等损害上市公司利益的情形，发现有违法或者不当行为的，应当及时向中国证监会、派出机构和证券交易所报告。

第七十条 财务顾问为履行职责，可以聘请其他专业机构协助其对收购人进行核查，但应当对收购人提供的资料和披露的信息进行独立判断。

第七十一条 自收购人公告上市公司收购报告书至收购完成后 12 个月内，财务顾问应当通过日常沟通、定期回访等方式，关注上市公司的经营情况，结合被收购公司定期报告和临时公告的披露事宜，对收购人及被收购公司履行持续督导职责：

（一）督促收购人及时办理股权过户手续，并依法履行报告和公告义务；

（二）督促和检查收购人及被收购公司依法规范运作；

（三）督促和检查收购人履行公开承诺的情况；

（四）结合被收购公司定期报告，核查收购人落实后续计划的情况，是否达到预期目标，实施效果是否与此前的披露内容存在较大差异，是否实现相关盈利预测或者管理层预计达到的目标；

（五）涉及管理层收购的，核查被收购公司定期报告中披露的相关还款计划的落实情况与事实是否一致；

（六）督促和检查履行收购中约定的其他义务的情况。

在持续督导期间，财务顾问应当结合上市公司披露的季度报告、半年度报告和年度报告出具持续督导意见，并在前述定期报告披露后的 15 日内向派出机构报告。

在此期间，财务顾问发现收购人在上市公司收购报告书中披露的信息与事实不符的，应当督促收购人如实披露相关信息，并及时向中国证监会、派出机构、证券交易所报告。财务顾问解除委托合同的，应当及时向中国证监会、派出机构作出书面报告，说明无法继续履行持续督导职责的理由，并予公告。

第八章 持续监管

第七十二条 在上市公司收购行为完成后 12 个月内，收购人聘请的财务顾问应当在每季度前 3 日内就上一季度对上市公司影响较大的投资、购买或者出售资产、关联交易、主营业务调整以及董事、监事、高级管理人员的更换、职工安置、收购人履行承诺等情况向派出机构报告。

收购人注册地与上市公司注册地不同的，还应当将前述情况的报告同时抄报收购人所在地的派出机构。

第七十三条 派出机构根据审慎监管原则，通过与承办上市公司审计业务的会计师事务所谈话、检查财务顾问持续督导责任的落实、定期或者不定期的现场检查等方式，在收购完成后对收购人和上市公司进行监督检查。

派出机构发现实际情况与收购人披露的内容存在重大差异的，对收购人及上市公司予以重点关注，可以责令收购人延长财务顾问的持续督导期，并依法进行查处。

在持续督导期间，财务顾问与收购人解除合同的，收购人应当另行聘请其他财务顾问机构履行持续督导职责。

第七十四条 在上市公司收购中，收购人持有的被收购公司的股份，在收购完成后 18 个月内不得转让。

收购人在被收购公司中拥有权益的股份在同一实际控制人控制的不同主体之间进行转让不受前述 18 个月的限制，但应当遵守本办法第六章的规定。

第九章 监管措施与法律责任

第七十五条 上市公司的收购及相关股份权益变动活动中的信息披露义务人，未按照本办法的规定履行报告、公告以及其他相关义务的，中国证监会责令改正，采取监管谈话、出具警示函、责令暂停或者停止收购等监管措施。在改正前，相关信息披露义务人不得对其持有或者实际支配的股份行使表决权。

第七十六条 上市公司的收购及相关股份权益变动活动中的信息披露义务人在报告、公告等文件中有虚假记载、误导性陈述或者重大遗漏的，中国证监会责令改正，采取监管谈话、出具警示函、责令暂停或者停止收购等监管措施。在改正前，收购人对其持有或者实际支配的股份不得行使表决权。

第七十七条 投资者及其一致行动人取得上市公司控制权而未按照本办法的规定聘请财务顾问，规避法定程序和义务，变相进行上市公司的收购，或者外国投资者规避管辖的，中国证监会责令改正，采取出具警示函、责令暂停或者停止收购等监管措施。在改正前，收购人不得对其持有或者实际支配的股份行使表决权。

第七十八条 收购人未依照本办法的规定履行相关义务、相应程序擅自实施要约收购的，或者不符合本办法规定的免除发出要约情形，拒不履行相关义务、相应程序的，中国证监会责令改正，采取监管谈话、出具警示函、责令暂停或者停止收购等监管措施。在改正前，收购人不得对其持有或者支配的股份行使表决权。

发出收购要约的收购人在收购要约期限届满，不按照约定支付收购价款或者购买预受股份的，自该事实发生之日起3年内不得收购上市公司，中国证监会不受理收购人及其关联方提交的申报文件。

存在前二款规定情形，收购人涉嫌虚假披露、操纵证券市场的，中国证监会对收购人进行立案稽查，依法追究其法律责任；收购人聘请的财务顾问没有充分证据表明其勤勉尽责的，自收购人违规事实发生之日起1年内，中国证监会不受理该财务顾问提交的上市公司并购重组申报文件，情节严重的，依法追究法律责任。

第七十九条 上市公司控股股东和实际控制人在转让其对公司的控制权时，未清偿其对公司的负债，未解除公司为其提供的担保，或者未对其损害公司利益的其他情形作出纠正的，中国证监会责令改正、责令暂停或者停止收购活动。

被收购公司董事会未能依法采取有效措施促使公司控股股东、实际控制人予以纠正，或者在收购完成后未能促使收购人履行承诺、安排或者保证的，中国证监会可以认定相关董事为不适当人选。

第八十条 上市公司董事未履行忠实义务和勤勉义务，利用收购谋取不当利益的，中国证监会采取监管谈话、出具警示函等监管措施，可以认定为不适当人选。

上市公司章程中涉及公司控制权的条款违反法律、行政法规和本办法规定的，中国证监会责令改正。

第八十一条 为上市公司收购出具资产评估报告、审计报告、法律意见书和财务顾问报告的证券服务机构或者证券公司及其专业人员，未依法履行职责的，或者违反中国证监会的有关规定或者行业规范、业务规则的，中国证监会责令改正，采取监管谈话、出具警示函、责令公开说明、责令定期报告等监管措施。

前款规定的证券服务机构及其从业人员被责令改正的,在改正前,不得接受新的上市公司并购重组业务。

第八十二条 中国证监会将上市公司的收购及相关股份权益变动活动中的当事人的违法行为和整改情况记入诚信档案。

违反本办法的规定构成证券违法行为的,依法追究法律责任。

第十章 附则

第八十三条 本办法所称一致行动,是指投资者通过协议、其他安排,与其他投资者共同扩大其所能够支配的一个上市公司股份表决权数量的行为或者事实。

在上市公司的收购及相关股份权益变动活动中有一致行动情形的投资者,互为一致行动人。如无相反证据,投资者有下列情形之一的,为一致行动人:

(一)投资者之间有股权控制关系;

(二)投资者受同一主体控制;

(三)投资者的董事、监事或者高级管理人员中的主要成员,同时在另一个投资者担任董事、监事或者高级管理人员;

(四)投资者参股另一投资者,可以对参股公司的重大决策产生重大影响;

(五)银行以外的其他法人、其他组织和自然人为投资者取得相关股份提供融资安排;

(六)投资者之间存在合伙、合作、联营等其他经济利益关系;

(七)持有投资者30%以上股份的自然人,与投资者持有同一上市公司股份;

(八)在投资者任职的董事、监事及高级管理人员,与投资者持有同一上市公司股份;

(九)持有投资者30%以上股份的自然人和在投资者任职的董事、监事及高级管理人员,其父母、配偶、子女及其配偶、配偶的父母、兄弟姐妹及其配偶、配偶的兄弟姐妹及其配偶等亲属,与投资者持有同一上市公司股份;

(十)在上市公司任职的董事、监事、高级管理人员及其前项所述亲属同时持有本公司股份的,或者与其自己或者其前项所述亲属直接或者间接控制的企业同时持有本公司股份;

(十一)上市公司董事、监事、高级管理人员和员工与其所控制或者委托的法人或者其他组织持有本公司股份;

(十二)投资者之间具有其他关联关系。

一致行动人应当合并计算其所持有的股份。投资者计算其所持有的股份,应当包括登记在其名下的股份,也包括登记在其一致行动人名下的股份。

投资者认为其与他人不应被视为一致行动人的,可以向中国证监会提供相反证据。

第八十四条 有下列情形之一的,为拥有上市公司控制权:

(一)投资者为上市公司持股50%以上的控股股东;

(二)投资者可以实际支配上市公司股份表决权超过30%;

(三)投资者通过实际支配上市公司股份表决权能够决定公司董事会半数以上成员选任;

(四)投资者依其可实际支配的上市公司股份表决权足以对公司股东大会的决议产生重

大影响；

（五）中国证监会认定的其他情形。

第八十五条 信息披露义务人涉及计算其拥有权益比例的，应当将其所持有的上市公司已发行的可转换为公司股票的证券中有权转换部分与其所持有的同一上市公司的股份合并计算，并将其持股比例与合并计算非股权类证券转为股份后的比例相比，以二者中的较高者为准；行权期限届满未行权的，或者行权条件不再具备的，无需合并计算。

前款所述二者中的较高者，应当按下列公式计算：

（一）投资者持有的股份数量/上市公司已发行股份总数

（二）（投资者持有的股份数量+投资者持有的可转换为公司股票的非股权类证券所对应的股份数量）/（上市公司已发行股份总数+上市公司发行的可转换为公司股票的非股权类证券所对应的股份总数）

前款所称"投资者持有的股份数量"包括投资者拥有的普通股数量和优先股恢复的表决权数量，"上市公司已发行股份总数"包括上市公司已发行的普通股总数和优先股恢复的表决权总数。

第八十六条 投资者因行政划转、执行法院裁决、继承、赠与等方式取得上市公司控制权的，应当按照本办法第四章的规定履行报告、公告义务。

第八十七条 权益变动报告书、收购报告书、要约收购报告书、被收购公司董事会报告书等文件的内容与格式，由中国证监会另行制定。

第八十八条 被收购公司在境内、境外同时上市的，收购人除应当遵守本办法及中国证监会的相关规定外，还应当遵守境外上市地的相关规定。

第八十九条 外国投资者收购上市公司及在上市公司中拥有的权益发生变动的，除应当遵守本办法的规定外，还应当遵守外国投资者投资上市公司的相关规定。

第九十条 本办法自2006年9月1日起施行。中国证监会发布的《上市公司收购管理办法》（证监会令第10号）、《上市公司股东持股变动信息披露管理办法》（证监会令第11号）、《关于要约收购涉及的被收购公司股票上市交易条件有关问题的通知》（证监公司字〔2003〕16号）和《关于规范上市公司实际控制权转移行为有关问题的通知》（证监公司字〔2004〕1号）同时废止。

中国证券监督管理委员会发布

5.7 上市公司并购重组相关案例

5.7.1 科创板首例换股重组——H股份源创

一、科创板重组法规相关要求

《上海证券交易所科创板上市公司重大资产重组审核规则》规定：

第七条 科创公司实施重大资产重组或者发行股份购买资产的，标的资产应当符合科创板定位，所属行业应当与科创公司处于同行业或者上下游，且与科创公司主营业务具有协同效应。

第十条 科创公司实施重组上市的，标的资产对应的经营实体应当是符合《科创板首次公开发行股票注册管理办法（试行）》规定的相应发行条件的股份有限公司或者有限责任公司，并符合下列条件之一：

（1）最近两年净利润均为正且累计不低于人民币5000万元；

（2）最近一年营业收入不低于人民币3亿元，且最近3年经营活动产生的现金流量净额累计不低于人民币1亿元。

前款所称净利润以扣除非经常性损益前后的孰低者为准，所称净利润、营业收入、经营活动产生的现金流量净额均指经审计的数值。

第二十一条 科创公司应当充分披露标的资产是否符合科创板定位，与科创公司主营业务是否具有协同效应。

前款所称协同效应，是指科创公司因本次交易而产生的超出单项资产收益的超额利益，包括下列一项或者多项情形：

（1）增加定价权；

（2）降低成本；

（3）获取主营业务所需的关键技术、研发人员；

（4）加速产品迭代；

（5）产品或者服务能够进入新的市场；

（6）获得税收优惠；

（7）其他有利于主营业务发展的积极影响。

《科创板上市公司重大资产重组特别规定》的相关规定：

第四条 科创公司实施重大资产重组，按照《重组办法》第十二条予以认定，但其中营业收入指标执行下列标准：购买、出售的资产在最近一个会计年度所产生的营业收入占科创公司同期经审计的合并财务会计报告营业收入的比例达到50%以上，且超过5000万元人民币。

第六条 科创公司发行股份的价格不得低于市场参考价的80%。市场参考价为本次发行股份购买资产的董事会决议公告日前20个交易日、60个交易日或者120个交易日的公司股票交易均价之一。

二、方案概述

H股份，科创板挂牌上市之后很快就启动了换股重组，且是科创板换股重组第一单。重组受理2020年3月27日，问询2020年4月10日，审核中心意见2020年5月25日，注册批复2020年6月14日。

本次交易的标的资产为A股份公司100%股权，交易价格为104,000万元，其中以发行股份的方式支付交易对价的70%，即72,800万元，以现金方式支付交易对价的30%，即31,200万元。本次发行股份购买资产的发股价格不低于定价基准日前20个交易日股票均价的80%，募集配套资金总额不超过53,200万元，不超过本次交易中以发行股份方式购买资产的交易价格的100%。

交易对方之一就所持不同期限的标的公司的股份锁定期做了划分安排——陆国初锁定期

承诺：本人承诺，就本人所持A股份公司已实缴40万元注册资本对应取得的HX源创的新增股份自该等新增股份发行结束之日起12个月内不得进行转让、质押或以任何其他方式处分；本人承诺，若本人取得本次发行新增股份的时间晚于2020年11月20日，就本人所持欧立通已实缴660万元注册资本对应取得的HX源创的新增股份自该等新增股份发行结束之日起12个月内不得进行转让、质押或以任何其他方式处分；若本人取得本次发行新增股份的时间早于2020年11月20日，就本人所持欧立通已实缴660万元注册资本对应取得的HX源创的新增股份自该等新增股份发行结束之日起36个月内不得进行转让、质押或以任何其他方式处分。

三、协同效应审核关注点

重组报告书披露，公司与标的公司同属智能装备行业，交易完成后，双方能够在采购渠道、技术开发、客户资源等各方面产生协同效应。此外，标的公司与主要客户就标的公司接触到与主要客户相关的机密信息签署了保密协议，该协议禁止标的公司将上述机密信息泄露给除获得授权之外的任何第三方。

请公司披露：

（1）结合公司与标的公司原材料采购及供应商的异同，分析交易完成后拟采取的具体降低成本实施路径及可行性；

（2）结合公司与标的公司各自的技术领域、技术优势，分析双方技术融合、共同开发的具体场景及可行性；

（3）结合终端客户的供应商认证要求、直接供应商选择，分析公司通过本次交易提高市场占有率的可行性；

（4）结合标的公司主要终端客户与公司是否重合及重合程度，分析本次交易能否帮助上市公司拓展客户；是否会导致上市公司业务集中度进一步提高，受终端客户经营情况影响增大的风险；

（5）标的公司未与其核心人员签订长期劳动合同及保密协议和竞业限制协议的原因；标的公司为保持核心技术人员稳定性所采取的有效措施；

（6）上述主要客户相关的机密信息涉及哪些方面，本次交易完成后，上市公司可否掌握上述机密信息；如否，上市公司能否对标的公司形成有效管控；

（7）如本次交易完成后标的公司参照上市公司执行新收入准则，因会计政策变化对其财务数据产生的具体影响，请会计师核查并发表明确意见。

5.7.2　创业板首例注册制重组——C股份科技

一、创业板重组法规相关要求

《深圳证券交易所创业板上市公司重大资产重组审核规则》的相关规定：

第七条　上市公司实施重大资产重组或者发行股份购买资产的，标的资产所属行业应当符合创业板定位，或者与上市公司处于同行业或者上下游。

第十条　上市公司实施重组上市的，标的资产应当属于符合国家战略的高新技术产业和战略性新兴产业资产，对应的经营实体应当是符合《创业板首次公开发行股票注册管理办法

（试行）》规定的相应发行条件的股份有限公司或者有限责任公司，并符合下列条件之一：

（一）最近两年净利润均为正，且累计净利润不低于人民币5000万元；

（二）最近一年净利润为正且营业收入不低于人民币1亿元；

（三）最近一年营业收入不低于人民币3亿元，且最近三年经营活动产生的现金流量净额累计不低于人民币1亿元。

本章所称净利润以扣除非经常性损益前后的孰低者为准，所称净利润、营业收入、经营活动产生的现金流量净额均指经审计的数值；如标的资产涉及编制合并财务报表的，净利润为合并利润表列报的归属于母公司所有者的净利润，不包括少数股东损益。

第二十一条 上市公司应当充分披露标的资产所属行业是否符合创业板定位或者与上市公司处于同行业或者上下游，与上市公司主营业务是否具有协同效应。

如具有协同效应的，应当充分说明并披露对未来上市公司业绩的影响，交易定价中是否考虑了上述协同效应；如不具有显著协同效应的，应当充分说明并披露本次交易后的经营发展战略和业务管理模式，以及业务转型升级可能面临的风险和应对措施。

前述协同效应，是指上市公司因本次交易而产生的超出单项资产收益的超额利益，包括下列一项或者多项情形：

（一）增加定价权；

（二）降低成本；

（三）获取主营业务所需的关键技术、研发人员；

（四）加速产品迭代；

（五）产品或者服务能够进入新的市场；

（六）获得税收优惠；

（七）其他有利于主营业务发展的积极影响。

二、方案概述

C科技股份有限公司，创业板注册制过会第一单。重组受理2020年7月9日，问询2020年7月23日，审核中心意见2020年9月10日，注册批复2020年10月9日。

本次交易中，上市公司拟以发行股份、可转换公司债券及支付现金相结合的方式，购买楚天投资、澎湃投资合计持有的楚天资管89.00万元注册资本的股权。标的公司楚天资管及其子公司楚天欧洲系为实施收购Romaco公司所设立的特殊目的公司，无实际经营业务。

楚天资管股东间接持有楚天欧洲的股权对应评估价值的计算公式为：

楚天资管各股东间接持有楚天欧洲的股权对应评估价值=（楚天欧洲股东全部权益价值12,114.55万欧元+楚天投资承担还款义务的并购贷款、利息及保函费金额2,977.49万欧元）×楚天资管各股东间接持有楚天欧洲的股权比例-各方按协议应缴未缴投资额

由于楚天资管亦系为实施收购Romaco公司所设立的特殊目的公司，无实际经营业务，主要资产为持有楚天欧洲97.37%的股权，因此对于楚天资管股东全部权益价值采用资产基础法进行评估。

楚天资管股东全部权益价值计算公式：

楚天资管股东全部权益价值=楚天欧洲97.37%股权对应评估价值（楚天资管所有股东

间接持有楚天欧洲的股权对应评估价值 91,579.11 万元人民币）+（楚天资管除长期股权投资外的资产评估值－负债总额评估值）

三、审核中心关注

请上市公司补充披露前次交易后 Romaco 与上市公司主营业务协同效应的具体体现，Romaco 借助上市公司资源开展业务但交易作价中未剔除上述影响的合理性，并结合 Romaco 报告期内及未来业务拓展对上市公司资源的依赖情况、本次交易业绩承诺总额占本次交易作价的比例、交易完成后上市公司承继楚天欧洲并购贷款的合理性等，进一步披露本次交易作价的合理性，是否有利于保护中小股东和上市公司利益。

回复：双方之间的交流及资源借助是互惠互利的，不存在一方单纯依赖另一方的情形，同时由于 Romaco 公司在开展业务具有独立自主性，在开拓新客户方面，除了 CT 科技的推荐，主要还是依靠自己独立的品牌、技术、服务等获得客户的认可，相关市场推广及宣传等费用的支出仍有 Romaco 公司承担，故 CT 科技给 Romaco 推荐客户无法量化计算其影响。而双方互相借助研发及技术交流资源、管理制度及理念的互相借助更难以得到具体的量化计算。同时，本次评估的未来收入预测中，并未考虑协同效应的影响。因此，Romaco 公司借助上市公司资源开展业务但交易作价中未剔除上述影响具有合理性。

5.7.3 H 家电新发 H 股及其香港子公司现金对价私有化港股子公司

一、方案概述

H 家电作为要约人请求 S 电器董事会在先决条件达成后，向计划股东提出私有化 S 电器的方案，该方案将根据百慕大公司法第 99 条以协议安排的方式实行，计划股东将获得 H 家电新发行的 H 股股份作为私有化对价，换股比例为 1：1.60，即每 1 股计划股份可以获得 1.60 股 H 家电新发行的 H 股股份，同时作为私有化方案的一部分，协议安排计划生效之日起七个工作日内，S 电器将向计划股东以现金方式按照 1.95 港元／股支付现金付款。协议安排生效后，①S 电器将成为 H 家电全资子公司（假设 EB 转 CB 方案生效），并从香港联交所退市；②H 家电将通过介绍方式在香港联交所主板上市并挂牌交易；③计划股东将成为 H 家电 H 股股东。

协议安排具体将通过如下步骤实现：①所有计划股份将被注销；②就每 1 股被注销的计划股份，将获得 1.60 股 H 家电新发行的 H 股股份及 1.95 港元／股 S 电器支付的现金付款；③S 电器已发行股本将通过注销计划股份的方式予以削减，并在削减后通过向 H 家电发行与注销计划股份相同数目的新股份，使得 S 电器的已发行股本金额与交易前保持一致；④在该计划生效后，从 S 电器的股本溢价及其他储备科目中减少相当于注销计划股份的现金付款的金额（将构成百慕大公司法下对 S 电器已发行股本的削减）。

私有化协议安排提议将以 H 家电以介绍方式在香港联交所主板上市方案通过为先决条件，同时，H 家电以介绍方式在香港联交所主板上市以私有化协议安排方案通过为先决条件。

本次交易的换股比例和现金付款基于公平合理的商业原则确定，已综合考虑了如下因素：

（1）对计划股东而言，在私有化方案下每股计划股份可获得的H家电H股股份及现金付款的理论总价值具有吸引力；

（2）H家电与S电器的历史业务及财务表现；

（3）当前及过往期间H家电与S电器的股价水平及相关全球可比公司的估值水平；

（4）交易完成后上市公司的业务发展潜力，以及介绍上市与私有化方案给H家电和S电器双方股东带来的潜在利益；

（5）方案的核心组成部分，包括：H家电新发行的H股将作为私有化的对价，S电器将成为H家电全资子公司（假设EB转CB方案生效）。计划股东将成为H家电H股股东，从而以间接方式继续享有S电器的业绩表现；

（6）现金付款将为计划股东提供一定的流动性，同时交易完成后的H家电仍可保留充分的资金以支持未来的业务运营与发展。

本次交易中，H股价格及S电器股票价格未考虑现金付款的影响，是否考虑现金付款对于本次交易中计划股东获得的溢价率无实质性影响，原因如下：目前计划股东获得的溢价率中包含了现金付款对理论总价值的提升；反之，如H股价格及计划股份价格剔除现金付款，则在计算溢价率时不应再考虑现金付款对理论总价值的提升。

二、开创私有化新模式

（1）最大规模：本次交易是今年最大规模中资企业港股私有化交易，也是家电行业史上最大的港股私有化交易。

（2）全新模式：本次交易是史上第一单A股上市公司以新发行H股作为对价私有化香港上市公司并同步实现H股上市的交易，创造性地开辟了A股上市公司整合香港上市公司的全新模式，通过多步合一实现了香港上市平台的无缝转换和衔接，交易完成后，H家电一举成为全球首家上海、香港、法兰克福三地同时挂牌的上市公司。

（3）高效执行：本次交易涉及港股私有化、H股介绍上市和A股重大资产重组三种交易类型的同步操作和衔接，且须同时满足沪、港、德三地监管要求并协调三地信息披露，交易在公告正式方案后以理论最快速度完成，实现了大型复杂交易执行精度与执行效率的完美融合和兼顾。

（4）优质交易方案配合深度价值挖掘：本次交易双方均为上市公司，需要两边股东大会非关联股东的表决通过，方案设计很好地兼顾了双方股东的利益；同时深度挖掘交易后H家电投资价值和协同效应，充分进行股东沟通，双方股东大会均以超过99%的赞成率通过本次交易。

5.7.4 创业板借壳第一单——A股份

一、方案概述

1. 重大资产置换

公司将其依法持有的全部资产、负债及业务作为拟置出资产，与交易对方持有的金云科技100%股权中的等值部分进行资产置换，拟置出资产先由交易对方指定的主体承接，并最终由爱数特指定的主体承接。

经交易各方友好协商，以拟置出资产评估值为基础，本次交易的拟置出资产的交易价格为54,600.00万元。

选用收益法评估结果作为最终评估结论，本次交易标的公司的评估值为255,866.34万元。经交易各方友好协商，以标的公司评估值为基础，本次交易的标的资产的交易价格为254,600.00万元。

2. 股份转让

上市公司控股股东爱数特向德同（上海）转让12,268,800股A股份股票，占本次交易前上市公司总股本的8.52%。股份转让价格为9.30元/股，交易对价合计为11,409.98万元。

股份受让方德同（上海）、交易对方新余德坤均为公司股东DTCTP的关联方。

3. 发行股份及支付现金购买资产

A股份拟以向特定对象发行股份、支付现金的方式向交易对方支付拟置入资产与拟置出资产的差额部分。本次交易中，拟置出资产最终作价为54,600.00万元，标的公司最终作价为254,600.00万元，上述差额200,000万元由A股份以发行股份及支付现金的方式向交易对方购买，其中股份对价和现金对价的比例各为50%。

本次发行股份购买资产的股份发行价格为9.30元/股，不低于定价基准日前20个交易日上市公司股票交易均价的90%。

4. 募集配套资金

上市公司拟向不超过35名特定投资者发行股份募集配套资金，募集配套资金总额不超过10亿元，不超过本次拟发行股份方式购买资产交易价格的100%。公司本次向特定对象发行股票的定价基准日为发行期首日。

5. 业绩承诺

业绩承诺期为2021年度、2022年度和2023年度，交易对方承诺金云科技各年扣非前后孰低的归母净利润分别不低于11,000万元、16,000万元、28,000万元。

6. 本次交易构成重组上市

本次交易前后，上市公司实际控制人发生变更。拟购买标的公司的资产总额、资产净额、营业收入指标均超过上市公司对应指标的100%，本次交易将导致上市公司主营业务发生根本变化。

二、2019年重组办法修订——推进创业板重组上市改革

考虑创业板市场定位和防范二级市场炒作等因素，2013年11月，发布《关于在借壳上市审核中严格执行首次公开发行股票上市标准的通知》，禁止创业板公司实施重组上市。前述要求后被《重组办法》吸收并沿用至今。经过多年发展，创业板公司情况发生了分化，市场各方不断提出允许创业板公司重组上市的意见建议。经研究，为支持深圳建设中国特色社会主义先行示范区，服务科技创新企业发展，本次修改允许符合国家战略的高新技术产业和战略性新兴产业相关资产在创业板重组上市，其他资产不得在创业板重组上市。相关资产应符合《重组办法》规定的重组上市一般条件以及《首次公开发行股票并在创业板上市管理办法》规定的发行条件。

三、2019年重组办法修订——恢复重组上市配套融资

为抑制投机和滥用融资便利，2016年《重组办法》取消了重组上市的配套融资。为多渠道支持上市公司和置入资产改善现金流、发挥协同效应，重点引导社会资金向具有自主创新能力的高科技企业集聚，本次修改结合当前市场环境，以及融资、减持监管体系日益完善的情况，取消前述限制。

四、交易所问询关注金云科技的核心竞争力

草案、预案及其回复显示，金云科技主营互联网数据中心业务，可为客户提供机柜租用、运维服务及互联网接入服务。2018年9月金云科技购买中兴通讯股份有限公司及其关联方的7个数据中心资产并承接中兴通讯与客户的相关业务合同，上述数据中心为金云科技目前的主要经营资产。金云科技于2019年3月以2元收购的全资子公司广东奇智网络科技有限公司于2018年11月29日取得《广东省发展改革委关于广东奇智谢岗工业云数据产业基地项目节能报告的审查意见》，广东奇智为金云科技在建东莞谢岗数据中心项目的实施主体。请补充披露：

（1）结合数据中心行业发展趋势、金云科技主要数据中心资产取得来源、运营模式、核心技术、与同行业可比上市公司对比分析详细论述金云科技的核心竞争力。

（2）结合金云科技数据中心项目相关批文的取得主体、时间等具体情况，说明金云科技自身是否具备获取数据中心项目实施许可的能力，主营业务是否依赖外部收购，是否具有直接面向市场独立持续经营能力。

（3）结合广东奇智取得数据中心项目实施许可批文的成本、该项核心资产的市场价格、同行业收购案例等详细说明金云科技收购广东奇智的交易价格是否公允、合理，是否存在其他协议安排，原股东出售广东奇智的具体原因及合理性。

（4）收购广东奇智后，广东奇智原实际控制人陈志中担任执行董事、经理的广东奇创网络科技有限公司在2019年、2020年1—6月均为金云科技第一大供应商，采购占比分别为60.03%、53.10%。请补充披露报告期内金云科技从广东奇创采购的金额，签订合同的时间及具体内容，结合采购内容、数量、金额、供应商专业性说明向广东奇创采购的必要性、交易定价的公允性，是否通过关联采购进行利益补偿。

（5）结合金云科技是否具有内生、稳定、完整、独立的主营业务、持续经营能力和业务开拓能力，是否不存在严重影响独立性或者显失公平的关联交易等补充说明本次交易是否有利于提高上市公司质量、增强上市公司持续盈利能力，本次交易是否满足《创业板首次公开发行股票注册管理办法（试行）》规定的发行条件，是否符合《上市公司重大资产重组管理办法》第十三条、第四十三条的规定。

第6章
多层次资本市场

多层次资本市场体系建设是我国资本市场改革与发展的需要,也是完善金融市场体系的重要内容。多层次资本市场是指为满足质量、规模、风险程度不同的企业的融资需求,设置不同的上市标准,有着不同的监管要求而建立起来的分层次市场,通常分为主板市场、创业板市场、三板市场、四板市场等。本章节从我国资本市场体系的现状出发,介绍各个板块相关法规以及世界发达国家较为完善的资本市场体系的建设经验。

6.1 概述

6.1.1 关于多层次资本市场界定

资本市场,广义上是指期限在一年以上的各种资金借贷和证券交易的场所,资本市场的交易对象是一年以上的长期证券。在长期的金融活动中,涉及资金期限长、风险大,具有长期较稳定收入,类似于资本投入,故称之为资本市场。狭义的资本市场通常是指证券市场,包括股票市场和债券市场。多层次资本市场是指为满足质量、规模、风险程度不同的企业的融资需求,设置不同的上市标准,有着不同的监管要求而建立起来的分层次市场。在我国,多层次资本市场应该怎么界定,包含哪些范围,学术界有广泛的探讨,但没有权威、规范和严格的界定。

本书对多层次资本市场作出如下界定:我国多层次资本市场包括以上海证券交易所、深圳证券交易所、北京证券交易所为代表的高级交易所市场(Senior Stock Exchange),以全国中小企业股份转让系统(以下简称新三板)为代表的初级交易所市场(Junior Stock Exchange)和以区域性股权交易所(中心)为代表的场外交易市场。

6.1.2 多层次资本市场的理论基础

关于多层次资本市场的理论,主要包括:企业成长周期理论、投资者风险偏好理论、金融分工理论以及提升国际竞争力理论。

1. 企业成长周期理论

二十世纪七八十年代,企业的生命周期相关的研究开始兴起,理论界的主要代表人物有刘易斯、邱吉尔等人。邱吉尔和刘易斯从企业规模和管理因素两个维度描述了企业发展各个阶段特征,并由此提出了企业成长的生命周期。按照他们的划分,企业成长周期分为创立期、生存期、发展期和成熟期,这便是企业生命周期理论的开始。此后,学者们对企业生命周期理论进行深入研究并不断使之完善。总的来说,企业生命周期理论认为,企业的发展可以分为初创期、成长期、成熟期、衰退期或重组期。企业在初创期,通常都会有比较不错的产品,而效益方面,常常是处于亏损状态。经过一段时期的培育后,企业销售规模不断增长，盈利逐渐扭亏为盈，进入了成长期。在成长期，企业不断发展壮大，收入、利润、规模、员工等指标进入了快速提升阶段。而到了成熟期，企业的销售收入、利润、规模等都处于较高水平，但成长缓慢。成熟期维持一段时间后，随着竞争者不断加入，竞争越来越大，企业的销售规模和利润难以维持在较高的水平，逐步出现下降的趋势，这时候企业已进入衰退期，衰退期后，企业要么慢慢衰亡而退出市场，要么被并购或进行重组。

企业生命周期各阶段具有不同的融资需求和特点。初创期企业的融资需求：企业在初创期面临很高的经营风险，在产品开发、销售额、销售利润等方面均具有很大的不确定性。初创期企业的融资特点是：一方面，银行等金融机构对其贷款的成本和风险远远高于其对大型企业，银行往往要求此时的企业支付较高的利息，还本付息将成为企业沉重的压力和财务风险。另一方面，企业寻求银行的融资支持，往往需要提供抵押物，而此时的企业由于规模小、自身实力弱、抵押物少、资信不高等原因，难以获得银行贷款。所以本阶段的企业应该采取权益性融资方式，以求得企业的可持续发展。这一阶段企业的主要融资来源是创业者自有资金、政府资助和风险投资等。企业进入成长期，由于规模迅速扩大，资金需求猛增。同时随着企业规模的扩大，企业有了一些固定资产，可用于抵押的资产相应增加，也有一些信用记录和财务基础，此时，企业可以适度进行银行贷款融资，引入风险投资也较为便利。但此时企业进入资本市场还有较远的距离，融资难问题并未真正解决。渡过成长期，进入成熟期后，企业有了较大的规模，销售收入和利润也迅速增加，可供抵押的固定资产较多，有较完善的财务基础，信息透明度也较高，此时，企业得到融资的机会较多。可供选择的融资渠道有银行贷款、债券融资、上市融资等。此时，多数企业纷纷选择进入资本市场，通过发行股票或公司债券的形式融资，企业融资难问题得到了很大的改善。企业进入衰退期后，产品市场占有率逐渐减小，销售逐步萎缩，利润不断下降，此时企业的资金需求主要通过自我积累的方式解决。此外，企业也可以通过资产清算变现等方式筹集资金维持正常运转或进入新领域。

企业在生命周期里的不同阶段有着不同的自身特征和融资需求，而往往存在着越是需要资金支持的阶段却越难以得到资金支持，中小企业融资难问题突出。其重要原因是传统的资本市场通常只有主板市场，主板市场有着很高的上市标准和进入门槛，中小企业远不能达到要求，难以得到资本市场的资金支持。多层次资本市场体系可根据企业在不同的生命周期所呈现出的融资特点，设置不同的上市标准，为不同企业，特别是为中小企业提供上市融资支持，使企业通过资本市场迅速发展壮大，促进经济发展和效率提升。为满足不同企业在生命周期里的不同阶段有着不同的融资需求而设立差异化的分市场，是多层次资本市场存在的重要理论基础。

2. 投资者风险偏好理论

风险被定义为发生损失的可能性或者是不确定性状态，发生损失的可能性或者不确定性越大，资产的风险程度就越高。资本可以带来效用，风险又可能导致损失，投资者需要权衡二者的关系，进行风险管理，由此产生了投资者的风险偏好。所谓的风险偏好是面对风险的态度，或者是在不确定条件下个人的行为表现就是不同投资者的风险偏好。在金融理论里，常用马克维茨的均值方差模型来衡量风险程度和预期效用理论来分析人们的效用偏好及其投资行为。

根据预期效用理论可以分析投资者的满足程度，在期望收益相同时，风险越大，期望效用就越低。人们面对风险大体上可分为三种态度：追逐风险、不关心风险、厌恶风险，据此可以把风险投资者分为：风险偏好型、风险中立型、风险厌恶型。

金融市场上有各种各样的投资品，分布于高风险高收益到低风险低收益之间，资本市场亦然。资本市场上的上市公司，由于成长阶段或者行业不同，企业各自状况也不相同，导致了各个上市公司的股票表现出不同的风险收益特征。如处于成熟期的大型蓝筹股表现为较高的收益和较稳定的风险，但成长性相对较差；处于成长期的中小企业股表现为高收益和高成长性，但同时也存在很大的风险。投资者风险偏好理论认为，从投资者的角度出发，应针对投资者不同的风险偏好，根据上市公司的规模和成长性等指标，资本市场应进行多层次化设置。通常需要将资本市场分为主板市场、二板市场（中小企业板或创业板市场）、三板市场、柜台市场等，每个层次市场的上市公司股票存在大体相似的风险收益特征，这样便于不同类型的投资者根据自身的风险偏好选择投资于不同层次市场的股票，有利于投资者的风险控制，同时，也有利于上市公司的融资行为。根据风险偏好的投资理论，养老基金、保守的投资者等机构和个人可投资于主板市场，激进的投资者可投资于二板市场、三板市场或者更低层次的市场，投资者和融资者在不同层次的市场达成均衡，形成高效合理的资本市场体系。这便是多层次资本市场的又一重要理论基础。

3. 金融分工理论

金融分工理论认为，在金融领域，对于由金融中介和金融市场所组成的金融系统而言，所提供的不同风险分担机制，可以作为金融分工的依据。金融体系的存在，起到了风险分担的作用。通过金融体系，可以将风险在不同主体之间进行转移分散，也可以在不同时期进行分配，达到风险收益的合理优化配置。一般而言，由银行中介和资本市场组成的金融系统中，风险分担功能的充分发挥，可以使风险在经济体系中合理分配，从而提高经济运行的效率和金融体系的配置效率及稳定性。就资本市场的地位而言，相对于银行体系，资本市场在支持技术创新和新产业发展等方面存在着独特的优势，可以发挥更好的作用。这是因为投资者可根据自己的风险偏好选择对新项目进行份额较小的投资，充分利用资本市场的横向风险分担机制，分散较高的投资风险。该理论认为，通过资本市场和银行体系的合理分工，特别是通过在资本市场内进行分工，设立二板市场、三板市场，这样有利于支持新经济、新产业的发展，为经济和产业的持续发展提供融资支持。

就我国而言，由于资本市场发展相对滞后，除主板外，中小板、创业板尚处于探索阶段，而三板市场更是停滞不前，场外交易市场和区域性交易市场缺失。因此，金融分工理论认为，我国多层次资本市场建设就是要将资本市场体系进一步进行层次化，明确主板、中小板、创业板和其他层次市场的上市标准及制度安排，进一步细化不同层次市场之间的分工，最大限度地推动符合条件的中小企业能够通过资本市场融资，构成分工合理，层次分明的整体。

4. 提升国际竞争力理论

聚集资本和融通资金是资本市场最重要的功能，也就是说，除了为企业提供融资支持外，资本市场存在的另一重要作用是为资本提供投资增值的机会。传统上，各国设立多层次资本市场的目的是为了解决本国中小企业和创新科技企业的融资问题，促进新经济、新产业的发展，从而推动技术创新和经济发展。随着国际经济一体化和金融市场全球化趋势的不断增强，包括金融资源在内的各种资源在全球范围内流动配置，各种跨国金融活动更加活跃，资本市场已突破了只为本国企业服务的定位。此外，经过多年的发展，各国优秀的公司不断走向资本市场，国内好的上市项目越来越少，各国纷纷把目光转向国外的优质上市公司。均试图通过资本市场的改革创新，力争取得在经济和金融方面的战略制高点。主要发展方向是建立多层次资本市场，即完善和做大做强主板市场，推动建立创业板，甚至是三板、四板市场，在全球范围内抢占上市项目资源及吸引资本。

当今世界各国的竞争已经从过去表现为在工业制造领域的竞争过渡到金融领域的竞争，一国金融的实力往往决定了该国的经济实力，甚至是国际竞争力。世界上多个国家资本市场发展的方向或设立的目的不只是支持本国企业的发展，另一重要目标是通过金融市场的改革创新，设立二板、三板等资本市场，在全球范围内争夺上市项目，为本国资本提供出路，并以此来提升本国的金融实力和国际竞争力。因此，我们认为，通过将资本市场进一步多层次化等金融创新活动来提升本国的国际竞争力也已成为多层次资本市场的重要理论基础。

6.1.3 中国建设多层次资本市场的重要性

1. 中国多层次资本市场的建设情况

我国资本市场创立于上世纪90年代初期，是以沪深交易所的成立为标志。1990年11月26日上海证券交易所正式成立，并于同年12月19日正式开业，深圳证券交易所于同年12月1日开业。

中国多层次资本市场架构如图6-1所示。经过30多年的发展壮大，我国已经初步建立起了由沪深主板、科创板、创业板、北交所、新三板和区域性股权交易市场共同组成的中国多层次资本市场体系。

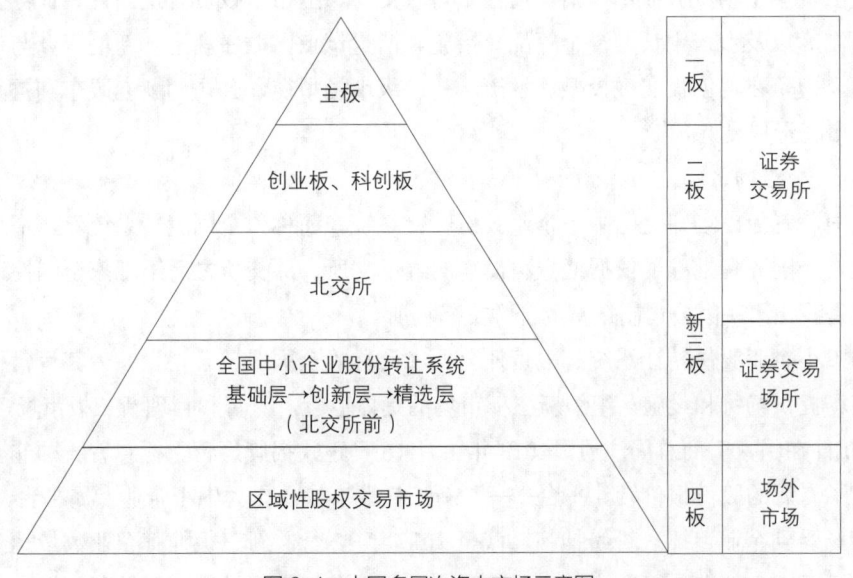

图 6-1 中国多层次资本市场示意图

多层次资本市场体系,具体来说,包括以下四个方面。

(1)主板市场。

主板市场也称一板市场,指传统意义上的证券市场(通常指股票市场),是一个国家或地区证券发行、上市及交易的主要场所。

主板市场对发行人的营业期限、股本大小、盈利水平、最低市值等方面的要求标准较高,上市企业多为大型成熟企业,具有较大的资本规模以及稳定的盈利能力。

2004年,经国务院批准,中国证监会批复同意深圳证券交易所在主板市场内设立中小企业板块,从资本市场架构上也属于一板市场。

中国内地主板市场的公司在上海证券交易所和深圳证券交易所两个市场上市。主板市场是资本市场中最重要的组成部分,很大程度上能够反映经济发展情况,有"国民经济晴雨表"之称。

(2)二板市场。

创业板和科创板是对主板和中小板市场的重要补充,俗称"二板市场",对标几十年来成长光速的美国纳斯达克市场。

作为二板市场的"前浪",创业板成立于2009年,创业板是深交所专属板块。创业板与主板市场相比,新兴产业、高新技术企业占比高,上市要求往往更加宽松,主要体现在成立时间、资本规模、中长期业绩等的要求上。创业板市场最大的特点就是低门槛进入,严要求运作,有助于有潜力的中小企业获得融资机会。创业板市场的功能主要表现在两个方面:一是在风险投资机制中的作用,承担风险资本的退出窗口作用;二是作为资本市场所固有的功能,包括优化资源配置、促进产业升级等作用,对企业来说,除了融通资金外,还有提高企业知名度、分担投资风险、规范企业运作等作用。

科创板是二板市场的"后浪",成立于2019年,科创板是上交所专属板块,发行采用注册制。设立科创板并试点注册制是提升服务科技创新企业能力、增强市场包容性、强化市场功能的一项资本市场重大改革举措。通过发行、交易、退市、投资者适当性、证券公司资本约束等新制度以及引入中长期资金等配套措施,增量试点、循序渐进,新增资金与试点进展同步匹配,力争在科创板实现投融资平衡、一二级市场平衡、公司的新老股东利益平衡,并促进现有市场形成良好预期。

(3)三板市场。

在我国,三板市场即全国中小企业股份转让系统(简称"全国股转系统",俗称"新三板"),是经国务院批准、依据证券法设立的继上交所、深交所之后第三家全国性证券交易场所,也是我国第一家公司制运营的证券交易场所。

全国中小企业股份转让系统有限责任公司(简称"全国股转公司")为其运营机构,为新三板市场提供场所和设施,组织新三板市场的具体运营,监督和管理新三板市场,于2012年9月20日在国家工商总局注册,2013年1月16日正式揭牌运营,标志着我国非上市公众公司拥有了专属的股份报价转让平台——"新三板"市场。作为中小企业专属平台,2014年新三板市场受到企业追捧,纷纷挂牌。截至2017年12月,新三板挂牌企业数量达到近9年来巅峰,增至11630家,超过沪深上市公司总和,融资额迅速攀升。但是新三板在高速发展的同时，也暴露出许多问题，成交额从2017年逐年下降，换手率从2015年逐年下降，到2019年跌到谷底，市场交易惨淡，出现流动性危机，主动摘牌公司不断增加，发展停滞，改革迫在眉睫。

监管层出台了一系列刺激政策改善新三板。2020年7月新三板精选层千呼万唤始出来，并且在精选层落地一年后，2021年11月15日，北京证券交易所（以下简称"北交所"）正式成立，与此同时，将新三板中的精选层移交至北交所，精选层从交易场所的一个市场层级转变为证券交易所，精选层公司从原有的非上市公司一跃成为北交所上市公司，其法律地位大大提升，意义重大。随着改革举措陆续落地，新三板市场定位进一步明晰、市场结构进一步完善、市场功能进一步提升、市场生态进一步优化、市场韧性活力进一步显现。

新三板是一个场外交易平台，主要为创新型、成长型中小微企业发展服务，对挂牌公司的资质要求很低。新三板和主板、二板区别很大，虽然挂牌企业多，但挂牌不意味着企业能成功融资，市场成交额很少，股票流动性也差。新三板投资者准入门槛很高，散户几乎无法参与。

（4）四板市场。

四板市场即区域性股权交易市场，也称区域股权市场，是为特定区域内的企业提供股权、债券的转让和融资服务的私募市场，一般以省级为单位，由省级人民政府监管。对于促进企业特别是中小微企业股权交易和融资，鼓励科技创新和激活民间资本，加强对实体经济薄弱环节的支持，具有积极作用。

目前，全国建成并初具规模的区域股权市场有青海股权交易中心、天津股权交易所、齐鲁股权托管交易中心、上海股权托管交易中心、武汉股权托管交易中心、重庆股份转让系统等十几家股权交易市场。

多层次资本市场是对现代资本市场复杂形态的一种表述，是资本市场有机联系的各要素总和，具有丰富的内涵。从交易场所来看，多层次资本市场可以分为交易所市场和场外市场；根据发行和资金募集方式，可以分为公募市场和私募市场；根据交易品种，可以分为以股票债券为主的基础产品市场和期货及衍生品市场；同一个市场内部也包含不同的层次。同时，多层次资本市场的各个层次并不是简单平行、彼此隔离的，而是既相互区分又相互交错并不断演进的结构。资本市场的多层次特性还体现在投资者结构、中介机构和监管体系的多层次，交易定价、交割清算方式的多样性，它们与多层次市场共同构成一个有机平衡的金融生态系统。

2. 健全多层次资本市场体系的重要性

建设多层次资本市场体系，是发挥市场配置资源决定性作用的必然要求，是推动经济转型升级和可持续发展的有力引擎。在我国建设和完善现有的多层次资本市场体系具有重要的意义。

健全多层次资本市场体系，有利于促进科技创新，促进新兴产业发展和经济转型。中小企业孕育着新的商业模式，以至新兴产业，往往会成为引领经济转型的先导力量。我国大量科技创新型企业具有风险高、资产少的特点，难以获得银行信贷资金支持。多层次资本市场可以通过提供风险投资、私募股权投资等建立融资方和投资方风险共担、利益共享的机制，缓解中小企业和科技创新型企业融资难问题,并由市场筛选出具有发展潜力的企业,推动新兴业态和产业成长,促进经济转型升级。

健全多层次资本市场体系,有利于调动民间资本的积极性,将储蓄转化为投资,提升服务实体经济的能力。我国储蓄率较高,但存在企业融资难、民间投资难的突出矛盾,反映了我国资本市场存在欠发达、市场层次不丰富、资金供需双方不能有效匹配的矛盾。处在不同发展阶段的企业,其融资需求和条件是不一样的;同样,投资者的需求也是多样的。多层次资本市场体系可以提供多种类型的金融产品和交易场所,为多样化的投融资需求打造高效匹配的平台,有利于促进生产要素自由流动,激发经济增长活力。

健全多层次资本市场体系,有利于创新宏观调控机制,提高直接融资比重,防范和化解经济金融风险。我国金融结构长期失衡,直接融资比重偏低,实体经济过度依赖银行信贷;潜在不良贷款、影子银行、地方政府融资平台、房地产市场等方面的风险相互关联且正在累积。近年来,我国企业和地方政府的负债水平不断提高,依靠信贷大规模扩张刺激经济难以为继。国际经验表明,直接融资和间接融资平衡发展是增强经济金融结构弹性的重要举措。多层次资本市场可以提供多元化的股权融资,加快资本形成,降低实体经济杠杆率;有助于盘活存量资产,进一步改善金融结构,改变过度依赖银行体系的局面,分散和化解金融风险。

健全多层次资本市场体系,有利于促进产业整合,缓解产能过剩。大力推进企业市场化并购重组,促进产业整合,是解决产能过剩问题的重要手段。多层次资本市场可以提供更加高效透明的定价机制和灵活多样的支付工具与融资手段,如普通股、优先股、可转债、高收益债券、并购基金等,推动产业结构调整。

健全多层次资本市场体系,有利于满足日益增长的社会财富管理需求,改善民生,促进社会和谐。随着经济发展和居民收入增加,居民投资理财需求激增。多层次资本市场可以提供多种风险收益特征的金融产品,多渠道满足日益增长的居民投资和理财需求,使不同风险偏好和承受能力的投资者都能找到适合自己的产品和服务,增加居民财产性收入,进而促进社会和谐稳定。同时,多层次资本市场可以有效促进养老金等社会保险基金保值增值,提高社会保障水平。

健全多层次资本市场体系,有利于提高我国经济金融的国际竞争力。近年来,我国企业参与跨国并购不断增多,迫切需要金融机构提高专业服务能力和国际化水平。加快发展多层次资本市场,可以拓展我国资本市场的深度和广度,为扩大双向开放创造有利条件,提高我国资本市场和证券期货服务业的国际竞争力,更好地服务于我国经济参与全球竞争。同时,健全多层次资本市场体系有利于增强我国在国际大宗商品领域的话语权。

3. 健全多层次资本市场体系的必要性

(1) 健全多层次资本市场是解决中小企业融资难的重要手段。

企业融资通常分为债权性融资与权益性融资,债权性主要是通过银行贷款,权益性融资主要通过证券发行和私募股权融资。在债权融资方面,银行贷款是中小企业最主要的融资方式,然而这种融资方式未能充分解决中小企业的融资问题,银行贷款难成了制约中小企业发展的"瓶颈"。这是因为,一方面,由于中小企业自身存在诸多缺陷,如治理结构混乱、财务制度不健全、资金实力较弱等,中小企业难以获得担保,银行出于贷款风险的考虑,不愿意向中小企业发放贷款。另一方面,中小企业通过银行贷款进行融资的成本较高。此外,有些中小企业难以通过正规的金融机构贷款,转向民间资本借贷。民间借贷由此发展迅猛,已经成为部分中小企业融资的重要渠道之一。但是,民间借贷的成本相对银行贷款要高得多,数倍于银行贷款利率。另外,民间融资多以地下方式运行,操作并不规范,很容易引起经济纠纷甚至引发犯罪,需要承担较高的法律风险,给中小企业正常运转带来诸多不利影响。

由于债券融资难以充分解决中小企业融资难问题,因此权益性融资将发挥重要作用。中小企业板和创业板的建立以及风险投资的发展,使得中小企业权益性融资的渠道有所拓宽,融资难得到改观。但由于中小板和创业板上市融资的门槛依然很高,要求企业在经营业绩、盈利规模等方面具备较高的水平才可上市融资。此外,还对申请上市企业的历史沿革、治理结构、产业业态等方面有严格的审核。因此,能达到上市条件的企业仍然不多,众多中小企业仍然存在融资难问题。

从世界各国经济金融发展经验和我国资本市场,特别是中小板、创业板建立后对中小企业融资支持效果来看,建立多层次资本市场,并充分发挥资本市场在支持中小企业、新兴企业发展方面的功能作用,是解决中小企业融资难问题行之有效的办法。因此,建立满足各种类型优秀企业融资需求的多层次资本市场是解决中小企业融资难问题的当务之急。

(2) 健全多层次资本市场是解决风险投资退出的重要渠道。

一般来讲,风险投资退出渠道有如下四种:IPO(首次公开发行上市)、股份转让、股份回购、破产清算。其中,最重要、最理想的退出渠道是 IPO 退出。2004 年以前,由于中小板还没建立,我国风险投资项目七成以上的退出主要通过股权转让方式。2004 年后,随着中小板的推出,风险投资 IPO 退出渠道得到一定的拓宽,风险投资随之进入快速发展阶段。到 2007 年,IPO 逐渐成为风险投资的主要退出方式。即便如此,我国风险投资的退出渠道仍然不足,风险投资退出难问题依然严重。存在的问题如下:

一是公开发行上市仍然困难。除沪深主板市场外,我国虽建立了中小板和创业板市场,但由于这两个市场上市的门槛很高,且审批较严,效率较低,导致了能符合上市条件并最终实现上市的企业数目不多,风险投资通过上市途径退出仍然较为困难。据中国风险投资研究院统计,2009 年,有 173 个风险投资项目实现退出,其中,通过境内上市的只有 47 家。二是通过产权交易退出效率低下。在难以通过上市退出的情况下,股份转让便成为风险投资退出的另一重要渠道。在缺乏场外交易市场的情况下,股份转让的重要途径是通过产权交易市场。我国产权交易市场主要是由各地方所建,多年来受政策的束缚和行政效率的约束,我国的产权交易市场还不发达,产权交易成本很高,再加上产权交易监管缺失,难以形成合理有序的产权交易市场。在股权交易时,要么出现"无人问津"的情况,要么只能以较低的价格转让,严重限制了风险投资所投资企业的股权的顺利转让退出。因此,由于我国缺乏完善的退出渠道,风险投资只能争抢投入到有望短期内上市的企业,而不敢投资于初创期和成长期的创新型企业,难以广泛推动我国自主创新和中小企业的发展。

由于众多的创新型企业短期内是难以实现在中小板或创业板上市的，因此，解决风险投资退出难问题的重要渠道是建立场外交易市场，完善多层次资本市场体系。借鉴美国多层次资本市场的经验，美国除了纳斯达克创业板外，还建立了 OTCBB 等场外交易市场。OTCBB 在高峰的时候，有接近 5 万家公司上市交易，极大的解决了企业上市融资和风险投资退出问题。这样进一步带动了更多的风险投资投向创新型中小企业。我国中小板和创业板建立后，多层次资本市场得到了很大程度的完善。但是，从目前的上市标准来看，我国的创业板并非海外传统意义上的创业板，门槛依然很高。我国多层次资本市场还缺乏无门槛或低门槛的创业板，也就是场外交易市场。因此，尽快建立和完善场外交易市场和产权交易市场，真正建立起全方位的多层次资本市场体系是解决我国风险投资退出难问题、带动风险投资加大对创新型中小企业投资的重要渠道。

（3）健全多层次资本市场是优化金融市场结构和企业融资结构的重要手段。

我国以银行为主导型的金融市场融资结构，在融资、信息提供与处理、风险管理和公司治理等功能方面制约了企业自主创新能力的提升。也有学者认为金融市场融资结构对企业自主创新的作用会受经济发展、产业规模、行业集中度等因素的影响。当行业的平均规模较小、集中度较低时，以金融市场为主的融资结构更有利于企业的自主创新，而当行业的平均规模较大、集中度较高时，以银行为主的融资结构更有利于企业的自主创新和发展。我国以间接融资为主体的金融结构制约了金融发展进程。

中小企业是我国自主创新的主力军，但中小企业一直存在融资难，特别是直接融资难问题。因此，提高企业直接融资比例，优化金融结构是发挥金融系统的整体合力、提高金融资源的配置效率，加快经济发展方式转变的关键。为此，要提高直接融资比例，促进不同类型市场合理发展，建立有利于各类企业特别是中小企业的筹集资金，重要的途径就是建立能满足不同类型企业融资需求的多层次资本市场体系。要继续扩大沪深主板市场规模，大力发展中小板和完善创业板外，推进场外交易市场和建立区域性证券交易市场，建立满足不同类型企业的融资需求的多层次资本市场体系。

6.1.4 中国多层次资本市场建设的构想与思路

1. 健全多层次资本市场体系的重点任务

着力推动股票市场发展。股票交易所市场是多层次资本市场的"压舱石"，也是宏观经济运行的"晴雨表"，不仅可以吸引长期投资，还可以为其他资本市场提供定价基准和风险管理工具。要继续壮大主板市场，丰富产品和层次，完善交易机制，降低交易成本。改革创业板制度，适当降低财务标准的准入门槛，建立再融资机制。在创业板建立专门层次，允许尚未盈利但符合一定条件的互联网和科技创新企业在创业板发行上市，并实行不同的投资者适当性管理制度。加快建设全国中小企业股份转让系统，拓宽民间投资渠道，缓解中小微企业融资难问题。在清理整顿的基础上，将地方区域性股权市场纳入多层次资本市场体系。发展券商柜台市场，逐步建立券商间联网或联盟，开展多种柜台交易和业务。同时，不同层次市场间应建立健全转板机制，改革完善并严格执行退市制度，推动形成有机联系的股票市场体系。

发展并规范债券市场。债券市场是直接融资体系的重要组成部分，与股票市场联系紧密。在很多境外成熟市场中，债券市场的规模远远超过股票市场。健全的债券市场仍是稳步推进利率市场化和人民币国际化的必要条件。应进一步发展公司债券，丰富债券品种，方便发行人和投资人自主选择发行交易市场，提高市场化水平；发展资产证券化，盘活存量资金，优化资源配置。扩大私募债券发行主体和投资人范围，进一步发展场外交易；强化市场化约束机制，促进银行间债券市场和交易所债券市场的互联互通和监管规则统一。

稳步扩大期货及衍生品市场。随着我国经济市场化程度加深和体量增大，企业对大宗商品价格波动愈加敏感，投资者也越来越需要运用期货及其他金融衍生品管理和规避风险。应进一步完善商品期货和金融衍生品市场，健全价格形成机制，帮助企业发现价格和管理风险；稳步发展权益类、利率类、汇率类金融期货品种，完善场外衍生品市场体系，适应金融机构风险管理、居民理财和区域经济发展等多元化需求。

促进私募市场规范发展。与公募市场相比，私募市场发行主体更加多元化，发行流程相对简单高效，发行对象通常限于风险识别和财务能力较强的适格投资者，交易品种更为丰富，交易机制更加灵活，可以提供更加多样化和个性化的投资服务。应鼓励发展私募股权投资基金和风险投资基金，为不同发展阶段的创新创业型中小企业提供股权融资，支持创新，促进并购，增加就业，并实行适度监管、行业自律，建立健全投资者适当性制度，规范募集和宣传推介行为，严厉打击非法集资活动。

2. 发展多层次资本市场需要把握的几个原则

坚持市场化取向。尊重市场规律，充分调动市场各方的积极性，让市场在资源配置中起决定性作用。同时，更好地发挥监管职能，进一步简政放权、转变职能，大力推进监管转型，强化事中事后监管，加强监管执法，切实维护公开公平公正市场秩序，维护投资者特别是中小投资者合法权益。

夯实法治基础。切实加强资本市场法制建设，努力营造公平的市场环境，落实严格的保护和制裁制度，既有高效便捷的法律渠道，实现对守法经营主体受害时的权利救济；又有严密有力的监管措施，实现对违法主体的惩罚和制裁。

加强投资者保护。保护投资者就是保护资本市场，保护中小投资者就是保护全体投资者。应建立健全投资者适当性制度，优化投资回报机制，保障投资者知情权、参与权、选择权和监督权，推动建立多元化纠纷解决机制，严厉惩处违法违规行为，加强中小投资者教育，创新服务中小投资者的组织体系和服务方式坚持渐进式改革。健全多层次资本市场体系是一项长期任务和系统工程，必须立足国情，吸收借鉴境外市场的经验教训，充分发挥后发优势。把加强顶层设计和摸着石头过河结合起来，把整体推进和重点突破结合起来，精心制定操作方案，积极稳妥推进，做到全局在胸、统筹协调、远近结合。正确处理改革发展稳定的关系，把握好改革的节奏、力度和市场承受程度，确保市场稳定运行。

注重风险防范。随着市场层次和金融产品的不断丰富以及新技术的大量运用，资本市场风险的表现形式日益多样化，风险传导路径日益复杂，不同产品、不同市场、不同国家和地区的金融风险可能相互传导、联动并放大。因此，应加强风险识别，强化资本市场信息系统安全防护，切实提高风险监测、预警、防范和处置能力，及时有效弥补市场失灵；完善监管协调机制，界定中央和地方金融监管职责和风险处置责任，坚决守住不发生区域性、系统性金融风险的底线。

6.2 全国中企业股份转让系统（简称"新三板"）

6.2.1 新三板上市条件及相关要求

新三板挂牌公司是纳入中国证监会监管的非上市公众公司，股东人数可以超过200人。股东人数未超过200人的股份有限公司，直接向全国股份转让系统公司申请挂牌。股东人数超过200人的股份有限公司，公开转让申请经中国证监会核准后，可以向全国股份转让系统公司申请挂牌。

1. 上市条件

（1）依法设立且存续满两年。
（2）业务明确，具有持续经营能力。
（3）公司治理机制健全，合法规范经营。
（4）股权明晰，股票发行和转让行为合法合规。
（5）主办券商推荐并持续督导。
（6）全国股份转让系统公司要求的其他条件。

全国中小企业股份转让系统有限责任公司按照"可把控、可举证、可识别"的原则，对《全国中小企业股份转让系统业务规则（试行）》规定的六项挂牌条件进行细化，形成基本标准如下。

2. 依法设立且存续满两年的细化标准

（1）依法设立，是指公司依据《公司法》等法律、法规及规章的规定向公司登记机关申请登记，并已取得《企业法人营业执照》。

①公司设立的主体、程序合法、合规。

国有企业需提供相应的国有资产监督管理机构或国务院、地方政府授权的其他部门、机构关于国有股权设置的批复文件。

国有企业应严格按照国有资产管理法律法规的规定提供国有股权设置批复文件，但因客观原因确实无法提供批复文件且符合以下条件的，在公司和中介机构保证国有资产不流失的前提下，可按以下方式解决：以国有产权登记表（证）替代国资监管机构的国有股权设置批复文件；公司股东中含有财政参与出资的政府引导型股权投资基金的，可以凭借基金的有效投资决策文件替代国资监管机构或财政部门的国有股权设置批复文件；国有股权由国资监管机构以外的机构监管的公司以及国有资产授权经营单位的下属子公司，可提供相关监管机构或国有资产授权经营单位出具的批复文件或经其盖章的产权登记表（证）替代国资监管机构的国有股权设置批复文件；公司股东中存在为其提供做市服务的国有做市商的，暂不要求提供该类股东的国有股权设置批复文件。

外商投资企业须提供商务主管部门出具的设立批复或备案文件。

《公司法》修改（2006年1月1日）前设立的股份公司，须取得国务院授权部门或者省级人民政府的批准文件。

②公司股东的出资合法、合规，出资方式及比例应符合《公司法》相关规定。

以实物、知识产权、土地使用权等非货币财产出资的，应当评估作价，核实财产，明确权属，财产权转移手续办理完毕。

以国有资产出资的，应遵守有关国有资产评估的规定。

公司注册资本缴足，不存在出资不实情形。

（2）存续两年是指存续两个完整的会计年度。

（3）有限责任公司按原账面净资产值折股整体变更为股份有限公司的，存续时间可以从有限责任公司成立之日起计算。整体变更不应改变历史成本计价原则，不应根据资产评估结果进行账务调整，应以改制基准日经审计的净资产额为依据折合为股份有限公司股本。公司申报财务报表最近一期截止日不得早于股份有限公司成立日。

3. 业务明确，具有持续经营能力的细化标准

（1）业务明确，是指公司能够明确、具体地阐述其经营的业务、产品或服务、用途及其商业模式等信息。

（2）公司可同时经营一种或多种业务，每种业务应具有相应的关键资源要素，该要素组成应具有投入、处理和产出能力，能够与商业合同、收入或成本费用等相匹配。

（3）公司业务在报告期内应有持续的营运记录。营运记录包括现金流量、营业收入、交易客户、研发费用支出等。公司营运记录应满足下列条件：

①公司应在每一个会计期间内形成与同期业务相关的持续营运记录，不能仅存在偶发性交易或事项。

②最近两个完整会计年度的营业收入累计不低于1000万元；因研发周期较长导致营业收入少于1000万元，但最近一期期末净资产不少于3000万元的除外。

③报告期末股本不少于500万元。

④报告期末每股净资产不低于1元/股。

（4）持续经营能力，是指公司在可预见的将来，有能力按照既定目标持续经营下去。

公司存在以下情形之一的，应认定为不符合持续经营能力要求：

①存在依据《公司法》第一百八十条规定解散的情形，或法院依法受理重整、和解或者破产申请。

②公司存在《中国注册会计师审计准则第1324号——持续经营》应用指南中列举的影响其持续经营能力的相关事项或情况，且相关事项或情况导致公司持续经营能力存在重大不确定性。

③存在其他对公司持续经营能力产生重大影响的事项或情况。

4. 公司治理机制健全，合法规范经营的细化标准

（1）公司治理机制健全，是指公司按规定建立股东大会、董事会、监事会和高级管理层（以下简称"三会一层"）组成的公司治理架构，制定相应的公司治理制度，并能证明有效

运行，保护股东权益。

①公司依法建立"三会一层"，并按照《公司法》、《非上市公众公司监督管理办法》及《非上市公众公司监管指引第3号—章程必备条款》等规定制定公司章程、"三会一层"运行规则、投资者关系管理制度、关联交易管理制度等，建立全面完整的公司治理制度。

②公司"三会一层"应按照公司治理制度进行规范运作。在报告期内的有限公司阶段应遵守《公司法》的相关规定。

③公司董事会应对报告期内公司治理机制执行情况进行讨论、评估。

④公司现任董事、监事和高级管理人员应具备《公司法》规定的任职资格，履行《公司法》和公司章程规定的义务，且不应存在以下情形：最近24个月内受到中国证监会行政处罚，或者被中国证监会采取证券市场禁入措施且期限尚未届满，或者被全国中小企业股份转让系统有限责任公司认定不适合担任挂牌公司董事、监事、高级管理人员；因涉嫌犯罪被司法机关立案侦查或者涉嫌违法违规被中国证监会立案调查，尚未有明确结论意见。

⑤公司进行关联交易应依据法律法规、公司章程、关联交易管理制度的规定履行审议程序，保证交易公平、公允，维护公司的合法权益。

⑥公司的控股股东、实际控制人及其关联方存在占用公司资金、资产或其他资源情形的，应在申请挂牌前予以归还或规范（完成交付或权属变更登记）。

占用公司资金、资产或其他资源的具体情形包括：从公司拆借资金；由公司代垫费用、代偿债务；由公司承担担保责任而形成债权；无偿使用公司的土地房产、设备动产等资产；无偿使用公司的劳务等人力资源；在没有商品和服务对价情况下其他使用公司的资金、资产或其他资源的行为。

（2）合法合规经营，是指公司及其控股股东、实际控制人、下属子公司（下属子公司是指公司的全资、控股子公司或通过其他方式纳入合并报表的公司或其他法人，下同）须依法开展经营活动，经营行为合法、合规，不存在重大违法违规行为。

①公司及下属子公司的重大违法违规行为是指公司及下属子公司最近24个月内因违犯国家法律、行政法规、规章的行为，受到刑事处罚或适用重大违法违规情形的行政处罚。行政处罚是指经济管理部门对涉及公司经营活动的违法违规行为给予的行政处罚。

重大违法违规情形是指，凡被行政处罚的实施机关给予没收违法所得、没收非法财物以上行政处罚的行为，属于重大违法违规情形，但处罚机关依法认定不属于的除外；被行政处罚的实施机关给予罚款的行为，除主办券商和律师能依法合理说明或处罚机关认定该行为不属于重大违法违规行为之外，都视为重大违法违规情形。

公司及下属子公司最近24个月内不存在涉嫌犯罪被司法机关立案侦查，尚未有明确结论意见的情形。

②控股股东、实际控制人合法合规，最近24个月内不存在涉及以下情形的重大违法违规行为：控股股东、实际控制人受刑事处罚；受到与公司规范经营相关的行政处罚，且情节严重；情节严重的界定参照前述规定；涉嫌犯罪被司法机关立案侦查，尚未有明确结论意见。

③公司及下属子公司业务如需主管部门审批，应取得相应的资质、许可或特许经营权等。

④公司及其法定代表人、控股股东、实际控制人、董事、监事、高级管理人员、下属子

公司，在申请挂牌时应不存在被列为失信联合惩戒对象的情形。

⑤公司及下属子公司业务须遵守法律、行政法规和规章的规定，符合国家产业政策以及环保、质量、安全等要求。

公司及下属子公司所属行业为重污染行业的，根据相关规定应办理建设项目环评批复、环保验收、排污许可证以及配置污染处理设施的，应在申请挂牌前办理完毕；不属于重污染行业，但根据相关规定必须办理排污许可证和配置污染处理设施的，应在申请挂牌前办理完毕。

⑥公司财务机构设置及运行应独立且合法合规，会计核算规范。

公司及下属子公司应设有独立财务部门，能够独立开展会计核算、作出财务决策。

公司及下属子公司的财务会计制度及内控制度健全且得到有效执行，会计基础工作规范，符合《会计法》、《会计基础工作规范》以及《公司法》、《现金管理条例》等其他法律法规要求。

公司应按照《企业会计准则》和相关会计制度的规定编制并披露报告期内的财务报表，在所有重大方面公允地反映公司的财务状况、经营成果和现金流量，财务报表及附注不得存在虚假记载、重大遗漏以及误导性陈述。

公司财务报表应由符合《证券法》规定的会计师事务所出具标准无保留意见的审计报告。财务报表被出具带强调事项段的无保留审计意见的，应全文披露审计报告正文以及董事会、监事会和注册会计师对强调事项的详细说明，并披露董事会和监事会对审计报告涉及事项的处理情况，说明该事项对公司的影响是否重大、影响是否已经消除、违反公允性的事项是否已予纠正。

公司存在以下情形的应认定为财务不规范：

a. 公司申报财务报表未按照《企业会计准则》的要求进行会计处理，导致重要会计政策适用不当或财务报表列报错误且影响重大，需要修改申报财务报表（包括资产负债表、利润表、现金流量表、所有者权益变动表）；

b. 因财务核算不规范情形被税务机关采取核定征收企业所得税且未规范；

c. 其他财务信息披露不规范情形。

5. 股权明晰，股票发行和转让行为合法合规的细化标准

（1）股权明晰，是指公司的股权结构清晰，权属分明，真实确定，合法合规，股东特别是控股股东、实际控制人及其关联股东或实际支配的股东持有公司的股份不存在权属争议或潜在纠纷。

①公司的股东不存在国家法律、法规、规章及规范性文件规定不适宜担任股东的情形。

②申请挂牌前存在国有股权转让的情形，应遵守国资管理规定。

③申请挂牌前外商投资企业的股权转让应遵守商务部门的规定。

（2）股票发行和转让合法合规，是指公司及下属子公司的股票发行和转让依法履行必要内部决议、外部审批（如有）程序。

①公司及下属子公司股票发行和转让行为合法合规，不存在下列情形：最近36个月内未经法定机关核准，擅自公开或者变相公开发行过证券；违法行为虽然发生在36个月前，目前

仍处于持续状态，但《非上市公众公司监督管理办法》实施前形成的股东超200人的股份有限公司经中国证监会确认的除外。

②公司股票限售安排应符合《公司法》和《全国中小企业股份转让系统业务规则（试行）》的有关规定。

（3）公司曾在区域股权市场及其他交易市场进行融资及股权转让的，股票发行和转让等行为应合法合规；在向全国中小企业股份转让系统申请挂牌前应在区域股权市场及其他交易市场停牌或摘牌，并在全国中小企业股份转让系统挂牌前完成在区域股权市场及其他交易市场的摘牌手续。

6. 主办券商推荐并持续督导

（1）公司须经主办券商推荐，双方签署《推荐挂牌并持续督导协议》。

（2）主办券商应完成尽职调查和内核程序，对公司是否符合挂牌条件发表独立意见，并出具推荐报告。

6.2.2 新三板分层管理要求

1. 挂牌公司进入创新层的条件

（1）挂牌公司进入创新层，应当符合下列条件之一：

①最近两年净利润均不低于1000万元，最近两年加权平均净资产收益率平均不低于6%，截至进层启动日的股本总额不少于2000万元；

②最近两年营业收入平均不低于8000万元，且持续增长，年均复合增长率不低于30%，截至进层启动日的股本总额不少于2000万元；

③最近两年研发投入累计不低于2500万元，截至进层启动日的24个月内，定向发行普通股融资金额累计不低于4000万元（不含以非现金资产认购的部分），且每次发行完成后以该次发行价格计算的股票市值均不低于3亿元；

④截至进层启动日的120个交易日内，最近有成交的60个交易日的平均股票市值不低于3亿元；采取做市交易方式的，截至进层启动日做市商家数不少于4家；采取集合竞价交易方式的，前述60个交易日通过集合竞价交易方式实现的股票累计成交量不低于100万股；截至进层启动日的股本总额不少于5000万元。

（2）挂牌公司进入创新层，同时还应当符合下列条件：

①挂牌同时或挂牌后已完成定向发行普通股、优先股或可转换公司债券（以下简称可转债），且截至进层启动日完成的发行融资金额累计不低于1000万元（不含以非现金资产认购的部分）；

②最近一年期末净资产不为负值；

③公司治理健全，截至进层启动日，已制定并披露经董事会审议通过的股东大会、董事会和监事会制度、对外投资管理制度、对外担保管理制度、关联交易管理制度、投资者关系管理制度、利润分配管理制度和承诺管理制度，已设董事会秘书作为信息披露事务负责人并公开披露；

④中国证监会和全国股转公司规定的其他条件。

挂牌公司完成发行融资的时间，以定向发行普通股、优先股或可转债的挂牌交易日或挂牌转让日为准。

（3）以每年8月的最后一个交易日为进层启动日的挂牌公司，还应当同时符合以下条件：

①当年所披露中期报告的财务会计报告应当经符合《证券法》规定的会计师事务所审计，审计意见应当为标准无保留意见；

②中期报告载明的营业收入和净利润均不低于上年同期水平。

（4）挂牌公司或其他相关主体在截至进层启动日的12个月内或进层实施期间出现下列情形之一的，挂牌公司不得进入创新层：

①挂牌公司或其控股股东、实际控制人因贪污、贿赂、侵占财产、挪用财产或者破坏社会主义市场经济秩序的行为被司法机关作出有罪判决，或刑事处罚未执行完毕；

②挂牌公司或其控股股东、实际控制人因欺诈发行、重大信息披露违法或者其他涉及国家安全、公共安全、生态安全、生产安全、公众健康安全等领域的重大违法行为被处以罚款等处罚且情节严重，或者导致严重环境污染、重大人员伤亡、社会影响恶劣等情形；

③挂牌公司或其控股股东、实际控制人、董事、监事、高级管理人员被中国证监会及其派出机构采取行政处罚；或因证券市场违法违规行为受到全国股转公司等自律监管机构公开谴责；

④挂牌公司或其控股股东、实际控制人、董事、监事、高级管理人员因涉嫌犯罪正被司法机关立案侦查或涉嫌违法违规正被中国证监会及其派出机构立案调查，尚未有明确结论意见；

⑤挂牌公司或其控股股东、实际控制人被列入失信被执行人名单且情形尚未消除；

⑥未按照全国股转公司规定在每个会计年度结束之日起4个月内编制并披露年度报告，或者未在每个会计年度的上半年结束之日起2个月内编制并披露中期报告，因不可抗力等特殊原因导致未按期披露的除外；

⑦最近两年财务会计报告被会计师事务所出具非标准审计意见的审计报告；仅根据本办法第七条第二项规定条件进入创新层的，最近三年财务会计报告被会计师事务所出具非标准审计意见的审计报告；

⑧中国证监会和全国股转公司规定的其他情形。

2. 申请挂牌同时进入创新层的条件

（1）申请挂牌同时进入创新层的公司，应当符合下列条件之一：

①最近两年净利润均不低于1000万元，最近两年加权平均净资产收益率平均不低于6%，股本总额不少于2000万元；

②最近两年营业收入平均不低于8000万元，且持续增长，年均复合增长率不低于30%，股本总额不少于2000万元；

③最近两年研发投入不低于2500万元，完成挂牌同时定向发行普通股后，融资金额不低于4000万元（不含以非现金资产认购的部分），且公司股票市值不低于3亿元；

④在挂牌时即采取做市交易方式，完成挂牌同时定向发行普通股后，公司股票市值不低

于3亿元，股本总额不少于5000万元，做市商家数不少于4家，且做市商做市库存股均通过本次定向发行取得。

前款所称市值是指以申请挂牌公司挂牌同时定向发行普通股价格计算的股票市值。

（2）申请挂牌同时进入创新层的公司，同时还应当符合下列条件：

①完成挂牌同时定向发行普通股、优先股或可转债，且融资金额不低于1000万元（不含以非现金资产认购的部分）；

②符合本办法第八条第一款第二项和第三项的规定；

③不存在本办法第十条第一项至第五项、第七项规定的情形；

④中国证监会和全国股转公司规定的其他条件。

3. 层级划分和调整

（1）申请挂牌公司符合挂牌条件，但未进入创新层的，应当自挂牌之日起进入基础层。

（2）创新层挂牌公司出现下列情形之一的，全国股转公司将其调整至基础层：

①最近两年净利润均为负值，且营业收入均低于5000万元，或者最近三年净利润均为负值，且最近两年营业收入持续下降；

②最近一年期末净资产为负值；

③最近一年财务会计报告被会计师事务所出具否定意见或无法表示意见的审计报告，或者最近一年财务会计报告被会计师事务所出具保留意见的审计报告且净利润为负值；

④半数以上董事无法保证年度报告或者中期报告内容的真实性、准确性、完整性或者提出异议；

⑤因更正年度报告导致进层时不符合创新层进层条件，或者出现本款第一项至第四项规定情形；

⑥不符合创新层进层条件，但依据虚假材料进入的；

⑦未按照全国股转公司规定在每个会计年度结束之日起4个月内编制并披露年度报告，或者未在每个会计年度的上半年结束之日起2个月内编制并披露中期报告，因不可抗力等特殊原因导致未按期披露的除外；

⑧进入创新层后，最近24个月内因不同事项受到中国证监会及其派出机构行政处罚或全国股转公司公开谴责的次数累计达到2次，或者因资金占用、违规对外担保受到中国证监会及其派出机构行政处罚或全国股转公司公开谴责，或者受到刑事处罚；

⑨连续60个交易日，股票每日收盘价均低于每股面值；

⑩仅根据本办法第七条第三项或第四项，或者第十一条第一款第三项或第四项进入创新层的挂牌公司，连续60个交易日，股票交易市值均低于1亿元的；中国证监会和全国股转公司规定的其他情形。

6.2.3 新三板股票挂牌办理流程

1. 股东开户

主办券商应协助申请公司在向全国中小企业股份转让系统有限责任公司（以下简称全国股转公司）报送挂牌及发行（如有）申请文件前，完成现有股东证券账户的开立工作。如股东属于境外机构或个人、境内个人独资企业等特殊情形的，应根据中国证券登记结算有限责任公司的有关规定办理。

2. 中国结算在线业务平台注册

申请公司在收到全国股转公司出具的申请材料受理通知书后，应当按照中国证券登记结算有限责任公司北京分公司（以下简称中国结算北京分公司）关于证券登记相关要求，通过中国结算北京分公司在线业务平台办理注册，取得中国结算北京分公司发放的USB-KEY，用于办理股份登记等相关业务。

3. 申请证券简称和证券代码

申请公司在向全国股转公司报送挂牌及发行（如有）申请文件时，应当一并提交《证券简称及证券代码申请书》，并由主办券商协助申请公司将拟定的证券简称填报在全国股转系统业务支持平台（以下简称BPM系统）申请公司基本情况中。证券简称原则上应当从公司名称中选取不超过八个字符（单字节字符），且应避免与挂牌公司和上市公司重复。

4. 取得同意函、证券简称及证券代码

全国股转公司向申请公司出具同意挂牌的函或同意挂牌及发行的函（以下统称同意函）后，主办券商应当协助申请公司在BPM系统"挂牌审核管理"模块中的"待确认归档"任务栏找到已经获得同意的项目，完成项目归档后，在"挂牌项目"栏目中查询并下载同意函。

申请公司应当在同意函的有效期内完成股票定向发行（如有）及股票挂牌程序。

全国股转公司按照当日获得同意函的申请公司受理编号顺序由BPM系统生成证券代码，并由BPM系统对申请的证券简称进行自动校验。完成前述事项后，申请公司可以在BPM系统"股票初始登记管理"模块中的"待提交初始登记申请列表"任务栏取得证券简称和证券代码。

5. 办理挂牌前首次信息披露

（1）披露时间。

在取得同意函、证券简称及证券代码后，主办券商应当及时协助申请公司在财务报表有效期内的交易日20:00前通过BPM系统完成首次信息披露。

（2）披露文件。

包括公开转让说明书；财务报表及审计报告；法律意见书；补充法律意见书（如有）；公司章程；主办券商推荐报告；定向发行说明书（如有）；设置表决权差异安排的股东大会决议（如有）；全国股转公司同意挂牌的函或全国股转公司同意挂牌及发行的函；中国证监会核准文件（如有）；其他公告文件（如有）。

（3）具体操作。

在确认申请文件已归档的前提下，主办券商应当协助申请公司在BPM系统"挂牌前信息披露"模块中的"待首次信息披露"任务栏，找到待披露的项目，打开并点击"处理"进入传送公告页面。

在传送公告页面，BPM系统将自动抓取披露文件"（1）—（8）"列示的归档稿文件，主办券商应当协助申请公司上传同意函等其他披露文件；确认无误后，选择披露日期，点击"报告报送"，披露文件将于选定的交易日 15:30 后在 www.neeq.com.cn 或 www.neeq.cc 上进行披露。

6. 定向发行认购程序（如有）

申请挂牌同时定向发行的，在取得同意函并完成首次信息披露后，主办券商应当协助申请公司按照《全国中小企业股份转让系统股票定向发行指南》要求完成认购与缴款、签订募集资金专户三方监管协议与验资等发行程序。

7. 上传股票初始登记申请表等文件

完成首次信息披露及定向发行认购程序（如有）后，主办券商应当协助申请公司根据《公司法》、《证券法》、《全国中小企业股份转让系统业务规则（试行）》、《全国中小企业股份转让系统股票定向发行规则》等法律法规、业务规则的规定及自愿限售情况准确计算挂牌当日可进入全国股转系统交易的股票数量；主办券商应当协助申请公司在 BPM 系统"股票初始登记管理"模块中的"待提交初始登记申请列表"上传股票初始登记申请表，该表格为办理股票初始登记的依据。表格信息填写有误被驳回的，申请公司需修改后重新上传。

申请挂牌同时定向发行的，应在股票初始登记申请表中根据定向发行前后股票情况分别填报。

申请挂牌同时定向发行的，主办券商在协助申请公司上传初始登记申请表的同时，还应当按照《全国中小企业股份转让系统股票定向发行指南》的要求，上传下列附件：验资报告、募集资金专户三方监管协议、自愿限售申请材料（如有）、定向发行重大事项确认函等文件。

8. 披露发行情况报告书、进入创新层意见（如有）

申请挂牌同时定向发行的，主办券商在协助申请公司上传股票初始登记申请表的同时，还应当按照《全国中小企业股份转让系统股票定向发行指南》的要求，上传并披露发行情况报告书、主办券商关于申请公司是否符合创新层条件的专项意见（如有），上述文件经全国股转公司确认后披露。

9. 完成缴费

（1）缴费时限。

全国股转公司对申请公司提交的股票初始登记申请表及相关附件予以确认后，按照初始登记的股份情况为申请公司生成缴费通知单。在缴费通知单生成后，主办券商应当及时协助申请公司完成缴费。实行暂免征收挂牌费用的申请公司按照相关政策执行。

（2）具体操作。

主办券商应当协助申请公司在 BPM 系统"挂牌缴费管理"模块中的"待缴费"任务栏找到已经获得同意函的项目，首先确认纳税人识别号、银行账号等涉税信息，然后点击"缴费编号"确认缴费信息。完成缴费是办理股票挂牌手续的前提，如未完成缴费，在办理挂牌手续环节 BPM 系统提示"挂牌项目未完成缴费，请完成缴费后重新提交"。

全国股转公司收到挂牌费用后，为申请公司开具发票并转交其主办券商，主办券商应当及时将发票转交申请公司。

10. 办理股票初始登记

（1）全国股转公司将申请公司的同意函和股票初始登记数据通过 BPM 系统传送至中国结算北京分公司在线业务平台；

（2）申请公司在取得同意函、证券简称和证券代码，并完成定向发行认购程序（如有）及发行情况报告书等文件的披露（如有）后，应当及时向中国结算北京分公司申请办理股票初始登记，取得电子版的《股份登记确认书》等证明文件。中国结算北京分公司通过其在线业务平台将股票初始登记数据回传至全国股转系统 BPM 系统。

11. 办理股票挂牌

在中国结算北京分公司在线业务平台取得《股份登记确认书》等证明文件后，主办券商应当协助申请公司及时办理股票挂牌手续，在每个交易日 11:00 前，通过 BPM 系统"股票初始登记管理"模块中的"待提交公开转让列表"任务栏提交《公开转让记录表》及《股票挂牌重大事项确认函》（附件2）等材料。表格信息填写有误被驳回的，申请公司需修改后重新上传。

主办券商应根据《股票挂牌重大事项确认函》中列示的内容，对申请公司做首次信息披露后至股票挂牌前做全面核查。

全国股转公司对《公开转让记录表》及《股票挂牌重大事项确认函》等材料确认后，主办券商可在 BPM 系统查询到股票挂牌日期（T 日），挂牌日期为全国股转公司确认股票挂牌信息当日算起的第 3 个交易日，主办券商应协助申请公司准备办理挂牌前第二次信息披露。

12. 挂牌前第二次信息披露

（1）披露时间。

挂牌日的前一个交易日（T-1 日）。

（2）披露文件。

①关于股票挂牌的提示性公告；

②关于完成工商变更登记手续的公告（如有）；

③其他公告文件（如有）。

主办券商应当协助申请公司在 BPM 系统"挂牌前信息披露"模块中的"待二次信息披露"任务栏，找到待披露的项目，在 T-1 日 15:00 前上传披露文件，15:30 后相关文件将在 www.neeq.com.cn 或 www.neeq.cc 上进行披露。

6.2.4 新三板的信息披露要求

1. 基本要求

（1）挂牌公司及其他信息披露义务人应当及时、公平地披露所有可能对公司股票及其他证券品种交易价格、投资者投资决策产生较大影响的信息（以下简称重大信息），并保证信息披露内容的真实、准确、完整，不存在虚假记载、误导性陈述或重大遗漏。

挂牌公司的董事、监事、高级管理人员应当忠实、勤勉地履行职责，保证公司及时、公平地披露信息，所披露的信息真实、准确、完整。

（2）主办券商、会计师事务所、律师事务所、其他证券服务机构及其从业人员根据本规则和全国股转系统其他业务规则的规定，对所出具文件的真实性、准确性、完整性负责。

（3）挂牌公司及其他信息披露义务人披露的信息包括定期报告和临时报告。

挂牌公司根据公司所属市场层级适用差异化的信息披露规定，但可以自愿选择适用更高市场层级的信息披露要求。

（4）除依法或者按照本规则和相关规则需要披露的信息外，挂牌公司可以自愿披露与投资者作出价值判断和投资决策有关的信息，但不得与依法或者按照本规则和相关规则披露的信息相冲突，不得误导投资者。

（5）挂牌公司及其他信息披露义务人按照本规则和相关规则披露的信息，应当在符合《证券法》规定的信息披露平台（以下简称规定信息披露平台）发布。挂牌公司在其他媒体披露信息的时间不得早于在规定信息披露平台披露的时间。

挂牌公司同时有证券在境外证券交易所上市的，其在境外证券交易所披露的信息应当在规定信息披露平台同时披露。

（6）挂牌公司编制信息披露文件，并将信息披露文件及备查文件送达主办券商。拟披露信息经主办券商事前审查后，由主办券商上传至规定信息披露平台，全国股转公司另有规定的除外。挂牌公司应当与主办券商约定预留合理的审查时间。

（7）主办券商应当指导和督促挂牌公司规范履行信息披露义务，发现拟披露或已披露信息存在任何错误、遗漏或者误导的，或者发现存在应当披露而未披露事项的，主办券商应当要求挂牌公司进行更正或补充。

挂牌公司拒不更正或补充的，主办券商应当在两个交易日内发布风险揭示公告并向全国股转公司报告。挂牌公司如需更正、补充信息披露文件的，应当履行相应程序。

（8）由于国家秘密、商业秘密等特殊原因导致本规则规定的某些信息确实不便披露的，挂牌公司可以不予披露，但应当在相关定期报告、临时报告中说明未按照规定进行披露的原因。中国证监会、全国股转公司认为需要披露的，挂牌公司应当披露。

2. 定期报告

（1）挂牌公司应当披露的定期报告包括年度报告和中期报告，可以披露季度报告，中国证监会、全国股转公司另有规定的，从其规定。

（2）挂牌公司应当按照中国证监会有关规定编制并披露定期报告，并按照《企业会计准则》的要求编制财务报告。

中国证监会对不同市场层级挂牌公司的定期报告内容与格式有差异化要求的，挂牌公司应当遵守相关规定。

创新层挂牌公司应当按照中国证监会、全国股转系统行业信息披露有关规定的要求在年度报告中披露相应信息。

（3）挂牌公司应当在规定的期限内编制并披露定期报告，在每个会计年度结束之日起四个月内编制并披露年度报告，在每个会计年度的上半年结束之日起两个月内编制并披露中期报告；披露季度报告的，挂牌公司应当在每个会计年度前三个月、九个月结束后的一个月内编制并披露。第一季度报告的披露时间不得早于上一年的年度报告。

挂牌公司预计不能在规定期限内披露定期报告的，应当及时公告不能按期披露的具体原因、编制进展、预计披露时间、公司股票是否存在被停牌及终止挂牌的风险，并说明如被终止挂牌，公司拟采取的投资者保护的具体措施等。

（4）挂牌公司应当与全国股转公司预约定期报告的披露时间，全国股转公司根据预约情况统筹安排。

挂牌公司应当按照全国股转公司安排的时间披露定期报告，因故需要变更披露时间的，根据全国股转公司相关规定办理。

（5）挂牌公司年度报告中的财务报告应当经符合《证券法》规定的会计师事务所审计。挂牌公司不得随意变更会计师事务所，如确需变更的，应当由董事会审议后提交股东大会审议。

创新层挂牌公司审计应当执行财政部关于关键审计事项准则的相关规定。

（6）挂牌公司定期报告披露前出现业绩泄露，或者出现业绩传闻且公司股票及其他证券品种交易出现异常波动的，应当及时披露业绩快报。业绩快报中的财务数据包括但不限于营业收入、净利润、总资产、净资产以及净资产收益率。

挂牌公司在定期报告披露前，预计净利润同比变动超过50%且大于500万元、发生亏损或者由亏损变为盈利的，可以进行业绩预告。业绩预告应当披露相关财务数据的预计值以及重大变化的原因。

公司业绩快报、业绩预告中的财务数据与实际数据差异幅度达到20%以上的，应当及时披露修正公告，并在修正公告中向投资者致歉、说明差异的原因。

（7）挂牌公司董事会应当确保公司定期报告按时披露。董事会因故无法对定期报告形成决议的，应当以董事会公告的方式披露具体原因和存在的风险。挂牌公司不得披露未经董事会审议通过的定期报告，董事会已经审议通过的，不得以董事、高级管理人员对定期报告内容有异议为由不按时披露定期报告。

挂牌公司监事会应当对董事会编制的定期报告进行审核并提出书面审核意见，说明董事会对定期报告的编制和审核程序是否符合法律法规、中国证监会、全国股转公司的规定和公司章程，报告的内容是否能够真实、准确、完整地反映公司实际情况。

挂牌公司董事、监事、高级管理人员应当对公司定期报告签署书面确认意见。董事、监事和高级管理人员无法保证定期报告内容的真实性、准确性、完整性或者有异议的，应当在书面确认意见中发表意见并陈述理由，公司应当在定期报告中披露相关情况。公司不予披露的，董事、监事和高级管理人员可以直接申请披露。

（8）挂牌公司应当在定期报告披露前及时向主办券商提供下列文件：

①定期报告全文；

②审计报告（如适用）；

③董事会、监事会决议及其公告文稿；

④公司董事、高级管理人员的书面确认意见及监事会的书面审核意见；

⑤按照全国股转公司要求制作的定期报告和财务数据的电子文件；

⑥全国股转公司及主办券商要求的其他文件。

（9）挂牌公司财务报告被注册会计师出具非标准审计意见的，公司在向主办券商送达定期报告时应当提交下列文件，并与定期报告同时披露：

①董事会针对该审计意见涉及事项所做的专项说明和相关决议；

②监事会对董事会有关说明的意见和相关决议；

③负责审计的会计师事务所及注册会计师出具的专项说明；

④全国股转公司及主办券商要求的其他文件。

（10）负责审计的会计师事务所和注册会计师按本规则第十九条出具的专项说明应当至少包括以下内容：

①出具非标准审计意见的依据和理由；

②非标准审计意见涉及事项对报告期公司财务状况和经营成果的影响；

③非标准审计意见涉及事项是否违反企业会计准则及相关信息披露规范性规定。

（11）本规则第二十条所述非标准审计意见涉及事项属于违反会计准则及相关信息披露规范性规定的，主办券商应当督促挂牌公司对有关事项进行纠正。

（12）挂牌公司定期报告存在差错、未按规定披露或者虚假记载，被中国证监会或全国股转公司要求改正或者董事会决定更正的，应当在被要求改正或者董事会作出相应决定后，及时进行更正。对年度财务报告中会计差错进行更正的，应当披露会计师事务所出具的专项说明。

（13）挂牌公司年度报告中出现下列情形之一的，全国股转公司对股票交易实行风险警示，在公司股票简称前加注标识并公告：最近一个会计年度的财务报告被出具否定意见或者无法表示意见的审计报告；最近一个会计年度经审计的期末净资产为负值；全国股转公司规定的其他情形。

年度报告出现上述风险警示情形，或者挂牌公司因更正年度报告、追溯调整财务数据导致其触发创新层退出情形的，主办券商应当最迟在披露当日向全国股转公司报告。

3. 临时报告一般规定

（1）临时报告是指自取得挂牌同意函之日起，挂牌公司及其他信息披露义务人按照法律法规和中国证监会、全国股转公司有关规定发布的除定期报告以外的公告。

发生可能对公司股票及其他证券品种交易价格、投资者投资决策产生较大影响的重大事件（以下简称重大事件或重大事项），挂牌公司及其他信息披露义务人应当及时披露临时报告。

临时报告（监事会公告除外）应当加盖董事会公章并由公司董事会发布。

（2）挂牌公司应当按照中国证监会、全国股转公司有关规定编制并披露临时报告。中国证监会、全国股转公司对不同市场层级挂牌公司重大事件的标准有差异化规定的，挂牌公司应当遵守相关规定。

创新层挂牌公司应当按照中国证监会、全国股转系统行业信息披露有关规定的要求，及时披露行业特有重大事件。

（3）挂牌公司应当在重大事件最先触及下列任一时点后，及时履行首次披露义务：

①董事会或者监事会作出决议时；
②有关各方签署意向书或协议时；
③董事、监事或者高级管理人员知悉或者应当知悉该重大事件发生时。

挂牌公司筹划的重大事项存在较大不确定性，立即披露可能会损害公司利益或者误导投资者，且有关内幕信息知情人已书面承诺保密的，公司可以暂不披露，但最迟应当在该重大事项形成最终决议、签署最终协议、交易确定能够达成时对外披露。

相关信息确实难以保密、已经泄露或者出现市场传闻，导致公司股票及其他证券品种交易价格发生大幅波动的，公司应当立即披露相关筹划和进展情况。

（4）挂牌公司履行首次披露义务时，应当按照本规则及相关规定披露重大事件的起因、目前的状态和可能产生的法律后果等。编制公告时相关事实尚未发生的，公司应当客观公告既有事实，待相关事实发生后，再按照相关要求披露重大事件的进展情况。

挂牌公司已披露的重大事件出现可能对挂牌公司股票及其他证券品种交易价格或投资者决策产生较大影响的进展或者变化的，应当及时披露进展或者变化情况，包括协议执行发生重大变化、被有关部门批准或否决、无法交付过户等。

（5）挂牌公司控股子公司发生本规则第三章第三至五节规定的重大事件，视同挂牌公司的重大事件，适用本规则。

挂牌公司参股公司发生本规则第三章第三至五节规定的重大事件，可能对挂牌公司股票及其他证券品种交易价格或投资者决策产生较大影响的，挂牌公司应当参照本规则履行信息披露义务。

（6）挂牌公司发生的或者与之有关的事件没有达到本规则规定的披露标准，或者本规则没有具体规定，但公司董事会认为该事件可能对挂牌公司股票及其他证券品种交易价格或投资者决策产生较大影响的，公司应当及时披露。

4. 董事会、监事会和股东大会决议

（1）挂牌公司召开董事会会议，应当在会议结束后及时将经参会董事签字确认的决议（包括所有提案均被否决的董事会决议）向主办券商报备。

董事会决议涉及须经股东大会表决事项的，公司应当及时披露董事会决议公告，并在公告中简要说明议案内容。

董事会决议涉及本规则规定的应当披露的重大信息，公司应当在会议结束后及时披露董事会决议公告和相关公告。

（2）挂牌公司召开监事会会议，应当在会议结束后及时将经参会监事签字确认的决议向主办券商报备。

监事会决议涉及本规则规定的应当披露的重大信息，公司应当在会议结束后及时披露监事会决议公告和相关公告。

（3）挂牌公司应当在年度股东大会召开二十日前或者临时股东大会召开十五日前，以临时报告方式向股东发出股东大会通知。

（4）挂牌公司在股东大会上不得披露、泄漏未公开重大信息，会议结束后应当及时披露股东大会决议公告。挂牌公司按照规定聘请律师对股东大会的会议情况出具法律意见书的，应当在股东大会决议公告中披露法律意见书的结论性意见。

股东大会决议涉及本规则规定的重大事项，且股东大会审议未通过相关议案的，挂牌公司应当就该议案涉及的事项，以临时报告的形式披露事项未审议通过的原因及相关具体安排。

（5）主办券商、全国股转公司要求提供董事会、监事会和股东大会会议记录的，挂牌公司应当按要求提供。

5. 交易事项

（1）挂牌公司发生以下交易，达到披露标准的，应当及时披露：购买或者出售资产；对外投资（含委托理财、对子公司投资等）；提供担保；提供财务资助；租入或者租出资产；签订管理方面的合同（含委托经营、受托经营等）；赠与或者受赠资产；债权或者债务重组；研究与开发项目的转移；签订许可协议；放弃权利；中国证监会、全国股转公司认定的其他交易。

上述购买或者出售资产，不包括购买原材料、燃料和动力，以及出售产品或者商品等与日常经营相关的交易行为。

（2）创新层挂牌公司发生的交易（除提供担保外）达到下列标准之一的，应当及时披露：

①交易涉及的资产总额（同时存在账面值和评估值的，以孰高为准）或成交金额占公司最近一个会计年度经审计总资产的 10% 以上；

②交易涉及的资产净额或成交金额占公司最近一个会计年度经审计净资产绝对值的 10% 以上，且超过 300 万元。

（3）基础层挂牌公司发生的交易（除提供担保外）达到下列标准之一的，应当及时披露：

①交易涉及的资产总额（同时存在账面值和评估值的，以孰高为准）或成交金额占公司最近一个会计年度经审计总资产的 20% 以上；

②交易涉及的资产净额或成交金额占公司最近一个会计年度经审计净资产绝对值的 20% 以上，且超过 300 万元。

（4）挂牌公司与其合并报表范围内的控股子公司发生的或者上述控股子公司之间发生的交易，除另有规定或者损害股东合法权益外，免于按照本节规定披露。

挂牌公司提供担保的，应当提交公司董事会审议并及时披露董事会决议公告和相关公告。

（5）本节所述交易事项的计算或审议标准适用全国股转系统公司治理相关规则。

6. 关联交易

（1）挂牌公司的关联交易，是指挂牌公司或者其控股子公司等其他主体与公司关联方发生第三十五条规定的交易和日常经营范围内发生的可能引致资源或者义务转移的事项。

（2）挂牌公司应当及时披露按照全国股转系统公司治理相关规则须经董事会审议的关联交易事项。

挂牌公司应当在董事会、股东大会决议公告中披露关联交易的表决情况及表决权回避制度的执行情况。

（3）对于每年与关联方发生的日常性关联交易，挂牌公司可以在披露上一年度报告之前，对本年度将发生的关联交易总金额进行合理预计，履行相应审议程序并披露。对于预计范围内的关联交易，公司应当在年度报告和中期报告中予以分类，列表披露执行情况并说明交易的公允性。

实际执行超出预计金额的，公司应当就超出金额所涉及事项履行相应审议程序并披露。

（4）挂牌公司与关联方的交易，按照全国股转系统公司治理相关规则免予关联交易审议的，可以免予按照关联交易披露。

7. 其他重大事件

（1）挂牌公司因公开发行股票提交辅导备案申请时，应及时披露相关公告及后续进展。公司董事会就股票发行、拟在境内外其他证券交易场所上市、或者发行其他证券品种作出决议，应当自董事会决议之日起及时披露相关公告。

（2）挂牌公司设置、变更表决权差异安排的，应当在披露审议该事项的董事会决议的同时，披露关于设置表决权差异安排、异议股东回购安排及其他投资者保护措施等内容的公告。

（3）挂牌公司应当及时披露下列重大诉讼、仲裁：

①涉案金额超过 200 万元，且占公司最近一期经审计净资产绝对值 10% 以上；

②股东大会、董事会决议被申请撤销或者宣告无效。

（4）挂牌公司应当在董事会审议通过利润分配或资本公积转增股本方案后，及时披露方案具体内容，并于实施方案的股权登记日前披露方案实施公告。

（5）股票交易出现异常波动的，挂牌公司应当及时了解造成交易异常波动的影响因素，并于次一交易日开盘前披露异常波动公告。

（6）公共媒体传播的消息可能或者已经对公司股票及其他证券品种交易价格或投资者决策产生较大影响的，挂牌公司应当及时了解情况，向主办券商提供有助于甄别的相关资料，并发布澄清公告。

（7）挂牌公司任一股东所持公司 5% 以上的股份被质押、冻结、司法拍卖、托管、设定信托或者被依法限制表决权的，应当及时通知公司并予以披露。

（8）限售股份在解除限售前，挂牌公司应当按照全国股转公司有关规定披露相关公告。

（9）直接或间接持有公司 5% 以上股份的股东，所持股份占挂牌公司总股本的比例每达到 5% 的整数倍时，投资者应当按规定及时告知公司，并配合挂牌公司履行信息披露义务。挂牌公司应当及时披露股东持股情况变动公告。

挂牌公司投资者及其一致行动人拥有权益的股份达到《非上市公众公司收购管理办法》规定标准的，应当按照规定履行权益变动或控制权变动的披露义务。投资者及其一致行动人已披露权益变动报告书的，挂牌公司可以简化披露持股变动情况。

（10）挂牌公司和相关信息披露义务人披露承诺事项的，应当严格遵守其披露的承诺事项。

挂牌公司应当及时披露承诺事项的履行进展情况。公司未履行承诺的，应当及时披露原因及相关当事人可能承担的法律责任；相关信息披露义务人未履行承诺的，公司应当主动询问，并及时披露原因以及董事会拟采取的措施。

（11）全国股转公司对挂牌公司股票实行风险警示或作出股票终止挂牌决定后，挂牌公司应当及时披露。

（12）挂牌公司出现下列重大风险情形之一的，应当自事实发生之日起及时披露：停产、主要业务陷入停顿；发生重大债务违约；发生重大亏损或重大损失；主要资产被查封、扣押、冻结，主要银行账号被冻结；公司董事会、股东大会无法正常召开会议并形成决议；董事长或者经理无法履行职责，控股股东、实际控制人无法取得联系；公司其他可能导致丧失持续经营能力的风险。

（13）挂牌公司出现以下情形之一的，应当自事实发生或董事会决议之日起及时披露：变更公司名称、证券简称、公司章程、注册资本、注册地址、主要办公地址等，其中公司章程发生变更的，还应在股东大会审议通过后披露新的公司章程；经营方针和经营范围发生重大变化；挂牌公司控股股东、实际控制人及其一致行动人，或第一大股东发生变更；挂牌公司控股股东、实际控制人及其控制的企业占用公司资金；挂牌公司实际控制人及其控制的其他企业从事与公司相同或者相似业务的情况发生较大变化；法院裁定禁止控股股东、实际控制人转让其所持挂牌公司股份；挂牌公司董事、监事、高级管理人员发生变动；挂牌公司减资、合并、分立、解散及申请破产，或者依法进入破产程序、被责令关闭；订立重要合同、获得大额政府补贴等额外收益，可能对公司的资产、负债、权益和经营成果产生重大影响；挂牌公司提供担保，被担保人于债务到期后15个交易日内未履行偿债义务，或者被担保人出现破产、清算或其他严重影响其偿债能力的情形；营业用主要资产的抵押、质押、出售或者报废一次超过该资产的30%；挂牌公司发生重大债务；挂牌公司变更会计政策、会计估计（法律法规或者国家统一会计制度要求的除外），变更会计师事务所；挂牌公司或其控股股东、实际控制人、董事、监事、高级管理人员被纳入失信联合惩戒对象；挂牌公司取得或丧失重要生产资质、许可、特许经营权，或生产经营的外部条件、行业政策发生重大变化；挂牌公司涉嫌违法违规被中国证监会及其派出机构或其他有权机关调查，被移送司法机关或追究刑事责任，受到对公司生产经营有重大影响的行政处罚，或者被中国证监会及其派出机构采取行政监管措施或行政处罚；挂牌公司董事、监事、高级管理人员、控股股东或实际控制人涉嫌违法违规被中国证监会及其派出机构或其他有权机关调查、采取留置、强制措施或者追究重大刑事责任，被中国证监会及其派出机构处以证券市场禁入、认定为不适当人员等监管措施，受到对公司生产经营有重大影响的行政处罚；因已披露的信息存在差错、虚假记载或者未按规定披露，被有关机构要求改正或者经董事会决定进行更正；法律法规规定的，或者中国证监会、全国股转公司认定的其他情形。

挂牌公司发生违规对外担保，或者资金、资产被控股股东、实际控制人及其控制的企业占用的，应当披露相关事项的整改进度情况。

6.2.5 新三板的股票转让细则

1. 转让设施与转让参与人

（1）全国股份转让系统为股票转让提供相关设施，包括交易主机、交易单元、报盘系统及相关通信系统等。

（2）主办券商进入全国股份转让系统进行股票转让，应当向全国股份转让系统公司申请取得转让权限，成为转让参与人。

（3）转让参与人应当通过在全国股份转让系统申请开设的交易单元进行股票转让。

（4）交易单元是转让参与人向全国股份转让系统公司申请设立的、参与全国股份转让系统证券转让，并接受全国股份转让系统公司服务及监管的基本业务单位。

（5）主办券商在全国股份转让系统开展证券经纪、证券自营和做市业务，应当分别开立交易单元。

（6）交易单元和转让权限的具体规定，由全国股份转让系统公司另行制定。

2. 转让方式

（1）具体方式：股票可以采取做市转让方式、竞价转让方式、协议转让方式进行转让。

有 2 家以上做市商为其提供做市报价服务的股票，可以采取做市转让方式；除采取做市转让方式的股票外，其他股票采取竞价转让方式。

单笔申报数量或转让金额符合全国股份转让系统规定标准的股票转让，可以进行协议转让。

因收购、股份权益变动或引进战略投资者等原因导致的股票转让，可以申请进行特定事项协议转让。特定事项协议转让的具体办法另行制定。

（2）特别要求

①申请挂牌公司股票拟采取做市转让方式的，其中一家做市商应为推荐其股票挂牌的主办券商或该主办券商的母（子）公司。

②竞价转让方式包括集合竞价和连续竞价两种方式。采取集合竞价方式的股票，全国股份转让系统根据挂牌公司所属市场层级为其提供相应的撮合频次。采取连续竞价方式的具体条件由全国股份转让系统公司另行制定。

③挂牌公司提出申请并经全国股份转让系统公司同意，可以变更股票转让方式。

④采取做市转让方式的股票，拟变更为竞价转让方式的，挂牌公司应事前征得该股票所有做市商同意。

⑤采取做市转让方式的股票，为其做市的做市商不足 2 家，且未在 30 个转让日内恢复为 2 家以上做市商的，如挂牌公司未按规定提出股票转让方式变更申请，其转让方式将强制变更为竞价转让方式。

3. 股票转让一般规定

（1）投资者买卖股票，应当以实名方式开立证券账户和资金账户，与主办券商签订证券买卖委托代理协议，并签署相关风险揭示书。投资者开立证券账户，应当按照中国证券登记结算有限责任公司（以下简称中国结算）的规定办理。

（2）投资者可以通过书面委托方式或电话、自助终端、互联网等自助委托方式委托主办券商买卖股票。投资者进行自助委托的，应按相关规定操作，主办券商应当记录投资者委托的电话号码、网卡地址、IP地址等信息。

（3）主办券商接受投资者的买卖委托后，应当确认投资者具备相应股票或资金，并按照委托的内容向全国股份转让系统申报，承担相应的交易、交收责任。主办券商接受投资者买卖委托达成交易的，投资者应当向主办券商交付其委托主办券商卖出的股票或其委托主办券商买入股票的款项，主办券商应当向投资者交付卖出股票所得款项或买入的股票。

（4）投资者可以撤销委托的未成交部分。被撤销或失效的委托，主办券商应当在确认后及时向投资者返还相应的资金或股票。

（5）主办券商应按接受投资者委托的时间先后顺序及时向全国股份转让系统申报。

（6）申报指令应当按全国股份转让系统公司规定的格式传送。全国股份转让系统公司可以根据市场需要，调整申报的内容及方式。

（7）主办券商应当按有关规定妥善保管委托和申报记录。

（8）买卖股票的申报数量应当为1000股或其整数倍。卖出股票时，余额不足1000股部分，应当一次性申报卖出。

（9）股票转让的计价单位为"每股价格"。股票转让的申报价格最小变动单位为0.01元人民币。按成交原则达成的价格不在最小价格变动单位范围内的，按照四舍五入原则取至相应的最小价格变动单位。

（10）股票转让单笔申报最大数量不得超过100万股，协议转让除外。

（11）全国股份转让系统公司可以根据市场需要，调整股票单笔申报数量、申报价格的最小变动单位和单笔申报最大数量。

（12）申报当日有效。买卖申报和撤销申报经全国股份转让系统交易主机确认后方为有效。

（13）主办券商通过报盘系统向全国股份转让系统交易主机发送买卖申报指令。买卖申报经交易主机撮合成交后，转让即告成立。按本细则各项规定达成的交易于成立时生效，交易记录由全国股份转让系统公司发送至主办券商。

因不可抗力、意外事件、交易系统被非法侵入等原因造成严重后果的转让，全国股份转让系统公司可以采取适当措施或认定无效。对显失公平的转让，经全国股份转让系统公司认定，可以采取适当措施。

（14）违反本细则，严重破坏证券市场正常运行的转让，全国股份转让系统公司有权宣布取消转让。由此造成的损失由违规转让者承担。

（15）依照本细则达成的交易，其成交结果以交易主机记录的成交数据为准。

（16）投资者买入的股票，买入当日不得卖出。全国股份转让系统公司另有规定的除外。做市商在做市报价过程中买入的股票，买入当日可以卖出。

（17）按照本细则达成的交易，买卖双方必须承认交易结果，履行清算交收义务。股票买卖的清算交收业务，应当按照中国结算的规定办理。

（18）全国股份转让系统公司每个转让日发布股票转让即时行情、股票转让公开信息等转让信息，及时编制反映市场转让情况的各类报表，并通过全国股份转让系统指定信息披露平台或其他媒体予以公布。

（19）全国股份转让系统对采取做市和竞价转让方式的股票即时行情实行分类揭示。

（20）全国股份转让系统公司负责全国股份转让系统信息的统一管理和发布。未经全国股份转让系统公司许可，任何机构和个人不得发布、使用和传播转让信息。经全国股份转让系统公司许可使用转让信息的机构和个人，未经同意不得将转让信息提供给其他机构和个人使用或予以传播。

（21）全国股份转让系统公司可以根据市场需要，调整即时行情和股票转让公开信息发布的内容和方式。

（22）全国股份转让系统公司可以根据市场发展需要，编制综合指数、成份指数、分类指数等股票指数，随即时行情发布。股票指数的设置和编制方法，由全国股份转让系统公司另行规定。

4. 做市转让方式

（1）委托与申报。

①做市商应在全国股份转让系统持续发布买卖双向报价，并在其报价数量范围内按其报价履行与投资者的成交义务。做市转让方式下，投资者之间不能成交。全国股份转让系统公司另有规定的除外。

②投资者可以采用限价委托方式委托主办券商买卖股票。

限价委托是指投资者委托主办券商按其限定的价格买卖股票的指令，主办券商必须按限定的价格或低于限定的价格申报买入股票；按限定的价格或高于限定的价格申报卖出股票。

限价委托应包括证券账户号码、证券代码、买卖方向、委托数量、委托价格等内容。

③全国股份转让系统接受主办券商的限价申报、做市商的做市申报。全国股份转让系统公司另有规定的除外。

限价申报应包括证券账户号码、证券代码、交易单元代码、证券营业部识别码、买卖方向、申报数量、申报价格等内容。

做市申报是指做市商为履行做市义务，向全国股份转让系统发送的，按其指定价格买卖不超过其指定数量股票的指令。做市申报应包括证券账户号码、证券代码、交易单元代码、买卖申报数量和价格等内容。

④全国股份转让系统接受限价申报、做市申报的时间为每个转让日的 9:15 至 11:30、13:00 至 15:00。全国股份转让系统公司可以调整接受申报的时间。

⑤做市商应最迟于每个转让日的 9:30 开始发布买卖双向报价，履行做市报价义务。

⑥做市商每次提交做市申报应当同时包含买入价格与卖出价格，且相对买卖价差不得超过 5%。相对买卖价差计算公式为：

相对买卖价差 =（卖出价格 − 买入价格）÷ 卖出价格 × 100%

卖出价格与买入价格之差等于最小价格变动单位的，不受前款限制。

⑦做市商提交新的做市申报后，前次做市申报的未成交部分自动撤销。

⑧做市商前次做市申报撤销或其申报数量经成交后不足 1000 股的，做市商应于 5 分钟内

重新报价。

⑨做市商持有库存股票不足 1000 股时，可以免于履行卖出报价义务。

出现前款所述情形，做市商应及时向全国股份转让系统公司报告并调节库存股票数量，并最迟于该情形发生后第 3 个转让日恢复正常双向报价。

⑩单个做市商持有库存股票达到挂牌公司总股本 20% 时，可以免于履行买入报价义务。

出现前款所述情形，做市商应及时向全国股份转让系统公司报告，并最迟于该情形发生后第 3 个转让日恢复正常双向报价。

（2）成交。

①每个转让日的 9:30 至 11:30、13:00 至 15:00 为做市转让撮合时间。做市商每个转让日提供双向报价的时间应不少于做市转让撮合时间的 75%。

②全国股份转让系统对到价的限价申报即时与做市申报进行成交；如有 2 笔以上做市申报到价的，按照价格优先、时间优先原则成交。成交价以做市申报价格为准。

做市商更改报价使限价申报到价的，全国股份转让系统按照价格优先、时间优先原则将到价限价申报依次与该做市申报进行成交。成交价以做市申报价格为准。

到价是指限价申报买入价格等于或高于做市申报卖出价格，或限价申报卖出价格等于或低于做市申报买入价格。

限价申报之间、做市申报之间不能成交。

（3）做市商管理。

①证券公司在全国股份转让系统开展做市业务前，应向全国股份转让系统公司申请备案。

②做市商开展做市业务，应通过专用证券账户进行。做市专用证券账户应向中国结算和全国股份转让系统公司报备。

做市商不再为挂牌公司股票提供做市报价服务的，应将库存股票转出做市专用证券账户。

③做市商证券自营账户不得持有其做市股票或参与做市股票的买卖。

④挂牌时采取做市转让方式的股票，初始做市商应当取得合计不低于挂牌公司总股本 5% 或 100 万股（以孰低为准），且每家做市商不低于 10 万股的做市库存股票。

除前款所述情形外，做市商在做市前应当取得不低于 10 万股的做市库存股票。

⑤做市商的做市库存股票可通过以下方式取得：股东在挂牌前转让、股票发行、在全国股份转让系统买入、其他合法方式。

⑥挂牌时采取做市转让方式的股票，后续加入的做市商须在该股票挂牌满 3 个月后方可为其提供做市报价服务。采取做市转让方式的股票，后续加入的做市商应当向全国股份转让系统公司提出申请。

⑦挂牌时采取做市转让方式的股票和由其他转让方式变更为做市转让方式的股票，其初始做市商为股票做市不满 6 个月的，不得退出为该股票做市。后续加入的做市商为股票做市不满 3 个月的，不得退出为该股票做市。

做市商退出做市的，应当事前提出申请并经全国股份转让系统公司同意。做市商退出做市后，1 个月内不得申请再次为该股票做市。

⑧出现下列情形时，做市商自动终止为相关股票做市：该股票摘牌；该股票因其他做市

商退出导致做市商不足2家而变更转让方式；做市商被暂停、终止从事做市业务或被禁止为该股票做市；全国股份转让系统公司认定的其他情形。

（4）做市商间转让。

①做市商间为调节库存股等进行股票转让的，可以通过互报成交确认申报方式进行。

②做市商的成交确认申报是指做市商之间按指定价格和数量与指定对手方确认成交的指令。

做市商的成交确认申报应包括证券账户号码、证券代码、交易单元代码、买卖方向、申报数量、申报价格、对手方交易单元、对手方证券账户号码以及成交约定号等内容。

③全国股份转让系统接受做市商成交确认申报和对做市商成交确认申报进行成交确认的时间为每个转让日的15:00至15:30。

④全国股份转让系统对证券代码、申报价格和申报数量相同，买卖方向相反，指定对手方交易单元、证券账户号码相符及成交约定号一致的做市商成交确认申报进行确认成交。

做市商间转让股票，其成交价格应当不高于前收盘价的200%，或当日最高成交价中的较高者，且不低于前收盘价的50%，或当日最低成交价中的较低者。

⑤做市商间转让不纳入即时行情和指数的计算，成交量在每个转让日做市商间转让结束后计入该股票成交总量。

⑥每个转让日做市商间转让结束后，全国股份转让系统公司逐笔公布做市商间转让信息，包括证券名称、成交量、成交价以及买卖双方做市商名称等。

（5）其他规定。

①采取做市转让方式的股票，开盘价为该股票当日第一笔成交价。

②采取做市转让方式的股票，收盘价为该股票当日最后一笔成交前15分钟成交量加权平均价（含最后一笔交易）。当日无成交的，以前收盘价为当日收盘价。

③全国股份转让系统为做市商提供其做市股票实时最高10个价位的买入限价申报价格和数量、最低10个价位的卖出限价申报价格和数量等信息，以及为该股票提供做市报价服务做市商的实时最优10笔买入和卖出做市申报价格和数量等信息。

④采取做市转让方式的股票，全国股份转让系统每个转让日9:30开始发布即时行情，其内容主要包括证券代码、证券简称、前收盘价、最近成交价、当日最高价、当日最低价、当日累计成交数量、当日累计成交金额、做市商实时最高3个价位买入申报价格和数量、做市商实时最低3个价位卖出申报价格和数量等。

5. 协议转让方式

（1）单笔申报数量不低于10万股，或者转让金额不低于100万元人民币的股票转让，可以进行协议转让。

（2）投资者可以采用成交确认委托方式委托主办券商买卖股票。

成交确认委托是指投资者买卖双方达成成交协议，委托主办券商按其指定的价格和数量与指定对手方确认成交的指令。成交确认委托应包括：证券账户号码、证券代码、买卖方向、委托数量、委托价格、成交约定号、对手方交易单元代码和对手方证券账户号码等内容。

（3）全国股份转让系统接受主办券商的成交确认申报。

成交确认申报应包括：证券账户号码、证券代码、交易单元代码、证券营业部识别码、买卖方向、申报数量、申报价格、成交约定号、对手方交易单元代码和对手方证券账户号码等内容。

（4）交易主机接受申报的时间为每个转让日的 9:15 至 11:30、13:00 至 15:30。全国股份转让系统公司可以调整接受申报的时间。

（5）每个转让日的 15:00 至 15:30 为协议转让的成交确认时间。

（6）全国股份转让系统对证券代码、申报价格和申报数量相同，买卖方向相反，指定对手方交易单元、证券账户号码相符及成交约定好一致的成交确认申报进行确认成交。

协议转让的成交价格应当不高于前收盘价的 200% 或当日已成交的最高价格中的较高者，且不低于前收盘价的 50% 或当日已成交的最低价格中的较低者。

（7）协议转让不纳入即时行情和指数的计算，成交量在协议转让结束后计入当日该股票成交总量。

每个转让日结束后，全国股份转让系统公司公布当日每笔协议转让成交信息，内容包括证券代码、证券简称、成交价格、成交数量、买卖双方主办券商证券营业部或交易单元的名称等。股票转让公开信息涉及机构专用交易单元的，公布名称为"机构专用"。

6. 竞价转让方式

（1）委托与申报。

①股票竞价转让采用集合竞价和连续竞价两种方式。集合竞价，是指对一段时间内接受的买卖申报一次性集中撮合的竞价方式。连续竞价，是指对买卖申报逐笔连续撮合的竞价方式。

②采取集合竞价转让方式的基础层股票，交易主机于每个转让日的 15:00，对接受的买卖申报进行集中撮合。

采取集合竞价转让方式的创新层股票，交易主机于每个转让日的 9:30、10:30、11:30、14:00、15:00，对接受的买卖申报进行集中撮合。

全国股份转让系统可以根据市场需要，调整集合竞价的撮合频次。

③采取连续竞价转让方式的股票，每个转让日的 9:15 至 9:25 为开盘集合竞价时间，9:30 至 11:30、13:00 至 14:55 为连续竞价时间，14:55 至 15:00 为收盘集合竞价时间。

④投资者可以采用限价委托方式委托主办券商买卖股票。

限价委托是指投资者委托主办券商按其限定的价格买卖股票的指令，主办券商必须按限定的价格或低于限定的价格申报买入股票；按限定的价格或高于限定的价格申报卖出股票。

限价委托应包括证券账户号码、证券代码、买卖方向、委托数量、委托价格等内容。

⑤全国股份转让系统接受主办券商的限价申报。

限价申报应包括证券账户号码、证券代码、交易单元代码、证券营业部识别码、买卖方向、申报数量、申报价格等内容。

⑥全国股份转让系统接受主办券商限价申报的时间为每个转让日 9:15 至 11:30、13:00 至 15:00。

采取集合竞价转让方式的股票，每次集中撮合前 5 分钟交易主机不接受撤销申报；在其他接受申报的时间内，未成交申报可以撤销。

采取连续竞价转让方式的股票，每个转让日 9:20 至 9:25、14:55 至 15:00，交易主机不接受撤销申报；在其他接受申报的时间内，未成交申报可以撤销。每个转让日 9:25 至 9:30，交易主机只接受申报，但不对买卖申报或撤销申报作处理。全国股份转让系统公司可以调整接受申报的时间。

⑦全国股份转让系统对采取竞价转让方式的股票设置申报有效价格范围，超出该有效价格范围的申报无效。

⑧采取集合竞价转让方式的股票，申报有效价格范围为前收盘价的 50% 至 200%。

无前收盘价的，成交首日不设申报有效价格范围，自次一转让日起设置申报有效价格范围。

⑨采取连续竞价转让方式的股票，开盘集合竞价的申报有效价格范围为前收盘价的上下 20% 以内。连续竞价、收盘集合竞价的申报有效价格范围为最近成交价的上下 20% 以内；当日无成交的，申报有效价格范围为前收盘价的上下 20% 以内。挂牌后无成交的股票，对申报不设置有效价格范围。

（2）成交。

①股票竞价转让按价格优先、时间优先的原则撮合成交。

②集合竞价时，成交价的确定原则为：可实现最大成交量；高于该价格的买入申报与低于该价格的卖出申报全部成交；与该价格相同的买方或卖方至少有一方全部成交。

两个以上价格符合上述条件的，取在该价格以上的买入申报累计数量与在该价格以下的卖出申报累计数量之差最小的价格为成交价。若买卖申报累计数量之差仍存在相等情况的，取最接近最近成交价的价格为成交价；当日无成交的，取最接近前收盘价的价格为成交价；无前收盘价的，取其平均价为成交价。集合竞价的所有转让以同一价格成交。

③连续竞价时，成交价的确定原则为：最高买入申报与最低卖出申报价格相同，以该价格为成交价；买入申报价格高于集中申报簿当时最低卖出申报价格时，以集中申报簿当时的最低卖出申报价格为成交价；卖出申报价格低于集中申报簿当时最高买入申报价格时，以集中申报簿当时的最高买入申报价格为成交价。

（3）其他规定。

①采取竞价转让方式的股票，开盘价为当日该股票的第一笔成交价。采取连续竞价转让方式的股票，开盘价通过集合竞价方式产生，不能通过集合竞价产生的，以连续竞价方式产生。

②采取竞价转让方式的股票，收盘价通过集合竞价的方式产生。收盘集合竞价不能产生收盘价或未进行收盘集合竞价的，以该转让日最后一笔成交价为收盘价。当日无成交的，以前收盘价为当日收盘价。

③采取集合竞价转让方式的股票，即时行情内容包括证券代码、证券简称、前收盘价、集合竞价参考价、匹配量和未匹配量等；若未产生集合竞价参考价的，则揭示实时最优 1 档申报价格和数量。

采取连续竞价转让方式的股票，集合竞价期间即时行情内容包括证券代码、证券简称、前收盘价、集合竞价参考价、匹配量和未匹配量等；连续竞价期间即时行情内容包括证券代码、证券简称、前收盘价、最近成交价、当日最高成交价、当日最低成交价、当日累计成交数量、当日累计成交金额、实时最高 5 个价位买入申报价格和数量、实时最低 5 个价位卖出申报价格和数量等。

④采取竞价转让方式的股票出现下列情形之一的，全国股份转让系统公司分别公布相关股票当日买入、卖出金额最大 5 家主办券商证券营业部或交易单元的名称及其各自的买入、卖出金额：当日价格振幅达到 30% 的前 5 只股票；价格振幅的计算公式为：价格振幅=（当日最高价－当日最低价）/当日最低价×100%；当日换手率达到 10% 的前 5 只股票；换手率的计算公式为：换手率＝成交股数/无限售条件股份总数×100%；价格振幅或换手率相同的，依次按成交金额和成交量选取；基础层、创新层股票排名分别计算。

股票转让公开信息涉及机构专用交易单元的，公布名称为"机构专用"。

7. 转让方式的确定

（1）股票挂牌时拟采取做市交易方式或集合竞价交易方式的，申请挂牌公司应召开股东大会作出决议，并向全国股转公司提出申请。

（2）股票挂牌时拟采取做市交易方式的，应当具备以下条件：

①2 家以上做市商同意为申请挂牌公司股票提供做市报价服务，且其中一家做市商为推荐该股票挂牌的主办券商或该主办券商的母（子）公司；

②做市商合计取得不低于申请挂牌公司总股本 5% 或 100 万股（以孰低为准），且每家做市商不低于 10 万股的做市库存股票；

③全国股转公司规定的其他条件。

（3）全国股转公司在出具同意挂牌审查意见时，确认申请挂牌公司股票的交易方式。

（4）股票拟采取做市交易方式的，申请挂牌公司应当在股票挂牌前将做市商做市库存股票登记在做市专用证券账户。

（5）申请挂牌公司应当按照全国股转公司的要求，在公开转让说明书和挂牌提示性公告中披露其股票交易方式。

8. 集合竞价交易方式变更为做市交易方式

（1）采取集合竞价交易方式的股票，挂牌公司申请变更为做市交易方式的，应当符合以下条件：

①2 家以上做市商同意为该股票提供做市报价服务，并且每家做市商已取得不低于 10 万股的做市库存股票；

②全国股转公司规定的其他条件。

（2）挂牌公司应当在作出有关变更交易方式的决议后 6 个月内，向全国股转公司提出申请。

（3）做市商应不晚于全国股转公司受理挂牌公司申请当日，向中国证券登记结算有限责任公司（以下简称中国结算）申请将做市库存股票划转至做市专用证券账户。

（4）挂牌公司应当于全国股转公司出具同意意见当日在规定的信息披露平台公告，自全国股转公司出具意见之日后第 2 个交易日起该股票交易方式变更为做市交易方式，相关做市商应当履行对该股票的做市报价义务。

（5）集合竞价交易方式变更为做市交易方式的申请材料：

①变更股票交易方式为做市交易方式的申请；

②挂牌公司关于变更股票交易方式的股东大会决议；

③做市商为挂牌公司股票提供做市报价服务的申请；

④全国股转公司要求的其他材料。

9. 做市交易方式变更为集合竞价交易方式

（1）采取做市交易方式的股票，挂牌公司申请变更为集合竞价交易方式的，应当符合以下条件：

①该股票所有做市商均已满足《交易规则》关于最低做市期限的要求，且均同意退出做市；

②全国股转公司规定的其他条件。

（2）挂牌公司应当在作出有关变更交易方式的决议后 10 个交易日内，向全国股转公司提出申请。

（3）挂牌公司应当于全国股转公司出具同意意见当日在规定的信息披露平台公告，自全国股转公司出具意见之日后第 2 个交易日起该股票交易方式变更为集合竞价交易方式，相关做市商停止为该股票提供做市报价服务。

（4）做市商应当于交易方式变更生效后，向中国结算申请将做市库存股票转出做市专用证券账户。

（5）做市交易方式变更为集合竞价交易方式的申请材料：

①变更股票交易方式为集合竞价交易方式的申请；

②挂牌公司关于变更股票交易方式的股东大会决议；

③做市商同意退出做市声明；

④全国股转公司要求的其他材料。

6.2.6 新三板再融资规定

新三板定向增发，又称新三板定向发行，是指申请挂牌公司、挂牌公司向特定对象发行股票的行为，是新三板股权融资的主要功能。

定向发行包括股份有限公司向特定对象发行股票导致股东累计超过 200 人，以及公众公司向特定对象发行股票两种情形。

1. 特定对象

特定对象的范围包括下列机构或者自然人：

（1）公司股东；

（2）公司的董事、监事、高级管理人员、核心员工；

（3）符合投资者适当性管理规定的自然人投资者、法人投资者及其他经济组织。

股票未公开转让的公司确定发行对象时，符合第3项规定的投资者合计不得超过35名。

核心员工的认定，应当由公司董事会提名，并向全体员工公示和征求意见，由监事会发表明确意见后，经股东大会审议批准。

2. 符合投资者适当性管理规定的合格投资者

（1）投资者参与创新层股票交易应当符合下列条件：

①实收资本或实收股本总额100万元人民币以上的法人机构；

②实缴出资总额100万元人民币以上的合伙企业；

③申请权限开通前10个交易日，本人名下证券账户和资金账户内的资产日均人民币100万元以上（不含该投资者通过融资融券融入的资金和证券），且具有本办法第六条规定的投资经历、工作经历或任职经历的自然人投资者。

（2）投资者参与基础层股票交易应当符合下列条件：

①实收资本或实收股本总额200万元人民币以上的法人机构；

②实缴出资总额200万元人民币以上的合伙企业；

③申请权限开通前10个交易日，本人名下证券账户和资金账户内的资产日均人民币200万元以上（不含该投资者通过融资融券融入的资金和证券），且具有本小节第3项规定的投资经历、工作经历或任职经历的自然人投资者。

投资者参与挂牌同时定向发行的，应当符合本条前款规定。

（3）自然人投资者参与挂牌公司股票交易的，应当具有2年以上证券、基金、期货投资经历，或者具有2年以上金融产品设计、投资、风险管理及相关工作经历，或者具有《证券期货投资者适当性管理办法》第八条第一款第一项规定的证券公司、期货公司、基金管理公司及其子公司、商业银行、保险公司、信托公司、财务公司等，以及经行业协会备案或者登记的证券公司子公司、期货公司子公司、私募基金管理人等金融机构的高级管理人员任职经历。

具有前款所称投资经历、工作经历或任职经历的人员属于《证券法》规定禁止参与股票交易的，不得参与挂牌公司股票交易。

（4）《证券期货投资者适当性管理办法》第八条第一款第二项、第三项规定的证券公司资产管理产品、基金管理公司及其子公司产品、期货公司资产管理产品、银行理财产品、保险产品、信托产品、经行业协会备案的私募基金等理财产品，社会保障基金、企业年金等养老基金，慈善基金等社会公益基金，合格境外机构投资者（QFII）、人民币合格境外机构投资者（RQFII）等机构投资者，可以参与挂牌公司股票交易。

（5）公司挂牌时的股东、通过定向发行、股权激励持有公司股份的股东等，如不符合其所持股票市场层级对应的投资者准入条件的，只能买卖其持有或曾持有的挂牌公司股票。

因挂牌公司市场层级调整导致投资者不符合其所持股票市场层级对应的投资者准入条件的，只能买卖其持有或曾持有的挂牌公司股票。

3. 董事会、股东大会决议

（1）公司董事会应当依法就本次股票发行的具体方案作出决议，并提请股东大会批准，股东大会决议必须经出席会议的股东所持表决权的 2/3 以上通过。

监事会应当对董事会编制的股票发行文件进行审核并提出书面审核意见。监事应当签署书面确认意见。

股东大会就股票发行作出的决议,至少应当包括下列事项:本次发行股票的种类和数量(数量上限);发行对象或范围、现有股东优先认购安排;定价方式或发行价格(区间);限售情况;募集资金用途;决议的有效期;对董事会办理本次发行具体事宜的授权;发行前滚存利润的分配方案;其他必须明确的事项。

(2)申请向特定对象发行股票导致股东累计超过 200 人的股份有限公司,董事会和股东大会决议中还应当包括以下内容:

①按照中国证监会的相关规定修改公司章程;

②按照法律、行政法规和公司章程的规定建立健全公司治理机制;

③履行信息披露义务,按照相关规定披露定向发行说明书、发行情况报告书、年度报告、中期报告及其他信息披露内容。

(3)董事会、股东大会决议确定具体发行对象的,董事、股东参与认购或者与认购对象存在关联关系的,应当回避表决。

出席董事会的无关联关系董事人数不足三人的,应将该事项提交公司股东大会审议。

4. 申请文件

公司应当按照中国证监会有关规定制作定向发行的申请文件,申请文件应当包括但不限于:定向发行说明书、符合《证券法》规定的律师事务所出具的法律意见书、符合《证券法》规定的会计师事务所出具的审计报告、证券公司出具的推荐文件。

5. 储价发行

公司申请定向发行股票,可申请一次核准,分期发行。自中国证监会予以核准之日起,公司应当在 3 个月内首期发行,剩余数量应当在 12 个月内发行完毕。超过核准文件限定的有效期未发行的,须重新经中国证监会核准后方可发行。首期发行数量应当不少于总发行数量的 50%,剩余各期发行的数量由公司自行确定,每期发行后 5 个工作日内将发行情况报中国证监会备案。

6. 小额融资豁免

向特定对象发行股票后股东累计超过 200 人的公司,应当持申请文件向中国证监会申请核准。股票公开转让的公众公司提交的申请文件还应当包括全国股转系统的自律监管意见。

股票公开转让的公众公司向特定对象发行股票后股东累计不超过 200 人的,中国证监会豁免核准,由全国股转系统自律管理。

7. 信息披露

股票发行结束后,公众公司应当按照中国证监会的有关要求编制并披露发行情况报告书。申请分期发行的公众公司应在每期发行后按照中国证监会的有关要求进行披露,并在全部发行结束或者超过核准文件有效期后按照中国证监会的有关要求编制并披露发行情况报告书。

豁免向中国证监会申请核准定向发行的公众公司,应当在发行结束后按照中国证监会的有关要求编制并披露发行情况报告书。

6.2.7　新三板的重组规定

1. 停牌与内幕知情人报备

(1) 公司与交易对方筹划重组事项时,应当做好保密工作和内幕信息知情人登记工作,密切关注媒体传闻、公司股票及其他证券品种的交易价格变动情况,并结合重组事项进展,及时申请公司股票停牌并报送材料。

在公司股票停牌前,全国股转公司不接受任何与该公司重组事项相关的业务咨询,也不接收任何与重大资产重组相关的材料。

(2) 公司出现下列情形之一时,应当立即向全国股转公司申请公司股票停牌:

①交易各方初步达成实质性意向;

②虽未达成实质意向,但在相关董事会决议公告前,相关信息已在媒体上传播或者预计该信息难以保密或者公司证券交易价格出现异常波动;

③本次重组需要向有关部门进行政策咨询、方案论证。

除挂牌公司申请股票停牌的情形外,全国股转公司有权在必要情况下对挂牌公司股票主动实施停牌。

(3) 公司重大资产重组相关的停复牌事项,应当按照《全国中小企业股份转让系统挂牌公司股票停复牌业务实施细则》、《全国中小企业股份转让系统挂牌公司股票停复牌业务指南》的要求办理。

(4) 公司必须在确认其股票已停牌后方能与全国股转公司工作人员就重大资产重组相关事项进行沟通。

(5) 公司因重大资产重组事项申请停牌,首次停牌时间不得超过 1 个月。

公司重组事项因涉及有权部门事前审批、重大无先例或全国股转公司认定的其他情形,导致无法在停牌期限届满前披露重组预案或重组报告书的,经公司董事会审议通过后可以申请延期复牌,但自首次停牌之日起,累计停牌时间不得超过 2 个月。期满后仍未能披露重组预案或重组报告书的,挂牌公司应当终止筹划重组事项,并申请复牌。

除前款规定情形外,挂牌公司因筹划重大资产重组股票停牌的,不得申请延期复牌。挂牌公司无法在停牌期限届满前披露重组预案或重组报告书的,应当终止筹划本次重组并申请股票复牌。

因涉及国家重大战略项目、国家军工秘密等事项对停牌时间另有要求,或两网及退市公司在破产重整中嵌套实施重大资产重组的,停牌时间不受本条限制。

(6) 公司因重大资产重组股票停牌后,应当每 5 个交易日披露一次重组进展公告。重组事项出现重要进展的,应当在重组进展公告中予以披露。

前款所称重要进展,包括但不限于以下情形:

①各方就交易方案进行磋商的相关情况;

②公司与交易对方签订重组框架或意向协议,对已签订的重组框架或意向协议作出重大

修订或变更；

③公司取得有权部门关于重组事项的事前审批意见；

④公司与聘请的中介机构签订重组服务协议；

⑤尽职调查、审计、评估等工作取得阶段性进展；

⑥更换财务顾问、审计机构、评估机构等中介机构；

⑦已披露重组标的的公司，更换、增加、减少重组标的，公司应当披露拟变更标的的具体情况、变更的原因；

⑧因交易双方价格分歧、挂牌公司证券价格波动、税收政策、标的资产行业政策发生重大变化等原因，导致重组事项出现终止风险的，公司应当及时提示相关风险并披露后续进展；

⑨其他重大进展。

（7）公司进入重大资产重组程序前因筹划具有重大不确定性的重大事项等原因已经申请股票停牌或更换重组标的的，已停牌时间应一并计入重大资产重组停牌累计时长。

除重组事项依法须经有关部门前置审批或涉及重大无先例事项的情形外，停牌期满后仍无法披露重组预案或重组报告书的，公司应当终止本次重大资产重组，披露终止重组的公告，并在公告中承诺终止重组后1个月内不再筹划重大资产重组事项。终止重组相关公告披露后，公司应当向全国股转公司申请股票于次两个交易日复牌。

公司应当申请股票复牌但拒不提出申请的，全国股转公司有权对公司股票实施强制复牌。

（8）除公司股票自挂牌以来未进行过交易的情形外，公司应当在股票停牌之日起10个交易日内，按照《全国中小企业股份转让系统重大资产重组业务指南第1号：非上市公众公司重大资产重组内幕信息知情人报备指南》的要求，向全国股转公司提交完整的内幕信息知情人名单、相关人员买卖公司证券的自查报告、公司重大资产重组交易进程备忘录及公司全体董事对内幕信息知情人报备文件真实性、准确性和完整性的承诺书。

公司预计股票停牌日距离重大资产重组首次董事会召开不足10个交易日的，应当在申请停牌的同时提交上述材料。

公司股票自挂牌以来未进行过交易的，公司应当在股票停牌之日起10个交易日内，提交关于公司股票交易情况的书面说明。

（9）全国股转公司在收到内幕信息知情人名单及自查报告后，将对内幕信息知情人在停牌申请日前6个月的公司证券交易情况进行核查。

发现异常交易情况，全国股转公司有权要求公司、独立财务顾问及其他相关主体对交易情况做出进一步核查；涉嫌利用公司重大资产重组信息从事内幕交易、操纵证券市场等违法违规活动的，全国股转公司有权采取自律监管措施或纪律处分，并向中国证监会报告。

2. 信息披露与复牌

（1）公司应当在重组事项首次董事会召开后2个交易日内，按照《非上市公众公司重大资产重组管理办法》（以下简称《重组办法》）及相关规范性文件的要求制作并披露相关信息披露文件。前述信息披露完成后，挂牌公司应当向全国股转公司申请于披露后的次两个交易日复牌。

两网及退市公司在破产重整中嵌套实施重大资产重组的，前款所述信息披露完成后，公司原则上应当在继续停牌 10 个交易日后向全国股转公司申请股票复牌，并在复牌公告中对重组事项尚未经过股东大会审议通过、存在不确定风险进行充分揭示。公司重组事项在审议程序、信息披露等方面存在违法违规或存在其他重大风险的，全国股转公司有权要求公司股票持续停牌，不受 10 个交易日的期限限制。

公司应当申请股票复牌但拒不提出申请的，全国股转公司有权对公司股票实施强制复牌。

（2）全国股转公司在公司信息披露后的 10 个交易日内对信息披露文件的完备性进行审查。发现信息披露文件存在完备性问题的，全国股转公司有权要求公司对存在问题的信息披露文件内容进行解释、说明和更正。

对于重组预案需更正的情形，公司应当在完成重组预案更正并披露后，再召开董事会审议并披露重组报告书等文件。

（3）公司应当在披露重大资产重组报告书等文件的同时，一并披露关于召开股东大会的相关安排。公司在相关安排中确定股东大会召开日期的，董事会决议披露日与股东大会召开日的时间间隔除符合法律法规、中国证监会及全国股转系统的相关规定外，还应当不少于 10 个交易日。

公司重大资产重组报告书等信息披露文件经全国股转公司审查需要解释、说明和更正的，应当在收到反馈问题清单后披露暂缓召开股东大会的公告。完成信息披露文件更正并经全国股转公司审查完毕后，公司应当披露更正后的相关文件，并重新披露股东大会通知。

（4）因公司拟对交易对象、交易标的、交易价格等重组方案主要内容作出变更，构成原重组方案重大调整的，应当在董事会审议通过后重新提交股东大会审议，并重新履行申请停牌、内幕知情人报备、信息披露及申请复牌等程序。支付手段发生变更的，应当视为重组方案的重大调整。

公司在重组报告书中对重组预案内容进行更改的，适用前款规定。

（5）公司披露重大资产重组预案或重大资产重组报告书后，因自愿选择终止重组、独立财务顾问或律师对异常交易无法发表意见或认为存在内幕交易且不符合恢复重大资产重组进程要求等原因终止本次重大资产重组的，应当经董事会或股东大会审议通过，并及时披露关于终止重大资产重组的临时公告，并同时在公告中承诺自公告之日起至少 1 个月内不再筹划重大资产重组。

中国证监会依据《非上市公众公司重大资产重组管理办法》第二十八条的规定，要求公司终止重大资产重组进程的，公司应当及时披露关于重大资产重组终止的临时公告，并同时在公告中承诺自公告之日起至少 12 个月内不再筹划重大资产重组。

3. 发行股份购买资产

（1）公司发行股份购买资产构成重大资产重组且发行结束后股东人数不超过两百人的，应当向全国股转公司申请备案。其信息披露及具体操作流程，须遵守《重组办法》、本细则及其他相关规范性文件的要求。

涉及以发行股份和其他支付手段混合认购资产构成重大资产重组的，按照发行股份购买资产构成重大资产重组的规定办理。

（2）公司发行股份购买资产构成重大资产重组的，发行对象需满足中国证监会及全国股转系统关于投资者适当性的有关规定。

涉及发行股份购买资产同时募集配套资金的，募集配套资金部分与购买资产部分发行的股份可以分别定价，视为两次发行，但应当逐一表决、分别审议。

募集配套资金行为应当符合挂牌公司股票发行的监管要求，且所配套资金比例不超过拟购买资产交易价格的50%。所募资金应当用于支付本次重组交易中的现金对价，支付本次重组交易税费、人员安置费用等并购整合费用，投入标的资产在建项目建设以及其他与本次重组相关的合理用途，并适用挂牌公司股票发行募集资金的相关管理规定。

（3）涉及以优先股、债券等其他支付手段购买资产构成重大资产重组的，应当适用《重组办法》的有关规定，并遵守中国证监会和全国股转公司的其他相关规范性文件。

（4）公司涉及发行股份购买资产构成重大资产重组的，应当在验资完成后20个交易日内，根据《全国中小企业股份转让系统重大资产重组业务指南第2号：非上市公众公司发行股份购买资产构成重大资产重组文件报送指南》的要求，向全国股转公司报送股票发行备案或股票登记申请文件。

公司在取得全国股转公司出具的股份登记函后，应当在10个交易日内办理新增股份登记。

6.3 区域性股权交易市场

6.3.1 基本介绍

区域性股权交易市场，俗称"四板市场"，与新三板、创业板、中小板和主板市场一起构成我国多层次资本市场体系。区域性股权交易市场与新三板市场一样，属于场外市场，但区域性股权交易市场主要服务于特定区域内的中小微企业，对中小微企业融资、股权流动、上市孵化具有促进作用，在加强金融创新和支持实体经济发展方面发挥着重要的作用。

2008年9月，我国第一家区域性股权交易市场——天津股权交易所正式挂牌成立，标志着我国区域性股权交易市场的诞生。十多年来，区域性股权交易市场在各省份陆续建立，市场规模和影响力也在不断扩大，全国各地区域性股权交易市场保持着良好的发展势头。根据《国务院办公厅关于规范发展区域性股权市场的通知》和《区域性股权市场监督管理试行办法》，证监会分别于2018年4月27日、2018年7月27日和2019年7月26日分三批公示了34家全国区域性股权交易市场运营机构的备案名单。截至2020年2月，全国所有区域性股权交易中心共有挂牌企业3万余家，展示企业10万余家，纯托管企业7600余家，累计为企业实现各类融资1万多亿元。其中，融资总数最多的股权交易市场为广州股权交易中心，融资总数达到2031.37亿元。紧随其后的是甘肃股权交易中心、广东股权交易中心和武汉股权托管交易中心，其融资总数分别为1643.26亿元、1131.4亿元、1053.66亿元。从各省份融资总额来看，广东省融资总额独占鳌头，为全国区域性股权交易最活跃的省份，甘肃省和湖北省的融资总额分别位居第二、第三。

区域性股权交易市场的快速发展离不开相关政策的大力支持。2017年1月，国务院办公厅发布《关于规范发展区域性股权市场的通知》，对区域性股权交易市场的定位和发展提出明确要求；2017年7月，《区域性股权市场监督管理试行办法》正式施行，从制度层面对区域性股权交易市场的发展作出安排，统一了业务发展及监管规则；2018年7月，中国证券业协会发布《区域性股权市场自律管理与服务规范（试行）》，对证券公司参与区域性股权交易市场等业务提出明确的指导意见。2019年，证监会发布了《关于规范发展区域性股权市场的指导意见》，对规范发展区域性股权交易市场、防范化解金融风险、保护投资者合法权益等作出了详细的规定。随着各项政策的出台，区域性股权交易市场进入了健康发展的新阶段，在服务实体经济、提高直接融资比重、支持中小微企业发展、推动普惠金融发展等方面发挥了重要作用。

6.3.2 区域性股权交易中心挂牌流程（以上海股权托管交易中心为例）

1. 中小企业股权报价系统（Q板）挂牌流程

（1）企业申请在中小企业股权报价系统挂牌，不得存在以下情况：

①无固定的办公场所；

②无满足企业正常运作的人员；

③企业被国家有关部门吊销营业执照或其他合法执业证照；

④存在重大违法违规行为或被国家相关部门予以严重处罚；

⑤企业的董事、监事、经营管理人员存在《公司法》第一百四十六条所列属的或违反国家其他相关法律法规的情形；

⑥上海股权托管交易中心认定的其他情形。

（2）企业召开董事会、股东（大）会就挂牌事项作出决议，或由企业内部有权机构就挂牌事项作出决议。

（3）企业委托上海股权托管交易中心Q板推荐机构会员为其提供挂牌服务。必要时，企业可聘请资质健全的会计师事务所、律师事务所、资产评估机构等专业服务机构为其挂牌提供有关专业服务。

（4）推荐机构会员对企业进行专项调查后向上海股权托管交易中心报送Q板挂牌申请和以下备案文件：挂牌企业基本情况说明书；企业董事会、股东（大）会就进入上海股权托管交易中心Q板挂牌作出的决议，或企业内部有关机构作出的相关决议；企业提供符合上海股权托管交易中心格式要求的《股东名册》书面材料和电子表格；企业及其全体董事（或执行董事）对备案文件合法性、真实性、准确性和完整性的承诺书；企业对上海股权托管交易中心就相关事项的承诺书；企业最近1年及一期的财务报表或财务报告或经审计的财务报告（如有）；申请材料中企业财务数据的有效期为6个月；法定代表人（或负责人）有效身份证明文件复印件；受托经办人有效身份证明文件原件及复印件；企业对报送挂牌备案的电子文件和书面文件及其复印件一致性的声明；推荐机构会员关于企业挂牌的推荐意见；推荐机构会员关于挂牌企业的专项调查工作底稿及附件；推荐机构会员关于申请文件和推荐意见的承诺函；推荐机构会员自律情况的自查说明；企业与推荐机构会员签订的推荐在Q板挂牌的服务协议；上海股权托管交易中心要求的其他材料。

2.股份转让系统（E板）挂牌流程（2021年2月修订）

（1）公司申请在E板挂牌，应具备以下条件：

①依法设立的股份有限公司且实收资本和净资产符合要求；

②业务基本独立，具有持续经营能力；

③不存在显著的同业竞争、显失公允的关联交易、额度较大的股东侵占资产等损害投资者利益的行为；

④在经营和管理上具备风险控制能力；

⑤治理结构健全，运作规范；

⑥股票的发行、转让合法合规；

⑦注册资本中存在非货币出资的，应设立满一个会计年度；

⑧最近一个会计年度的财务会计报告未被注册会计师出具保留意见、否定意见或无法表示意见；

⑨最近十二个月内不存在重大违法违规行为；

⑩上股交规定的其他条件。

（2）申请挂牌公司召开董事会和股东大会就挂牌事项作出决议，并承诺按照上股交的规定规范履行信息披露义务。

（3）申请挂牌公司应聘请具有推荐业务资格的中介机构推荐，并聘请具有专业服务业务资格的会计师事务所、律师事务所、资产评估机构为其挂牌提供审计、法律、评估等专业服务。上股交规定的其他情形除外。

（4）会计师事务所进行独立审计并出具审计报告；律师事务所进行独立调查并出具法律意见书；推荐机构进行尽职调查，并形成如下文件：推荐报告；尽职调查工作底稿及附件；上股交要求的其他文件。

申请挂牌公司配合上述机构积极做好协助调查工作。

（5）推荐机构向上股交报送挂牌申请文件，包括但不限于：申请挂牌公司出具的挂牌申请；申请挂牌公司及其实际控制人、全体股东、董事、监事、高级管理人员出具的承诺书；挂牌说明书；公司章程；推荐报告；审计报告；法律意见书；申请挂牌公司与推荐机构签订的推荐挂牌有关协议；申请挂牌公司董事会、股东大会有关在E板挂牌的决议；公司营业执照复印件；公司股东名册及身份证明文件；公司董事、监事、高级管理人员名单及其持股情况；推荐机构自律情况声明；推荐机构项目小组负责人、项目小组成员资格说明；专业服务机构经办人员资格说明；推荐机构对推荐挂牌申请文件电子文件与书面文件保持一致的声明；推荐机构尽职调查工作底稿及附件；上股交要求的其他文件。

（6）上股交材料受理部门对挂牌申请文件进行形式审核。符合要求的，材料受理部门受理并出具受理函；不符合要求的，材料受理部门一次性告知所缺材料，推荐机构补充完毕后可重新提交。

（7）上股交审核人员自挂牌申请文件受理之日起二十个交易日内向推荐机构及申请挂牌公司出具审核反馈意见。上股交要求推荐机构对挂牌申请文件补充或修改的，审核期限自上股交收到推荐机构的补充或修改意见之日起重新计算。

（8）在推荐机构向上股交报送挂牌申请文件至审委会会议表决前，申请挂牌公司发生重大事项的，应及时通报推荐机构。推荐机构应在两个交易日内书面报告上股交并及时修改挂牌申请文件，审核期限自推荐机构补充报送挂牌申请文件之日起重新计算。

（9）审核完成后两个交易日内，上股交有关部门将挂牌申请文件及审核报告提交审委会，并在指定平台上发布预披露文件。预披露文件包括挂牌说明书及上股交规定的其他文件。

（10）审委会会议对申请挂牌公司挂牌申请文件只进行一次审核，并形成通过或不通过的审核意见。对于审核通过的，审委会会议可要求进一步补充材料。需要进一步补充材料的，推荐机构应在规定时间内向上股交有关部门提交补充材料，补充材料审核通过后，上股交提交审委会确认。

（11）审委会会议审议通过的申请挂牌公司挂牌申请，上股交同意的，向申请挂牌公司出具同意挂牌通知。

（12）在审委会会议对挂牌申请文件表决通过后至上股交出具同意挂牌通知前，申请挂牌公司发生重大事项的，上股交对该事项重新进行审核，审核期限重新计算。必要时，上股交可重新召集原审委会委员对该事项进行审核。

（13）获得上股交出具的同意挂牌的通知后，申请挂牌公司应与上股交签订挂牌协议向上股交申请股票代码及简称，上股交自受理申请之日起两个交易日内予以核定。

（14）申请挂牌公司与上股交签订挂牌协议并取得股票代码及简称后，办理全部股票的登记托管，上股交对申请挂牌公司递交的登记托管材料进行审核，审核通过后向申请挂牌公司出具股票登记确认书。

（15）申请挂牌公司取得上股交出具的股票登记确认书后，应于挂牌前在上股交指定平台上发布挂牌前信息披露文件，包括：挂牌说明书；公司章程；推荐报告；审计报告；法律意见书；挂牌提示性公告；上股交要求的其他信息披露文件。

（16）申请挂牌公司应在取得上股交出具股票登记确认书后的四个交易日内办理全部挂牌手续并完成挂牌。

（17）申请挂牌公司应在获得上股交出具的同意挂牌通知后三十个交易日内完成所有挂牌手续。未经上股交同意，逾期未完成上述手续的，申请挂牌公司应重新申请挂牌。

（18）上股交在申请挂牌公司完成挂牌后五个工作日内报上海市地方金融监督管理局和中国证券监督管理委员会派出机构备案。

（19）申请挂牌公司可向上股交申请举办挂牌仪式。

3. 科技创新板（N板）挂牌流程（2021年2月修订）

（1）一般挂牌流程——普通注册程序

①公司申请在N板挂牌，应具备以下条件：属于科技型、创新型股份有限公司；公司治理结构完善，运作规范；公司股权归属清晰；最近一个会计年度的财务会计报告未被注册会计师出具保留意见、否定意见或无法表示意见；最近十二个月内不存在重大违法违规行为；具备下列条件之一：

a. 公司经研发后取得明显的技术突破；

b. 公司拥有业内领先的技术；

c. 公司获批取得特许经营资质；

d. 最近两年每年营业收入增长率均不低于30%；

e. 最近两年连续盈利，净利润累计不少于人民币400万元；

f. 最近一年盈利，营业收入不少于人民币2000万元；

g. 市值不少于人民币2亿元，最近一年营业收入不少于人民币2000万元，最近两年经营性活动产生的现金流净额累计不少于人民币200万元；

h. 市值不少于人民币3亿元，最近一年营业收入不少于人民币2000万元；

i. 市值不少于人民币6亿元，总资产不少于人民币6000万元，净资产不少于人民币4000万元。

上股交规定的其他条件。

②申请挂牌公司召开董事会和股东大会就挂牌事项作出决议，并承诺按照上股交的规定规范履行信息披露义务。

③申请挂牌公司应聘请具有业务资格的中介机构推荐，并聘请具有专业服务业务资格的会计师事务所、律师事务所、资产评估机构为其挂牌提供审计、法律、评估等专业服务。上股交规定的其他情形除外。

④会计师事务所进行独立审计并出具审计报告；律师事务所进行独立调查并出具法律意见书；推荐机构进行尽职调查，并形成如下文件：推荐报告；尽职调查工作底稿及附件；上股交要求的其他文件。

申请挂牌公司配合上述机构积极做好协助调查工作。

⑤推荐机构向上股交报送挂牌申请文件：

申请挂牌公司出具的挂牌申请；申请挂牌公司及其实际控制人、全体股东、董事、监事、高级管理人员出具的承诺书；挂牌说明书；公司章程；推荐报告；审计报告；法律意见书；申请挂牌公司与推荐机构签订的推荐挂牌有关协议；申请挂牌公司董事会、股东大会有关在N板挂牌的决议；公司营业执照复印件；公司股东名册及身份证明文件；公司董事、监事、高级管理人员名单及其持股情况；推荐机构自律情况声明；推荐机构项目小组负责人、项目小组成员资格说明；专业服务机构经办人员资格说明；推荐机构对推荐挂牌申请文件电子文件与书面文件保持一致的声明；推荐机构尽职调查工作底稿及附件；上股交要求的其他文件。

⑥上股交材料受理部门对挂牌申请文件进行形式审核。符合要求的，材料受理部门受理并出具受理函；不符合要求的，材料受理部门一次性告知所缺材料，推荐机构补充完毕后可重新提交。

⑦上股交审查人员自挂牌申请文件受理之日起二十个交易日内向推荐机构及申请挂牌公司出具审查反馈意见。上股交要求推荐机构对挂牌申请文件补充或修改的，审查期限自上股交收到推荐机构的补充或修改意见之日重新计算。

⑧在推荐机构向上股交报送挂牌申请文件至注委会会议表决前，申请挂牌公司发生重大

事项的，应及时通报推荐机构。推荐机构应在两个交易日内书面报告上股交并及时修改挂牌申请文件，审查期限自推荐机构补充报送挂牌申请文件之日起重新计算。

⑨审查完成后两个交易日内，上股交有关部门将挂牌申请文件及审查报告提交注委会，并在指定平台上发布预披露文件。预披露文件包括挂牌说明书及上股交规定的其他文件。

⑩注委会会议对申请挂牌公司挂牌申请文件只进行一次审查，并形成通过或不通过的审查意见。对于审查通过的，注委会会议可要求进一步补充材料。需要进一步补充材料的，推荐机构应在规定时间内向上股交有关部门提交补充材料，补充材料审查通过后，上股交提交注委会确认。

⑪注委会会议审查通过的申请挂牌公司挂牌申请，上股交同意的，向申请挂牌公司出具同意挂牌通知。

⑫在注委会会议对挂牌申请文件表决通过后至上股交出具同意挂牌通知前，申请挂牌公司发生重大事项的，上股交对该事项重新进行审查，审查期限重新计算。必要时，上股交可重新召集原注委会委员对该事项进行审查。

⑬获得上股交出具的同意挂牌的通知后，申请挂牌公司应与上股交签订挂牌协议；向上股交申请股票代码及简称，上股交自受理申请之日起两个交易日内予以核定。

⑭申请挂牌公司与上股交签订挂牌协议并取得股票代码及简称后，办理全部股票的登记托管，上股交对申请挂牌公司递交的登记托管材料进行审查，审查通过后向申请挂牌公司出具股票登记确认书。

⑮申请挂牌公司取得上股交出具的股票登记确认书后，应于挂牌前在上股交指定平台上发布挂牌前信息披露文件，包括：

挂牌说明书；公司章程；推荐报告；审计报告；法律意见书；挂牌提示性公告；上股交要求的其他信息披露文件。

⑯申请挂牌公司应在取得上股交出具股票登记确认书后的四个交易日内办理全部挂牌手续并完成挂牌。

⑰申请挂牌公司应在获得上股交出具的同意挂牌通知后三十个交易日内完成所有挂牌手续。未经上股交同意，逾期未完成上述手续的，申请挂牌公司应重新申请挂牌。

⑱上股交在申请挂牌公司完成挂牌后五个工作日内报上海市地方金融监督管理局和中国证券监督管理委员会派出机构备案。

⑲申请挂牌公司可向上股交申请举办挂牌仪式。

（2）一般挂牌流程——简易注册程序

①公司申请在N板挂牌，应具备以下条件：

属于科技型、创新型股份有限公司；

公司治理结构完善，运作规范；

公司股权归属清晰；

最近一个会计年度的财务会计报告未被注册会计师出具保留意见、否定意见或无法表示意见；

最近十二个月内不存在重大违法违规行为；

具备下列条件之一：

a. 公司经研发后取得明显的技术突破；

b. 公司拥有业内领先的技术；

c. 公司获批取得特许经营资质；

d. 最近两年每年营业收入增长率均不低于30%；

e. 最近两年连续盈利，净利润累计不少于人民币400万元；

f. 最近一年盈利，营业收入不少于人民币2000万元；

g. 市值不少于人民币2亿元，最近一年营业收入不少于人民币2000万元，最近两年经营性活动产生的现金流净额累计不少于人民币200万元；

h. 市值不少于人民币3亿元，最近一年营业收入不少于人民币2000万元；

i. 市值不少于人民币6亿元，总资产不少于人民币6000万元，净资产不少于人民币4000万元。

上股交规定的其他条件。

存在下列情形之一的，申请挂牌公司可向上股交申请适用简易注册程序，豁免注委会审查：

a. 推荐机构或推荐机构控股股东、实际控制人、受同一控制人控制下的其他关联企业以自有资金或其管理的基金在挂牌申请文件受理前十二个月内对申请挂牌公司进行股权投资、单独或合计投资金额不低于人民币200万元，且承诺自其所持不低于人民币200万元投资金额相应股票在上股交登记托管之日起二十四个月内不转让的；

b. 上股交及推荐机构认可的投资机构在挂牌申请文件受理前十二个月内对其进行股权投资、投资金额不低于人民币400万元，且投资机构承诺自其所持不低于人民币400万元投资金额相应股票在上股交登记托管之日起二十四个月内不转让的；

c. 上股交认可的其他情形。

②申请挂牌公司召开董事会和股东大会就挂牌事项作出决议，并承诺按照上股交的规定规范履行信息披露义务。

③申请挂牌公司应聘请具有推荐业务资格的中介机构推荐，并聘请具有专业服务业务资格的会计师事务所、律师事务所、资产评估机构为其挂牌提供审计、法律、评估等专业服务。上股交规定的其他情形除外。

④会计师事务所进行独立审计并出具审计报告；律师事务所进行独立调查并出具法律意见书；推荐机构进行尽职调查，并形成如下文件：推荐报告；尽职调查工作底稿及附件；上股交要求的其他文件。

申请挂牌公司配合上述机构积极做好协助调查工作。

⑤推荐机构向上股交报送挂牌申请文件：

申请挂牌公司出具的挂牌申请；申请挂牌公司及其实际控制人、全体股东、董事、监事、高级管理人员出具的承诺书；挂牌说明书；公司章程；推荐报告；审计报告；法律意见书；申请挂牌公司与推荐机构签订的推荐挂牌有关协议；申请挂牌公司董事会、股东大会有关在N板挂牌的决议；公司营业执照复印件；公司股东名册及身份证明文件；公司董事、监事、高级管理人员名单及其持股情况；推荐机构自律情况声明；推荐机构项目小组负责人、项目小组成员资格说明；专业服务机构经办人员资格说明；推荐机构对推荐挂牌申请文件电子文件与书面文件保持一致的声明；推荐机构尽职调查工作底稿及附件；上股交要求的其他文件。

⑥上股交材料受理部门对挂牌申请文件进行形式审查。符合要求的，材料受理部门受理并出具受理函；不符合要求的，材料受理部门一次性告知所缺材料，推荐机构补充完毕后可重新提交。

⑦上股交审查人员自挂牌申请文件受理之日起二十个交易日内向推荐机构及申请牌公司出具审查反馈意见。上股交要求推荐机构对挂牌申请文件补充或修改的，审查期限自上股交收到推荐机构的补充或修改意见之日起重新计算。

⑧上股交审查完成后两个交易日内，将挂牌申请文件在指定平台进行公示，公示期为十个交易日。

⑨公示期内，如有对申请挂牌公司挂牌提出疑义或进行投诉的，上股交终止其公示；待核查完成并整改（如有）结束后，该公司可重新申请挂牌。

⑩对通过审查且公示期内无异议的挂牌申请，上股交同意的，向申请挂牌公司出具同意挂牌通知。

⑪获得上股交出具的同意挂牌的通知后，申请挂牌公司应与上股交签订挂牌协议；向上股交申请股票代码及简称，上股交自受理申请之日起两个交易日内予以核定。

⑫申请挂牌公司与上股交签订挂牌协议并取得股票代码及简称后，办理全部股票的登记托管，上股交对申请挂牌公司递交的登记托管材料进行审查，审查通过后向申请挂牌公司出具股票登记确认书。

⑬申请挂牌公司取得上股交出具的股票登记确认书后，应于挂牌前在上股交指定平台上发布挂牌前信息披露文件，包括：挂牌说明书；公司章程；推荐报告；审计报告；法律意见书；挂牌提示性公告；上股交要求的其他信息披露文件。

⑭申请挂牌公司应在取得上股交出具股票登记确认书后的四个交易日内办理全部挂牌手续并完成挂牌。

⑮申请挂牌公司应在获得上股交出具的同意挂牌通知后三十个交易日内完成所有挂牌手续。未经上股交同意，逾期未完成上述手续的，申请挂牌公司应重新申请挂牌。

⑯上股交在申请挂牌公司完成挂牌后五个工作日内报上海市地方金融监督管理局和中国证券监督管理委员会派出机构备案。

⑰申请挂牌公司可向上股交申请举办挂牌仪式。

（3）转板挂牌流程——普通注册程序

①股份转让系统（E板）挂牌公司申请进入科技创新板（N板）挂牌，应具备以下条件：

属于科技型、创新型股份有限公司；

公司治理结构完善，运作规范；

公司股权归属清晰；

最近一个会计年度的财务会计报告未被注册会计师出具保留意见、否定意见或无法表示意见；

最近十二个月内不存在重大违法违规行为；

具备下列条件之一：

a. 公司经研发后取得明显的技术突破；

b. 公司拥有业内领先的技术；

c. 公司获批取得特许经营资质；

d. 最近两年每年营业收入增长率均不低于30%；

e. 最近两年连续盈利，净利润累计不少于人民币400万元；

f. 最近一年盈利，营业收入不少于人民币2000万元；

g. 市值不少于人民币2亿元，最近一年营业收入不少于人民币2000万元，最近两年经营性活动产生的现金流净额累计不少于人民币200万元；

h. 市值不少于人民币3亿元，最近一年营业收入不少于人民币2000万元；

i. 市值不少于人民币6亿元，总资产不少于人民币6000万元，净资产不少于人民币4000万元。

上股交规定的其他条件。

②挂牌公司召开董事会和股东大会就转板事项作出决议，并在上股交指定平台披露。

③挂牌公司申请进入N板挂牌应聘请具有推荐业务资格的推荐机构，必要时应同时聘请具有专业服务业务资格的会计师事务所、律师事务所、资产评估机构为其挂牌提供有关专业服务。

④推荐机构进行尽职调查，并形成如下文件：推荐报告；尽职调查工作底稿及附件；上股交要求的其他文件。

挂牌公司配合上述机构积极做好协助调查工作。

⑤推荐机构向上股交报送挂牌申请文件：挂牌公司出具的在科技创新板挂牌申请；挂牌公司申请进入科技创新板挂牌的挂牌说明书；推荐报告；挂牌公司与推荐机构签订的推荐挂牌相关协议；挂牌公司董事会、股东大会有关科技创新板挂牌的相关决议；公司及其实际控制人、全体股东、董事、监事、高级管理人员出具的承诺书；推荐机构自律情况声明；推荐机构项目小组负责人、项目小组成员资格说明；推荐机构对推荐挂牌申请文件电子文件与书面文件保持一致的声明；推荐机构尽职调查工作底稿及附件；上股交要求的其他文件。

⑥上股交材料受理部门对挂牌申请文件进行形式审查。符合要求的，材料受理部门受理并出具受理函；不符合要求的，材料受理部门一次性告知所缺材料，推荐机构补充完毕后可重新提交。

⑦上股交审查人员自挂牌申请文件受理之日起二十个交易日内向推荐机构及挂牌公司出具审查反馈意见。上股交要求推荐机构对挂牌申请文件补充或修改的，审查期限自上股交收到推荐机构的补充或修改意见之日起重新计算。

⑧在推荐机构向上股交报送挂牌申请文件至注委会会议表决前，挂牌公司发生重大事项的，应及时通报推荐机构。推荐机构应在两个交易日内书面报告上股交并及时修改挂牌申请文件，审查期限自推荐机构补充报送挂牌申请文件之日起重新计算。

⑨审查完成后两个交易日内，上股交有关部门将挂牌申请文件及审查报告提交注委会，并在指定平台上发布预披露文件。预披露文件包括挂牌说明书及上股交规定的其他文件。

⑩注委会会议对挂牌申请文件只进行一次审查，并形成通过或不通过的审查意见。对于审查通过的，注委会会议可要求提供进一步补充材料。需要进一步补充材料的，推荐机构应在规定时间内向上股交有关部门提交补充材料，补充材料审查通过后上股交提交注委会确认。

⑪上股交向审查通过的挂牌公司出具同意其在科技创新板挂牌并终止在股份转让系统挂牌的通知。

⑫在注委会会议对挂牌申请文件表决通过后至上股交出具同意挂牌通知前，挂牌公司发生重大事项的，上股交对该事项重新进行审查，审查期限重新计算。必要时，上股交可重新召集原注委会委员对该事项进行审查。

⑬上股交于出具同意挂牌公司在科技创新板挂牌并终止其在股份转让系统挂牌的通知两个交易日内，发布公司终止股份转让系统挂牌的公告，并于发布公司终止股份转让系统挂牌的公告的次一交易日终止挂牌公司股票交易。

⑭获得上股交出具的同意挂牌的通知后，挂牌公司应与上股交签订N板挂牌协议；向上股交申请股票代码及简称，上股交自受理申请之日起两个交易日内予以核定。

⑮挂牌公司与上股交签订N板挂牌协议并取得股票代码及简称后，办理全部股票的登记托管，上股交对挂牌公司递交的登记托管材料进行审查，审查通过后向挂牌公司出具股票登记确认书。

⑯挂牌公司取得上股交出具的股票登记确认书后，应于挂牌前在上股交指定平台上发布挂牌前信息披露文件，包括：挂牌说明书；推荐报告；挂牌提示性公告；上股交要求的其他信息披露文件。

⑰挂牌公司应在取得上股交出具股票登记确认书后的四个交易日内办理全部挂牌手续并完成挂牌。

⑱挂牌公司应在获得上股交出具的同意挂牌通知后三十个交易日内完成所有挂牌手续。未经上股交同意，逾期未完成上述手续的，挂牌公司应重新申请挂牌。

⑲上股交在挂牌公司完成N板挂牌后五个工作日内报上海市地方金融监督管理局和中国证券监督管理委员会派出机构备案。

⑳申请挂牌公司可向上股交申请举办挂牌仪式。

（4）转板挂牌流程——简易注册程序

①股份转让系统（E板）挂牌公司申请进入科技创新板（N板）挂牌，应具备以下条件：

属于科技型、创新型股份有限公司；

公司治理结构完善，运作规范；

公司股权归属清晰；

最近一个会计年度的财务会计报告未被注册会计师出具保留意见、否定意见或无法表示意见；

最近十二个月内不存在重大违法违规行为；

具备下列条件之一：

a. 公司经研发后取得明显的技术突破；

b. 公司拥有业内领先的技术；

c. 公司获批取得特许经营资质；

d. 最近两年每年营业收入增长率均不低于30%；

e. 最近两年连续盈利，净利润累计不少于人民币400万元；

f. 最近一年盈利，营业收入不少于人民币2000万元；

g. 市值不少于人民币2亿元，最近一年营业收入不少于人民币2000万元，最近两年经营性活动产生的现金流净额累计不少于人民币200万元；

h. 市值不少于人民币3亿元，最近一年营业收入不少于人民币2000万元；

i. 市值不少于人民币6亿元，总资产不少于人民币6000万元，净资产不少于人民币4000万元。

上股交规定的其他条件。

存在下列情形之一的，申请挂牌公司可向上股交申请适用简易注册程序，豁免注委会审查：

a. 推荐机构或推荐机构控股股东、实际控制人、受同一控制人控制下的其他关联企业以自有资金或其管理的基金在挂牌申请文件受理前十二个月内对申请挂牌公司进行股权投资、单独或合计投资金额不低于人民币200万元，且承诺自其所持不低于人民币200万元投资金额相应股票在上股交登记托管之日起二十四个月内不转让的；

b. 上股交及推荐机构认可的投资机构在挂牌申请文件受理前十二个月内对其进行股权投资、投资金额不低于人民币400万元，且投资机构承诺自其所持不低于人民币400万元投资金额相应股票在上股交登记托管之日起二十四个月内不转让的；

c. 上股交认可的其他情形。

②挂牌公司召开董事会和股东大会就转板事项作出决议，并在上股交指定平台披露。

③挂牌公司申请进入N板挂牌应聘请具有推荐业务资格的推荐机构，必要时应同时聘请具有专业服务业务资格的会计师事务所、律师事务所、资产评估机构为其挂牌提供有关专业服务。

④推荐机构进行尽职调查，并形成如下文件：

推荐报告；尽职调查工作底稿及附件；上股交要求的其他文件。挂牌公司配合上述机构积极做好协助调查工作。

⑤推荐机构向上股交报送挂牌申请文件：

挂牌公司出具的在科技创新板挂牌申请；挂牌公司申请进入科技创新板挂牌的挂牌说明书；推荐报告；挂牌公司与推荐机构签订的推荐挂牌相关协议；挂牌公司董事会、股东大会有关科技创新板挂牌的相关决议；公司及其实际控制人、全体股东、董事、监事、高级管理人员出具的承诺书；推荐机构自律情况声明；推荐机构项目小组负责人、项目小组成员资格说明；推荐机构对推荐挂牌申请文件电子文件与书面文件保持一致的声明；推荐机构尽职调查工作底稿及附件；上股交要求的其他文件。

⑥上股交材料受理部门对挂牌申请文件进行形式审查。符合要求的，材料受理部门受理并出具受理函；不符合要求的，材料受理部门一次性告知所缺材料，推荐机构补充完毕后可重新提交。

⑦上股交审查人员自挂牌申请文件受理之日起二十个交易日内向推荐机构及挂牌公司出具审查反馈意见。上股交要求推荐机构对挂牌申请文件补充或修改的，审查期限自上股交收到推荐机构的补充或修改意见之日起重新计算。

⑧上股交审查完成后两个交易日内，将挂牌申请文件在指定平台进行公示，公示期为十个交易日。

⑨公示期内，如有对挂牌公司挂牌N板提出疑义或进行投诉的，上股交终止其公示；待核查完成并整改（如有）结束后，该公司可重新申请挂牌。

⑩对通过审查且公示期内无异议的挂牌申请，上股交同意的，向挂牌公司出具同意其在科技创新板挂牌并终止在股份转让系统挂牌的通知。

⑪上股交于出具同意挂牌公司在科技创新板挂牌并终止其在股份转让系统挂牌的通知两个交易日内，发布公司终止股份转让系统挂牌的公告，并于发布公司终止股份转让系统挂牌的公告的次一交易日终止挂牌公司股票交易。

⑫获得上股交出具的同意挂牌的通知后，挂牌公司应与上股交签订N板挂牌协议；向上股交申请股票代码及简称，上股交自受理申请之日起两个交易日内予以核定。

⑬挂牌公司与上股交签订N板挂牌协议并取得股票代码及简称后，办理全部股票的登记托管，上股交对挂牌公司递交的登记托管材料进行审查，审查通过后向挂牌公司出具股票登记确认书。

⑭挂牌公司取得上股交出具的股票登记确认书后，应于挂牌前在上股交指定平台上发布挂牌前信息披露文件，包括：挂牌说明书；推荐报告；挂牌提示性公告；上股交要求的其他信息披露文件。

⑮挂牌公司应在取得上股交出具股票登记确认书后的四个交易日内办理全部挂牌手续并完成挂牌。

⑯挂牌公司应在获得上股交出具的同意挂牌通知后三十个交易日内完成所有挂牌手续。未经上股交同意，逾期未完成上述手续的，挂牌公司应重新申请挂牌。

⑰上股交在挂牌公司完成N板挂牌后五个工作日内报上海市地方金融监督管理局和中国证券监督管理委员会派出机构备案。

⑱申请挂牌公司可向上股交申请举办挂牌仪式。

6.3.3 区域性股权交易中心股权融资流程（以上海股权托管交易中心为例）

1. 股份转让系统（E板）挂牌公司定向增资一般业务流程

（1）挂牌公司进行定向增资，应具备以下条件：

①规范履行信息披露义务；

②最近一年财务表未被注册会计师出具保留意见、否定意见或无法表示意见的审计报告；

③不存在挂牌公司权益被控股股东、实际控制人严重损害且尚未消除的情形；

④挂牌公司及其附属公司无重大或有负债；

⑤现任董事、监事、高级管理人员对公司勤勉尽责地履行义务，不存在尚未消除的损害挂牌公司利益的情形；

⑥罪被司法机关立案侦查，且对挂牌公司生产经营产生重大影响的情形；

⑦存在其他尚未消除的严重损害股东合法权益和社会公共利益的情形。

（2）挂牌公司委托具有E板资质的推荐机构会员作为定向增资财务顾问，聘请经上海股权托管交易中心认定的会计师事务所等专业机构为其定向增资提供有关专业服务。

（3）挂牌公司确定定向增资对象，财务顾问指导挂牌公司制定定向增资方案（草案）。

（4）财务顾问向上海股权托管交易中心报送预审材料。

①定向增资方案（草案）；

②财务顾问立项报告；

③财务顾问项目成员资格说明；

④会计师事务所项目成员资格说明；

⑤资产评估事务所及其项目成员（如有）；

⑥律师事务所项目成员资格说明（如有）；

⑦上海股权托管交易中心要求的其他文件。

（5）预审通过后，挂牌公司召开董事会批准定向增资方案，关联董事应在投票时回避表决，董事会决议通过之日起两个转让日内，披露董事会决议和定向增资方案。

（6）挂牌公司召开股东大会批准定向增资方案，应由出席会议的有表决权的股东所持表决权的三分之二以上通过。关联股东应在投票时回避表决。股东大会决议通过之日起两个转让日内披露股东大会决议公告和具有上海股权托管交易中心专业服务机构资质律所见证股东大会的法律意见书。

（7）财务顾问进行尽职调查，对定向增资的必要性，增资价格的合法性、合理性和公允性，募投项目资金需求量、可行性和收益前景等事项勤勉尽责地开展尽职调查，督促拟定向增资的挂牌公司及时披露信息并保证披露信息的真实、准确、完整。尽职调查工作完成后出具尽职调查报告。

（8）财务顾问经内部审核后向上海股权托管交易中心报送如下申请文件（包括但不限于）：

①挂牌公司定向增资申请；

②定向增资方案；

③向增资事项的决议及股东大会授权董事会处理有关事宜的决议；

④资有资管理外资管理、环境保护、土地管理等事项，取得的有关部门批准文件（如有）；

⑤财务顾问与挂牌公司就定向增资事宜签订的协议；

⑥财务顾问对挂牌公司的尽职调查报告，及其附件（如有）；

⑦挂牌公司最近一期经审计的财务报告；

⑧挂牌公司盈利预测说明，盈利预测期间为定向增资完成当年及下一会计年度；

⑨挂牌公司募投项目可行性研究报告及其附件；

⑩全体认购人与挂牌公司签订的由上海股权托管交易中心制定的格式认购协议及自然人认购人的身份证明文件复印件、机构认购人的有效营业执照复印件，如认购人为合伙企业的，则另需要提交最新合伙协议复印件；

⑪新增认购人遵守认购协议条款，遵守《中华人民共和国公司法》和公司章程的规定，不损害所增资挂牌公司利益和该挂牌公司其他认购人利益的声明；

⑫财务顾问自律情况说明；

⑬财务顾问、会计师事务所等中介机构对申请文件内容真实性、准确性和完整性的承诺；

⑭财务顾问对挂牌公司定向增资申请文件电子文件与书面文件保持一致的声明；

⑮上海股权托管交易中心要求的其他文件。

（9）上海股权托管交易中心对申请文件进行初审和审委会审核。

（10）审核通过后，上海股权托管交易中心出具同意定向增资的通知，挂牌公司于同意定向增资通知出具日的两个转让日内予以公告，并同时公告定向增资认购办法。

（11）挂牌公司实施定向增资，具有上海股权托管交易中心专业服务机构资质会计师事务所完成验资。

（12）完成验资后，财务顾问向上海股权托管交易中心报送下列文件：新增股份登记的申请；定向增资结果报告书；具有上海股权托管交易中心专业服务机构资质会计师事务所出具的验资报告；截至股权登记日，与上海股权托管交易中心股份托管登记系统内一致的在册股东名册，并盖挂牌公司公章；新增认购人有变化的，须提供有变化的新增认购人与挂牌公司签署的由上海股权托管交易中心制定的认购协议；新增认购人有变化的，须提供有变化的新增自然人认购人的身份证明文件复印件、有变化的新增机构认购人的有效营业执照复印件，如认购人为合伙企业的，则另需要提交最新合伙协议复印件；新增认购有变化的，须提供有变化的新增认购人遵守认购协议条款遵守《中华人民共和国公司法》和公司章程的规定，不损害所增资挂牌公司利益和该挂牌公司其他认购人利益的声明；挂牌公司或财务顾问对定向增资申请文件的电子文件与书面文件保持一致的声明；聘请财务顾问的，应提交由财务顾问出具的挂牌公司定向增资出具的专项意见；上海股权托管交易中心要求的其他文件。

（13）上海股权托管交易中心对报送文件审核同意后，出具新增股份登记的通知。

（14）挂牌公司自新增股份登记的通知出具之日起五个转让日内完成新增股份在上海股权托管交易中心的托管登记工作。

（15）挂牌公司在完成定向增资登记之日起两个转让日内，披露定向增资股份结果报告书。

（16）挂牌公司完成新增股份工商登记并公告。

2. 股份转让系统（E板）挂牌公司定向增资简易流程一

（1）挂牌公司进行定向增资实施简易流程之一，应具备以下条件：

①向挂牌公司在册股东配售；

②所有股东签署风险自担、同意公司定向增资方案的承诺书。

（2）挂牌公司召开董事会审议定向增资方案，关联董事回避表决，董事会决议通过之日起两个转让日内,披露董事会决议公告、定向增资方案、提请股东大会审议的通知。

(3)公司召开股东大会审议定向增资方案,应由出席会议的有表决权的股东所持表决权的三分之二决议通过之日起两个转让日内披露股东大会决议公告和具有上海股权托管交易中心专业服务机构资质律所出具的见证股东大会的法律意见书。

(4)挂牌公司实施定向增资,具有上海股权托管交易中心专业服务机构资质会计师事务所完成验资。

(5)完成验资后,挂牌公司向上海股权托管交易中心报送如下文件:

①新增股份登记的申请;

②定向增资结果报告书;

③具备上海股权托管交易中心专业服务机构资质的会计师事务所出具的验资报告;

④截至股权登记日,与上海股权托管交易中心股份托管登记系统内一致的在册股东名册,并盖挂牌公司公章;

⑤全体在册股东签署的关于"知晓并同意定增方案,并自愿承担本次定增可能产生的所有风险"的承诺函;

⑥全体认购人与挂牌公司签订的由上海股权托管交易中心制定的认购协议及自然人认购人的身份证明文件复印件、机构认购人的有效营业执照复印件,如认购人为合伙企业的,则另需要提交最新合伙协议复印件;

⑦挂牌公司或财务顾问对定向增资申请文件的电子文件与书面文件保持一致的声明;

⑧聘请财务顾问的,应提交由财务顾问与挂牌公司就定向增资事宜签订的协议及财务顾问自律情况说明;

⑨挂牌公司定向增资涉及国有资产管理、外资管理、环境保护、土地管理等事项,取得的有关部门批准文件(如有);

⑩上海股权托管交易中心要求的其他文件。

(6)上海股权托管交易中心对报送文件审核同意后,出具新增股份登记的通知。

(7)挂牌公司自新增股份登记的通知出具之日起五个转让日内完成新增股份在上海股权托管交易中心的托管登记工作。

(8)挂牌公司在完成定向增资登记之日起两个转让日内,披露定向增资股份结果报告书。

(9)挂牌公司完成新增股份工商登记并公告。

3. 股份转让系统(E板)挂牌公司定向增资简易流程二

(1)挂牌公司进行定向增资实施简易流程之二,应具备以下条件:

①投资者由挂牌公司自寻;

②新老股东签署风险自担、同意公司定向增资方案的承诺书。

(2)挂牌公司召开董事会审议定向增资方案,关联董事回避表决,董事会决议通过之日起两个转让日内,披露董事会决议公告、定向增资方案、提请股东大会审议的通知。

(3)挂牌公司召开股东大会审议定向增资方案,应由出席会议的有表决权的股东所持表决权的三分之二以上通过,股东大会决议通过之日起两个转让日内披露股东大会决议公告和具有上海股权托管交易中心专业服务机构资质律所出具的见证股东大会的法律意见书。

（4）挂牌公司向上海股权托管交易中心报送如下申请文件：

①挂牌公司定向增资申请；

②公向增资免注委会审核的申请；

③挂牌公司定向增资方案；

④向增资项的决议及股东大会授权董事会处理有关事宜的决议；

⑤挂牌公司定向增资涉及国有资产管理、外资管理、环境保护、土地管理等事项，取得的有关部门批准文件（如有）；

⑥与挂牌公司就定向增资事宜签订的协议及财务顾问自律情况说明（如有）；

⑦挂牌公司最近一期经审计的财务报告；

⑧定价说明及其附件；

⑨全体认购人与挂牌公司签订的由上海股权托管交易中心制定的认购协议及自然人认购人的身份证明文件复印件、机构认购人的有效营业执照复印件，如认购人为合伙企业的，则另需要提交最新合伙协议复印件；

⑩全体新增认购人遵守认购协议条款，遵守《中华人民共和国公司法》和公司章程的规定，不损害所增资挂牌公司利益和该挂牌公司其他认购人利益的声明；

⑪全体在册股东签署的关于"知晓并同意定增方案，并自愿承担本次定增可能产生的所有风险"的承诺函；

⑫全体新增认购人签署的关于"知晓并同意定增方案，并自愿承担本次定增可能产生的所有风险"的承诺函；

⑬挂牌公司控股股东、实际控制人及董事、监事、高级管理人员关于不存在损害公司利益的承诺书；

⑭挂牌公司/财务顾问对定向增资申请文件，电子文件与书面文件保持一致的声明；

⑮上海股权托管交易中心要求的其他文件。

（5）上海股权托管交易中心对申请文件进行审核。

（6）审核通过后，上海股权托管交易中心出具同意定向增资的通知，挂牌公司于同意定向增资通知出具日的两个转让日内予以公告，并同时公告定向增资认购办法。

（7）挂牌公司实施定向增资，具有上海股权托管交易中心专业服务机构资质会计师事务所完成验资。

（8）完成验资后，挂牌公司向上海股权托管交易中心报送下列文件：

①新增股份登记的申请；

②定向增资结果报告书；

③由具有上海股权托管交易中心专业服务机构资质会计师事务所所出具的验资报告；

④截至股权登记日，与上海股权托管交易中心股份托管登记系统内一致的在册股东名册，并盖挂牌公司公章；

⑤新增认购人有变化的，须提供有变化的新增认购人签署的关于"知晓并同意定增方案，并自愿承担本次定增可能产生的所有风险"的承诺函；

⑥新增认购人有变化的，须提供有变化的新增认购人与挂牌公司签署的由上海股权托管交易中心制定的认购协议；

⑦新增认购人有变化的，须提供有变化的新增自然人认购人的身份证明文件复印件、有变化的新增机构认购人的有效营业执照复印件及有变化的合伙企业的最新合伙协议，如认购人为合伙企业的，则另需要提交最新合伙协议复印件；

⑧新增认购有变化的，须提供有变化的新增认购人遵守认购协议条款遵守《中华人民共和国公司法》和公司章程的规定，不损害所增资挂牌公司利益和该挂牌公司其他认购人利益的声明；

⑨挂牌公司或财务顾问对定向增资申请文件的电子文件与书面文件保持一致的声明；

⑩上海股权托管交易中心要求的其他文件。

（9）上海股权托管交易中心对报送文件审核同意后，出具新增股份登记的通知。

（10）挂牌公司自新增股份登记的通知出具之日起五个转让日内完成新增股份在上海股权托管交易中心的托管登记工作。

（11）挂牌公司在完成定向增资登记之日起两个转让日内，披露定向增资股份结果报告书。

（12）挂牌公司完成新增股份工商登记并公告。

4. 科技创新企业股份转让系统（N板）非公开发行股份一般流程

（1）挂牌公司进行非公开发行，应具备以下条件：

①最近12个月内不存在违反上股交信息披露相关规则的情形；

②最近一期期末财务报表会计师事务所出具标准无保留意见审计报告，最近一期期末距非公开发行申请文件报送日不超过12个月；

③不存在挂牌公司权益被控股股东、实际控制人严重损害且尚未消除的情形；

④募集资金投向合法、合规、合理，募集资金用途经盈利预测具有投资价值；

⑤发行价格的确定合法、合理、公允，不得损害新老股东的利益；

⑥挂牌公司及其附属公司无重大或有负债；

⑦现任董事、监事、高级管理人员对公司勤勉尽责地履行义务，不存在尚未消除的损害挂牌公司利益的情形；

⑧挂牌公司及其现任董事、监事、高级管理人员不存在因涉嫌犯罪正被司法机关立案侦查，且对挂牌公司生产经营产生重大影响的情形；

⑨不存在其他尚未消除的严重损害股东合法权益和社会公共利益的情形。

（2）挂牌公司委托推荐机构担任财务顾问，必要时应聘请专业服务机构提供审计、法律和评估等专业服务。财务顾问成立专门项目小组，负责尽职调查，制作申请文件等材料。

（3）项目小组完成尽职调查工作后，认为符合发行条件的，应由财务顾问出具专项意见并盖章，项目小组成员在专项意见上签名。

（4）挂牌公司召开董事会审议非公开发行方案，董事会决议通过之日起两个转让日内，披露董事会决议和非公开发行方案。

（5）挂牌公司召开股东大会审议非公开发行方案，股东大会决议通过之日起两个转让日内披露股东大会决议。

（6）财务顾问经内部审查后向上海股权托管交易中心报送如下申请文件（包括但不限于）：

①挂牌公司上海股权托管交易中心提交的关于非公开发行的申请；

②挂牌公司非公开发行方案；

③公开发行决议及股东大会授权董事会处理有关事宜的决议；

④挂牌公司公开发行涉及国有资产管理、外资管理、环境保护、土地管理等事项，取得的有关部门批准文件（如有）；

⑤财务顾问与挂牌公司就非公开发行事宜签订的协议；

⑥财务顾问对挂牌公司非公开发行的专项意见；

⑦挂牌公司尽职调查报告；

⑧财务顾问尽职调查报告附件（如有）；

⑨挂牌公司最近一期经审计的财务报告，最近一期期末距非公开发行申请文件报送日不超过12个月；

⑩挂牌公司盈利预测说明，盈利预测期间为非公开发行完成当年及下一个会计年度（如有）；

⑪挂牌公司募投项目可行性研究报告；

⑫新增股份的认购人与挂牌公司签订的以挂牌公司获得上股交同意其非公开发行为生效条件的认购协议；

⑬挂牌公司本次非公开发行新增投资者名单及身份证明文件；

⑭新增股份的认购人遵守认购协议条款，遵守相关法律法规和公司章程的规定，不损害该挂牌公司利益和其他认购人及股东利益的声明；

⑮财务顾问自律情况说明；

⑯中介机构项目小组成员资格说明；

⑰财务顾问对挂牌公司非公开发行申请文件，电子文件与书面文件保持一致的声明；

⑱上海股权托管交易中心要求的其他文件。

（7）上海股权托管交易中心收到财务顾问报送的申请文件后，同意受理出具受理函。

（8）上海股权托管交易中心审查职能部门及注册委员会对财务顾问报送的申请文件进行审查。审查同意的，向挂牌公司出具同意其非公开发行的通知；审查不同意的，向挂牌公司出具不同意其非公开发行的通知。

挂牌公司应自收到上海股权托管交易中心同意或不同意非公开发行的通知之日起两个转让日内予以公告，并同时公告非公开发行认购办法。

（9）上海股权托管交易中心出具同意挂牌公司非公开发行的通知后，挂牌公司可实施非公开发行相关工作。

挂牌公司非公开发行，可申请一次注册、分期发行。各期发行股份数量由挂牌公司自行确定。挂牌公司应于上海股权托管交易中心出具同意非公开发行的通知之日起六个月内完成发行。

属于一次注册、分期发行的非公开发行，应在每期公告股东大会决议或经股东大会授权的董事会决议的同时公告非公开发行认购办法。

（10）挂牌公司每期非公开发行完成验资后，财务顾问应向上海股权托管交易中心报送下列文件：

①非公开发行结果报告书；

②验资报告；

③新增股东名单及身份证明文件；

④财务顾问对挂牌公司非公开发行出具的专项意见；

⑤挂牌公司向上海股权托管交易中心申请新增股份登记的文件；

⑥财务顾问对非公开发行申请股份登记文件电子文件与书面文件保持一致的声明；

⑦上海股权托管交易中心要求的其他文件。

（11）上海股权托管交易中心审查同意后，向挂牌公司出具关于新增股份登记的通知。挂牌公司应自关于新增股份登记的通知出具之日起二十个转让日内完成新增股份在上海股权托管交易中心的登记托管工作。挂牌公司应在每期完成非公开发行股份登记之日起两个转让日内，披露非公开发行结果报告书。

5. 科技创新企业股份转让系统（N板）非公开发行股份简易流程一

（1）具备下列条件，挂牌公司进行非公开发行适用简易程序一：

①新增股份由挂牌公司自行销售；

②全体在册股东及新增投资者承诺风险自担、知晓并同意挂牌公司非公开发行方案；

③新增股份全部由挂牌公司在册股东认购。

（2）挂牌公司召开董事会审议非公开发行方案，董事会决议通过之日起两个转让日内，披露董事会决议和非公开发行方案。

（3）挂牌公司召开股东大会审议非公开发行方案，股东大会决议通过之日起两个转让日内披露股东大会决议。

（4）挂牌公司在公告股东大会审议通过非公开发行决议之后，应向上海股权托管交易中心报送如下申请文件（包括但不限于）：

①全体在册股东签署的风险自担、知晓并同意挂牌公司非公开发行方案的承诺书；

②挂牌公司申请简易注册程序的文件；

③新增股份的认购人与挂牌公司签订的附生效条件的认购协议；

④挂牌公司公开发行申请文件，电子文件与书面文件保持一致的声明；

⑤上海股权托管交易中心要求的其他文件。

（5）挂牌公司实施非公开发行相关工作。挂牌公司非公开发行，可申请一次注册、分期发行。各期发行股份数量由挂牌公司自行确定。挂牌公司应于上海股权托管交易中心出具同意非公开发行的通知之日起六个月内完成发行。

属于一次注册、分期发行的非公开发行，应在每期公告股东大会决议或经股东大会授权的董事会决议的同时公告非公开发行认购办法。

（6）挂牌公司每期非公开发行完成验资后，应向上海股权托管交易中心报送下列文件：

①挂牌公司非公开发行结果报告书；
②挂牌公司公开发行验资报告；
③挂牌公司向上股交申请新增股份登记的文件；
④挂牌公司对非公开发行申请股份登记文件，电子文件与书面文件保持一致的声明；
⑤上海股权托管交易中心要求的其他文件。

（7）上海股权托管交易中心审查同意后，向挂牌公司出具关于新增股份登记的通知。

挂牌公司应自关于新增股份登记的通知出具之日起二十个转让日内完成新增股份在上海股权托管交易中心的登记托管工作。挂牌公司应在每期完成非公开发行股份登记之日起两个转让日内，披露非公开发行结果报告书。

6. 科技创新企业股份转让系统（N板）非公开发行股份简易流程二

（1）具备下列条件，挂牌公司进行非公开发行适用简易程序二：
①新增股份由挂牌公司自行销售；
②全体在册股东及新增投资者承诺风险自担、知晓并同意挂牌公司非公开发行方案；
③新增股份由在册股东及新增投资者或均由新增投资者认购。

（2）挂牌公司召开董事会审议非公开发行方案，董事会决议通过之日起两个转让日内，披露董事会决议和非公开发行方案。

（3）挂牌公司召开股东大会审议非公开发行方案，股东大会决议通过之日起两个转让日内披露股东大会决议。

（4）挂牌公司在公告股东大会审议通过非公开发行决议之后，应向上海股权托管交易中心报送如下申请文件（包括但不限于）：
①挂牌公司非公开发行申请；
②挂牌公司董会、股东大会有关非公开发行项的决议及股东大会授权董事会处理有关事宜的决议；
③挂牌公司非公开发行方案；
④挂牌公司申请简易注册程序的文件；
⑤挂牌公司非公开发行涉及国有资产管理、外资管理、环境保护、土地管理等事项，事先取得的有关部门批准文件（如有）；
⑥挂牌公司近一期经审计的财务报告，最近一期期末距非公开发行申请文件报送日不超过12个月；
⑦挂牌公司本次非公开发行定价说明；
⑧挂牌公司本次非公开发行新增投资者名单及投资者身份证明文件；
⑨增股份的认购人与挂牌公司签订的附生效条件的认购协议；
⑩挂牌公司全体在册股东和新增投资者签署的风险自担、知晓并同意公司非公开发行方案的承诺书；
⑪公司公开发行申请文件，电子文件与书面文件保持一致的声明；
⑫上海股权托管交易中心要求的其他文件。

（5）上海股权托管交易中心收到申请文件后，同意受理的，出具受理函。

（6）上海股权托管交易中心对挂牌公司报送的申请文件进行审查。审查同意的，向挂牌公司出具同意其非公开发行的通知；审查不同意的，向挂牌公司出具不同意其非公开发行的通知。

挂牌公司应自收到上海股权托管交易中心同意或不同意非公开发行的通知之日起两个转让日内予以公告，并同时公告非公开发行认购办法。

（7）上海股权托管交易中心出具同意挂牌公司非公开发行的通知后，挂牌公司可实施非公开发行相关工作。

挂牌公司非公开发行，可申请一次注册、分期发行。各期发行股份数量由挂牌公司自行确定。挂牌公司应于上海股权托管交易中心出具同意非公开发行的通知之日起六个月内完成发行。

属于一次注册、分期发行的非公开发行，应在每期公告股东大会决议或经股东大会授权的董事会决议的同时公告非公开发行认购办法。

（8）挂牌公司每期非公开发行完成验资后，应向上海股权托管交易中心报送下列文件：

①挂牌公司非公开发行结果报告书；

②挂牌公司非公开发行验资报告；

③挂牌公司向上海股权托管交易中心申请股份登记的文件；

④挂牌公司对非公开发行申请股份登记文件，电子文件与书面文件保持一致的声明；

⑤上海股权托管交易中心要求的其他文件。

（9）上海股权托管交易中心审查同意后，向挂牌公司出具关于新增股份登记的通知。

挂牌公司应自关于新增股份登记的通知出具之日起二十个转让日内完成新增股份在上海股权托管交易中心的登记托管工作。挂牌公司应在每期完成非公开发行股份登记之日起两个转让日内，披露非公开发行结果报告书。

6.4 证券公司主导的柜台市场

6.4.1 柜台市场与柜台交易的定义

所谓柜台市场，通常理解为是在证券交易所之外进行证券交易的广泛市场。柜台市场亦称店头市场或场外交易市场（OTC），证券交易所以外的证券交易市场。柜台市场是证券市场的组成部分，在许多国家，它的交易额超过了全部交易所交易额的总和。这种交易在证券公司之间或在证券公司与客户间直接进行。柜台市场交易的证券大多为未在交易所挂牌的证券，但也包括一部分上市证券。债券交易的绝大部分是以柜台市场交易为主。柜台市场因为买卖双方多通过电话、电报协商完成交易，故又被称为"电话市场"。我国证券公司柜台市场是指证券公司为与特定交易对手方在集中交易场所之外进行交易或为投资者在集中交易场所之外进行交易提供服务的场所或平台。

柜台市场在不同的发展阶段呈现出不同的形式上的特征。但从本质上看，柜台市场是一种由证券交易商组织的、实行买入卖出制的市场组织形式。在证券市场发展的过程中，柜市场一直存在，发展到现在，已经可以与集中交易市场相抗衡。

按照证券交易方式来划分，多层次资本市场可分为集中交易市场（即在证券交易所以买方卖方公开公平竞价的方式确定交易价）和柜台市场（即证券投资者直接与证券经纪人/证券公司进行买入卖出交易的市场，证券持有者和资金持有者不直接进行交易，而是通过证券经纪人/证券公司进行证券和资金的让渡。）

6.4.2 柜台交易业务特点

按照中国证券业协会《证券公司柜台交易业务规范》的界定，证券公司柜台交易是指证券公司与特定交易对手方在集中交易场所之外进行的交易或为投资者在集中交易场所之外进行交易：

（1）主要为券商自身的符合条件的特定客户（包括机构客户、企业客户和高净值个人客户）提供交易服务。

（2）主要交易产品为券商自己创设、开发、管理的金融产品、工具、合约，或者经券商认可的在其他非集中交易场所上市或其他柜台交易市场交易的产品、工具或合约。

（3）主要采取协议转让和报价转让方式。

（4）主要由券商自办产品登记、托管（或二级托管），自行组织交易的清算、交收。

柜台交易业务对券商各个业务线的协调整合以及券商的资金和创新实力要求很高，证券公司柜台交易市场与深沪交易所（场内市场）有明显的区别：

第一，证券公司柜台市场以为私募产品提供流动性为主，满足投资者多样化的投资和转让需求，且投资和转让多以协议交易（即点对点交易）为主，信息不进行公开披露，可以满足交易双方信息保密的需求。

第二，证券公司柜台市场试点初期，市场定位的客户群体以中小初创企业为主，这些企业抗风险能力差，加之目前柜台市场的各项监管措施均在试行探索阶段，所以现阶段以低风险产品的发行、代销、转让为主，并且各项交易都需要实时进行监控，防止新业务引起不可预测的风险发生。

从长远来看，证券公司柜台市场交易的品种可以包括股权、债券、券商理财、基金等各类金融产品。就我国证券公司柜台市场所处的阶段来看，其发展要遵循一定的原则，即先易后难、稳步推进原则；适当控制风险原则；私募产品为主原则；满足客户多层次多角度需求为主原则。

《证券公司柜台市场管理办法》规定，证券公司柜台可发行、销售转让的产品有：证券公司及其子公司以非公开募集方式设立或者承销的资产管理计划、公司债务融资工具等产品；银行、保险公司、信托公司等其他机构设立并通过证券公司发行、销售与转让的产品；金融衍生品及中国证监会、协会认可的产品。

6.4.3 柜台市场交易方式

1. 投资者交易与证券公司交易

按照证券公司是否介入非上市证券交易，可将场外交易方式分为投资者交易和证券公司交易。投资者交易是投资者独立完成的证券交易，投资者无须委托证券公司参与交易，而是直接选择交易对象，协商交易价格，办理证券成交和交割手续。如我国法人股或国家股转让中，往往都是通过投资者与公司法人股或国家股股东签署和执行股份转让协议完成的，这是投资者交易的典型方式。证券公司交易则是指通过证券公司介入完成证券交易。如证券公司以自己的名义和资金，向公司债券持有人购买其所持公司证券，或者证券公司受某投资者委托，代理该投资者向证券持有人收购公司证券。但是，投资者依据证券公司咨询意见进行的证券交易，属于投资者自行交易，不属于证券公司交易。

证券公司交易依照证券公司介入方式，又分为证券自营业务和证券经纪业务。自营业务是指证券公司将所持证券出售给投资者，或者投资者将所持证券出售给证券公司的方式。在自营业务中，证券公司以自己的名义，直接与证券投资者发生交易，直接充当证券的出售方或者购买方。经纪业务则是证券公司代理投资者或者为投资者利益而买进或卖出证券的业务形式，如投资者委托证券公司按照指定的价格买进或者卖出证券。在经纪业务中，证券投资者要承担证券交易的风险，证券公司不是证券交易的直接受益人。

2. 协议交易与挂牌交易

按照交易形式，场外交易可分为协议交易和挂牌交易两种。协议交易是货币持有人和证券持有人协商完成的证券交易。如证券持有人委托证券公司寻找拟进行证券投资的潜在投资者（货币持有人），通过与货币持有人协商而完成证券交易；再如货币持有人拟收购某种证券时，即可自行寻找持有目标证券投资者并与之协商完成证券交易。

挂牌交易则是证券持有人将拟出售证券的卖出价格或者货币持有人将拟买进证券的买进价格列示于价格显示板，要约交易相对方卖出或买进，交易相对方愿意按照价格显示板列示的价格卖出或买进证券时，即可向其发出承诺。挂牌交易是证券公司柜台交易惯常采取的交易方式，它使得证券公司无须就每笔小额交易与对方反复协商定价，从而有助于迅速完成交易。我国上海以往的地方法规中，曾承认挂牌交易的地位。在挂牌交易中，证券公司即可以借助传统的价格显示板，也可以通过现代电脑网络显示价格。投资者有意依照显示价格买进或者卖出证券的，即可与交易相对方协商完成证券交易。

6.4.4 我国柜台市场发展现状

从国际成熟资本市场的发展经验来看，各国的柜台交易市场都十分发达，柜台交易业务在各投行业务中占很大比例。我国证券公司起步较晚、产品与服务单一、缺乏开展差异化竞争的能力、靠佣金战维持市场份额，并且从传统业务层面来看，早已经无法应对市场上投资者势头正猛的投资需求，上述问题的重要原因之一就是柜台市场没有得到有效发展，我国要想打造具有国际竞争力的一流券商就亟需将其置于一个战略的高度，有效整合证券公司基础产品与服务、全力开发柜台交易市场、最大程度满足投资者各式各样的投资需求、在客户粘性上做好文章，实现证券公司核心竞争力的有力提升。

从当前来看，我国政府对证券公司的方方面面都给予高度关注，包括证券公司柜台市场在内的场外交易市场的发展。2012年时任证监会主席的郭树清提出："要以柜台交易为基础，加快建立全国统一监管的场外市场，为非上市公司提供阳光化、规范化的股份转让平台"。2014年国务院颁布的"新国九条"将培育私募市场列为重点。加之近年来我国陆续出现的非法投资、非法理财现象，已经严重影响了金融市场的稳定，所以尽快建立可以满足中小投资者多样化投资需求的、统一监管的、规范化的交易市场迫在眉睫。

在上述背景下，早在2012年12月上旬，中国证监会做出明确表示，允许中国证券业协会开展证券公司柜台市场的试点工作，但是必须遵循一个基本原则，即"限定私募、先行起步"。从现阶段来看，在我国，证券公司柜台市场交易的产品种类众多，主要包括经国家有关部门或其授权机构批准、备案或认可的在集中交易场所之外发行或销售的基础金融产品和金融衍生产品，交易方式主要包括协议交易、报价交易及做市商交易。

近年来，柜台市场业务试点公司除了针对产品引入、评估、销售、后继服务及风控等环节都建立相对健全的制度流程外，还将自主研发与代销相结合，开发定制化产品。与之对应的OTC系统也得到全力开发，为证券公司打造多功能综合平台，该平台汇聚支付、交易、托管结算、投资与融资等基础功能。从发展产品与业务的实际需要出发，相关功能不断完善。2017年7月1日，《证券期货投资者适当性管理办法》正式实行，证券公司OTC系统也进行了相应改造，在实现正常交易的基础上加入了适当性匹配检验、冷静期、回访确认等功能设置。随着国家法律法规、行业自律规范等的逐步完善，证券公司柜台市场交易系统也将进一步优化。

柜台交易市场为证券公司拓宽了收入渠道，开启了多元化模式，同时，对传统的收益结构进行优化。发展券商柜台交易市场，在遵守相关法律法规的前提下，要解放思想、积极创新。开发和销售满足投资者多样化投资需求和综合财富管理的产品和服务。在维持老客户数量稳定同时，吸引更多的有多样化投资需求的新的投资者，投资者数量的增加，不仅可以加快柜台市场的产品流动性，也可以提高证券公司的综合竞争实力。

6.4.5 发展柜台市场的重要意义

证券公司柜台市场是我国多层次资本市场的重要组成部分，在国民经济和资本市场中的积极作用体现为：

1. 发展柜台市场是建设多层次资本市场体系的必然要求

柜台市场是对交易所市场的有力补充，有利于服务中小微企业，助力解决"两多两难"问题。目前，我国绝大多数企业为非上市非公众公司，长期以来这些数量巨大的公司一直是资本市场服务的"空白"和"荒地"，其私募融资和股权转让需求无法通过资本市场得到有效满足。证券公司柜台市场可为非上市非公众公司提供金融服务，进一步拓展资本市场服务实体经济的范围，对非法金融活动具有一定的抑制作用，有利于规范金融活动，减少金融风险。

2014年8月14日，国务院办公厅发布的《关于多措并举着力缓解企业融资成本高问题的指导意见》中指出，要大力发展直接融资，继续扩大中小企业各类非金融企业债务融资工具及集合债、私募债发行规模，而私募债务融资工具、非公众公司股份（股权）、非上市公司股权质押融资、资产支持证券等产品都属于柜台市场产品（业务）范畴，因此，证券公司可以通过柜台市场满足中小企业的相应融资需求，促进实体经济发展。

2. 满足居民个人理财和财富管理需要

当前我国财富管理市场需求旺盛、供应不足，存在较大缺口，非法理财或集资业务时有发生。证券公司在柜台可以通过风险识别与风险定价能力，将自主设计的发行产品、代销产品或者将自主研发与代销产品结合起来的打包产品销售给客户，通过提供更多的非标准化投资工具，丰富投资者的选择，满足投资者个性化的资产配置和综合财富管理需求，为客户提供更专业、更灵活、更贴身的服务。

3. 丰富金融风险管理工具

从全球经验来看，柜台市场能够提供丰富的风险管理工具，对包括利率、汇率、信用、商品等在内的风险进行管理和对冲。目前，我国企业正处于"走出去"阶段，同时我国金融改革正进入快车道，在利率和汇率市场化的过程中，将有越来越多的企业面临利率、汇率等的波动风险。我国柜台市场的发展则可以给企业提供风险对冲的管理工具。企业在套期保值、锁定风险的基础上，可以更专注于主业，从而推动主业发展。

4. 有助于打造证券公司核心竞争力，提升服务能力

我国证券行业之前最大的问题是同质化竞争，没有培育出各自的核心竞争力。这与我国券商主要从事的是标准化的场内业务有直接关系。柜台市场的产品很多是非标准化、私募、量身定制产品，天生具备差异化的特点。柜台市场的发展有利于培育证券行业核心竞争力，是建立一流投行的基础条件。证券公司柜台市场是集证券公司交易、托管结算、支付、融资和投资等基础功能为体的综合平台。证券公司根据客户的需求、资产状况及风险承受能力在柜台市场向客户销售多样化的产品，并且提供做市服务和转让服务。柜台市场的发展将有助于证券公司基础功能的再造及整合，有效释放证券公司的业务空间，充分发挥证券公司的产品创设、风险管理以及定价能力、扩大证券公司的买方、卖方客户资源，丰富其收费模式和服务方式。同时，柜台市场的发展，将有效促进基础功能的发挥，提高整个资本市场的效率和专业化程度，提高资本市场服务投资者和实体经济的深度和广度。

6.4.6 柜台交易相关法规

1. 中国证券业协会柜台交易相关法规

（1）证券公司柜台交易业务规范

中证协发〔2012〕244号

第一条 为规范证券公司柜台交易行为，保护投资者合法权益，防范证券公司风险，根据《证券法》、《证券公司监督管理条例》，制定本规范。

第二条 本规范所称柜台交易，是指证券公司与特定交易对手方在集中交易场所之外进行的交易或为投资者在集中交易场所之外进行交易提供服务的行为。

证券公司进行柜台交易，应当遵守本规范，但按照其他市场规则进行柜台交易的除外。

第三条 证券公司柜台交易的产品包括经国家有关部门或其授权机构批准、备案或认可的在集中交易场所之外发行或销售的基础金融产品和金融衍生产品。

第四条 证券公司进行柜台交易，应当具备中国证券监督管理委员会（以下简称证监会）批准的与所开展业务相适应的资格条件。

证券公司与特定交易对手方进行柜台交易的，应经证监会批准可从事证券自营业务；证券公司为投资者交易提供服务的，应经证监会批准可从事证券经纪业务。

第五条 证券公司进行柜台交易，应当遵守有关法律法规，遵循诚实信用、公平自愿的原则，不得欺诈、误导投资者，不得利用非公开信息谋取不正当利益。

第六条 证券公司进行柜台交易，应当建立柜台交易管理制度，对交易产品和投资者的选择、交易的决策与执行、与交易有关的登记结算、交易的记录与信息披露等事项作出明确规定。

证券公司应当健全合规管理制度，对柜台交易实施有效的合规管理，保障柜台交易依法合规进行，切实防范不当利用非公开信息进行交易的行为以及柜台交易与公司其他业务之间的利益冲突。

证券公司应当健全风险管理制度，持续评估因柜台交易而持有的各类金融产品的市场风险和投资者的信用状况，采取有效的风险管理措施，将持有的风险敞口控制在可承受范围内。

第七条 参与柜台交易的投资者应当是合格投资者。证券公司应当建立投资者适当性管理制度，并符合中国证券业协会（以下简称"协会"）投资者适当性管理的相关规定。证券公司在进行柜台交易前，应当采取有效措施了解投资者的身份、财产与收入状况、信用状况、金融知识、投资经验、风险承受能力等情况。

第八条 证券公司进行基础金融产品柜台交易，应当遵守销售、交易基础金融产品的有关规定。

证券公司进行金融衍生产品柜台交易，应当向非金融机构投资者客观、全面地介绍该项交易的性质、风险收益特征及相关基础金融资产的状况，充分披露其与基础金融资产发行人等相关当事人之间是否存在关联关系等可能影响投资者决策的信息。

第九条 证券公司进行柜台交易，应当与特定交易对手方或投资者以书面或电子方式签订柜台交易合同，约定双方的权利义务。

金融衍生产品的柜台交易合同应符合协会对金融衍生产品主协议及配套文件的相关规定。

第十条 证券公司与投资者约定抵押、质押等财产担保的，应当依法办理担保设定手续；向投资者收取履约保证金的，应当在双方约定的金融机构开立专门账户存放，不得违约动用。

第十一条 证券公司应当按照柜台交易合同约定的方式，为投资者办理交易结算。按照约定通过证券公司自有资金账户和客户交易结算资金专用存款账户办理柜台交易资金结算的，相关资金划转应当符合客户交易结算资金存管的规定。

第十二条 证券公司进行柜台交易的，应当记录投资者柜台交易产品的持有及变动状况。证券公司应当及时、准确、完整地记载与柜台交易有关的信息，并按照《证券法》的规定予以妥善保存。

证券公司应当采取有效措施，确保投资者可以在营业时间内查询其与证券公司签订的柜台交易合同的内容、持有基础金融产品和金融衍生产品的状况。

第十三条 协会按照本规范对证券公司柜台交易活动进行自律管理和日常监控。

证券公司进行柜台交易，应当将以下材料报协会备案：

（一）柜台交易业务实施方案；

（二）公司关于开展柜台交易的决议；

（三）关于投资者适当性管理制度、内部控制制度和风险防范机制的说明；

（四）有关柜台交易业务规则；

（五）协会要求的其他文件。

第十四条 证券公司进行柜台交易，其柜台交易管理制度和实施方案应当通过协会组织的专业评价。

自受理证券公司提交的备案材料之日起1个月内，协会组织专家对证券公司柜台交易业务方案进行评估。专家评估通过的，协会在5个工作日内出具确认备案的书面意见；专家评估未通过的，协会不予备案，并书面通知未通过的原因。

第十五条 证券公司应向协会报备其进行柜台交易的相关业务信息。

证券公司应于每月结束后5个工作日内按要求向协会报送柜台交易月度报表，每年结束后1个月内向协会报送柜台交易年度报告。

发生可能影响柜台交易顺利进行、投资者利益或可能诱发证券公司风险的重大事件时，证券公司应当及时报告协会，并说明重大事件的起因、处理措施和影响等。

第十六条 证券公司进行柜台交易应遵守协会制定的自律规则。协会对证券公司进行柜台交易的情况进行检查，证券公司应当配合。

第十七条 证券公司及其相关业务人员违反本规范规定，协会将视情节轻重采取相关自律惩戒措施，并记入诚信信息管理系统；存在违反法律、法规行为的，将移交证监会或其他有权机关依法查处。

本规范由协会负责解释，自发布之日起施行。

（2）证券公司柜台市场管理办法（试行）

中证协发〔2014〕137号

第一章 总则

第一条 为促进证券公司柜台市场规范发展，保护投资者合法权益，维护柜台市场秩序，根据《中华人民共和国证券法》、《中华人民共和国证券投资基金法》等制定本办法。

第二条 证券公司柜台市场是指证券公司为与特定交易对手方在集中交易场所之外进行交易或为投资者在集中交易场所之外进行交易提供服务的场所或平台。

第三条 证券公司在柜台市场开展业务，应当遵守有关法律法规，遵循诚实信用、公平自愿的原则，不得侵害投资者合法权益，不得挪用客户资产，不得利用非公开信息谋取不正当利益。

第四条 证券公司在柜台市场开展业务，应当按照法律、行政法规、中国证券监督管理委员会（以下简称"中国证监会"）规定、行业自律规则等建立投资者适当性管理制度，做好投资者准入、投资者教育等工作，不得诱导投资者参与与其风险承受能力不相适应的交易。

证券公司应当采取有效措施确保在柜台市场交易的私募产品持有人数量符合相关规定，并要求私募产品发行人承诺私募产品的持有人数量符合相关规定。

第五条 证券公司应当建立健全柜台市场产品管理制度，对产品进行集中管理，并对产品合规性和风险等级进行内部审查。

证券公司在柜台市场开展业务，应当建立健全柜台市场业务管理、合规管理和风险管理等制度，保障柜台市场安全、有序运行。

第六条 证券公司应当依照本办法开展柜台市场业务并接受中国证券业协会（以下简称"协会"）的自律管理。

协会委托中证资本市场发展监测中心有限责任公司（以下简称"市场监测中心"）建立机构间私募产品报价与服务系统（以下简称"报价系统"），为柜台市场提供互联互通服务。

第二章 发行、销售与转让

第七条 除金融监管部门明确规定必须事前审批、备案的私募产品外，证券公司在柜台市场发行、销售与转让的私募产品，直接实行事后备案。

在柜台市场发行、销售与转让的私募产品应当依法合规，资金投向应当符合法律法规和国家有关政策规定。

第八条 在柜台市场发行、销售与转让的产品包括但不限于以下私募产品：

（一）证券公司及其子公司以非公开募集方式设立或者承销的资产管理计划、公司债务融资工具等产品；

（二）银行、保险公司、信托公司等其他机构设立并通过证券公司发行、销售与转让的产品；

（三）金融衍生品及中国证监会、协会认可的产品。

第九条 证券公司为其他机构发行的私募产品提供柜台市场发行、销售与转让服务的，应当与发行人签订协议，对发行人提供的资料进行审核并妥善保管，不得隐匿、伪造或者毁损相关资料。证券公司应当督促发行人保证其提供的资料真实、准确、完整。

第十条 证券公司可以采取协议、报价、做市、拍卖竞价、标购竞价等方式发行、销售与转让私募产品，不得采用集中竞价方式，法律法规有明确规定的除外。

第十一条 证券公司应当根据相关约定组织私募产品在柜台市场发行、销售与转让。因发生可能影响私募产品价值、投资者利益、诱发私募产品或者证券公司风险等重大事项，证券公司拟暂停、终止、恢复发行、销售与转让的，应当事前公告或者以其他方式告知投资者。

第十二条 证券公司在柜台市场为投资者进行私募产品发行、销售与转让提供服务并向投资者或者产品发行人收取费用的，应当在相关协议中约定或者在证券公司网站公布收费标准。

第三章 账户、登记、托管与结算

第十三条 开展柜台市场业务的证券公司可以为在其柜台市场发行、销售与转让的私募产品提供登记、托管与结算服务。

第十四条 投资者在柜台市场交易私募产品，证券公司应当为其开立产品账户。

证券公司代理投资者在柜台市场交易由其他合法登记机构登记的私募产品时，可以采取名义持有模式，以证券公司名义在该产品登记机构开立产品账户，享有产品持有人权利。证券公司与投资者应当签署名义持有协议，明确双方的权利义务关系；证券公司应当根据约定行使产品持有人相关权利，不得损害投资者权益。证券公司应当为每个投资者开立产品账户，分别记录每个投资者拥有的权益数据，并向该产品登记机构报送投资者权益明细数据等资料。

证券公司应当在产品登记机构开立柜台市场自有产品专用账户，并与其他自有产品账户相互隔离。证券公司应当将柜台市场自有产品专用账户和参与柜台市场交易的自有资金专用存款账户向协会报备。

证券公司应当在商业银行开立柜台市场客户资金专用存款账户，用于存放柜台市场客户的非第三方存管资金、第三方存管客户与非第三方存管客户的待交收资金，并与其他账户相互隔离。证券公司应当将该账户向中国证监会证券市场交易结算资金监控系统报备。

第十五条 证券公司为在柜台市场发行、销售与转让的私募产品提供登记服务的，应当保证产品持有人名册和登记过户记录真实、准确、完整，不得隐匿、伪造或者毁损相关资料。

证券公司为其他发行人发行的私募产品提供登记服务的，应当与私募产品发行人签订协议。

中国证监会认可的其他登记机构接受发行人委托，为在柜台市场发行、销售与转让的私募产品提供登记服务的，证券公司应当与其签订协议，对相关事项进行约定。

第十六条 证券公司柜台市场产品账户代码由12位字符组成，前3位为机构代码，由报价系统自动分配；后9位由阿拉伯数字和英文字母组成，优先使用阿拉伯数字，由报价系统、证券公司或者中国证监会认可的其他登记机构分配并管理。

第十七条 证券公司可以接受委托，为客户依法持有或者管理的在其柜台市场发行、销售与转让的私募产品提供保管、清算交割、估值核算、投资监督、风险监控、出具托管报告等服务。

证券公司开展托管业务，应当采取有效措施，保证其托管的私募产品的安全，禁止挪用客户资产。

第十八条 为柜台市场提供结算服务的机构应当按照约定为投资者办理结算。

收付双方的结算账户都是同一证券公司第三方存管账户的，证券公司可以根据结算需要在收付双方资金账户之间进行资金划转。

收付双方的结算账户均不是第三方存管账户的，开展结算业务的机构可以通过报价系统或者中国证监会认可的其他机构为收付双方办理资金结算业务。

付款方或者收款方的结算账户是证券公司第三方存管账户，对方结算账户不是该证券公司第三方存管账户的，证券公司应当将柜台市场客户资金专用存款账户作为过渡账户，进行客户交易结算资金专用存款账户与对方结算账户资金划付。

证券公司与其第三方存管客户发生交易的，应当通过参与柜台市场的自有资金专用存款账户与柜台市场客户资金专用存款账户进行资金结算。

第十九条 为柜台市场提供登记、结算服务的机构应当按照协会规定报送柜台市场交易、登记、结算数据。协会与中国证券登记结算有限责任公司（以下简称"中国结算"）应当建立交易、登记、结算数据集中存储和共享机制。

柜台市场私募产品的登记、结算可以由证券公司自行办理，也可以由中国证监会认可的其他机构办理。

柜台市场产品账户应当与中国结算统一的全国投资者证券账户建立关联关系。

第二十条 柜台市场交易、登记、结算应当遵守或者优先采用中国证监会、协会、证券交易所、中国结算及其他有权机构制定的业务技术规范。

第四章 信息披露

第二十一条 证券公司应当制定明确的柜台市场信息披露规则，信息披露义务人应当对所披露信息的真实性、准确性、完整性负责。

第二十二条 证券公司应当督促信息披露义务人按照约定向投资者披露信息，并根据信息性质及私募业务相关规定分类披露，包括公开披露和向特定对象披露。

法律法规、自律规则要求公开披露的信息，应当面向公众进行披露；法律法规、自律规则或者合同约定定向披露的信息，应当向特定对象披露。

第二十三条 下列私募业务信息不得向公众披露：

（一）涉及证券公司客户隐私的信息；

（二）涉及第三方商业秘密的信息；

（三）合同约定不得向公众公开的信息；

（四）法律法规和自律规则禁止向公众公开的信息。

第二十四条 证券公司应当通过本公司网站、报价系统或者协会认可的其他信息披露平台，披露私募产品相关信息。

第五章 自律管理

第二十五条 证券公司应当通过与报价系统联网的方式实现业务信息的互联互通，信息范围包括但不限于私募产品基本情况、交易信息和登记结算信息等。

第二十六条 证券公司应当向协会报送柜台市场业务年度报告以及重大事项报告。

证券公司应当在每个会计年度结束之日起4个月内报送柜台市场业务年度报告，内容包括但不限于：柜台市场业务总体情况、交易、登记结算、投资者适当性管理、风险及合规管理等。

柜台市场发生对业务开展、客户权益、证券公司风险等产生重大影响的事项，证券公司应当在该事项发生后1个交易日内向协会报告，并于3个交易日内提交重大事项报告，内容包括：事项基本情况、产生原因、影响、应对措施等。

第二十七条 协会可以对证券公司柜台市场进行现场检查或者非现场检查；证券公司及其相关人员应当予以配合，并按照要求提供有关文件和资料、接受问询。

第二十八条 证券公司及其相关人员违反自律规则的，协会将视情节轻重采取自律惩戒措施，并记入诚信信息管理系统；存在违反法律、法规行为的，移交中国证监会或者其他有权机关依法查处。

第六章 附则

第二十九条 证券公司可以通过柜台市场销售或者转让《证券公司代销金融产品管理规定》允许代销的产品。

第三十条 本办法由协会负责解释，自发布之日起施行。

（3）机构间私募产品报价与服务系统管理办法（试行）

中证协发〔2014〕137号

第一章 总则

第一条 为促进和规范私募市场发展，提高市场透明度，维护投资者合法权益，根据《中华人民共和国证券法》、《中华人民共和国证券投资基金法》等有关法律法规，制定本办法。

第二条 机构间私募产品报价与服务系统（以下简称"报价系统"），是指依据本办法为报价系统参与人（以下简称"参与人"）提供私募产品报价、发行、转让及相关服务的专业化电子平台。

第三条 证券期货经营机构柜台市场、区域性股权交易市场等私募市场可以与报价系统进行系统对接。

第四条 参与人可以经由报价系统向与报价系统联网的私募市场发布私募产品的报价和进行交易。

参与人经由报价系统向联网私募市场发布报价和进行交易的，应当遵守联网私募市场的交易规则。联网私募市场应当将参与人的成交信息发送报价系统。

第五条 证券期货经营机构参与人可以通过报价系统开展柜台市场业务，直接创设或承销私募产品并按规定事后备案。报价系统可以为其创设或承销的私募产品提供发行、销售、转让等服务，证券期货经营机构参与人可以自行办理登记、托管、结算等业务。

第六条 参与人在报价系统发行、转让私募产品应当明确私募产品的风险等级，并对投资者适当性管理作出安排。

参与人及其代理的客户在报价系统认购、申购或受让私募产品，应当是符合适当性安排的合格投资者，具有相应的风险识别能力与风险承担能力。

第七条 中国证券业协会（以下简称"证券业协会"）对报价系统进行自律管理，中证资本市场发展监测中心有限责任公司（以下简称"市场监测中心"）负责报价系统的日常运作和管理。

第二章 参与人

第八条 在报价系统开展私募产品报价、发行、转让活动的机构，应当注册成为报价系统参与人。

申请注册成为参与人应当符合下列条件：

（一）中华人民共和国境内设立的企业法人和其他机构；

（二）是证券业协会、中国期货业协会、中国证券投资基金业协会、中国上市公司协会或证券业协会认可的其他自律组织会员；

（三）遵守中国证券监督管理委员会（以下简称"证监会"）相关规定、证券业协会自律规则及报价系统业务规则，签署报价系统参与人声明；

（四）最近一期经审计净资产不少于人民币500万元或管理资产不少于人民币1亿元；

（五）证券业协会要求的其他条件。

第九条 申请注册参与人的机构应当依照报价系统规则提交注册材料，经市场监测中心确认后注册成为报价系统参与人，并开通相关业务权限。

第十条 参与人在报价系统的业务权限分为投资类、创设类、推荐类、代理交易类和展示类。

参与人可以根据业务需要开通一类或多类业务权限。

第十一条 参与人在报价系统认购、申购、赎回、受让、转让私募产品，应当开通投资类业务权限。

开通投资类业务权限的参与人应当为符合以下条件的企业法人或其他机构：

（一）最近一期经审计净资产不少于人民币1000万元或管理资产不少于人民币1亿元；

（二）符合法律法规、自律规则关于合格投资者的规定；

（三）市场监测中心规定的其他条件。

第十二条 参与人在报价系统创设或发行私募产品，应当开通创设类业务权限。

开通创设类业务权限的参与人应当为符合以下条件的金融机构、私募投资基金管理人或证券业协会认可的其他机构：

（一）最近一期经审计净资产不少于人民币1000万元或管理资产不少于人民币1亿元；

（二）具有从事创设类业务的专业人员和业务能力；

（三）最近一年内未因违规经营受到自律组织纪律处分；

（四）最近一年内未因违法违规经营受到行政处罚或刑事处罚，且申请时未被监管部门采取业务限制措施；

（五）市场监测中心规定的其他条件。

第十三条 参与人接受发行人委托推荐自己承销的私募产品在报价系统发行，或推荐私募产品在报价系统转让，应当开通推荐类业务权限。

开通推荐类业务权限的参与人应当为符合以下条件的金融机构、私募投资基金管理人或证券业协会认可的其他机构：

（一）最近一期经审计净资产不少于人民币1000万元；

（二）具有开展推荐企业挂牌/上市、承销、财务顾问等业务的相关经验；

（三）具有从事推荐类业务的专业人员和业务能力；

（四）具备健全的内部控制体系，包括风险管理制度及信息保密隔离制度等；

（五）最近一年内未因违规经营受到自律组织纪律处分；

（六）最近一年内未因违法违规经营受到行政处罚或刑事处罚，且申请时未被监管部门采取业务限制措施；

（七）市场监测中心规定的其他条件。

第十四条 参与人代理合格投资者在报价系统认购、申购、赎回、受让、转让私募产品，应当开通代理交易类业务权限。

开通代理交易类业务权限的参与人应当为符合以下条件的金融机构：

（一）最近一期经审计净资产不少于人民币1000万元；

（二）具有从事代理业务的专业人员和业务能力；

（三）具备必要的信息技术设施；

（四）具有自有资金与客户资金有效隔离的内部控制机制；

（五）最近一年内未因违规经营受到自律组织纪律处分；

（六）最近一年内未因违法违规经营受到行政处罚或刑事处罚，且申请时未被监管部门采取业务限制措施；

（七）市场监测中心规定的其他条件。

第十五条 参与人组织推荐企业在报价系统展示业务信息、财务信息、项目信息，与机构投资者进行项目对接，应当开通展示类业务权限。

开通展示类业务权限的参与人应当为符合以下条件的机构：

（一）最近一期经审计净资产不少于人民币500万元或管理资产不少于人民币1亿元；

（二）具有从事财务管理和项目管理业务的专业人员和业务能力，能够协助和督促企业真实披露信息；

（三）市场监测中心规定的其他条件。

第十六条 参与人应当持续符合注册条件和已取得业务权限类别的相应条件。不再符合相关条件的，报价系统有权暂停、终止其业务权限或终止其参与人资格。

参与人自主退出报价系统的，应当向报价系统申请终止参与人资格及业务权限。

参与人资格或业务权限终止的，参与人应当书面说明业务清理情况，并提供报价系统要求的有关材料。

第三章 报价、发行与转让

第十七条 除金融监管部门明确规定必须事前审批、备案的私募产品外，在报价系统报价、发行、转让的私募产品直接实行事后备案。

在报价系统报价、发行、转让的私募产品应当依法合规，资金投向应当符合法律法规和国家有关政策规定。

第十八条 在报价系统报价、发行、转让的私募产品包括但不限于私募投资基金、资产管理计划、资产支持证券、私募债务融资工具、非公众公司股份/股权、有限合伙份额、金融衍生品等。

经证监会或证券业协会认可的其他产品，可以在报价系统报价、发行、转让。

第十九条 私募产品在报价系统报价、发行、转让，应当由具有创设类或推荐类业务权限的参与人在报价系统注册，并对私募产品的基本情况、投资者适当性标准、报价转让方式、登记结算机构等重要事项做出说明。

第二十条 参与人可以在报价系统向全部或特定参与人发出意向报价、要约报价。

意向报价不具有成交义务，有交易意向的参与人可以与意向报价发布人进行在线协商。

要约报价具有成交义务，应当包含确定的私募产品名称或代码、价格、数量、买卖方向、交收方式等报价系统规定的要素。

第二十一条 私募产品在报价系统发行可以采用定价及针对特定对象的簿记建档、招标等方式。

私募产品在报价系统转让可以采用协商成交、点击成交、拍卖竞价、标购竞价、做市等方式。

第二十二条 参与人以定价方式发行私募产品的，应当确定发行价格（利率）并在报价系统向特定参与人披露发行方案。

第二十三条 参与人以簿记建档方式发行私募产品的，应当确定价格（利率）区间并在报价系统向特定参与人披露发行方案。认购私募产品的参与人在报价系统发出申购申报，由作为簿记管理人的参与人记录认购价格（利率）及数量意愿，按约定的定价和配售方式确定最终发行价格（利率）并进行配售。

第二十四条 参与人以招标方式发行私募产品的，应当明确招标标的、招标方式等发行要素并在报价系统向特定参与人披露发行方案。参与人可以选择利率、价格和利差作为招标标的进行招标发行，报价系统根据中标原则确定中标结果，参与人按照中标结果确定发行价格并确认是否发行成功。

第二十五条 参与人以协商成交方式转让私募产品的，可以在报价系统发布转让意向报价或要约报价，经双方参与人协商一致后确认成交。

第二十六条 参与人以点击成交方式转让私募产品的，由参与人一方在报价系统发出要约报价。交易对手方点击要约报价后确认成交，可以选择全部或部分成交。存在多个参与人点击确认的，按照时间优先原则匹配成交。

第二十七条 参与人以拍卖竞价方式转让私募产品的，由作为转让方的参与人确定起拍价格、拍卖时间等要素，通过竞价的形式将私募产品转让给最优应价的参与人。

第二十八条 参与人以标购竞价方式转让私募产品的，由作为受让方的参与人确定起拍价格、标购时间等要素，通过竞价的形式从最优应价的参与人一方受让私募产品。

第二十九条 在报价系统进行做市的，由符合一定条件的参与人按照有关业务要求，同时以不同价格发出某一私募产品的买入和卖出的要约报价，并按其报价与其他参与人达成交易。

第三十条 参与人可以在报价系统发布特定私募产品的意向报价，与其他参与人进行在线协商，并通过报价系统在线订立标准化或非标准化的交易协议。

第三十一条 私募产品的发行人应当采取有效措施确保私募产品在发行阶段的持有人数量符合法律法规的限制性规定。

参与人在报价系统认购、申购或转让私募产品的，应当遵守法律法规关于私募产品持有人数量的规定。

报价系统不应接受将导致投资者人数超过法律法规限制的交易申报，对异常交易情形可以采取必要的措施进行管理。

第三十二条 参与人接受合格投资者委托在报价系统买卖私募产品时，应当与合格投资者签署协议，并按照协议约定持有、保管、记录、维护和处置私募产品或行使相关权利，不得挪用。

第四章 账户、登记与结算

第三十三条 在报价系统发行、转让私募产品，可以由报价系统登记结算机构或证监会认可的其他机构办理登记、结算。

委托报价系统登记结算机构办理登记的，参与人或私募产品发行人应当与市场监测中心签订登记服务协议；委托报价系统登记结算机构办理资金结算的，参与人应当与市场监测中心签订资金结算服务协议。

委托证监会认可的其他机构办理登记、结算的，证监会认可的其他机构应当与市场监测中心签订合作协议，并将登记、结算信息报送报价系统。

第三十四条 参与人可以在报价系统开立相应产品账户，分别用于记载参与人自身持有、名义持有或管理的基金、资产管理计划等持有的私募产品。

参与人产品账户代码的编制应当符合报价系统的相关规定。

第三十五条 在报价系统发行、转让的私募产品可以采取名义持有模式。参与人应当与合格投资者签署名义持有协议，明确双方的权利义务关系。参与人应当依据约定行使产品持有人相关权利，不得损害合格投资者权益。

参与人应当为每个合格投资者开立产品账户，分别记录每个合格投资者拥有的权益数据。参与人应当向报价系统报送合格投资者产品账户注册资料、账户余额、权益明细数据变动记录等信息。

合格投资者产品账户代码的编制应当符合报价系统的相关规定。

第三十六条 参与人可以在报价系统开立相应资金结算账户，分别用于记载参与人自有资金，合格投资者资金，参与人管理的基金、资产管理计划等的资金或在报价系统发行私募产品募集的资金及用于分红、付息兑付的资金。

参与人可以通过中国证券登记结算有限责任公司（以下简称"中国结算"）、商业银行、第三方支付机构或证监会认可的其他机构向报价系统资金结算账户划转资金。

报价系统登记结算机构可以根据业务性质，在中国结算、证监会认可的商业银行或其他机构开立对应的专用账户，用于办理资金结算业务。

第三十七条 报价系统登记结算机构可以接受委托，为参与人依法持有或管理的，在报价系统发行、转让的私募产品提供保管、清算交割、估值核算、投资监督、风险监控等服务。

报价系统登记结算机构开展前款业务，应当采取有效措施，保证私募产品的安全、完整与独立，禁止挪用参与人资产。

第三十八条 委托报价系统登记结算机构办理结算的，报价系统登记结算机构办理参与人之间的私募产品和资金的清算与交收；参与人与合格投资者之间的清算与交收，由其自行约定和办理。

参与人委托报价系统登记结算机构办理结算，可以采用全额清算、净额清算等清算方式；可以采用货银对付、见券付款、见款付券、纯券过户等交收方式；可以采用日间实时交收、日间多批次交收、日终批次交收、自定交收期等交收期安排。

第三十九条 报价系统登记结算机构可以根据业务需要和参与人信用情况，要求参与人提交一定的履约保证金。

第四十条 报价系统登记结算机构可以接受委托，为参与人提供担保设定、担保解除、盯市、追缴、处置等担保品第三方管理服务。

第四十一条 报价系统登记结算机构与中国结算应当建立报价系统发行、转让私募产品的登记结算数据的集中存储和共享机制。报价系统参与人产品账户应当与中国结算统一的全国投资者证券账户建立关联关系。

第五章　信息披露与展示

第四十二条 在报价系统发行、转让私募产品的，信息披露义务人应当按照法律法规、协议约定履行信息披露义务，通过报价系统向参与人披露信息，并保证披露信息的真实、准确、完整。

第四十三条 信息披露义务人根据信息性质及私募业务相关规定分类披露，包括公开披露和向特定对象披露。

法律法规、自律规则要求公开披露的信息，应当面向公众披露；法律法规、自律规则或者合同约定需定向披露的信息，应当向特定对象披露。

第四十四条 下列私募业务信息不得向公众披露：

（一）涉及参与人客户隐私的信息；

（二）涉及商业秘密的信息；

（三）合同约定的不得向公众公开的其他信息；

（四）法律法规和自律规则禁止向公众公开的其他信息。

第四十五条 报价系统应当鼓励参与人在法定披露范围之外自主披露私募产品信息。

报价系统可以根据私募产品自主披露信息内容和范围，制定多层级的私募产品信息披露标准。

报价系统应当根据私募产品的信息披露层级对私募产品实行分级管理，对其报价、发行、转让服务做出差异性安排。

第四十六条 信息披露义务人可以自主选择私募产品的披露层级，根据其自身条件和承诺事项通过报价系统披露信息。

第四十七条 参与人在报价系统展示自身或推荐企业的业务、财务、项目等信息的，可以自主决定展示信息的内容和范围，并自主管理和维护展示信息。报价系统可以根据展示信息的内容和范围，划分不同的展示层级，对其进行分级管理。

展示自身信息的参与人及被推荐展示信息的企业应当对展示信息的真实性、合法性承担相应的法律责任。

第六章　业务管理

第四十八条 市场监测中心应当制定报价系统运营管理的业务规则，规范参与人的业务行为，维护报价系统的运营秩序。

市场监测中心应当对参与人在报价系统开展业务的情况进行跟踪分析和动态监控，及时处置风险事件。

市场监测中心应当向证券业协会报备业务规则，接受证券业协会的管理。

第四十九条 参与人在报价系统开展业务，应当建立健全内部控制和风险管理制度，对相关业务风险进行事前评估、事中动态监控和事后处置，并按照市场监测中心的要求履行报告义务。

第五十条 在报价系统发行、转让的私募产品出现异常交易等情形的，市场监测中心可以依据相关规则暂停或终止该私募产品的发行、转让，并在报价系统公示。

第五十一条 参与人在报价系统展示的信息有不当或遗漏的，市场监测中心可以要求参与人删除或补正。参与人未能及时删除或补正的，市场监测中心可以删除有关信息，或对相关信息进行标示。

第五十二条 市场监测中心可以对参与人遵守报价系统业务规则的情况进行检查。

被检查的参与人及其工作人员应当予以配合，并按照要求提供有关文件和资料。

第五十三条 发现参与人违反报价系统业务规则的，市场监测中心可以视情况采取下列管理措施：

（一）要求作出解释或说明；

（二）要求改正；

（三）约谈；

（四）在报价系统参与人范围内通报批评；

（五）要求更换有关人选；

（六）暂不办理业务申请；

（七）暂停部分或全部业务权限；

（八）终止部分或全部业务权限；

（九）终止参与人资格；

（十）证券业协会认可的其他管理措施。

第五十四条 发现参与人违反自律规则的，由市场监测中心移交证券业协会及相关自律组织依据相关自律规则对其采取自律惩戒措施。

参与人存在违反法律、行政法规行为的，由证券业协会及相关自律组织移交证监会或者其他有权机关依法查处。

第七章 附则

第五十五条 证券公司注册成为参与人，可以根据其业务需求直接开通相关业务权限。

证券公司可以通过报价系统销售或转让《证券公司代销金融产品管理规定》允许代销的产品。

第五十六条 报价系统运营管理的具体业务规则及指引，由市场监测中心依据本办法另行制定。

第五十七条 本办法由证券业协会负责解释，自发布之日起施行。

第7章
投资者关系管理

投资者关系管理是公司通过充分信息披露运用金融和市场营销的原理、加强与投资者（包括现有投资者和潜在投资者）之间的沟通、促进广大投资者公司的认识并认同、实现公司价值最大化的战略管理行为。上市公司管理层不要创造公司价值的最大化，还要注重公司的价值实现，主动与投资者沟通。投资者关系管理是上市公司最重要的公共关系之一，也是董事会秘书的日常工作内容之一，通过与相关机构和投资者的密切联系，解答投资者提出的疑惑，明确公司长期的战略性问题，揭示公司的价值，帮助投资者树立价值投资、长期投资的正确理念。

7.1 投资者关系管理的沿革和概念

7.1.1 投资者关系管理的起源发展

投资者关系管理（investor relations management，英文缩写为IRM）简称为投资者关系（investor relations，英文缩写为IR），是指公司的管理战略职责，它既包括上市公司及拟上市公司与股东、债权人和潜在投资者之间的关系管理，也包括在与投资者沟通过程中，与资本市场相关机构之间的关系管理。

作为成熟资本市场的产物，投资者关系管理的起源自然离不开美国。这个倍受瞩目的发达资本主义国家在经历了1929—1940年的经济大萧条和第二次世界大战后，美国经济从1945年起步入复苏阶段。在1949年再次承受了一次经济大衰退后，1950年年初美国便开始了长达20年的经济增长。商业日益繁荣，投资热高潮迭起，企业急于重建和扩建在萧条期和二战期间被搁置的固定资产（住房、汽车等多种消费品市场也都蕴含着无限商机）。1952年艾森豪威尔就任总统时，美国长期政府公债利率为2%，联邦预算出现盈余，通货膨胀亦未发生。在当时经济迅猛增长的时期，债券利率较低，又没有通货膨胀，投资股票市场自然是理性的选择。于是，社会公众开始进入股票市场。

虽然早在20世纪20年代就有个人投资者涉足股票市场，但那时的人数和交易量很少，远不及50、60年代。正是由于社会公众大量参与股票市场而孕育了IRM的诞生。起先，公司的股东主要是那些为数不多的有钱人（百万美元左右），他们是投行、经纪商、信托部门、投资顾问和银行的客户，公司只需要对他们负责。但逐渐地，公司发现那些持股量仅100股或200股甚至不足100股的小股东越来越多。这些新股东有一个明显的特征，即他们是公司产品的潜在购买者。于是，像宝洁、通用汽车、克莱斯勒、美国电话等消费品行业的公司看到了这个市场机会。1950年，福特公司向社会公众大规模地发行普通股，并且要求承销商要把推销力度集中到那些200股左右的购买者身上。公司这样做的目的是为了吸引购买福特汽车的新客户，它的竞争对手通用和克莱斯勒也早已借助股东来促进销量。

逐渐地，这些新股东意识到自己也是公司的所有者，应该有发言的权利，应该被公司所关注。而且这些新股东对参加公司的股东大会颇感兴趣。于是，公司管理层有些犯难了，因为他们只习惯于跟那些有长期合作关系的银行、投行家和保险公司打交道，而没有一点跟小股东沟通的经验。在众多小股东的压力下，管理层不得不转而求助大众传播专家。某些大公司就启用自身的公众关系部，但大部分公司都求助于外界专家顾问。那些选用自己公众关系部的公司就将这一职责定名为股东关系，职责范围主要是准备年报、季报及一些财务信息的披露。年度的股东大会主要还是由公司秘书、外界的法律顾问等人来安排。这便是IRM的初级阶段。

到了1953年，许多大一点的公司都设立了股东关系一职。3月份，美国管理协会（AMA：American Management Association）出具了第一份关于股东关系的研究报告，旨在指导公司股东关系的操作。这一年，美国管理协会的主要支持者通用电器率先设立了正式的IRM部门。

1958年，AMA召开了一次推进IRM发展的会议，会议讨论了实施IRM的必要性、公司管理层对股东的认知程度及建立专业的IRM队伍的重要性等。1963年5月3日，"投资理念和投资教育会议"在底特律州立大学召开，召集了企业界和投资界专业人士来共同探讨IRM发展的紧迫性和未来发展道路。通过这次会议，IRM得到学术界的认可，对IRM而言是一件意义深远的大事。

1965年秋天，一些业界人士在哈佛俱乐部聚集商议组建专业的IRM组织一事。该想法经过1966年6月Haven山会议的进一步讨论，一个正式的IRM组织——投资者关系协会（IRA：Investor Relations Association）终于在这年7月诞生了。但该协会成员仅限于公司的管理者，并且入会者人数较少，不具备广泛性。1969年7月10日在IRA举办的会议中成立了全国性的IRM组织——美国投资者关系协会（NIRI：National Investor Relations Institute）。

NIRI成立十一年后，第二家全国性的IRM组织才于1980年在英国成立，命名为英国投资者关系协会（IRS：Investor Relations Society）。但时至今日，这样的组织机构已遍布全球。1990年NIRI的加拿大分支机构从母体脱离出来，更名为加拿大投资者关系协会；同年，芬兰投资者关系协会也宣告成立；也是在1990年，最先成立的美国NIRI又在德国召集组建了DIRK。还有许多这样的组织如雨后春笋般地冒出，如法国的CLIFF、日本的JIRA、巴西的IBRI。

1990年各国的会员代表联合起来成立了国际投资者关系联合会IIRF，总部设在伦敦。这个国际性机构在成立之初，只有10个组成成员。到现在，这个数字已增加到了18个，而且还有其他国家的IRM组织有意加盟。IIRF的目标之一就是鼓励所有证券业活跃的国家成立全国性的投资者关系组织。

我国资本市场起步较晚，21世纪初监管当局才开始引入IRM理念希望通过投资者关系管理规范上市公司与外界的信息沟通，缓解资本市场信息不对称。国内最早实施IRM的是一些在海外上市的公司，如中国石化等这些公司的经验推动了IRM在国内的推广。

1999年6月，科龙电器在国内发行A股，率先举行了"路演"，书写了中国投者系管理实践第一页。2000年6月，《中国证券报》的一篇题为《我们所理解的投资者关系》的文章首次在媒体上提到投资者关系管理，至此中国资本市场逐步认识到投资者关系管理的重要性。

2002年1月，由英国投资者关系杂志主办，JP摩根、汤姆逊财经等国外机构协办的首届"环球市场投资者关系——中国"会议在上海召开，这是首次在中国召开的以"投资者关系"为主题的大型国际性会议，对我国普及投资者关系管理有重要的里程碑意义。

2003年7月，中国证券监督管理委员会上市公司监管部下发《关于推动上市公司加强投资者关系管理工作的通知》，这是中国证券监督管理委员会首次以文件形式，要求开展和推动上市公司投资者关系管理工作，标志着投资者关系管理工作已在我国上市公司全面展开。2003年10月，深圳证券交易所发布了《深交所上市公司投资者关系管理指引》，2004年1月，上海证券交易所全体上市公司签订了《上市公司投资者关系管理自律公约》，旨在推动上市公司进一步完善治理结构，规范投资者关系管理工作。

2004年1月，国务院发布了《关于推动资本市场改革和稳定发展的若干意见》（国九条），提出要重视资本市场的投资回报、提高上市公司质量等，诸多方面体现对投资者利益的保护，为上市公司开展投资者关系管理提供了纲领性指导文件。2004年12月，中国证监会发布了《关于加强社会公众股东权益保护的若干规定》，赋予了中小投资者对上市公司重大事项的发言权和表决权，从制度管理股东关度上形成对投资者利益保护。

2005年之所以成为中国证券场投资者关系元年，得益于一场深刻的全流企业管理通改革，即股权分置改革。2005年4月，中国证券监督管理委员会发布的《关于上市公司股权分置改革试点有关问题的通知》，翻开了中国资本市场全新的全流通时代，投资者关系管理也进入了新的使命。2005年7月，中国证券机构从监督管理委员会颁布了《上市公司与投资者关系工作指引》，提出了上市公司充分披露信息原则、合规信息披露原则、投资者机会均等原则、诚实守信原则、高效低耗原则和互动沟通六个投资者关系基本原则。2014年5月，国务院发布《关于进一步促进资本市场健康发展的若干意见》（新国九条），首次提出"鼓励上市公司建立市值管理制度"。2014年11月，中国在证券监督管理委员会新闻发布会上表示将依法支持上市公司开展市值管理，投资者关系管理迈入股权时代市值管理新阶段。

2021年2月，我国证监会发布了《上市公司投资者关系管理指引（征求意见稿）》，将我国A股市场的IRM暂时定义为："投资者关系管理是指上市公司通过互动交流、诉求处理、信息披露和股东权利维护等工作加强与投资者及潜在投资者之间的沟通，增进投资者对公司的了解和认同，以提升公司治理水平和企业整体价值，形成尊重投资者、敬畏投资者和回报投资者的公司文化的相关活动"。

7.1.2 投资者关系管理的概念

美国投资者关系协会（NIRI）对投资者关系管理定义：上市公司的高级管理层及信息披露部门与投资者进行交流，向投资者介绍公司的生产经营状况和发展前景，并与投资者之间建立一种相互信任、利益一致的公共关系。

国际投资者关系协会（IIRF）对投资者关系管理的定义：投资者关系是指公司综合运用金融、市场营销和沟通的方法，向已有的投资者和潜在的投资者介绍公司的经营和发展前景，以便其在获得充分信息的情况下作出投资决策。有效的投资者关系有利于提高市场对公司的相对估价水平，从而降低资本成本，并且成为公司管理层听取投资者建议的渠道。

我国证监会发布的《上市公司投资者关系管理指引（征求意见稿）》（2021年2月）A股的IRM暂定义为：投资者关系管理是指上市公司通过互动交流、诉求处理、信息披露和股东权利维护等工作加强与投资者及潜在投资者之间的沟通，增进投资者对公司的了解和认同，以提升公司治理水平和企业整体价值形成尊重投资者、敬畏投资者和回报投资者的公司文化的相关活动。

虽然投资者关系管理涵盖内容很多，但共同体现了以下重要思想：

第一，投资者关系是信息从公司传递到投资者或潜在投资者的活动，所以这个活动必须依据投资者的需求来考虑各种手段、方法的使用。这与现在大力提倡的"股权文化"以投资者为中心的思想是一致的。

第二，投资者关系不是一个单向的信息传递过程，公司向投资者传递信息，同时在沟通的过程中也向投资者收集信息，在投资者和公司之间形成良好的互动，公司和投资者都能在此互动过程中受益。

第三，投资者关系管理是运用价值经营和价值整合等方法建立和加强与现有投资者、潜在投资者的交流沟通，促进投资者对公司的了解并认同，减少公司与投资者之间的信息不对称，实现公司价值最大化的战略管理行为。

第三，投资者关系管理是一种资本营销、它综合运用了金融、沟通与市场营销学的知识。营销的是企业的未来价值，营销的产品是公司的股票，营销的市场是资本市场。

7.2 投资者关系管理的内涵与意义

7.2.1 投资者关系管理的内涵

1. 投资者关系管理的性质是公司持续的战略管理行为

公司战略具有全局性，以企业发展全局为对象，因此具有综合性和系统性。投资者关系管理看起来只是面向资本市场，实现公司与投资者之间的沟通。实际上，在企业之间的竞争逐渐由单一的产品市场竞争转向包括资本市场竞争在内的全方位竞争的今天，企业在资本市场上的表现更能统揽企业的方方面面。因此，投资者关系管理必将是企业的一项全局战略管理行为。投资者关系战略也将和企业的产业发展战略、产品战略、市场营销战略、财务战略、人力资源战略等协调一致而达到彼此支持、相得益彰，形成一种良性循环。

公司战略具有长远性，而投资者关系管理正是企业的一项长期行为。一方面，投资者关系管理伴随企业战略逐步演进，需要不断向已有的投资者和潜在的投资者介绍公司的经营和发展前景，以取得他们对公司及公司战略的认可。另一方面，长期性的体现在于，投资者关系将成为一种共识，作为一种观念长期根植于企业每一个员工的头脑之中，也就是说，只有公司真正形成尊重投资者理念，才能在面临纷繁复杂的外部环境和公司内部事务之时，从投资者角度考虑，做好投资者关系管理工作。公司通过投资者关系管理影响投资者也不是一朝一夕的事情，它需要公司多种方式、多种渠道的持续沟通，方能与投资者形成长期的、稳固的、亲善的关系。

2. 投资者关系管理的目的是实现公司相对价值最大化

公司价值与企业的产品价值和资产价值不同，它不仅是企业的利润和净资产所能体现的公司过去和现在的价值，更重要的是企业的未来，是企业在过去和现在基础上的盈利能力和发展潜力，它是企业的已有投资者和有意投资者对企业的一种预期。这里需要说明的是：其一，公司价值作为一种预期，其实际的体现，是公司变现的价格，即公司在公开市场上的交易价格，而股票市场正是这样一种公开市场；其二，在一个有效率的市场，即理性市场中，公司股票的交易价格是可以体现公司的价值的；其三，考虑到股票市场所面临的外部环境和系统风险，公司价值往往体现成公司对于整个市场的相对价值。表现相对价值高低的指标一般有相对市盈率、相对市净率等。相对市盈率高表明公司的市盈率高于同类或近似上市公司的市盈率，反映出投资者对该上市公司的预期高于对同类或近似的上市公司的预期。

事实上，公司价值的提升，是伴随着公司自身实实在在的良好前景和投资者对公司的良好预期而来的，而投资者对公司价值的发现及长期看好，是公司价值提高的一个重要环节。投资者关系管理就是要通过有效的沟通，提高投资者对公司的认同度和忠诚度，进而实现公司相对价值最大化。

3. 投资者关系管理的核心是通过沟通，促进了解和认同

在目前证券市场不断发展、上市公司数量不断增加、投资品种日渐丰富的情况下，如何让投资者发现公司价值，并且保持对公司的长期认可并不是一件容易的事情，越来越多的上市公司已经发现公司的股票交易不活跃，常常被市场冷落。因此，如何与投资者有效沟通，促使他们全面的认知公司，是摆在公司面前的一项重要任务。

投资者关系管理的核心就是通过与投资者有效的沟通，促进他们对公司的了解和认同。在沟通的过程中，首先应当注意的是，公司应当将投资者关系管理作为公司长期持续的一种观念和态度，与投资者平等、诚恳、相互尊重的沟通，取得投资者的信任；其次，还要讲究沟通的方式方法，注意运用资本营销等技术，从而促进沟通的效果。

4. 投资者关系管理的对象是公司的现有投资者或潜在投资者

投资者关系管理的对象分现有投资者和潜在投资者，投资者又有机构投资者和个人投资者之分。因此，公司应当根据投资者的不同性质，针对不同投资者的需求，采取不同的渠道、形式，有所侧重地与之交流。比如潜在投资者可能对公司没有系统的了解，甚至对公司所处的行业也不了解，公司就应当主要与之交流行业特点，并突出公司特点和价值所在；而机构投资者甚至公司的战略投资者，谙熟公司的背景和特点，投资者关系则应侧重使其对公司的发展规划和战略部署建立长期信任；个人投资者有的善于短线操作，有的看好企业未来愿意长期持有，公司也应根据其不同的需求分别给予关注的信息，从而针对投资者的不同诉求实现高效沟通。

5. 投资者关系管理的基础是充分的信息披露

投资者关系管理应采用多样的形式、有效的手段，以及快捷的渠道与投资者进行沟通，从而增强公司与投资者之间沟通的效果，有利于形成投资者对公司的认识并认同。为了保护投资者（尤其是中小投资者）的利益，各监管机构制定了严格规范的信息披露制度，要求公司根据相关法律法规按时披露信息。强制的信息披露仅是公司信息披露的基础，由于投资者类别多、投资者本身的资质不同、投资偏好不同、获取信息的渠道不同等，信息需求多样化，要获得投资者的信任，公司需要公平、主动披露投资者关心的其他相关信息。

任何公司都不会只存在对公司有利的信息，不可避免地会有一些负面事件或信息。投资者并不害怕听到不利消息，最具伤害的是对公司负面事件、信息的不知实情。公司有好消息时进行信息披露，与投资者交流固然重要，但在公司出现负面事件、不利信息甚至危机时，及时信息披露并与投资者有效沟通就越发重要，遮遮掩掩也许可以解决一时的问题，但必将会引发投资者对公司诚信的质疑，并产生更大的危机，对公司在资本市场的形象造成长期的损害。因此，只有在充分信息披露的基础上，通过及时有效的沟通，让投资者第一时间公平了解信息，体现公司诚信、负责任的态度，化解不必要的误会，才能赢得投资者的长期信任。

6. 投资者关系管理中沟通的内容是影响投资者决策的相关信息

严格规范的信息披露是公司每位股东获得平等知情权的制度保证，因此，从市场监管的角度而言，要求公司根据相关法律法规，从形式和实质上判断披露上市公司董事、合标书、工作、发行价等敏感信息。而投资者关系管理本身是一种与投资者相互沟通的过程，电话交流、实地参观、分析师会议、小型说明会、一对一介绍、路演等形式将被广泛远用于投资者关系管理中，因此，在这个互动交流的过程中，由于投资者对公司了解的深浅不同、投资偏好不同，必然会提出各种各样的个性化问题，其交流的内容也远远大于强制信息披露的内容。通过各种沟通形式，一方面可以了解到投资者对公司的认知，另一方面也需要进一步判断，哪些信息有可能形成股价敏感信息，需要公开予以披露好预期，而投资者对公司价值的发现及长期看好，是公司价值提高的一个重要环节。投资者关系管理就是要通过有效的沟通，提高投资者对公司的认同度和忠诚度，进而实现公司相对价值最大化。

7. 投资者关系管理的手段是金融营销

现代公司的营销工作主要包括两个方面：产品（服务）营销和金融营销。产品（服务）营销的对象是公司的产品或服务，受众是为满足消费需要的消费者或满足生产需要的生产者。消费者或生产者购买公司的产品或服务的目的是获得产品或服务的效用。产品（服务）营销的高级形式是对产品（服务）的品牌的营销。对于一个现代的公司，特别是上市公司，它一方面向消费者销售产品或服务，另一方面还向投资者销售股票、债券或其它金融产品，以筹集企业发展所需要的资金，充分体现公司的价值。金融营销的对象是公司的股票、债券或其它金融产品，目标受众是投资者。投资者购买金融产品的根本目的是获得投资收益。

金融营销作为公司的营销活动，与产品（服务）营销一样需要运用营销学的基本原理、方法、手段，但由于金融营销与产品营销的产品、对象、受众、目的不同，其具体的方法、手段也有很大区别。

7.2.2 投资者关系管理的意义

公司市值是公司股本与股价的乘积,在股本不变的情况下,股价高低直接决定公司市值大小,而股价的高低关键由投资者与市场决定。

1. 良好的投资者关系可改善公司的资本形象

作为公众公司,企业形象是公司重要的无形资产,上市公司的企业形象主要可以细分为产品市场形象、资本市场形象和社会公众形象,这些形象既相对独立,又相互影响。良好的投资者关系有利于改善公司的资本市场形象,积累无形资产,这不仅有利于获得投资者的关注和支持,而且有利于改善企业的外部环境,有效地配合公司在产品市场中的市场营销行动,促进对外合作和吸引各类人才,产生综合效益。

2. 良好的投资者关系可以降低公司再融资成本

影响投资者决策最重要的因素有两个,即风险和投资收益。在高风险高收益的规律下,信息越不对称,投资者越倾向于认定具有较高的投资风险,因此会要求较高的投资回报,这无疑会增加企业筹集资金的成本。相反,欲谋求投资者对企业的长期支持,树立投资者对本企业的信心,就要立足于良好的投资者关系管理,从而拓宽公司的融资渠道,提高企业在证券市场上的融资能力和融资规模。

3. 良好的投资者关系可以提高投资者的认同度和忠诚度

投资者关系管理本身是种与投资者相互沟通的过程。通过电话交流、实地参观、分析师会议、小型说明会、一对一介绍、路演等形式将公司的重要信息传递给投资者。这种沟通不仅仅是强制信息披露要求的内容,而是与投资者决策相关的信息。通过多样的形式、有效的手段、以及快捷的渠道与投资者进行沟通,从而增强公司与投资者之间沟通的效果,有利于形成投资者对公司经营行为的了解和认同,使公司在资本市场上的股票价格尽量反映公司资产和未来收益的内在价值,以避免公司价值被低估。

4. 良好的投资者关系可以管理预期和经营平滑波动

世界知名的大公司大多出现过经营困难、亏损、有的甚至还曾濒临倒闭,可以说经营波动是企业经营的常态。但经营出现波动时,若上市公司与投资者没有良好的沟通关系,必将造成上市公司股票价格的大幅波动,威胁上市公司的稳定发展。若公司与投资者有良好的关系,投资者就会从更长远的角度、更理性地分析公司的发展前景,所表现出的行为倾向或实际行为就可能拥护公司的决策和持有公司股票,从而减少人为的波动。达到"管理预期,防止惊奇"。

5. 良好的投资者关系可以帮助企业获得更多资本市场的相关信息

分析师和投资者对公司的评论、公开的报告以及日常沟通中收集的问题和竞争对手及行业的信息等给管理层和董事会提供有关资本市场发展和投资者对公司认识的信息,能够加强管理层对公司乃至整个产业绩效、优势和战略的认识,对于制定公司发展战略有着很大的价值。目前,国内上市公司的 IRM 意识还很薄弱,主要是因为我国证券市场还是一个新兴市场,股票在某种程度上还属于稀缺资源,人们还没有意识到要像产品市场中的营销那样去争取投资者的资金。但随着股权分置改革的顺利实施及基础性制度障碍的消除,市场化、机构化和向买方市场的转变将是中国证券市场的发展方向,目前也正处于这一转变的关键时期。市场化和向买方市场的转变要求上市公司加强与投资者之间的沟通,提高营销技巧,使投资者了解、接受、支持上市公司的发展战略和经营方针。而包括证券投资基金、QFII、保险资金等机构投资者数量的增加和地位的加重,要求上市公司要以更高的标准披露信息,提高信息沟通的广度和深度,并以更专业的方式处理与机构投资者的关系。因此,上市公司必须要向投资者显示自身的价值,吸引他们成为长期的投资人。我们可以预见,在不远的将来,IRM将成为国内上市公司不断完善治理结构、加强与投资者及中介机构交流沟通的有效管理方式,并成为实现公司价值最大化的有效工具。

6. 良好的投资者关系可以保障公司持续的再融资能力

随着资本市场的发展,投资者关系管理越显重要。公司通过投资者关系活动宣传公司战略规划和经营状况、展示公司实力,解答投资者疑虑,增加公司在资本市场的可见度,吸引投资者关注,可以影响投资者投资行为。在资本市场中,有不少投资者关系好的公司赢得投资者的认同和支持,从而可以以较低成本短时间完成融资,提升公司市场价值,增强持续融资能力。也有一些投资者关系做得不好的公司、由于信息的不对称,投资者对公司不太了解,降低了投资者的信任度,直接影响投资者认购意愿,如果资本市场或公司有相关不利信息,更加重了股票价格、债券利率的恐慌性波动,进而会影响公司的融资成本和融资能力。

在日趋成熟的资本市场,上市公司的融资能力乃至长期发展,都与其在资本市场的表现息息相关。上市公司只有通过良好的投资者关系工作,展示公司内在价值,充分尊重投资者,公司的经营管理发展才能得到投资者的支持。同时,也使公司价值得以实现,融资渠道保持顺畅,最终使公司、投资者和资本市场三方获益。

目前国内上市公司经常是在融资或并购前,临时抱佛脚,集中宣传以求短期见效。但随着证券市场规模的扩大和价值投资理念的深化,这种急功近利的集中宣传的作用越来越小;只有循序渐进、坚持不懈地开展投资者关系管理,润物细无声般地持续推介公司,才能获得广大投资者的青睐。

7.3 投资者关系管理工作

7.3.1 投资者关系管理战略

1. 明确管理战略定位

投资者关系管理是一项长期而全面的工作,目的在于提升公司再融资能力,提高企业市场价值。投资者关系管理不只是相关管理人员的工作,更需要公司董事会、经营层及其他部门的大力支持和参与。它是继公司技术战略、财务战略、投资战略、人力资源战略、营销战略之后新的战略,是公司战略的重要组成部分,它要配合公司总体战略规划,还要确保与公司其他战略的协调性、密切配合性,使投资者关系管理战略发挥最大效应,实现企业整体战略。企业的投资者关系管理战略规划和部署包含外部环境、资本市场、公司经营情况、竞争对手、标杆企业、投资对象、管理渠道和方式、管理沟通内容、企业价值等。

2. 实施管理战略行动

投资者关系管理战略是企业在充分研究外部环境、资本市场发展、企业发展战略和经营情况、标杆企业和竞争对手基础上，分析企业优势和劣势，包括经济形势、资本市场竞争环境和威胁及企业在文化、技术、品质、营销、财务、管理及公共关系等具备的条件及优劣势。同时投资者关系战略在一定时间内要突出重点，如公司再融资、并购重组等阶段。投资者关系战略制定需要高级管理人员的积极参与，需要通过方案的提议、讨论、认可、贯彻实施和监督等阶段。

3. 建立管理组织体系

（1）制定投资者关系管理制度。

要做好投资者关系管理，真正贯彻实施投资者关系管理战略规划，要将公司的投资者关系管理工作制度化，体现在公司的治理结构中。明确投资者关系管理的领导人、负责人、执行部门和人员，及董事会、高级管理人员和相关部门的职责、权限和义务。董事会是投资者关系管理的决策机构，负责制定公司投资者关系管理制度，负责检查考核投资者关系管理工作的落实、运行情况；董事长是投资者关系管理的领导人，董事会秘书是投资关系管理的负责人，投资者关系部门是投资者关系管理的职能部门，在公司董事会秘书的安排下，负责组织实施公司的投资者关系管理工作。公司应建立良好的内部协调机制和信息采集制度，负责投资者关系工作的部门、人员应及时归集各部门及下属公司的生产经营、财务、重大事项等信息。

（2）设立投资者关系管理部门。

要完成投资者关系管理战略工作，需设立专业的投资者关系管理部门，它是连接公司与资本市场的桥梁，在公司具有较高的地位。投资者关系管理部门的职责范围主要包括负责公司法人治理；完成年报、季报、股东会、董事会、监事会及公司其他重要事项的信息披露；组织召开股东大会、董事会、监事会；负责与监管机构、投资者、分析师、公司董事、监事、高级管理人员的沟通交流；按时回复系管理互动者、投资者来电来函等信息；组织投资者关系管理"走出去、请进来"的活动；实施再融资项目；根据要求组织、管理董事、监事、高级管理人员证券知识培训学习；持续关注新闻媒体及互联网上有关公司各类信息并及时反馈给公司董事会及管理层等；参与公司生产经营活动，及时全面了解公司各方面情况。

4. 强化沟通核心

（1）搭建沟通平台。

上市公司要构建投资者关系管理体系，搭建适合企业的投资者关系沟通平台，有效快速地与投资者进行交流。第一是在公司网站中建立投资者关系专栏，定期、不定期发布投资者关系信息，内容包括公司概要、公司治理、最新公告财务信息、股价信息等，并进行动态管理，为投资者提供全方位的信息平台。第二是公司分析师、研究员以微信、QQ等形式建立交流群，在规范基础上，及时传递公司信息，为投资者获取公司信息建立最为方便、快捷的互动渠道。第三是建立投资者信息资料库，定期或不定期向资料库中登记的投资者传递公司发生的重大事件、让投资者及时了解公司重要信息。第四是建立媒体的信息传播机制，与新闻媒体保持良好的关系是上市公司不可忽视的一项投资者关系管理活动,接收媒体的正当监督,有效地利用媒体的广泛影响,提高公司的声望。第五是建立企业内部自下而上、自上而下的信息报送、反馈机制。投资者关系管理部门要通过信息报送机制及时准确获取公司经营、财务、新闻媒体、危机信息、其他重大事项等。投资者关系管理人员从投资者处获得反馈的信息,应就投资者关心的主要问题进行剖析,为公司高层领导提供资本市场相关信息和投资者对公司的期望、提出的问题等第一手资料。

(2) 拓宽沟通渠道。

目前我国上市公司投资者关系管理工作主要集中在信息披露、路演等方面,应进一步拓宽沟通渠道,可分线上线下,采取多种方式如股东大会、分析师会议、业绩说明会、定期不定期现场活动、互动易、电话和电子信箱、一对一沟通、危机处理等与投资者进行交流沟通。

(3) 强化信息披露。

信息披露是投资者关系管理工作的根本内容,上市公司信息披露分为强制性信息披露和自愿性信息披露。上市公司要建立系统的信息披露制度,做到信息披露的真实、准确、及时、完整。在规定媒体公开披露信息外,上市公司还需按照《上市公司治理准则》《上市公司规范运作指引》建立接待采访、回复咨询、股东交流、向投资者提供公司资料等信息披露机制,确保公司公开、公平、公正规范运作。随着我国资本市场的深化,在强制性信息披露基础上,要加强自愿性信息披露。通过投资者关系管理的各种活动和沟通,在规范信息披露基础上,自愿披露现行法律法规和规则以外的信息,包括公司战略规划、经营计划、经营现状、经营环境、财务管理、人力资源管理等信息。通过扩大信息披露范围,增强上市公司信息量和透明度,为投资者关系管理创造良好的环境,使投资者可以感受到上市公司的股权文化,进而对公司投以更多的理解和信任。

7.3.2 投资者关系管理的影响因素

1. 投资者因素

投资者的投资偏好由他的影响因素所产生,建立投资者关系是双向、互动的过程,要建立良好的投资者关系,必须对投资者进行充分的了解。影响投资者因素有以下四方面。

(1) 投资回报。是影响投资者关系管理最主要的因素。投资者通过购买公司发行的股票,希望自己的投资能够获得预期的收益。投资者在投资上的总收益(股票价格变动加上股利)需要大于把资金用于其他固定利息的投资所得到的收益,如债券等。如果投资者投资收益小于其他投资机会或亏损,投资者就会转移投资目标。

(2) 风险偏好。不同的机构和人员有不同的投资偏好。理性的投资者相对有比较稳健的投资理念,其首先关注风险,投资者更加看重企业的经营业绩,一般不会选择投资高风险的初创企业;冒险型投资者主要关注投资回报,更加关心企业的成长性,一般会投资高风险、高增长、高回报的企业。

(3) 投资者背景和经历。由于投资者的背景和经历不同,即使在相同的投资机构、有相同或相近的投资理念也会有不同的投资偏好,如投资者教育背景、工作经历、家庭等,一个有计算机教育背景的投资者一般会更加关注IT及相关行业,而具有化工企业工作经历的投资者会更加关注与化工有关的企业。

(4) 关键投资者的影响。国内的股市已形成一个奇怪的"庄家"现象,投资者纷纷研究市场上主力机构投资者的动向,采取相应的投资策略。很多时候,投资者的投资行为会受到一些关键投资者的影响,如大型机构投资者、有名企业投资者或著名分析家、著名经济学家等。

2. 公司质量

公司质量是影响投资者关系管理的重要因素之一,包括以下四方面。

(1) 财务业绩:主要指公司以财务数据表现的经营状况,包括每股收益、每股净资产、净资产收益率、营业收入、归属于上市公司股东扣除非经常性损益的净利润、毛利率、经营活动产生的现金流量净额等。

(2) 企业资质:是反映公司质量的重要内容。

①核心竞争力。核心竞争力是企业竞争优势形成最有力的核心要素,包括独特的文化、独特商业模式、独特产品、独特技术、独特品质、品牌和规模优势、能力等。

②产品发展空间与前景。产品的发展空间和市场前景决定公司能否进一步可持续稳健发展,当产品具有较好的发展空间和市场前景时,公司才有可能业绩增长、不断发展,才会被投资者看好。

③创新能力。企业创新能力是企业改进或创造新事物的能力,是现代企业经济活力的源泉,包括商业模式创新、技术创新、产品创新、管理创新、机制创新、营销创新和文化创新等。在企业竞争中,已把创新放在了前所未有的高度,成为企业竞争战略的核心。

④人力资源管理能力。人是企业之本,人才是企业发展的决定性因素。现代企业管理越来越重视人的管理。人力资源管理包括人力资源规划、招聘与配置、培训与开发、绩效管理、薪酬福利管理、员工关系管理等。有效地利用与企业发展战略相匹配的管理和专业技术人才,最大限度地挖掘他们的才能和主动性,可以推动企业战略的实现,促进企业快速发展。

(3) 公司领导的重视和支持。

做好投资者关系管理工作的关键是要得到公司领导的重视,管理人员被充分信任,全面了解公司的战略、现状及发展,掌握公司全部信息。如果没有公司领导足够的支持。公司的投资者管理工作只能是装点门面的表面工作,说话没有权威性,就会在投资者心目中大打折扣,影响公司形象。同时,公司领导还必须抽出时间亲自参与,出席公司业绩说明会、路演等,和投资者、分析师直接交流沟通,提升投资者关系管理含金量。

(4) 专业人才。

投资者关系管理是公司职能战略管理的一项长期而系统的工作,也是公司对外的窗口。投资者关系管理人员对内需与公司股东、董事、监事、高级管理人员打交道,对外需与证券监管人员、分析师、基金经理、投资者、媒体记者等人员沟通、交流。它既是高素质复合型人才,又要有代表公司的形象。一名合格的投资者关系管理人员应当具备以下素质和技能:

良好的知识结构,含财务、金融、市场营销、相关法律法规、公共关系等;对公司的全面了解，包括历史沿革、战略规划、经营状况等；熟悉证券市场，了解证券市场运作机制；具有良好的市场营销技巧和沟通能力；具有良好的品行，诚实守信；有较强的协调能力和心理承受力；有较强的写作能力，能撰写定期报告及新闻稿件等。

（5）外部环境。

外部环境影响公司与投资者关系的因素比较多，主要有以下三点。

①宏观经济。宏观经济形势影响资本市场，影响投资者对公司发展前景的信心。一般来说，投资者在经济运行良好的时期倾向于加强投资力度，而经济形势下行时会减少投资；当然，也有部分有远见的投资者在经济运行过热时出售价值被高估的资产，在经济形势严峻时买入被低估价值的资产

②证券环境。成熟的证券市场，相关保护投资者的法律、法规比较健全，投资者相对有成熟的投资理念，利于公司与投资者建立起双赢的关系；一个新兴的证券市场，法律、法规不太完善，保护投资者特别是中小投资者的力度不够，投资者也缺乏成熟的投资理念和合理的投资行为，投资者与公司之间博弈得较多，建立起相互信任的良好关系有一定难度。

③市场竞争状况。公司面临竞争激烈的市场，相对会造成公司销售降低盈利下降，从而影响投资者对公司的信心；如市场竞争不激烈，相对情况则相反。公司市场竞争实力影响公司经营业绩和发展前景，决定企业的行业地位。

影响投资者关系的外部因素还有企业所在地、政治形势及突发事故和灾难等。

7.3.3 投资者关系管理的对象

投资者关系管理的对象是投资者，包括个人投资者和机构投资者，现有投资者和潜在投资者。资本市场的分析师、基金经理是机构投资者的工作人员，分析师分为"买方分析师"和"卖方分析师"，是第三方研究分析上市公司的重要队伍，研究分析报告影响投资者的投资行为，是投资者关系管理的重点之一。

1. 合理的投资者结构

合理的投资者结构应是保持一定的流通性与股价稳定性之间的平衡。短线投资者有利于保持流通性，长线投资者有利于股价的稳定。机构投资者大多是长线投资者，个人投资者大多是短线投资者。保持一定的流通性，能增加公司股票对投资者的吸引力，有利于公司实施再融资、提升企业市场价值。但成交量和流性短期内过大，尤其是在股价处于高位时，意味着部分投资者要获利离场，有可能对股价造成下跌的压力。准确识别短线投资者与长线投资者有一定难度，保持机构投资者和长线投资者占绝大部分比例，是公司投资者关系工作努力的目标。上市公司可以通过以下方法开展工作：投资者关系工作重点对象定位于机构投资者、长线投资者，例如基金、保险、对本行业情有独钟的投资者等，要经常给他们传递公司稳健经营、稳定增长的理念；公司高管层每年到机构投资者集中地区高端场所开展投资者交流活动，与基金经理、分析师、投资者面对面沟通，体现上市公司对投资者的重视，展示优质企业的业绩和形象；实施分红对长线投资者的吸引力大于对短线投资者的吸引力；通过创建电子期刊，定期、不定期地向投资者发送公司的信息，在年度、季度报告出来后，及时向其发送电子版本，多参加证券公司的策略会，组织投资者路演、参观访问公司，重视投资者

接待工作，以维护、巩固、增加机构投资者。

2. 管理现有投资者

"知己知彼，百战不殆"，了解投资者可以使上市公司更有针对性地开展投资者关系管理工作。公司投资者关系管理部门每月应对现有投资者进行分析，对机构投资者、个人投资者进行分类，列示持股比例，并与前期对比进行变动分析。机构投资者通常具有明确的类型、投资理念、特有的投资战略和技术风格，投资者关系管理部门要积极主动联系对接，同时收集机构投资者的信息需求，及时向公司领导反馈，对保险、QFII、大型基金公司等特殊类投资者可单项跟踪。形成良好的互动关系。个人投资者大部分为短期投资者，但也存在一类长期的高资产净值人士，他们注重使用风险管理、动态资产分配、客观投资建议等理财方式，在进行股票投资时看重行业周期、环境、企业业绩等因素，尽管他们是个人投资者，但他们的投资行为与机构投资者趋同。

3. 挖掘潜在投资者

相对于现有投资者，其他投资者都是潜在投资者。挖掘潜在投资者，基金、保险等机构投资者，可请卖方机构组织安排公司对接，也可以通过同业上市公司的股东来挖掘潜在投资者，他们对同行感兴趣，对同业其他企业也可能感兴趣。公司吸引潜在投资者购买公司股票，需要运用金融和市场营销等手段，通过多种途径建立与潜在投资者的沟通，将公司的战略规划、经营亮点、未来发展展现给投资者，以此吸引他们。如他们成为真正投资者，就要列入现有投资者进行沟通管理，稳定投资者成为长线投资者。

4. 建立投资者资料库

美国很多上市公司都建有自己的投资者资料库，内容包括投资者类别、公司名称、联系人及职务、资金规模、投资偏好、投资收益要求、联系电话、通信地址、电子邮件等。我国上市公司也应建立一套系统的投资者资料库，以提升投资者关系管理工作。可按机构投资者、个人投资者、买方和卖方分析师进行归类。机构投资者内容包括：公司名称、联系人及职务、通信地址、电话、传真、电子邮件等，或更为详细的包括：投资经理及公司主管人的联系方式、投资类别、资金规模、投资偏好、资金运作特点、投资收益率、地域、决策程序、来访情况等。个人投资者包括：姓名、地址、年龄、职业、财富实力、投资偏好、来访情况等信息。分析师包括：机构名称、分析师及职务、调研及写报告情况、联系电话、电子邮件等。

7.3.4 投资者关系管理的渠道和方式

1. 投资者关系管理的渠道

（1）公告（含年报）。

公告是在指定的信息披露媒体上发布的公司信息，包括定期报告和临时报告。定期报告包括年度报告、半年度报告和季度报告。临时报告包括股东大会、董事会、监事会公告及其他非定期报告。

年报（年度报告）是每个上市公司公告的重点，投资者关系管理的重要方式之一，可以有效地展示公司的形象，准确传递公司理念和文化，是公司与投资者沟通的重要渠道，需要创新的设计、精美的外观、丰富的内容和深入的分析。

以下事项的把握对于公司的年报制作是必要的：

①年报的编制是否符合强制性信息披露的相关要求；

②是否对公司的战略和战略调整进行介绍、解释和分析；

③是否对投资者日常关心的讨论较多的问题进行分析、回答；

④管理层是否对公司的经营进行实事求是、有理有据的分析；

⑤年报是否出现数据错误、错别字或用语不当：

⑥年报设计是否准确反映了公司的个性；

⑦是否试图对公司未来的前景进行了合理预测；

⑧所运用图片是否系统地展示了公司的产品、服务以及企业风貌等。

（2）股东大会。

股东大会是公司最高决策机构，召开必须符合相关法规和公司章程规定的程序，因此召开股东大会是十分严肃的事情，也是向投资者展示公司投资者关系管理工作的重要时机，公司投资者关系管理机构在股东大会召开前必须进行周密安排。

公司每年至少召开一次年度股东大会，并根据需要召开若干次临时股东大会。召开股东大会必须符合法规和公司章程规定的相关程序。

（3）路演。

路演是公司在进行 IPO 再融资、并购重组、其他重大事项或公布年报后，集中向投资者介绍公司发展战略、生产经营、财务状况或拟投资项目情况，广义的路演还包括分析师会议、一对一沟通、参观调研、电话会议、网上路演等。路演是公司的管理层直接面对投资者，与投资者沟通充分，不足之处在于协调和管理相对比较复杂。

①分析师会议：是指公司集中向证券分析师、投资者介绍公司发展战略、生产经营、新产品或新技术开发、财务状况、经营业绩、投资项目等各方面的情况，面对面回复分析师、投资者的问题，听取他们的建议。分析师会议是一种投资者进行直接互动式沟通的重要渠道。公司发生重大事件（如融资、重大资产重组等）或出现危机时，可举行分析师会议，使投资者可以准确了解公司的真实情况。公司也可以定期举行分析师会议，鼓励投资者长期关注公司的发展。

②一对一沟通：是指公司管理层或投资者关系管理人员就公司发展战略、经营情况、财务状况及重大事件与投资者一对一地进行沟通。一对一沟通的优点是充分体现对投资者的重视，近距离向投资者介绍公司，回答投资者问题，听取投资者建议。不足之处是范围小、成本高。一对一沟通常常用于引进战略投资者，或者在重大融资、并购重组或者出现危机等事件时与投资者沟通或征求机构投资者的意见。

③参观调研：是公司组织投资者、分析师参观调研公司，如展厅、生产车间、研发中心、产品及产品演示、新项目等。现场参观的好处是给投资者以直观的印象，增加投资者的感性认识，但是现场参观可能会影响公司的生产经营和泄露商业机密，接待的投资者也有限。

④电话会议：是用电话方式与投资者直接沟通，召开电话会议比现场路演及时性强，一

般由卖方机构组织投资者参与，公司管理层或投资者关系管理人员先介绍公司情况，再和投资者互动交流。电话会议是目前沟通最方便、及时成本低、传播快的方式，但要注意信息沟通的规范性。

⑤网上路演：网上路演是采用网络的形式与投资者互动，上市公司采用网上路演的方式与投资者沟通，解答投资者的问题。公司披露年报后一般会在网上举行年报说明会，由董事长、总经理、独立董事、董事会秘书、财务负责人、保荐代表人参加，回答投资者提问。参与网上路演的大部分是散户，参差不齐，甚至有走过场的趋势。

（4）媒体与广告。

公司在合适的时候可以安排公司高级管理人员或其他投资者关系的人员接受媒体采访、回答投资者关心的问题，并在媒体上进行相应的报道。媒体报道包括财经媒体报道和其他媒体报道。财经媒体报道指公司有意识地引导财经媒体对公司进行报道，提高公众对公司的关注度；其他媒体报告指在非财经媒体上介绍公司的情况。其与财经媒体的主要差别体现在立足点不同，财经媒体立足于经济分析和价值判断，而其他媒体主要根据这些媒体的特色和市场定位报道公司的情况。

当公司发生重大事件或者事件结束后，在法定信息披露基础上，也可以采取广告的方式通知广大投资者。刊登投资者关系广告的媒体包括但不限于电视、财经报刊、路牌广告、互联网等，广告的优点是受众广泛，容易吸引众多投资者的关注，但通常深度不够。

（5）上市公司网站。

除传统媒体外，要充分重视互联网等新型媒体的作用，利用互联网进行投资者关系管理，具有公平、便捷、经济、信息量大、易于存储和查寻、可以互动等优点。世界知名的上市公司都十分重视利用网络进行投资者关系管理，一个有用的、吸引人的网站能增加投资者对公司的信心。利用网络进行投资者关系管理一般是在网站上开辟投资关系管理栏目或频道，介绍公司基本情况、所处行业、发布公司信息、回答投资者提问、听取投资者建议、通过电子邮件与投资者进行联系等。

（6）邮寄资料与电话咨询。

邮寄资料指向重要的投资者邮寄公司的资料，或者采取电子邮件的方式向投资者提醒公司发生的重大事件。传统邮寄的纸质材料成本非常高、相比之下，电子邮件的成本低便捷，是一种非常好的方式，通过电子邮件、公司可以同时与众多的投资者保持经常性联系，这是更加有效的沟通方式。

上市公司都设有专门用于投资者咨询的电话，投资者可以通过电话向公司了解其关心的问题。电话咨询的优点是投资者可以方便地、低成本地获得信息；缺点是信息传播范围有限。

2. 投资者关系管理的方式

投资者关系管理作为公司长期战略管理行为的体现，是通过每天的日常工作，点点滴滴地不断积累，从量变到质变逐步实现的。投资者关系管理的主要工作包括以下三方面。

（1）持续的信息披露。

①组织年报、半年报、季报的编制、披露、设计、印刷、寄送工作；

②汇集公司生产、经营、财务、重大事项等相关的信息,根据法律、法规、上市规则的要求和公司信息披露、投资者关系管理的相关规定,及时进行披露;

③完善市场传闻及股价异动的应急机制,及时进行信息披露。

上市公司应当实时关注公司证券及其衍生品种的异常交易情况及主要媒体(包括网络媒体)关于公司的报道。对于发生突发性事件和媒体重大质疑,要按照监管部门和公司相应制度的要求快速启动应急预案,及时处理,平稳化解市场传闻和股价异动产生的不良影响或风险。若公司证券及其衍生品种的交易发生异常波动,或媒体报道、市场传闻可能对公司证券及其衍生品种的交易产生重大影响时,公司董事会秘书应及时采取书面函询等方式向控股股东、实际控制人及公司治理层等相关各方了解情况。上市公司董事长、董事会秘书应对上述各方提供的书面答复进行审核,并依照法定程序及时、真实、准确、完整地予以披露或澄清。

(2)会议与接待。

①筹备年度股东大会、临时股东大会、董事会,准备会议材料;

②按时回复投资者通过电话、电子邮件、传真等方式的咨询;

③定期或出现重大事件时组织举办分析师说明会、一对一沟通、参观调研、电话会议等活动,与分析师、投资者和媒体进行沟通;

④接待投资者来访与投资者保持经常联络,提高投资者对公司的参与度。

上市公司应规范投资者关系管理工作,建立投资者来访接待制度。对于网站、内部刊物等各种非正式公告信息的披露,必须事先由董事会秘书审核;投资者、证券机构和财经媒体等来电来访的接待应一律由董事会秘书统一负责;上市公司的董事、监事、高级管理人员接受机构投资者调研的,应事前告知董事会秘书,董事会秘书或证券事务代表应全程参加;公司应要求来访者事先书面告知调研提纲,根据调研提纲准备回复,并简要记录现场调研过程中谈及的超出提纲的内容和相关重要数据;书面回复和会谈纪要应由董事会秘书和来访人员共同签字确认;公司要对来访者摄像、录音和向公司指定人员以外的人员进行采访的行为加强管理。

⑤在公司网站中设立投资者关系管理专栏,在网上披露公司信息,方便投资者查询和咨询;与机构投资者、证券分析师及中小投资者保持经常联系,提高市场对公司的关注度等。

⑥投资者关系互动平台,作为上市公司规定的信息披露的有益补充,投资者关系互动平台是上市公司交互式信息发布和进行投资者关系管理的综合性网络平台。通过投资者关系互动平台,上市公司可与投资者进行在线交流,根据投资者提问回复法定披露信息之外的其他合规的信息。上市公司在处理投资者关系互动平台信息时,对于触及到信息披露标准的,应当在指定媒体上披露后,方可通过投资者关系互动平台进行回复;对于未触及到信息披露标准的,可通过投资者关系互动平台回答投资者提问。

上市公司不得通过投资者关系互动平台透露、泄露未公开重大信息。一旦出现透露、泄露未公开重大信息情形的,上市公司应当立即通过中国证监会指定媒体发布正式公告,并采取其他必要措施。

（3）合作与维护。

①与监管部门、行业协会、证券交易所等保持良好的沟通，维护好关系；

②加强与媒体合作，引导媒体的舆论导向，必要时安排领导或其他重要人员的采访、报道；

③与其他上市公司的投资者关系管理部门、专业的投资者关系管理咨询公司、财经公关公司、中介机构等保持良好的合作、交流。

在投资者关系管理工作中，投资者关系管理人员要紧密跟踪，认真学习和研究公司的发展战略、经营状况、行业动态和相关法律法规，不断提高专业知识和自身修养，通过各种有效方式与投资者进行沟通。在此基础上，调查、研究公司的投资者关系状况，跟踪反映公司投资者关系状况的关键指标，定期或不定期撰写反映公司投资者关系状况的研究报告，供公司决策层参考。

7.3.5 投资者关系管理沟通的主要内容

上市公司与投资者沟通的主要内容包括以下四个方面。

1. 公司发展战略

公司发展战略是一定时期内对公司发展方向、发展速度、发展质量、发展重点、战略地图和发展能力的重大规划、选择和策略，可以帮助公司指引长远发展方向，明确发展目标、指明发展重点、确定企业需要的发展能力，解决企业的发展问题，实现企业健康、快速、持续的发展。公司发展战略是投资者识别公司的重要标识，是投资者非常重要的投资信息。因此，在与投资者沟通过程中，公司发展战略的沟通非常重要。公司发展战略要传递的信息包括：产业发展的市场容量、市场成长、产业技术及发展；行业地位、竞争对手及竞争策略；市场营销、人力资源、财务和投资者关系战略等。公司战略要进行恰当分解明晰，并持续性沟通、避免投资者理解上的混乱。

2. 公司经营管理信息

明确公司发展战略后，公司的经营情况是投资者非常关注的信息，如生产经营、经营业绩、财务状况、新产品和新业务开拓情况、重大投资、并购重组、重大融资、管理层重大变动、管理模式、与竞争对手比较、后续发展情况等。随着内外部环境的不断变化，公司经营管理信息会不断调整，公司要持续不断将经营信息传递给投资者，并保持信息沟通的连贯性，以方便投资者及时了解公司经营情况。

3. 企业文化

企业文化是企业的灵魂，是推动企业发展的不竭动力，是企业生产经营和管理活动中所创造的具有该企业特色的精神财富和物质形态。包括：企业使命、愿景、核心价值观、战略目标、经营理念、核心竞争力、企业精神、行业准则、发展思路、发展模式。企业文化之所以成为公司和投资者交流的重要内容，在于企业文化作为一种思想观念和行为方式，不但对企业发展起着潜移默化的作用，而且也是投资者了解企业成长发展的重要依据。

4. 企业外部信息

企业外部信息是企业以外产生但与企业经营相关的各种信息，是影响企业生存发展的外部环境。包括政治环境、国际环境、法律环境、经济环境、产业政策、资金政策、价格趋势、资本市场政策及走势、补贴政策、财政政策、时尚变化、突发事件等。投资者对外部重大信息变化很敏感，要求投资者关系管理人员有较高的信息敏感性，有重大变化及时与投资者沟通交流，促进双方互相了解。

7.3.6 上市公司与媒体关系管理

1. 媒体在投资者关系管理中的作用

媒体包括立体媒体（如电视、广播）、平面媒体（如报纸杂志、广告牌）和多媒体（主要指互联网络），媒体共同点是信息源多、受众面广。在信息社会，媒体是经济主体发布信息、获取信息的重要渠道，以其广泛的受众成为信息发布主体对外传播信息的重要途径。投资者关系管理作为一种公共关系管理，媒体扮演着重要角色。但是，媒体在投资者关系管理中的作用是一把"双刃剑"，正所谓"水能载舟，亦能覆舟"。

如果上市公司媒体管理工作做得好，媒体会成为上市公司重要的合作伙伴，成为上市公司投资者关系管理的重要渠道。有媒体的协助，不仅可以使好事变得更好，在出现不利事件时，还可以使坏事以最小代价得以解决，甚至可能使坏事变成好事。良好的媒体关系可以减少公司投资者关系管理费用，起到事半功倍的效果。

如果上市公司媒体管理工作做得不好，公司好的方面可能没有媒体关注，但任何一件坏事都能传千里，小事可能变成大事，甚至好事情可能变成坏事。上市公司经营处于媒体的敌意关注当中，会大大增加投资者关系管理的风险，大幅增加投资者关系管理成本。

2. 媒体管理的技巧

媒体关系管理是指上市公司对自身与媒体相处的行为和关系所做的有步骤、有计划的管理行为。根据上市公司与媒体接触的几个重要环节，媒体关系管理涉及三个主要部分：首先，充实完善日常媒体管理制度；其次，建立核心媒体关系，变被动为主动；最后，关键时刻的媒体应对。

变被动为主动：首先，要了解媒体的本质和需要，消除对媒体的陌生感和抵触。其次，企业是商业新闻的原产地，媒体是新闻的加工厂和传播载体。媒体总希望带有强烈象征意味的举动，只有这样才能吸引公众的注意并满足自己参与历史的欲望，而民众又经常轻易地被媒体这一舆论的制造者所影响。上市公司作为公众企业，一举一动自然吸引很多注意力，媒体作为公众的代言人更要寻根问底。此时，上市公司对作为媒体代表的记者务必尊重有加。从某种角度来说，彼此之间是一种工作的配合和支持。

其实，要了解媒体的本质和需求，将媒体进行分类管理，和媒体记者保持良好的长期工作关系很重要。国内媒体记者都是分片分口进行工作，企业与之打交道时，应辅之以民众情感。另外，最好与那些核心媒体记者建立企业媒体紧密沟通的平台、同时为相关媒体创造一个尽可能平等的沟通机会。这样企业所面对的可能多是一些熟面孔，对企业的传播也多几分掌控。

在现实中有很多公司因为对媒体不熟悉或者公司没有形成一套应对媒体的流程和制度，导致仓促上阵，不但乱了阵脚，有时还露了"马脚"。因此需要建立与媒体沟通的制度，构架一套媒体工作的系统方法。

（1）完善公司媒体的沟通制度，细化媒体沟通流程，分立日常和危机两种情况应对，责任分工到人；

（2）进行媒体分析和调研活动，了解不同媒体操作风格和受众特点；

（3）把自身拥有新闻资源和所需媒体资源不断拓展深入，并将媒体资源整合，使之完成统一声音和信息的传播；

（4）日常对企业中高层进行媒体沟通策略和技巧的培训，增强应对媒体的意识。

作为投资者关系管理的重要组成部分，媒体关系管理就是要建设好沟通渠道，使媒体的配合可遇也可求，保持良好的企业媒体环境，保证上市公司与投资者沟通无阻。

7.3.7 如何衡量投资者关系管理成效

投资者关系管理作为一项系统、复杂的工作，需要上市公司通过繁琐的日常管理工作逐渐积累。投资者关系管理的目标就是推进公司资本品牌，吸引投资者，提升企业价值。投资者投资的主要依据是公司的经营情况与发展潜力，因此实施投资者关系管理的回报在公司经营良好有发展潜力的基础上更为明显，并受到其他很多相关因素的影响。总的来说，公司的投资者关系管理是否成功可以从以下两个方面衡量：

（1）公司市场价值。公司的投资者关系管理好，公司的股票价格从中长期来说应该呈上升趋势，公司市场价值不断提升。在经济形势、资本市场比较好的时候，由于投资者有更多的资金进行投资，投资者关系管理比较好的公司获得投资的机会比较大，公司的股票价格应呈上升趋势，公司市场价值也增长。在经济不景气、资本市场下行的时候，投资者关系管理成功的公司，其股票价格能够保持相对稳定或跌幅小于其他公司，公司市值跌幅也较小。

（2）投资者对公司的信任。公司的投资者关系管理好，投资者与上市公司之间就会建立良好的信任关系。良好的投资者关系有利于公司主动传递信息和危机处理。当公司发生危机时，不会动摇其对公司的信心，凭借有效沟通避免误会，从而形成稳定的投资环境，可以缓和对公司股价的冲击，有利于促进公司经营的稳定。

7.4 投资者关系管理的重要例证

7.4.1 首次公开发行与上市中的投资者关系管理

在首次公开发行和上市过程中的投资者关系工作主要有媒体宣传、预路演、路演以及网上路演等，目的在于与投资者进行有效的交流与沟通，之后才是定价、配售和挂牌交易，此外还有"绿鞋"等稳定市场的措施。这些工作并不是公司上市后才开始的，实际上是自公司准备成为公众公司时就应该着手准备。

1. 预路演、网上路演与现场路演

预路演指由主承销商的销售人员和分析员去拜访一些特定的投资者，通常为大型的专业机构投资者，对他们进行广泛的市场调查，听取投资者对于发行价格的意见及看法，了解市场的整体需求，并据此确定一个价格区间的过程，它对于最终发行价格的确定最具实质性作用。

预路演的目的是充分发挥市场机制的价格发现功能，合理确定股票的发行价格。主承销商和发行人根据预路演的结果，协商确定价格区间，法人投资者以此区间作为申报依据，最终根据法人投资者的申报结果确定发行价格。也就是发行价完全由市场决定。预路演这种国际通行方式的引入是累积定单和固定价格结合的发行方式在国内的进一步运用，同时也标志着中国证券市场市场化、国际化的步伐再度加快。

网上路演（Net Road show），是指证券发行人和网民通过互联网进行互动交流的活动。通过实时、开放、交互的网上交流，一方面可以使证券发行人进一步展示所发行证券的价值，加深投资者的认知程度，并从中了解投资人的投资意向，对投资者进行答疑解惑；另一方面使各类投资者了解企业的内在价值和市场定位，了解企业高管人员的素质，从而更加准确地判断公司的投资价值。

对投资者来说，网上路演为投资者与新股发行公司之间架起了沟通的桥梁。投资者可以通过互联网与发行人和主承销商进行实时互动交流。以往投资者尤其是中小散户只能被动地接受上市企业招股书中的内容，而通过网上路演这一形式，投资者可以提出质疑、提出建议、了解自己所需要的信息，使投融资双方获取的信息相对均衡，网上路演反映了投资者的心声，强化了信息披露，促进了对中小投资者利益的保护。

对于主承销商来说，网上路演可以提高整个发行的透明度，把发行纳入整个市场的监督检验之中。从已经进行过的新股发行的网上路演来看，投资者的问题主要是围绕发行价与发行情况、公司的财务情况、公司的募集资金的投入向的项目情况等等。网民的意见有助于主承销商了解市场、把握市场需求、而且随着发行的近一步市场化，可能还将对新股的定价提供一定的参考。

对于上市公司来说，可以起到促使企业提高规范运作的意识、更加注重中小股东的利益的作用，在中小投资者中树立公司的良好形象。从年报、中报上网披露到增发股份招股意向书上网披露，再到网上路演，更多的上市公司信息将及时、充分地公布。网上路演将在完善上市公司信息披露方面发挥更重要的作用，构成规范信息披露体系的重要组成部分。

对监管部门来说，网上路演反映了投资者的心声，也反映了公司方方面面的问题，监管部门可以从中发现一些蛛丝马迹的线索，加强对上市公司的监管。投资者从网上路演中能获得什么？

投资者可以通过网上交流对招股说明书的不明之处向发行人及券商项目负责人做进一步的了解、咨询；投资者还可以通过网上路演，直接了解发行企业的基本情况、发行企业管理层的素质、未来发展规划等，从而帮助投资者准确判断发行股票的投资价值，为做出正确的投资决策打下基础。

现场路演是发行人与投资者进行面对面充分交流，促进股票成功发行的推介活动。发行人在发行股票前，在主要的路演地对可能的投资者进行巡回推介，挖掘发行股票的价值，加深投资者的认知程度，并从中了解投资者的投资意向，发现需求和价值定位，确保股票的成功发行。路演的参加者包括供需双方，公司一方为路演团队，通常包括董事长、总经理、财务总监、董事会秘书和其他主要管理人员；投资者一方为受到邀请的机构投资者、基金管理人和专业分析师，一般不邀请媒体参加。路演主要有两个方面的工作：其一，管理层通过广泛接触投资者，介绍公司的投资亮点、业务、财务等方面的经营状况以及发展战略；其二面对投资者对于风险、盈利的顾虑，管理层需要加以解释说明，或提出具体措施以消除潜在的忧虑。值得一提的是，路演团队的推介必须能够充分体现业务优势，并简洁、有效地回答投资者提出的问题。

简单地说，路演阶段的工作就是以招股说明书为蓝本，向承销商安排的潜在投资人推荐公司股票。面对比较大的基金公司，路演的主要形式是一对一的见面会。由投行销售带队到基金公司，时间安排一般为一小时左右，包括公司介绍和回答问题。

机构投资者的问题往往是常见的问题，但也五花八门，诸如公司的产品与服务核心竞争力、业绩预测、与竞争对手有何差别、对未来市场有何看法、如何防范风险、公司治理如何有效地运转、有无法律纠葛以及收入来源盈利模式等，路演团队要事先准备好可能会提出的问题，对这些问题的回答也往往是考验管理者综合素质的手段之一。因此，路演不仅需要体力，更需要智力。

2. 聘请财经公关公司

在国内上市，聘请公关公司显得越来越重要。财经公关是公共关系中的一个分支，财经公关包含三大元素：投资者关系＋传媒关系＋危机处理。与一般公关公司的最大区别在于财经公关专门面向投资者公众及财经传媒的传播工作。财经公关顾问根据公司情况制定传播方案，分阶段实施传播活动，以完善和提升发行人的企业形象。

发行人只有拥有明确的上市公关计划和上市后长期的投资者关系维护计划，才能建立长期良好的投资者关系管理。发行人通过准确无误的财经信息传播，确保媒体的正面报道、增加市场对公司的兴趣和信心。从发行和上市来看，能否妥善处理公共关系关系到发行能否顺利实施，也关系到能否借助发行提升公司在国内外投资者和普通公众中的良好形象。聘请公关公司能够使公司公关宣传更专业、更有组织性，公关公司拥有丰富的媒体资源、娴熟的专业技能及经验，能帮助公司树立良好的市场形象。

7.4.2 上市公司再融资过程中投资者关系管理

上市公司再融资过程中的投资者关系管理包括作出再融资决策前的日常投资者关系管理和针对再融资决策而开展的投资者关系管理。投资者对再融资项目的支持是决定再融资能否成功的关键，如果没有良好的投资者关系管理在股东与公司之间架起沟通的桥梁，投资者就不能理解和认同融资项目的前景和增长，或者认为公司作出的再融资决定损害了现有股东的利益，那就很难指望现有股东对融资项目增加投资、也很难吸引到其他投资者的投资。对于日常的投资者关系管理前面已有比较详细的说明，以下是公司再融资时投资者关系管理的工作要点。

1. 再融资分类与推介要点

上市公司再融资过程中，根据不同的融资方式，要向投资者推介时掌握的要点如下：

（1）对于增发的公司，应当着重介绍拟投资项目的前景；

（2）对于发行可转换债的公司，应当重点介绍投资项目的前景和可转债条款的优势；

（3）对于发行债券的公司，应当重点介绍拟投资项目的前景和债券收益的竞争力等。

2. 做好投资者关系管理细节工作

细节决定成败，如何做好再融资过程中的投资者关系管理，细节的把握也显得相当重要，例如以下九方面：

（1）对投资者关系管理人员进行与融资相关事宜的专项培训；

（2）应当就投资者的问题进行统筹安排；

（3）由于融资的过程较长，可以在公司的网站上设置融资专题，存放与融资相关的公开材料，便于投资者查询；

（4）组织分析师会议就公司的发展前景和募集资金的投向、投资亮点等问题与分析师、投资者进行沟通；

（5）选择机构投资者进行一对一的推介；

（6）在融资前进行路演，加大公司的宣传力度，一般可选择专业的财经公关公司实施路演的策划和组织；

（7）选择信誉好、身份独立的咨询公司撰写研究报告，发表对公司股票或债券投资价值的独立意见；

（8）向重要的投资者邮寄融资相关的公开资料；

（9）融资过程中所有的资料（法定文件、分析师反应、媒体反应等）收集备案，以备其他投资者、分析师查询。

3. 避免不当行为

在上市公司再融资过程中，要特别注意避免一些投资者关系管理的不当行为，例如以下三方面。

（1）向投资者介绍公司或拟投资项目时，过多地突出公司的优势和项目的可行性，刻意回避公司的劣势和项目的风险；

（2）选择中介机构不谨慎，与市场声誉差的中介机构为伍；

（3）对融资过程中的投资者关系管理未进行总体计划和安排。

良好的投资者关系管理可以为上市公司再融资活动提供强有力的支持、寻求再融资的企业要有良好的日常投资者关系做基础，而不能仅将投资者关系管理理解为形式上的简单工作，寄希望于通过临时的投资者关系促进措施而取得再融资的成功。

7.4.3 上市公司危机管理

上市公司需高度重视投资者关系管理和危机管理。公司应致力于风险控制的事前有效管理，由于危机的突发性和不可预见性，要将危机管理进行制度化，上市公司实行全天候的舆情监控、实施新闻发言人机制、进行投资者关系管理和媒体应对培训、强化事前风险控制。同时高质量的投资者关系管理、事前积累的企业声誉资本，能够给外界传递一种良好企业形象，可以获得和保持市场参与者对企业的信心，使企业在遭受负面事件时产生显著的保险效应。危机发生时，上市公司最好的策略是直面问题，以真诚的态度，积极主动回复来自市场的疑问和解决方案；要注重与媒体的友好合作，监控舆论导向，既要及时公布信息又要有效引导舆论方向；除了媒体公关外，必要时还需进行内部危机公关，树立员工信心，整合企业文化，稳定员工情绪和队伍；采用适当的投资者关系管理技巧与投资者进行沟通，及时解决危机。

对于一家系统实施投资者关系管理的公司而言，日常的投资者关系管理往往是程序性工作，并不能真正体现投资者关系管理人员的职业能力，只有在危机出现时，才真正体现出"养兵千日、用兵一时"的素质。公司面临的危机一般分为两类。一类是基本面危机，如业绩大幅下滑；另一类是诚信危机，如会计舞弊。下面为面对不同危机时投资者关系管理的工作要点。

1. 针对重大不利诉讼

重大不利诉讼指公司涉及的诉讼可能对公司经营、公司形象、公司股价等产生重大的不利影响。工作要点在于通过与投资者沟通减少重大不利诉讼的影响。

针对重大不利诉讼，上市公司可采取的妥善处理方法包括以下五点。

（1）发生重大诉讼时，应及时进行披露进展公告；

（2）加强舆情监控，准备媒体应对，严格实施新闻发言人制度，启动危机管理，有效引导舆论方向；

（3）诉讼判决后，应及时进行公告，公司还应当就诉讼判决对公司产生的影响进行评估，并进行公告；

（4）如重大诉讼对公司产生重大不利影响，公司应当力争通过其他途径降低不利影响，并以诚恳态度与投资者沟通，争取投资者的支持。沟通的方式包括以公告的形式发布致投资者信、召开分析师会议、拜访重要的机构投资者等；

（5）适当发布对公司利好的信息，对冲不利影响，但发布的利好消息必须实事求是。

2. 针对监管部门的处罚

当上市公司受到证监会或交易所等监管部门的谴责、批评、被要求限期整改等处罚时，必须以诚恳态度面对处罚并及时改正。

针对监管部门的处罚，上市公司可采取的妥善处理方法包括以下四种。

（1）受到调查时，根据调查的重要程度、对公司的影响程度适时进行公告；

（2）加强舆情监控，准备媒体应对，严格实行新闻发言人制度，有效引导舆论方向；

（3）接到处罚通知时，应及时公告，不论处罚理由是否充分，公司都应当认真对待监管部门指出的问题。如果公司认为监管部门处罚不当，应根据相关程序进行申诉；若公司接受处罚，公司应当及时研究改善措施，并及时公告，必要时，应当向投资者致歉；

（4）适当发布对公司利好的信息，对冲不利影响。但发布的利好消息必须实事求是。

上市公司在受到监管部门处罚时，特别要防止以下不当行为：

①对监管部门的处罚不在乎，体现出公司全然不顾信誉和形象；

②对监管部门指出的问题不认真改正，只做表面文章。

3. 针对经营业绩大幅下滑或出现亏损

当上市公司出现经营业绩大幅下滑或出现亏损时，应当要及时公告，并认真地分析经营业绩下滑或出现亏损的原因，提出应对措施。

（1）由于突发事件对公司经营产生重大影响，应当分析原因、影响程度，启动危机管理、及时公告；

（2）预计出现年度亏损时，应及时发布业绩预告，适时与投资者进行沟通、说明；

（3）年报中应对经营业绩大幅下滑或出现亏损的原因进行中肯的分析，并提出对策。如属经营管理的原因，管理层应当向投资者致歉。

当上市公司出现经营业绩大幅下滑或出现亏损时，特别要防止以下不当行为：

①封锁经营业绩大幅下滑或出现亏损的消息，不及时公告，不及时与投资者沟通；

②管理层推卸应当承担的责任。

7.4.4 上市公司舆情危机管理

作为上市公司，其在经济活动中扮演的角色决定了其高关注度，而这种高关注度则使得上市公司极有可能会遭遇舆情危机事件。因此全媒体时代，如何进行舆情危机管理及处理公共关系危机，是当前上市公司特别是上市公司必须面临的一项重要工作。

舆情是把双刃剑，舆情危机的发生具有舆论关注性、破坏性、突发性、社会敏感性及扩散性等特点。当上市公司遭遇舆情危机时，如果有完善的舆情危机管理机制，知道如何去正确有效地控制、引导和处理危机，就有可能化危为安，甚至转化为"机"，把一场舆情危机转化为提升上市公司社会美誉度及品牌价值的莫大机会。

而另一方面，如果上市公司缺乏舆情危机管理意识，遭遇舆情危机无法及时有效应对，那么就很有可能在极短时间内被淹没在负面社会舆论的汪洋大海中，进而引发"多米诺骨牌效应"：受害者的指责、新闻媒体热炒、上级部门问责及社会公众鄙视批评，其结果是公司在社会上的美誉度及品牌影响力将会受到重创，甚至是品牌走向消亡。三鹿奶粉的三聚氰胺事件就是在强大舆情危机下走向灭亡的最好例证。

那么面对复杂的舆情环境和舆情发展规律，全媒体时代的上市应该如何进行舆情危机管理，塑造和提升自身品牌呢？

1. 上市公司需要强化舆情危机防范意识

当前随着市场竞争的日趋激烈化，上市公司遭遇的某些舆情危机可能是出于竞争对手陷害、一些无良媒体炒作甚至是其他偶然误会因素所导致等，上市公司本身并无过错，但这不意味着此类舆情危机就不会对上市公司造成危害。公众及消费者没有责任和义务去帮助上市公司捍卫清白和赢得尊严，相反他们极易受到某些错误社会舆论的误导和影响。这一切都需要上市公司自己事先加强舆情危机防范及管理。

首先，要做到上市公司新闻宣传队伍的"内外兼修"，注重与行业内外媒体的互动沟通，建立基于战略合作的企媒关系。充分利用外部媒体来宣传塑造上市公司形象、提升上市公司品牌价值，营造上市公司良好的社会美誉度、行业知名度和客户赞誉度，真正实现舆情危机防范管理及品牌塑造的结合。其次，上市公司内部要充分发挥新闻宣传的舆情导向作用。建立一支能打硬仗的上市公司新闻宣传队伍，围绕中心工作，利用上市公司内刊、网站、报纸、论坛、视频、板报等立体式新闻宣传工具来营造强大的舆情统一氛围；最后，上市公司舆情危机防范要时刻重视、平衡及满足员工、客户、股东、政府及公众等各方利益诉求，贯彻互利共赢、和谐共进的基本理念。

2. 上市公司需要提升舆情危机预警能力

提升上市公司舆情危机预警能力，可以从内外媒体宣传角度、公司股市情况及核心客户群对上市公司产品及品牌认同度等多重视角来建立上市公司舆情危机预警体系，强化上市公司潜在舆情危机的监测与提前预警。

第一，建立专业的舆情处置中心，提高上市公司新闻宣传队伍的舆情掌控和引导能力，统筹舆情危机处置工作；第二，作为上市公司的管理者，对于社会舆论、网络媒体及上市公司内部潜在舆情危机应该要有敏感的辨识能力，加强相关管理层的危机管理培训；第三，强化上市公司证券管理部门对影响公司股价异动等舆情危机的辨识力，严格按照相关法律法规要求，做好上市公司重大信息披露及发布工作；第四，提升研发及营销的市场导向机制，每月编制市场分析报告，高度关注市场舆情及上市公司品牌对核心客户群的影响及导向作用。

最后，开展员工舆情危机管理培训，提高员工辨识及防范、处理舆情危机能力。员工舆情危机管理培训包括：熟悉公司内部沟通系统和危机应急管理体系；吸取和学习其他上市公司舆情危机应对的经验教训；遭遇舆情危机时如何在第一时间与合作伙伴、客户、政府及媒体等搭建及时有效的沟通桥梁；根据上市公司所在行业特点及上市公司现状，不定期举行舆情危机爆发模拟训练等。

3. 上市公司需要建立完善的舆情危机公关预案

因为舆情危机的扩散性，上市公司一旦遭遇舆情危机，必须能够快速启动舆情危机应对预案，把危机扼杀于萌芽状态。俗话说"不打无准备之仗"，上市公司只有建立完善的舆情危机公关预案，在面对舆情危机时才不至于像无头苍蝇一样不知所措。

媒体作为公众代言人、社会"传声筒"和"警示灯"，往往控制着绝对舆论导向，上市公司一旦危机处理失当，忽视媒体力量，甚至堵塞与媒体的沟通渠道，那么就极有可能被社会负面舆论淹没，甚至跌入被公众和顾客抛弃的无底深渊。因此，面对可能会颠覆上市公司品牌形象甚至会导致上市公司破产的重大舆情危机，上市公司纵有满腹委屈和说不出来的行业潜规则等，在危机处理和应对时都永远要把社会公众利益作为绝对前提，高度配合、尊重并认真回答媒体提问；学会换位思考，从社会公众利益角度向媒体提供真实事实和数据。上市公司一定要避免自说自话、意气用事，甚至与媒体和公众为敌。

而相反，如果上市公司在舆情危机面前真诚与媒体沟通，为媒体提供事实真相，通过媒体报道以澄清误会或求得社会公众的理解、原谅与支持等。在此过程中，上市公司只要不是罪大恶极，而是坚决把社会公众利益放在危机处理的第一位，上市公司就很有可能会获得公众、客户及相关利益方谅解，并通过认真反思、积极行动的后续危机跟进措施，弥补客户、股东及公众等相关利益方损失，从而达到转危为安、转危为机、重塑上市公司形象及品牌的效果。

4. 上市公司需要善于舆情危机后反馈与总结

舆情突发事件的后续处理是整个危机管理的最后环节。上市公司在舆情危机公关之后，应该及时梳理和强化上市公司危机应急管理体系，弥补漏洞和不足。对此次危机事件发生原因、危机处理措施进行系统调查和反思，总结经验教训。同时，针对上市公司舆情危机管理薄弱环节加强整改，并形成长效机制建设，以提升上市公司舆情危机管理能力。

现在，市场竞争的日趋激烈，网络媒介的高度发达，舆情发展空前繁荣，上市公司所面临的舆情危机也会更加复杂多样。在如此复杂的舆情环境下，上市公司只有树立舆情危机意识，依托舆情监测系统体系，积极构建舆情危机防范、预警、公关及反馈总结的舆情危机管理机制和流程，以坚持合法合规经营，与各利益方保持建设性关系为根本出发点，才能最大限度减少和杜绝舆情危机发生。即使一旦舆情危机爆发，也能够快速组织和调动各方力量，争取各利益方支持，及时有效地化险为夷、转危为安、转危为"机"。

7.4.5 运用市值管理追求市值最大化

市值管理是中国资本市场独特的管理概念，它的萌生与2005年开启的上市公司股权分置改革有着必然的联系。股权分置改革后，市值成为中国资本市场的全新标杆。市值管理在经过多年的理论探讨和操作实践后，2014年5月9日，国务院颁布《关于进一步促进资本市场健康发展的若干意见》（以下简称新"国九条"），明确提出"鼓励上市公司建立市值管理制度"。中国上市公司市值管理进入到全新的规范化和制度化阶段。

市值管理本质是鼓励上市公司通过制定发展战略、完善公司治理、提升经营管理、培育核心竞争力，实实在在、可持续地创造公司价值，结合资本运作工具，通过价值创造和价值经营提高企业价值，实现公司市值与内在价值的动态均衡。

影响市值的因素很多，大致可分为公司可控因素和不可控因素。不可控因素如宏观环境因素、行业因素等。可控因素如公司战略、核心竞争力、公司业绩、团队管理能力、公司透明度、资本运作工具等。市值管理的方法有很多：这里主要介绍资本运作工具，在资本市场低迷时期：通过整体上市、并购重组、注入优质资产、引入战略投资者等方法实现公司价值的进一步发掘；通过大股东或高管人员增持、上市公司回购以及股权激励等来稳定市值；资本市场高涨时期：实施增发、配股等工具再融资，为企业长期发展布局；通过持续稳定的分红让投资者对公司产生稳定预期，减少市值波动，使其朝着有利于公司提升市值的方向发展。下面简要介绍八种市值管理的主要方法。

1. 并购重组

并购重组分为股权并购重组和资产并购重组，企业通过并购重组进一步发掘企业价值，一定程度上提升公司股票的投资价值，也向市场昭示企业的实力。通过受让目标公司资产或股权，取得目标公司的业务，壮大自己的规模和实力，提高公司价值。并购重组模式包括传统直接并购重组和"PE+上市公司"模式。"PE+上市公司"模式是PE作为并购基金GP，上市公司可部分出资，也可负责除GP出资以外的全部出资，在部分出资情况下，剩余资金由PE对外募集；并购基金完整的业务模式涉及两次收购，第一次收购控制权由原股东转移给并购基金，第二收购是控制权由并购基金转移给上市公司。该模式使上市公司可提前锁定并购目标，并利用充足时间了解标的公司，以减少未来并购风险，PE也提前锁定了退出渠道，提高了投资的安全边界和流动性，分享上市公司重组整合收益。

传统的直接并购重组，如中信证券自 2003 年以 1 亿元收购万通证券 30.78% 的股权为开端，2004 年成立中信万通证券持股 67.04%；借助一系列并购一跃成为中国证券行业的龙头。

2. 大股增持

上市公司股价被严重低估时，大股东可以在一定的比例内通过二级市场上增持上市公司的股票，来维持和提高股价，提高投资者的信心。大股东第一次增持时就要发布公告，这正好向市场发布一个信号：大股东认为股价被严重低估了。

3. 再融资（增发、配股、可转债）

上市公司通过配股、增发、可转债等再融资市值管理工具在证券市场上进行直接融资，为上市公司输送资金，与资本市场保持准确及时的交流。此外，再融资的上市公司通常伴随着资产注入、整体上市、资产重组、引入战略投资者、扩大生产规模和项目投资等行为，这对于改善上市公司业绩有着明显的促进作用，进一步提升了公司市值。

4. 股权激励

股权激励是经营者通过一定条件获得公司股权方式给予经营者的经济权利，使企业经营者以股东的身份参与企业决策、分享利润、承担风险，从而勤勉尽责地为公司的可持续发展服务的一种激励方法。股权激励不仅对企业的发展起着重要作用，对公司经营层也是正向激励。企业经营者最了解公司，其成为股东与公司共同发展，成为投资者判断一家公司投资价值的重要依据之一。股权激励方式主要有限制性股票、股票期权等。值得借鉴的是美的电器从 2008 年开始正式实施股权激励，业绩增长明显，实行美的集团整体上市，经多次股权激励后，目前市值为行业第一。

5. 回购

回购股份并注销将缩减股本，能提高每股收益及每股净资产，因此能维护低估的股价。更重要的是通过回购，将向外界发出这样一个信号：公司的股价被严重低估了，这不符合公司的基本面，也不符合公司目前的良好发展状况和发展前景。

6. 送红股、转增股本

送红股是上市公司将本年的利润留在公司里，以发放股票作为红利，从而将利润转化为股本。送红股后，公司的资产、负债、股东权益的总额及结构并没有发生改变，但总股本增大了，同时每股净资产降低了。对上市公司来说，在给股东分红时采取送红股的方式，与完全不分红、将利润滚存至下一年度等方式并没有什么区别。送红股一方面增强了上市公司的经营实力，进一步扩大了企业的生产经营规模；另一方面它不像现金分红那样需要拿出较大额度的现金来应付派息工作，所以对上市公司来说都是较为有利的。尽管送红股不会改变股东的持股比例，也不增减股票的含金量，但在市场强势的情况下，送红股增加了股东的股票数量，在市场热点的影响下有利于股价的上涨，从而有助于提高股东的价差收入。因此，很多企业在送红股后出现了填权效应。

转增股本，是指公司将资本公积金转化为股本，转增股本并没有改变股东的权益，但却增加了股本规模，因而客观结果与送红股相似。转增股本和送红股的本质区别在于，红股来自于公司的年度税后利润，只有在公司利润有盈余的情况下，才能向股东送红股；而转增股本却来自于资本公积，它可以不受公司本年度可分配利润的多少及时间限制，只要将公司账面上的资本公积减少、增加相应的注册资本金就可以了，因此从严格意义上来说，转增股本并不是对股东的分红回报，但是，在市场强势的情况下，很多企业在转增股本后同样出现了填权效应。

7. 高级管理人员增持

与股票回购类似，当公司的高级管理人员用自己的资金在公开市场上买入本公司股票的时候，这实际上是向外界发出了一个强烈的信号：管理层对公司前景充满信心。

8. 危机公关

当危机发生后，尽量消除其对股价的不利影响，这其实就是市值管理，只不过很多公司没有把危机公关提升到市值管理的高度来认识罢了。万科就是利用这种办法来进行市值管理的典型。2004年以来，每一次宏观调控，万科的股票都会因此而受到影响。万科的做法是，每当国家发布新的调控政策时，万科都会在政策出台的当天晚上，在第一时间将万科对行业政策、对行业和公司影响的分析，发送给投资者、基金经理和分析员，使其知道对万科的影响、利于万科采取相应的对策，以消除调控政策带来的影响。

7.5 投资者关系管理法律法规

（一）上市公司投资者关系管理指引（征求意见稿）

第一章　总则

第一条　【立法目的】为规范上市公司投资者关系管理，促进上市公司完善治理、规范运作，提高上市公司质量，切实保护投资者特别是中小投资者合法权益，根据《中华人民共和国公司法》《中华人民共和国证券法》及其他有关法律、行政法规，制定本指引。

第二条　【适用范围】本指引适用于依照《中华人民共和国公司法》设立且股票在中国境内证券交易所上市交易的股份有限公司。

第三条　【定义】投资者关系管理是指上市公司通过互动交流、诉求处理、信息披露和股东权利维护等工作，加强与投资者及潜在投资者之间的沟通，增进投资者对公司的了解和认同，以提升公司治理水平和企业整体价值，形成尊重投资者、敬畏投资者和回报投资者的公司文化的相关活动。

第四条　【基本原则】上市公司投资者关系管理的基本原则是：

（一）合规性原则。公司应当在遵守相关法律法规，真实、准确、完整、及时、公平地披露信息基础上，积极进行投资者关系管理。

（二）主动性原则。公司应当主动开展投资者关系管理活动，听取投资者意见建议，及时回应投资者诉求。

（三）平等性原则。公司在投资者关系管理中应当平等对待所有投资者，尤其为中小投资者参与投资者关系管理活动创造机会。

（四）诚实守信原则。公司在投资者关系管理活动中应当注重诚信、守底线、负责任、有担当，培育健康良好的市场生态。

第五条 【上市公司整体要求】本指引是上市公司投资者关系管理的基本行为指南。上市公司应当按照本指引的精神和要求，积极、主动地开展投资者关系管理工作，为投资者参与投资者关系管理活动提供便利。上市公司董事会以及董事、监事和高级管理人员应当高度重视、积极参与和支持投资者关系管理工作。

第六条 【投资文化】投资者应当提升股东意识，积极参与上市公司投资者关系管理活动，依法行使股东权利，理性维护自身合法权益。投资者应当坚持长期投资、价值投资和理性投资的理念，培育成熟理性的投资文化。

第二章 投资者关系管理的内容和方式

第七条 【内容范围】投资者关系管理中上市公司与投资者沟通的内容主要包括：

（一）法定信息披露及其说明；

（二）公司发展战略；

（三）公司经营管理信息；

（四）公司发生《中华人民共和国证券法》规定的重大事件；

（五）公司的环境保护、社会责任和公司治理信息；

（六）公司文化建设；

（七）股东权利行使的方式、途径和程序等；

（八）投资者诉求信息；

（九）其他相关信息。

第八条 【沟通方式】上市公司应当多渠道、多平台、多方式开展投资者关系管理，通过公司网站、新媒体平台、电话、传真、电子邮箱、投资者教育基地等渠道，利用中国投资者网、证券交易所网络基础设施等平台，采取股东大会、投资者说明会、路演、分析师会议、接待来访、座谈交流等方式，与投资者进行沟通交流。鼓励上市公司在遵守信息披露规则的前提下，建立与投资者的重大事件沟通机制。

第九条 【网络沟通渠道】上市公司应当加强投资者网络沟通渠道的建设和运维，在公司官网开设投资者关系专栏，收集和答复投资者的咨询、投诉和建议，及时发布和更新投资者关系管理相关信息。上市公司应当积极利用证券交易所设立的上市公司投资者关系互动平台与投资者交流，及时查看和回复投资者的咨询、投诉和建议。鼓励上市公司通过新媒体平台开展投资者关系管理。

第十条 【传统沟通渠道】上市公司应当设立专门的投资者咨询电话、传真和电子邮箱等，由熟悉情况的专人负责，保证在工作时间线路畅通，认真友好接听、接收和回复，并通过有效形式向投资者反馈相关信息。号码、地址如有变更应及时公布。

第十一条 【现场调研】上市公司可以安排投资者、分析师等到公司现场参观、座谈沟通。上市公司应当合理、妥善地安排活动过程，避免让来访者有机会接触到未公开的重大事件信息。

第十二条 【股东大会】上市公司应当充分考虑股东大会召开的时间和地点，为股东特别是中小股东参加股东大会提供便利，为投资者发言、提问以及与公司董事、监事和高级管理人员等交流提供必要的时间。股东大会应当提供网络投票的方式。

第十三条 【投资者说明会】除依法履行信息披露义务外，上市公司应当积极召开投资者说明会，向投资者介绍情况、回答问题、听取建议。投资者说明会包括业绩说明会、现金分红说明会、重大事项说明会等情形。一般情况下董事长、总经理应该出席投资者说明会。存在下列情形的，上市公司应当及时召开投资者说明会：

（一）公司当年现金分红水平未达相关规定，需要说明原因的；

（二）公司在披露重组预案或重组报告书后终止重组的；

（三）公司证券交易出现相关规则规定的异常波动，公司核查后发现存在未披露重大事件的；

（四）公司相关重大事件受到市场高度关注或质疑的；

（五）公司在年度报告披露后应当按照中国证监会和证券交易所的规定，及时召开年度报告业绩说明会，对公司所处行业状况、发展战略、生产经营、财务状况、分红情况、风险与困难等投资者关心的内容进行说明；

（六）其他按照中国证监会、证券交易所规定应当召开投资者说明会的情形。上市公司召开投资者说明会应当事先公告，事后及时披露说明会情况，具体由各证券交易所规定。投资者说明会应当采取便于投资者参与的方式进行，现场召开的应当同时通过网络等渠道进行直播。

第十四条 【路演】上市公司可以通过路演、分析师会议等方式，沟通交流公司情况，回答问题并听取相关意见建议。

第十五条 【投诉处理】上市公司应当切实履行投资者投诉处理的首要责任，建立健全投诉处理机制，积极办理相关投诉，依法处理投资者诉求。

第十六条 【股东权益维护】投资者维护自身股东权利的合法行为，上市公司应当配合支持。投资者与上市公司发生纠纷的，双方可以向调解组织申请调解。普通投资者与上市公司发生证券业务纠纷，普通投资者提出调解请求的，上市公司不得拒绝。征集股东权利、持股行权、纠纷调解、代表人诉讼等投资者保护机构维护投资者合法权益的各项活动，上市公司应当积极支持和配合。

第十七条 【媒体关系】上市公司应当及时关注媒体的宣传报道，必要时予以适当回应。

第三章 投资者关系管理的组织与实施

第十八条 【投关制度】上市公司应当结合本公司实际制定投资者关系管理制度，明确工作原则、职责分工、工作机制、主要内容、渠道方式和工作要求等。

第十九条 【责任主体】上市公司应当确定由董事会秘书负责投资者关系管理工作。上市公司以及董事、监事和高级管理人员应当为董事会秘书履行职责提供便利条件。

第二十条 【部门设置】上市公司应当指定或设立专职部门，配备专门工作人员，负责开展投资者关系管理活动。

第二十一条 【主要职责】上市公司投资者关系管理工作的主要职责包括：

（一）拟定投资者关系管理制度；

（二）组织及时妥善处理投资者咨询、投诉和建议，定期反馈给公司董事会以及管理层；

（三）管理、运行和维护投资者关系管理的相关渠道和平台；

（四）组织与投资者沟通联络的投资者关系管理活动；

（五）统计分析公司投资者的数量、构成以及变动等情况；

（六）开展有利于改善投资者关系的其他活动。

第二十二条　【禁止情形】上市公司以及董事、监事、高级管理人员和工作人员在投资者关系管理活动中不得出现下列情形：

（一）对外透露或发布尚未公开披露的重大事件信息；

（二）含有虚假或者引人误解的内容，作出夸大性宣传，误导性提示；

（三）对公司证券价格做出预期或承诺；

（四）歧视、轻视等不公平对待中小股东的行为；

（五）其他违反信息披露规则或者涉嫌操纵证券价格等违法违规行为。

第二十三条　【人员要求】上市公司从事投资者关系管理工作的人员应当具备以下素质和技能：

（一）全面了解公司情况；

（二）具备良好的专业知识结构，熟悉公司治理、财务会计等相关法律法规和证券市场的运作机制；

（三）具有良好的沟通和协调能力；

（四）具有良好的品行和职业素养，诚实守信。

第二十四条　【培训要求】上市公司应当定期对董事、监事、高级管理人员和工作人员进行投资者关系管理工作的系统性培训。鼓励参加中国证监会及其派出机构和证券交易所、行业协会等自律组织举办的相关培训。

第二十五条　【存档要求】上市公司应当建立健全投资者关系管理档案，创建投资者关系管理数据库，以电子或纸质形式存档。档案的内容分类、使用要求、保存期限等由各证券交易所具体规定。

第二十六条　【监督管理】中国证监会及其派出机构依法对上市公司投资者关系管理进行监督管理，对上市公司和相关责任主体违反本指引的行为，可以依据法律、行政法规及其他相关规定采取监督管理措施。

第二十七条　【自律监管】证券交易所、中国上市公司协会等自律组织，可以依照本指引规定，制定相关自律规则，对上市公司投资者关系管理进行自律管理。

第二十八条　【评估评价】中国证监会及其派出机构，有关自律组织和投资者保护机构，可以对上市公司投资者关系管理状况进行评估评价，发布投资者关系管理"红黑榜"，促进上市公司不断提升投资者关系管理水平。证券交易所可以将上市公司投资者关系管理纳入信息披露评价体系。

第四章　附则

第二十九条　【实施日期】本指引自发布之日起施行。《上市公司与投资者关系工作指引》（证监公司字〔2005〕52号）同时废止。

（二）上市公司再融资分类审核实施方案（试行）

为便利上市公司再融资，更大力度支持优质上市公司利用资本市场发展壮大，对符合标准的上市公司非公开发行股票申请，有条件地减少审核环节，试行差异化的分类审核制度安排，制定本方案。

一、总体安排

按照切实提高公司治理水平和信息披露质量理念，坚持市场化、法治化方向，严格落实科学监管、分类监管、专业监管、持续监管相关要求，发行部在审核主板（中小板）上市公司非公开发行股票核准申请时，对在上海、深圳证券交易所上市公司信息披露工作评价中，最近连续两个考评期评价结果为 A 的上市公司采取快速审核。

二、适用范围

参照上海、深圳证券交易所的上市公司信息披露评价工作，最近连续两个考评期评价结果为 A 的上市公司非公开发行股票申请归入快速审核类，但上述上市公司明确表示不适用快速审核的除外。

上市公司存在以下情形的，不适用快速审核通道：（1）最近三年受到中国证监会行政处罚或监管措施、交易所纪律处分；（2）被中国证监会调查尚未结案；（3）暂停上市或存在被实施风险警示（包括 *ST 和 ST 公司）；（4）破产重整；（5）中国证监会认为其他不适用快速审核的情形。

符合条件的上市公司需在本次发行的申请文件中注明最近连续两个考评期信息披露评价结果为 A。

三、审核程序

适用快速审核的上市公司非公开发行股票申请被受理后，发行部一周内召开反馈会，反馈会后原则上不发出书面反馈意见，直接安排最近的初审会审核。

如反馈会认为存在可能影响发行条件的问题或其他重大问题，可以发出书面反馈意见，待书面反馈意见回复后，如无重大补充说明事项则安排初审会。

初审会召开后，将会议意见书面发送保荐机构，相关主体落实会议意见后由发行审核委员会审核。如初审会审议认为无需专门发送会议意见的，可直接提请发行审核委员会审核。

四、审核内容

对于适用快速审核的上市公司，发行部审核时重点关注本次发行是否符合法律法规规定的发行条件。

五、工作要求

上市公司要提高信息披露质量，必须真实、准确、完整、及时、公平地披露或者提供信息。保荐机构和证券服务机构要提高适用快速审核的上市公司申请文件的质量。发现相关主体存在违反法律法规等规定的，将依法按照有关规定予以从重处罚。

发行部负责在中国证监会官方网站上市公司再融资行政许可相关栏目予以公示，每周更新。

7.6 投资者关系管理案例分析

7.6.1 A 科技公司投资者关系管理及改善

近年来，A 科技公司的股价始终围绕 15 元波动，2015 年公司股价的巨幅波动，不仅导致了大股东的股权质押危机，一度濒临平仓，还影响了上市公司非公开发行股票的进程。本章将根据前文中构建上市公司投资者关系管理体系的理论基础，分析 A 科技公司的经营情况、现有的投资者关系管理策略及问题。

一、A 科技公司投资者关系管理现状

（一）A 科技公司投资者关系管理制度

公司于 2012 年制定了《投资者关系管理制度》，制度明确了投资者关系工作的基本原则，包括：充分披露信息原则、合规披露信息原则、投资者机会均等原则、诚实守信原则、高效低耗原则和互动沟通原则。与投资者沟通的内容主要包括：公司的发展战略、定期报告、临时公告、依法可以披露的经营管理信息和重大事项、企业文化建设等相关信息。制度还规定了，公司可多渠道、多层次地与投资者进行沟通，方式包括但不限于定期报告、临时公告、年度报告说明会、股东大会、公司网站、投资者咨询电话、接待投资者来访调研、现场参观、分析师会议、路演等。

（二）A 科技公司投资者关系管理组织机构

2014 年，公司筹划非公开发行股票项目，为促进该项目顺利推进，特在董事会办公室下分设证券事务部和投资者关系管理部，后者则主要负责机构调研、投资者交流、路演安排等相关工作。目前，投资者关系管理部的定量评价指标主要有机构持股比例和市净率指标两项。

（三）A 科技公司投资者关系管理日常活动

1. 公司宣传

目前，公司对外宣传渠道主要有官方网站和证券类报刊合作。公司的官方网站上设有投资者关系专栏，用于公布公司的经营信息、公告信息及定期财务信息，专栏还不定期转载网络上关于公司的消息，便于投资人了解公司的情况。在与证券类报刊合作的方面，主要结合公司的大事节点（如：项目建设进展、研发新技术、财务情况提升等），编辑相关稿件并发表，借此提升公司在市场上的关注度。

2. 投资者互动

公司与投资者日常互动的方式包括：电话或深交所指定的互动易平台问题交流、机构调研、路演、股东大会、投资者接待日活动与业绩说明会等。

电话交流和互动易平台交流主要针对投资人关注的问题进行回答，同时，通过回答的内容，将投资人对公司关注的重点从股价涨跌引导至公司的经营情况。机构调研方面主要是与机构研究员保持经常性的互动。一方面，结合公司大事节点，邀请机构前来公司调研参观并发表机构调研情况信息，通过调研信息，对外传达公司的经营情况及未来发展规划等；另一方面，邀请券商机构发表公司的研究报告，利用券商的机构网络，宣传公司的相应信息。

路演主要是利用券商组织的机构策略会，与参会的机构进行交流，此外，若公司业务为二级市场上的热点，公司还可以与券商合作，开展机构一对一的路演活动，趁着市场热度进行公司宣传。

股东大会、投资者接待日活动与业绩说明会面向公司的所有股东，是股东们了解公司业绩、经营情况、产线状况的重要渠道。股东大会依据审核事项确认召开的次数，投资接待日活动及业绩说明会通常每年举办1~2次。

3. 行业信息收集

投资者关系管理部门的职能是联通董事会与投资者，对外传达公司的战略、经营、财务信息，宣传公司价值；对内传递投资者对公司提出的意见和建议，为公司战略决策提供参考。一些机构投资者（包括券商研究员、基金研究员等）在调研工作中，能够收集到行业趋势、技术进展、产品价格等信息，这些信息对公司提升经营管理实绩很有帮助。例如，A科技公司的子公司——科立视参考了券商关于3D玻璃市场情况、市场爆发时点、竞争对手（蓝思科技、伯恩光学）3D技术能力的信息，决定在母玻璃生产的基础上，向3D玻璃加工产业延伸。在A科技公司模组加工的自动化改造工作中，中信证券为公司推荐了自动化设备生产商智云股份，公司在比价后，向智云股份采购了部分设备，节约了成本。

二、A科技公司投资者关系管理问题

（一）A科技公司2009年4月—2016年12月的市场表现情况

公司自借壳上市后，股价基本围绕15元震荡。从公司所处的行业分析，2009—2016年，智能手机飞速更新，电子行业随之进入高速发展期，但是，公司业务始终停留在行业壁垒较低的模组加工环节，竞争日趋激烈，公司业绩却并未跟上行业的强劲势头，股价难以出现平台式的逐级提升。

从公司发展的方向分析，2011年，公司管理层预见到了智能手机的爆发，投资科立视项目，生产智能手机必备的组件——盖板玻璃，为公司的转型升级带来了新的希望。市场也关注到了科立视，替代产品进口带来了巨大市场空间，公司股价在业绩爆发的预期中逐步走高，在此期间，华商基金重仓持有公司股票，买入了公司流通盘20%的股份。但是，由于科立视受到技术、专利制约，投产时间不断推迟，业绩迟迟无法兑现。2014年，基金公司在持有多年后无奈退出，公司股价也因此由盛转衰。2015年的牛市中，公司股价也未获得大幅上涨，甚至在牛市结束后跟随大盘指数大幅下跌，最低跌至10元附近。

从公司的盈利能力角度分析，近几年公司股价在大股东业绩承诺（每年模组业务维持净资产收益率10%）的支撑下，利润保持基本稳定，因此，公司股价整体走势围绕着比较合理的价格进行波动。但是，2016年之后，科立视开始投产，固定资产折旧增多，科立视产品始终未达预期，营业收入无法弥补折旧等费用，因此，公司股价在2016年中持续低迷。

从公司投资者关系管理策略角度分析，2013年，公司借科立视即将量产的契机，接待机构调研13次，全年股价上涨44.14%；2016年，公司非公开发行股票项目进入市场发行阶段，公司在短期内密集组织了超过50场的一对一及一对多路演和反路演活动，市场反响较好，在路演阶段（2016年5—8月），公司股价一度获得50%以上涨幅。2016年9月，非公开发行股票项目进入市场询价阶段，公司股价超过非公开发行底价30%以上，确保了股票最终顺利地发行。

（二）2013—2016年间公司投资者关系管理存在问题

理论上，公司内在的价值决定了股票的价格，抛开公司业绩情况，A科技公司股价的大幅波动表明，在投资者关系管理工作中还存在不少问题，仍有提高的空间。

存在的问题主要有：

（1）2014年，公司公告出现补充或更正的次数达到二次，说明信息披露质量仍有提高的空间。随后，公司董事会办公室加强了公告的审核，2015年至2016年，没有再出现公告补充或更正情况。

（2）2014年度，公司因内部治理独立性、财务核算等问题，被福建证监局采取行政监管措施，当年年度投资者关系管理评价结果为最低的D等级，说明公司在内部治理方面也有待提升。

（3）2015年，公司设立投资者关系管理部门，统筹公司网站更新的工作。在此之前，公司对网站这一对外宣传平台不够重视，仅有投资者关系板块（即公告内容和定期财务报告）维持更新，其余公司经营新闻、最新产品等板块自2013年后均无更新记录。

（4）公司在深圳证券交易所指定的互动平台上与投资者交流时，存在延期答复投资者的问题，没有做到每一次都及时反馈公司情况。

（5）公司积极与投资机构互动，接待机构的来访调研，2013年共接待13次，2014年共接待5次，2015年共接待5次，2016年共接待6次。从每年接访的数量可以看出，2014年后，机构调研次数明显减少，说明公司主动性交流可能存在一定的问题。2016年，非公开发行股票项目进入市场发行阶段，公司密集开展了多场路演和反路演，但在非定增期间，相关路演与反路演活动次数较少。

综上所述，A科技公司的投资者关系管理主要存在两方面的问题。一是上市公司信息披露的质量有待提高。这主要指公告类的信息披露的准确性，以及与机构交流过程中披露信息的质量。公司在对外发布的信息中，对未来业绩的预估常常过于乐观，信息发布后，股价上涨，但是之后的业绩往往没有跟上，股价随之异常波动。公司的实际经营中可能遇到各种问题，没能达到预估中的理想业绩，但是，出现多次信息不准确的情况还是暴露出公司内部信息传递方面的问题。二是与机构投资者互动的主动性有待提高。A科技公司地处福建，而大多数机构都群聚在北京、上海或深圳，机构举办的大部分活动也设在这三个地区，需要派专员专程跨省参与，因此，此前公司主动参与活动的次数并不多。

三、A科技公司如何优化与投资者关系

2015年A科技公司第一次进行资本市场融资时，经历了一波三折，自此，公司意识到投资者关系维护的重要性。在供给侧改革的宏观背景下，电子行业产品快速升级换代，A科技公司的转型升级势在必行。面板业的投资具有重资产的特征，永远离不开资本市场的支持。因此，投资者关系管理工作将成为确保公司顺利转型升级的必要条件之一，应继续不断优化。

（一）投资者关系制度、组织及评价体系的建设与优化

目前，A科技公司投资者关系管理部门的定量评价指标主要有：机构持股比例和市净率

指标。实际工作中,笔者发现上述两项指标并不能完全反映投资者关系管理工作的优劣。例如,在业绩没有兑现的情况下,机构调研、路演并不能保证机构的买入或持有行为。因此,可以结合投资者关系管理理论,进一步完善投资者关系管理评价体系,如规定完成路演、反路演、业绩说明会最少应达到的次数,规定卖方研究报告最少应达到的数量等。

(二)加强公司治理,优化内部信息传递,提升信息披露质量,加强自愿性披露

目前,A科技公司主要通过公告,对外公布公司的战略、经营、财务状况等重要信息,此外,对投资者还提供一些自愿性信息披露,主要包括每月营收和项目建设进展。下一步,公司计划加强内部治理,提高财务预测的准确性,完善公司内部信息沟通的机制。例如,要求投资者关系管理部列席公司内部经营相关会议,汇总信息并制作对外宣传简报;疏通信息交流的渠道,由高管统一各类信息的宣传口径等。

(三)提升与投资者交流的主动性

目前,A科技公司与投资者交流的方式包括:信息披露、公司网站、业绩说明会、机构调研、路演与反路演、股东大会等,这些基本上覆盖了上市公司能够采用的各种形式。未来,改善的重点在于提升与投资者交流的主动性,除了定增等必须与资本市场交流的事件外,还需要主动安排更多与机构互动的机会,将日常交流常态化。如:不仅参加年度机构策略会,尽可能参加每季度机构的策略会;以行业与公司大事件(如项目量产、重大订单等)为主题,进行更多路演;在业绩释放时,与研究机构合作出具研究报告等。

7.6.2 B能源公司投资者关系管理模式

(一)B能源公司投资者关系管理模式

2021年,B能源公司实现在香港、纽约、伦敦和上海四地上市满20周年。20年来,B能源公司持续受到资本市场参与者——超过10万户境内外机构投资者和50多万户个人股东的关注和监督。为满足资本市场需求,维护投资者和公司利益,B能源公司建立健全相关制度和保障机制,探索构建了投资者关系管理新模式。

一是坚持"一个定位",确定指导思想。B能源公司坚持大型国有上市公司的定位,树立对投资者高度负责的指导思想,切实维护全体股东合法权益、构建控股股东与中小股东相互尊重、和谐相处的利益共同体。同时,坚定自信地向境内外资本市场推介国有企业公司治理和改革发展成果,讲好"国企故事"。2017年6月,率先在央企控股上市公司中将党建工作要求写入《公司章程》,通过与境外机构投资者进行大量卓有成效的沟通,在股东大会上参与表决议案的境外股东投票赞成率高达99.68%,位居大型央企上市公司首位,标杆示范作用突出。

二是建立"两项制度",奠定工作基础。上市之初,B能源公司便借鉴国际公司先进理念,结合监管要求和公司实际,制定了《投资者关系工作制度》和《信息披露制度》,并不断完善,为开展投资者关系工作奠定了基础。两项制度体现的主要精神:一是充分考虑境内外四地上市的复杂情况,明确了合规性、公平性和互动性的原则,规定了执行主体、职责、工作规范等,实操性强。二是实行集中控制、全面协调、分层实施,明确归口管理部门统筹规划投资者关系工作,促进管理效能最大化。三是规定投资者关系执行主体,包括董事长、

管理层、职能部门负责人、投资者关系工作专职人员等，形成了自上而下金字塔式的组织体系。B能源公司历任董事长和总裁均重视投资者关系工作，每年出席年度、半年度业绩发布会并主动与投资者沟通。

三是形成"三类机制"，提升质量效率。与投资者关系基础性制度相衔接，公司在实践中探索建立了配套的工作机制，主要包括以下三类，首先，建立PDCA工作机制。按"P计划-D实施-C检查-A改进"四个阶段运作。第二，建立客户经理制。与沟通对象建立长期稳定的良好关系，提高工作效率。第三，人才保障机制。围绕打造高素质、复合型投资者关系人才队伍，公司在招聘、培训、使用等方面精心安排，为投资者关系工作质量提升奠定了基础。

四是立足"四大目标"，找准工作发力点。B能源公司立足于大型国有上市公司的定位，以公司自身、股东、资本市场对投资者关系工作的需求为导向，从客观实际出发，确定了投资者关系工作四大目标：一是维护公司公平价值，二是保护投资者权益，三是助力公司资本资金运作，四是支撑战略决策。四大目标体现了国有上市公司的特征，为投资者关系工作找准了发力点，促进在更广领域为企业和社会做贡献。

五是运用"五问分析法"，实现精准沟通。公司运用"五问分析法"，根据不同选项组合，采用精准沟通策略。B能源公司投资者关系模型将深入了解沟通对象作为"五问分析法"的主要抓手，依据"投资者画像"定制个性化沟通策略。从投资者地域分布、投资风格、投资类型、资金管理规模、历次沟通关注重点、沟通频次与方式、其他信息等7个维度来勾勒投资者的特点，建立投资者数据库并动态维护，制定投资者精准沟通策略，为重大议案审批、资本资金运作和市场预期引导提供了重要保障。

二、投资者关系管理取得良好成效

基于以上投资者关系管理模式并结合实际工作不断探索和改进，B能源公司的投资者关系管理取得较好成效。

一是切实保护了广大投资者权益。B能源公司秉持对投资者高度负责的理念，切实保护境内外投资者的知情权、参与权、收益权等合法权益。同时，致力于构建中小股东和控股股东的利益共同体，得到了股东、监管机构和社会各界的充分肯定，管理层和投资者关系团队获得"最具影响力领袖"、"最佳投资者关系专业人员"等多项国际重量级专业奖项。2020年5月，上交所将B能源公司投资者关系工作作为"A+H股最佳案例"进行推广。

二是有力促进公司治理水平提升和改革发展。B能源公司主动服务投资者，主动接受资本市场监督，增进投资者对公司的认同和信任，为公司借助资本市场发展创造了良好环境和广活空间。公司透明度的提升和负责任的态度，吸引了更多投资者投资公司并参与到公司治理中，形成良性循环，有力促进了公司治理水平的提升。上市以来，良好的投资者关系管理在公司借助资本市场深化改革、促进发展方面发挥了不可或缺的重要作用。一是助力公司实现了多个高估值股权融资、低成本债权融资和重大资本运作。二是充分利用资本市场独特的前沿信息资源，及时反馈宏观形势、行业趋势、监管动态等外部环境变化，有效支撑公司战略决策和管理提升。

三是有效维护了公司的公平价值，维护了资本市场稳定。2020年第三方独立机构开展的投资者满意度调查中，有84%的受访者认为，B能源公司投资者关系工作有助于提升公司价值。公司高质量的投资者关系管理，赢得了投资者信赖和良好的公司声誉，在应对股市暴跌、公司危机事件等过程中也发挥了重要的缓冲作用，助力资本市场风险化解。

7.6.3　D生物公司投资者关系管理及主要成果

（一）公司发展基本情况

D生物公司是国内分子诊断领域的龙头企业，它依托985高校雄厚的科研平台，是一家以分子诊断技术为主导的生物医药高科技企业。公司集临床检验试剂和仪器的研发、生产、销售以及全国连锁医学独立实验室临床检验服务为一体，于2004年8月在深圳证券交易所挂牌上市，成为广东省高校校办产业中第一家上市公司。

公司目前主营业务有三大块，试剂、仪器、独立实验室。受益于行业的快速发展，公司这三项IVD产业链上的重要布局正在健康快速成长。目前试剂是公司业绩的定海神针，在分子生物学技术方面，尤其是基因诊断技术及其试剂产品的研制、开发和应用上始终处于领先地位，自主开发了荧光定量PCR基因诊断技术，并研发出中国首个SARS基因诊断试剂盒，取得近百个医疗器械注册证书，先后承担十余项国家重点科技项目、计划项目及二十余项省、市级重点或重大科技计划项目。为满足市场需要，公司建立了合作共赢的市场营销平台，形成了一个覆盖全国32个省、市、自治区的强大营销服务网络，为几千家医疗机构、科研单位和政府应用平台提供产品和检验领域的高技术服务。

同时公司谋求转型，积极探索，构建了开放、分享、合作、共赢的价值体系，实行全方位平台化的开放模式，分享成长价值，致力于医疗健康领域上下游一体化供应商的战略目标，目前公司以投资孵化模式所投资的医疗健康企业达近200家，完善了在整个产业链的布局。D生物公司有望发展成为中国诊断产业的上下游一体化供应商，成为中国一流、国际知名的诊断产业的生物高科技企业。

（二）D生物公司投资者关系管理亮点

1. IRM工作的机构化和制度化

（1）强有力的IRM组织机构。

D生物公司董事长强调，股东不管大小都是企业的老板，经营者需对得起股东的真金白银。这位从1994年起就担任公司董事长兼总经理的企业领军人物，同时也是公司投资者关系工作的积极推动者。在他的支持下，在公司内部，投资者关系工作被提到公司与生产经营同样重要的层面来对待，公司高管团队同时也成为公司IR工作第一主体。

上市十几年来，公司的有些传统从不曾改变：公司董事长总经理、财务总监和董事会秘书等高管亲自出席定期网上路演或业绩说明会，直面广大投资者问题并作答；公司接待的参观、调研，80%以上是由高管层出面。D生物公司的董事会秘书作为直接负责日常IRM工作的公司高管，直接参与到公司任何重大事项的决策和沟通中，并被要求在对公司经营现状、发展战略和前景有全面了解的基础上，制定及时、有效的IRM工作策略。自2006年起就任职的他在上市公司规范运作、资本运营、投资者关系管理等方面积累了较丰富的经验。他一方面向外部投资者披露公司的战略、未来发展方向、主要产品和重大事件等信息，同时也把外部投资者的意见反馈给公司的高层管理人员,并与之共同商榷。

同时,公司投资者关系管理工作归属部门为证券事务部,证券部人员包括证券事务代表、证券事务主管以及专员,并设投资者关系专员,专门负责投资者关系管理工作,深入做好投资者关系工作,开展路演、参加券商策略会等等,与机构投资者保持良好互动,证券部也对投资者关系管理工作内容做了明确规定。

从D生物公司IRM组织机构的设立上,我们可以得出几点启示:其一,公司高层的支持、承诺和行动,是实现高效投资者关系管理的关键因素。不管是架构合理与高效的董事会,还是其他管理人员的支持,对公司的IRM工作开展都是有利的。其二,拥有一个强有力的IR部门及其负责人,是实现高效投资者关系的可靠保证。尽管成功的战略和财经沟通可能从组织的上层开始实施,但肯定不只限于公司组织的最高层。所有有效沟通的共同特点是投资者关系、公司沟通以及高级管理层三者保持紧密联系。这种联系创建后,需要一个强有力的IRM负责人来维持和巩固它,起联接公司和投资人的桥梁作用。其三,IRM部门因可以直接面向公司投资者又直接向董秘汇报情况而成为公司信息链中的重要一环,这对保证信息披露的主动、及时、完整、准确和沟通的互动十分必要。如案例所述,D生物公司的IRM组织是建全的,作为IRM负责人的董事会秘书也是强有力的。

(2)IRM系统的制度安排。

D生物公司为保证信息披露工作的质量,本着透明、及时、真实、公平、有效的原则,在实际工作中不断制定投资者关系管理相关制度,并建立了系统的信息披露制度和双向交流的工作制度,统一规范信息采集和信息披露的原则及方式,保证公司投资者关系工作有章可循。D生物公司投资者关系管理相关制度如表7-1所示:

表7-1 D公司投资者关系管理相关制度一览表

修订时间	制度名称
2004年6月	投资者关系管理制度
2014年4月	投资者投诉处理工作制度
2007年6月	信息披露管理制度
2011年11月	内幕信息知情人登记管理制度
2010年3月	年报信息披露重大差错责任追究制度
2008年3月	审计委员会年报工作规程
2012年5月	董事会秘书工作制度

作为实现沟通的"及时、有效、专业、充分"的重要前提,D生物公司在在人员设置、软硬件配备、岗位分工上也做了相应的制度安排。一方面,建立健全规范的内部信息共享制度,使每一位投资者关系工作人员都能够及时了解并掌握公司的最新发展动态以及公司发展战略。另一方面,在IRM部门进行分工,就国际国内资本市场动态研究、分析员研究报告整理分析、国内宏观经济及行业发展动态研究、公司股东识别及变动情况调查等工作进行细分并出具工作报告,以便同分析师进行交流时,充分占有资料和数据,在同一个平台上进行探

讨，将与分析师的沟通不断深化。

（3）IRM系统的激励约束机制。

将投资者关系工作纳入企业一体化管理的范畴并形成有效的考核，来推动公司IR体系功能的不断完善。这种机制的形成，让D生物公司投资者关系工作的效率和水平得以不断提高。公司对IRM工作的考核分为两个方面：定性指标和定量指标。投资者关系工作的定性指标主要基于IRM部门在宣传推介、让公司被外界所熟悉方面的努力。投资者关系处第一个任务就是要塑造一个完整、鲜明的公司形象，主要通过投资者关系工作对外宣传公司，对不同的投资者讲不同的故事，介绍中国的情况、行业的情况和公司的情况，增加他们对公司的熟悉度，以增强投资者对公司的理解和认同。

定量指标包括具体完成多少投资者关系工作计划和成果，并据此对IRM工作人进行考核。D生物公司每年在季度和年度都会对证券部进行考核，主要绩效考核指标包括深交所信息披露年度考核、部门预算执行偏差率、信息披露及时率、机构接待完成率以及证券事务接待完成率。

此外，公司也会制订投资者关系工作计划，包括：要让市场了解公司，今年投资者关系工作主要做哪些事；其次是定期为管理层提供信息反馈，包括定期发送股东名册以及机构持股分析报告以及市场对公司的建议，作为管理层决策的依据；最后，这些工作的市场认可程度，比如有没有投资者关系类奖项，是一个对投资者关系工作是否加分的重要考核指标。

2. 营造立体IRM信息交流平台

（1）把握重点——机构调研。

对任何一家公司而言，成为公众上市公司后的变化是巨大的，D公司也不例外。股权结构的丰富和股东数量的增加首当其冲，最直观的表现是公司突然拥有了数量庞大、规模不等的外部股东。一个企业的投资者通常由三部分构成：战略投资者、机构投资者和散户。D公司每月定期整理股东名册可以发现，虽然机构持股的总户数只有不到400家，占股东总数的4.5%，但机构投资者的持股比例已经占整个流通股股票的56.9%，他们是战略投资者、证券公司、基金管理公司、财务公司。也就是说，如果能把这机构投资者工作做好，成功就有了90%的保证，他们是工作中的重中之重。

D公司认真对待特定对象（证券机构、机构投资者）来访接待工作。对于来访的特定对象均要事前预约，并通过友好沟通，避免来访对象在敏感期调研、访谈；在接待特定对象时，严格执行有关规定做好承诺书签署等工作。在交流过程中，D公司的董秘面对证券分析师、基金经理的深刻提问时，除了详细解答外还要积极正面地引导，向投资者强调公司的投资价值，到D公司调研的分析员还可以到公司研发部门参观，加深对公司产品、生产经营状况的了解。

在调研活动结束后，公司会编制《投资者关系活动记录表》，详细记录来访人员、沟通事项等，并将该表与调研活动照片在两个工作日内上传至深交所互动易网站刊载，使得广大投资者对公司的信任度、关注度持续增强。D公司2017年内，共接待来访券商、基金、个人等各类投资者共8批，共21家公司。D公司近5年被调研次数与调研机构数统计情况如表7-2所示：

表 7-2　D 公司近 5 年被调研次数与调研机构数统计情况

年份	被调研次数	调研机构数
2013 年	32	88
2014 年	24	105
2015 年	14	144
2016 年	6	14
2017 年	8	21

（2）从羞于沟通到勤于沟通——投资者交流会。

D 公司精心为投资者设计了走近基因检测体验。2017 年 9 月，D 公司与机构合作成功举办了"走进上市公司——大湾区科技创新之旅"投资者交流活动，公司董秘与三十多位投资者面对面交流沟通，就公司的发展战略、生产经营、新产品和新技术开发、财务状况和经营业绩、投资项目等各方面的情况解答了投资者的征询和提问，增进了投资者对公司的了解与认可。此外，投资者还实地参观了公司的医学实验室和多家子公司，对生物基因行业有了进一步的了解。

第一站，投资者与高管面对面。D 公司副总经理、董秘的亲切接待了三十多位投资者并在公司讲学厅与大家进行了一个半小时的沟通交流。交流会上，他针对投资者关心的几个问题进行了耐心回答、如公司的核心技术、竞争对手、合作意向以及新领域的业务开发等方面。此外还针对普通投资者怎样更合理地判断一家生物医药公司的潜力给出了建议：生物医药企业的技术创新能力和研发能力等非常重要，投资者关注财务指标的同时，也可关注产品专利数量、产品报批数量、科研项目数量等等，这些都是企业综合实力的体现。

第二站，参观子公司独立实验室。交流会结束后，投资者换上防尘服，参观位于子公司的独立实验室，参观过程中，有专业人员讲解大家感兴趣的生物医学知识。这一次参观使记者们原来对生物医药行业很抽象的理解一下就变得形象和生动起来，走近基因检测，深刻感受到了基因技术的应用，使人类对自身生存状况的把握延伸到了胎儿阶段。

通过公司与投资者之间的充分交流，投资者可以了解公司基本情况、经营现状等，并由此形成对上市公司投资价值的判断；而公司则借此了解自身在资本市场的形象、及投资者对公司的评价和预期，并应据此不断调整公司在宣传、信息披露上的侧重。

在此认知的指引下，打造便捷、立体的交流渠道，保持与各市场主体间顺畅、充分的交流，便成为 D 公司 IRM 工作的重要内容，并为 D 公司每一项重大的资本战略发挥着巨大作用。

（3）"互动易"构有效沟通桥梁。

"互动易"网络平台是深交所于 2011 年 11 月 12 日推出的搭建在上市公司及投资者之间的基于 Web2.0 平台（类微博模式）的互动网站。这一规范、直接、快速的交流与沟通平台为顺畅和专业的上市公司投资者关系管理创造了新途径。D 公司充分利用该平台构建与投资者有效沟通桥梁。

首先，D 公司完善建设了"互动易"中公司专网首页的各版块，搜索公司代码即可进入，可直观了解到公司高管简介、股东大会网络投票的具体情况和投票入口、公司今日股价走势等内容。投资者关系板块和公司公告板块均按时间倒序详细记录了相关信息可供投资者查询。公司资料板块各按钮都可以链接至巨潮资讯网相应页面。

其次、认真并及时地回复每一个投资者的提问。D公司利用"互动易"平台进行投资者关系服务的对象主要是以流通股股东为代表的中小投资者。那么作为上市公司的投资者或潜在投资者，他们最关心的问题主要集中在股价波动探讨、经营策略这两个大类，在经营策略下又分为产品问题、经营业绩、外部环境及应对措施、管理层信息和公司经营计划这几部分。2017年度，深交所互动易平台上针对D公司的提问160多项，D公司均及时做了回复，回复率100%。

（4）其他沟通渠道。

第一，开通公司官网的"投资者关系"频道。D公司将网站上投资者关系管理频道链接至投资者关系互动平台，这也是很多中小板上市公司的常见做法。投资者关系互动平台上有公司基本资料、管理层介绍、公司制度、公司公告、财务报告、投资者联系方式等基础信息，投资者可以方便的查询。

第二，电话沟通。电话沟通是个人投资者和机构投资者都常用的咨询方式。对于投资者来说也是最便捷的沟通方式。通过电话沟通可以最快的验证传闻的真实性，了解公司的真实情况。D公司2017年度接听投资者热线约300个。在接到投资者电话时，要本着对投资者负责的态度，对能回答的问题准确的回答，遇到尚未公开的信息坚决不能透露，对于接电话者本人不清楚的问题不能随意回答，否则将造成严重后果。公司在电话交流中收集整理各方面的反馈信息并进行分析研究，将投资者对公司的期望和要求以及外界媒体对公司的评价及时反映到管理层，使IRM工作能更好的落到实处。

第三，业绩说明会。D公司每年会在年报、中报等定期报告披露后的第一时限内，通过电话会议、网络会议、现场会议等方式，举办业绩说明会，对报告内容进行解释说明并集中解答投资者关注的问题。此外公司还会在每年五月参加广东上市公司协会举办的投资者集体接待日活动。

根据规定，上市公司年度报告披露后十个交易日内要举行年度报告说明会，公司董事长或总经理、财务负责人、独立董事、董事会秘书、保荐代表人应当出席说明会。对于个人投资者来说，这是可以和公司管理层直接沟通的机会。投资者可以直接就公司的生产经营情况、财务状况、募集资金使用情况、公司战略、发展前景、风险困难等问题直接指定公司高管回答。

7.6.4　投资者关系管理制度示例——《J信息科技股份有限公司投资者关系管理制度》

J信息科技股份有限公司
投资者关系管理制度

第一章　总则

第一条　为了完善J信息科技股份有限公司（以下简称"公司"）治理结构，规范公司投资者关系管理工作，根据《中华人民共和国公司法》（以下简称"公司法"）、《中华人民共和国证券法》（以下简称"证券法"）、中国证券监督管理委员会（以下简称"中国证监会"）《非上市公众公司监督管理办法》、《全国中小企业股份转让系统有限责任公司管理暂行办法》、《全国中小企业股份转让系统业务规则（试行）》和《J信息科技股份有限公司章程》（以下简称"公司章程"）等有关规定，结合公司实际，制订本制度。

第二条 投资者关系工作是指公司通过信息披露与交流，加强与投资者及潜在投资者之间的沟通，增进投资者对公司的了解和认同，提升公司治理水平，以实现公司整体利益最大化和保护投资者合法权益的重要工作。投资者关系工作包括的主要职责是：

（一）分析研究。统计分析投资者和潜在投资者的数量、构成及变动情况；持续关注投资者及媒体的意见、建议和报道等各类信息并及时反馈给公司董事会及管理层；

（二）沟通与联络。整合投资者所需信息并予以发布；举办分析师说明会等会议及路演活动，接受分析师、投资者和媒体的咨询；接待投资者来访，与机构投资者及中小投资者保持经常联络，提高投资者对公司的参与度；

（三）公共关系。建立并维护与全国中小企业股份转让系统有限责任公司、行业协会、媒体以及其他挂牌公司和相关机构之间良好的公共关系；在涉讼、重大重组、关键人员的变动、股票交易异动以及经营环境重大变动等重大事项发生后配合公司相关部门提出并实施有效处理方案，积极维护公司的公共形象；

（四）有利于改善投资者关系的其他工作。

第三条 投资者关系工作的目的是：

（一）促进公司与投资者之间的良性关系，增进投资者对公司的进一步了解和熟悉；

（二）建立稳定和优质的投资者基础，获得长期的市场支持；

（三）形成服务投资者、尊重投资者的企业文化；

（四）促进公司整体利益最大化和股东财富增长并举的投资理念；

（五）增加公司信息披露透明度，改善公司治理。

第四条 投资者关系工作的基本原则是：

（一）充分披露信息原则。除强制的信息披露以外，公司可主动披露投资者关心的其他相关信息；

（二）合规披露信息原则。公司应遵守国家法律、法规及中国证监会、全国中小企业股份转让系统有限责任公司对挂牌公司信息披露的规定，保证信息披露真实、准确、完整、及时。在开展投资者关系工作时应注意尚未公布信息及其他内部信息的保密，一旦出现泄密的情形，公司应当按有关规定及时予以披露；

（三）投资者机会均等原则。公司应公平对待公司的所有股东及潜在投资者，避免进行选择性信息披露；

（四）诚实守信原则。公司的投资者关系工作应客观、真实和准确，避免过度宣传和误导；

（五）高效低耗原则。选择投资者关系工作方式时，公司应充分考虑提高沟通效率，降低沟通成本；

（六）互动沟通原则。公司应主动听取投资者的意见、建议，实现公司与投资者之间的双向沟通，形成良性互动。

第五条 投资者关系工作中公司与投资者沟通的内容主要包括：

（一）公司的发展战略，包括公司的发展方向、发展规划、竞争战略和经营方针等；

（二）法定信息披露及其说明，包括定期报告和临时公告等；

（三）公司依法可以披露的经营管理信息，包括生产经营状况、财务状况、新产品或新技术的研究开发、经营业绩、股利分配等；

（四）公司依法可以披露的重大事项，包括公司的重大投资及其变化、资产重组、收购兼并、对外合作、对外担保、重大合同、关联交易、重大诉讼或仲裁、管理层变动以及大股东变化等信息；

（五）企业文化建设；

（六）公司的其他相关信息。

第六条 公司应建立良好的内部协调机制和信息采集制度。负责投资者关系工作的部门或人员应及时归集各部门及下属公司的生产经营、财务、诉讼等信息，公司各部门及下属公司应积极配合。

除非得到明确授权并经过培训，公司董事、监事、高级管理人员和员工应避免在投资者关系活动中代表公司发言。

第二章 投资者关系管理负责人

第七条 公司的董事会秘书是公司投资者关系管理负责人，证券事务部承办投资者关系的日常管理工作。

第八条 公司从事投资者关系工作的人员需要具备以下素质和技能：

（一）全面了解公司各方面情况；

（二）具备良好的知识结构，熟悉公司治理、财务会计等相关法律、法规和证券市场的运作机制；

（三）具有良好的沟通和协调能力；

（四）具有良好的品行，诚实守信。

第九条 投资者关系管理负责人全面负责公司投资者关系工作。投资者关系管理负责人应在全面深入地了解公司运作和管理、经营状况、发展战略等情况下，负责策划、安排和组织各类投资者关系管理活动。

第十条 投资者关系管理负责人负责制定公司投资者关系管理的工作管理办法和实施细则，并负责具体落实和实施。

投资者关系管理负责人负责对公司高级管理人员及相关人员就投资者关系管理进行全面和系统的培训。在进行投资者关系活动之前，投资者关系管理负责人应对公司高级管理人员及相关人员进行有针对性的培训和指导。

第十一条 投资者关系管理负责人应持续关注新闻媒体及互联网上有关公司的各类信息并及时反馈给公司董事会及管理层。

第三章 自愿性信息披露

第十二条 公司可以通过投资者关系管理的各种活动和方式，自愿地披露现行法律、法规和全国中小企业股份转让系统有限责任公司规则规定应披露信息以外的信息。

第十三条 公司进行自愿性信息披露应遵循公平原则，面向公司的所有股东及潜在投资者，使机构、专业和个人投资者能在同等条件下进行投资活动，避免进行选择性信息披露。

公司应遵循诚实守信原则，在投资者关系活动中就公司经营状况、经营计划、经营环境、战略规划及发展前景等持续进行自愿性信息披露，帮助投资者作出理性的投资判断和决策。

第十四条 公司在自愿披露具有一定预测性质的信息时，应以明确的警示性文字，具体列明相关的风险因素，提示投资者可能出现的不确定性和风险。

第十五条 在自愿性信息披露过程中，当情况发生重大变化导致已披露信息不真实、不准确或不完整，或者已披露的预测难以实现的，公司应对已披露的信息及时进行更新。对于已披露的尚未完结的事项，公司有持续和完整披露义务，直至该事项最后结束。

第十六条 公司在投资者关系活动中一旦以任何方式发布了法规和规则规定应披露的重大信息，应及时向全国中小企业股份转让系统有限责任公司报告，并在下一交易日开市前进行正式披露。

第四章　投资者关系活动

第一节　股东大会

第十七条 公司应根据法律、法规、规范性文件和公司章程的要求，认真做好股东大会的安排组织工作。

第十八条 公司应努力为中小股东参加股东大会创造条件，在召开时间和地点等方面充分考虑便于股东参加。

第十九条 为了提高股东大会的透明性，公司可广泛邀请新闻媒体参加并对会议情况进行详细报道。

第二十条 股东大会过程中如对到会的股东进行自愿性信息披露，公司应尽快在公司网站或以及其他可行的方式公布。

第二节　网站

第二十一条 公司可以通过建立公司网站并开设投资者关系专栏的方式开展投资者关系活动。公司可在网站上开设论坛，投资者可以通过论坛向公司提出问题和建议，公司也可通过论坛直接回答有关问题。公司也可设立公开电子信箱与投资者进行交流。投资者可以通过信箱向公司提出问题和了解情况，公司也可通过信箱回复或解答有关问题。对于论坛及电子信箱中涉及的比较重要的或带普遍性的问题及答复，公司应加以整理后在网站的投资者专栏中以显著方式刊载。

第二十二条 公司应根据规定在定期报告中公布网站地址。当网址发生变更后，公司应及时公告变更后的网址。

第二十三条 公司应避免在公司网站上刊登媒体对公司的有关报告以及分析师对公司的分析报告。

第二十四条 公司应对公司网站进行及时更新，并将历史信息与当前信息以显著标识加以区分，对错误信息应及时更正，避免对投资者产生误导。

第三节 分析师会议、业绩说明会和路演

第二十五条 公司可在定期报告结束后、实施融资计划或其他公司认为必要的时候举行分析师会议、业绩说明会或路演活动。分析师会议、业绩说明会和路演活动应采取尽量公开的方式进行。

公司可以邀请新闻媒体的记者参加,并作出客观报道。

第二十六条 公司可将分析师会议、业绩说明会和路演活动的影象资料放置于公司网站上,供投资者随时点播。在条件尚不具备的情况下,公司可将有关分析师会议或业绩说明会的文字资料放置于公司网站供投资者查看。

第四节 一对一沟通

第二十七条 公司可在认为必要的时候,就公司的经营情况、财务状况及其他事项与投资者、基金经理、分析师等进行一对一的沟通,介绍公司情况、回答有关问题并听取相关建议。

公司一对一沟通中,应平等对待投资者,为中小投资者参与一对一沟通活动创造机会。

第二十八条 为避免一对一沟通中可能出现选择性信息披露,公司可将一对一沟通的相关音像和文字记录资料在公司网站上公布,还可邀请新闻机构参加一对一沟通活动并作出报道。

第五节 现场参观

第二十九条 公司尽量安排投资者、分析师及基金经理等到公司或募集资金项目所在地进行现场参观。

第三十条 公司应合理、妥善地安排参观过程,使参观人员了解公司业务和经营情况,同时应注意避免在参观过程中使参观者有机会得到未公开的重要信息。

第三十一条 公司应在事前对相关的接待人员给予有关投资者关系及信息披露方面必要的培训和指导。

第六节 电话咨询

第三十二条 公司应设立专门的投资者咨询电话,投资者可利用咨询电话向公司询问、了解其关心的问题。

第三十三条 咨询电话应有专人负责,并保证在工作时间电话有专人接听和线路畅通。如遇重大事件或其他必要时候,公司应开通多部电话回答投资者咨询。

第三十四条 公司应在定期报告中对外公布咨询电话号码。如有变更要尽快在公司网站公布,并及时在正式公告中进行披露。

第五章 相关机构与个人

第一节 投资者关系顾问

第三十五条 公司在认为必要和有条件的情况下,可以聘请专业的投资者关系顾问咨询、策划和处理投资者关系,包括媒体关系、发展战略、投资者关系管理培训、危机处理、分析师会议和业绩说明会安排等事务。

第三十六条 公司在聘用投资者关系顾问时,应注意其是否同时为对同行业存在竞争关系的其他公司服务。如公司聘用的投资者关系顾问同时为存在竞争关系的其他公司提供服

务，公司应避免因投资者关系顾问利用一家公司的内幕信息为另一家公司服务而损害其中一家公司的利益。

第三十七条 公司应避免由投资者关系顾问代表公司就公司经营及未来发展等事项作出发言。

第三十八条 公司应尽量以现金方式支付投资者关系顾问的报酬，避免以公司股票及相关证券、期权或认股权等方式进行支付和补偿。

第二节 证券分析师和基金经理

第三十九条 公司不得向分析师或基金经理提供尚未正式披露的公司重大信息。

第四十条 公司向分析师或投资经理所提供的相关资料和信息，如其他投资者也提出相同的要求时，公司应平等予以提供。

第四十一条 公司应避免出资委托证券分析师发表表面上独立的分析报告。如果由公司出资委托分析师或其他独立机构发表投资价值分析报告，应在刊登时在显著位置注明"本报告受公司委托完成"的字样。

第四十二条 公司应避免向投资者引用或分发分析师的分析报告。

第四十三条 公司可以为分析师和基金经理的考察和调研提供接待等便利，但要避免为其工作提供资助。分析人员和基金经理考察公司原则上应自理有关费用，公司不应向分析师赠送高额礼品。

第三节 新闻媒体

第四十四条 根据法律、法规和中国证监会、全国中小企业股份转让系统有限责任公司规定应进行披露的信息必须于第一时间在公司信息披露指定网站公布。

公司在其他公共传媒披露的信息不得先于指定网站，不得以新闻发布或答记者问等其他形式代替公司公告。

公司应明确区分宣传广告与媒体的报道，不应以宣传广告材料以及有偿手段影响媒体的客观独立报道。

公司应及时关注媒体的宣传报道，必要时可适当回应。

第四十五条 对于重大的尚未公开信息，公司应避免以媒体采访及其他新闻报道的形式披露相关信息。在未进行正式披露之前，应避免向某家新闻媒体提供相关信息或细节。

第四十六条 公司应把对公司宣传或广告性质的资料与媒体对公司正式和客观独立的报道进行明确区分。如属于公司本身提供的（包括公司本身或委托他人完成）并付出费用的宣传资料和文字，应在刊登时予以明确说明和标识。

第四章 附则

第四十七条 全国中小企业股份转让系统及证监会指定网站为公司信息披露平台，根据法律、法规和全国中小企业股份转让系统有限责任公司规定应进行披露的信息必须在规定的时间内在上述平台和网站公布。

第四十八条 本管理制度由公司董事会负责解释、修订。

第四十九条 本管理制度自股东大会审议通过之日起生效。

第8章
企业内部控制规范体系

受到安然、世通、施乐、默克制药等一系列大公司的会计丑闻的震动,美国政府于2002年出台了影响深远的SOX法案(《萨班斯——奥克斯利法案》)。SOX法案提出明确要求,所有在美上市公司都必须建立内部控制体系,并且明确规定,企业经理层有责任建设、运行和评估企业的内部控制体系。随着国内外证券监管机构相继出台一系列相关政策规范,强化企业内部控制日益成为世界各国提高公司治理水平的重要手段。内部控制不仅有助于提高企业的会计信息质量,降低企业的潜在风险,还可以减少内幕交易行为的发生,提高企业的对外投资效率。本章对国内外企业内部控制的建立、实施和评价进行梳理,以加强对企业内部控制规范体系的认识。

8.1 企业内部控制概述

目前,人们对于企业内部控制的产生和发展历程的认识逐渐趋于一致,即认为内部控制的发展可以划分为五个阶段:内部牵制阶段、内部控制制度阶段、内部控制结构阶段、内部控制整合框架和企业风险管理整合框架。内部控制概念的演进说明了人们对内部控制这种动态性本质的深入认识。《萨班斯——奥克斯利法案》及之后的一系列内部控制规定也对内部控制的发展产生了重大的影响。本节将介绍国内外企业内部控制框架的发展历程,揭示企业内部控制的发展趋势,从而加强对企业内部控制的理解和认识。

8.1.1 主流内部控制理论和实务的发展

内部控制,作为一个专用名词和完整概念,直至20世纪30年代才被人们提出、认识和接受。它的产生源于企业内部管理的需要。几十年来,随着内部控制理论以及人们对其认识的不断发展,其概念的内涵和外延都发生了较大的变化。

从概念的角度来看,内部控制可能是不变的,但它的理解是不断发展的。内部控制思想的发展是一个历史渐进过程,它产生于18世纪产业革命以后,随着社会经济的不断发展,企业规模日益扩大,业务活动日趋频繁,企业财产所有权与经营权的进一步分离,导致内部控制也处在不断发展之中,内部控制的概念逐步完善。在其漫长的产生和发展过程中,大体经历了内部牵制、内部控制制度、内部控制结构、内部控制整合框架和企业风险管理整合框架五个历史阶段。在每一阶段,内部控制都被赋予了不同的内涵。

1. 内部牵制阶段

内部控制来源于内部牵制。牵制思想的体现可以追溯到人类几千年以前的古文明时期,从美索不达米亚到古埃及、波斯、古罗马等地的国库管理职能的分工上,都有内部牵制思想的体现。在《周礼》的记载中,中国早在西周时代的国库管理中,便分为了职内、职出和职币三个岗位，分别负责收入、支出和盘点登记。所谓牵制，是指职能和职能之间必要的相互弥补、相互约束，不能由一个职能完全支配一项业务活动而没有交叉检查和约束。可以看出，牵制思想最早出现在财政管理（财务管理）中，这些牵制思想直至今天还被作为财务管理的基本制度延续了下来。内部牵制思想的出现是要避免两类问题的出现，一类是无意识的错误，另一类是有意识的舞弊，其中有意识的舞弊情况是内部控制关注的重点。无意识的错误是指由于粗心大意或信息遗漏，或信息传输过程中出现误差导致最终的结果和实际情况出现差异。而有意识的舞弊是指有计划、有预谋的为了达到一定的目的而采取的一系列行动，导致财务数据和真实经营情况不符，最终使公司利益受损。无论是通过设计内部控制进行不同岗位交叉检验还是相互约束，都会大大降低以上两个方面问题出现的概率。

由上可见，内部牵制阶段基本是以查错防弊为目的，以职务分离和账目核对为手法，以钱、账、物等会计事项为主要控制对象。实践证明，内部牵制机制确实有效地减少了错误和舞弊的行为。因此，在现代内部控制理论中，内部牵制仍占有相当重要的地位，并成为现代内部控制理论中有关组织规划控制、职务分离控制的基础。

2. 内部控制制度阶段

在内部牵制思想的基础上，产生了内部控制制度的概念。内部控制制度的形成，可以说是传统的内部牵制思想与古典管理理论相结合的产物。1934年美国发布的《证券交易法》最早提出内部会计控制系统，该法规定：证券发行人应设计并维护一套能够为财务信息真实可靠目标提供合理保证的内部控制制度。1949年美国会计师协会的审计程序委员会发表了一份题为《内部控制、协调系统诸要素及其对管理部门和注册会计师的必要性》的专题报告，该报告对内部控制首次做出了如下权威定义："内部控制是企业所制定的旨在保护资产、保证会计资料可靠性和准确性、提高经营效率、推动管理部门所制定的各项政策得以贯彻执行的组织计划和相互配套的各种方法及措施。"这一概念已突破了与财务会计部门直接有关的控制的局限，使内部控制扩大到企业内部各个领域。

1958年，美国审计程序委员会又发布了《独立审计人员评价内部控制的范围的报告》，将内部控制分为内部会计控制和内部管理控制。内部会计控制包括与财产安全与财产记录可靠性有关的所有方法和程序。内部会计控制在于保护企业资产、检查会计数据的准确性和可靠性。内部管理控制包括组织规划的所有方法和程序，这些方法和程序主要与经营效率和贯彻执行方针有关。内部管理控制在于提高经营效率，促使有关人员遵守既定的管理方针。西方学术界在对内部会计控制和内部管理控制研究时，逐步发现这两者是不可分割、相互联系的。将内部控制一分为二，使得审计人员在研究和评价企业内部控制制度的基础上来确定实质性测试的范围和方式成为可能。

3. 内部控制结构阶段

进入20世纪80年代以来，内部控制的理论研究又有了新的发展，人们对内部控制的研究重点逐步从一般涵义向具体内容深化。其标志是美国AICPA于1988年4月发布的《审计准则公告第55号》（SAS NO.55），公告中以"内部控制结构"概念取代了"内部控制制度"并指出："企业内部控制结构包括为提供取得企业特定目标的合理保证而建立的各种政策和程序。"认为内部控制结构由下列三个要素组成：控制环境、会计系统和控制程序。明确了内部控制结构的三要素的内容。控制环境是指对建立、加强或削弱特定政策和程序的效率发生影响的各种因素。主要表现在股东、董事会、经营者及其他员工对内部控制的态度和行为。会计系统是指规定各项经济业务的确认、计量、记录、归集、分类、分析和报告的方法，也就是要建立企业内部的会计制度。控制程序是指管理当局可制定的用以保证达到一定目的的方针和程序。与以前的内部控制定义相比，内部控制结构有两个特点：一是将内部控制环境纳入内部控制的范畴，二是不再区分会计控制和管理控制。至此，在企业管理实践中产生的内部控制活动，经过审计人员的理论总结，已经完成从实践到理论的升华。

4. 内部控制整合框架（五要素阶段）

以风险管理为导向的内部控制框架。随着经济发展，企业迫切需要一种控制框架来帮助企业对风险进行有效的控制和管理。在1992年，由美国会计学会、注册会计师协会、美国内部审计师协会、财务经理人员协会和管理会计师协会等组织成立的专门研究内部控制问题的美国虚假财务报告全国委员会的后援组织委员会（Committee Of Sponsoring Organization of the Tread way Committee，简称COSO委员会）发布了指导内部控制的纲领性文件COSO报告——内部控制整体框架，并于1994年进行了增补，这份报告堪称内部控制发展史上的又一里程碑。2013年5月又更新颁布新《内部控制——整合框架》的内容，包括内控新框架整体变化和拓展的领域，重点介绍COSO内控新框架五要素和17项原则及其关注点，以及对企业建立有效内部控制体系的影响。这些成果得到了美国审计署（GAO）的认可，美国注册会计师协会（AICPA）也全面接受其内容并于1995年发布了《审计准则公告第78号》。由于COSO报告提出的内部控制理论和体系集内部控制理论和实践发展之大成，成为现代内部控制最具有权威性的框架，因此在业内备受推崇，在美国及全球得到广泛推广和应用。

COSO报告指出，内部控制是由公司董事会、管理层和其他员工实施的，为实现经营的效果性和效率性、财务报告的可靠性以及适用法律法规的遵循性等目标提供合理保证的一个过程，内部控制的根本目的是防范风险。COSO提出了企业内部控制的整体框架，在COSO内部控制框架中，管理层需要履行的职责包括5个步骤或要素：控制环境、风险评估、控制活动、信息与沟通和监督。

（1）控制环境。控制环境是内部控制整体框架中所有构成要素的基础，为内部控制提供了前提和结构。其特征是先明确定义机构的目标和政策，再以战略计划和预算过程进行支持；然后，清晰定义利于划分职责和汇报路径的组织结构，确立基于合理年度风险评估的风险接受政策；最后，向员工澄清有效控制和审计体系的必要性以及执行控制要求的重要性。同时，高级领导层需对文件控制系统作出承诺。控制环境决定了企业的基调，直接影响企业员工的控制意识。

（2）风险评估。风险评估是是COSO内部控制整体框架的独特之处。风险评估确定和分析目标实现过程中的风险，并为决定如何对风险进行管理提供其础。这一环节第一次把风险评估作为要素引入到内控领域。在风险评估过程中，管理层识别并分析实现其目标过程中所面临的风险，从而制定决定如何管理风险的制度基础。管理层应该在审计师开始审计之前，识别那些重大的风险，并基于这些风险发生的可能性和影响采取措施缓和这些风险。随后,审计师对这一风险评估过程进行评价。

(3)控制活动。控制活动是指确保管理层的指令得以实现的机制,包括那些被识别能够缓和风险的活动。控制活动存在于组织的所有层面及组织的所有功能中,如核准、授权、验证、调节、复核经营绩效、保障资产安全、职务分工及信息系统等。

(4)信息与沟通。信息是指员工能够获得其工作中所需要的信息,是确保员工履行职责的必要条件。沟通是各级人员接收最高管理层关于控制责任的指令方式和他们对待内部控制的态度,包括信息向上的、向下的、横向的、在组织内外自由的流动。在企业运行和目标实现过程中,组织的各个层面都需要一系列包括来自企业内部和企业外部的财务和运营信息。信息系统对战略行动提供支持,并融入到经营活动中。

(5)监督。内部控制系统需要被监督,监督能够确保内部控制的有效运行。监督是由实时评价内部控制执行质量的程序组成的,这一程序包括持续监督、独立评价,或者是二者的综合。独立评价的范围和频率取决于所评估的风险程度。控制的监督要素包括经理人员日常的监督,审计师和其他群体定期的审核以及经理人员用以揭示和纠正已知的缺陷与不足的程序。

五大要素中,控制环境是基础,是其余要素发挥作用的前提条件。如果没有一个有效的控制环境,无论其余四个要素质量如何,企业都不可能形成有效的内部控制。风险评估、控制活动、信息与沟通是整个控制框架的组成要素,监督则是对另四个要素所进行的持续不间断的检验和再控制。内部控制理论——COSO报告的出台,加深了各界对内部控制重要性的认识,基本上统一了业界的认识,这对人们进行企业内部控制的研究极具时代意义。

5. 企业风险管理整合框架(八要素阶段)

随着美国安然公司、环球电信公司会计造假丑闻的披露,暴露出美国现行公司体制中存在着弊端,为整顿上市公司秩序,维护投资者信心,美国民主党参议员萨班斯和共和党众议员奥克斯利联合提出了《萨班斯——奥克斯利法案》,该法于2002年7月经美国总统布什签署获得通过。《萨班斯——奥克斯利法案》是继美国1933年《证券法》、1934年《证券交易法》以来又一部具有里程碑意义的法律,其效力涵盖了注册于美国证监会(SEC)之下的约14000家公司,其中包括了大量的非美国公司。《萨班斯——奥克斯利法案》强调了公司内控的重要性,从管理者、内部审计及外部审计等几个层面对公司内控作了具体规定,并设定了问责机制和相应的惩罚措施。成为继20世纪30年代美国经济大萧条以来,政府制定的涉及范围最广、处罚措施最严厉的公司法律。

企业风险管理架构在1992年COSO报告的基础上,结合《萨班斯——奥克斯法案》在财务报告方面的要求,进行了扩展研究,于2004年在原有内部控制整合框架的基础上发布了企业风险管理整合框架。COSO对风险管理框架的定义是:"企业风险管理是一个过程,它由一个主体的董事会、管理当局和其他人员实施,应用于战略制订并贯穿于企业之中,旨在识别可能会影响主体的潜在事项,管理风险以使其在该主体的风险容量之内,并为主体目标的实现提供合理保证。"与1992年COSO报告提出的内部控制整体架构相比,企业风险管理架构增加了一个观念,即"风险组合观";一个目标,即"战略目标";两个概念,即"风险偏好"和"风险容忍度"的概念和三个要素,即"目标制定"、"事项识别"和"风险反应"要素。企业风险管理包括八个相互关联的构成要素，它们来源于管理当局经营企业的方式，并与管理过程整合在一起。这些构成要素是：

（1）内部环境。内部环境包含组织的基调，它为主体内的人员如何认识和对待风险设定了基础，包括风险管理理念和风险容量、诚信和道德价值观，以及他们所处的经营环境。

（2）目标设定。必须先有目标，管理当局才能识别影响目标实现的潜在事项。企业风险管理确保管理当局采取适当的程序去设定目标，确保所选定的目标支持和切合该主体的使命，并且与它的风险容量相符。

（3）事项识别。必须识别影响主体目标实现的内部和外部事项，区分风险和机会。机会被反馈到管理当局的战略或目标制订过程中。

（4）风险评估。通过考虑风险的可能性和影响来对其加以分析，并以此作为决定如何进行管理的依据。风险评估应立足于固有风险和剩余风险。

（5）风险应对。管理当局选择风险应对——回避、承受、降低或者分担风险——采取一系列行动以便把风险控制在主体的风险容限和风险容量以内。

（6）控制活动。制订和执行政策与程序以帮助确保风险应对得以有效实施。

（7）信息与沟通。相关的信息以确保员工履行其职责的方式和时机予以识别、获取和沟通。有效沟通的含义比较广泛，包括信息在主体中的向下、平行和向上流动。

（8）监控。对企业风险管理进行全面监控，必要时加以修正。监控可以通过持续的管理活动、个别评价或者两者结合来完成。

企业风险管理并不是一个严格的顺次过程，一个构成要素并不是仅仅影响接下来的那个构成要素。它是一个多方向的、反复的过程，在这个过程中几乎每一个构成要素都能够、也的确会影响其他构成要素。如图8-1所示：

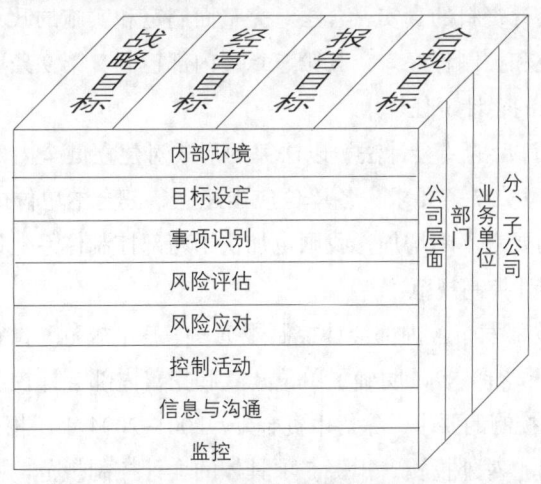

图8-1 COSO企业风险管理框架

2017年9月，COSO发布了新版（2017版）的企业风险管理框架：《企业风险管理——与战略和业绩的整合》。相较于2004年发布的上一版框架《企业风险管理——整合框架》，新框架强调了制定战略和提升绩效过程中的风险：一是更深入地探讨了战略以及企业风险管理在战略制定和执行中的角色；二是优化了企业绩效与企业风险管理之间的协调关系；三是涵盖了治理和监督预期；四是提及了市场和运营的持续全球化趋势，以及在不同地域采取通用做法的必要性；五是提供了将风险置于更复杂商业环境下进行考量的新方法；六是将提升利益相关方透明度的预期纳入风险报告范围；七是涵盖了对决策起支持作用的科学技术进步及数据分析手段。

总的来讲，新的架构强调在整个企业范围内识别和管理风险的重要性。COSO委员会强调风险管理框架必须和内部控制框架相一致，把内部控制目标和要素整合到企业全面风险管理过程中。因此，风险管理框架是对内部控制框架的扩展和延伸，它涵盖了内部控制，并且比内部控制更完整、有效。

8.1.2 我国内部控制理论与实务的发展

我国改革开放以前，企业内部控制体系的建设都处于空白。十一届三中全会以后，我国的内部控制开始出现，主要以内部会计控制和内部管理控制为主，通过形成一套内部控制体系来实现对企业内部的管控，其目的是保护企业财产安全以及增强会计信息的可靠性，从而提高企业的经营效率。随着外部竞争的加剧和内部强化管理的需求的不断发展和变化，内部控制也得到了迅速的发展。纵观我国内部控制体系的发展历程，我国内部控制制度主要由政府、证券监督管理机构和行业监管机构等制定的有关法律、法规、指引等推动。

1. 萌芽阶段

1996年6月财政部颁布《会计基础工作规范》，其中对内部控制做了明确的规定，开始把控制环境作为一项重要内容与会计制度、控制程序一起纳入内部控制结构中。1996年12月颁布的《独立审计具体准则第9号——内部控制与审计风险》，对内部控制提出了如下定义："被审计单位为了保证业务活动的有效进行，保护资产的安全和完整，防止、发现、纠正错误与舞弊，保证会计资料的真实、合法、完整而制定和实施的政策与程序。内部控制包括控制环境、会计系统和控制程序"。其第三章《内部控制》第9条要求建立健全内部控制是被审计单位管理当局的会计责任。

1999年10月，修订后的《会计法》以法律的形式对建立健全内部控制提出原则要求。其第四章《会计监督》第27条要求，各单位应当建立、健全本单位内部会计监督制度。此后，由于全球对内控的要求不断增加，我国也加快了内部控制体系建设的步伐，财务部先后制定颁布了7项内部会计控制规范。

2001年6月，财政部发布《内部会计控制规范——基本规范（试行）》、《内部会计控制规范——货币资金（试行）》，明确了单位建立和完善内部会计控制体系的基本框架和要求，以及货币资金内部控制的要求。除货币资金外，2001~2004年还相继发布了采购与付款、销售与收款、工程项目、对外投资、担保5项具体的会计控制规范，同时印发了固定资产、存货、筹资等方面的征求意见稿，要求单位加强内部会计及与会计相关的控制，形成完善的内部牵制和监督制约机制。至此，内部控制规范标准的建设开始进入决策者的视野，内部控制体系初步得以建立。

2. 发展阶段

2006年5月，证监会发布了《公开发行股票并上市管理办法》。其中第29条规定"发行人的内部控制在所有重大方面是有效的,并由注册会计师出具了无保留结论的内部控制鉴证报告"。这是中国对上市公司内部控制提出具体的要求。2006年6月上海证券交易所发布了《上市企业内部控制指引》,推动了上市企业建立健全内部控制制度,提高企业风险管理水平。指引中将内部控制定义为:"上市企业为了保证企业战略目标的实现,而对企业战略制定和经营活动存在的风险予以管理的相关制度安排,它是由企业董事会、管理层及全体员工共同参与的一项活动。上市企业按照该指引每年对企业内部控制情况进行自我评价,撰写自我评估报告,会计师事务所应参照主管部门的有关规定对企业内部控制自我评估报告进行核实评价"。

2006年7月,由财政部、国资委、证监会、审计署、银监会、保监会联合发起成立了企业内部控制标准委员会,其目的是为制定和完善中国企业内部控制标准体系提供咨询意见和建议。其主要职责为"指导、推动我国内部控制标准体系建设,对内部控制标准制定的总体方案、体系结构、项目立项等提供咨询意见;对内部控制体系建设涉及的有关理论、政策等提供咨询意见;对内部控制标准制定中重大控制程序、内容和方法等的选择提供咨询意见;对内部控制标准体系的实施提供咨询意见并反馈有关信息;开展内部控制领域的国际交流与合作"。

2008年6月,为了加强和规范企业内部控制,提高企业经营管理水平和风险防范能力,促进企业可持续发展,维护社会主义市场经济秩序和社会公众利益,财政部会同证监会、审计署、银监会、保监会制定并印发了《企业内部控制基本规范》,自2009年7月1日起在上市公司范围内施行,鼓励非上市的大中型企业执行。《企业内部控制基本规范》要求企业建立内部控制体系时应符合以下目标:"合理保证企业经营管理合法合规、资产安全、财务报告及相关信息真实完整,提高经营效率和效果,促进企业实现发展战略"。《企业内部控制基本规范》借鉴了以美国COSO内部控制整合框架为代表的国际内部控制框架,在形式上借鉴了COSO内部控制整合框架5要素框架,基本规范共七章五十条,对内部环境、风险评估、控制活动、信息与沟通、内部监督等五要素进行了阐述。基本规范坚持立足我国国情、借鉴国际惯例,确立了我国企业建立和实施内部控制的基础框架,并取得了重大突破。

3. 实施阶段

2010年4月,财政部、证监会、审计署、银监会、保监会等五部委联合发布了《企业内部控制配套指引》。该配套指引包括18项《企业内部控制应用指引》、《企业内部控制评价指引》和《企业内部控制审计指引》,连同此前发布的《企业内部控制基本规范》,标志着适应我国企业实际情况、融合国际先进经验的中国企业内部控制规范体系基本建成。《企业内部控制配套指引》自2011年1月1日起在境内外不同类型的上市公司施行。同时,鼓励相关非上市大中型企业提前执行。自正式实施之日起,执行企业内控规范体系的企业,必须对本企业内部控制的有效性进行自我评价,披露年度自我评价报告,同时聘请具有证券期货业务资格的会计师事务所对其财务报告内部控制的有效性进行审计,出具审计报告。注册会计师发现在内部控制审计过程中注意到的企业非财务报告内部控制重大缺陷,应当提示投资者、债权人和其他利益相关者关注。18项《企业内部控制应用指引》,可以划分为三类,即内部环境类指引、控制活动类指引和控制手段类指引,涵盖了企业资金流、实物流、人力流和信息流等内容。其内容在《基本规范》的基础上作了大量补充，加进了保障经营安全和经营效益的内容，这与COSO报告大不相同。《企业内部控制评价指引》为企业对内部控制的有效性进行全面评价，形成评价结论、出具评价报告提供指引。《企业内部控制审计指引》为会计师事务所对特定基准日与财务报告相关内部控制设计与执行有效性进行审计提供指引。

我国内部控制体系的发展经历了一段漫长的历程。现如今，随着我国关于内部控制的法律法规的逐步完善，监管机构对上市公司实施内部控制体系的日益重视，以及上市公司积极建立健全内部控制体系，我国上市公司的内部控制水平呈逐年提升的趋势。我国内部控制体系建设相关的行业指导文件如表8-1所示。

表8-1 我国内部控制体系建设相关的行业指导文件

法规与指引名称	发布时间	发布机构	相关内容
《证券公司内部控制指引》（修订发布）	2003年12月	证监会	引导证券公司规范经营，完善证券公司内部控制机制，增强证券公司的自我约束能力，推动证券公司现代企业制度建设，防范和化解金融风险
《商业银行内部控制评价试行办法》	2004年12月	银监会	为规范和加强对商业银行内部控制的评价，建立健全内部控制机制，为全面风险管理体系的建立奠定基础，保证商业银行安全稳健运行
《寿险公司内部控制评价办法试行》	2006年1月	保监会	规范和加强对寿险公司内部控制的评价，推动寿险公司加强内部控制建设
《证券公司融资融券业务试点内部控制指引》	2006年6月	证监会	指导证券公司建立健全融资融券业务试点的内部控制机制，防范与融资、融券业务有关的各类风险
《上海证券交易所上市公司内部控制指引》	2006年6月	上交所	该《指引》要求上市公司应从2006年年度报告起披露内部控制自我评估报告和会计师事务所对自我评估报告的核实评价意见
《深圳证券交易所上市公司内部控制指引》	2006年9月	深交所	加强上市公司内部控制，促进上市公司规范运作和健康发展，保护投资者合法权益。上市公司应当在2007年6月30日之前，建立健全公司内部控制制度
《商业银行合规风险管理指引》	2006年10月	银监会	重点强调了三个方面：一是建设强有力的合规文化；二是建立有效的合规风险管理体系；三是建立有利于合规风险管理的三项基本制度，即合规绩效考核制度、合规问责制度和诚信举报制度
《证券公司风险控制指标管理办法》	2006年11月	证监会	该办法是首部全面反映流动性风险的证券公司风险控制指标体系，证券业风险控制由从前的业务准则转向即时的数据监控
《商业银行内部控制指引》	2007年3月	银监会	该指引首次提出要对内部控制进行全流程评价，将内部控制体系的五大要素有机地联系在一起
《保险公司内部审计指引（试行）》	2007年4月	保监会	该指引是保险业关于保险公司内部审计工作的第一部指导性文件，其主要目的是指导保险公司进一步完善治理结构，健全内部审计机制

续表

法规与指引名称	发布时间	发布机构	相关内容
《保险公司风险管理指引（试行）》	2007年4月	保监会	对保险公司以及保险资产管理公司的风险管理体系的建立进行了全面的规范。该指引指出，保险公司应当识别和评估经营过程中面临的各类主要风险，包括：保险风险、市场风险、信用风险和操作风险等
《商业银行操作风险管理指引》	2007年5月	银监会	为银行业金融机构的操作风险管理提出系统性的要求和指导
《企业内部基本规范》	2008年5月	财政部等五部委	我国第一部加强和完善企业内部控制系统，提高企业经营管理水平和风险防范能力，促进企业可持续发展，维护社会主义市场经济秩序和社会公众利益的重要法规文件
《证券公司监督管理条例》	2008年6月	证监会	加强和改进证券公司监管，保护客户的合法权益，防范证券公司的风险，实现证券行业的规范发展进而为促进资本市场的健康发展提供法律保障
《证券公司合规管理试行规定》	2008年7月	证监会	对证券公司合规管理机制、合规总监任职资格及履职保障给出了详细规范
《商业银行信息科技风险管理指引》	2009年6月	银监会	对商业银行建立信息科技风险管理的有效机制，实现对信息科技风险的识别、计量、监测和控制提出了较为详尽的要求
《企业内部控制配套指引》	2010年4月	财政部等五部委	该配套指引包括18项《企业内部控制应用指引》、《企业内部控制评价指引》和《企业内部控制审计指引》，标志着适应我国企业实际情况、融合国际先进经验的中国企业内部控制规范体系基本建成
《保险公司内部控制基本准则》	2010年8月	保监会	该准则以五部委联合发布的《企业内部控制基本规范》为基准，是保险业执行基本规范的实施细则
《行政事业单位内部控制规范（试行）》	2012年11月	财政部	该规范系为了进一步提高行政事业单位内部管理水平、规范内部控制，加强廉政风险防控机制建设
《石油石化行业内部控制操作指南》	2013年12月	财政部	该指南属于参考性文件，并非强制性要求，目的是为指导不同规模、不同产业链中的石油石化行业企业，开展企业内部控制体系的建立、实施、评价与改进工作
《商业银行内部控制指引》	2014年9月	银监会	该指引是为促进商业银行建立和健全内部控制，有效防范风险，保障银行体系安全稳健运行
《电力行业内部控制操作指南》	2014年12月	财政部	该指南属于参考性文件。供电网企业、发电企业、电力建设企业、电力设计企业和其他辅助性电力企业开展内部控制体系的建立、实施、评价与改进工作中参考使用
《保险资金运用内部控制指引》及应用指引	2015年12月	保监会	对保险资金运用加强内部控制，旨在提升保险机构资金运用内部控制管理水平，有效防范和化解风险

续表

法规与指引名称	发布时间	发布机构	相关内容
《行政事业单位内部控制报告管理制度（试行）》	2017年1月	财政部	该制度是根据《财政部关于全面推进行政事业单位内部控制建设的指导意见》和《行政事业单位内部控制规范（试行）》的有关要求，为全面推进行政事业单位加强内部控制建设
《上海证券交易所科创板股票上市规则》	2019年3月	上交所	指出上市公司应当建立内部控制制度，保证内部控制完整有效，保证财务报告的可靠性，保障公司规范运行，保护公司资产，提升经营效率
《深圳证券交易所创业板上市公司规范运作指引》	2020年6月	深交所	上市公司应完善公司内部控制制度，确保董事会、监事会和股东大会等机构合法运作和科学决策，建立有效的激励约束机制，树立风险防范意识，培育良好的企业精神和内部控制文化，创造全体职工充分了解并履行职责的环境

8.1.3　企业内部控制建设发展的展望

从2004年中国境外上市公司基于《萨班斯——奥克斯法案》启动内控建设，到2021年，内部控制在中国企业已经走过十七年光阴。十七年里，中国的内控系统经历了从无到有从起步到相对成熟，如果说过去十多年是中国企业的"内控1.0时代"，未来中国将向着"内控2.0时代"迈进。未来我们将不再为内部控制工作的定位而困惑，而是思考内部控制如何帮助企业完善治理结构、提升管理有效性和资源配置效率，使内部控制成为一种真正为企业创造价值的持续改进机制。

回顾"内控1.0时代"，内控从上市公司逐步扩展到国企、民企的范畴，从乱局到规范，同时也伴随着危机和困境，从最初的火热到热情的减弱。对于"内控2.0时代"的未来，中国企业需要推动内控从规范走向卓越，走出内控发展的迷茫之地，通过内控变革化解内控危机，承担更加重要和关键的责任。

1. 推动企业战略目标的实现

随着公司面临的外部环境不断变化，全球性"风险社会"的到来以及业务发展的飞速，正确的战略设定和执行尤为重要，缺乏明确的发展战略或发展战略实施不到位，可能导致企业盲目发展，难以形成竞争优势，丧失发展机遇和动力；发展战略过于激进，脱离企业实际能力或偏离主业，可能导致企业过度扩张，甚至经营失败。未来企业很多问题并不是战略制定的问题，而是战略执行的问题。内控本身的要求以及内部控制所接触业务的全面性，使得内部控制成为保证公司战略执行力的重要手段，而内部控制部门将成为承担推动企业战略目标实现的最为合适的部门。

2. 推动企业变革和创新激情

一般企业没有管理创新的部门，内控的定位是全方面、各职能的管理，因此内控部门天然地可以帮助董事会和管理层关注企业的发展，也可以作为推进管理创新的手段。控制活动本身就是企业关键管理手段的概括总结，内部控制评价可以有效评估企业每个关键管理手段的有效性，以内控评价带动企业的自我诊断，结合与行业标杆企业的对标，评估企业的成长潜力，从而找到企业管理创新的着力点。内控通过体检和活力诊断的工作机制，找准企业发展的短板，借鉴先进经验，促进企业的持续创新，实现企业的自我快速提升，点燃企业的发展激情，推动企业的活力迸发。

3. 基于风险整合的"内控手册"

公司的业务管理也是控制，业务管理很重要的内容就是计划、组织、协调、指挥、控制。"内控手册"的控制与业务部门的控制是不一样的，把内控从原来的业务管理中独立出来，就是基于风险整合的考量。风险是不确定的，怎样用内控来控制不确定的风险，是一个矛盾的问题。风险是变化的，控制是相对稳定的。在管理里面存在多个风险，一个风险的原因是另一个风险的结果，错综复杂，相互交织。基于风险整合的内控应融入业务部门的日常管理中，但要注意尺度的控制和相对独立，内控过严，可能影响业务发展。

4. 基于价值整合的流程优化和效率提升

从企业组织机构日渐复杂开始，部门之间的壁垒就日益凸现，虽然可以通过矩阵式管理、项目制管理等方式来降低壁垒，但是由于业务流程涉及不同专业，需要被割裂开来，需要有专门的人员从更为整体的角度来对流程进行整合和优化。内控通过协调组织跨部门的讨论、深入分析公司面临的新情况，帮助建立一种跨部门的直接帮助一把手推进综合问题解决的工作机制。内部控制通过跨部门的企业管理体检，寻找出企业管理中制度、流程不能有效落地的原因，识别业务流程之间存在的脱节环节，来促使企业更为有效地运行。

5. 基于信息整合的大数据规划

在信息高速发展的当前，能否及时掌握充分的信息，直接决定着企业的发展方向和发展质量。完全依赖于手工方式的内部控制已经较难跟上大数据时代的信息传递步伐，不能满足内外部信息质量的要求。信息传递不及时、不完整、不准确、不对等的情况比比皆是，滞后的信息、数据传输将大大制约内控的实际效果，亦会影响内控价值的展现。为此，业务信息化建设和内控信息化建设已经不能只停留于口号阶段，而应即刻提上日程进行充分规划并组织实施，确保信息的及时、准确传递，满足大数据时代的信息需求。

6. 岗位的自我监督体系

内部控制不是一贯的自上而下，而应在建设至一定程度时基于风险导向自下而上地进行内控设计，开展基于岗位风险的内部控制。中国企业在进行内控建设时多采用自上而下的开展模式，充分体现了内控建设的一把手特性。但对于管控层级多、管理线条长的大型集团性企业，为了实现内部控制与企业的生产、经营的紧密关联，切实规避内控与制度"两张皮"现象，充分体现内控对企业效益提升的实效性，则需在内控建设至一定阶段时实施内部控制的岗位推送，自管理的最小单元出发，以岗位风险识别和内控建设为出发点，"自下而上"与"自上而下"相结合地进行内控体系建设，实现内控与经营管理的无缝对接。有些企业"自下而上"从岗位出发，建立起了适合企业本身的三道防线，第一道防线是业务人员，风险管理和内控最重要的一环；第二道防线是企业的初中级管理者，对企业的文化传承起到承上启下非常重要的作用，如果他们没有做好示范作用，内控就做不好；第三道防线是企业的高级管理者以及内控评价、内部审计人员。

7. 内部控制的专精发展，推动运营提升

经历了十几年的内控探索，中国企业的内部控制建设已经具备一定的规模。在此基础上，为进一步推动内控提高企业效率和效益，内控建设应在企业管理的重点领域做专做精，在全面覆盖的基础上实现重点领域的重点管控。对内管理方面，紧抓重大决策、重大项目和大额资金管理三大"专精"领域；对外控制方面，深化客户管理、供应商管理和渠道管理三大"专精"领域。以六大"专精"领域为抓手，推进内控效果的最大化。

在未来的"内控 2.0 时代"，企业需要审慎地找准内控定位，及时调整内控步伐，实现价值释放。

8.2 企业内部控制体系建立和实施的方法

8.2.1 管理层关注并重视内控项目

管理层直接负责整个组织所有的活动，包括内部控制系统。在一个组织中，不同层级的管理部门有不同的内部控制职责，这些职责取决于他们所在组织的特点。总经理根据法定职权、企业章程和董事会的授权，负责组织领导本企业内部控制的正常运行。总会计师（或者财务总监、分管财务会计工作的负责人）在董事长和总经理的领导下，主要负责与财务报告的真实可靠、资产的安全完整密切相关的内部控制的建立、健全与有效执行。尽管不同的管理级别有着非常不同的内部控制责任和职能划分，但是在企业的内部控制体系中，他们采取的行动应该是互相结合的。

只有管理层重视内控制度建设，切实按照财政部等规定要求稳步实施内控规范体系，才能逐步实现内部控制的系统化。而如何让管理层重视内控项目，既是企业内控项目发起人在项目内部推进过程中所关注的，同时也是中介机构项目管理团队在项目外部推进过程中的重要切入点，主要做法包括：

1. 内控项目的发起人应当对项目的内容和重要性有清晰全面的认识，即在实施项目之前需经过长时间的调研和对相关法律法规的解读；

2. 在与领导沟通过程中应当根据自己的理解，对项目的重要性进行说明。其中沟通策略可参考表 8-2。

表 8-2 沟通切入点和沟通效果评价

认识与沟通层次	沟通切入点	沟通效果评价
第一层次	合规合法。内控项目是法律法规规定的，是硬性要求	仅以合规要求为基础进行沟通，管理层可能根据同行业的实施情况，判断是否实施项目。对于尚未纳入时间表或实施期限最早的企业，很难达到内控项目"尽快推进"的效果

续表

认识与沟通层次	沟通切入点	沟通效果评价
第二层次	有利于降低企业经营风险和管理者个人职务风险。根据法规要求，需要提交内控报告，需要管理层的签字，公开向社会承诺，并承担签字责任	以合规要求为基础，并强调"管理者的签字责任"，将管理层的个人职务风险与项目连接在一起，强化管理层实施项目的主管意识，有利于推进项目的实施，但仍难突破消极应对模式，对于尚未纳入时间表或实施期限尚早的企业，很难达到尽早推进的目标
第三层次	获得客户信赖，提升企业品牌。企业利益相关者（投资者）很关心管理的稳定性。实施内控项目能够从企业内部管理角度，为企业管理是否"稳健"提供支持。对于上市企业而言，还能提升企业的外部评价	以合规要求为基础，并强调"使得企业利益相关者放心"的原则，把项目当作信赖工程，放心工程来做，传递"早也是做，晚也是做，早晚都要做，晚做不如早做"的观点，体现"管理体现生产力"理念，有助于激发管理层尽快实施项目的决心，此为上策

8.2.2 内控需要整合升级及务实推进

当得到董事会与高级管理层的支持后，关键的问题则应将项目有序地分为规划、准备实施、试点、推广四个阶段，并以"务实"、"整合"为核心价值理念，提出"以风险为导向"、"以业务流程为纽带"、"以内控系统为抓手"、"以制度为基础"的26字方针，指导内控项目的开展。

1. 以风险为导向

风险控制是内控项目的核心任务。"以风险为导向"，则意味着在内控项目实施过程中需要对行业及公司内部所面临的风险进行识别及明确评级，同时与公司现有的控制活动进行匹配，进而评估相应风险点的控制水平，即哪些是不足的，哪些是没有涵盖的，不足的或未涵盖的风险，企业是否能接受？若不能接受，应当如何对控制不足的部分进行强化，对尚未涵盖的部分进行控制，最终把企业的风险控制在可接受的范围内。因此"以风险为导向"实质在于"为风险而内控"，"整合升级"而不是"推倒重建"，"控制有效"而不是仅仅"好看"。通过梳理、提升现有的控制活动，使内部控制与日常管理活动紧密融合，让直线管理人作"主角"，内控管理部门作"导演"。

2. 以流程为纽带

以流程为中心寻找风险点的内控项目实施思路。通常在内控项目实施过程中，企业往往习惯于以部门为单位进行风险评估，殊不知风险的产生和由此带来的结果往往是叠加的、跨部门的，仅从部门的角度看风险，往往看不清楚、看不全面，容易以偏概全，进而影响对风险的评级及相应内控点的识别。而"以流程为纽带"则消除了各部门间的壁垒和脱节，增强了流程的衔接性，也更易于从整体的视角把握企业的风险点。

3. 以内控系统为抓手

内控的实施应当以IT系统的建立及完善为基础。其基本设想是：

（1）要有一个自动工作流的驱动，使每个业务人员不仅能明确自己的角色定位和工作内容，且到其所负责的内控节点时及时准确地做出反应（采取相应的内控动作，如审批），若在规定的时间内没有响应，则系统应当触发邮件提醒；

（2）要有一个自动的报表管理功能，即能对项目实施过程中的成果进行分门别类地存放，并能按监管要求提供相应的报表。同时亦能定期给高级管理层发送相应的内控报表，使其了解到各部门内控管理的实施情况。

4. 以制度为基础

如何理解内控制度，是理解为一种专门的制度，还是理解为内控制度就是管理制度的集合，两者有很大区别。如果说企业因为内控项目专门制定了一套完全独立的内控制度体系，可能会引发业务部门的抵触情绪。因此，对于制度规范应当有一个整合的概念。制度在企业应该只有统一的一套，保持"唯一正确性"，这一点非常重要。

8.2.3 衡量内控项目成功的标准及成果介绍

内控项目的实施表面看起来只要顺利通过会计师事务所进行的内部控制审计就算过关了，但一个先进的内控项目确定的目标不仅如此，更强调提升内部控制管理的长效机制和持续保证能力，项目成功至少应实现以下目标：

（1）顺利通过会计师事务所进行的内部控制审计；

（2）形成风险识别、评估和内部控制制度设计、运行及控制效果测试评价的标准流程并保持动态更新、反复运行；

（3）记录内部控制管理和维护的过程轨迹；

（4）梳理并分类归档内部控制设计及运行有效性的举证资料并动态保持其充分有效性；

（5）形成内控风险及缺陷的主动检视、持续改进、自我完善的运行机制；

（6）实现内部控制评价结果与相关责任人的绩效问责挂钩。

一个成功的内控控制项目，其成果可概括为四个方面，即建立了一个体系，导入了一套标准，完善了一批流程和培养了一批人才。

①建立一个体系。

设立职能分工明确、又紧密协调配合的组织和责任人，通过统一的操作系统、方法论和制度，组成完整的内控体系。这个体系有非常清晰的内部逻辑，整合了风险自评、内控自评、独立测试、整改跟踪和机构评级5个要素，用以综合提升企业内部的管理能力。

②导入一套标准。

以内控基本规范为基础，通过建立内部控制操作标准和相应测试，加强内控评价工作的可操作性。在业务部门、内控部门和管理层之间，建立一种与考核机制相关联的逻辑链，并且促进公司各业务单元之间的横向比较和内部对标学习，避免公司内部在内控管理思路上的不一致性。

③完善一批流程。

通过项目的实施，梳理主要的业务流程，并优化重要的业务流程的标准流程图，增强流程的可执行性和规范性。

④培养一批人才。

在项目进展过程中，重视对人才专业知识和能力的培训，培养企业的风险管理和内控专家，以确保在外部力量离开，以及内部控制项目完成后，企业仍然可以进一步把已建立的风险内控管理体系长久运作。

8.3 企业内部控制体系建设步骤

根据《企业内部控制基本规范》、《企业内部控制应用指引》、《企业内部控制评价指引》和《企业内部控制审计指引》中的要求，结合国内外企业实施内部控制的经验，企业内部控制规范体系建设通常可分为四个阶段，其中，内部控制梳理、内部控制优化、内部控制评价作为企业内部控制建设的核心工作，需要企业主导完成，而内部控制审计由审计师在企业的配合下实施，如图 8-2 所示。

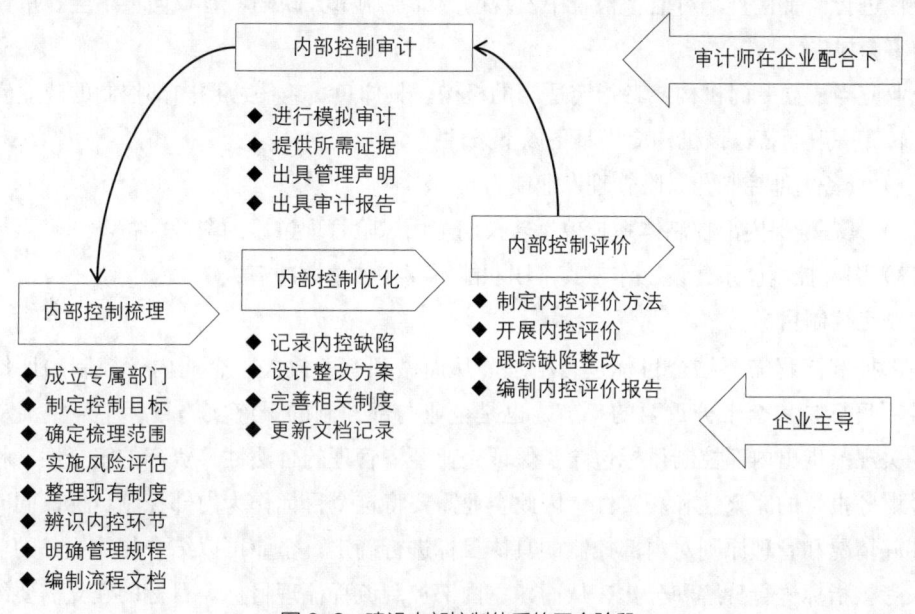

内部控制审计　　　　　　　　　审计师在企业配合下
- 进行模拟审计
- 提供所需证据
- 出具管理声明
- 出具审计报告

内部控制优化　　　**内部控制评价**
- 记录内控缺陷　　　◆ 制定内控评价方法
- 设计整改方案　　　◆ 开展内控评价
- 完善相关制度　　　◆ 跟踪缺陷整改
- 更新文档记录　　　◆ 编制内控评价报告　　企业主导

内部控制梳理
- 成立专属部门
- 制定控制目标
- 确定梳理范围
- 实施风险评估
- 整理现有制度
- 辨识内控环节
- 明确管理规程
- 编制流程文档

图 8-2　建设内部控制体系的四个阶段

在内部控制体系建设的四个阶段中，内部控制梳理、内部控制优化及内部控制评价的主体是企业。内部控制梳理阶段的工作目标是在确定梳理范围的基础上，对企业管理现状进行全面、深入了解，包括企业目标、业务流程、流程风险、现有控制措施等。内部控制优化阶段的工作目标是就内部控制梳理过程中识别的问题设计整改方案并实施整改，通过内部控制缺陷整改提升内部控制管理水平。内部控制评价阶段的工作目标是针对优化后的内部控制体系，通过全面、系统的内部控制评价过程，判断内部控制体系是否能从设计和执行两个层面上保证企业目标的实现，并针对企业目标实现仍存在较大风险的领域，展开新一轮内部控制建设工作。企业通过内部控制梳理、优化、评价、再梳理的闭环工作过程，建立起持续、长效的内部控制体系运转机制，有力保障企业目标的实现。

8.3.1　内部控制梳理

内部控制梳理是内部控制体系建设工作的起点，一般包括以下工作内容。

1. 成立专属部门

在《企业内部控制基本规范》中明确指出了内部控制需由企业董事会、监事会、经理层和全体员工共同实施，明确规定建立健全和有效实施内部控制，评价内部控制的有效性是企业董事会的责任，因此企业董事会在负责内部控制建立健全和有效实施的同时，还应当对内部控制评价报告的真实性负责。监事会则必须对董事会建立与实施内部控制的工作进行监督。作为董事会下属的专业委员会，审计委员会在内部控制建设中起着非常重要的作用，审计委员会需要审查企业的内部控制，并监督内部控制执行的有效性和内部控制的自我评估情况。

经理层负责组织领导企业内部控制的日常运行。特别需要提及的是：内部审计部门不同于一般业务和管理部门，应具备相对的独立性，直接向审计委员会汇报工作，负责对内部控制有效性进行监督检查，对监督检查中发现的内部控制重大缺陷，有权向董事会、审计委员会、监事会报告。

企业应当成立专门机构或者指定适当的机构，具体负责组织协调内部控制的建立实施及日常运转。一般而言，该机构应当具备以下条件：

（1）具备内部控制与风险管理专业能力。
（2）具备确保内部控制体系长效运转及向全面风险管理过渡的资源配备。
（3）内部控制体系建设工作与其本职职能不存在独立性冲突。

2. 制定控制目标

内部控制流程需要结合目标进行梳理，从而做到有的放矢。企业内部控制的评价过程中，控制目标是一个十分重要的环节，也是企业内部控制的最终实施目标中经济活动的要求，相关规范指出内部控制目标包含了保证企业经济管理的合法性、资产的安全性、相关信息以及财务报告的完整性和真实性。因此企业需要将这个目标作为内部控制目标，同时还要结合实际情况和管理原则对内部控制的具体目标进行确定。企业可以结合相关业务的业绩指标以及考核指标进行分解和分化，从而建立内部控制流程梳理目标。目标的建立需要结合企业的经营环境、行业形势以及经济条件，并与企业的业务活动保持一致性。

3. 确定梳理范围

企业进行内部控制梳理应从企业层面、流程层面和信息系统层面进行。企业层面应从内部控制五要素出发，即内部环境、风险评估、控制活动、信息与沟通和内部监督。

梳理企业层面内部控制时需要特别关注，在某些情况下，企业层面内部控制仅需要在母公司层面进行梳理，但其前提是企业层面内部控制在分、子公司，乃至各类分支机构均得到了全面地落实，从企业文化到整体管理水平、从制度建设到管理体系的各个方面不存在显著的差异。在此前提下，企业需要在梳理时着重描述及验证企业层面内部控制要素在下属单位的执行情况，以及内部沟通和信息传递机制、监督机制的设计及执行的有效性。

在实务中更为常见的是由于企业采用兼并、重组的方式扩大产业规模或产业链覆盖范围，母公司下属公司业态分布广泛、管理水平参差不齐，母公司管理理念、企业文化并未在下属公司得到深入的传播，相关管理制度及管理要求也反映出不同的管理风格及风险容忍水平。在此情况下，企业层面内部控制的梳理需要根据对各下属单位管理差异程度的判断而分别进行。

流程层面应首先搭建促进企业目标达成的流程框架，该流程框架应包括企业所有的业务活动及管理流程。识别业务活动及管理流程中的风险和控制活动，并通过流程描述、风险控制矩阵等文档对控制活动和控制点进行记录，建立控制措施与业务流程、管理流程的映射关系，使之更加明确、具体。信息系统层面应进一步梳理和优化公司信息系统的控制。特别在加强应用控制方面，针对诸如 ERP 系统、资金集中管理系统、会计集中核算系统等应用系统，从系统业务流程出发，对其控制功能在实际应用中的风险重新梳理，并加以识别、分析和记录。

4. 实施风险评估

风险评估是建立在风险识别的基础上，主要目的是对风险的进一步了解。风险评估的主要目标是对风险损失进行估计和计算，并作为应对策略的有效依据和基础。风险评估包括了对风险来源进行分析，对控制措施的效果进行评估，同时也对风险发生几率以及效果进行评估，并将影响风险发生几率以及后果的相关因素进行分析和总结。在目前，评估方法主要采用风险坐标图法、文字描述法、层次分析法、沃尔评分法等。根据风险评估的结果进一步明确、细化内部控制，梳理的重要分支机构和重要业务流程及二级流程。

5. 整理现有制度

企业应收集与梳理范围内重要业务流程相关的制度，选择其中与内部控制措施相关的部分，作为评估流程设计合理性的依据之一。

需要说明的是，就制度分类而言，大部分企业的制度制定是从管理的角度出发，而并不是专门针对内部控制的，因此常见的制度为《××管理办法》、《××管理规范》、《××细则》等，但在具体的制度内容中，又蕴含着实质为内部控制点的管理要求，如授权、不兼容岗位的职责分离等。在整理现有制度时，需要就制度的具体内容进行分析，纳入整理范围的制度，至少部分条款与财务报告内部控制要求有关。

6. 辨识内部控制环节

企业应识别流程中的风险点和控制点，并记录在内部控制文档中。在编写控制活动时应遵带"五个 W、一个 H"的原则，如图 8-3 所示。

图 8-3 控制活动的"五个 W、一个 H"原则

7. 明确管理规范

企业应参考《企业内部控制基本规范》及《企业内部控制评价指引》的相关内容，结合企业运营管理的实际情况，明确内部控制体系建设的管理要求，制定内部控制体系建设及维护的相关管理办法或规范，并明确内部控制文档记录的种类及编写要求。

内部控制体系建设及维护的相关管理办法或规范的内容，可以包括但不限于以下几点：

（1）内部控制体系建设的范围；
（2）内部控制体系建设的长期、短期目标；
（3）内部控制体系建设的主体、职责分工、考核办法；
（4）内部控制体系建设具体内容；
（5）内部控制体系评价的范围；
（6）内部控制体系评价的缺陷评估标准；
（7）内部控制体系持续维护及监督的要求等。

8. 编制流程文档

一般情况下，内部控制文档记录主要包括以下种类，如表8-3所示，但企业也可以根据自身情况，制定特殊要求。

表8-3　内部控制主要文档记录

文档种类	描述形式	文档内容
流程图	符号和图形	表示企业业务和文件凭证在组织内部的有序流动
流程描述	文字	对企业的业务流程、二级流程进行详细描述
控制矩阵	电子表格	按业务流程、二级流程分类记录企业的控制活动，记录具体控制措施的属性，例如控制频率、控制性质等
不相容职责表	表格	表述业务流程、二级流程中各不相容相关责任岗位

在内部控制体系建设过程中还可能形成其他文档记录，例如，内部控制调查问卷、测试底稿、制度清单、发现问题汇总及整改跟进汇总等，这些过程文件是内部控制文档记录的重要组成部分。企业应该制定内部控制文档记录管理办法或类似制度，建立完善的文档记录索引及存档制度。

8.3.2　内部控制优化

1. 内部控制优化原则

（1）风险导向。依据国内外风险管理和内部控制的实践，内部控制的意义首先在于规避风险，实际上是组织的内部风险控制机制。因此，内部控制流程作为内部控制的载体，其优化设计应围绕公司既定的战略和经营目标，以风险辨识和评估为切入点，确定业务关键控制环节，制定有效防范风险的控制措施，保障内部控制实施的效果。

（2）提高效率。实施内部控制必须权衡内部控制实施成本与预期效益，以合理成本实现有效控制。通常情况下，内部控制工作越周密、越细致，控制效果也越好，但同时也增加了控制的复杂性，导致成本上升，工作效率下降。因此，内部控制流程的设计必须做到详略得当，在满足重要性的前提下，尽量提高效率。

（3）流程唯一。在设计控制流程时，必须保证控制措施具有唯一性，即不重不漏。公司在设计具体的内部控制活动时，是按照业务流程来进行的，许多流程之间的业务存在交叉，为使控制责任能够具体到人，针对交叉业务的控制就必需贯彻唯一性原则，使得所有该管的事情有人管、管起来。

（4）价值优化。企业管理关注价值链，内控流程也必然围绕价值管理进行设计。公司主要包括战略、市场、研发、生产管理等基本价值活动和人力、财务、物资、法律等支持性价值活动，这些价值活动将企业内部与外部、各业务环节等以价值链的形式连接起来，通过价值管理实现价值增值。内部控制是散布在这些价值活动中的一连串行动，通过管理和控制这些价值活动，确保公司目标的实现。因此，优化内部控制流程的价值驱动因素并加以管控，一个主要方面，就是通过对影响企业目标实现的关键价值作业的控制，提升企业价值。

（5）持续改进。企业内部控制活动涉及企业组织架构、控制环境和业务活动流程三个方面。忽视企业的组织框架结构和控制环境，单纯考虑业务活动本身进行内部控制方案的设计，内部控制实施效果将大打折扣。如果将企业的内部控制流程设计成为一套完全封闭的控制体系，不能根据企业的实际情况对内部控制流程进行修正和完善，将导致内部控制与企业运营实际严重脱节，最终致使内部控制形同虚设，因此，要高度重视内部控制流程的后续建设问题，结合组织架构、控制环境的变化，定期或不定期对内部控制流程进行梳理，及时修订完善，保证内部控制流程对企业运营的管控力。

2. 内部控制优化步骤

内部控制优化包括以下工作步骤：内控流程评价、内控流程框架初步优化设计、内控流程优化测试、内控流程改进固化、内控流程持续改进，具体内容如表8-4所示。

表8-4 内部控制优化工作步骤

步骤次序	步骤名称	目标	内容	方法
步骤一	内控流程评价	完善风险体系，确认流程设计及运行缺陷	进行环境评价、风险评价、控制缺陷评价、制度和信息系统评价	个别访谈、调研问卷、专题讨论、穿行测试、实地查验、抽样、比较分析
步骤二	内控流程框架初步优化设计	形成新的流程框架	确定内控流程优化的范畴，根据步骤一评估得到的流程设计及运行缺陷，确定需要调整二级还是三级财务流程。确定调整后的内控流程包含的各要素：流程名称、步骤名称及说明、责任部门及岗位、授权类型、相关印章、相关文档、涉及系统、相关制度、控制点、控制频率、控制方式、控制目标、风险点描述	个别访谈、调研问卷、专题讨论、穿行测试、实地查验、抽样、比较分析
步骤三	内控流程优化测试	测试初步调整后的流程	确定测试样本量、执行穿行测试、充足样本测试	观察、获取并检查文件资料、访谈、重新测试

续表

步骤次序	步骤名称	目标	内容	方法
步骤四	内控流程改进固化	完善并固化调整后的内控流程	完善流程各要素内容，根据步骤三的测试结果，如果了解到的实际控制活动与初步设定的关键控制活动有所变化，相应调整流程中各要素的内容。固化实施内控流程，根据调整后的控制措施、岗位职责的变化，提出细化控制文档、制度规范以及调整信息系统的要求并予以实施	专题讨论、实地查验、比较分析
步骤五	内控流程持续改进		定期或不定期开展内控流程评价，重复步骤一至四的优化程序，实现对内部控制流程的持续改进	

8.3.3 内部控制评价

内部控制评价是指企业董事会或类似权力机构对内部控制的有效性进行全面评价，形成评价结论，出具评价报告的过程。企业应根据《企业内部控制评价指引》对内部控制的有效性进行自我评价，披露年度自我评价报告，同时应当聘请会计师事务所对财务报告内部控制的有效性进行审计并出具审计报告。

1. 内部控制评价的参与者

内部控制评价的主体是董事会或类似的权力机构，是指董事会或类似的权力机构是内部控制设计和运行的责任主体。董事会可指定审计委员会来承担对内部控制评价的组织、领导、监督职责，并通过授权内部审计部门或独立的内部控制评价机构执行内部控制评价的具体工作，但董事会仍对内部控制评价承担最终的责任，对内部控制评价报告的真实性负责。对内部控制的设计和运行的有效性进行自我评价并对外披露是管理层解除受托责任的一种方式，董事会可以聘请会计师事务所对其内部控制的有效性进行审计，但其承担的责任不能因此减轻或消除。同时内部控制评价还应当结合内部控制设计与执行的实际情况，制定具体的内部控制评价方法，规定评价的原则、内容、程序、方法和报告形式等，明确相关机构或岗位的职责权限，落实责任制、按照规定的方法、程序和要求，有序开展内部控制评价工作。内部控制评价职责分配如表8-5所示。

表8-5 内部控制评价职责分配

职能部门	内部控制评价的职责
董事会	1. 对内部控制评价承担最终的责任 2. 一般通过审计委员会来承担对内部控制的组织、领导、监督职责
管理层	1. 支持内部控制评价的实施 2. 对内部控制评价所发现的问题作出整改和完善决策
内部控制评价机构	1. 根据授权承担内部控制评价的具体组织实施任务 2. 向董事会、监事会及管理层汇报内部控制评价的发现
业务部门下属单位、业务单元	配合内部控制的测试和评价工作

2. 内部控制评价的对象

内部控制评价的对象是内部控制的有效性，而内部控制的有效性，是企业建立与实施内部控制对实现控制目标提供合理保证的程度。

从控制过程角度，内部控制的有效性可分为内部控制设计的有效性和内部控制运行的有效性。内部控制设计的有效性是指为实现控制目标所必需的内部控制程序都存在并且设计恰当，能够为控制目标的实现提供合理保证；内部控制运行的有效性是指在内部控制设计有效地前提下，内部控制能够按照设计的内部控制程序正确地执行，从而为控制目标的实现提供合理保证。内部控制运行的有效性离不开设计的有效性，如果内部控制在设计上存在漏洞，即使这些内部控制制度能够得到一贯的执行，那么也不能认为其运行有效的。

从控制目标的角度来看，内部控制的有效性可分为合规目标内部控制的有效性、资产目标内部控制的有效性、报告目标内部控制的有效性、经营目标内部控制的有效性、战略目标内部控制的有效性。其中，合规目标内部控制的有效性是指相关的内部控制能够合理保证企业遵循国家相关法律法规，不进行违法活动或违规交易；资产目标内部控制的有效性是指相关的内部控制能够合理保证资产的安全与完整，防止资产流失；报告目标内部控制的有效性是指相关的内部控制能够防止、发现并纠正财务报告的重大错报；经营目标内部控制的有效性是指相关的内部控制能够合理保证经营活动的效率和效果及时为董事会和经理层所了解或控制；战略目标内部控制的有效性是指相关的内部控制能够合理保证董事会和经理层及时了解战略定位的合理性、实现程度，并适时进行战略调整。

评价内部控制设计的有效性，可以考虑以下三个方面：

（1）内部控制的设计是否做到以内部控制的基本原理为前提，以《企业内部控制基本规范》及其配套指引为依据；

（2）内部控制的设计是否覆盖了所有关键的业务与环节，对董事会、监事会、经理层和员工具有普遍的约束力；

（3）内部控制的设计是否与企业自身的经营特点、业务模式以及风险管理要求相匹配。

评价内部控制运行的有效性，也可以从三个方面进行考察：

（1）相关控制在评价期内是如何运行的。

（2）相关控制是否得到了持续一致的运行。

（3）实施控制的人员是否具备必要的权限和能力。

3. 内部控制评价的内容

内部控制的目标包括合规目标、资产目标、报告目标、经营目标和战略目标。因此，内部控制评价的内容应是对以上五个目标的内控有效性进行全面评价。具体地说，内部控制评价应紧紧围绕内部环境、风险评估、控制活动、信息与沟通、内部监督五要素进行。

（1）内部环境评价。企业组织开展内部环境评价，应当以组织架构、发展战略、人力资源、企业文化、社会责任等应用指引为依据。其中，组织架构评价可以重点从组织架构的设计和运行等方面进行；发展战略评价可以重点从发展战略的制定合理性、有效实施和适当调整三方面进行；人力资源评价应当重点从企业人力资源引进结构合理性、开发机制、激励约束机制等方面进行；企业文化评价应从建设和评估两方面进行；社会责任可以从安全生产、产品质量、环境保护与资源节约、促进就业、员工权益保护等方面进行。

（2）风险评估评价。企业组织开展风险评估评价，应当以《企业内部控制基本规范》有关风险评估的要求，以及各项应用指引中所列主要风险为依据，结合本企业的内部控制制度，对日常经营管理过程中的目标设定、风险识别、风险分析、应对策略等进行认定和评价。

（3）控制活动评价。企业组织开展控制活动评价，应当以《企业内部控制基本规范》和各项应用指引中的控制措施为依据，结合本企业的内部控制制度，对相关控制措施的设计和运行情况进行认定和评价。

（4）信息与沟通评价。企业组织开展信息与沟通评价，应当以内部信息传递、财务报告、信息系统等相关指引为依据，结合本企业的内部控制制度，对信息收集、处理和传递的及时性、反舞弊机制的健全性、财务报告的真实性、信息系统的安全性，以及利用信息系统实施内部控制的有效性进行认定和评价。

（5）内部监督评价。企业组织开展内部监督评价，应当以《企业内部控制基本规范》有关内部监督的要求，以及各项应用指引中有关日常管控的规定为依据，结合本企业的内部控制制度，对于内部监督机制的有效性进行认定和评价，重点关注监事会、审计委员会、内部审计机构等是否在内部控制设计和运行中有效发挥监督作用。

具体的内部控制评价内容可通过设计内部控制评价指标体系来确定，评价指标是对内部控制要素的进一步细化。评价指标可以有多个层级，大体可分为核心评价指标和具体评价指标两大类，企业可根据其实际情况进行细分。具体的评价内容确定之后，内部控制评价工作应形成工作底稿，详细记录企业执行评价工作的内容，包括评价要素、评价指标、评价标准、评价和测试的方法、主要风险点、采取的控制措施、有关证据资料以及认定结果等。工作底稿可以是通过一系列评价表格加以实现，通过对每个要素核心指标的分别分解、评价，最终汇总出评价结果。

4. 内部控制缺陷的评价

内部控制缺陷包括设计缺陷和运行缺陷。企业对内部控制缺陷的认定，应当以日常监督和专项监督为基础，结合年度内部控制评价，由内部控制评价部门进行综合分析后提出认定意见，按照规定的权限和程序进行审核后予以最终认定。

企业在日常监督、专项监督和年度评价工作中，应当充分发挥内部控制评价工作组的作用。内部控制评价工作组应当根据现场测试获取的证据，对内部控制缺陷进行初步认定，并按其影响程度分为重大缺陷、重要缺陷和一般缺陷。重大缺陷是指一个或多个控制缺陷的组合，可能导致企业严重偏离控制目标。重要缺陷是指一个或多个控制缺陷的组合，其严重程度和经济后果低于重大缺陷，但仍有可能导致企业偏离控制目标。一般缺陷是指除重大缺陷、重要缺陷之外的其他缺陷。重大缺陷、重要缺陷和一般缺陷的具体认定标准，由企业根据上述要求自行确定。

企业内部控制评价工作组应当建立评价质量交叉复核制度，评价工作组负责人应当对评价工作底稿进行严格审核，并对所认定的评价结果签字确认后，提交企业内部控制评价部门。企业内部控制评价部门应当编制内部控制缺陷认定汇总表，结合日常监督和专项监督发现的内部控制缺陷及其持续改进情况，对内部控制缺陷及其成因、表现形式和影响程度进行综合分析和全面复核，提出认定意见，并以适当的形式向董事会、监事会或者经理层报告。重大缺陷应当由董事会予以最终认定，对于认定的重大缺陷，应当及时采取应对策略，切实将风险控制在可承受度之内，并追究有关部门或相关人员的责任。

5. 内部控制评价报告与披露

企业在完成内部控制评价报告前应与董事会（审计委员会）、监事会或管理层就内部控制缺陷的评价结果进行沟通：重大缺陷和重要缺陷，向董事会（审计委员会）、监事会或管理层报告并审定；一般缺陷向管理层汇报，视情况向董事会（审计委员会）、监事会报告；对于不适当向管理层报告的情形，例如管理层舞弊或管理层凌驾于内部控制之上的情况，直接向董事会（审计委员会）、监事会报告。

按照《企业内部控制评价指引》的要求，企业需要有专门的职能机构和评价工作组对内部控制的有效性进行评价，评价的基准日为每年的 12 月 31 日，评价报告需要在基准日后 4 个月内进行披露及报送。内部控制自我评价报告的内容与披露按照《企业内部控制评价指引》的第五章的有关内容执行。

8.3.4 内部控制审计

1. 内部控制审计目标

内部控制审计的目标是检查并评价内部控制的合法性、充分性、有效性及适宜性。内部控制的合法性、充分性、有效性及适宜性，具体表现为其能够保障资产、资金的安全，即保障资产、资金的存在、完整、为我所有、金额正确、处于增值状态。所以，我们可以将内部控制审计的具体目标概括为：检查并评价内部控制能否确保资产、资金的安全，即检查并评价内部控制能否保障资产、资金的存在、完整、为我所有、金额正确、处于增值状态。

2. 内部控制审计步骤

（1）了解企业的内部控制情况，并做出相应的记录。这是内部控制制度审计的第一步，其主要目的是通过一定手段，了解被审计单位已经建立的内部控制制度及执行的情况，并做出记录、描述。

（2）初步评价内部控制的健全性。确认内部控制风险，确定内部控制是否可依赖。在对控制环境、控制程序和会计系统进行调查了解，对被审计单位内部控制有了一个初步的认识的基础上，应对内部控制风险和内部控制的可依赖程度做出初步评价。

（3）实施复核性测试程序，证实有关内部控制的设计和执行的效果。通过对内部控制进行初步评价，可基本掌握被审计单位内部控制的强弱环节，为进行复核性测试确定一个前提。

（4）评价内部控制的强弱，评价控制风险，确定在内部控制薄弱的领域扩展审计程序，制定实质性审计方案。

3. 内部控制审计内容

（1）内部控制审计计划及重大修改情况；

（2）相关风险评估和选择拟测试的内部控制的主要过程及结果；

（3）测试内部控制设计与运行有效性的程序及结果；

（4）对识别的控制缺陷的评价；

（5）形成的审计结论和意见；

（6）其他重要事项。

4. 与内部控制相关的书面声明

外部审计师在发表内部控制审计意见之前，需要获得经企业签署的内部控制书面声明。书面声明内容主要包括以下八点：

（1）被审计单位董事会认可其对建立健全和有效实施内部控制负责；

（2）被审计单位已对内部控制进行了评价，并编制了内部控制评价报告；

（3）被审计单没有利用注册会计师在内部控制审计和财务报表审计中执行的程序及其结果作为评价的基础；

（4）被审计单位根据内部控制评价标准评价内部控制存效性得出的结论；

（5）被审计单位已向注册会计师披露识别出的所有内部控制缺陷，并单独披露其中的重大缺陷和重要缺陷；

（6）被审计单位已向注册会计师披露导致财务报表发生重大错报的所有舞弊，以及其他不会导致财务报表发生重大错报，但涉及管理层、治理层和其他在内部控制中具有重要作用的员工的所有舞弊；

（7）注册会计师在以前年度审计中识别出的且已与被审计单位沟通的重大缺陷和重要缺陷是否已经得到解决，以及哪些缺陷尚未得到解决；

（8）在基准日后，内部控制是否发生变化，或者是否存在对内部控制产生重要影响的其他因素，包括被审计单位针对重大缺陷和重要缺陷采取的所有纠正措施。

内部控制规范体系建设前三个阶段以企业为主体，第四个阶段内部控制审计以外部审计师为主体。就企业而言，内部控制梳理、内部控制优化、内部控制评价是一个周而复始的动态过程。就外部审计师而言，内部控制审计是就特定基准日财务报告内部控制的有效性出具审计意见。内部控制审计能够监督、推动企业将内部控制规范落到实处，促进企业加强内部控制规范体系建设，提升财务报告风险防范能力，是企业建立内部控制规范体系不可或缺的环节。

8.4 内部控制体系的持续建设和维护

在进行内部控制体系建设时，企业要避免将内部控制体系作为一个项目或某一阶段的工作来看待。需要明确内部控制体系的建设是一个周而复始、持终不断的过程，并且需要根据自身的实际发展阶段、监管要求、自身需求等要素来进行调整。因此，企业在内部控制体系建设的过程中要考虑持续建设和维护问题，从而保证企业的内部控制体系长期、有效地运行。

8.4.1 激励约束机制

内部控制体系的推行并不断完善以及有效实施离不开行之有效的激励约束机制。强化内部控制体系建设不仅是某个部门的问题，而且还是对企业全体员工的要求。企业应该明确内部控制制度，加强执行力度，将内部控制贯彻至企业各个业务单元，把员工对内部控制的遵循情况纳入员工绩效考核的指标，实行与薪酬和岗位调动挂钩。同时，企业应该建立健全内部控制责任追究机制，对内部控制发现的问题按照严重程度追究相关责任人的责任。

8.4.2 教育和培训

企业推行内部控制会面临各种挑战，而首先面临的是来自传统管理理念的挑战。同时，内部控制体系建设是一个需要全员参与的过程，这就意味着需要全体人员具备相关的知识，能够正确理解包括风险、业务流程等在内的内部控制相关内容。此外，由于内部控制具有局限性，内部控制还需要从开始就要进行诚信教育，提升员工道德水平，这就要求加强培训等工作。

8.4.3 内部审计职能

内部审计部作为一个独立的部门，对企业内部控制进行定期审计、评价企业内部控制有效性并提出改进建议，帮助企业实现其目标，对于企业建立完整、有效的内部控制体系具有非常重要的意义，尤其是在内部控制体系的持续建设及维护过程中。同时，企业可以结合自身情况考虑如何发挥内部审计与纪检监察等职能的协同效应。一个有效的内部审计职能要素如表 8-6 所示。

表 8-6　内部审计职能要素

职能要素	具体内容
组织结构	内审部门的定位、权利、职责、独立性（包括报告线路）和客观性
人力资源	审计资源的储备（定性和定量）和管理，以发挥内审部门对公司价值的提升作用
工作实践	全面的、有效的审计工作程序与方法
沟通与报告	审计部门在公司内部及对外的信息沟通，确保对审计结果的全面了解和问题的恰当解决
技术应用	通过对技术的使用，以支持和推动审计流程的效率和效益
知识管理	知识保存和分享的机制及对行业最佳实践信息的了解和使用
考核评估	保持审计工作的高质量，持续监督并报告内审部门的业绩表现

企业应根据自身的内部控制建设和内审职能状况制定合理的内部审计职能定位，确保其发挥正常的监督作用以保证内部控制体系建设和维护的有效性。

1. 管理层日常监督与定期自我评价

企业内部控制体系在实施一段时间之后，仅靠定期的自我评价是很难满足内部控制体系建设需求的。因此，企业必须积极建立管理层领导下的日常监督机制，并在此基础之上定期自我评价。业务部门对内部控制有效性的日常监督是企业内部控制有效性的"第一道防线"，需要各级业务部门领导负责落实企业内部控制整体要求和具体的流程控制，及本单位内部控制的日常建设、维护与监督。

2. 内部控制自我评估机制

这里所说的内部控制自我评估（以下简称"CSA"）与本书所述的企业内部控制自我评价着眼点及论述层次有所不同。企业内部控制自我评价着重于企业根据相关法规要求，每年通过完成适当的评估步骤而出具内部控制有效性的自评报告的过程。这里所说的内部控制自我评估也被称为管理自我评估、控制和风险自我评估、经营活动自我评估以及控制/风险自我评估，是指企业内部为实现目标、控制风险而对内部控制系统的有效性和恰当性实施自我评估的方法。其有三个基本特征：

（1）关注业务的过程和控制的成效；

（2）由管理部门和职员共同进行；

（3）用结构化的方法开展自我评估。

调研显示近2/3的美国上市企业采用自我评估机制，将关注领域逐步从财务报告相关内部控制转化到包含非财务报告相关控制的内容。建立内部控制自我评估机制的优点在于以下五方面：

（1）可以有效地对软控制进行评价。这是CSA优越于传统的内部控制评价方法的首要之处。以美国的SEC为例，为了实现其保护投资者利益的目标，诸如员工的职业道德与专业胜任能力等软控制较之硬控制显得重要得多。如果实施CSA，把管理人员和其他员工召集起来讨论职业道德并对其是否可以成功达到目标进行评估，引导小组的成员就可以甄别现存信息沟通过程的成功之处与潜在障碍，并提出相应的改进建议。

（2）提升企业内部对内部控制的认知水平。按照新的内控理论，内审人员不再是内部控制的唯一责任主体，企业的所有成员都对内部控制负有相应的责任，利用CSA可以起到有效教育并帮助管理人员明确并愿意承担其责任的作用。对此，美国西雅图市的审计人员Scottie Veinot指出："如果没有CSA，我将不得不寻找一种有效途径来对有关人员进行内部控制培训，现在好了，CSA帮我完成了这一切，它在我的组织当中起到了角色转换的使者和教育者的作用"。另外，CSA还能通过影响一般员工来对控制环境产生积极的贡献。因为当一般操作人员参与CSA过程时，他们不仅学会了对内部控制进行持续的日常评估，而且提高了控制意识。管理人员或工作组其他人员参与评价内部控制、评估风险，对所发现的薄弱环节提出行动计划，评估经营目标完成的可能性，从而提高他们对组织目标以及内部控制在实现这些目标中所起到的作用的认识，激发他们认真设计和执行控制程序，并不断改进控制程序，做到了全员评价、全员控制，实现了内部控制质的飞跃。

（3）更容易找到和解决问题。利用CSA常常可以比传统的内部审计更容易找到问题并提出解决问题的方法，特别是那些跨部门的问题和表面上看起来不可能的问题。例如，多伦多帝国寿险理财公司利用传统的内部审计方法一直无法找出未能准时支付供应商款项的问题，后来他们采用了CSA技术，组织了一个包括会计、审计、营销、信息技术、燃气控制、燃气供应、人力资源以及其他一些部门共20人的小组，所有的参与者都提出了各种可能的原因：培训的、沟通的、信息系统的、营销的等，并对主要原因进一步寻找子原因。采取鱼骨图模型来分析，找到了问题的根本是：公司要求经过五次签字的付款授权政策本身过于耗时。通过此技术可以快速找到原因所在，并得出解决问题的办法。

（4）可以预测控制风险。一个组织可以通过CSA来提高某经营单位在设计和保持控制与风险系统中的涉及度，甄别风险暴露情况并决定正确的行动，从而为内部控制增加价值。CSA执行者可以首先与其员工进行面对面访谈，然后与工作组的成员们详细讨论，把讨论结果诸如目标、成功的障碍、风险、现有的控制与所必需的控制等，形成一个电子数据模板，并根据其发生的可能性与影响程度对风险进行加权平均，排成高风险区、中风险区和低风险区。这样，各相关部门便可以根据此电子数据模板有的放矢，采取措施，将来还可以据此进行持续重估。

（5）可以提高内审效率。通过CSA，内部审计和经营人员合作起来对经营活动进行评价。由于依靠经营人员在CSA中的活跃参与，减少了收集信息的时间和审计中所需执行的验证程序，参与CSA的人员对经营过程能了解得更为彻底。因此，这种合作提高了内部审计人员可获信息的数量和质量，把审计人员从对立者、监督者转换为企业发展的参与者、推动者。

在实务中，实现内部控制自我评估机制是企业内部控制体系建设及评价发展到相对成熟阶段后才需要考虑的工作方式。在内部控制体系建设的初期，由专职部门组成项目组的方式仍然是普遍选择的工作方式。需要说明的是，业务部门从自身管理需要出发而启动的流程优化、流程再造工作从本质上讲，也能在一定程度上实现内部控制自我评估机制的目的。业务部门通过流程优化、流程再造、重新梳理业务流程，对现有流程及控制逐一分析，在确保实现控制目标的前提下，可以提高流程运行效率。

8.5 重点内部控制工作规范

8.5.1 控股子公司的内部控制

《企业内部控制应用指引第1号——组织架构》第十条指出：企业拥有子公司的，应当建立科学的投资管控制度，通过合法有效的形式履行出资人职责、维护出资人权益，重点关注子公司，特别是异地、境外子公司的发展战略、年度财务预决算、重大投融资、重大担保、大额资金使用、主要资产处置、重要人事任免、内部控制体系建设等重要事项。

企业应制定对控股子公司的控制政策及程序，并在充分考虑控股子公司业务特征等的基础上，督促其建立内部控制制度。企业对其控股子公司的管理控制，至少应包括下列控制活动。

（1）建立对各控股子公司的控制制度，明确向控股子公司委派的董事、监事及高级管理人员的选任方式和职责权限等；

（2）依据企业的经营略和风险管理政策，督导各控股子公司建立起相应的经营计划、风险管理程序；

（3）要求各控股子公司建立重大事项报告制度和审议程序，及时向企业分管负责人报告重大业务事项、重大财务事项以及其他可能对公司股票及其衍生品种交易价格产生重大影响的信息,并严格按照授权规定将重大事项报公司董事会或股东大会审议;

(4) 要求控股子公司及时向公司董事会秘书报送其董事会决议、股东大会决议等重要文件,通报可能对公司股票及其衍生品种交易价格产生重大影响的事项;

(5) 定期取得并分析各控股子公司的季度(月度)报告,包括营运报告、产销量报表、资产负债报表、损益报表、现金流量报表、向他人提供资金及提供担保报表等;

(6) 建立对各控股子公司的绩效考核制度;

(7) 公司的控股子公司同时控股其他企业的,应督促其控股子公司参照本指引要求,逐层建立对其下属子公司的管理控制制度。

8.5.2 关联交易的内部控制

《上市公司治理准则》第七十四条至第七十七条规定:上市公司关联交易应当依照有关规定严格履行决策程序和信息披露义务。上市公司应当与关联方就关联交易签订书面协议。协议的签订应当遵循平等、自愿、等价、有偿的原则,协议内容应当明确、具体、可执行。上市公司应当采取有效措施防止关联方以垄断采购或者销售渠道等方式干预公司的经营,损害公司利益。关联交易应当具有商业实质,价格应当公允,原则上不偏离市场独立第三方的价格或者收费标准等交易条件。上市公司及其关联方不得利用关联交易输送利益或者调节利润,不得以任何方式隐瞒关联关系。

《企业内部控制应用指引》中与关联交易的内部控制相关的规定如下:

(1) 企业采用并购方式进行投资的,应当严格控制并购风险,重点关注并购对象的隐性债务、承诺事项、可持续发展能力、员工状况及其与本企业治理层及管理层的关联关系,合理确定支付对价,确保实现并购目标;

(2) 企业应当加强固定资产处置的控制,关注固定资产处置中的关联交易和处置定价,防范资产流失;

(3) 企业为关联方提供担保的,与关联方存在经济利益或近亲属关系的有关人员在评估与审批环节应当回避。

8.5.3 对外担保的内部控制

为了加强企业担保业务管理,防范担保业务风险,《企业内部控制应用指引第 12 号——担保业务》对担保业务的内部控制做出了以下规定:

(1) 企业应当依法制定和完善担保业务政策及相关管理制度,明确担保的对象、范围、方式、条件、程序、担保限额和禁止担保等事项,规范调查评估、审核批准、担保执行等环节的工作流程,按照政策、制度、流程办理担保业务,定期检查担保政策的执行情况及效果,切实防范担保业务风险。

(2) 企业应当指定相关部门负责办理担保业务,对担保申请人进行资信调查和风险评估,评估结果应出具书面报告。企业也可委托中介机构对担保业务进行资信调查和风险评估工作。企业在对担保申请人进行资信调查和风险评估时,应当重点关注以下事项:

①担保业务是否符合国家法律法规和本企业担保政策等相关要求；

②担保申请人的资信状况，一般包括：基本情况、资产质量、经营情况、偿债能力、盈利水平、信用程度、行业前景等；

③担保申请人用于担保和第三方担保的资产状况及其权利归属；

④企业要求担保申请人提供反担保的，还应当对与反担保有关的资产状况进行评估。

（3）企业应当建立担保授权和审批制度，规定担保业务的授权批准方式、权限、程序、责任和相关控制措施，在授权范围内进行审批，不得超越权限审批。重大担保业务，应当报经董事会或类似权力机构批准。经办人员应当在职责范围内，按照审批人员的批准意见办理担保业务。对于审批人超越权限审批的担保业务，经办人员应当拒绝办理。

（4）企业应当采取合法有效的措施加强对子公司担保业务的统一监控。企业内设机构未经授权不得办理担保业务。

（5）企业应当根据审核批准的担保业务订立担保合同。担保合同应明确被担保人的权利、义务、违约责任等相关内容，并要求被担保人定期提供财务报告与有关资料，及时通报担保事项的实施情况。担保申请人同时向多方申请担保的，企业应当在担保合同中明确约定本企业的担保份额和相应的责任。

（6）企业应当加强对担保业务的会计系统控制，及时足额收取担保费用，建立担保事项台账，详细记录担保对象、金额、期限、用于抵押和质押的物品或权利以及其他有关事项。企业财会部门应当及时收集、分析被担保人担保期内经审计的财务报告等相关资料，持续关注被担保人的财务状况、经营成果、现金流量以及担保合同的履行情况，积极配合担保经办部门防范担保业务风险。对于被担保人出现财务状况恶化、资不抵债、破产清算等情形的，企业应当根据国家统一的会计准则制度规定，合理确认预计负债和损失。

（7）企业应当加强对反担保财产的管理，妥善保管被担保人用于反担保的权利凭证，定期核实财产的存续状况和价值，发现问题及时处理，确保反担保财产安全完整。

（8）企业应当建立担保业务责任追究制度，对在担保中出现重大决策失误、未履行集体审批程序或不按规定管理担保业务的部门及人员，应当严格追究相应的责任。

（9）企业应当在担保合同到期时，全面清查用于担保的财产、权利凭证，按照合同约定及时终止担保关系。企业应当妥善保管担保合同、与担保合同相关的主合同、反担保函或反担保合同，以及抵押、质押的权利凭证和有关原始资料，切实做到担保业务档案完整无缺。

8.5.4 重大投资的内部控制

《企业内部控制应用指引第6号——资金活动》对投资的内部控制做出了以下规定：

（1）企业应当根据投资目标和规划，合理安排资金投放结构，科学确定投资项目，拟订投资方案，重点关注投资项目的收益和风险。企业选择投资项目应当突出主业，谨慎从事股票投资或衍生金融产品等高风险投资。境外投资还应考虑政治、经济、法律、市场等因素的影响。

企业采用并购方式进行投资的，应当严格控制并购风险，重点关注并购对象的隐性债务、承诺事项、可持续发展能力、员工状况及其与本企业治理层及管理层的关联关系，合理确定支付对价，确保实现并购目标。

（2）企业应当加强对投资方案的可行性研究，重点对投资目标、规模、方式、资金来源、风险与收益等作出客观评价。企业根据实际需要，可以委托具备相应资质的专业机构进行可行性研究，提供独立的可行性研究报告。

（3）企业应当按照规定的权限和程序对投资项目进行决策审批，重点审查投资方案是否可行、投资项目是否符合国家产业政策及相关法律法规的规定，是否符合企业投资战略目标和规划、是否具有相应的资金能力、投入资金能否按时收回、预期收益能否实现，以及投资和并购风险是否可控等。重大投资项目，应当按照规定的权限和程序实行集体决策或者联签制度。

投资方案需经有关管理部门批准的，应当履行相应的报批程序。投资方案发生重大变更的，应当重新进行可行性研究并履行相应审批程序。

（4）企业应当根据批准的投资方案，与被投资方签订投资合同或协议，明确出资时间、金额、方式、双方权利义务和违约责任等内容，按规定的权限和程序审批后履行投资合同或协议。企业应当指定专门机构或人员对投资项目进行跟踪管理，及时收集被投资方经审计的财务报告等相关资料，定期组织投资效益分析，关注被投资方的财务状况、经营成果、现金流量以及投资合同履行情况，发现异常情况，应当及时报告并妥善处理。

（5）企业应当加强对投资项目的会计系统控制，根据对被投资方的影响程度，合理确定投资会计政策，建立投资管理台账，详细记录投资对象、金额、持股比例、期限、收益等事项，妥善保管投资合同或协议、出资证明等资料。

企业财会部门对于被投资方出现财务状况恶化、市价当期大幅下跌等情形的，应当根据国家统一的会计准则制度规定，合理计提减值准备、确认减值损失。

（6）企业应当加强投资收回和处置环节的控制，对投资收回、转让、核销等决策和审批程序作出明确规定。企业应当重视投资到期本金的回收。转让投资应当由相关机构或人员合理确定转让价格，报授权批准部门批准，必要时可委托具有相应资质的专门机构进行评估。核销投资应当取得不能收回投资的法律文书和相关证明文件。企业对于到期无法收回的投资，应当建立责任追究制度。

《深圳证券交易所上市公司内部控制指引》对重大投资的内部控制做出了以下规定：

（1）公司重大投资的内部控制应遵循合法、审慎、安全、有效的原则，控制投资风险、注重投资效益。

（2）公司应在《公司章程》中明确股东大会、董事会对重大投资的审批权限，制定相应的审议程序。

公司委托理财事项应由公司董事会或股东大会审议批准，不得将委托理财审批权授予公司董事个人或经营管理层行使。

（3）公司应指定专门机构，负责对公司重大投资项目的可行性、投资风险、投资回报等事宜进行专门研究和评估，监督重大投资项目的执行进展，如发现投资项目出现异常情况，应及时向公司董事会报告。

（4）公司进行以股票、利率、汇率和商品为基础的期货、期权、权证等衍生产品投资的，应制定严格的决策程序、报告制度和监控措施，并根据公司的风险承受能力，限定公司的衍生产品投资规模。

（5）公司进行委托理财的，应选择资信状况、财务状况良好，无不良诚信记录及盈利能力强的合格专业理财机构作为受托方，并与受托方签订书面合同，明确委托理财的金额、期间、投资品种、双方的权利义务及法律责任等。

（6）公司董事会应指派专人跟踪委托理财资金的进展及安全状况，出现异常情况时应要求其及时报告，以便董事会立即采取有效措施回收资金，避免或减少公司损失。

（7）公司董事会应定期了解重大投资项目的执行进展和投资效益情况，如出现未按计划投资、未能实现项目预期收益、投资发生损失等情况，公司董事会应查明原因，追究有关人员的责任。

8.5.5 信息系统的内部控制

为了促进企业有效实施内部控制，提高企业现代化管理水平，减少人为因素，根据《企业内部控制基本规范》和《企业内部控制应用指引第18号——信息系统》的有关规定，信息系统的内部控制应遵循以下要求：

1. 企业利用信息系统实施内部控制至少应当关注下列风险。

（1）信息系统缺乏或规划不合理，可能造成信息孤岛或重复建设，导致企业经营管理效率低下；

（2）系统开发不符合内部控制要求，授权管理不当，可能导致无法利用信息技术实施有效控制；

（3）系统运行维护和安全措施不到位，可能导致信息泄漏或毁损，系统无法正常运行。

2. 企业应当重视信息系统在内部控制中的作用，根据内部控制要求，结合组织架构、业务范围、地域分布、技术能力等因素，制定信息系统建设整体规划，加大投入力度，有序组织信息系统开发、运行与维护，优化管理流程，防范经营风险，全面提升企业现代化管理水平。

3. 企业应当指定专门机构对信息系统建设实施归口管理，明确相关单位的职责权限，建立有效工作机制。企业可委托专业机构从事信息系统的开发、运行和维护工作。企业负责人对信息系统建设工作负责。

8.6 内部审计工作规范

内部审计是指一种独立、客观的确认和咨询活动，它通过运用系统、规范的方法，审查和评价组织的业务活动、内部控制和风险管理的适当性和有效性，以促进组织完善治理、增加价值和实现目标。内部审计与内部控制是相互依存、相互促进的关系，一方面，内部控制的一种手段；另一方面，内部控制评审既是内部审计的重要方法又是审计的重要内容。同时，内部审计的功能作用与企业内部控制目标是密切相关和高度一致的。为了规范内部审计工作，保证内部审计质量，明确内部审计机构和内部审计人员的责任，根据《审计法》及其实施条例,以及其他有关法律、法规和规章,中国内部审计协会于2013年制定了《中国内部审计基本准则》。

8.6.1 内部审计组织机构

1. 机构设立

企业应当设置与其目标、性质、规模、治理结构等相适应的内部审计机构,并配备具有相应资格的内部审计人员。内部审计机构应当接受组织董事会或者最高管理层的领导和监督,并保持与董事会或者最高管理层及时、高效的沟通。

2. 质量评估

内部审计机构应当对内部审计质量实施有效控制,建立指导、监督、分级复核和内部审计质量评估制度,并接受内部审计质量外部评估。

3. 人员要求

内部审计人员应当遵守职业道德,在实施内部审计业务时保持应有的职业谨慎。内部审计人员应当具备相应的专业胜任能力,并通过后续教育加以保持和提高。内部审计人员应当履行保密义务,对于实施内部审计业务中所获取的信息保密。内部审计人员应当保持独立性和客观性,不得负责被审计单位的业务活动、内部控制和风险管理的决策与执行。内部审计人员应具有较强的人际交往技能,能恰当地与他人进行有效的沟通。

4. 管理体系

内部审计机构应当根据内部审计准则及相关规定,结合本企业的实际情况,制定内部审计工作手册,指导内部审计人员的工作。内部审计机构应当编制中长期审计规划、年度审计计划、本机构人力资源计划和财务预算。内部审计机构应当建立激励约束机制,对内部审计人员的工作进行考核、评价和奖惩。内部审计机构应当在董事会或者最高管理层的支持和监督下,做好与外部审计的协调工作。内部审计机构负责人应当对内部审计机构管理的适当性和有效性负主要责任。

8.6.2 内部审计工作规范

1. 作业准则

(1)内部审计机构和内部审计人员应当全面关注组织风险,以风险为基础组织实施内部审计业务;

(2)内部审计人员应当充分运用重要性原则,考虑差异或者缺陷的性质、数量等因素,合理确定重要性水平;

(3)内部审计机构应当根据组织的风险状况、管理需要及审计资源的配置情况,编制年度审计计划;

(4)内部审计人员根据年度审计计划确定的审计项目,编制项目审计方案;

(5)内部审计机构应当在实施审计三日前,向被审计单位或者被审计人员送达审计通知书,做好审计准备工作;

(6)内部审计人员应当深入了解被审计单位的情况,审查和评价业务活动、内部控制和

风险管理的适当性和有效性,关注信息系统对业务活动、内部控制和风险管理的影响;

(7)内部审计人员应当关注被审计单位业务活动、内部控制和风险管理中的舞弊风险,对舞弊行为进行检查和报告;

(8)内部审计人员可以运用审核、观察、监盘、访谈、调查、函证、计算和分析程序等方法,获取相关、可靠和充分的审计证据,以支持审计结论、意见和建议;

(9)内部审计人员应当在审计工作底稿中记录审计程序的执行过程,获取的审计证据,以及作出的审计结论;

(10)内部审计人员应当以适当方式提供咨询服务,改善组织的业务活动、内部控制和风险管理。

2. 报告准则

(1)内部审计机构应当在实施必要的审计程序后,及时出具审计报告;

(2)审计报告应当客观、完整、清晰,具有建设性并体现重要性原则;

(3)审计报告应当包括审计概况、审计依据、审计发现、审计结论、审计意见和审计建议;

(4)审计报告应当包含是否遵循内部审计准则的声明。如存在未遵循内部审计准则的情形,应当在审计报告中作出解释和说明。

8.6.3 对内部控制进行内部审计的基本要求

中国内部审计协会根据《内部审计基本准则》,制定了《第2201号内部审计具体准则——内部控制审计》,规范了内部审计人员实施内部控制审计的行为,保证了内部控制审计质量。

1. 一般原则

(1)董事会及管理层的责任是建立健全内部控制并使之有效运行。内部审计的责任是对内部控制设计和运行的有效性进行审查和评价,出具客观、公正的审计报告,促进组织改善内部控制及风险管理。

(2)内部控制审计应当以风险评估为基础,根据风险发生的可能性和对组织单个或者整体控制目标造成的影响程度,确定审计的范围和重点。内部审计人员应当关注串通舞弊、滥用职权、环境变化和成本效益等内部控制的局限性。

(3)内部控制审计应当在对内部控制全面评价的基础上,关注重要业务单位、重大业务事项和高风险领域的内部控制。

(4)内部控制审计应当真实、客观地揭示经营管理的风险状况,如实反映内部控制设计和运行的情况。

(5)内部控制审计按其范围划分,分为全面内部控制审计和专项内部控制审计。全面内部控制审计,是针对组织所有业务活动的内部控制,包括内部环境、风险评估、控制活动、信息与沟通、内部监督五个要素所进行的全面审计。专项内部控制审计,是针对组织内部控制的某个要素、某项业务活动或者业务活动某些环节的内部控制所进行的审计。

2. 内部控制审计的内容

(1) 内部审计机构可以参考《企业内部控制基本规范》及配套指引的相关规定，根据组织的实际情况和需要，通过审查内部环境、风险评估、控制活动、信息与沟通、内部监督等要素，对组织层面内部控制的设计与运行情况进行审查和评价。

(2) 内部审计人员开展内部环境要素审计时，应当以《企业内部控制基本规范》和各项应用指引中有关内部环境要素的规定为依据，关注组织架构、发展战略、人力资源、组织文化、社会责任等，结合本组织的内部控制，对内部环境进行审查和评价。

(3) 内部审计人员开展风险评估要素审计时，应当以《企业内部控制基本规范》有关风险评估的要求，以及各项应用指引中所列主要风险为依据，结合本组织的内部控制，对日常经营管理过程中的风险识别、风险分析、应对策略等进行审查和评价。

(4) 内部审计人员开展控制活动要素审计时，应当以《企业内部控制基本规范》和各项应用指引中关于控制活动的规定为依据，结合本组织的内部控制，对相关控制活动的设计和运行情况进行审查和评价。

(5) 内部审计人员开展信息与沟通要素审计时，应当以《企业内部控制基本规范》和各项应用指引中有关内部信息传递、财务报告、信息系统等规定为依据，结合本组织的内部控制，对信息收集处理和传递的及时性、反舞弊机制的健全性、财务报告的真实性、信息系统的安全性，以及利用信息系统实施内部控制的有效性进行审查和评价。

(6) 内部审计人员开展内部监督要素审计时，应当以《企业内部控制基本规范》有关内部监督的要求，以及各项应用指引中有关日常管控的规定为依据，结合本组织的内部控制，对内部监督机制的有效性进行审查和评价，重点关注监事会、审计委员会、内部审计机构等是否在内部控制设计和运行中有效发挥监督作用。

(7) 内部审计人员根据管理需求和业务活动的特点，可以针对采购业务、资产管理、销售业务、研究与开发、工程项目、担保业务、业务外包、财务报告、全面预算、合同管理、信息系统等，对业务层面内部控制的设计和运行情况进行审查和评价。

3. 内部控制审计的具体程序与方法

(1) 内部控制审计主要包括下列程序：

①编制项目审计方案；

②组成审计组；

③实施现场审查；

④认定控制缺陷；

⑤汇总审计结果；

⑥编制审计报告。

(2) 内部审计人员在实施现场审查之前，可以要求被审计单位提交最近一次的内部控制自我评估报告。内部审计人员应当结合内部控制自我评估报告，确定审计内容及重点，实施内部控制审计。

(3) 内部审计机构可以适当吸收组织内部相关机构熟悉情况的业务人员参加内部控制

审计。

（4）内部审计人员应当综合运用访谈、问卷调查、专题讨论、穿行测试、实地查验、抽样和比较分析等方法，充分收集组织内部控制设计和运行是否有效的证据。

（5）内部审计人员编制审计工作底稿应当详细记录实施内部控制审计的内容，包括审查和评价的要素、主要风险点、采取的控制措施、有关证据资料，以及内部控制缺陷认定结果等。

4. 内部控制缺陷的认定

（1）内部控制缺陷包括设计缺陷和运行缺陷。内部审计人员应当根据内部控制审计结果，结合相关管理层的自我评估，综合分析后提出内部控制缺陷认定意见，按照规定的权限和程序进行审核后予以认定。

（2）内部审计人员应当根据获取的证据，对内部控制缺陷进行初步认定，并按照其性质和影响程度分为重大缺陷、重要缺陷和一般缺陷。重大缺陷，是指一个或者多个控制缺陷的组合，可能导致组织严重偏离控制目标。重要缺陷，是指一个或者多个控制缺陷的组合，其严重程度和经济后果低于重大缺陷，但仍有可能导致组织偏离控制目标。一般缺陷，是指除重大缺陷、重要缺陷之外的其他缺陷。重大缺陷、重要缺陷和一般缺陷的认定标准，由内部审计机构根据上述要求，结合本组织具体情况确定。

（3）内部审计人员应当编制内部控制缺陷认定汇总表，对内部控制缺陷及其成因、表现形式和影响程度进行综合分析和全面复核，提出认定意见，并以适当的形式向组织适当管理层报告。重大缺陷应当及时向组织董事会或者最高管理层报告。

5. 内部控制审计报告

（1）内部控制审计报告的内容，应当包括审计目标、依据、范围、程序与方法、内部控制缺陷认定及整改情况，以及内部控制设计和运行有效性的审计结论、意见、建议等相关内容。

（2）内部审计机构应当向组织适当管理层报告内部控制审计结果。一般情况下，全面内部控制审计报告应当报送组织董事会或者最高管理层。包含有重大缺陷认定的专项内部控制审计报告在报送组织适当管理层的同时，也应当报送董事会或者最高管理层。

（3）经董事会或者最高管理层批准，内部控制审计报告可以作为《企业内部控制评价指引》中要求的内部控制评价报告对外披露。

8.7 企业内部控制案例分析

提高上市公司质量、促进资本市场发展是我国资本市场建设的重点工作。自《企业内部控制配套指引》发布以来，我国上市公司内部控制体系逐步完善，但目前仍存在部分上市公司由于内控制度存在缺陷或内控运行不到位等内控缺陷而受到交易所、证监会（或证监局）的监管处罚。本节根据证监会公布的 2020 年度上市公司及相关责任人由于内控事项违规被监管处罚的典型案例，结合相关法规政策对企业内部控制制度进行了分析。

8.7.1 案例1：子公司的内部控制缺陷

广东证监局在进行现场检查时发现，A加工公司上市公司对子公司管控存在缺失，主要体现在：2016年上市公司收购一家子公司后，未建立有效的投资管控制度，对其内部控制体系建设管控不到位，导致子公司存在未将《2018年度经营计划书》、《2018年度产品情况及2019项目规划》、与客户签订的年度销售合同等重要事项提交其董事会审议等问题。上述情形不符合《企业内部控制基本规范》第四条、《企业内部控制应用指引第1号——组织架构》第十条等规定。另外，公司还存在信息披露不及时、财务核算不准确等问题，2020年1月20日广东证监局对该公司及相关责任人出具警示函。

《应用指引第1号——组织架构》第十条对拥有子公司的上市公司如何进行内控管理提出要求，具体规则如下：企业拥有子公司的，应当建立科学的投资管控制度，通过合法有效的形式履行出资人职责、维护出资人权益，重点关注子公司，特别是异地、境外子公司的发展战略、年度财务预决算、重大投融资、重大担保、大额资金使用、主要资产处置、重要人事任免、内部控制体系建设等重要事项。另外，《企业内部控制基本规范》第四条关于企业建立与实施内部控制，应当遵循的五项原则中，其中一项为"全面性原则"，即"内部控制应当贯穿决策、执行和监督全过程，覆盖企业及其所属单位的各种业务和事项"。上述案例中，该公司在收购子公司完成后，未及时对子公司建立有效的内部控制制度，对子公司的管控存在缺陷。

8.7.2 案例2：业务流程的内部控制缺陷——采购业务

山西证监局通过对B科技公司进行现场检查，发现如下关于采购业务的内控问题：公司对关联方的付款管理不到位。公司关联采购未能严格按照合同约定或货物入库金额付款，期间存在大额预付款项的情况。公司还存在其他关联交易不规范的情形，如公司关联销售和关联采购结算政策不对等、关联交易协议约定内容不明确等情形，因此山西证监局于2020年11月10日对该公司采取责令改正的措施。

上述情形违反了《应用指引第7号——采购业务》第十三条第四款的相关规定"企业应当合理选择付款方式，并严格遵循合同规定，防范付款方式不当带来的法律风险，保证资金安全"。该公司对关联方存在大额预付款项，容易影响公司营运资金正常流转，且极易构成关联方经营性资金占用，对公司日常经营活动产生重大不利影响。

8.7.3 案例3：业务流程的内部控制缺陷——资金与合同管理

四川证监局在对Y公司进行现场检查时发现公司的内部控制存在缺陷，具体情形为：公司部分保理业务客户对应的基础业务和购销合同高度相似，不同保理客户的交易对手方高度相似，有关交易对手方资质与所开展的采购业务规模不匹配，部分保理客户可能属于同一企业控制或存在关联关系。而上市公司在对保理业务的合同评审、尽职调查及资金投放过程中未对上述问题进行必要的查验和说明，在保理业务管理、保理资金投放等方面存在明显的内部控制缺陷。除此之外，上市公司还存在会计核算不规范的情形，2020年11月19日四川证监局对该公司出具警示函。

《应用指引第6号——资金活动》第三条与第四条对企业资金活动应关注的风险进行提示，以及规定了企业资金活动内部控制的总体要求，具体规则内容如下：企业资金活动至少应当关注下列风险：

（1）筹资决策不当，引发资本结构不合理或无效融资，可能导致企业筹资成本过高或债务危机；

（2）投资决策失误，引发盲目扩张或丧失发展机遇，可能导致资金链断裂或资金使用效益低下；

（3）资金调度不合理、营运不畅，可能导致企业陷入财务困境或资金冗余；

（4）资金活动管控不严，可能导致资金被挪用、侵占、抽逃或遭受欺诈。

企业应当根据自身发展战略，科学确定投融资目标和规划，完善严格的资金授权、批准、审验等相关管理制度，加强资金活动的集中归口管理，明确筹资、投资、营运等各环节的职责权限和岗位分离要求，定期或不定期检查和评价资金活动情况，落实责任追究制度，确保资金安全和有效运行。

《应用指引第16号——合同管理》第五条规定企业在订立合同前，应当审慎评审合同情况，具体规则条文如下：企业对外发生经济行为，除即时结清方式外，应当订立书面合同。合同订立前，应当充分了解合同对方的主体资格、信用状况等有关内容，确保对方当事人具备履约能力。对于影响重大、涉及较高专业技术或法律关系复杂的合同，应当组织法律、技术、财会等专业人员参与谈判，必要时可聘请外部专家参与相关工作。谈判过程中的重要事项和参与谈判人员的主要意见，应当予以记录并妥善保存。

根据易见公司已披露的《2019年年度报告》，该公司的主营业务之一为保理业务，公司在开展此业务过程中，出现交易对手方资质与所开展的采购业务规模不匹配等情况，主要根源在于公司在合同签订前，未对合同对方的资质、信用状况等进行有效审核，最终很可能导致公司存在大量应收账款难以收回的情形。

8.7.4 案例4：业务流程的内部控制缺陷——销售业务与合同管理

青岛证监局经现场检查发现T公司在开展销售业务时，存在个别业务尚未订立书面买卖合同就向客户发出货物、开具发票、确认收入的情形。上述问题反映出公司销售业务与合同管理的相关内部控制不规范。2020年10月29日青岛证监局对该公司采取责令改正的措施。

该上市公司违反了《应用指引第9号——销售业务》第六条、第十二条和《应用指引第16号——合同管理》第四条、第五条的相关规定。相关规则如下：

企业在销售合同订立前，应当与客户进行业务洽谈、磋商或谈判，关注客户信用状况、销售定价、结算方式等相关内容。重大的销售业务谈判应当吸收财会、法律等专业人员参加，并形成完整的书面记录。销售合同应当明确双方的权利和义务，审批人员应当对销售合同草案进行严格审核。重要的销售合同，应当征询法律顾问或专家的意见。

企业应当加强对销售、发货、收款业务的会计系统控制，详细记录销售客户、销售合同、销售通知、发运凭证、商业票据、款项收回等情况，确保会计记录、销售记录与仓储记录核对一致。企业应当指定专人通过函证等方式，定期与客户核对应收账款、应收票据、预收账款等往来款项。企业应当加强应收款项坏账的管理。应收款项全部或部分无法收回的，应当查明原因，明确责任，并严格履行审批程序，按照国家统一的会计准则制度进行处理。

企业应当加强合同管理，确定合同归口管理部门，明确合同拟定、审批、执行等环节的程序和要求，定期检查和评价合同管理中的薄弱环节，采取相应控制措施，促进合同有效履行，切实维护企业的合法权益。

企业对外发生经济行为，除即时结清方式外，应当订立书面合同。合同订立前，应当充分了解合同对方的主体资格、信用状况等有关内容，确保对方当事人具备履约能力。对于影响重大、涉及较高专业技术或法律关系复杂的合同，应当组织法律、技术、财会等专业人员参与谈判，必要时可聘请外部专家参与相关工作。谈判过程中的重要事项和参与谈判人员的主要意见，应当予以记录并妥善保存。

企业对外发生经济行为，除即时结清方式外，应当订立书面合同。合同通常系双方当事人的真实意思表示，受法律保护。汇金通公司开展销售等经济行为，未签订销售合同即向客户发出货物、开具发票并确认收入，很可能使得公司后续陷入法律纠纷，对维护公司合法权益造成不利影响。

8.7.5 案例5：财务报告的内部控制缺陷

宁波证监局对W公司开展现场检查发现，该公司披露的商誉减值计提事项未见管理层提请董事会审议的过程。具体情形为，2019年公司披露的财务会计报告中对一家下属子公司的商誉全额计提了减值准备，但未见公司财务部门就该商誉减值金额进行测算，也未见管理层按照计提金额编制财务会计报告草案，并提交董事会审议的相关流程。公司还存在其他与商誉减值相关的违规事项，2020年8月13日宁波证监局对该公司出具警示函，对相关责任人采取认定为不当人选、监管谈话以及出具警示函等措施。

上述情形违反了《上市公司信息披露管理办法》第三十二条、《应用指引第14号——财务报告》第四条的规定，具体规则条文如下：

上市公司应当制定定期报告的编制、审议、披露程序。经理、财务负责人、董事会秘书等高级管理人员应当及时编制定期报告草案，提请董事会审议；董事会秘书负责送达董事审阅；董事长负责召集和主持董事会会议审议定期报告；监事会负责审核董事会编制的定期报告；董事会秘书负责组织定期报告的披露工作。

企业应当严格执行会计法律法规和国家统一的会计准则制度，加强对财务报告编制、对外提供和分析利用全过程的管理，明确相关工作流程和要求，落实责任制，确保财务报告合法合规、真实完整和有效利用。总会计师或分管会计工作的负责人负责组织领导财务报告的编制、对外提供和分析利用等相关工作。企业负责人对财务报告的真实性、完整性负责。

根据上市公司《内部财务管理规定》第四十五条，公司对外财务报告须经公司资财管理负责人审核，说明围海公司已按照上述规则制定了关于定期报告编制、审议等内控制度。但该公司编制财务会计报告过程中，对商誉减值事项实际未按照规定进行审议，违反相关法规，也未遵循公司内控制度。

8.7.6 案例 6：人力资源的内部控制缺陷

2020 年度湖南证监局对 L 科技公司进行现场检查，并于 12 月 31 日对公司及相关责任人出具警示函。在其违规事实中，除了信息披露不及时和应收账款坏账准备计提不准确之外，公司还在应收账款管理内部控制中存在缺陷。主要原因系公司的项目绩效管理主要从进度、质量、成本控制等方面进行考核，未考虑款项收回进度等因素，公司在薪酬考核管理中也未针对销售回款任务制定考核激励约束制度，致使项目管理与应收账款催收脱节。

通过已披露的《2019 年年度报告》显示，公司报告期末应收账款账面价值 6.86 亿元，占当期流动资产比例 32.87%，2019 年计提坏账准备 6.44 亿元，占应收账款余额的 48.40%。年报中在"可能面对的风险"事项中提到，"应收账款不能及时回收将给公司带来营运资金压力并会导致坏账风险"。

根据《应用指引第 3 号——人力资源》第十条的规定，"企业应当建立和完善人力资源的激励约束机制，设置科学的业绩考核指标体系，对各级管理人员和全体员工进行严格考核与评价，以此作为确定员工薪酬、职级调整和解除劳动合同等的重要依据，确保员工队伍处于持续优化状态。"该上市公司未将销售回款作为销售人员以及高管绩效考核指标之一，考评指标设置不全面，容易导致员工利用制度漏洞，一味提升销售业绩，放宽客户期限，忽视客户回款进度，进而造成公司面临期末大额应收账款计提坏账准备的风险。